Biosphäre

Oberstufe Bayern 13

Cornelsen

Biosphäre
Oberstufe Bayern 13

Autorinnen und Autoren: Judith Fischer, Farchant; Andreas Gierlinger, München; Christina Häusl, Landshut; Melanie Jahreis-Weindl, Landshut; Petra Lehner, Wenzenbach; Benedikt Meier, Bodenwöhr; Dr. Sabine Mogge, Kassel; Dr. Boris von Stebut, Germering; Dr. Ilse Tutter, München

Berater: Thomas Freiman, Nürnberg

Teile dieses Buches sind anderen Ausgaben der Lehrwerksreihe Biosphäre entnommen.

Autorinnen und Autoren dieser Ausgaben: Astrid Agster, Stefan Auerbach, Ulrike Austenfeld, Andreas Bauer, Joachim Becker, Dr. Werner Bils, Pia Bordes-Sagner, Friederike Breede, Silke Bringezu, Jens Bussen, Anke Brennecke, Tina Degering, Frank Deutschmann, Anne-Kathrin Dierschke, Peter Emmler, Robert Felch, Heidemarie Frasiak, Dr. Axel Goldberg, Daniela Grabenstein, Simone Grimm, Christian Gröne, Prof. Dr. Jorge Groß, Beate Haase, Franziska Hach, Sabine Hanke, Angelika Huber, Silke Hübner, Yvonne Hübner, Lutz Jäger, Dr. Horst Janz, Daniela Jatzwauk, Michael Jütte, Martin Kamann, Jens Kloppenburg, Dr. Wolfhard Koth-Hohmann, Birgit Krämer, Katja Kühl, Prof. Dr. Hansjörg Küster, Raimund Leibold, Dr. Karl-Wilhelm Leienbach, Michael Linkwitz, André Linnert, Prof. Dr. Anke Meisert, Kristin Menke, Gabriele Merk, Delia Nixdorf, Marja Cristina Paasch, Dr. Monika Pohlmann, Martin Post, Michael Riethmüller, Gabriele Rupp, Monika Scherer, Dr. Ulrike Schiek, Annegret Schlegel, Kathrin Scholz, Hans-Peter Schörner, Dr. Stephanie Schrank, Dr. Annette Schuck, Harald Seufert, Hans-Jürgen Staudenmaier, Andre Stein, Dr. Matthias Stoll, Michael Szabados, Volker Wiechern, Grytha Wiechmann, Dr. Hans-Joachim Winkhardt

Redaktion: Aljoscha Metz

Technische Umsetzung der Gefahren- und Gebotszeichen: Atelier G, SOFAROBOTNIK GbR, Augsburg & München
Designberatung: Britta Scharffenberg
Umschlaggestaltung: Klein & Halm Grafikdesign; SOFAROBOTNIK GbR, Augsburg & München
Layoutkonzept und Layout: Klein & Halm Grafikdesign
Technische Umsetzung: Reemers Publishing Services
Titelbild: Shutterstock.com/Eric Isselee

Begleitmaterialien zum Lehrwerk:

Schulbuch als E-Book	1100031060
Unterrichtsmanager Plus online inkl. E-Book als Zugabe und Begleitmaterialien auf cornelsen.de	1100031067

www.cornelsen.de

Soweit in diesem Lehrwerk Personen fotografisch abgebildet sind und ihnen von der Redaktion fiktive Namen, Berufe, Dialoge und Ähnliches zugeordnet oder diese Personen in bestimmte Kontexte gesetzt werden, dienen diese Zuordnungen und Darstellungen ausschließlich der Veranschaulichung und dem besseren Verständnis des Inhalts.
Dieses Werk enthält Vorschläge und Anleitungen für Untersuchungen und Experimente. Vor jedem Experiment sind mögliche Gefahrenquellen zu besprechen. Beim Experimentieren sind die Richtlinien zur Sicherheit im Unterricht einzuhalten.
Die enthaltenen Links verweisen auf digitale Inhalte, die der Verlag bei verlagsseitigen Angeboten in eigener Verantwortung zur Verfügung stellt. Links auf Angebote Dritter wurden nach den gleichen Qualitätskriterien wie die verlagsseitigen Angebote ausgewählt und bei Erstellung des Lernmittels sorgfältig geprüft. Für spätere Änderungen der verknüpften Inhalte kann keine Verantwortung übernommen werden.
Für die Nutzung des kostenlosen Internetangebots zum Buch gelten die allgemeinen Geschäftsbedingungen (AGB) des Internetportals www.cornelsen.de, die jederzeit unter dem entsprechenden Eintrag abgerufen werden können.

1. Auflage, 1. Druck 2025

Alle Drucke dieser Auflage sind inhaltlich unverändert und können im Unterricht nebeneinander verwendet werden.

Druck und Bindung: Mohn Media Mohndruck, Gütersloh

ISBN 978-3-06-011465-8

PEFC
PEFC/04-31-1033

PEFC-zertifiziert
Dieses Produkt stammt aus nachhaltig bewirtschafteten Wäldern und kontrollierten Quellen
www.pefc.de

Inhalt

Die Arbeit mit dem Schulbuch ... 6
Basiskonzepte ... 8

1

Neuronale Informationsverarbeitung

1.1 Neuronale Informationsverarbeitung – Vorwissen ... 12

Struktur und Funktion des Nervensystems

1.2 Neuronen und Gliazellen ... 16
Blickpunkt Neuronentypen und Transportvorgänge ... 18
1.3 Biomembranen – verformbare Grenzen ... 20
Blickpunkt Weitere Membranmodelle ... 23
1.4 Transportvorgänge an Biomembranen ... 26
Blickpunkt Endo- und Exocytose ... 28
1.5 Vom Ruhe- zum Aktionspotenzial ... 30
1.6 Erregungsleitung ... 36
1.7 Informationsübertragung an Synapsen ... 40
Blickpunkt Elektrische Synapsen ... 42
1.8 Neurotransmitter ... 44
Blickpunkt Synapsen wirken unterschiedlich schnell ... 46
1.9 Synapsengifte ... 48
1.10 eA Erregende und hemmende Synapsen ... 52

Endogene und exogene Einflüsse

1.11 eA Rauschmittel und Drogenwirkung ... 56
1.12 eA Erkrankungen des Nervensystems ... 60
1.13 eA Neurophysiologische Verfahren als Diagnoseinstrument ... 66

Aufnahme und Verarbeitung von Reizen

1.14 eA Lernen und Gedächtnis ... 72
1.15 eA Steuerung der Organe ... 76
1.16 eA Aufnahme und Verarbeitung von Sinnesreizen ... 82
1.17 eA Struktur und Funktion des Auges ... 86
Blickpunkt Sehen in Farben und im Dunkeln ... 90
1.18 eA Vom Reiz zur Wahrnehmung ... 92
Auf einen Blick Neuronale Informationsverarbeitung ... 96
Check-up Neuronale Informationsverarbeitung ... 98
Klausurtrainer ... 100
Glossar Neuronale Informationsverarbeitung ... 102

2

Stoffwechselphysiologie der Zelle

2.1 Stoffwechselphysiologie der Zelle – Vorwissen 108

Aufbau von energiereichen Stoffen

2.2 Grundlagen der Photosynthese 112
2.3 Einfluss von Außenfaktoren 116
2.4 Chromatografie 120
Blickpunkt Weitere Arten der Chromatografie 122
2.5 Laubblätter 124
eA Blickpunkt Die Tracer-Methode 128
2.6 Ablauf der Photosynthese 130

Umbau von Stoffen

2.7 Einflüsse auf die Enzymaktivität 134

Abbau von energiereichen Stoffen

2.8 Stoffaufbau durch aerobe Dissimilation 140
2.9 Gärung als anaerobe Dissimilation 144
Blickpunkt Milchsäuregärung und alkoholische Gärung 146
2.10 Die Zellatmung im Zellstoffwechsel 148
2.11 Überblick Stoffwechselwege 154
2.12 Vergleich Photosynthese – Zellatmung 156
2.13 Die Bedeutung der Glucose 158
2.14 eA β-Oxidation 162
Auf einen Blick Stoffwechselphysiologie der Zelle 166
Check-up Stoffwechselphysiologie der Zelle 168
Klausurtrainer 170
Glossar Stoffwechselphysiologie der Zelle 172

3

Ökologie und Biodiversität

3.1 Ökologie – Vorwissen 176

Dynamische Prozesse in Ökosystemen

3.2 Lebewesen und Temperatur 180
3.3 Einfluss von Licht auf Tiere und Pflanzen 184
3.4 Abiotischer Faktor Wasser 188
Methode Untersuchung eines Ökosystems 194
3.5 Nahrungsbeziehungen 196
Methode Untersuchung eines Waldökosystems 200
3.6 Stoffkreisläufe in Ökosystemen 204
3.7 Interspezifische Konkurrenz und Koexistenz 208
3.8 Räuber-Beute-Beziehungen 212
3.9 Symbiose und Parasitismus 216
3.10 Ökologische Nische 222
3.11 Größe von Populationen 226
eA Methode Methoden der Populationsabschätzung 230

Anthropogene Einflüsse auf Ökosysteme und der Wert der Biodiversität

3.12 Bevölkerungswachstum und Ressourcen 232
3.13 Globale Klimaveränderungen 236
3.14 Biodiversität 240
3.15 Monetarisierung von Ökosystemen 244
3.16 eA Wechselwirkungen von Biomen 248
3.17 eA Hormonartig wirkende Stoffe in der Umwelt 252
3.18 eA Mikroplastik und invasive Arten 256
3.19 Interdisziplinäre Forschung 260
Auf einen Blick Ökologie und Biodiversität 262
Check-up Ökologie und Biodiversität 264
Klausurtrainer 266
Glossar Ökologie und Biodiversität 268

Anhang

Methode Im Internet recherchieren 272
Gefahren- und Sicherheitshinweise 274
Lösungen der Check-up-Aufgaben 276
Register 282
Bildquellenverzeichnis 286

Die Arbeit mit dem Schulbuch

1

Neuronale Informationsverarbeitung

- Der Aufbau und die Funktionen des Nervensystems mit dem Neuron als dessen kleinster funktioneller Einheit werden beschrieben. Störungen des Nervensystems werden am Beispiel verschiedener Erkrankungen aufgezeigt.
- Die Entstehung und Weiterleitung eines elektrischen Signals wird erläutert. Die Übertragung der Erregung an interneuronalen und neuromuskulären Synapsen wird verglichen sowie die Wirkung von Stoffen wie Giften oder Drogen auf Synapsen untersucht.
- Die Funktion des Gedächtnisses wird mithilfe von Modellen veranschaulicht und die neuronalen Grundlagen von Lernprozessen im Gehirn werden erklärt.
- Die Regulation von Lebensfunktionen durch Hormone wird anhand von Regelkreisen dargestellt und die Interaktion von Hormon- und Nervensystem beleuchtet. Die Wirkmechanismen verschiedener Hormone werden beschrieben.
- Am Beispiel des Auges wird die Aufnahme und Verarbeitung von Sinnesreizen bis zur Wahrnehmung im Gehirn dargestellt.

Der Fugu ist der bekannteste Vertreter der Kugelfische. Ein Schutz vor Gefahren ist die Anreicherung des Giftes Tetrodotoxin in seinen Organen. Es ist eines der stärksten bekannten, nicht proteinartigen Nervengifte. Doch wie entfaltet das Gift seine Wirkung?

10 11

Kapiteleinstieg

Jedes Kapitel beginnt mit einem großen Bild und einer Übersicht. Die Inhalte des Kapitels werden kurz beschrieben.

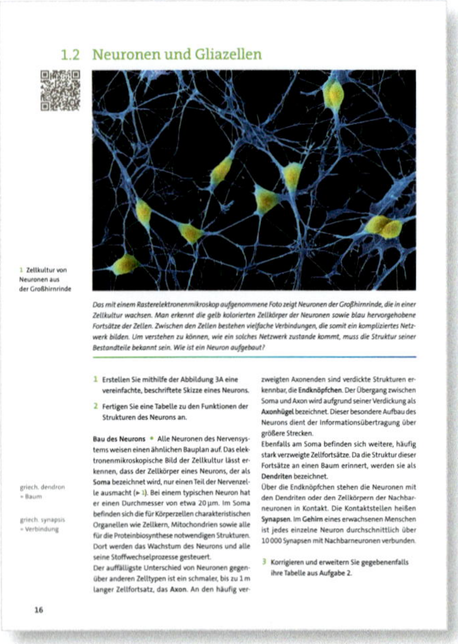

1.2 Neuronen und Gliazellen

1 Zellkultur von Neuronen aus der Großhirnrinde

Das mit einem Rasterelektronenmikroskop aufgenommene Foto zeigt Neuronen der Großhirnrinde, die in einer Zellkultur wachsen. Man erkennt die gelb kolorierten Zellkörper der Neuronen sowie blau hervorgehobene Fortsätze der Zellen. Zwischen den Zellen bestehen vielfache Verbindungen, die somit ein kompliziertes Netzwerk bilden. Um verstehen zu können, wie ein solches Netzwerk zustande kommt, muss die Struktur seiner Bestandteile bekannt sein. Wie ist ein Neuron aufgebaut?

1 Erstellen Sie mithilfe der Abbildung 3A eine vereinfachte, beschriftete Skizze eines Neurons.

2 Fertigen Sie eine Tabelle zu den Funktionen der Strukturen des Neurons an.

Bau des Neurons • Alle Neuronen des Nervensystems weisen einen ähnlichen Bauplan auf. Das elektronenmikroskopische Bild der Zellkultur lässt erkennen, dass der Zellkörper eines Neurons, der als **Soma** bezeichnet wird, nur einen Teil der Nervenzelle ausmacht (▸ 1). Bei einem typischen Neuron hat er einen Durchmesser von etwa 20 µm. Im Soma befinden sich die für Körperzellen charakteristischen Organellen wie Zellkern, Mitochondrien sowie alle für die Proteinbiosynthese notwendigen Strukturen. Dort werden das Wachstum des Neurons und alle seine Stoffwechselprozesse gesteuert.
Der auffälligste Unterschied von Neuronen gegenüber anderen Zelltypen ist ein schmaler, bis zu 1 m langer Zellfortsatz, das **Axon**. An den häufig verzweigten Axonenden sind verdickte Strukturen erkennbar, die **Endknöpfchen**. Der Übergang zwischen Soma und Axon wird aufgrund seiner Verdickung als **Axonhügel** bezeichnet. Dieser besondere Aufbau des Neurons dient der Informationsübertragung über größere Strecken.
Ebenfalls am Soma befinden sich weitere, häufig stark verzweigte Zellfortsätze. Da die Struktur dieser Fortsätze an einen Baum erinnert, werden sie als **Dendriten** bezeichnet.
Über die Endknöpfchen stehen die Neuronen mit den Dendriten oder den Zellkörpern der Nachbarneuronen in Kontakt. Die Kontaktstellen heißen **Synapsen**. Im **Gehirn** eines erwachsenen Menschen ist jedes einzelne Neuron durchschnittlich über 10 000 Synapsen mit Nachbarneuronen verbunden.

griech. dendron = Baum

griech. synapsis = Verbindung

3 Korrigieren und erweitern Sie gegebenenfalls ihre Tabelle aus Aufgabe 2.

16

eA

1.12 Erkrankungen des Nervensystems

1 MRT-Scan des Gehirns

Wird das Nervensystem durch Umwelteinflüsse oder Fehlsteuerungen in den Stoffwechselprozessen zeitweilig oder dauerhaft geschädigt, kann es zu motorischen oder kognitiven Einschränkungen kommen, die dem Organismus das Leben erschweren. Je nachdem, welche Bereiche des Nervensystems wie betroffen sind, können die daraus entstehenden Einschränkungen unterschiedlich sein. Wie sind die Zusammenhänge dabei?

Multiple Sklerose • Eine Form von entzündlicher Erkrankung des zentralen Nervensystems ist die multiple Sklerose, kurz MS. Dabei wird die für saltatorische Erregungsleitungen wichtige Isolierung der Neuronen, die Myelinscheide, geschädigt.

1 Benennen Sie die Folgen, die bei der Erregungsweiterleitung auftreten, wenn die Myelinscheide der Neuronen geschädigt beziehungsweise abgebaut wird.

Man geht davon aus, dass bei MS das Zusammenwirken verschiedener Faktoren zum Auslösen einer Autoimmunreaktion führt. Abwehrstrategien, die vor einer Schädigung durch körperfremde Stoffe schützen sollen, richten sich bei Autoimmunreaktionen gegen körpereigene Proteine.

2 Recherchieren Sie, welche weiteren Autoimmunkrankheiten es gibt.

Bei MS werden beispielsweise Proteine angegriffen, die nur in der Myelinscheide vorhanden und als Transmembranprotein von außen zugänglich sind. Abwehrzellen interpretieren diese Proteine als fremd, leiten eine Entzündungsreaktion ein und führen so zum Abbau des Myelins. Die Entzündungsherde treten verteilt an multiplen Stellen des ZNS auf und führen durch den Abbau der Myelinscheiden zur Narbenbildung.
Infolge der neurologischen Funktionseinschränkungen können verschiedene motorische Störungen wie Lähmungen, Sehstörungen, später auch kognitive Störungen, etwa Einschränkungen bei Aufmerksamkeit und Konzentration, auftreten.

3 Erklären Sie, wie es im Rahmen einer MS-Erkrankung zu motorischen Störungen wie einem unsicheren Gang kommt.

Die genaue Ursache einer MS-Erkrankung ist bisher nicht bekannt. Eine direkte Vererbung ist nicht nachgewiesen, lediglich eine genetische Veranlagung, die das Entstehen von MS begünstigt.
Der Beginn der Erkrankung liegt oft im Erwachsenenalter zwischen dem 20. und 40. Lebensjahr. Weltweit werden etwa 2,8 Millionen Betroffene geschätzt. Multiple Sklerose ist nicht heilbar. Mit

60

Erhöhtes Anforderungsniveau

Diese Seiten oder Abschnitte behandeln Inhalte des erhöhten Anforderungsniveaus (eA).

Inhaltsseiten

Ein Bild und eine Frage leiten jedes Unterkapitel ein. Auf den Inhaltsseiten werden die Grundlagen vermittelt und die Eingangsfrage wird beantwortet. Die Aufgaben unterstützen beim Lernen und Üben. Auf der ersten Seite befindet sich ein QR-Code. Dieser enthält zusätzliche Materialien. Nach dem Scannen des QR-Codes öffnet sich eine Seite mit den Materialien, die dort angesehen werden können.

Hinter dem QR-Code auf dieser Seite findet sich eine Gesamtübersicht über alle digitalen Materialien zu diesem Buch.

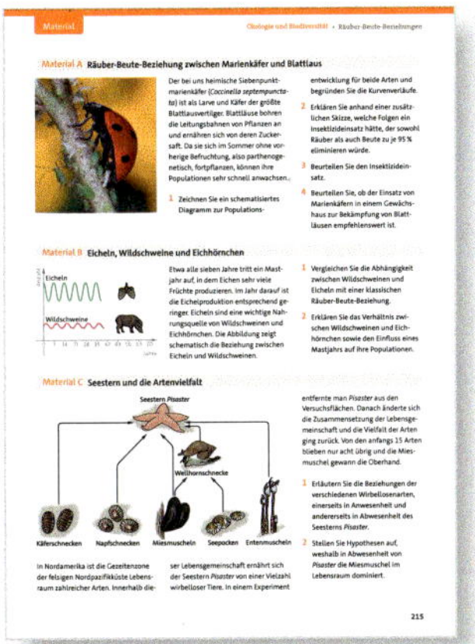

Material Zu jedem Unterkapitel gehört eine Materialseite. Dort sind Aufgaben zu finden, die mithilfe verschiedener Materialien wie Abbildungen, Tabellen und Diagrammen gelöst werden können.

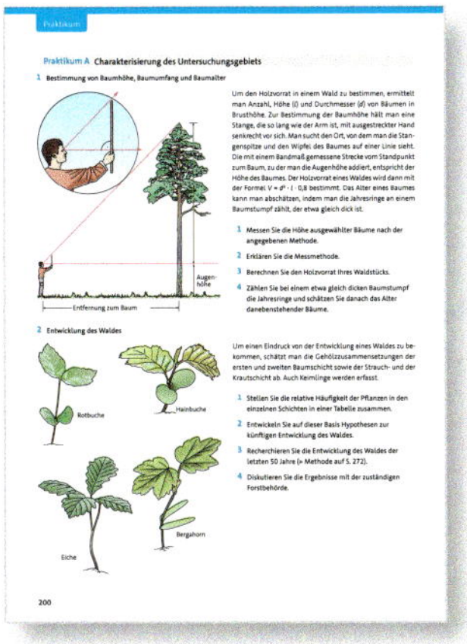

Methode/Praktikum
Auf den Methoden- und Praktikumsseiten werden Fachmethoden und naturwissenschaftliche Arbeitsweisen Schritt für Schritt erklärt.

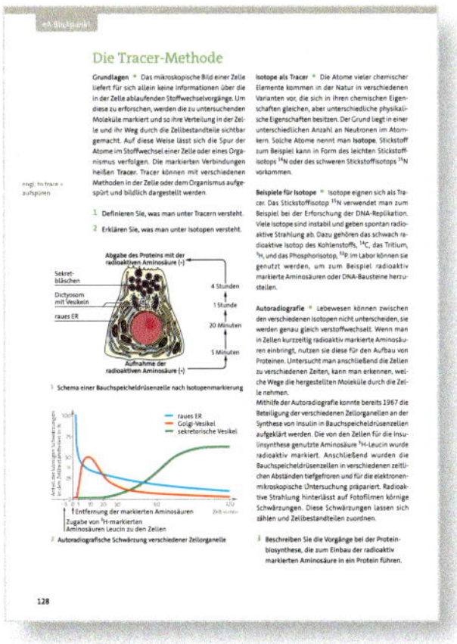

Blickpunkt Auf den Blickpunktseiten werden interessante Informationen aus anderen Fachgebieten vorgestellt oder es wird auf vertiefende Informationen zu einem Thema eingegangen.

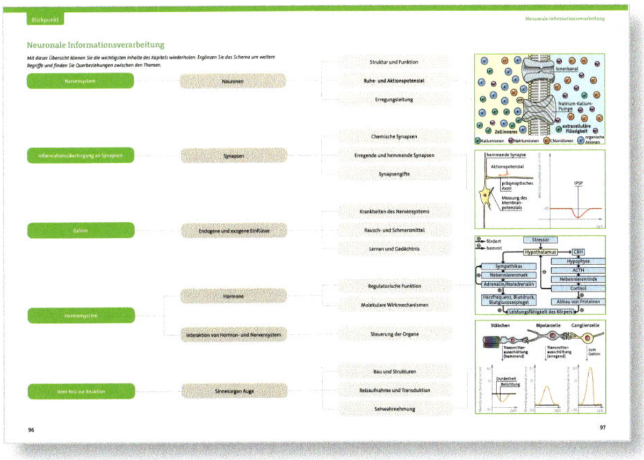

Auf einen Blick
Jedes Kapitel schließt mit einer Übersicht ab, die die wichtigsten Themen und Begriffe enthält. Dieser Überblick über das Gelernte hilft dabei, die Inhalte zu wiederholen.

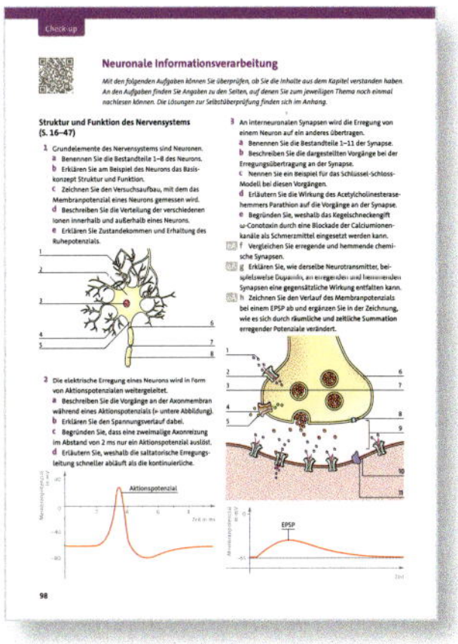

Check-up Am Ende eines jeden Kapitels finden Sie Aufgaben, mit denen Sie überprüfen können, ob Sie die Inhalte verstanden haben. Im Anhang des Buches finden Sie die Lösungen zu diesen Aufgaben.

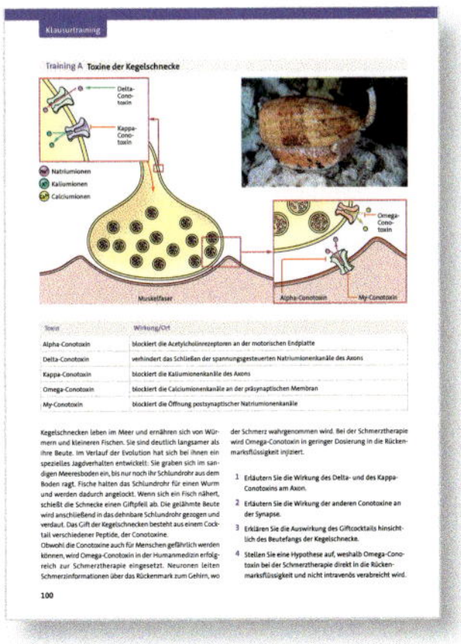

Klausurtraining
Das Klausurtraining unterstützt bei der Vorbereitung auf Klausuren und auf das Abitur. Es handelt sich um weitere materialgebundene Aufgaben, die nach prüfungsdidaktischen Vorgaben erstellt wurden.

Basiskonzepte

Die Biologie beschreibt und erklärt Eigenschaften von Lebewesen. Aufgrund der großen Vielfalt und Komplexität von Organismen ist es nicht einfach, ihre wesentlichen Organisationsmerkmale zu erkennen und zu verstehen. So scheinen eine Grünalge und ein Elefant zunächst kaum Gemeinsamkeiten aufzuweisen. Untersucht man diese jedoch genauer, wird deutlich, dass beide abgetrennte Reaktionsräume wie Organe oder Zellbestandteile besitzen. Diese ermöglichen es ihnen, jeweils spezifische Funktionen wie Verdauung oder Zellatmung vollziehen zu können. Diese Abgrenzung von Reaktionsräumen in Organismen nennt man *Kompartimentierung*.

Solche Erklärungen, die ein Verständnis für ähnliche Zusammenhänge bei vielen verschiedenen Lebewesen ermöglichen, bezeichnet man als **biologische Prinzipien**. Besonders bekannt ist das *Schlüssel-Schloss-Modell*, das die Spezifität vieler biologischer Wechselwirkungen erklärt, zum Beispiel die Antigen-Antikörper-Reaktion. Auch das *Prinzip der Oberflächenvergrößerung*, das die Verbesserung passiver Transportvorgänge durch vergrößerte Oberflächen erklärt, lässt sich auf verschiedenste Strukturen wie die menschliche Lunge, die Wurzelhaare von Pflanzen oder den Aufbau von Chloroplasten anwenden.

Vergleicht man die Prinzipien *Kompartimentierung*, *Schlüssel-Schloss* und *Oberflächenvergrößerung*, fällt ein ähnliches Erklärungsmuster auf: Sie interpretieren biologische Strukturen jeweils im Zusammenhang mit ihrer Funktion. Solche übergeordneten Erklärungsmuster nennt man im Biologieunterricht **Basiskonzepte**.

Zusammen mit den Basiskonzepten **Stoff- und Energieumwandlung, Steuerung und Regelung, Information und Kommunikation** sowie **individuelle und evolutive Entwicklung** stehen mit dem Basiskonzept **Struktur und Funktion** fünf Basiskonzepte als *übergeordnete Erklärungsansätze* zur Verfügung. Sie ermöglichen ein Wiedererkennen biologietypischer Zusammenhänge und helfen dabei, diese trotz der immensen biologischen Vielfalt besser zu verstehen. Darüber hinaus können Basiskonzepte auch als *Strukturierungsansätze* genutzt werden, um in neuen Phänomenen biologietypische Zusammenhänge systematisch zu erkennen.

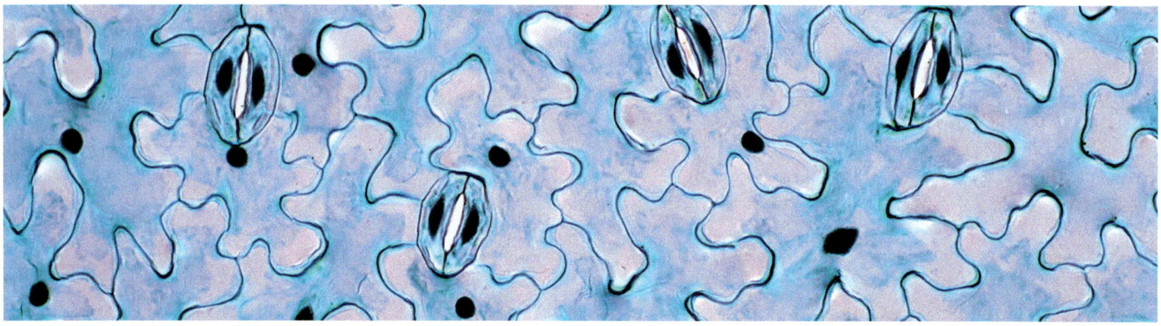

Basiskonzept Struktur und Funktion

Die Unterseiten vieler Laubblätter zeigen unter dem Mikroskop wellenförmig umrissene Bereiche, die wie Puzzleteile miteinander verbunden sind. Dies sind die Epidermiszellen. So entsteht eine große Kontaktfläche zwischen den Zellen und dadurch eine große Festigkeit der Zell-Zell-Verbindungen. So kann die Epidermis ihre Funktion als Schutzschicht effektiv erfüllen, da sie Druck- und Zugkräften, zum Beispiel durch Wind, gut standhalten kann. Dies ist ein Beispiel für den Zusammenhang zwischen **Struktur und Funktion.**

Basiskonzept Steuerung und Regelung

Zwischen den Epidermiszellen sind schmale Spaltöffnungen zu erkennen, die von zwei bohnenförmigen Schließzellen umschlossen sind. Diffundieren Wassermoleküle in diese Schließzellen, so wölben sie sich nach außen und der Spalt öffnet sich. Diffundieren die Wassermoleküle aus den Zellen heraus, schließt er sich wieder. Diese Diffusion des Wassers und damit die Bewegung der Spaltöffnungen kann über die Konzentration von Kaliumionen in den Schließzellen aktiv gesteuert werden und ist damit ein Beispiel für das Basiskonzept **Steuerung und Regelung.**

Basiskonzepte

Basiskonzept Stoff- und Energieumwandlung

Das Augentierchen *Euglena* ist ein Einzeller, der in heimischen Teichen und Tümpeln vorkommt. Wie alle Lebewesen ist es auf eine ständige Stoff- und Energiezufuhr angewiesen. In seinen vielen Chloroplasten betreibt *Euglena* Photosynthese, in deren Verlauf absorbierte Lichtenergie in chemisch gebundene Energie umgewandelt wird. Die Energie ist dann in Form von chemischen Bindungen in Glucosemolekülen fixiert. Diese chemische Energie wird in Mitochondrien im Zuge der Zellatmung auf andere Moleküle übertragen, die dann energieaufwendige Transportprozesse oder chemische Reaktionen ermöglichen. Diese Prozesse sind ein Beispiel für das Basiskonzept **Stoff- und Energieumwandlung**.

Basiskonzept Information und Kommunikation

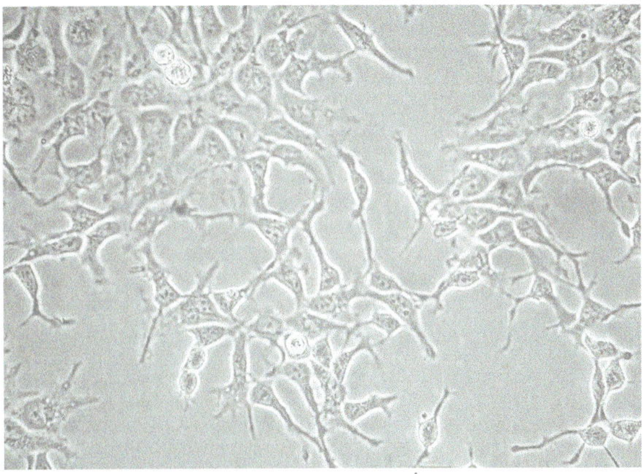

Zellen besitzen die Fähigkeit, zwischen körpereigenen und körperfremden Zellen zu unterscheiden. Dadurch können zum Beispiel die Zellen eines Hühnerembryos, die voneinander getrennt wurden, wieder zu einem Verbund zusammenkommen. Diese Zell-Zell-Erkennung geschieht über Glykoproteine oder Glykolipide, also Kohlenhydratverbindungen mit membranständigen Proteinen oder Lipiden. Ein Erkennungssignal wird dann über Signaltransduktion in die Zelle weitergeleitet und löst so eine Reaktion aus.
So können Zellen einander erkennen und miteinander kommunizieren. Dies ist ein Beispiel für das Basiskonzept **Information und Kommunikation**.

Basiskonzept individuelle und evolutive Entwicklung

Vergleicht man die Blätter einer Stieleiche, so kann man feststellen, dass manche Blätter dicker und kleiner sind als andere. Diese findet man in den Bereichen der Baumkrone mit viel Sonnenlicht. Sie nutzen die hohe Lichtintensität besonders effektiv zur Photosynthese. Die Unterschiede zwischen den Blättern prägen sich je nach Standort als individuelles Merkmal jeder Stieleiche aus.
Die Blätter der Steineiche, die im Mittelmeerraum verbreitet ist, sind kleiner und dicker als jene der Stieleiche. Dies resultiert aus ihrer Entwicklung an sonnenreichen, trockenen Standorten. Pflanzt man eine Steineiche an einen feuchten Standort mit mittlerer Sonnenintensität, bildet sie trotzdem kleinere und dickere Blätter aus als eine danebenstehende Stieleiche. Die Unterschiede zwischen beiden Eichen sind das Ergebnis einer evolutiven Entwicklung. Unterschiede im Aufbau von Blättern innerhalb einer Art oder eines Individuums oder zwischen verschiedenen Arten sind Beispiele für **individuelle und evolutive Entwicklung**.

1 Neuronale Informationsverarbeitung

- Der Aufbau und die Funktionen des Nervensystems mit dem Neuron als dessen kleinster funktioneller Einheit werden beschrieben. Störungen des Nervensystems werden am Beispiel verschiedener Erkrankungen aufgezeigt.

- Die Entstehung und Weiterleitung eines elektrischen Signals wird erläutert. Die Übertragung der Erregung an interneuronalen und neuromuskulären Synapsen wird verglichen sowie die Wirkung von Stoffen wie Giften oder Drogen auf Synapsen untersucht.

- Die Funktion des Gedächtnisses wird mithilfe von Modellen veranschaulicht und die neuronalen Grundlagen von Lernprozessen im Gehirn werden erklärt.

- Die Regulation von Lebensfunktionen durch Hormone wird anhand von Regelkreisen dargestellt und die Interaktion von Hormon- und Nervensystem beleuchtet. Die Wirkmechanismen verschiedener Hormone werden beschrieben.

- Am Beispiel des Auges wird die Aufnahme und Verarbeitung von Sinnesreizen bis zur Wahrnehmung im Gehirn dargestellt.

Der Fugu ist der bekannteste Vertreter der Kugelfische. Ein Schutz vor Gefahren ist die Anreicherung des Giftes Tetrodotoxin in seinen Organen. Es ist eines der stärksten bekannten, nicht proteinartigen Nervengifte. Doch wie entfaltet das Gift seine Wirkung?

1.1 Neuronale Informationsverarbeitung – Vorwissen

1 Reaktion auf einen heranfliegenden Ball

Der Mensch ist in der Lage, Informationen aus der Umwelt aufzunehmen und zu verarbeiten. Wie werden diese Informationen im Körper weitergeleitet? Welche Schritte laufen bei der Reaktion auf einen Reiz ab? Wie ist einer Nervenzelle gebaut? Welche Auswirkungen haben Schäden unseres Informationsweiterleitungssystems? Und wie nehmen unsere Sinnesorgane Informationen auf? Frischen Sie mithilfe der folgenden Seiten ihr Wissen auf.

1 Definieren Sie die Begriffe Reiz und Wahrnehmung.

2 Erstellen Sie eine Tabelle zu den Reizen aus der Umwelt, die der Mensch wahrnehmen kann, und den entsprechenden Sinnesorganen (▶ 2).

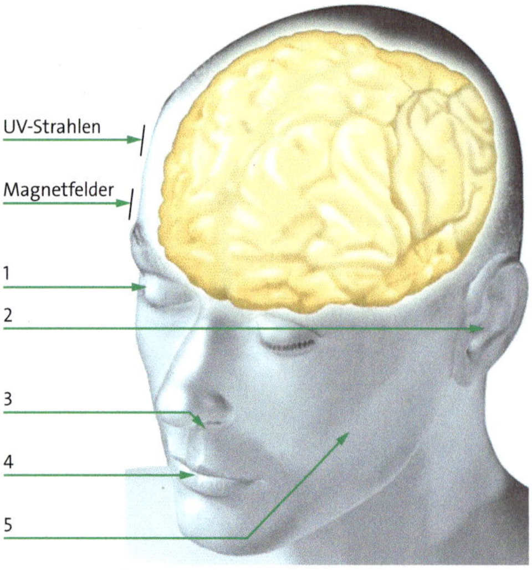

2 Aufnahme von Reizen

Der Mensch reagiert auf Reize • Unsere Umwelt ist voller Reize – Geräusche, Gerüche, Licht, Berührungen, die Schwerkraft, um nur einige zu nennen, wirken ständig auf uns ein. Mithilfe unserer Sinnesorgane wie den Augen und Ohren können wir diese Reize aufnehmen. Die Informationen, die diese Reize tragen, werden meist bis in unser Gehirn weitergeleitet, dort verarbeitet und führen schließlich zu unserer Wahrnehmung der Welt.

3 Fassen Sie in einem kurzen Text die allgemeinen Prinzipien der Reizaufnahme, Signalweiterleitung und -verarbeitung zusammen.

Nervensystem • Durch den Körper zieht sich ein Geflecht aus Milliarden Nervenzellen. Dieses Nervensystem leitet nicht nur Informationen in Form von elektrischen Signalen weiter und steuert Bewegungen, sondern kontrolliert auch lebenswichtige Organfunktionen und ist selbst im Schlaf aktiv. Etwa 100 Milliarden Nervenzellen sind permanent aktiv. Der größte Teil von ihnen befindet sich im Gehirn und steht dort über Billiarden von Verknüpfungen, den Synapsen, miteinander in Kontakt.

4 Erklären Sie die Begriffe zentrales Nervensystem und peripheres Nervensystem und gehen Sie dabei auf die Rolle des Rückenmarks ein.

Wissenschaftler untergliedern das Nervensystem in zwei große Bereiche. Das **zentrale Nervensystem** (ZNS) umfasst das Gehirn und das **Rückenmark**. Dieses verläuft innerhalb der Wirbelsäule bis zu den Lendenwirbeln. Hauptaufgabe des ZNS ist die Verarbeitung und Speicherung angelieferter Informationen, etwa den Signalen von Sinnesorganen. Diese Schaltzentrale kommuniziert mit den entfernter liegenden Bereichen des Körpers über das **periphere Nervensystem** (PNS). Von jedem Abschnitt des Rückenmarks zweigen Nervenstränge ab. Jeder von ihnen steht mit einem klar definierten Körperbereich in Verbindung.

5 Stellen Sie eine Hypothese auf, welche Folgen die Durchtrennung eines abzweigenden Nervs für die angesteuerte Region hätte.

6 Übertragen Sie das Flussschema aus Abbildung 3 zur Reiz-Reaktions-Kette und ergänzen Sie es mithilfe der folgenden Begriffe: zentrales Nervensystem, Erfolgsorgan, **afferente**, Sinneszellen, **efferente**.

Bausteine unseres Nervensystems • Nervenzellen, die auch als **Neuronen** bezeichnet werden, sind die Grundbausteine unseres Nervensystems. Forscher haben herausgefunden, dass ein Mensch mindestens 100 Milliarden Nervenzellen besitzt. Der Bauplan der Nervenzelle enthält einige Besonderheiten, die nur bei diesem Zelltyp zu finden sind.

7 Beschreiben Sie mithilfe der Abbildung 4 den Bau einer Nervenzelle.

8 Erklären Sie mithilfe des Baus der Nervenzelle den Begriff des Einbahnstraßenprinzips.

9 Erklären Sie die Auswirkung des Einbahnstraßenprinzips der Signalweiterleitung auf den Bau des Nervensystems.

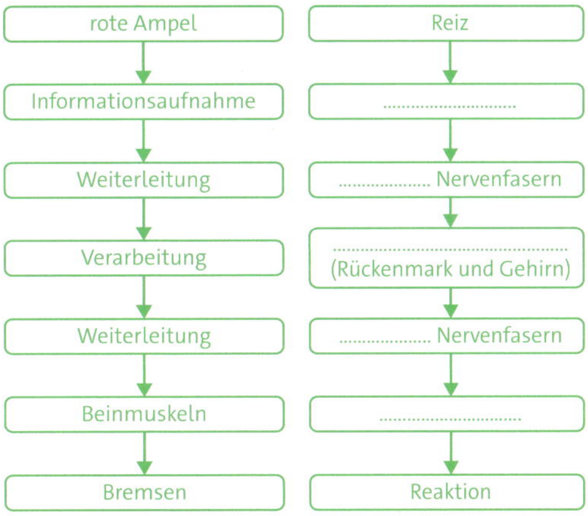

3 Reiz-Reaktions-Kette

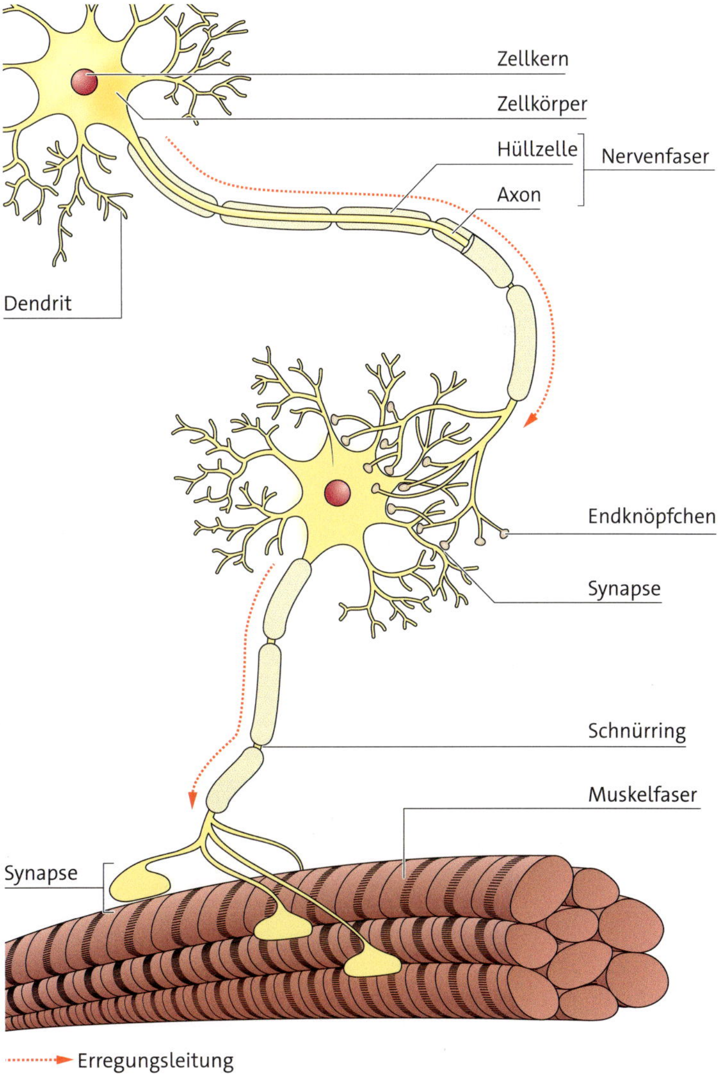

4 Bau einer Nervenzelle

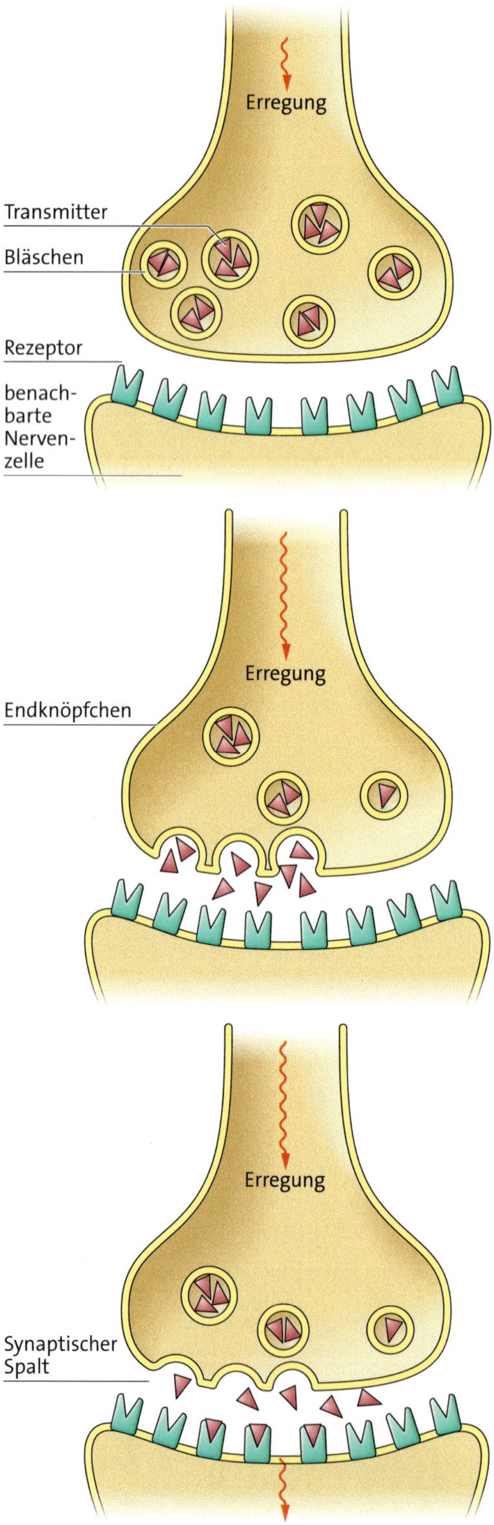

1 Erregungsweiterleitung an einer Synapse

Aus elektrischen Signalen werden chemische • Die Verbindungsstelle zwischen dem Endknöpfchen einer Nervenzelle und der folgenden Nerven- oder Muskelzelle wird als Synapse bezeichnet. Zwischen Endknöpfchen und der folgenden Zelle ist ein nur einige millionstel Millimeter schmaler Spalt. Entlang einer Nervenzelle wird das Signal elektrisch weitergeleitet. Kommt dieses Signal am Endknöpfchen des Axons an, beginnt eine Kette von Vorgängen, die das elektrische Signal in ein chemisches Signal umwandelt.

1 Beschreiben Sie die Details der Signalübertragung in einem Flussdiagramm (▶ 1).

Details der Übertragung • Zunächst werden mithilfe von Bläschen Überträgermoleküle, die Transmitter, in den synaptischen Spalt freigesetzt. Sie erreichen die gegenüberliegende Zellmembran in weniger als 1 ms. Wenn genügend Transmittermoleküle an der Oberfläche der Rezeptoren angedockt haben, wird in der Folgezelle wieder ein elektrischer Impuls ausgelöst. Der gesamte Vorgang dauert nur wenige Millisekunden.

2 Erklären Sie, warum die Weiterleitung an einer Synapse nur in eine Richtung erfolgen kann.

Schäden des Nervensystems • Veränderungen in allen Teilen des Nervensystems können Erkrankungen und Fehlfunktionen hervorrufen, die das Leben für die Betroffenen erheblich verändern. Ursache sind oft Unfälle oder Erkrankungen. Verletzungen des Rückenmarks treten zum Beispiel bei Wirbelbrüchen auf, wenn Knochenteile in den Wirbelkanal eindringen und auf das Rückenmark drücken. Das führt zu einer teilweisen oder vollständigen Schädigung der Nervenbahnen, deren Aufgabe die Erregungsleitung zwischen dem Gehirn und den Organen und Gliedmaßen ist. Je nach Schwere der Verletzung wird zwischen einer vorübergehenden Lähmung, einer unvollständigen sowie vollständigen Verletzung des Rückenmarks unterschieden.

3 Abbildung 2 zeigt, welche Folgen Verletzungen in unterschiedlichen Bereichen des Rückenmarks haben. Ordnen Sie die Figuren, die den Grad der Lähmung darstellen, den entsprechenden Verletzungsbereichen zu.

Umwandlung von Licht • Licht, welches in das Auge gelangt, wird von den Lichtsinneszellen in elektrische Signale umgewandelt. Diese werden durch Nervenzellen an das Gehirn weitergeleitet. Beim Menschen sowie allen anderen Wirbeltieren gelangen die elektrischen Signale in spezielle Gehirnbereiche und werden dort verarbeitet. So entstehen aus den Informationen dann „innere Bilder" und Wahrnehmungen.

4 Nennen Sie Informationen, die Sie mithilfe des Lichtes über ein Objekt erhalten können.

5 Vergleiche Sie den Informationsträger Licht mit anderen ihnen bekannten Informationsträgern bezüglich der Reichweite und des zuständigen Sinnesorgans.

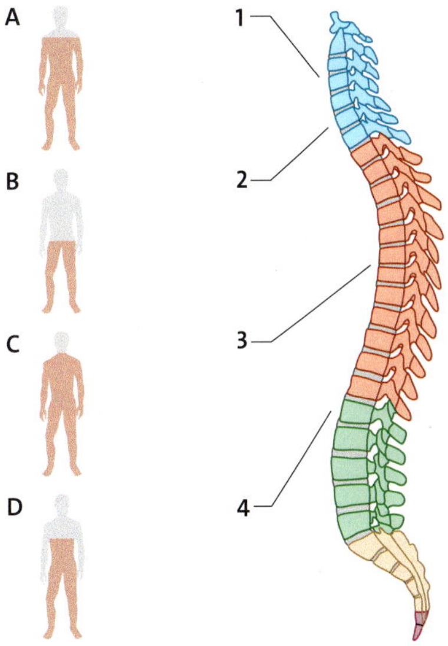

2 Unterschiedliche Grade einer Querschnittslähmung

Formgebung und Durchblick • Der nahezu kugelförmige Augapfel ist von drei dünnen Augenhäuten umgeben (▶3). Die äußerste davon, die Lederhaut, schützt das Auge und gibt ihm seine Form. An der Lederhaut setzen zudem die Augenmuskeln an. Der vordere Bereich der Lederhaut erscheint durchsichtig und wird als Hornhaut bezeichnet. Diese nur 0,5 mm dünne Schicht trägt zur Entstehung eines scharfen Bildes bei.
Die unter der Lederhaut liegende Aderhaut ist nur 0,2 mm dünn und dient vor allem der Versorgung der Augenhäute. Im Bereich der Hornhaut bildet sie einen ringförmigen Muskel. Dieser umgibt die Augenlinse kreisförmig. Die elastische Augenlinse ist durch viele dünne Fasern in diesem Muskelring aufgespannt. Vor der Linse bildet die mittlere Augenhaut die Iris oder Regenbogenhaut. Durch das Zusammenziehen verschiedener **Muskelfasern** wird die Größe der Eintrittsöffnung für das Licht, der Pupille, reguliert.
Die innere Augenhaut besteht aus einer Pigmentschicht und der Netzhaut. Die Pigmentschicht verhindert die Reflexion von Licht im Inneren des Auges. Die Netzhaut enthält die lichtempfindlichen Sinneszellen, deren Signale über den Sehnerv zum Gehirn geleitet werden.
Sie haben schon vieles über die neuronale Informationsverarbeitung gelernt. Die folgenden Aufgaben sollen Ihnen einen Ausblick auf die Inhalte geben, mit denen Sie sich in diesem Kapitel beschäftigen werden.

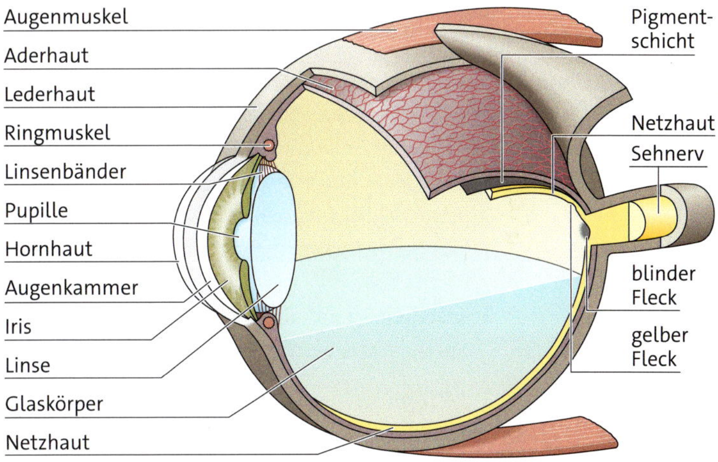

3 Bau des Auges

6 Stellen Sie im Zusammenhang der elektrischen Weiterleitung in Nervenzellen Hypothesen auf, was man unter Ruhepotenzial und Aktionspotenzial versteht.

7 Stellen Sie mit Blick auf die Signalübertragung an Synapsen eine Hypothese auf, welche Vorgänge bei einer Depression im Gehirn ablaufen.

8 Stellen Sie Hypothesen auf, welche Vorgänge beim Lernen auf neuronaler Ebene ablaufen.

9 Stellen Sie Hypothesen auf, wie man die Vorgänge im Gehirn sichtbar machen kann.

1.2 Neuronen und Gliazellen

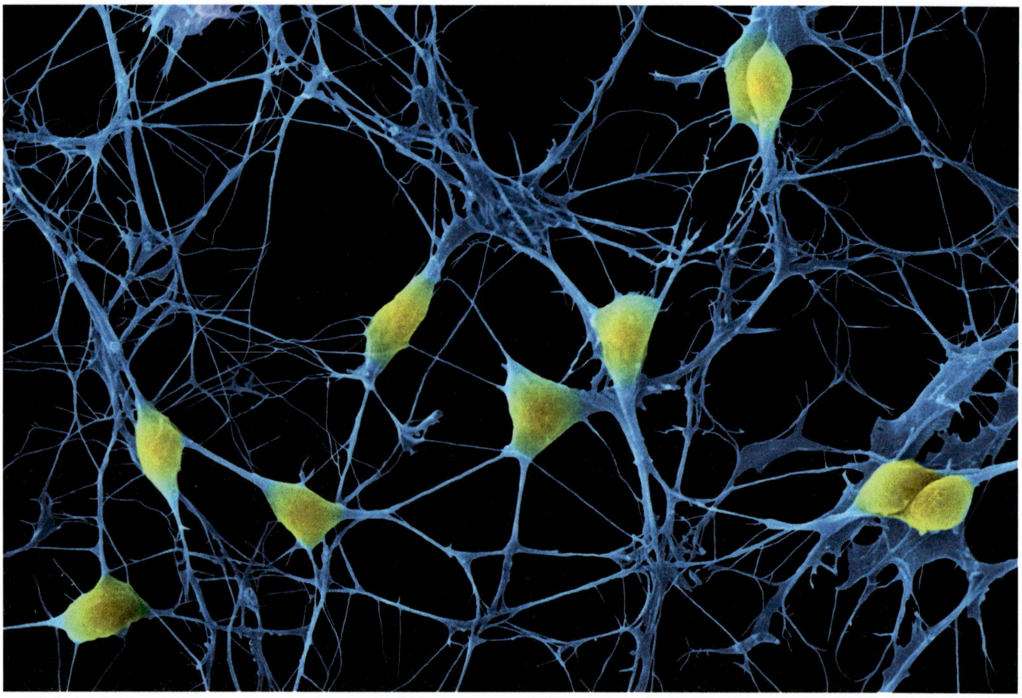

1 Zellkultur von Neuronen aus der Großhirnrinde

Das mit einem Rasterelektronenmikroskop aufgenommene Foto zeigt Neuronen der Großhirnrinde, die in einer Zellkultur wachsen. Man erkennt die gelb kolorierten Zellkörper der Neuronen sowie blau hervorgehobene Fortsätze der Zellen. Zwischen den Zellen bestehen vielfache Verbindungen, die somit ein kompliziertes Netzwerk bilden. Um verstehen zu können, wie ein solches Netzwerk zustande kommt, muss die Struktur seiner Bestandteile bekannt sein. Wie ist ein Neuron aufgebaut?

1 Erstellen Sie mithilfe der Abbildung 3A eine vereinfachte, beschriftete Skizze eines Neurons.

2 Fertigen Sie eine Tabelle zu den Funktionen der Strukturen des Neurons an.

griech. dendron = Baum

griech. synapsis = Verbindung

Bau des Neurons • Alle Neuronen des Nervensystems weisen einen ähnlichen Bauplan auf. Das elektronenmikroskopische Bild der Zellkultur lässt erkennen, dass der Zellkörper eines Neurons, der als **Soma** bezeichnet wird, nur einen Teil der Nervenzelle ausmacht (▶1). Bei einem typischen Neuron hat er einen Durchmesser von etwa 20 µm. Im Soma befinden sich die für Körperzellen charakteristischen Organellen wie Zellkern, Mitochondrien sowie alle für die Proteinbiosynthese notwendigen Strukturen. Dort werden das Wachstum des Neurons und alle seine Stoffwechselprozesse gesteuert.
Der auffälligste Unterschied von Neuronen gegenüber anderen Zelltypen ist ein schmaler, bis zu 1 m langer Zellfortsatz, das **Axon**. An den häufig verzweigten Axonenden sind verdickte Strukturen erkennbar, die **Endknöpfchen**. Der Übergang zwischen Soma und Axon wird aufgrund seiner Verdickung als **Axonhügel** bezeichnet. Dieser besondere Aufbau des Neurons dient der Informationsübertragung über größere Strecken.
Ebenfalls am Soma befinden sich weitere, häufig stark verzweigte Zellfortsätze. Da die Struktur dieser Fortsätze an einen Baum erinnert, werden sie als **Dendriten** bezeichnet.
Über die Endknöpfchen stehen die Neuronen mit den Dendriten oder den Zellkörpern der Nachbarneuronen in Kontakt. Die Kontaktstellen heißen **Synapsen**. Im **Gehirn** eines erwachsenen Menschen ist jedes einzelne Neuron durchschnittlich über 10 000 Synapsen mit Nachbarneuronen verbunden.

3 Korrigieren und erweitern Sie gegebenenfalls ihre Tabelle aus Aufgabe 2.

Gliazellen • Im Nervensystem der Wirbeltiere befinden sich neben den Neuronen weitere Zelltypen, die **Gliazellen**. Die häufigsten Gliazellen sind die **Astrocyten.** Sie haben einen unregelmäßig geformten Zellkörper und relativ lange Fortsätze. Über ihren engen Kontakt zu den Neuronen beeinflussen sie deren Wachstum. Außerdem regulieren sie die Zusammensetzung der extrazellulären Umgebung der Neuronen. Andere Astrocyten verhindern als Bestandteil der **Blut-Hirn-Schranke** das Eindringen giftiger Stoffe aus dem Blut in das Gehirn. **Mikrogliazellen** sind zuständig für die Beseitigung abgestorbener oder degenerierter Neuronen durch Phagocytose, andere Gliazellen sind an der Gehirnentwicklung beteiligt.

Die Axone der meisten Wirbeltierneuronen weisen gegenüber den Neuronen anderer Tierstämme eine Besonderheit auf. Sie sind von einer **Myelinscheide** umgeben. Sie wird von speziellen Gliazellen, den **Schwann-Zellen**, gebildet. Diese umwickeln das Axon mehrfach. Dadurch entsteht ein dichter Membranstapel, der das Axon umhüllt und elektrisch isoliert. Schwann-Zellen bilden die Myelinscheide allerdings nur im peripheren Nervensystem. Im zentralen Nervensystem wird diese Aufgabe von einem anderen Typ Gliazellen, den **Oligodendrocyten**, übernommen. In regelmäßigen Abständen ist die Myelinscheide unterbrochen, sodass die Axonmembran dort freiliegt. Diese freien Stellen bezeichnet man als **Ranvier-Schnürringe**.

4 Vergleichen Sie Struktur und Funktion von Neuronen und Gliazellen (▶2).

5 Stellen Sie eine Hypothese auf, welche Bedeutung die Myelinscheiden und Ranvier-Schnürringe für die Erregungsleitung haben.

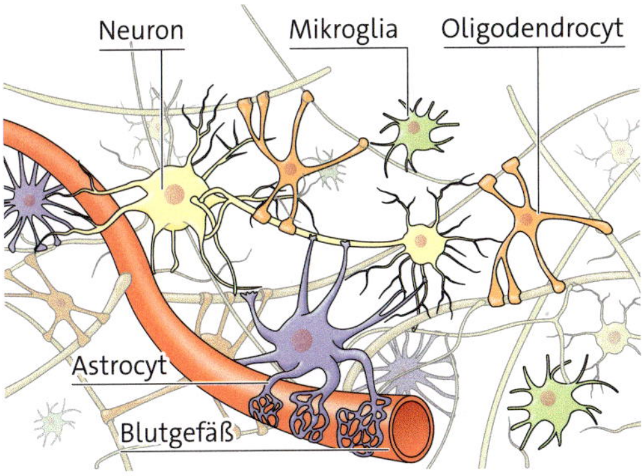

2 Gliazellen im Gehirn des Menschen

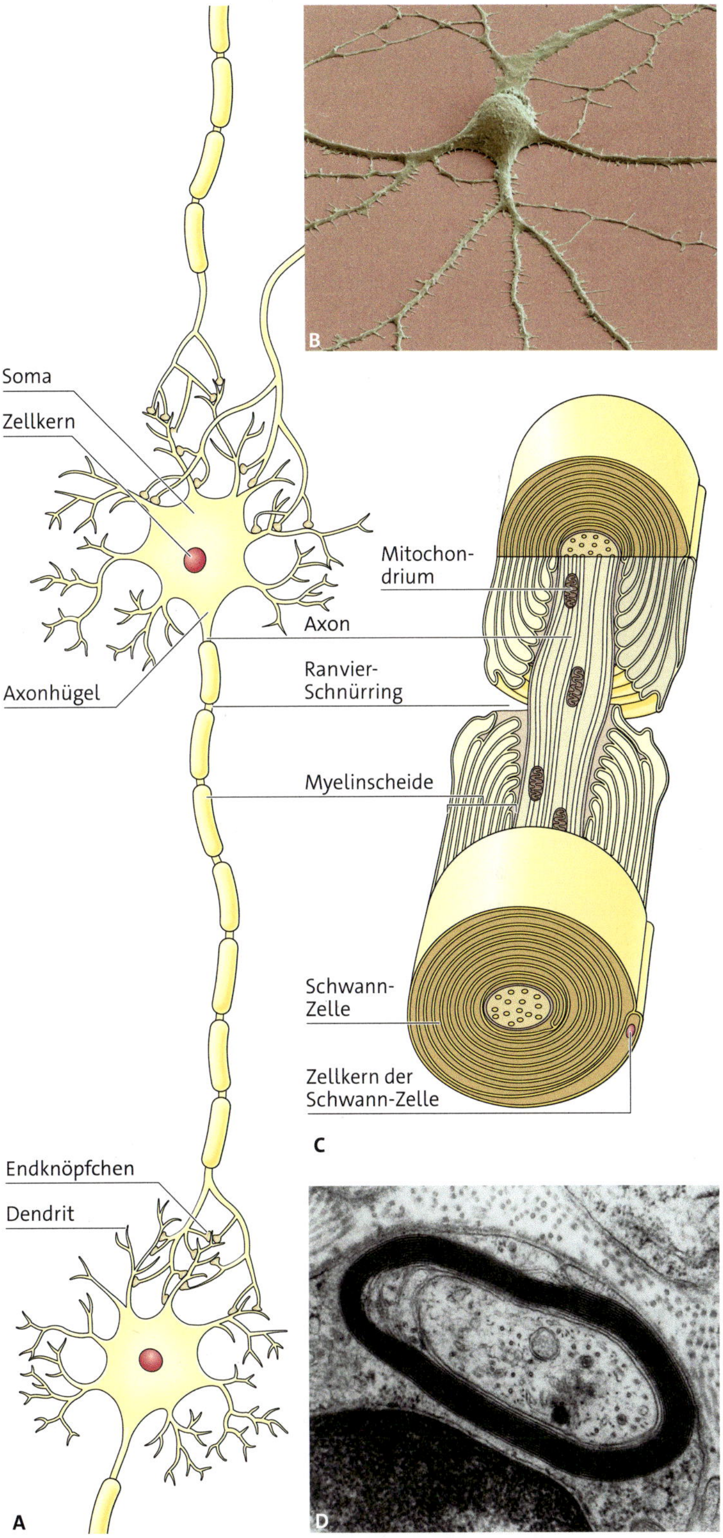

3 Aufbau eines Wirbeltierneurons: A Grundbauplan (Schema), B Zellkörper (EM-Aufnahme), C Axon mit Myelinscheide (Schema), D Querschnitt durch ein Axon (EM-Aufnahme)

Neuronentypen und Transportvorgänge

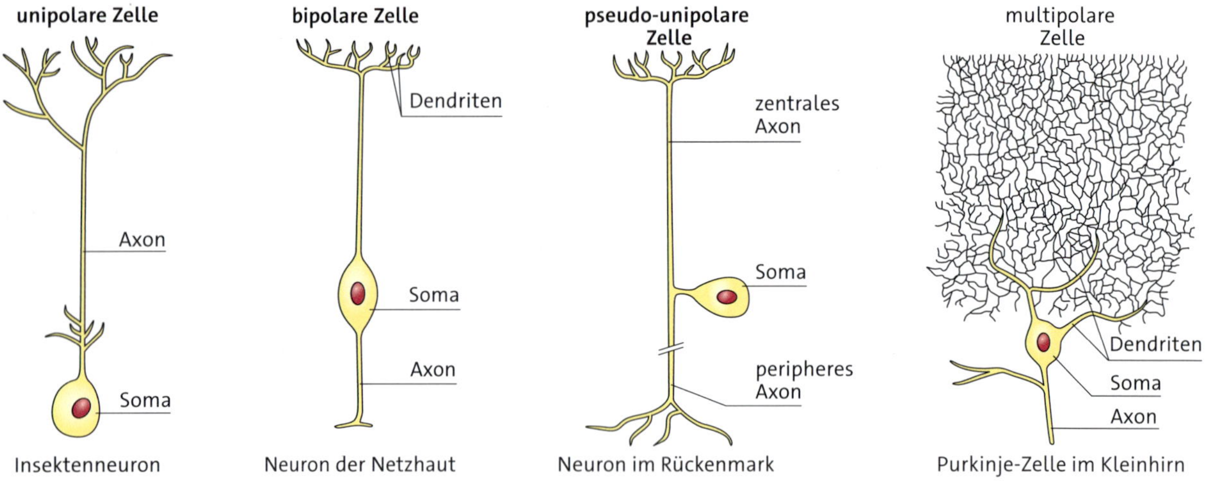

1 Neuronentypen

1 Stellen Sie Hypothesen auf, wie sich die Unterschiede der abgebildeten Neuronentypen auf deren Funktion auswirken (▶ 1).

2 Erklären Sie, welche Probleme sich durch die besondere Struktur der Neuronen hinsichtlich des Stofftransports innerhalb der Zelle ergeben.

Neuronentypen • Bei wirbellosen Tieren haben die Neuronen meist nur einen einzigen Fortsatz. Sie werden deshalb als **unipolar** bezeichnet. Im Wirbeltierauge befinden sich Neuronen mit zwei Fortsätzen, die bipolaren Zellen. Sie erhalten Informationen von den Sinneszellen und leiten diese zum Sehnerv weiter. Die Neuronen im Rückenmark entstehen während der Embryonalentwicklung aus bipolaren Zellen, deren Fortsätze miteinander verschmelzen und sich dann in ein zentrales und ein peripheres Axon, das die Funktion eines Dendriten erfüllt, gabelt. Sie werden deshalb als **pseudo-unipolare Zellen** bezeichnet. Die Purkinje-Zellen im Kleinhirn weisen eine starke Verästelung der Dendriten auf und können als **multipolare Zellen** besonders viele Synapsen ausbilden.

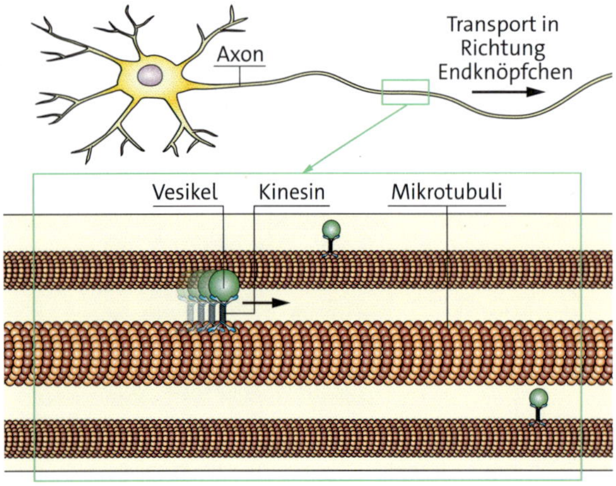

2 Vesikeltransport im Axon

Transport im Axon • Da sich der Zellkern der Neuronen im Soma befindet, war lange Zeit unbekannt, wie die Produkte der Proteinbiosynthese zu den weit entfernten Endknöpfchen gelangen. Um diese Frage zu klären, experimentierten amerikanische Neurobiologen in den 1940er-Jahren mit Neuronen. Sie wollten überprüfen, ob Proteine aus dem Soma ins Axon transportiert werden. Hierzu schnürten sie das Axon direkt hinter dem Axonhügel mit einer Schlinge aus einem dünnen Faden ab. Sie konnten beobachten, dass sich auf der dem Soma zugewandten Seite Proteine und andere Stoffwechselprodukte anhäuften. Nach Lösen der Schlinge löste sich der Stau und die Proteine bewegten sich entlang des Axons.
Anhand neuerer Untersuchungen konnte ermittelt werden, wie der Stofftransport im Axon funktioniert. Die im Soma produzierten Moleküle werden zunächst in Vesikel eingeschlossen. In Längsrichtung verlaufen innerhalb des Axons zum Cytoskelett gehörende Röhren, die Mikrotubuli. Ein spezifisches Protein, das Kinesin, bindet an ein Vesikel und bewegt sich mithilfe von Fortsätzen unter Verbrauch von ATP entlang der Mikrotubuli. Der Transport verläuft vom Soma in Richtung der Endknöpfchen.

3 Erläutern Sie den Transport von Stoffwechselprodukten durch das Axon.

Material A Gliazellen im Gehirn

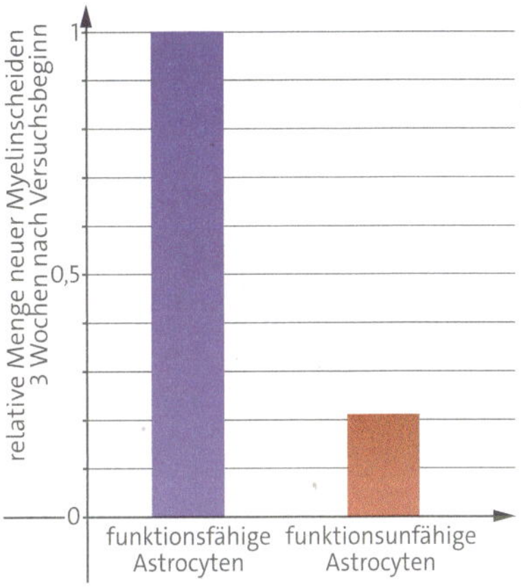

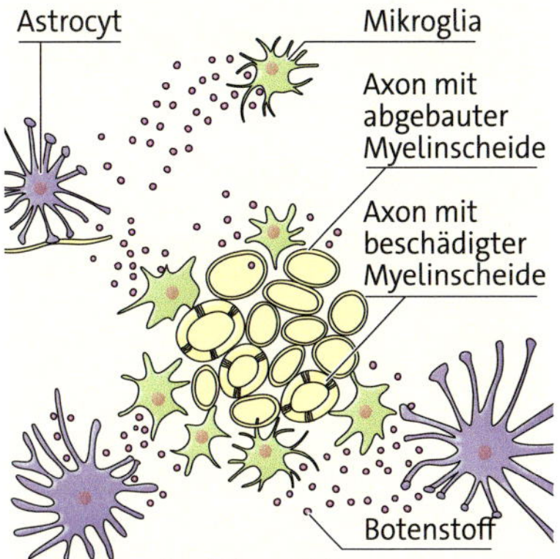

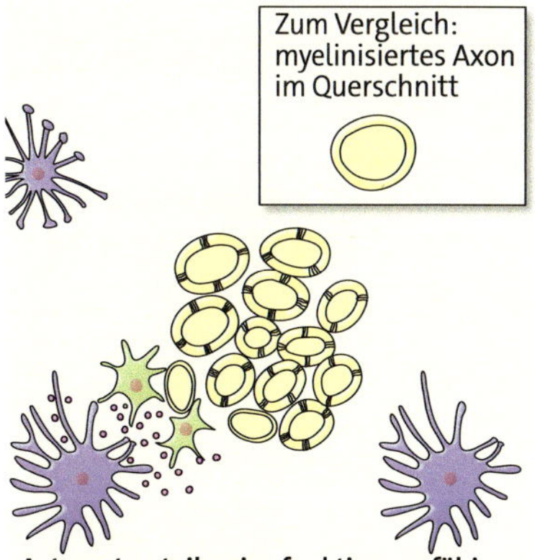

Beschädigte Myelinscheiden von Gehirnneuronen werden von Mikrogliazellen durch Phagocytose entfernt. Danach können Oligodendrocyten eine neue Myelinscheide bilden.

Um herauszufinden, welche Bedeutung Astrocyten für die Bildung der Myelinscheiden der Neuronen im Gehirn haben, wurde das Gehirngewebe von Mäusen mit einem Gift behandelt, das die Myelinscheiden beschädigt.

In einem weiteren Versuch wurden gleichzeitig die Astrocyten funktionsunfähig gemacht. Nach drei Wochen überprüfte man den Abbau der beschädigten Myelinscheiden und erhielt die im Diagramm gezeigten Ergebnisse.

Es konnte experimentell nachgewiesen werden, dass die Astrocyten einen Botenstoff freisetzen, der Mikrogliazellen in geschädigtes Gewebe einwandern lässt.

1 Erläutern Sie anhand des Säulendiagramms die Bedeutung der Astrocyten für die Regeneration der Myelinscheide.

2 Beschreiben Sie anhand der schematischen Darstellungen den Ablauf der Entfernung beschädigter Myelinscheiden.

3 Erklären Sie, welche Bedeutung der Gliazellen für das Gehirn aus diesen Befunden ableitbar ist.

Material B Proteintransport im Axon

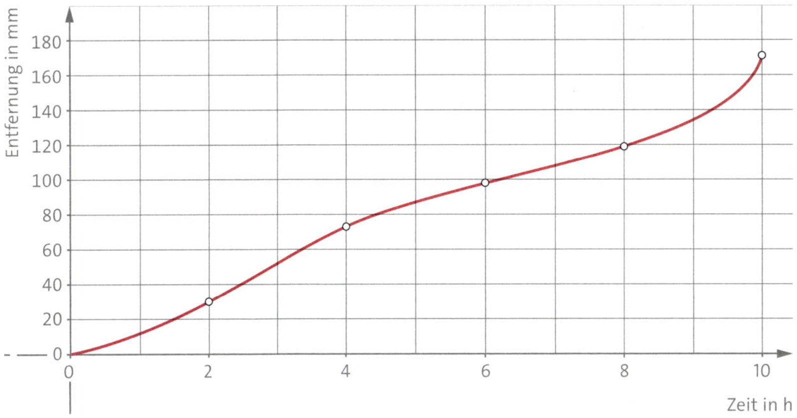

Um nachzuweisen, mit welcher Geschwindigkeit Proteine im Axon durch Kinesin transportiert werden, wurde die Aminosäure Leucin radioaktiv markiert und in das Soma des Ischiasnervs einer Katze injiziert. Die Aminosäure wird in der Zelle sofort in Proteine eingebaut, die damit ebenfalls radioaktiv markiert sind. In verschiedenen Zeitabständen überprüfte man anschließend am Axon, in welcher Entfernung vom Soma die Radioaktivität messbar war.

1 Ermitteln Sie anhand der Ausbreitung der radioaktiv markierten Proteine die Transportgeschwindigkeit im Axon pro Tag.

2 Erklären Sie den geringeren Wert der Ausbreitung radioaktiv markierter Proteine innerhalb der ersten beiden Stunden.

3 Begründen Sie, weshalb es bei diesem Experiment notwendig ist, die radioaktiv markierte Aminosäure in das Soma zu injizieren und nicht direkt in das Axon.

1.3 Biomembranen – verformbare Grenzen

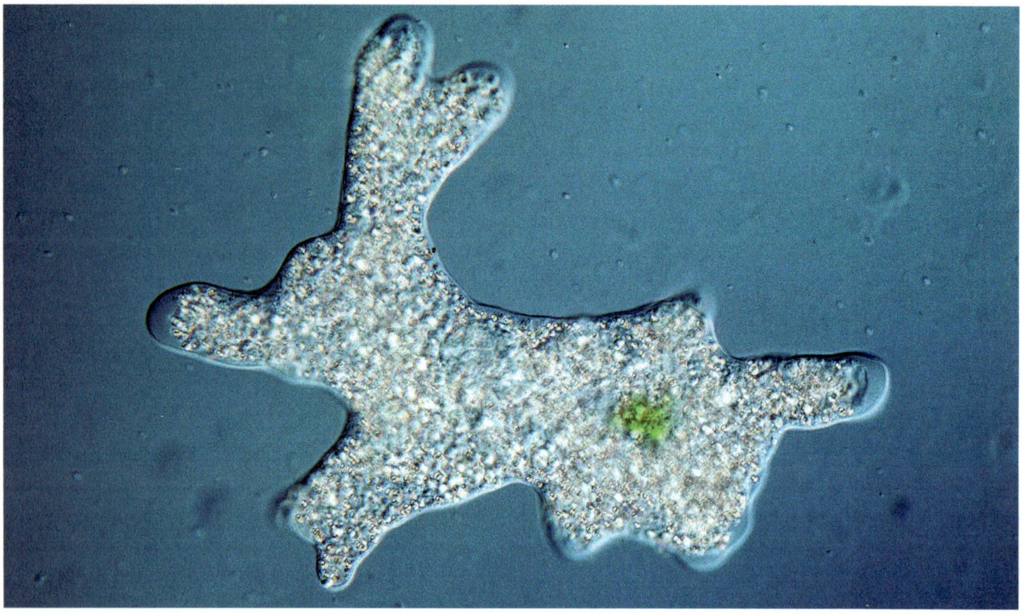

1 Amöbe im lichtmikroskopischen Bild

Amöben sind Einzeller, die zur Fortbewegung ihren Zellkörper an einer Seite ausstülpen und an der anderen Seite zusammenziehen. Durch diese Bewegungen verändert ihr Zellkörper ständig seine Gestalt. Damit muss auch ihre äußere Begrenzung sehr flexibel und verformbar sein. Wie ist die Zellmembran aufgebaut, sodass sie eine verformbare und zugleich stabile Grenze bildet?

Bau der Membran • Zellmembranen sind so dünn, dass man sie im Lichtmikroskop nicht wahrnehmen kann. Man erkennt lediglich eine schwach ausgeprägte Grenze zwischen dem Cytoplasma im Zellinneren und dem Zelläußeren. Im Elektronenmikroskop zeigt sich durch die wesentlich höhere Auflösung die Zellmembran hingegen als dreischichtiges Band. Dieses Schichtmuster findet man nicht nur bei Zellmembranen, sondern bei allen Membranen einer Zelle.

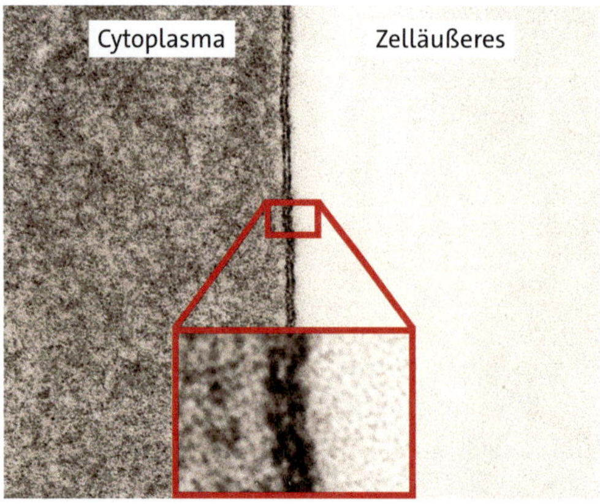

2 Elektronenmikroskopisches Bild der Zellmembran

1 Nennen Sie Zellstrukturen, die von einer Membran umgeben sind.

Aufgrund ihrer gleichartigen Struktur bezeichnet man alle zellulären Membranen einheitlich als Biomembranen. Bei der Interpretation des dreischichtigen Musters von Biomembranen muss jedoch bedacht werden, dass im Elektronenmikroskop nur künstlich kontrastierte Strukturen sichtbar gemacht werden können. Während die bei der Präparation des Schnittes zugeführten Kontrastmittel an die beiden äußeren Schichten binden und sie dadurch dunkel erscheinen lassen, bleibt die mittlere Schicht aufgrund ihrer anderen chemischen Eigenschaften unkontrastiert. Die so sichtbar gemachte Struktur belegt also lediglich, dass innerhalb einer Biomembran drei parallel verlaufende Schichten existieren, die sich in ihrem molekularen Aufbau voneinander unterscheiden.

2 Recherchieren Sie den Hintergrund für den dreischichtigen Aufbau einer Biomembran. Nutzen Sie hierzu gegebenenfalls die Methode auf Seite 272.

Membranlipide • Der dreischichtige Bau von Biomembranen beruht vor allem auf den chemischen Eigenschaften seiner Grundbausteine, der Membranlipide. Obwohl es verschiedene Typen von Membranlipiden gibt, kann man den Bau ihrer Moleküle in einem einheitlichen Modell aus langer Schwanzregion und kugelförmiger Kopfregion darstellen. Die Schwanzregion besteht aus zwei Fettsäureresten. Diese sind stets ungeladen und unpolar. Die Kopfregion setzt sich je nach Lipidtyp aus verschiedenen Bausteinen wie Glycerin, Cholin und Phosphatrest zusammen, die teilweise Ladungen tragen. Daher wird die Kopfregion des Modells als polar charakterisiert. Membranlipide mit Phosphatresten als Molekülbaustein werden als Phospholipide bezeichnet. Sie sind der häufigste Typ der Membranlipide.

3 Stellen Sie eine Hypothese auf, wie sich die Membranlipide in einer wässrigen Umgebung anordnen.

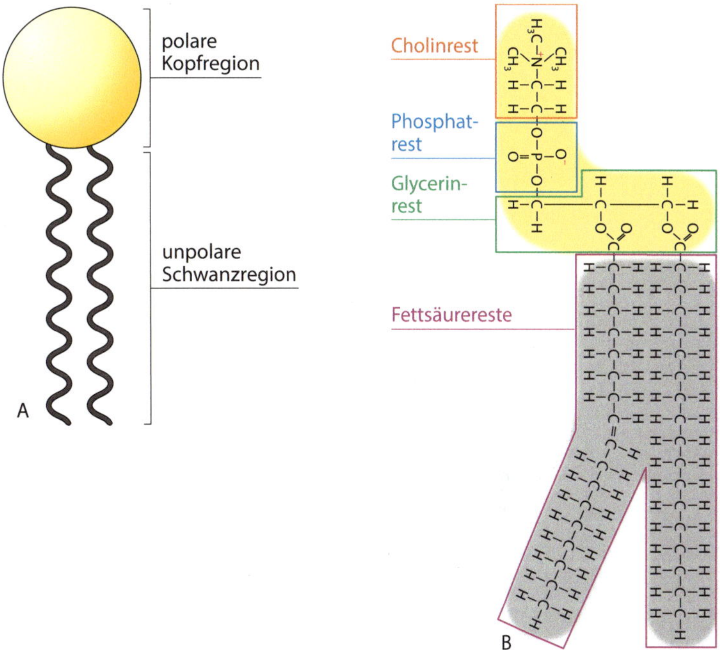

4 Membranlipid **A** vereinfachtes Modell **B** Strukturformel

Anordnung der Membranlipide • Aufgrund ihrer Polarität sind die Kopfregionen wasserliebend, also hydrophil. Deshalb wenden sie sich stets den polaren Wassermolekülen zu. Die unpolaren Schwanzregionen sind hingegen wasserabweisend, also hydrophob. Daher ordnen sich die Membranlipide in einem wässrigen Medium durch An- und Abstoßungsprozesse automatisch zu geordneten Mustern an, zum Beispiel als kugelförmige Mizelle oder zweischichtige Membran, die man auch als Lipiddoppelschicht bezeichnet (▶ 3). Die Fähigkeit der Membranlipide zur Bildung einer Biomembran beruht somit auf der Kombination aus den Wechselwirkungen ihrer hydrophilen und hydrophoben Molekülregion mit dem umgebenden Medium. Diese amphiphile Eigenschaft ermöglicht den Aufbau aus zwei Lipidschichten, bei dem die hydrophilen Kopfregionen nach außen an das Wasser grenzen und die hydrophoben Schwanzregionen einander zugewandt nach innen gerichtet sind. Hierdurch entsteht eine mittlere hydrophobe Schicht, die eine undurchlässige Barriere für Wasser und darin gelöste Teilchen bildet. Zwischen den Membranlipidmolekülen selbst bestehen jedoch nur schwache Wechselwirkungen. Daher können sich die einzelnen Membranlipide innerhalb der Membran seitlich bewegen.

griech. amphi = beidseitig
griech. philos = liebend

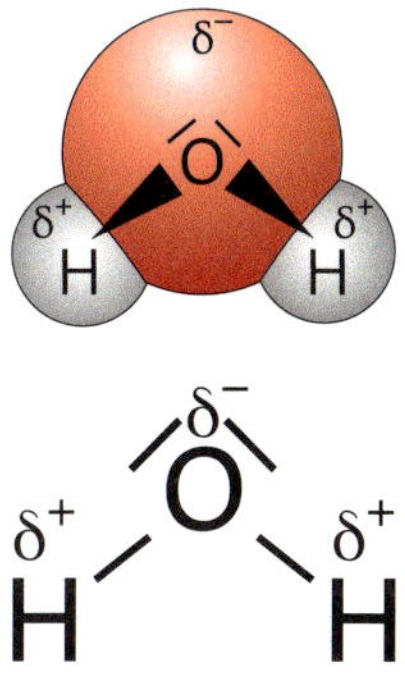

5 Polares Wassermolekül mit partieller Ladungsverteilung

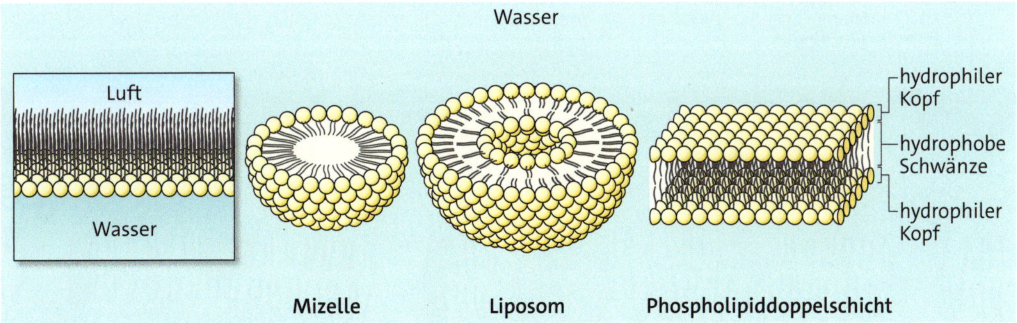

3 Anordnung von Membranlipiden in Wasser und zwischen Wasser und Luft

1 Rasterelektronenmikroskopisches Bild der durch Gefrierbruchtechnik flächig aufgebrochenen Biomembran

Präparate von Zellen oder Zellmembranen, die mithilfe der Gefrierbruchtechnik hergestellt wurden, lassen im Rasterelektronenmikroskop kleine Erhebungen erkennen, die aus den voneinander getrennten Lipidschichten herausragen.

1 Stellen Sie eine Hypothese auf, was diese Erhebungen verursachen könnte.

Membranproteine • Diese mosaikartig verteilten Erhebungen sind nicht etwa die Kopfregionen der Phospholipide, sondern allesamt Membranproteine. Membranproteine, die die gesamte Membranschicht durchdringen, werden als Transmembranproteine bezeichnet. Darüber hinaus gibt es auch Proteine, die nur in eine der beiden Lipidschichten hineinreichen. Beide Formen werden als integrale Membranproteine zusammengefasst. Membranproteinmoleküle, die der Membran nur außen aufliegen, werden hingegen als periphere Membranproteine bezeichnet.

2 Stellen Sie Hypothesen auf, welche Funktionen diese Membranproteine erfüllen könnten.

Die Funktionen der Membranproteine sind sehr vielfältig: Transmembranproteine bilden häufig Transporttunnel, die einen geregelten Stoffaustausch zwischen den Kompartimenten ermöglichen. Aufliegende Proteine können beispielsweise für Kontakte zu anderen Zellen zuständig sein. Wichtige Strukturen der Zell-Zell-Erkennung sind zudem Kohlenhydrate, die sowohl mit Membranproteinen als auch mit Membranlipiden verbunden sein können. Diese werden dann als Glykoproteine beziehungsweise Glykolipide bezeichnet. Sie besitzen je nach Zelltyp eine charakteristische Zusammensetzung.

3 Erklären Sie die Anordnung der Membranproteine in einer Biomembran mithilfe von Abbildung 2 B.

Die Verankerung von Membranproteinen erfolgt durch dieselben Wechselwirkungen wie die Anordnung der Membranlipide: Die polaren Molekülregionen richten sich zum Wasser aus und die unpolaren Molekülregionen werden zur inneren, hydrophoben Schicht der Biomembran abgedrängt. Membranproteine sind hierbei ebenso wie die Membranlipide mit ihren Nachbarmolekülen nicht fest verbunden und somit seitlich beweglich. Durch die ständige Bewegung erscheint die Biomembran zähflüssig und ist verformbar. Diese Vorstellung eines fluiden und mosaikartigen Nebeneinanders von Lipiden und Proteinen in der Biomembran wird als Fluid-Mosaik-Modell bezeichnet. Es wurde 1972 von Seymour J. Singer und Garth L. Nicolson entwickelt.

4 Beschreiben Sie den Aufbau der Biomembran nach dem Fluid-Mosaik-Modell.

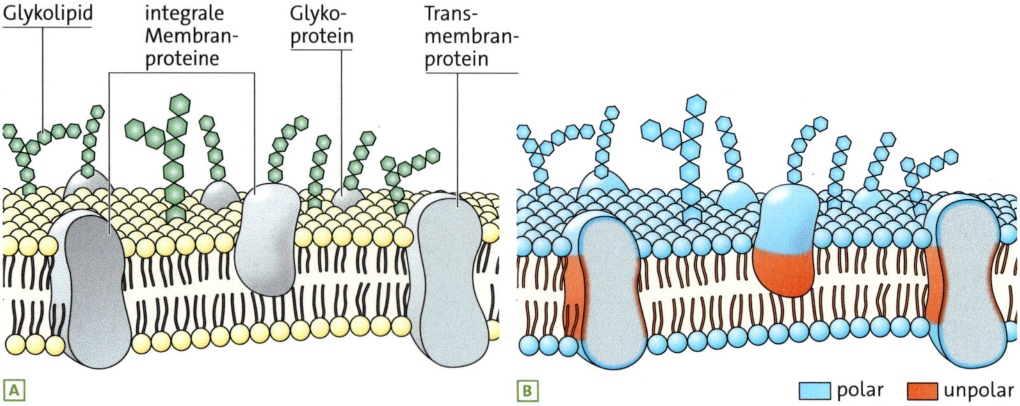

2 Modelle der Biomembran A Fluid-Mosaik-Modell B Modell der Ladungsverhältnisse

Weitere Membranmodelle

Neuere Modellvorstellungen • Mithilfe des Fluid-Mosaik-Modells lassen sich die meisten Funktionen der Biomembran erklären. In den 1990er-Jahren durchgeführte Untersuchungen zeigten jedoch, dass sich die Proteine und Lipide nicht, wie zunächst erwartet, gleichmäßig in der Membran verteilen.

5 **Vergleichen Sie das Fluid-Mosaik-Modell tabellarisch mit den neueren Lipid-Raft- und Protein-Island-Modellen in Abbildung 3 und 4.**

Man konnte beobachten, dass es Gebiete mit einer besonders hohen Anzahl an Proteinen gibt, die als Proteininseln bezeichnet werden. Außerdem gibt es Gebiete, in denen bestimmte Lipidtypen besonders häufig sind. Sie gleichen Flößen, die sich bewegen und umgruppieren. Diese Ausdifferenzierung der ursprünglichen Modellvorstellung führte zur englischen Bezeichnung Lipid-Raft-Modell. Im Fluid-Mosaik-Modell wird davon ausgegangen, dass sich Lipide und Proteine in der Membran und durch sie hindurch frei bewegen können. Genauere Beobachtungen an Zellmembranen zeigten jedoch, dass die freie Beweglichkeit nicht überall im gleichen Ausmaß möglich ist. Es gibt Bereiche, in denen strebenartige Strukturen des Cytoskeletts wie ein Zaun an der Innenseite der Zellmembran anliegen und dort die Beweglichkeit der Proteine und Lipide einschränken. Die zaunartigen Strukturen werden durch Transmembranproteine festgehalten, die wie Pfähle in der Membran verankert sind. Daraus leitet sich die englische Bezeichnung Picket-Fence-Modell ab. Im 21. Jahrhundert konnte diese Modellvorstellung aufgrund elektronenmikroskopischer Befunde verfeinert werden. Demnach sind die Membranproteine in Proteininseln angeordnet. Nach dem Proteinisland-Modell sind die Proteininseln durch proteinfreie Bereiche voneinander getrennt. Die weiterführenden Modelle widersprechen dem ursprünglichen Fluid-Mosaik-Modell also nicht, sondern ergänzen es nur um weitere Details.

Steckbrief

Seymour Jonathan Singer (1924 – 2017)
Seymour Jonathan Singer wurde in New York geboren. Er studierte dort an der Columbia University. 1965 kam er nach San Diego und erforschte dort die Struktur von Proteinen der Biomembran. Diese Forschungen führten zur Entwicklung des Fluid-Mosaik-Modells, das er im Jahr 1972 gemeinsam mit Garth L. Nicolson veröffentlichte. In seinen späteren Forschungen entdeckte er den Zusammenhang zwischen Zellmembran und Cytoskelett.

Steckbrief

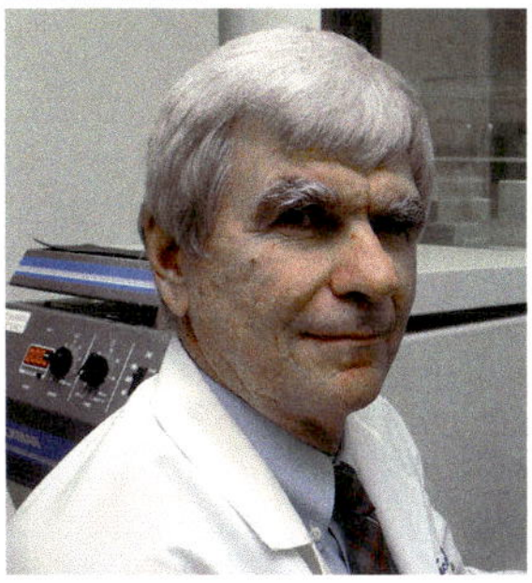

Garth L. Nicolson (*1943)
Garth L. Nicolson wurde 1943 in Los Angeles geboren. Dort studierte er Chemie an der University of California. 1965 wechselte er nach San Diego, wo er der Forschungsgruppe von Seymour Jonathan Singer beitrat und dort 1970 promovierte. Später arbeitete er an verschiedenen Universitäten in den USA und in Australien in der Krebsforschung und in der zellbiologischen Altersforschung. 1996 gründete er das Institute for Molecular Medicine in Huntington Beach in Kalifornien.

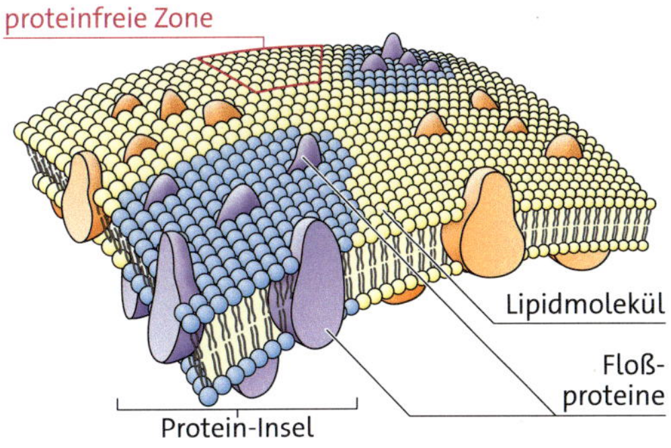

3 **Lipid-Raft-Modell**

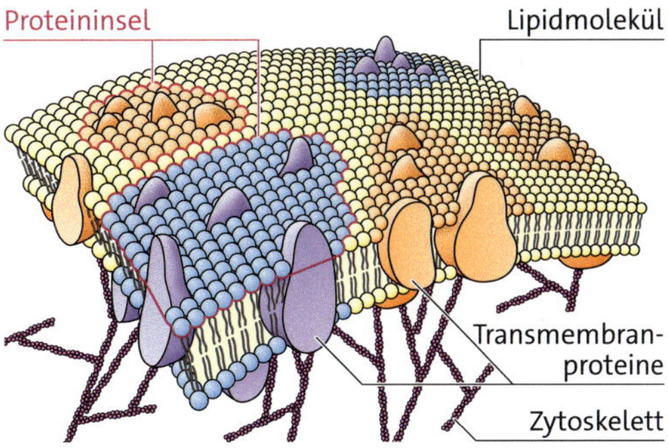

4 **Protein-Island-Modell**

Material A Anordnung von Membranproteinen und -lipiden

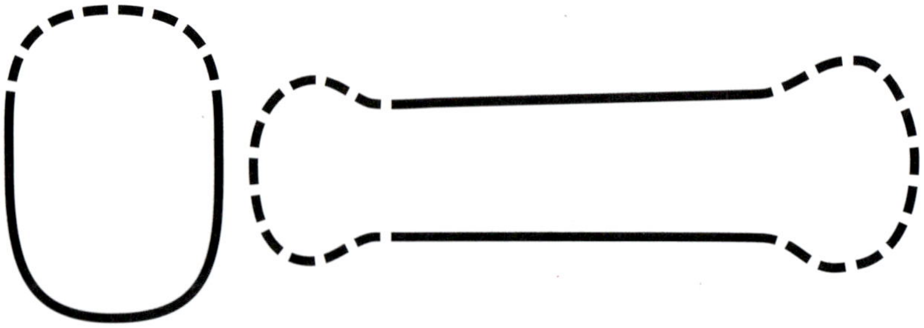

Die obigen Skizzen zeigen einfache Schemata von Membranproteinen und ihren Oberflächeneigenschaften: gestrichelte Linie (- - -): hydrophil, durchgezogene Linie (——): lipophil.

1 Übertragen Sie beide Skizzen in eine eigene Zeichnung und ergänzen Sie passend angeordnete Membranlipide in Form einfacher Kopf-Schwanz-Symbole (=○). Die Ausrichtung der beiden Membranprotein-Schemata ist hierbei frei wählbar.
Hinweis: Beachten Sie, dass die Membranproteine in unterschiedlichen Maßstäben dargestellt sind, sodass die Größe der Membranlipidmoleküle jeweils angepasst werden muss.

2 Benennen Sie die Art des jeweiligen Membranproteins bezogen auf dessen Lage in der Biomembran.

3 Löst man die Lipide aus einer Biomembran heraus und überführt sie auf eine Wasseroberfläche, bildet sich dort ein einschichtiger Film aus Membranlipiden.
Stellen Sie eine Hypothese auf, wie groß die Fläche des entstehenden Films im Verhältnis zur Oberfläche der ursprünglichen Biomembran ist.

Material B Indirekter Nachweis von Membranbestandteilen im Rotkohl

Schritt	Durchführung
1	Rotkohl in schmale Streifen schneiden
2	geschnittenen Rotkohl mehrfach wässern
3	Rotkohlstreifen getrennt legen in: – Spülmittel, mit Wasser verdünnt (Ansatz A) – Essigsäure in Wasser (Ansatz B) – reines Wasser (Ansatz C)
4	Auswertung

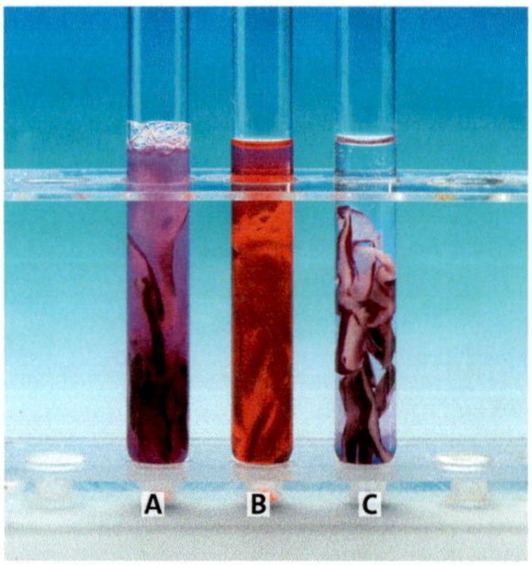

Ansatz	Beobachtung
A	Rotfärbung
B	(helle) Rotfärbung
C	kaum Rotfärbung

Der rotviolette Farbstoff des Rotkohls befindet sich in den Vakuolen der Zellen. Sowohl die Vakuolen in den Zellen als auch die Zellen selbst sind durch Biomembranen begrenzt.

Essigsäure verändert die dreidimensionale Struktur von Proteinmolekülen. In Spülmitteln sind amphiphile Moleküle enthalten, die mit Membranlipiden in Wechselwirkung treten können.

1 Erläutern Sie die Funktion der in der Tabelle beschriebenen Durchführungsschritte.

2 Deuten Sie die Ergebnisse zu den drei Versuchsansätzen. Formulieren Sie eine zusammenfassende Schlussfolgerung.

3 Erklären Sie, weshalb dieser Versuch als ein indirekter Nachweis bezeichnet wird.

Material C Positionswechsel von Membranlipiden

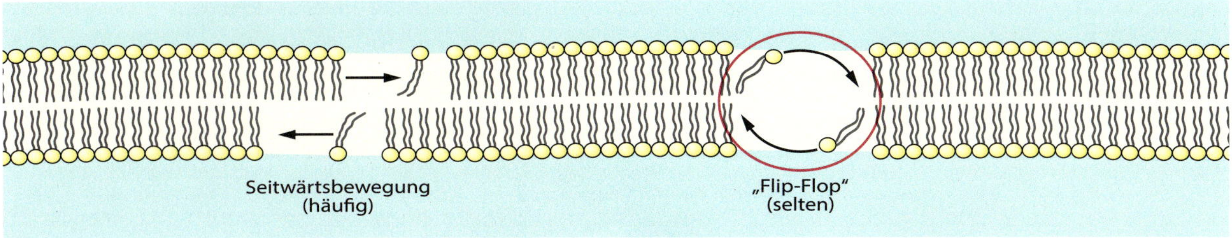

Membranlipide sind innerhalb der Membranschichten aufgrund der Fluidität dieser Struktur sehr beweglich und können daher ihre Position leicht verändern.

1 Beschreiben Sie die in der Abbildung gezeigten Positionswechsel einzelner Membranlipide.

2 Erklären Sie die unterschiedliche Häufigkeit der beiden Varianten des Positionswechsels.

Material D Hybridzellenversuch von Edidin und Frye (1972)

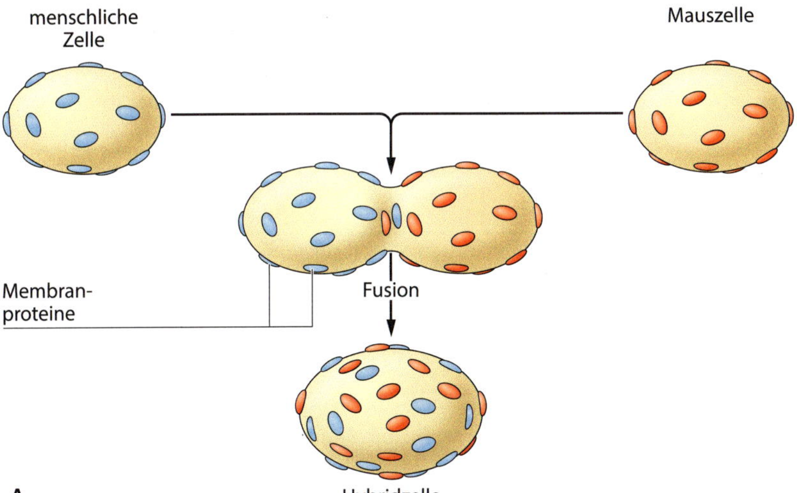

A

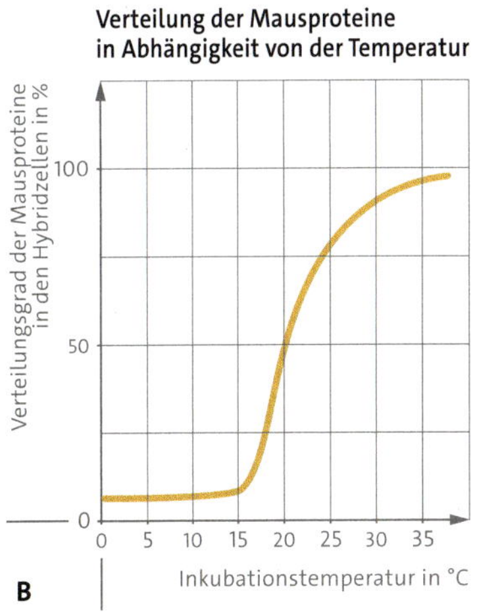

B

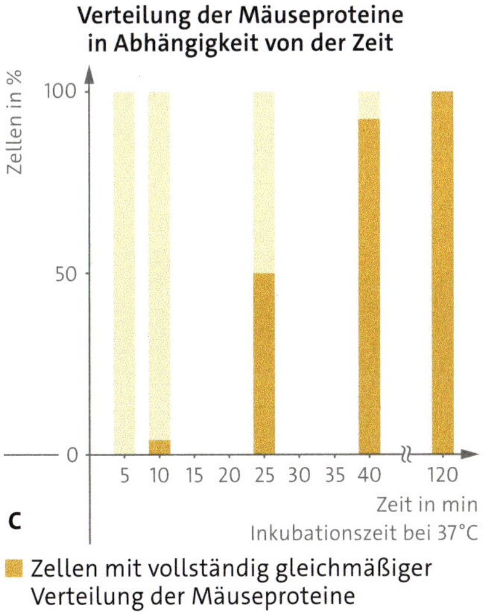

C

In einem Versuch wurden Membranproteine auf der Oberfläche von Mauszellen und von menschlichen Zellen mit jeweils einem unterschiedlichen Farbstoff markiert. Anschließend wurden eine Mauszelle und eine Menschenzelle fusioniert, sodass sich ihre Zellmembranen verbanden. So entstand eine Hybridzelle.

Nach der Fusion wurden diese Hybridzellen mithilfe eines Fluoreszenzmikroskops in Bezug auf die Verteilung der Farbmarkierungen untersucht.

1 Stellen Sie eine Hypothese auf, die mit dem beschriebenen Versuch überprüft werden kann.

2 Beschreiben Sie das in der Abbildung A dargestellte Versuchsergebnis und überprüfen Sie Ihre Hypothese aus Aufgabe 1.

3 Werten Sie die in Abbildung B und C dargestellten Versuchsergebnisse unter Berücksichtigung der physikalischen und molekularen Ursachen der beobachteten Effekte aus.

1.4 Transportvorgänge an Biomembranen

1 Diabetikerin prüft ihren Blutzuckerspiegel

Tritt bei Diabetikern unerwartet eine Unterzuckerung auf, kann Glucose (Traubenzucker) ein lebensbedrohliches Koma abwenden. Die energiereiche Glucose wird sehr rasch vom Darm ins Blut aufgenommen und ist daher ein schneller Energielieferant für einen kurzen Zeitraum. Wie gelangen die Glucosemoleküle so schnell durch die Zellmembran der Darmwand in die Blutgefäße?

Erleichterte Diffusion • Als Charles Ernest Overton in den 1890er-Jahren die Durchlässigkeit von Biomembranen untersuchte, stellte er fest, dass diese nur für bestimmte Stoffe durchlässig sind. Man bezeichnet diese Eigenschaft als selektive Permeabilität. So können fettlösliche Stoffe leicht durch Membranen diffundieren, wasserlösliche Stoffe jedoch nicht. Da Glucosemoleküle aufgrund ihrer Polarität sehr gut wasserlöslich sind, können sie Biomembranen also nicht überwinden. Fettlösliche Stoffe und Gase wie Sauerstoff können aufgrund der fehlenden Polarität die Lipiddoppelschicht der Biomembran durch freie Diffusion passieren.

selektiv = auswählend
permeabel = durchlässig

1 Stellen Sie Hypothesen auf, wie wasserlösliche Stoffe die Membran passieren könnten.

Heute weiß man, dass lipidunlösliche, polare Moleküle, zum Beispiel Glucosemoleküle, ebenso wie Ionen über besondere integrale Membranproteine durch die Membran gelangen können. Solche Kanalproteine bilden spezifische Poren und erlauben

Gradient = Gefälle

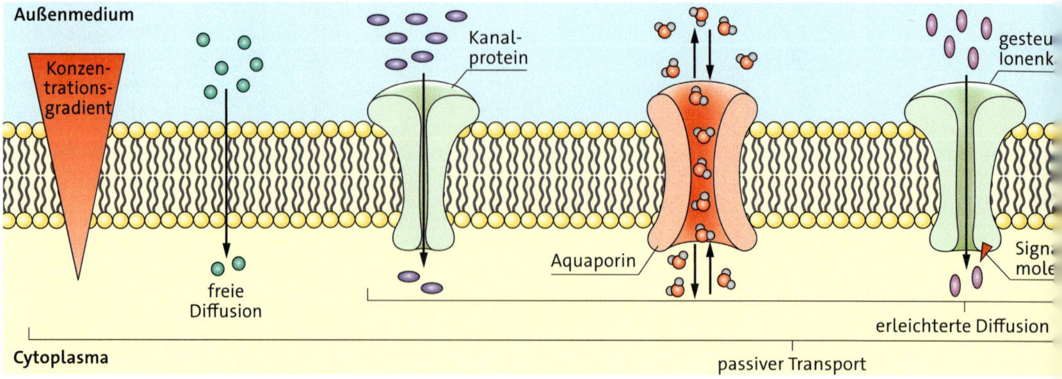

2 Transportvorgänge in Biomembranen

dadurch für bestimmte Moleküle eine erleichterte Diffusion in Richtung des **Konzentrationsgradienten** (▶ 2).
Die am besten untersuchten Membrankanäle sind solche, die für jeweils eine Ionenart spezifisch sind. Die meisten von ihnen können wie ein Tor geöffnet und geschlossen werden. Dies geschieht entweder durch ein chemisches Signalmolekül oder durch elektrische Erregung, die die Struktur des Kanals verändert. Solche **Ionenkanäle** sind beispielsweise für die Erregungsleitung im Nervensystem wichtig. Lange Zeit konnte man sich die schnelle Diffusion polarer Wassermoleküle durch Biomembranen nicht erklären. Erst in den 1980er-Jahren gelang es, spezifische Kanalproteine für Wassermoleküle nachzuweisen. Ein einzelnes dieser Aquaporine kann bis zu drei Milliarden Wassermoleküle pro Sekunde passieren lassen.
Aminosäure- und Zuckermoleküle werden von speziellen Membranproteinen transportiert, an die das zu transportierende Molekül bindet. Diese Proteine ändern als Folge der Bindung ihre Struktur und entlassen das Molekül auf der anderen Seite der Membran. Aufgrund dieser besonderen Funktionsweise spricht man hier von Carrierproteinen oder Carriern. Da die verschiedenen Prozesse der freien Diffusion und der erleichterten Diffusion durch Biomembranen ohne die Zufuhr von Energie ablaufen, handelt es sich um einen passiven Transport.

2 Neben dem passiven Transport gibt es auch einen aktiven Transport. Erklären Sie mithilfe von Abbildung 2 die grundlegenden Unterschiede.

Glucosetransport • Bevor die Glucose aus dem Dünndarm ins Blut gelangt, muss sie zunächst die Dünndarmzellen passieren.

3 Beschreiben und erklären Sie die in Abbildung 3 dargestellten Mechanismen des Glucosetransports durch die Dünndarmzellen.

Die Glucose gelangt mithilfe eines Carriers in die Zellen. Gleichzeitig werden Natriumionen (Na^+) ebenfalls in die Dünndarmzellen transportiert. Diesen gleich gerichteten gemeinsamen Transport von zwei Stoffen nennt man Symport. Der Antrieb für den Symport erfolgt allein über den hohen Konzentrationsgradienten für Natriumionen zwischen dem Darminnenraum und dem Zellplasma der Dünndarmzellen. Durch den Symport wird die Glucose entgegen ihrem eigenen Konzentrationsgradienten in die Dünndarmzellen transportiert. Mithilfe eines weiteren Carriers gelangt die Glucose aus der Dünndarmzelle schließlich ins Blutgefäß. Der Glucosetransport ist also von einer niedrigen Natriumionenkonzentration in den Dünndarmzellen abhängig. Diese wird durch besondere Transmembranproteine gewährleistet, die Natriumionen aus den Zellen hinauspumpen und gleichzeitig Kaliumionen (K^+) hinein. Den in entgegengesetzte Richtungen verlaufenden parallelen Transport von zwei Stoffen nennt man Antiport. Da die **Natrium-Kalium-Pumpen (Na^+/K^+–Pumpen)** Energie in Form von ATP benötigen und so die Ionen gegen den Konzentrationsgradienten transportieren können, spricht man von einem aktiven Transport.

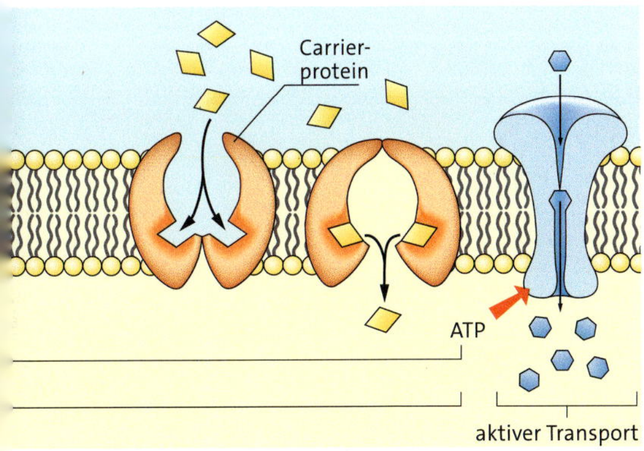

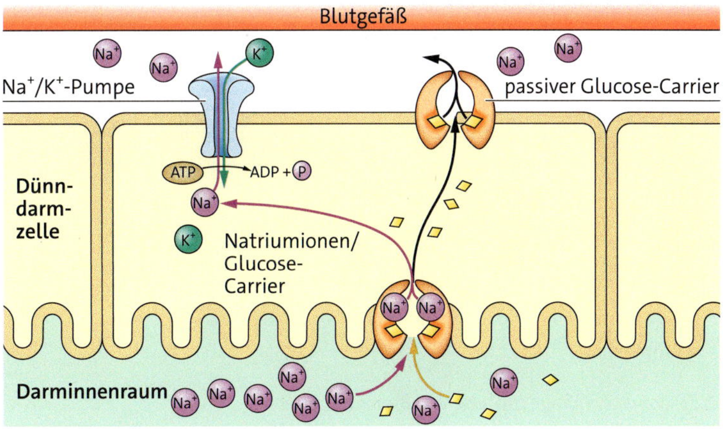

3 Glucosetransport durch die Dünndarmzellen

Endo- und Exocytose

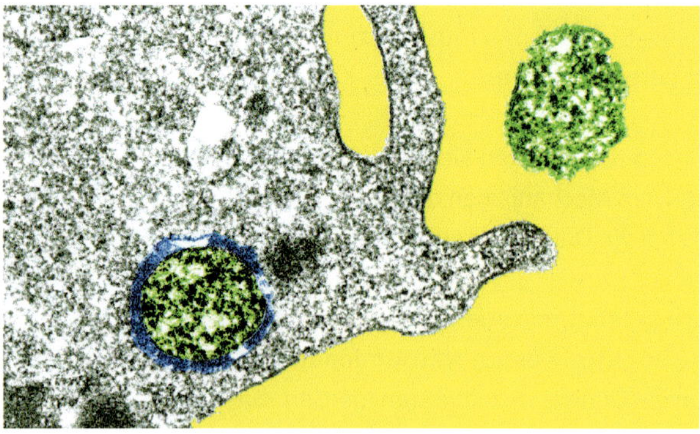

1 Phagocytose von Partikeln durch einen Makrophagen

Cytosen • Kleine Moleküle können über Kanal- oder Carrierproteine in das Innere der Zelle diffundieren. Größere Moleküle wie Cholesterin oder Nahrungspartikel können aufgrund ihres Durchmessers auf diesen Wegen nicht in die Zelle gelangen. Dies geschieht durch Cytosen.

1 Beschreiben Sie den Ablauf von Endo- und Exocytose mithilfe von Abbildung 2.

Gelangen größere Moleküle in die Nähe der Zelle, kann sie deren Membran aktiv umfließen, sich einstülpen und sie dadurch ins Zellinnere transportieren. Diesen Vorgang nennt man Endocytose. Am Ende des Vorgangs befindet sich das aufgenommene Material in einem abgeschlossenen Vesikel, das zu einem Lysosom transportiert wird. Beide Membranbläschen verschmelzen nun miteinander. So können die Verdauungsenzyme des Lysosoms die aufgenommenen Partikel auflösen. Die Produkte werden dann ans Cytoplasma zur Weiterverarbeitung abgegeben.

2 Der Vorgang der Endocytose lässt sich weiter in Phagocytose und Pinocytose unterteilen. Recherchieren Sie den Unterschied (▶ Methode auf S. 272).

Viele Zellen produzieren Sekretstoffe wie Verdauungsenzyme oder Hormone. Die in der Zelle produzierten Sekrete werden in Vesikel eingeschlossen. Auf diese Weise erfolgt der Transport von Proteinen durch Transportvesikel vom Endoplasmatischen Reticulum zum Dictyosom. Dort verschmelzen die Membranen des Vesikels und des Dictyosoms, und der Inhalt kann weiterverarbeitet werden. Am Rand des Dictyosoms schnüren sich Vesikel ab, die zur Zellmembran transportiert werden. Die Vesikelmembran verschmilzt mit der Zellmembran und der Inhalt der Vesikel wird nach außen abgegeben. Diesen Vorgang bezeichnet man als Exocytose.
Während des Vesikeltransports innerhalb der Zelle werden Membranstücke von einem Organell zum anderen transportiert. Das Phänomen der damit einhergehenden ständigen Erneuerung der Membranen nennt man Membranfluss.

3 Erstellen Sie ein übersichtliches Baumdiagramm zu allen möglichen Transportmechanismen durch die Biomembran.

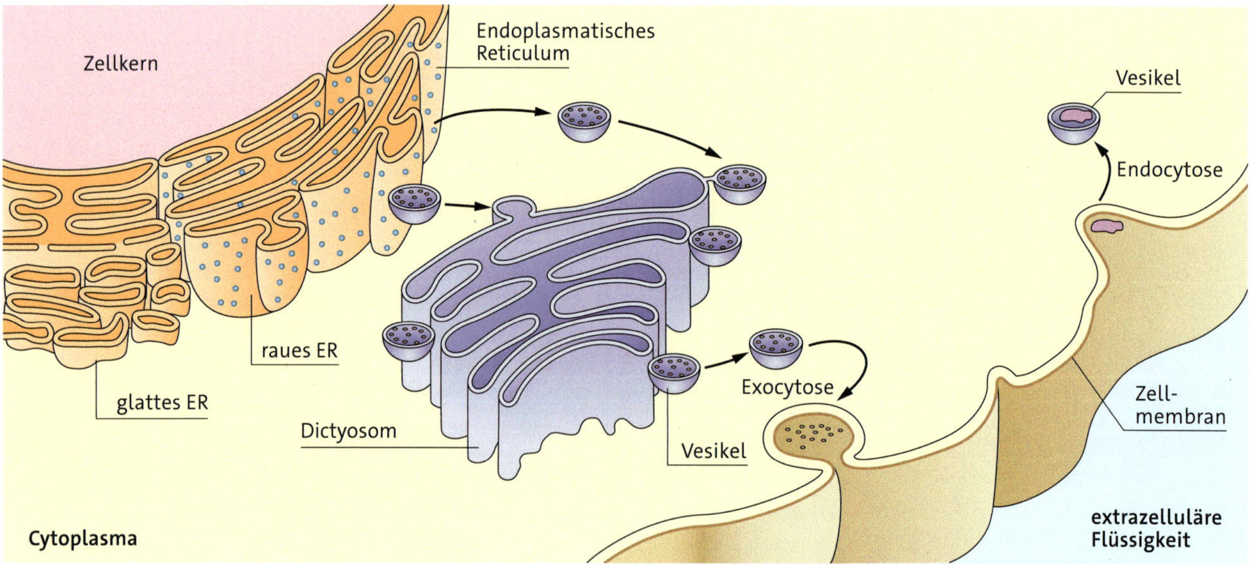

2 Transportvorgänge mithilfe von Biomembranen

Material A Stoffflüsse bei der Ligusterbeere

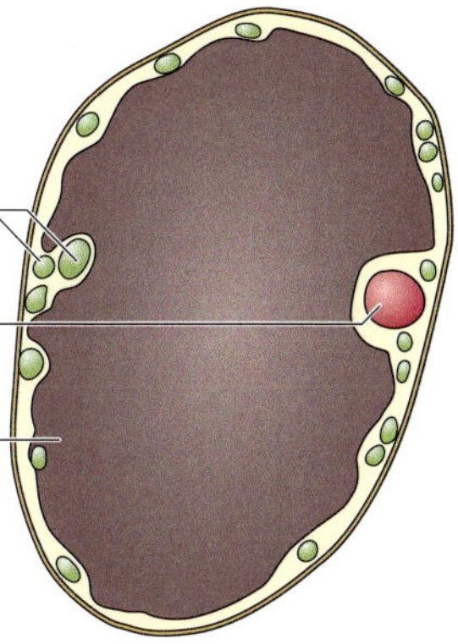

Der Gemeine Liguster ist häufig an Waldrändern anzutreffen. Im September entwickelt er schwarze, etwa erbsengroße, giftige Beeren. Im lichtmikroskopischen Bild des Fruchtfleischs der Ligusterbeere erkennt man in den Zellen eine zentrale, blaurot gefärbte Vakuole, die fast den gesamten Zellinhalt ausfüllt. Sie ist von einem schmalen Cytoplasmasaum mit Chloroplasten umgeben. Legt man das Präparat in eine konzentrierte Zuckerlösung, beobachtet man, dass Zellen und Vakuolen schrumpfen. Legt man die Zellen zurück in Wasser, nimmt das Volumen des Zellinhalts wieder zu.

Für einen zweiten Versuch wird das Präparat zunächst mit einer Quecksilbersalzlösung behandelt. Anschließend wird das Präparat in die Zuckerlösung und dann in Wasser gelegt. Die Quecksilberionen der Quecksilbersalzlösung blockieren Aquaporine.

1 Erklären Sie die Veränderungen des Zellvolumens nach der Überführung in konzentrierte Zuckerlösung und in Wasser.

2 Erklären Sie die Funktion der Aquaporine in der Zellmembran. Verwenden Sie hierzu die Abbildung 2 auf Seite 26.

3 Stellen Sie eine Hypothese auf, welche Beobachtungen im zweiten Versuch zu erwarten sind.

Material B Vakuole als Ionenfalle

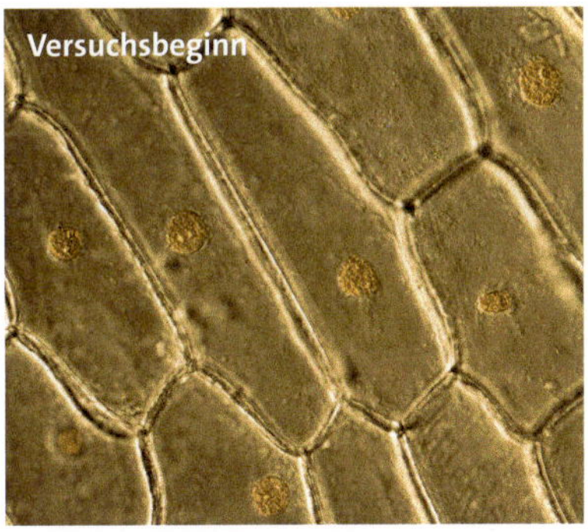

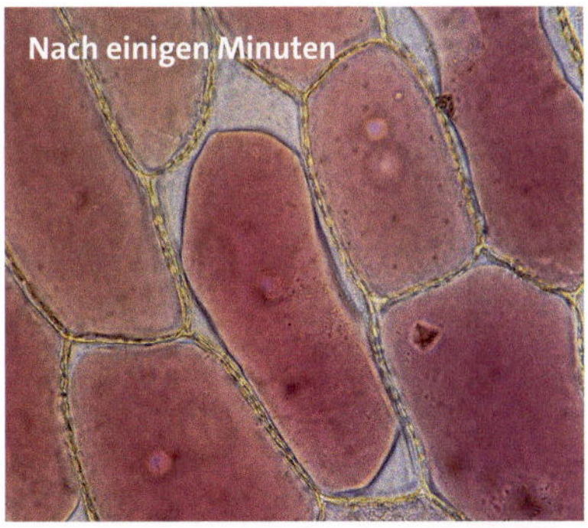

Neutralrot ist ein Farbstoff, der in einer neutralen bis basischen Lösung lipophil, also fettlöslich, ist und eine braunrote Farbe hat. In saurer Lösung nehmen die lipophilen Neutralrot-Moleküle Protonen auf und wandeln sich so in positiv geladene hydrophile, also wasserlösliche, Neutralrot-Ionen um. Die Lösung färbt sich kirschrot.

Für ein Experiment wird die Epidermis einer Küchenzwiebel (Zwiebelhäutchen) in eine Neutralrotlösung gelegt. Nach einigen Minuten beobachtet man die in der rechten Abbildung dargestellten Veränderungen.

In einem Folgeexperiment wird die Zwiebelepidermis von der Neutralrotlösung in Leitungswasser überführt.

Der Vakuoleninhalt der Zwiebelzellen ist schwach sauer.

1 Beschreiben Sie die in der rechten Abbildung dargestellten Veränderungen in der Zwiebelepidermis.

2 Erklären Sie die Beobachtungen.

3 Entwickeln Sie eine Hypothese, welche Beobachtungen im Folgeexperiment zu erwarten sind.

4 Erklären Sie den Begriff Ionenfalle für die Vakuole.

1.5 Vom Ruhe- zum Aktionspotenzial

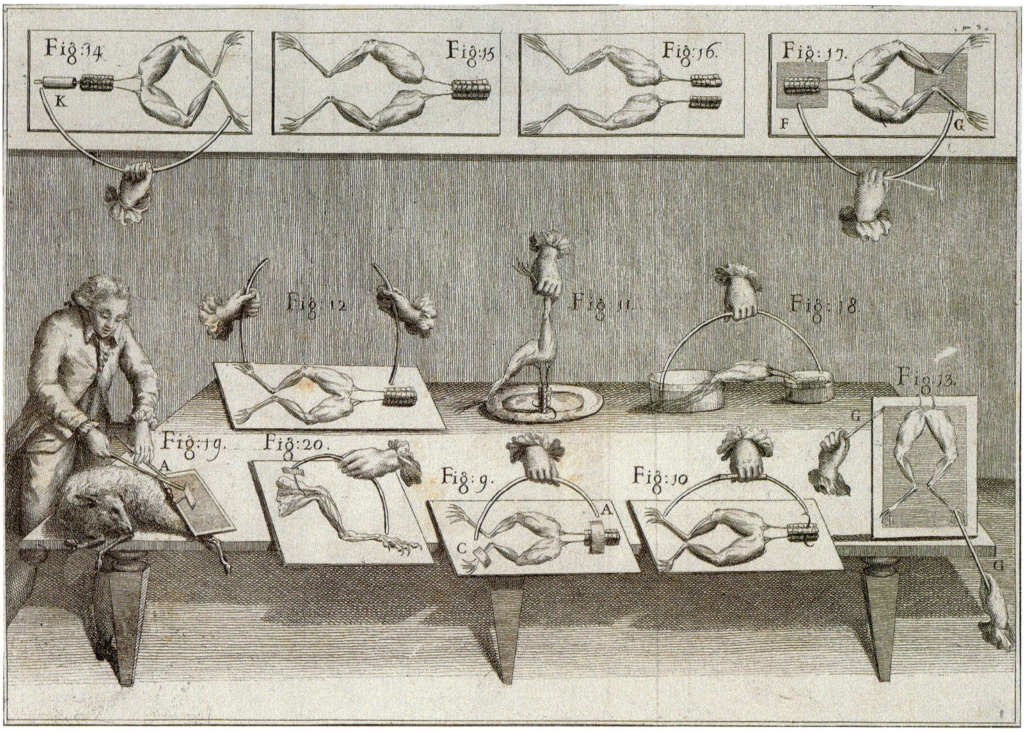

1 Galvanis Experimente an Froschschenkeln

Das Zustandekommen von Muskelbewegungen als Resultat elektrischer Kräfte entdeckte der italienische Arzt, Anatom und Naturforscher Luigi Aloisio Galvani, als er Schenkel sezierter Frösche zum Zucken brachte. Im Jahr 1952 legten dann die beiden britischen Biophysiker und Physiologen Alan Lloyd Hodgkin und Andrew Fielding Huxley ihr mathematisches Hodgkin-Huxley-Modell vor, das durch das Wechselspiel verschiedener Ionenkanäle erklärt, wie Aktionspotenziale am Riesenaxon des Tintenfisches entstehen. Doch wie genau funktioniert das Zusammenspiel verschiedener Ionenkanäle, sodass ein Aktionspotenzial entsteht?

Spannung am Axon im Ruhezustand • Sticht man eine Messelektrode in ein unerregtes Axon und taucht die Bezugselektrode in die Umgebungsflüssigkeit, kann man eine **Potenzialdifferenz** messen, das sogenannte **Ruhepotenzial.** Das Innere des Neurons ist gegenüber der extrazellulären Seite negativ geladen. Für Neuronen im Ruhezustand gelten folgende Bedingungen: Je nach Zelltyp werden Werte zwischen −40 und −90 mV gemessen.

	Ionenkonzentration in mmol/l			
	K^+	Na^+	Cl^-	A^-
im Zellinneren	120-155	7–11	4–7	155
außerhalb der Zelle	4–5	144	120	–
Verhältnis (innen/außen)	30/1	1/16	1/25	–

2 Ionenkonzentration innerhalb und außerhalb des Neurons

1 Leiten Sie mithilfe der Messdaten in Abbildung 2 her, wie das Ruhepotenzial zustande kommt.

Die Verteilung und die Permeabilität der verschiedenen Ionenarten tragen in unterschiedlicher Weise zum Ruhepotenzial bei. Je größer die Permeabilität der Zellmembran für eine Ionenart ist, umso stärker wird das gemessene Ruhepotenzial durch deren **Gleichgewichtspotenzial** bestimmt. Bei Säugetierneuronen spielt das Gleichgewichtspotenzial für Kaliumionen die größte Rolle. Ein Teil der Kaliumionenkanäle ist ständig geöffnet. Aufgrund des Konzentrationsgefälles diffundieren Kaliumionen durch die geöffneten Kanäle von innen nach außen. Wäre die Membran nur für Kaliumionen durchlässig, müsste das Ruhepotenzial den gleichen Wert haben wie das Gleichgewichtspotenzial von Kaliumionen, also etwa −80 mV. Beim Säugetierneuron wird jedoch ein Wert von ungefähr −65 mV gemessen. Diese Abweichung ist darauf zurückzuführen, dass auch Natriumionen in geringerem Umfang ständig in die Zelle diffundieren.

2 Formulieren Sie eine Hypothese, wie sich die Spannung des Ruhepotenzials im Zellinneren verändern müsste, wenn Natriumionen permanent in das Zellinnere einströmen würden.

Erhaltung des Ruhepotenzials • Da Natriumionen fortwährend in das Neuron einströmen, müsste die Konzentration an positiven Ladungen in der Zelle langsam steigen und damit die Spannung abnehmen. Das Ruhepotenzial bleibt in Neuronen lebender Organismen jedoch konstant. Ursache hierfür ist ein Protein in der Zellmembran, die Natrium-Kalium-Pumpe, das Natriumionen gegen das Konzentrationsgefälle aus der Zelle heraus- und gleichzeitig Kaliumionen in die Zelle hineinpumpt (▶ 3).

3 Erläutern Sie, welche Art Transportmechanismus der Natrium-Kalium-Pumpe zugrunde liegen muss.

Der aktive Transport durch die Natrium-Kalium-Pumpe geschieht unter ATP-Verbrauch und ist für etwa 70 % des Energieverbrauchs des Gehirns verantwortlich. Die Natrium-Kalium-Pumpe sorgt dafür, dass die Konzentration der Kaliumionen im Zellinneren höher gehalten wird als im Außenmilieu und die der Natriumionen niedriger. Das Ruhepotenzial ist nicht in jeder Zelle gleich. Es hängt sowohl vom Verhältnis der Ionenkonzentrationen in der Zelle und im Außenmilieu ab als auch von der Dichte der Ionenkanäle und Ionenpumpen in der Zellmembran. In der Regel liegt es aber bei den meisten beobachteten Tierarten zwischen −70 und −90 mV.

Potenzialveränderungen durch Reize • Wenn man in einem Experiment eine Stelle des Axons leicht durch zum Beispiel Strom reizt, sodass sich das **Membranpotenzial** kurzzeitig vom Betrag verringert, kehrt das Membranpotenzial rasch zum Ausgangszustand zurück. Man beobachtet keine weiteren

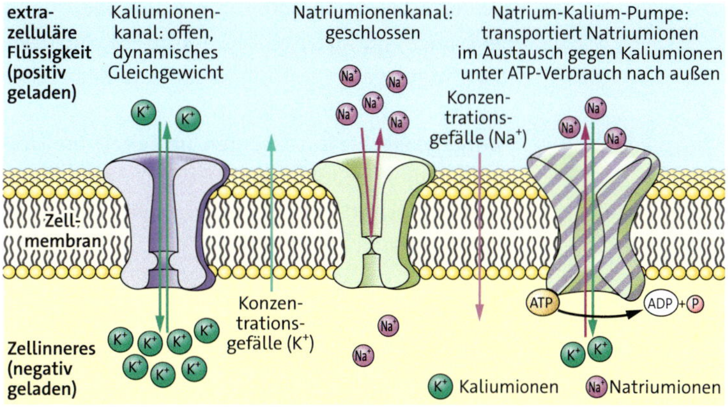

3 Modell zur Entstehung und Erhaltung des Ruhepotenzials

Auswirkungen auf das Axon. Erreicht das Membranpotenzial durch einen stärkeren Reiz einen bestimmten **Schwellenwert**, beispielsweise −30 mV, führt dies jedoch zu einer spontanen Reaktion, bei der sich die Spannungsverhältnisse an der gereizten Stelle der Membran des Axons innerhalb von 1 ms umkehren. Hierdurch wird ein **Aktionspotenzial** ausgelöst. Mit einem Oszilloskop lässt sich der Verlauf der Potenzialumkehr aufzeichnen (▶ 4).

4 Leiten Sie mithilfe der Grafik her, wie die Verhältnisse der Kalium- und Natriumionenkonzentrationen im intra- und extrazellulären Raum während der Depolarisation, **Repolarisation** und der **Hyperpolarisation** zueinander sein müssen (▶ 4).

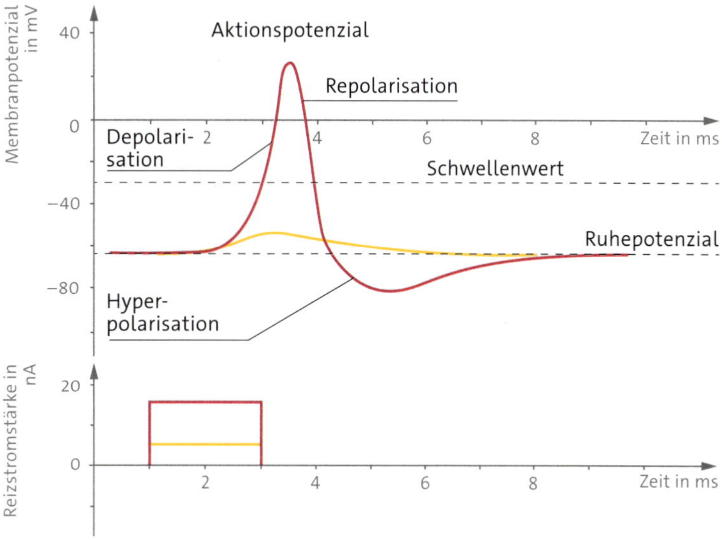

4 Reaktion eines Axons auf Reize

Ablauf eines Aktionspotenzials • Im Ruhezustand entspricht die extrazelluläre Konzentration der positiv geladenen Natriumionen etwa dem Zehnfachen der Konzentration im Zellinneren. Da sich entgegengesetzte Ladungen anziehen und die Natriumionenkanäle geschlossen sind, ist die Anziehungskraft für die Natriumionen in Richtung Zellinnenraum beträchtlich.

Wird die Axonmembran so stark gereizt, dass der Schwellenwert erreicht wird, werden Spannungssensoren der Natriumionenkanäle aktiviert und die Kanäle öffnen sich. Der daraus resultierende Natriumioneneinstrom führt zur **Depolarisation** der Axonmembran. Da sich auf einer Membranfläche von 1 µm mehrere Tausend Natriumionenkanäle befinden, die sich gleichzeitig öffnen, verändert sich das Membranpotenzial sehr schnell bis zu einem Wert von etwa + 30 mV. Das Zellinnere ist gegenüber dem Extrazellularraum nun positiv geladen, es kommt zur Spannungsumkehr, der Depolarisation. Bereits nach 1 ms werden die Natriumionenkanäle wieder geschlossen.

Die Depolarisation der Axonmembran löst mit einer zeitlichen Verzögerung von etwa 1 ms das Öffnen **spannungsgesteuerter Kaliumionenkanäle** aus. Da der Zellaußenraum zu diesem Zeitpunkt negativ geladen ist, ist die elektrostatische Anziehungskraft, die einen Ausstrom der Kaliumionen aus der Zelle bewirkt, sehr hoch. Die Kaliumionen strömen deshalb schnell aus dem Axon heraus und führen dazu, dass das Membranpotenzial innen schnell wieder negativ wird (Repolarisation).

Da für einen sehr kurzen Zeitraum alle Kaliumionenkanäle geöffnet sind, strömen mehr Kaliumionen aus dem Axon heraus als notwendig sind, um zum Ruhepotenzial zurückzukehren. Deshalb kommt es zu einer Hyperpolarisation. Die Kaliumionenkanäle schließen sich nun wieder.

1 Stellen Sie eine Hypothese auf, wie am Ende des Aktionspotenzials die Ausgangsbedingungen des Ruhepotenzials wieder eingestellt werden.

Verminderte Erregbarkeit • Einem Modell zufolge hat jeder spannungsgesteuerte Natriumionenkanal einen kugelförmigen Proteinteil, der in das Zellinnere hineinragt. Bei der Inaktivierung des Kanals durch die Spannungsumkehr klappt die Kugel in die Pore und verschließt sie wie ein Tor. Dadurch wird kurzfristig ein weiteres Aktionspotenzial verhindert. Diese Phase nennt man **absolute Refraktärzeit**. Das Signal kann sich in dieser Phase nur in Richtung der noch aktivierbaren Ionenkanäle ausbreiten. Damit ist eine eindeutige, gerichtete Fortleitung vorgegeben.

2 Erklären Sie, wie sich die Erregung ausbreitet, wenn das Axon in seiner Mitte überschwellig gereizt wird.

Wenn das Membranpotenzial das Ruhepotenzial erreicht, löst sich die Proteinkugel vom Kanal und die Natriumionenkanäle schließen sich. Jetzt kann wieder ein Aktionspotenzial ausgelöst werden. Da die Kaliumionenkanäle noch geöffnet sind und die Membran in Folge hyperpolarisiert wird, ist jedoch ein stärkerer depolarisierender Stromimpuls notwendig, um den Schwellenwert zu erreichen. Diese Phase wird deshalb als **relative Refraktärzeit** bezeichnet. Im Anschluss stellt die Natrium-Kalium-Pumpe die Ionenverhältnisse des Ruhepotenzials wieder her. Aufgrund der spezifischen Reaktion der spannungsgesteuerten Ionenkanäle auf einen überschwelligen Reiz entstehen immer gleich starke Ionenströme, unabhängig davon, um wie viel die Schwelle überschritten wird. Das bedeutet, dass ein Aktionspotenzial eines jeden Neurontyps immer die gleiche Höhe, also die gleiche Amplitude hat. Aktionspotenziale funktionieren wie ein Schalter, der ein- oder ausgeschaltet ist. Das Aktionspotenzial läuft deshalb nach dem Alles-oder-Nichts-Prinzip ab.

3 Erläutern Sie, weshalb während der absoluten Refraktärzeit keine Aktionspotenziale ausgelöst werden können.

4 Erläutern Sie, weshalb während der relativen Refraktärzeit zwar Aktionspotenziale ausgelöst werden können, hierfür aber ein stärkerer Reiz nötig ist.

5 Stellen Sie eine Hypothese auf, wie die Stärke eines Reizes in den Aktionspotenzialen codiert ist, wenn diese doch stets die gleiche Amplitude zeigen.

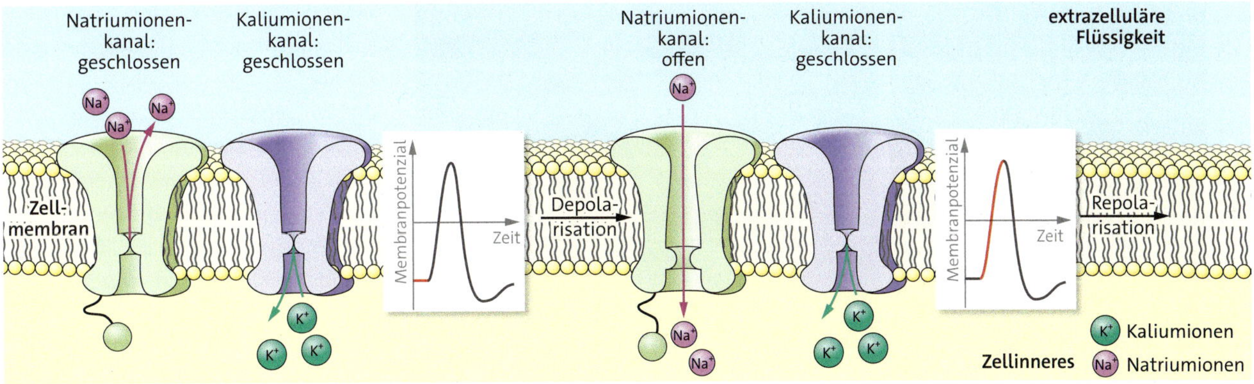

1 Depolarisationsphase des Aktionspotenzials

6 Beschreiben Sie den Ablauf eines Aktionspotenzials ausgehend vom Ruhepotenzial bis zur Spitze der Ladungsumkehr.

7 Definieren Sie den Begriff Depolarisation.

8 Erläutern Sie, was passieren würde, wenn das gereizte Neuron während der ansteigenden Phase des Aktionspotenzials in einem Umgebungsmilieu vorliegt, welches eine geringe Konzentration an Natriumionen aufweist.

9 Ordnen Sie die an der Entstehung eines Aktionspotenzials beteiligten Ionenkanäle den Ihnen bekannten Transportmechanismen zu.

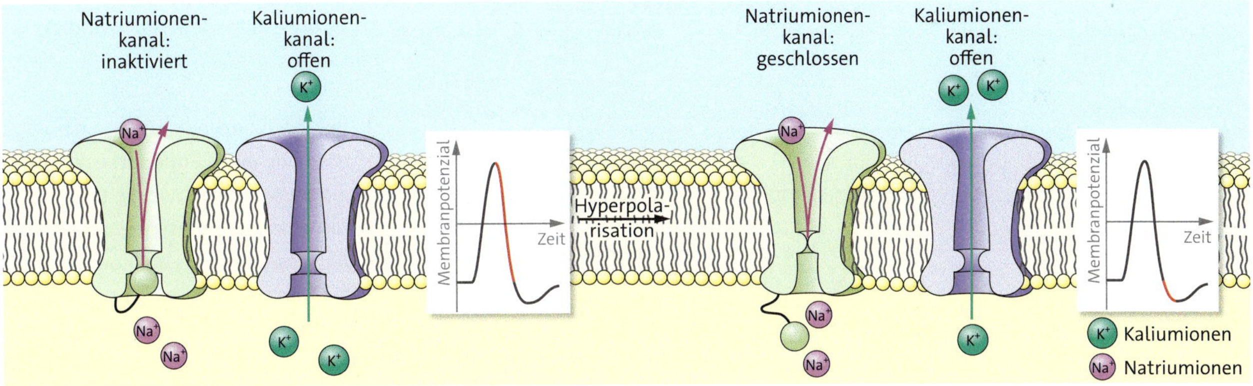

2 Repolarisationsphase des Aktionspotenzials

10 Beschreiben Sie den Ablauf eines Aktionspotenzials ausgehend von der Spitze der Ladungsumkehr bis zum Ruhepotenzial.

11 Definieren Sie den Begriff Repolarisation.

12 Erläutern Sie, was passieren würde, wenn das gereizte Neuron während der abfallenden Phase des Aktionspotenzials in einem Umgebungsmilieu vorliegt, welches eine hohe Konzentration an Kaliumionen aufweist.

13 Definieren Sie den Begriff der Hyperpolarisation.

Material A Fleischfressende Pflanzen

A1 Links Venusfliegenfalle im ungereizten Zustand, rechts im gereizten Zustand mit Beute

Die Venusfliegenfalle ist wohl der bekannteste Vertreter der fleischfressenden Pflanzen (Karnivoren). Sie gehört zur Familie der Droseraceae (Sonnentaugewächse). Ihr lateinischer Name *Dionaea muscipula* leitet sich von Mausefalle ab (mus = lat. Maus, muscipula = Mausefalle), wenn auch solch große Tiere nicht auf ihrem Speiseplan stehen, sondern ausschließlich kleine Insekten und Spinnen (▶ A1).

Die Venusfliegenfalle kommt in der Natur nur in einem kleinen Verbreitungsgebiet vor. Ursprünglich war sie lediglich im Süden der USA heimisch, und zwar in den Pocosin-Mooren in North und South Carolina. Man fand sie dort vor allem in einem Umkreis von rund 100 km rund um die Stadt Wilmington. Eingebürgert wurde sie später auch noch im Nordwesten von Florida.

Das Wurzelsystem dient fast ausschließlich der Verankerung der Pflanze im Boden sowie zur Wasseraufnahme. Zur Mineralstoffaufnahme werden dagegen die aus Blättern gebildeten Klappfallen verwendet.

Das Zusammenklappen der Klappfallenblätter ist ein Beispiel für schnell ablaufende Bewegungen bei Pflanzen. Die Abbildung zeigt die Venusfliegenfalle im ungereizten und im gereizten Zustand. Ihre Blattbewegungen werden an ihrem natürlichen Standort durch Berührung der Klappblätter hervorgerufen.

Die Bewegungsreaktion wird durch Aktionspotenziale ausgelöst, die ähnlich wie bei tierischen Zellen auch an Pflanzenzellen auftreten können.

Diese Aktionspotenziale breiten sich bei der Pflanze über die Leitbündelstrukturen mit einer Geschwindigkeit von 2–10 cm/s aus.

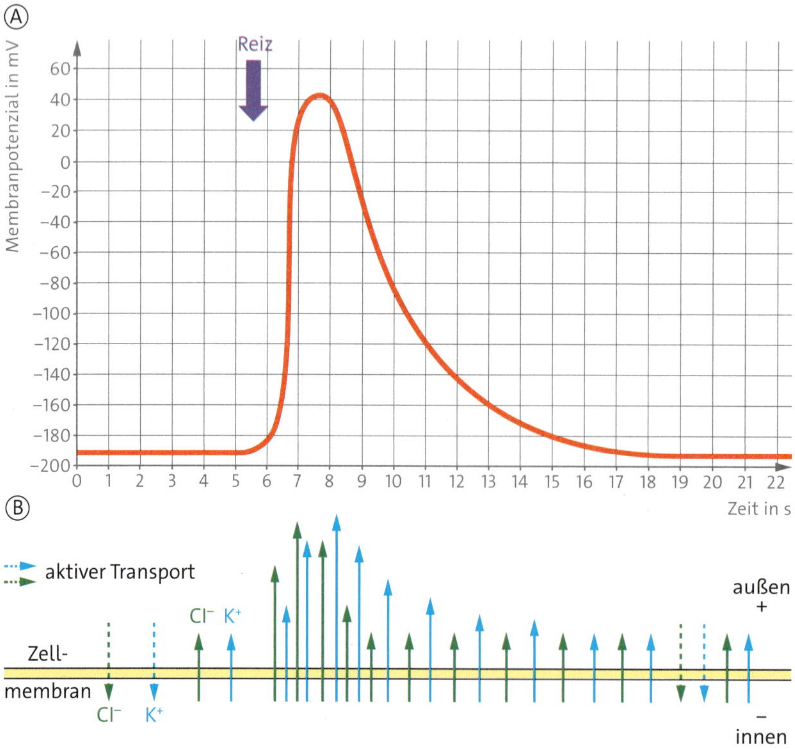

A2 Verlauf eines pflanzlichen Aktionspotenzials und zugehöriger Ionenbewegungen.

1 Beschreiben Sie das Zustandekommen eines Ruhepotenzials an einem Neuron sowie die Entstehung und den Verlauf eines Aktionspotenzials an einem Neuron.

2 Vergleichen Sie den Graphen zum Ruhe- und Aktionspotenzial einer pflanzlichen Zelle (▶ A2) mit dem Ruhe- und Aktionspotenzial eines Neurons.

3 Erklären Sie anhand der Ionenwanderungen durch die Membran einer Pflanzenzelle die Auslösung und den Verlauf eines pflanzlichen Aktionspotenzials (▶ A2).

Material B Neuropathien – Epilepsie und Guillian-Barré-Syndrom

Erkrankungen des peripheren und zentralen Nervensystems, unter denen zahlreiche Menschen leiden, werden unter dem Begriff Neuropathie zusammengefasst.

1 Stellen Sie die Spannungsverhältnisse an einer funktionsfähigen Nervenfaser während eines Aktionspotenzials grafisch dar und benennen Sie die einzelnen Phasen.

Bei einem epileptischen Anfall kommt es unter anderem zu Krampfanfällen, die durch eine zeitgleiche Erregung von Neuronengruppen im Gehirn ausgelöst werden. Als Therapeutikum wird zum Beispiel Carbamezipin eingesetzt, das spannungsabhängige Natriumionenkanäle in den Axonen von Nervenzellen blockiert.

2 Erläutern Sie die Wirkung von Carbamezipin als Therapeutikum.

3 Ergänzen Sie in Ihrem Diagramm aus Aufgabe 1 die zu erwartenden Spannungsverhältnisse an der erregten Nervenfaser, zu der zuvor Carbamezipin gegeben wurde.

Beim Guillain-Barré-Syndrom, einer Autoimmunerkrankung, treten unter anderem folgende klinische Befunde auf: ein erhöhter Wert von Myelin-abbauenden Makrophagen und ein veränderter Durchmesser der myelinisierten Nervenfasern. Myelin ist eine isolierende Schicht um die Axone der Neuronen, die eine schnelle Erregungsweiterleitung ermöglicht.
Bei einem Patienten mit Guillain-Barré-Syndrom wurde eine Elektroneurografie durchgeführt. Dabei wird ein Nerv an einer Stelle A überschwellig gereizt. Es wird die Zeit ermittelt, bis die Impulse an einer Stelle B messbar sind. Abbildung B1 zeigt die Beobachtung dieser Messung bei diesem Patienten im Vergleich zu einer gesunden Person.

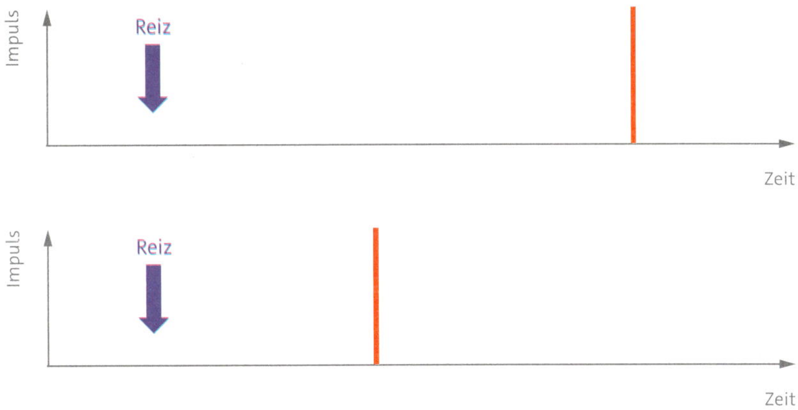

B1 Ergebnisse der Elektroneurografie einer Person mit Guillian-Barré-Syndrom und einer gesunden Person (stark vereinfacht)

4 Ordnen Sie die gesunde und die erkrankte Person den beiden Diagrammen zu.

5 Erläutern Sie die unterschiedlichen Ergebnisse der Elektroneurografie bei einer gesunden beziehungsweise erkrankten Person mithilfe der Informationen zu den weiteren klinischen Befunden beim Guillian-Barré-Syndrom, die oben genannt wurden.

6 eA Informieren Sie sich über die Untersuchungsmethode der Elektroneurografie (▶ B2).

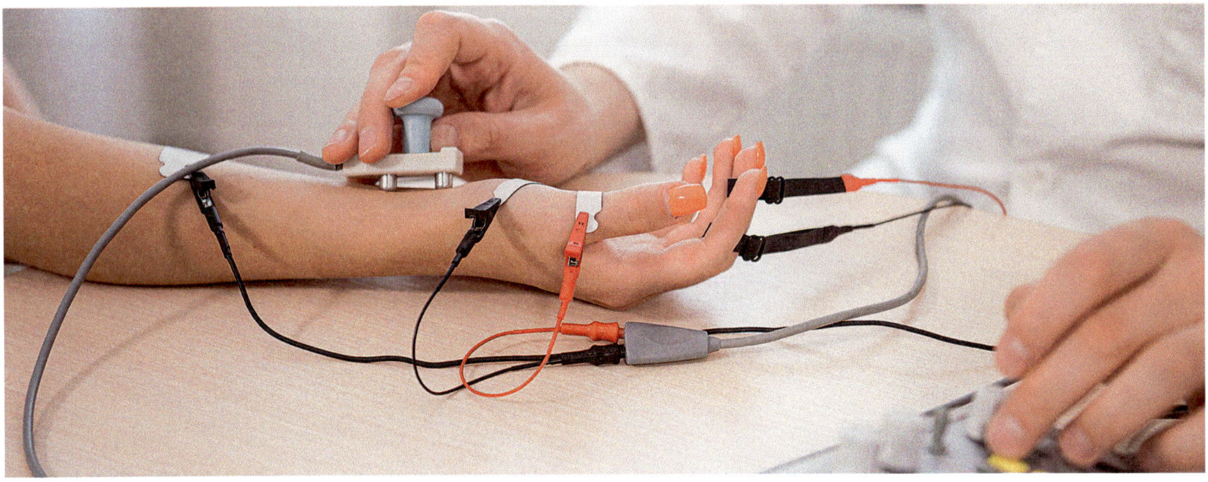

B2 Elektroneurografie

1.6 Erregungsleitung

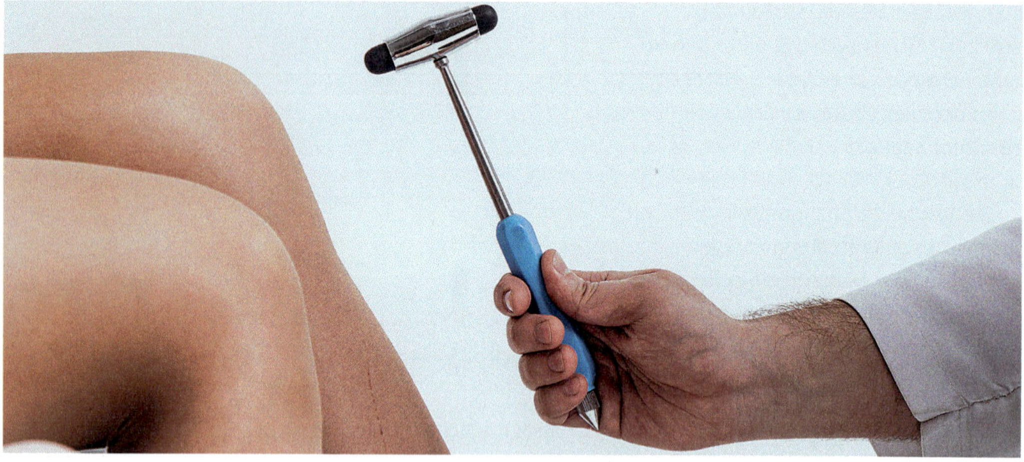

1 Auslösen des Kniesehnenreflexes

Reflexe sind unwillkürliche, immer gleiche Reaktionen des Nervensystems auf einen Reiz hin. Bekanntermaßen haben die meisten Reflexe eine Schutzfunktion und müssen demgemäß sehr schnell ablaufen. Wie aber erfolgt die neuronale Erregungsleitung für diese extrem schnellen Bewegungen?

Weiterleitung von Aktionspotenzialen bei nicht myelinisierten Axonen • Wird an einem Axon durch einen elektrischen Impuls ein Aktionspotenzial ausgelöst, lassen sich anhand von Messelektroden innerhalb kürzester Zeit Aktionspotenziale in immer größeren Abständen vom Ursprungsort nachweisen.

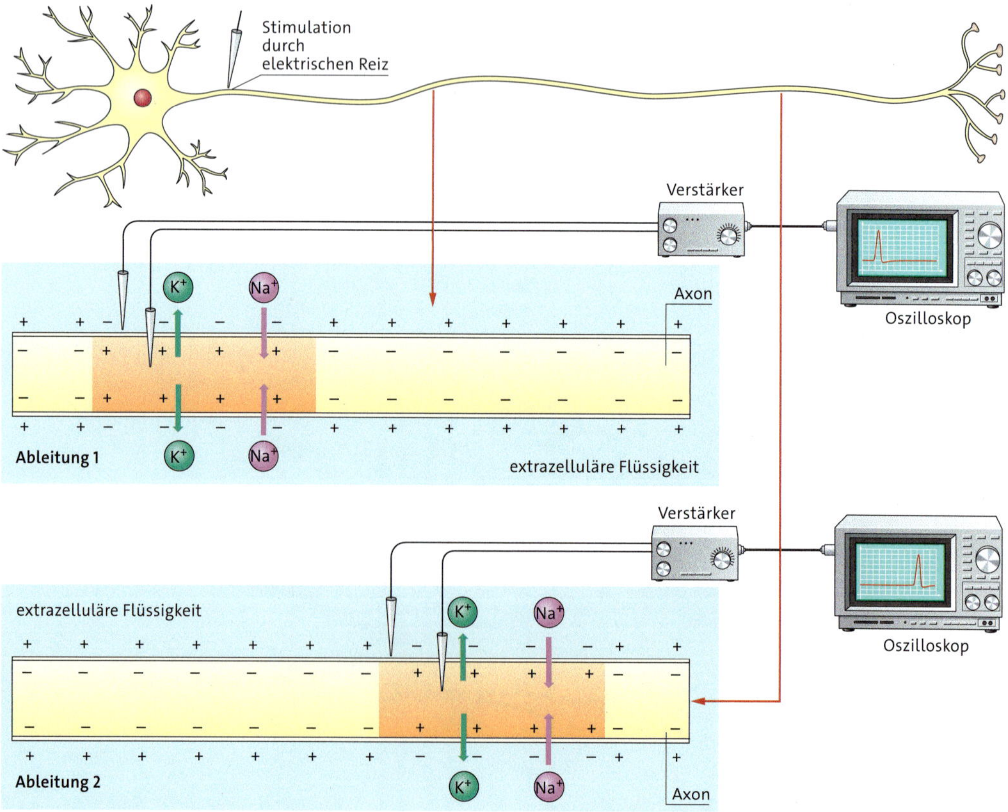

2 Ausbreitung eines Aktionspotenzials

Das bedeutet, dass die Erregung entlang des Axons kontinuierlich weiter- geleitet wird. Da bei einem Aktionspotenzial zunächst Natriumionen in die Zelle einströmen, ist das Zellinnere in diesem Bereich kurzfristig gegenüber der Außenseite positiv geladen. In der direkten Umgebung befindet sich das Axon im Ruhezustand. Dort ist das Zellinnere gegenüber außen negativ geladen. Aufgrund dieser Ladungsunterschiede kommt es zu einem seitlichen Stromfluss, den Ausgleichsströmen. Sie haben eine Depolarisation der Axonmembran in der Umgebung des Aktionspotenzials zur Folge. Erreicht dort die Depolarisation den Schwellenwert, löst sie die Öffnung der spannungsgesteuerten Natriumionenkanäle und damit ein neues Aktionspotenzial aus. Auf diese Weise wird die Erregung entlang eines Axons ohne Myelinscheide weitergeleitet. Aufgrund der fehlenden spannungsgesteuerten Na^+-Ionenkanäle in der Membran im Bereich des Somas können dort keine Aktionspotenziale gebildet werden.

1 **Erklären Sie, warum sich die am Axonhügel entstehenden Aktionspotenziale nur in Richtung der Endknöpfchen ausbreiten.**

Im Neuron entstehen Aktionspotenziale am Axonhügel und breiten sich nur in Richtung der Endknöpfchen aus. Obwohl die Ausgleichsströme in beide Richtungen fließen, ist eine gegenläufige Ausbreitung nicht möglich, da sich die Natriumionenkanäle nach einem Aktionspotenzial in der Refraktärphase befinden und nicht auf die Depolarisation reagieren.

2 **Überlegen Sie sich, welche Folgen es für die Informationsverarbeitung und -weitergabe hätte, wenn es die Refraktärzeit nicht geben würde und sich die Erregung somit prinzipiell in beide Richtungen entlang des Axons ausbreiten könnte.**

Verschiedene Leitungsgeschwindigkeiten • Die Riesenaxone des Tintenfischs leiten sensorische Erregungen, die den Fluchtreflex steuern (▶4). Da Schnelligkeit für die Tiere einen Selektionsvorteil bedeutet, haben sich im Verlauf der Evolution Axone mit einer höheren Leitungsgeschwindigkeit entwickelt. Offensichtlich besteht ein Zusammenhang mit dem Durchmesser dieser Axone. In dünnen Axonen ist der Innenwiderstand relativ hoch, die Ausgleichsströme können sich nicht weit ausbreiten. Mit zunehmendem Durchmesser des Axons sinkt der Innenwiderstand. Damit erhöht sich die Reichweite der Ausgleichsströme. Ein größerer Durchmesser erhöht also die Leitungsgeschwindigkeit. Auch die Temperatur hat einen Einfluss auf die Erregungsleitung, denn sie beschleunigt alle Stoffwechselprozesse. So ist die Leitungsgeschwindigkeit in kühler Umgebung bei Thermoregulatoren mehr als doppelt so hoch wie bei Thermokonformen, deren Körpertemperatur von der Umgebung abhängt.

Lebewesen	Axondurchmesser in µm	Myelinscheiden vorhanden	Leitungsgeschwindigkeit in m/s
Qualle	6–12	nein	0,5
Schabe, Bauchmark	50	nein	7
Titenfisch, Riesenaxon	650	nein	25
Mensch, sensorische Typ 1-Nervenfaser	2–5	ja	10–30
Mensch, sensorische Typ 2-Nervenfaser	7–15	ja	40–90
Mensch, Typ 3-Nervenfaser	0,5–1,5	nein	0,5–2,0

3 Leitungsgeschwindigkeiten verschiedener Axone

3 **Beschreiben Sie mithilfe der obigen Tabelle den Zusammenhang zwischen Axondurchmesser, Auftreten von Myelinscheiden und der Leitungsgeschwindigkeit eines Axons.**

4 **Erklären Sie den Einfluss der Temperatur auf die Leitungsgeschwindigkeit der Axone auf biochemischer Ebene (Bearbeitungshinweis: Enzyme, RGT-Regel).**

4 Nordische Kalmar (*Loligo forbesii*)

Saltatorische Erregungsleitung • Höhere Leitungsgeschwindigkeiten durch größere Axondurchmesser wie beim Tintenfisch haben einen erheblichen Nachteil: Das Nervensystem benötigt viel Raum. Bei den Wirbeltieren entwickelte sich im Laufe der Evolution ein anderer, raumsparender Weg. Die Axone beziehungsweise Nervenfasern der Wirbeltiere sind von einer Myelinscheide umgeben, die in Abständen von etwa 0,2–2,0 mm von Ranvier-Schnürringen unterbrochen ist (▸ 1). Die Myelinscheide wirkt wie die Isolierung eines Stromkabels und verstärkt den Stromfluss im Inneren des Axons. Dadurch erhöht sich die Reichweite der lokalen Ströme erheblich. Nur in den frei liegenden Bereichen der Ranvier-Schnürringe befinden sich spannungsgesteuerte Natriumionenkanäle und nur hier werden Aktionspotenziale ausgelöst. Dies hat zur Folge, dass die Aktionspotenziale von Schnürring zu Schnürring „springen".

1 Definieren Sie den Begriff der saltatorischen Erregungsleitung.

2 Erklären Sie, warum es sich nicht um ein echtes Springen bei der saltatorischen Erregungsleitung handelt.

Die Geschwindigkeit dieser **saltatorischen Erregungsleitung** ist erheblich höher als die der kontinuierlich weitergeleiteten Erregung der nicht myelinisierten Fasern. Ein weiterer Vorteil der saltatorischen Erregungsleitung ergibt sich daraus, dass sie weniger Energie benötigt, da weniger Ionenpumpen notwendig sind.

3 Stellen Sie je eine Kosten-Nutzen-Analyse zur kontinuierlichen und saltatorischen Erregungsleitung an.

4 Nehmen Sie Stellung zu der Aussage, dass das Gehirn eines Menschen ohne Myelinscheiden größer als ein Scheunentor sein müsste.

5 Erklären Sie die in der Grafik dargestellten Phasen des Aktionspotenzials am jeweiligen Schnürring (▸ 1). Nutzen Sie für Ihre Erklärung den vergrößerten Ausschnitt der Grafik.

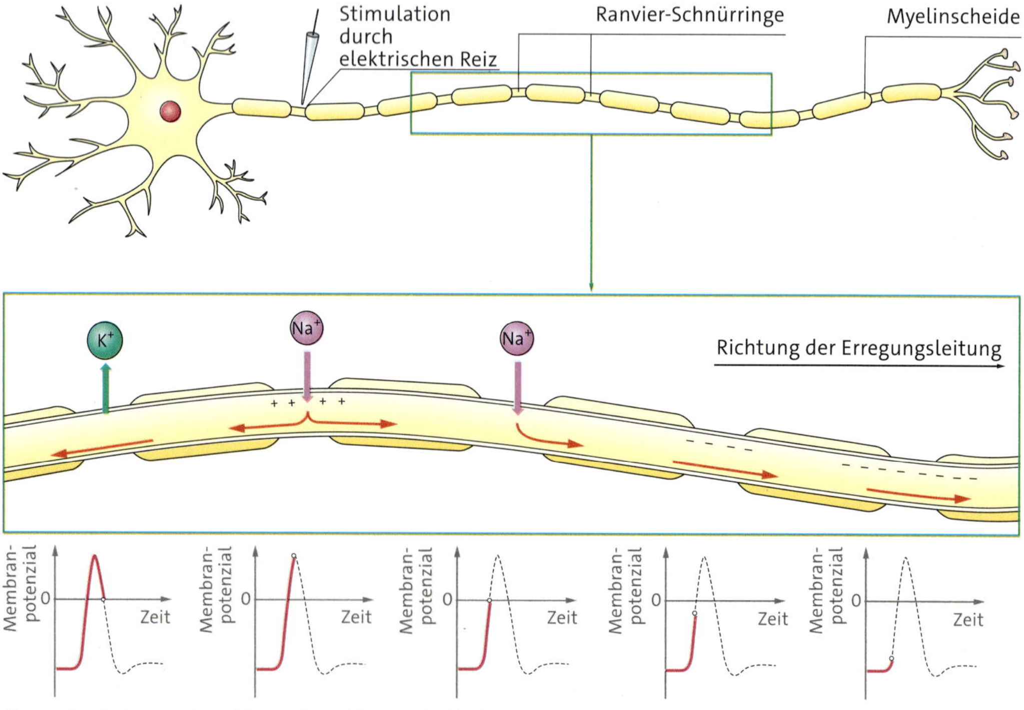

Phase des Aktionspotenzials am jeweiligen Schnürring

1 Saltatorische Erregungsleitung

Material A Lokalanästhesie

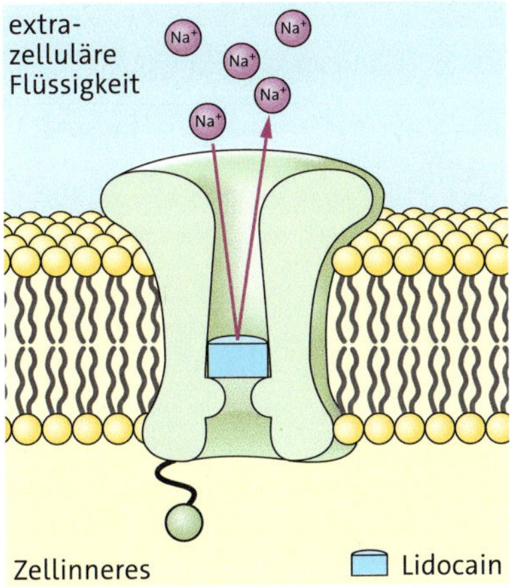

A1 Wirkort der Lokalanästhesie

Schmerz- und Berührungsreize werden von verschiedenen Neuronen verarbeitet. Die Signalübertragung von Schmerzen läuft über sehr dünne Axone und Axone ohne Myelinscheide. Die Signale von Berührungen werden von dicken Axonen übertragen. Diesen Umstand macht man sich in der medizinischen Praxis bei der Lokalanästhesie mit dem Wirkstoff Lidocain zunutze. So kann ein Zahnarzt mit einer Injektion von Lidocain in den Gaumen die am Schmerzempfinden beteiligten Neuronen des umliegenden Gewebes betäuben. Die Wirkung des Lidocains beruht darauf, dass es durch die Axonmembran in die Axone der Neuronen diffundiert und die Natriumionenkanäle blockiert.

1 **Erläutern Sie, weshalb Lidocain zu einer lokalen Betäubung führt.**

2 **Stellen Sie anhand der Prinzipien der Erregungsleitung eine Hypothese auf, weshalb ein Patient zwar keine Schmerzen, aber Berührungen wahrnehmen kann.**

Material B Multiple Sklerose

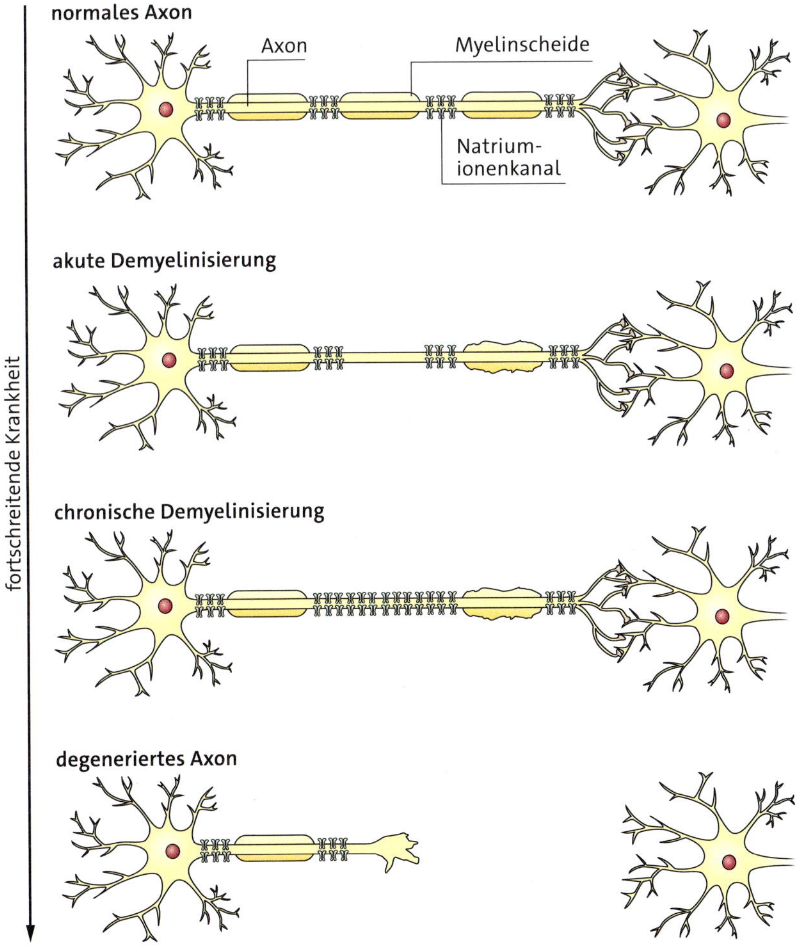

Multiple Sklerose, kurz MS, ist eine Erkrankung des ZNS. Erste Anzeichen einer multiplen Sklerose sind häufig Bewegungs- und Empfindungsstörungen sowie Lähmungserscheinungen, Seh- oder Sprachstörungen.
Multiple Sklerose entwickelt sich aufgrund einer Störung des Immunsystems. Die Abwehrzellen, deren Aufgabe die Bekämpfung von Krankheitserregern ist, greifen die Myelinscheiden der Axone an. Die Myelinscheiden werden abgebaut (demyelinisiert) und durch verhärtetes Narbengewebe ersetzt.

1 **Beschreiben Sie die durch multiple Sklerose verursachten Veränderungen am Axon.**

2 **Erklären Sie die Auswirkungen der verschiedenen Stadien der Demyelinisierung auf die Erregungsleitung.**

3 **Begründen Sie, weshalb das Krankheitsbild bei der multiplen Sklerose sehr uneinheitlich sein kann.**

1.7 Informationsübertragung an Synapsen

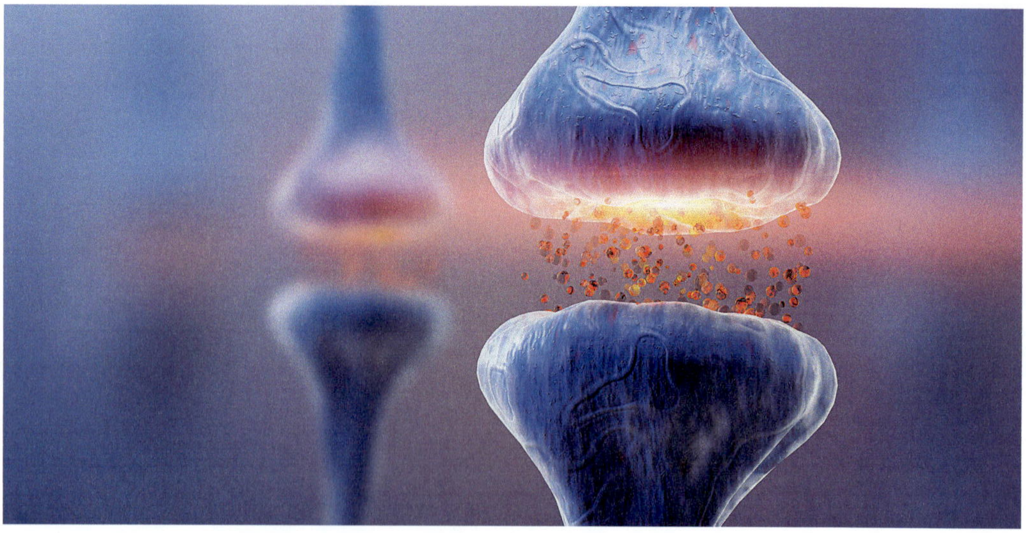

1 Synapsen (3D-Modellierung)

Der kanadische Kognitionspsychologe Donald Olding Hebb beschäftigte sich in seinen wissenschaftlichen Arbeiten mit den neuronalen Grundlagen des Lernens und prägte dabei den folgenden Satz: „Neurons that fire together, wire together.“ Er erkannte, dass zwei Neuronen umso eher aufeinander reagieren, je häufiger sie miteinander aktiv sind. Was aber bedeutet es, wenn Neuronen „feuern“ und aufeinander reagieren?

Chemische Synapsen • Zwischen zwei Neuronen befindet sich ein schmaler Spalt mit einer Breite von 20–40 nm, welcher nicht elektrisch überwunden werden kann. Es muss eine Übersetzung des elektrischen Signals in ein chemisches Signal erfolgen. Die an diesen synaptischen Spalt angrenzende Membran des Endknöpfchens wird als präsynaptische Membran und die des nachgeschalteten Neurons als postsynaptische Membran bezeichnet. In speziellen synaptischen Vesikeln des Endknöpfchens befindet sich ein chemischer Botenstoff, zum Beispiel der Neurotransmitter Acetylcholin. Er ist für die Signalübertragung über den synaptischen Spalt hinweg verantwortlich. Derartige Synapsen werden deshalb als **chemische Synapsen** bezeichnet. Die Erregung kann auf ein nachfolgendes Neuron übertragen werden. Man bezeichnet diese Synapse als interneuronale Synapse. Bei einer **neuromuskulären Synapse** wird das Signal dagegen an eine Muskelzelle weitergeleitet.

1 Nennen Sie die drei Bestandteile einer Synapse.

2 Skizzieren Sie zwei miteinander verknüpfte Neuronen und zeigen Sie auf, in welchen Bereichen eine elektrische und in welchen eine chemische Signalweiterleitung stattfindet.

3 Beschreiben Sie die Abläufe der Abbildungen A, B und C (▸2).

Ablauf der Informationsübertragung • Der Ablauf der Informationsübertragung lässt sich in drei Schritte unterteilen: Schritt 1: Erreicht ein Aktionspotenzial das Endknöpfchen, wird dessen Membran durch die Öffnung der Natriumionenkanäle depolarisiert. Diese Depolarisation hat zur Folge, dass sich spannungsgesteuerte Calciumionenkanäle öffnen. Da die Calciumionenkonzentration im extrazellulären Bereich des synaptischen Spalts bis zu 500-mal höher als im Zellinneren ist, strömen Calciumionen durch die geöffneten Kanäle in das Endknöpfchen ein. Wie viele Kanäle sich öffnen, ist dabei abhängig von der Anzahl der ankommenden Aktionspotenziale. Die Zunahme der Calciumionenkonzentration ist ein Signal für die Vesikel im Endknöpfchen: Je höher die Calciumionenkonzentration steigt, umso mehr Vesikel verschmelzen mit der Zellmembran des Endknöpfchens. Bei dieser Exocytose werden die in den Vesikeln enthaltenen Neurotransmitter, mehrere Tausend Acetylcholinmoleküle pro Vesikel, in den synaptischen Spalt ausgeschüttet.

4 Formulieren Sie drei Je-desto-Beziehungen zum Schritt 1 der Signalübertragung an einer chemischen Synapse.

Schritt 2: Die Acetylcholinmoleküle diffundieren durch den synaptischen Spalt zur postsynaptischen Membran. Dort befinden sich **transmittergesteuerte Ionenkanäle**, die für Natriumionen spezifisch sind. Sie öffnen sich, sobald Acetylcholinmoleküle an einen spezifischen Acetylcholinrezeptor binden. Die Bindung des Acetylcholinmoleküls am Rezeptor erfolgt nach dem Schlüssel-Schloss-Modell. Durch die einströmenden Natriumionen wird das Neuron im Bereich der postsynaptischen Membran depolarisiert. Es entsteht ein postsynaptisches Potenzial, kurz PSP. Die Stärke der Depolarisation ist davon abhängig, wie groß die Menge der einströmenden Natriumionen ist, also davon, wie viele Natriumionenkanäle durch Acetylcholinmoleküle geöffnet werden. Somit bestimmt die Anzahl der freigesetzten Acetylcholinmoleküle die Veränderung des postsynaptischen Potenzials. Wenn dieses einen bestimmten Schwellenwert überschreitet, entsteht am Axonhügel des nachgeschalteten Neurons ein neues Aktionspotenzial.

Schritt 3: Eine weitere synaptische Signalübertragung ist nur möglich, wenn die Ionenkanäle der postsynaptischen Membran wieder geschlossen sind. Dafür ist es notwendig, dass die Acetylcholinmokelüle schnell inaktiviert werden. Dies geschieht durch das Enzym **Acetylcholinesterase**, welches Acetylcholinmoleküle mithilfe von Wassermolekülen in Cholin- und Acetatteilchen, den Säurerest der Essigsäure, spaltet. Die Acetylcholinrezeptoren werden nun nicht mehr aktiviert und die Natriumionenkanäle sind geschlossen. Durch den synaptischen Spalt diffundierende Cholinnteilchen werden an der Membran der Endknöpfchen über ein aktives Transportsystem wieder aufgenommen. Im Endknöpfchen erfolgt die Rückgewinnung von Acetylcholinmolekülen mithilfe eines Enzyms, das eine neue Acetatgruppe an die Cholinteilchen bindet. Die Vesikel werden neu gebildet und im Endknöpfchen wieder mit Acetylcholinmolekülen beladen.

5 Erklären Sie, warum es wichtig ist, dass die Neurotransmitter im synaptischen Spalt nach einer gewissen Zeit abgebaut werden.

6 Erstellen Sie ein Flussdiagramm, das die Abläufe an einer chemischen Synapse zeigt.

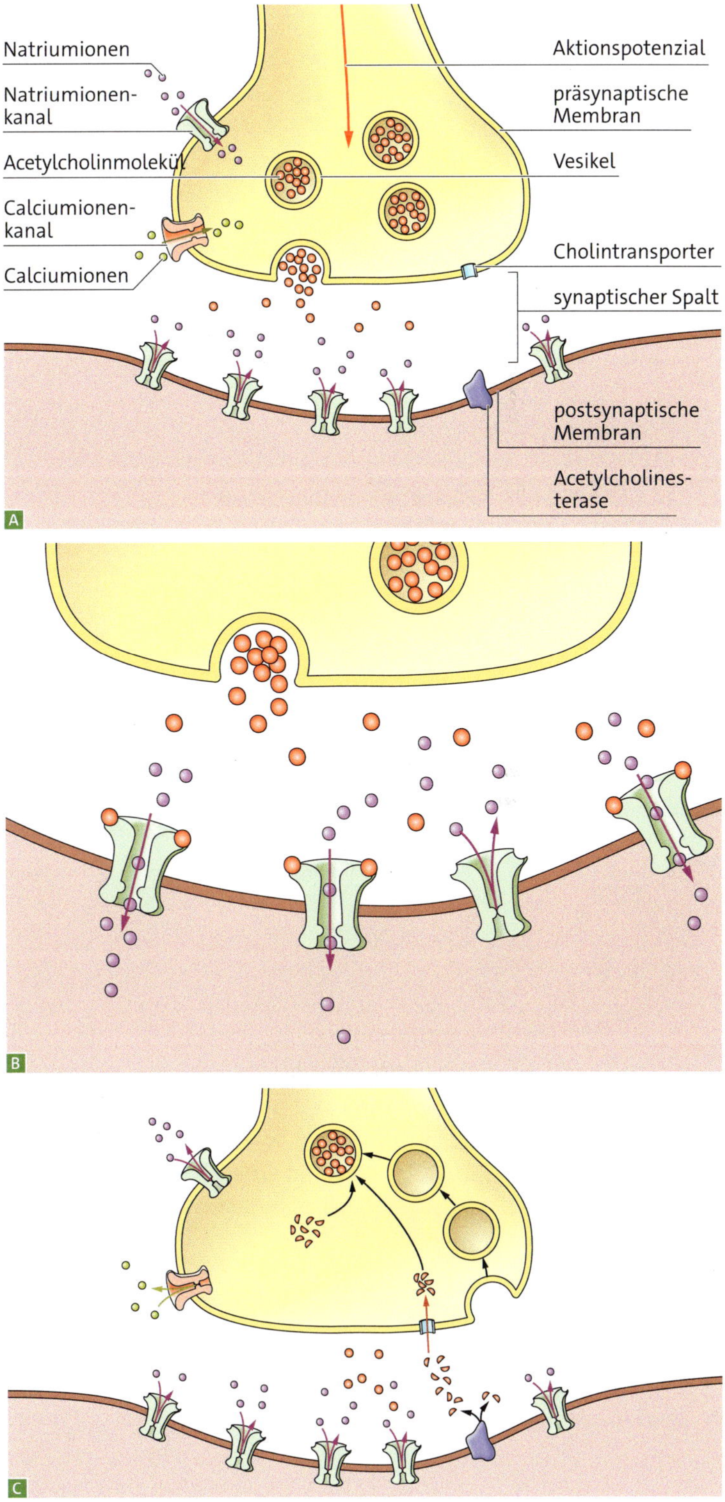

2 Signalübertragung an einer chemischen Synapse

Elektrische Synapsen

Elektrische Synapsen • In den 1950er-Jahren untersuchten amerikanische Wissenschaftler Riesensynapsen von Flusskrebsen und machten dabei eine interessante Entdeckung: Wenn sie das Axon vor der Riesensynapse elektrisch reizten, konnten sie fast verzögerungsfrei ein postsynaptisches Potenzial messen. Eine solch hohe Übertragungsgeschwindigkeit ließ sich mit der Wirkungsweise chemischer Synapsen nicht erklären. Daher wurden die Synapsen genauer untersucht, um einen alternativen Mechanismus zu finden. Anhand elektronenmikroskopischer Aufnahmen stellte man weiterhin fest, dass der Abstand zwischen der präsynaptischen und der postsynaptischen Zellmembran an einigen Kontaktstellen nur 3,5 nm beträgt. Spezielle Proteinkanäle, die als Gap Junctions bezeichnet werden, verbinden beide Zellen miteinander. Ihre Poren sind so groß, dass die im Cytoplasma gelösten Ionen in beide Richtungen passieren können.

1 Rechnen Sie 3,5 Nanometer in Millimeter um.

Der Fluss der Ionen durch die Poren ermöglicht eine passive, direkte Weiterleitung der Erregung, sodass man selbst bei einer unterschwelligen Reizung des präsynaptischen Neurons im postsynaptischen Neuron eine Veränderung des Membranpotenzials nachweisen kann.

Ein besonderer Unterschied gegenüber der chemischen Synapse zeigt sich, wenn man in einem Versuch das postsynaptische Neuron elektrisch reizt. Unmittelbar danach lässt sich im präsynaptischen Neuron eine Potenzialveränderung messen. Elektrische Ströme können demnach in beide Richtungen, also bidirektional, fließen.

Elektrische Synapsen findet man in bestimmten Neuronen von Wirbellosen, die Fluchtreaktionen auslösen. Im ZNS der Säugetiere synchronisieren elektrische Synapsen hingegen die Aktivität von Neuronen.

2 Vergleichen Sie die Informationsübertragung an der chemischen und an der elektrischen Synapse.

3 Stellen Sie eine Hypothese dazu auf, warum das Passieren der Ionen in beide Richtungen in der Natur kaum zu finden ist, sondern ein Laborergebnis darstellt.

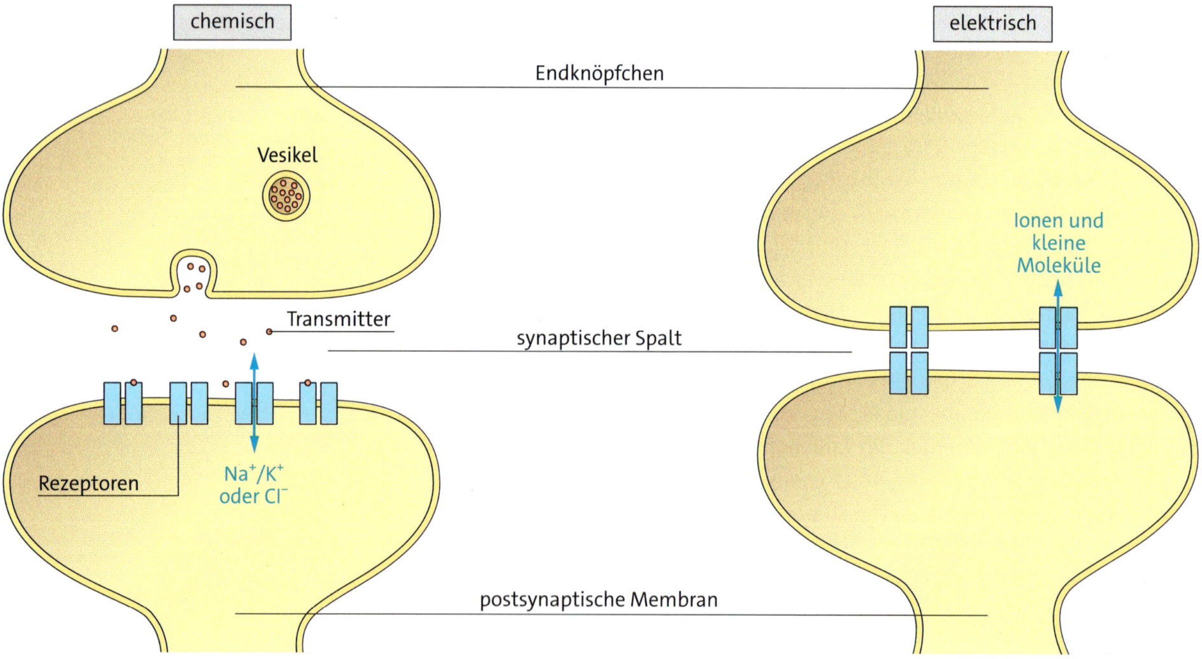

1 Chemische und elektrische Synapse

Material A Das Nervengift Nowitschok

Nowitschok gehört zu einer Gruppe von Wirkstoffen, auf denen einige Medikamente und Insektizide basieren, aber auch Nervengifte. Das in der ehemaligen Sowjetunion entwickelte Nervengift Nowitschok kann eine Intensivierung einer Vielzahl von körperlichen Reaktionen hervorrufen, deren akute Folgen tödlich sein können: Die Vergifteten zeigen unter anderem einen vermehrten Tränen- und Speichelfluss, stark gerötete Haut, eine erhöhte Magen-Darm-Sekretion sowie eine verstärkte Magen-Darm-Peristaltik. Die Pupille verengt sich stark, wodurch es zu Sehstörungen kommt (▶ A1). Schließlich versterben die Vergifteten an Herz- und Atemwegsversagen.

1 Skizzieren Sie den Bau einer erregenden Acetylcholin-führenden Synapse und beschriften Sie diese mit den entsprechenden Fachbegriffen.

2 Beschreiben Sie detailliert die Funktionsabläufe an dieser Synapse von der Ankunft des Aktionspotenzials bis zur Bildung des postsynaptischen Potenzials.

3 Stellen Sie mit Ihrem Wissen aus dem Unterricht über synaptische Vorgänge und unter Einbeziehung des Materials Hypothesen zu zwei möglichen Angriffspunkten des Nervengiftes Nowitschok auf.

4 Erläutern Sie anhand dieser Hypothesen, warum mit Nowitschok vergiftete Menschen sterben können, wenn sie nicht rechtzeitig behandelt werden. Gehen Sie hierbei auf die Erregungsweiterleitung der beiden wichtigsten körperlichen Funktionen ein.

5 Benennen Sie auf Basis Ihrer Hypothesen zur Wirkungsweise des Nervengifts Nowitschok aus Aufgabe 3 mögliche Angriffsorte bzw. Wirkweisen eines potenziellen Gegengiftes.

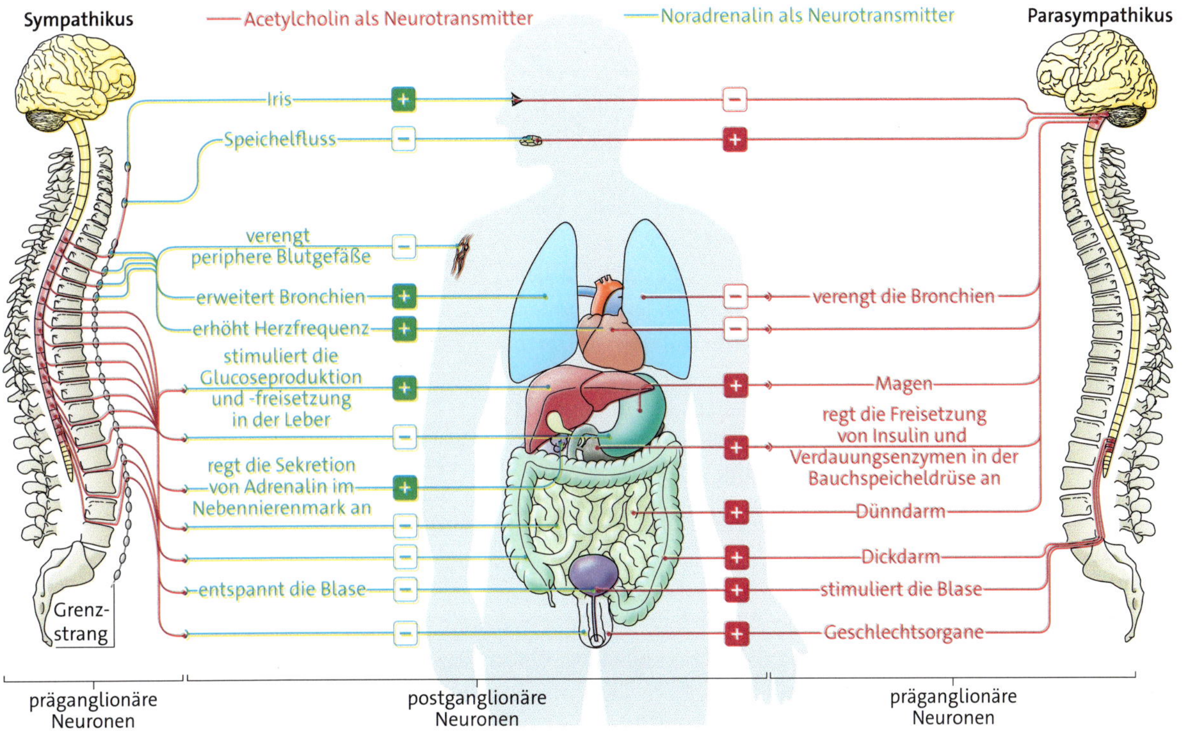

A1 Wirkung von Acetylcholin und Noradrenalin auf den menschlichen Körper

Hinweis:

Gehen Sie vereinfachend davon aus, dass bei allen angesprochenen körperlichen Reaktionen Acetylcholin als Neurotransmitter wirkt, da Acetylcholin ein Neurotransmitter ist, der abhängig von den Rezeptoren und dem Ort, an dem er freigesetzt wird, erregend oder hemmend wirken kann.

1.8 Neurotransmitter

1 Biene sticht Mensch

Entgegen der allgemeinen Annahme wirkt das Gift der Bienen stärker schädigend als Hornissengift. Nichtsdestotrotz sind Hornissenstiche weitaus schmerzvoller als Stiche durch Bienen. Im Gegensatz zum Bienengift enthält Hornissengift nämlich Acetylcholin, welches die Schmerzrezeptoren der Haut rund um die Einstichstelle aktiviert. Diese Aktivierung verursacht dann die Schmerzen bei einem Stich. Wie genau wirkt ein Neurotransmitter wie Acetylcholin im synaptischen Spalt?

Unterschiedliche Neurotransmitter • Nachdem zunächst entdeckt worden war, dass die Informationsübertragung zwischen zwei Neuronen in den meisten Fällen an chemischen Synapsen erfolgt, versuchte man die Moleküle zu identifizieren, die in unserem Nervensystem als wichtige Neurotransmitter dienen. Dabei zeigte sich, dass die verschiedenen Neuronen insbesondere im Gehirn jeweils unterschiedliche Neurotransmitter aufweisen. Deren Funktionen und Wechselwirkungen werden in der aktuellen medizinischen Forschung zunehmend entschlüsselt. Die häufigsten Neurotransmitter zeigen in ihrer Struktur auffällige Ähnlichkeiten mit anderen chemischen Verbindungen in der Zelle. Es sind entweder Aminosäuren, von Aminosäuren abgeleitete Amine oder aus Aminosäuren aufgebaute Peptide. Die meisten Neuronen besitzen nur einen spezifischen Neurotransmitter. Erst in den letzten Jahren entdeckte man allerdings auch Neuronen, die unterschiedliche Transmitter freisetzen können.

1 **Zeigen Sie mithilfe der Abbildung die chemische Gemeinsamkeit der wichtigsten Neurotransmitter auf (▸ 2).**

2 **Benennen Sie weitere wichtige Biomoleküle, die die von Ihnen herausgearbeitete Gemeinsamkeit aufweisen.**

Aminosäuren

γ-Aminobuttersäure, GABA — Glycin — Glutamat (aus Glutaminsäure)

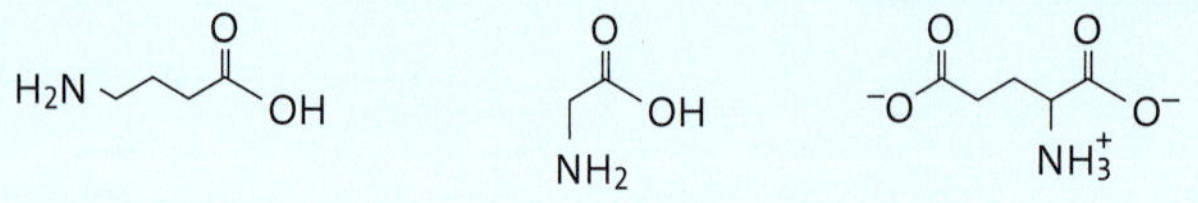

Peptide

Enkephalin	α-Endorphin
Tyr-Gly-Gly-Phe-Met	Tyr-Gly-Gly-Phe-Met-Thr-Ser-Gln-Thr-Pro-Leu-Val-Thr

Amine

Acetylcholin — Noradrenalin — Dopamin — Serotonin

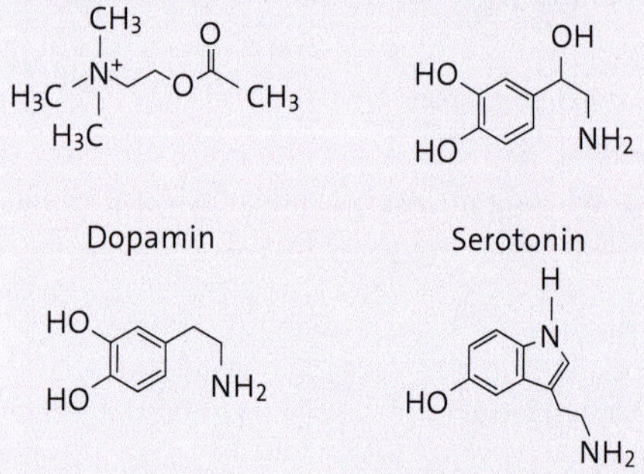

2 Wichtige Neurotransmitter

Synapsen wirken unterschiedlich schnell

Schnell und langsam wirkende Synapsenbereiche • In den meisten Fällen bewirken die Transmitter nach der Bindung an einen spezifischen Rezeptor die Öffnung von Ionenkanälen an der postsynaptischen Membran; man spricht von sogenannten schnell wirkenden Synapsenbereichen.

Es gibt jedoch auch Rezeptoren, die nicht an einen Ionenkanal gebunden sind, die sogenannten langsam wirkenden Synapsenbereiche. Hierbei ist der Rezeptor für den Neurotransmitter über ein G-Protein mit dem Enzym **Adenylatcyclase** gekoppelt.

Dockt nun ein Neurotransmitter an den Rezeptor an, wird über das G-Protein die Adenylatcyclase aktiviert und setzt ATP zu cAMP um. Das Molekül cAMP fungiert im weiteren Verlauf als Second Messenger. Es nimmt hierbei zwei Aufgaben wahr: Zum einen die Öffnung von Ionenkanälen, was dem Ablauf bei schnell wirkenden Synapsenbereichen vergleichbar ist, und zum anderen das Anstoßen der Transkription von cAMP-induzierbaren Genen.

cAMP aktiviert nun eine cAMP-abhängige Proteinkinase, indem es einen regulatorischen Proteinanteil abspaltet. Die aktivierte Proteinkinase gelangt über die Kernporen des Zellkerns zur DNA und überträgt eine Phosphatgruppe auf einen inaktiven Transkriptionsfaktor.

Durch diese Phosphorylierung wird der Transkriptionsfaktor aktiviert und die Transkription sogenannter cAMP-induzierbare Gene wird angestoßen. Die entstandenen Genprodukte können zum Beispiel Axonkollaterale, Synapsen oder weitere Rezeptor-G-Protein-Adenylatcyclase-Einheiten sein.

Man kennt mehr als 100 an G-Proteine gekoppelte Rezeptoren mit unterschiedlichen Wirkungen auf das Neuron. Spielt bei der Signalübertragung neben dem eigentlichen Transmitter ein weiterer nachfolgender Botenstoff, wie hier das cAMP, eine besondere Rolle, bezeichnet man diese Informationsweiterleitung als Second-Messenger-Übertragungsweg.

3 Erstellen Sie ein Pfeildiagramm zu den Abläufen an den langsam wirkenden Synapsenbereichen.

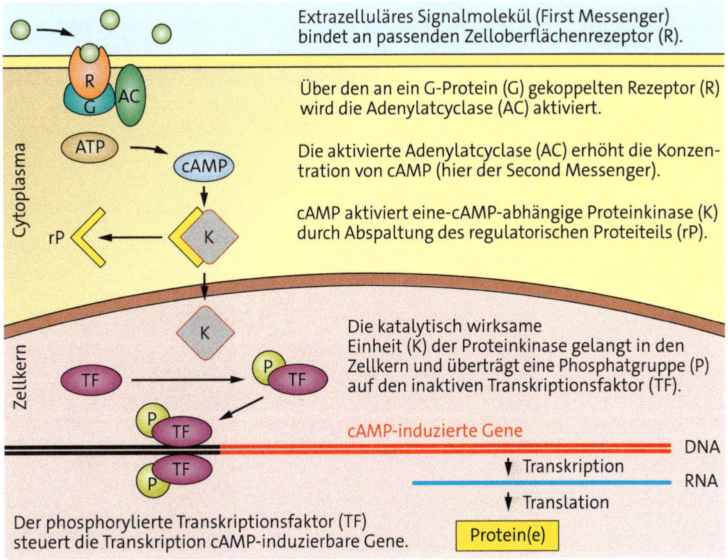

3 Aktivierung der Gentranskription durch cAMP als Second Messenger

4 Erklären Sie, welche chemischen Veränderungen vom ATP zum cAMP erfolgen.

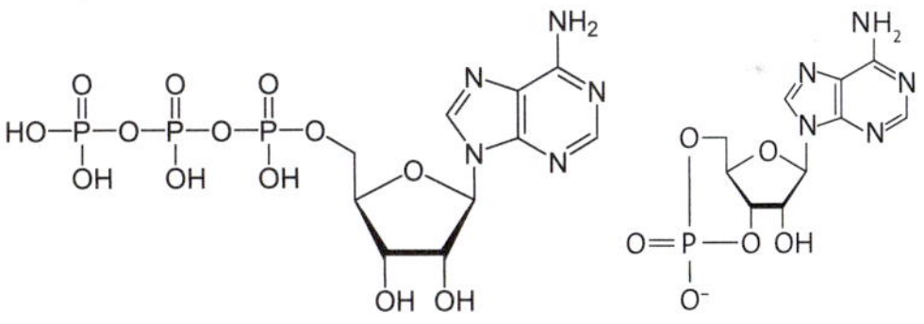

4 Adenosintriphosphat und cyclisches Adenosinmonophosphat

5 Bei schnell wirkenden Synapsenbereichen bewirkt der Neurotransmitter direkt die Öffnung des Ionenkanals, bei langsam wirkenden Synapsenbereichen veranlasst dies das Molekül cAMP über weitere Moleküle. Das Ergebnis ist jedoch bei beiden Prozessen gleich. Erklären Sie, wie das postsynaptische Potenzial aussieht, wenn (a) die Öffnung bzw. (b) die Schließung von Natriumionenkanälen veranlasst wird.

6 Erläutern Sie ausgehend von Ihren Annahmen aus der vorherigen Aufgabe, welchen Einfluss das jeweilige postsynaptische Potenzial auf die Informationsweitergabe im Fall von (a) bzw. (b) hat.

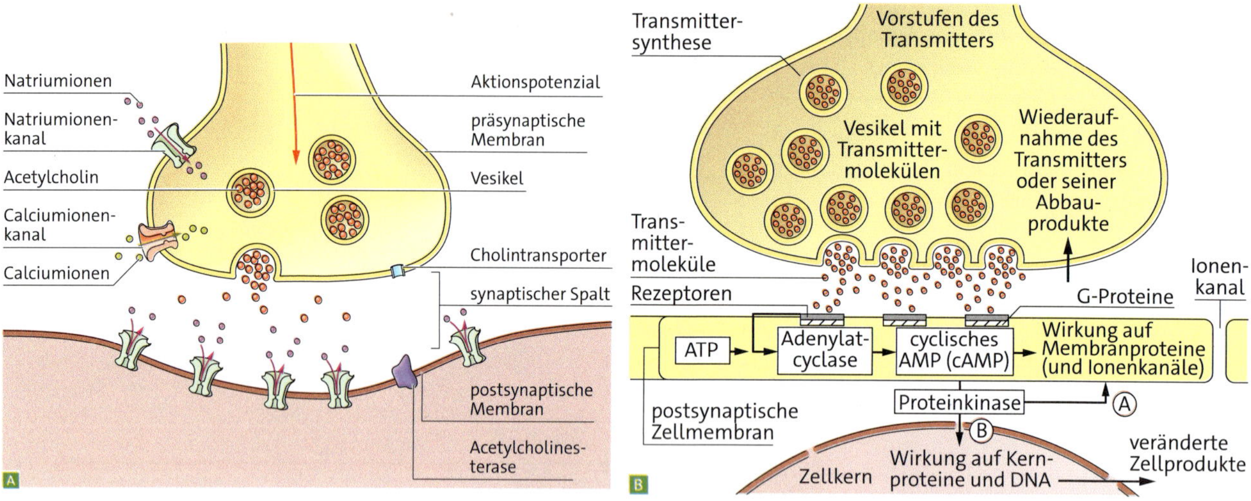

1 Chemische Synapsen im Vergleich

Bedeutung langsam wirkender Synapsenbereiche • Anhand von langsam wirkenden Synapsenbereichen kann man eine Vorstellung gewinnen, wie bestimmte neuronale Prozesse ablaufen.

Hierzu zählen unter anderem Lernprozesse und die Entstehung von Sucht. Aber auch die Wirkung vieler Gifte, Rauschmittel und Drogen können über die Vorgänge an langsam wirkenden Synpasen verstanden werden.

1 Erstellen Sie eine Concept-Map zu den schnell und langsam wirkenden Synapsenbereichen. Heben Sie Überschneidungen hervor (▶1).

2 Formulieren Sie fünf Fragen zum Thema der schnell und der langsam wirkenden Synapsenbereiche.

3 Bei regelmäßigem Drogenkonsum stellt sich eine Gewöhnung an die konsumierte Drogenmenge ein. Um dieser Habituation entgegenzuwirken und den gewünschten Effekt der Droge aufrechtzuerhalten, muss die Drogenmenge gesteigert werden. So entsteht eine Sucht.
Stellen Sie eine Hypothese dazu auf, wie es auf neuronaler Ebene an den langsam wirkenden Synapsenbereichen zu dem Effekt der Habituation kommt.

Synthese und Speicherung von Neurotransmittern • Für die Informationsübertragung an der Synapse werden große Mengen an Neurotransmittern benötigt, die nur teilweise über Transportproteine durch die präsynaptische Membran wieder aufgenommen werden können. Deshalb ist die Synthese von Transmittermolekülen ein wichtiger Prozess zur Erhaltung der Funktion der Neuronen.
Die Synthese langkettiger Vorläuferpeptide erfolgt im Soma an den Ribosomen des rauen Endoplasmatischen Reticulums, kurz ER. Im Golgi-Apparat werden die Vorläuferpeptide anschließend in kleinere Peptidfragmente, die aktiven Neurotransmitter, gespalten und dann in Vesikeln zur Synapse transportiert und dort gespeichert. Auf die gleiche Weise gelangen die Enzyme für die Synthese von Aminosäuren und Aminen zum Endknöpfchen. Diese Transmitter werden somit vor Ort produziert und anschließend durch Transportproteine in die Vesikel befördert.

4 Erklären Sie, wieso sich eine proteinarme Ernährung beziehungsweise anhaltende Hungersnot auf die neuronalen Verarbeitungsprozesse auswirken kann.

5 Überlegen Sie sich, welche Gründe es haben kann, dass zunächst Vorläuferpeptide anstatt der aktiven Neurotransmitter hergestellt werden.

Material A Angriffspunkte verschiedener Drogen und Gifte an Synapsen

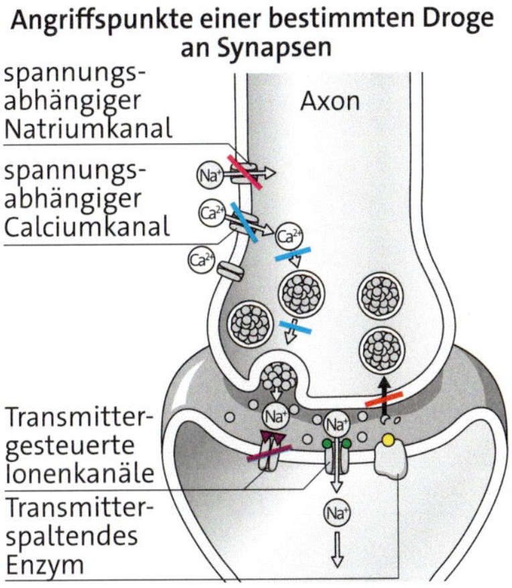

Drogen und Gifte wirken an verschiedenen Stellen an den Synapsen.

1 Beschreiben Sie die sechs verschiedenen Angriffsorte von Drogen und Giften, die in der Abbildung dargestellt sind.

2 Erklären Sie den Einfluss der sechs dargestellten Angriffsorte von Drogen und auf die Informationsweiterleitung.

3 Recherchieren Sie, nach welchem der sechs Mechanismen Narkotika, wie sie in der Anästhesie eingesetzt werden, wirken.

4 Recherchieren Sie, nach welchem der sechs Mechanismen viele Antidepressiva wirken.

Material B Curare

Indigene des Amazonasgebiets jagen unter anderem mit dem Pfeilgift Curare. Diese Substanz kann aus unterschiedlichen lianenartigen Gewächsen gewonnen werden.

Curare führt innerhalb kurzer Zeit zum Tod, indem es die Informationsübertragung zwischen den Neuronen und der Atemmuskulatur unterbricht. Getroffene Lebewesen ersticken folglich. Werden die Opfer jedoch rasch künstlich beatmet, so ist eine vollständige Genesung möglich.

1 Beschreiben Sie die drei abgebildeten Diagramme vollständig.

2 Interpretieren Sie die Diagramme und beziehen Sie sie aufeinander.

3 Erläutern Sie, wie Curare auf neuronaler Ebene wirkt.

4 Zeichnen Sie ein Diagramm, welches das postsynaptische Potenzial am Soma des nachgeschalteten Neurons mit und ohne Gifteinfluss zeigt.

5 Zeichnen Sie ein Diagramm, welches die Abfolge der Aktionspotenziale am Axon des nachgeschalteten Neurons mit und ohne Gifteinfluss zeigt.

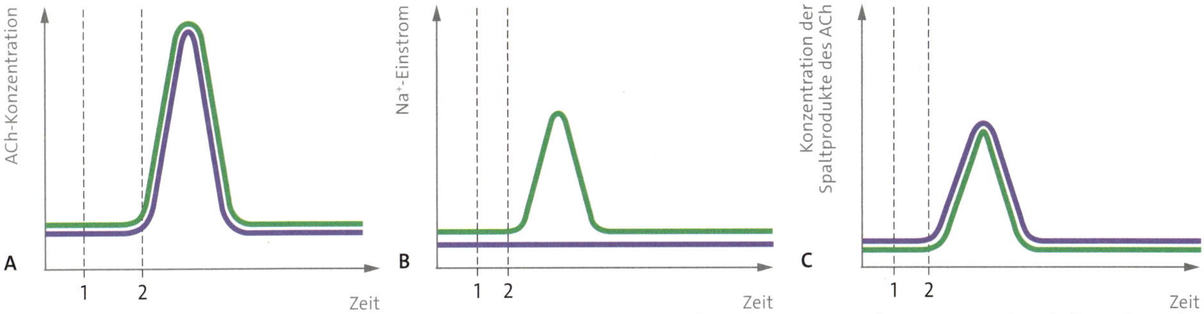

normal, ohne Gifteinfluss — mit Gifteinfluss von Curare — 1: Giftzugabe 2: erstes Aktionspotenzial nach der Giftzugabe

1.9 Synapsengifte

1 Zigarettenrauch

Rauchen ist schädlich. Doch wie genau wirkt das im Zigarettenrauch enthaltene Nikotin als Synapsengift und was sind die neuronalen Auswirkungen des Nikotinkonsums?

Neurotoxine • Verschiedene Bakterien-, Pflanzen- und Tierarten produzieren Giftstoffe, die das Nervensystem, insbesondere in verschiedenen Bereichen der Synapse, angreifen und die Informationsübertragung stören. Sie wirken somit neurotoxisch. Tiere setzen **Neurotoxine** gezielt zur Abwehr von Beutegreifern oder beim eigenen Beutefang ein.

α-Latrotoxin • Das Gift der Schwarzen Witwe (*Latrodectus tredecimguttatus*), das α-Latrotoxin, entfaltet seine tödliche Wirkung, indem es an Proteine auf der Außenseite der präsynaptischen Membran bindet und die Öffnung der Calciumionenkanäle veranlasst. Die mit Acetylcholin gefüllten Vesikel der neuromuskulären Synapse werden schlagartig entleert. Die Folge sind starke Muskelkrämpfe.

1 **Beschreiben Sie die Aktionspotenzialfrequenz des Neurons, das den Muskel innerviert, vor und nach Gabe von α-Latrotoxin.**

2 **Erklären Sie, warum es zu Muskelkrämpfen kommt.**

Botulinumtoxin • Bakteriengifte gehören zu den wirksamsten Neurotoxinen. In verdorbenen Lebensmitteln gedeiht das Bakterium *Clostridium botulinum*. Das Botulinumtoxin verhindert die Freisetzung von Acetylcholin, indem es die Verschmelzung der

eA

2 Wundstarrkrampf; Gemälde von Charles Bell, 1809

GABA = Abkürzung von engl. gamma-aminobutyric acid

Tetanustoxin • Das zweitstärkste Bakteriengift, das Tetanustoxin, wird von dem Erreger des Wundstarrkrampfs (► 2), dem Bakterium *Clostridium tetani*, gebildet. Es verhindert die Freisetzung der inhibitorischen Neurotransmitter Glycin und GABA. Motoneurone werden nicht mehr gehemmt, sodass es zu einer Dauerdepolarisation der postsynaptischen Membran und damit zu Krämpfen der Muskulatur kommt. Der Tod erfolgt durch die Verkrampfung der Atemmuskulatur.

Vesikelmembran mit der präsynaptischen Membran in neuromuskulären Synapsen unterbindet. Dies führt zur Lähmung der Skelettmuskulatur und der Atemmuskeln.

α-Bungarotoxin • Andere Neurotoxine wirken auf die Rezeptoren der postsynaptischen Ionenkanäle. Das Gift der Königskobra, das α-Bungarotoxin, bindet an die **Acetylcholinrezeptoren** und verhindert die Öffnung der Natriumionenkanäle und damit die Ausbildung eines erregenden postsynaptischen Potenzials. Es kommt zu Muskel- und Atemlähmung.

Curare • Das Pfeilgift Curare besteht aus einer Mixtur verschiedener Alkaloide und hemmt die Rezeptoren der Natriumionenkanäle. Es bindet aber nicht so stark an die Rezeptoren wie α-Bungarotoxin und kann deshalb durch Erhöhung der Acetylcholinkonzentration verdrängt werden.

3 Benennen Sie die Form der Hemmung durch Curare.

4 Stellen Sie eine Hypothese auf, warum mit Curare erlegte Beutetiere nach dem Garen bedenkenlos verzehrt werden können.

Atropin • Verschiedene Nachtschattengewächse produzieren das Nervengift Atropin. Es verdankt seinen Namen der Schwarzen Tollkirsche, *Atropa belladonna.* Das Gift blockiert die Acetylcholinrezeptoren des Herzens und beschleunigt deshalb die Herzfrequenz. Bei einer höheren Dosis werden auch die Acetylcholinrezeptoren, die der Informationsübertragung zu den Muskeln dienen, blockiert. In früheren Zeiten träufelten sich Frauen Tollkirschsaft in die Augen, um die Pupillen zu erweitern. Daher der Artname *belladonna*.

5 Erklären Sie, wie es zur Pupillenerweiterung durch Einträufeln von Atropin ins Auge kommt.

Botox • Da Botulinumtoxin in geringer Dosierung eine glättende Wirkung auf Hautfalten hat, wurde dieses Neurotoxin zur kosmetischen Faltenbehandlung eingesetzt und bald als Botox bekannt.
Lach- oder Stirnfalten entstehen durch die Aktivität der mimischen Gesichtsmuskeln. Nach einer Injektion des Neurotoxins in den Muskel wird dieser nicht mehr erregt. Seine Lähmung führt zur Entspannung der entsprechenden Hautregion. Viele Beispiele verdeutlichen jedoch, dass die Behandlung eine unnatürliche, maskenhafte Gesichtsmimik zur Folge hat. Die Wirkung hält nur ungefähr vier bis sechs Monate an. Zudem besteht die Gefahr von dauerhaften Nervenschäden.

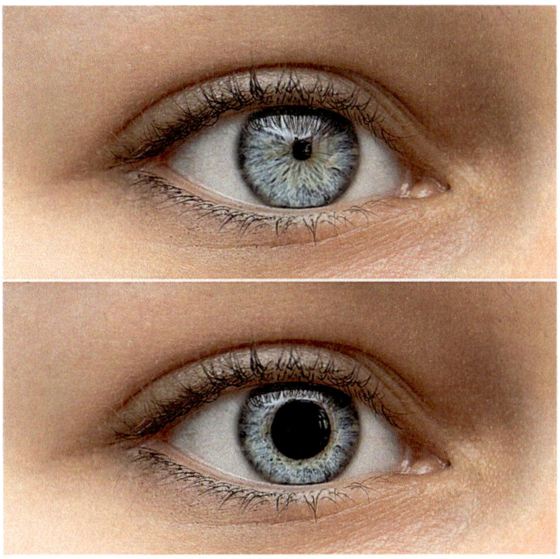

3 Pupillenerweiterung durch Atropin

6 Erklären Sie den nachstehenden Cartoon.

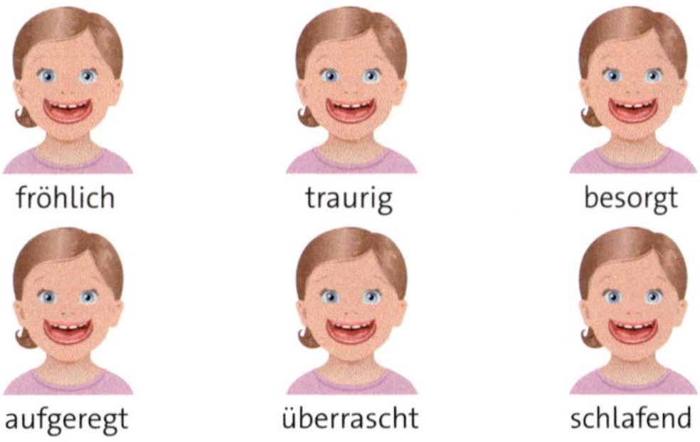

4 The many faces of the botox baby

Nikotin • Das im Tabak enthaltene Nikotin gilt ebenfalls als Neurotoxin. Es bindet an Acetylcholinrezeptoren und wirkt wie der Neurotransmitter Acetylcholin. Es entfaltet in bestimmten Gehirnarealen eine erregende Wirkung. In Kombination mit anderen Tabakstoffen beeinflusst es so das Belohnungssystem der **Großhirnrinde** durch Hemmung des Enzyms Monoaminooxidase. Neurotransmitter wie Dopamin und Serotonin werden nicht mehr abgebaut. Dies gilt als Ursache für die hohe Suchtwirkung des Nikotins.

muskarinisch: durch Muskarin erregt

dopaminerg: durch Dopamin erregt

Chemische Kampfstoffe • Im Jahr 1936 stellte der Konzern IG Farben ein sehr giftiges Insektizid mit der Bezeichnung Tabun vor. In der Folgezeit entwickelte man auf Basis dieses Phosphorsäureesters weitere hochwirksame Gifte: Sarin, Soman und Parathion. Nur Parathion wurde als E 605 in der Folgezeit als Pflanzenschutzmittel eingesetzt. Es war das Mittel mit der schwächsten Toxizität. Die anderen hochtoxischen Gifte waren währenddessen als chemische Kampfstoffe von militärischem Interesse. Ab 1945 erforschte man die Wirkung der Phosphorsäureester und erkannte, dass sie das Enzym Acetylcholinesterase hemmen und damit den Abbau des Acetylcholins im synaptischen Spalt verhindern. Muskelkrämpfe und Aussetzen der Atmung sind die Folge. Mit diesem Wissen war es möglich, ein Gegenmittel zu finden.

Auf Basis der Kenntnisse zum Wirkmechanismus entwickelte man das erheblich giftigere VX, das erst beim Abschuss einer Chemiewaffe als Binärkampfstoff aus zwei mindergiftigen Komponenten gemischt wird.

Nachdem der Irak noch in den 1980er-Jahren im Ersten Golfkrieg Chemiewaffen in menschenverachtender Weise eingesetzt hatte, wurde im Jahr 1993 ein Chemiewaffen-Übereinkommen beschlossen, laut dem sich 160 Staaten verpflichtet haben, auf die Produktion, Lagerung und den Gebrauch chemischer Waffen zu verzichten. Trotzdem gibt es Hinweise, dass noch im Jahr 2015 chemische Kampfstoffe im Syrienkrieg eingesetzt wurden.

1 Erläutern Sie, weshalb Atropin als Gegengift für Parathion genutzt werden kann.

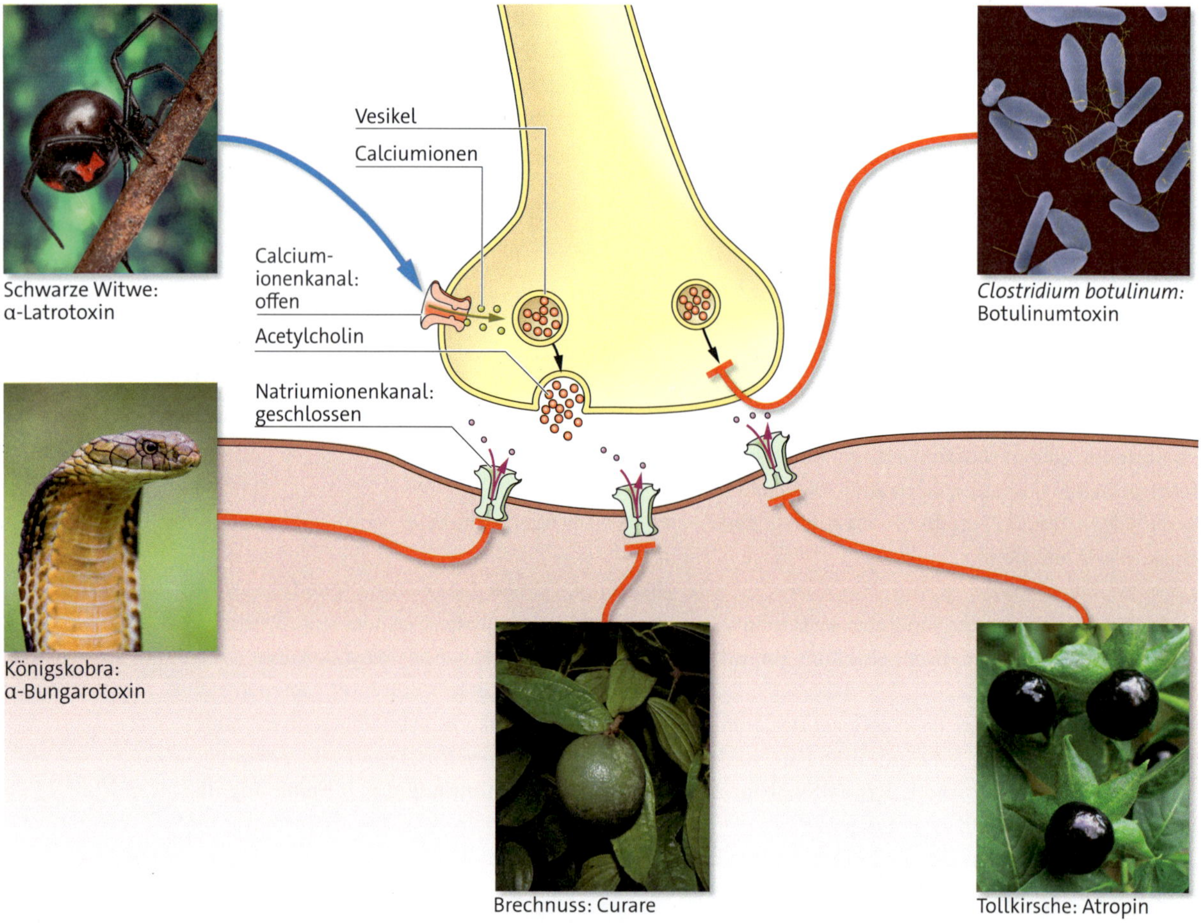

1 Wirkorte verschiedener Synapsengifte

Material A Wirkungsweise des Nikotins an schnell wirkenden Synapsenbereichen

Neben den körpereigenen gibt es auch dem Körper zugeführte Substanzen, beispielsweise Nikotin, die an verschiedenen Stellen in die chemische Erregungsübertragung eingreifen können. Dies führt zur Beeinflussung der körpereigenen Abläufe der chemischen Erregungsübertragung, was wiederum unterschiedliche Folgen haben kann. Der Konsum von Nikotin wirkt zunächst anregend, später beruhigend. Kleinere Dosen führen zu einer Steigerung des Blutdrucks, der Darmperistaltik sowie der Schweiß- und Speichelsekretion.

1 Benennen Sie die mit Ziffern markierten Strukturen.

2 Beschreiben Sie die Wirkungsweise der Acetylcholin-vermittelten Erregungsübertragung (linkes Bild) und danach deren Beeinflussung durch Nikotin (rechtes Bild).

3 Wählen Sie eine der unteren Abbildungen (a bis c) für die Aktionspotenziale am Axon des nachgeschalteten Neurons aus und erläutern Sie daran die verstärkenden Effekte des Nikotins auf neuronaler Ebene.

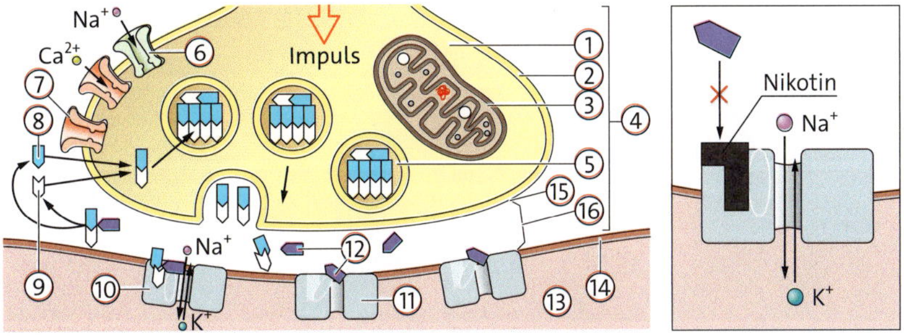

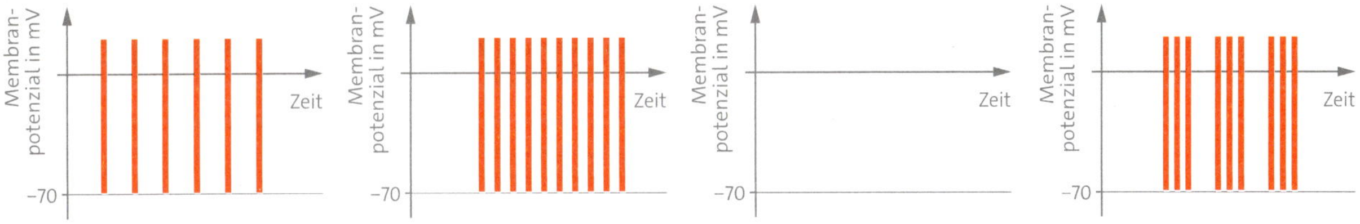

vorgeschaltetes Axon | a) nachgeschaltetes Axon | b) nachgeschaltetes Axon | c) nachgeschaltetes Axon

Material B Wirkweise verschiedener Neurotoxine

Die verschiedenen Neurotoxine wirken an unterschiedlichen Stellen im Bereich der Synapse. Folglich haben sie auch jeweils einen anderen Einfluss auf die Erregungsweiterleitung im Nervensystem.
Aus den drei nachstehenden Grafiken kann man den Angriffsort und die Wirkweise von vier verschiedenen Neurotoxinen ableiten.

1 Beschreiben Sie die Kurvenverläufe.

2 Ordnen Sie die farbigen Kurvenverläufe den im Buchtext beschriebenen Synapsengiften α-Latrotoxin, Atropin, Botulinumtoxin und E 605 zu.

3 Begründen Sie Ihre Wahl, indem Sie die Kurvenverläufe mithilfe des Buchtexts interpretieren.

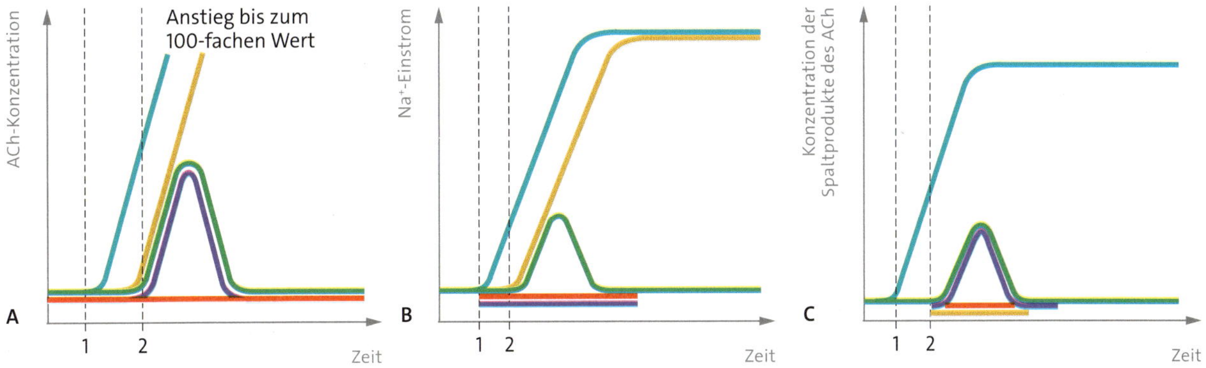

normal, ohne Gifteinfluss

1: Giftzugabe 2: erstes Aktionspotenzial nach der Giftzugabe

1.10 Erregende und hemmende Synapsen

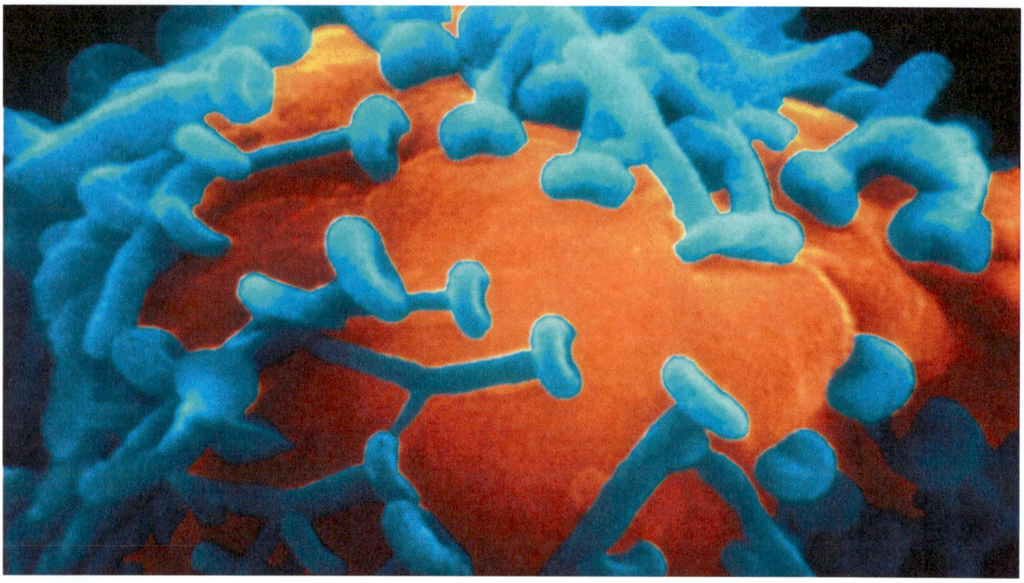

1 Soma eines Neurons mit zahlreichen Endknöpfchen (REM-Bild)

Die Information „Feuer!“ muss schnell im Nervensystem weitergeleitet werden. Die Neuronen des ZNS stehen in einem ständigen Informationsaustausch. Ein einziges Neuron empfängt Informationen von bis zu 10 000 Synapsen in Form von Erregungen. Diese werden verarbeitet, gegebenenfalls an andere Neuronen weitergeleitet oder ausgelöscht. Wie kommt es zur erregenden Weiterleitung, wie zur hemmenden und wie werden alle diese teilweise unterschiedlichen Informationen verrechnet?

Postsynaptische Potenziale • Viele Transmitter haben eine ähnliche Wirkung wie Acetylcholin, beispielsweise Glutamat, Serotonin und Dopamin. Wenn sie an spezifische Rezeptoren binden, veranlassen sie gemäß dem Schlüssel-Schloss-Modell das Öffnen von Natriumionenkanälen an der postsynaptischen Membran. Das Einströmen der positiv geladenen Natriumionen hat zur Folge, dass sich das Potenzial an dieser Membran verringert, sie wird depolarisiert. Wenn die Depolarisation der postsynaptischen Membran den Schwellenwert erreicht, wird am Axonhügel des postsynaptischen Neurons ein neues Aktionspotenzial ausgelöst. Deshalb bezeichnet man eine derartige Synapse als erregende Synapse und die Veränderung des Membranpotenzials als **exzitatorisches postsynaptisches Potenzial**, kurz EPSP.
Andere Neurotransmitter wie γ-Aminobuttersäure und Glycin binden an Rezeptoren von Chloridionenkanälen an der postsynaptischen Membran. Die Chloridionenkanäle öffnen sich und negativ geladene Chloridionen strömen in das Neuron ein. Dies hat zur Folge, dass das postsynaptische Potenzial negativer wird, die Membran wird hyperpolarisiert. Der Abstand zum Schwellenwert ist nun größer und damit ist das Auslösen eines Aktionspotenzials am Axonhügel des postsynaptischen Neurons unwahrscheinlicher. Daher handelt es sich bei solch einer Synapse um eine hemmende Synapse und bei der Hyperpolarisation um ein **inhibitorisches postsynaptisches Potenzial**, kurz IPSP.

Bei interneuronalen Synapsen kommen sowohl erregend als auch hemmend wirkende Synapsen vor. Erregende Synapsen verteilen sich dabei meist auf die Dendriten. Hemmende Synapsen finden sich häufiger auf dem Soma und dem Axonhügel.

1 Begründen Sie die Sinnhaftigkeit von hemmenden Synapsen.

2 Erklären Sie die Aussage: Der Abstand zum Schwellenwert ist nun größer und damit ist das Auslösen eines Aktionspotenzials am Axonhügel des postsynaptischen Neurons unwahrscheinlicher.

3 Erklären Sie das Zustandekommen eines EPSP.

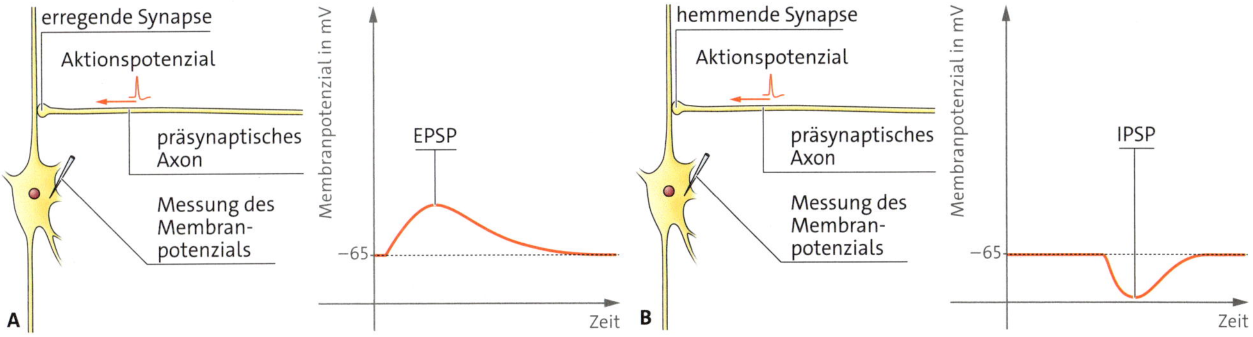

2 Postsynatisches Potenzial: A exzitatorisch, B inhibitorisch

4 Erklären Sie das Zustandekommen eines IPSP.

Synaptische Integration • Manchmal ist die Depolarisation des EPSP zu gering, um am Axonhügel des Neurons ein Aktionspotenzial zu erzeugen. Sind hingegen an einem Dendriten mehrere erregende Synapsen gleichzeitig aktiv, so addieren sich die Amplituden der EPSP. Diese **räumliche Summation** hat zur Folge, dass am Axonhügel der Schwellenwert überschritten wird und dort neue Aktionspotenziale gebildet werden. Treffen an einer Synapse viele Aktionspotenziale nacheinander innerhalb weniger Millisekunden ein, addieren sich die Amplituden der von dieser Synapse erzeugten EPSP ebenfalls. Dieser Vorgang wird als **zeitliche Summation** bezeichnet. Auch die IPSP hemmender Synapsen beeinflussen die Erregung des Neurons. Die von ihnen erzeugte Hyperpolarisation der Membran schwächt die Depolarisation erregender Synapsen ab und kann sie sogar auslöschen. Dies führt dazu, dass durch das postsynaptische Neuron weniger oder gar keine Aktionspotenziale weitergeleitet werden.
Ein Neuron kann über die Dendriten und das Soma die Signale vieler Synapsen empfangen. Die durch verschiedene Synapsen erzeugten Potenziale werden verrechnet und ergeben die Erregung des Neurons. Anhand dieses als synaptische Integration bezeichneten Vorgangs der Informationsverarbeitung entscheidet sich, wie viele Aktionspotenziale im Neuron weitergeleitet werden.

5 Vergleichen Sie die räumliche und zeitliche Summation.

6 Nennen Sie ein mögliches Beispiel aus Ihrem Alltag, wo es zur Summation erregender und hemmender Synapsen kommt.

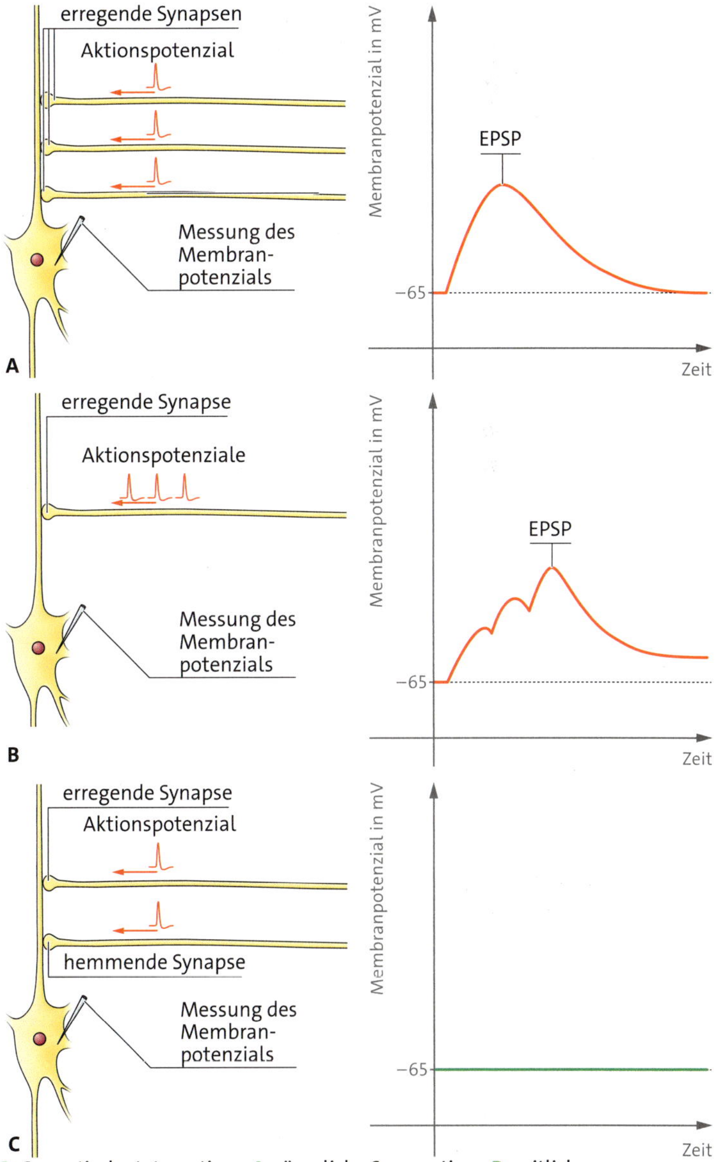

3 Synaptische Integration: A räumliche Summation, B zeitliche Summation, C Summation erregender und hemmender Synapsen

Codierung neuronaler Informationen • Wenn eine Nervenzelle bis zum Schwellenwert erregt wird, erzeugt sie am Axonhügel ein Aktionspotenzial. Jedes Aktionspotenzial hat die gleiche Amplitude. Es handelt sich also um ein Alles-oder-nichts-Signal. Bei einer stärkeren Erregung erhöht sich nur die Impulsfrequenz. Es werden also mehr Aktionspotenziale pro Zeiteinheit gebildet als bei einer schwächeren Erregung. Die Informationen werden somit digital codiert.

1 Definieren Sie den Begriff **digitale Codierung**.

Am Endknöpfchen veranlassen die einlaufenden Aktionspotenziale die Exocytose der mit Transmittern gefüllten Vesikel und damit die Ausschüttung der Transmitter in den synaptischen Spalt. Je höher die Frequenz der Aktionspotenziale ist, desto mehr Vesikel entleeren sich und desto mehr Transmittermoleküle werden freigesetzt. Auf diese Weise erfolgt eine Umcodierung der Information: Die ausgeschüttete Transmittermenge ist analog zur Frequenz der Aktionspotenziale.

Die Amplitude der an der postsynaptischen Membran erzeugten Potenziale hängt davon ab, wie viele Transmittermoleküle ausgeschüttet wurden. Je stärker beispielsweise der Reiz ist, umso größer ist die Amplitude eines EPSP. Die Codierung der Information erfolgt also ebenfalls analog.

2 Definieren Sie den Begriff **analoge Codierung** (▶ 1).

3 Stellen Sie eine Hypothese auf, warum eine analoge Codierung im Bereich der Rezeptor und der postsynaptischen Membranen vorteilhaft für den Organismus ist.

Am Axonhügel wird die Information wieder digital in Form von Aktionspotenzialen codiert. Somit erfolgt bei der Erregungsleitung im Nervensystem eine mehrfache Umcodierung.

4 Erklären Sie, was die strukturellen Ursachen für die mehrfache Umcodierung im Rahmen der Erregungsleitung sind.

5 Richtig oder falsch?
a Synapsen sind Kontaktstellen zwischen Neuronen.
b Als postsynaptisches Potenzial versteht man eine abgestufte Veränderung des Membranpotenzials einer Zelle infolge seines synaptischen Eingangssignals.
c Ein EPSP ist ein postsynaptisches Potenzial, das hyperpolarisierend wirkt und damit die Wahrscheinlichkeit für die Auslöschung eines Aktionspotentials erhöht.
d Ein IPSP ist eine depolarisierende Spannungsänderung eines präsynaptischen Neurons als Antwort auf die Ausschüttung von Neurotransmitter aus einer inhibitorischen postsynaptischen Endigung.

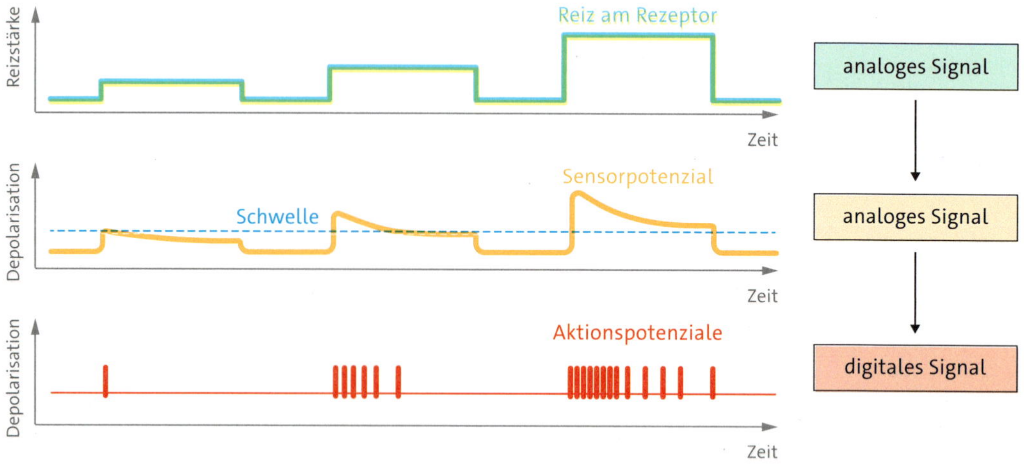

1 Codewechsel bei der Informationsweiterleitung

eA Material A Prä- und postsynaptische Hemmung

Bei der präsynaptischen Hemmung wirkt die Hemmung nicht auf das Soma des nachgeschalteten Neurons, sondern auf das synaptische Endknöpfchen einer einlaufenden erregenden Synapse.
Bei der postsynaptischen Hemmung laufen erregende und hemmende Synapsen an derselben postsynaptischen Membran des nachgeschalteten Neurons ein.

präsynaptische Hemmung

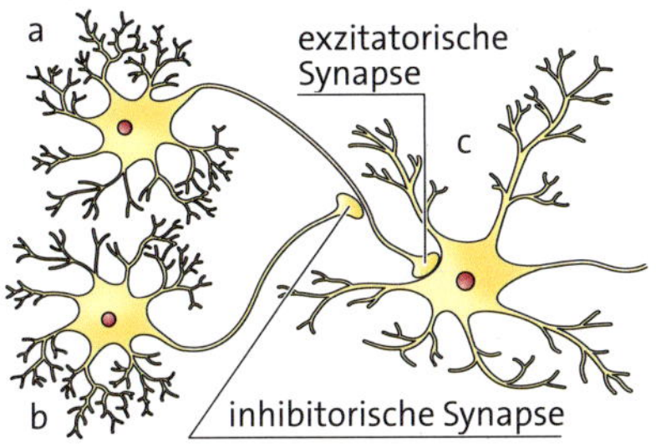

postsynaptische Hemmung

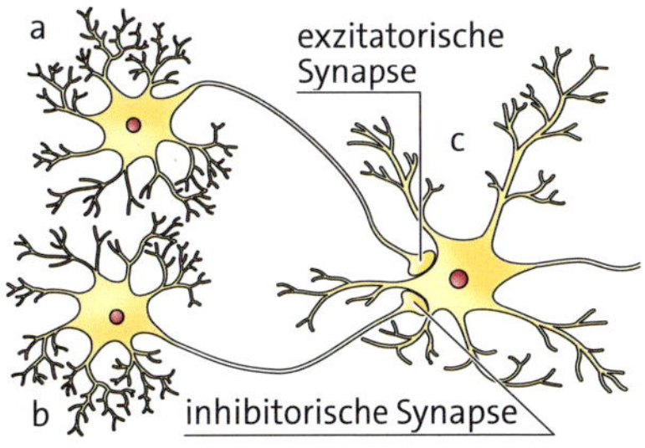

1 Skizzieren Sie bei der präsynaptischen Hemmung den Graphen für das postsynaptische Potenzial der Synapse a/b.

2 Skizzieren Sie bei der präsynaptischen Hemmung den Graphen für das postsynaptische Potenzial der Synapse a/c.

3 Erklären Sie, wie es bei der präsynaptischen Hemmung zur Verminderung der Aktionspotenzialfrequenz am Neuron c kommt.

4 Erklären Sie, wie es bei der postsynaptischen Hemmung zur Verminderung der Aktionspotenzialfrequenz am Neuron c kommt.

eA Material B Synaptische Integration

Unter einer synaptischen Integration versteht man die Verschaltung verschiedener auf einem Neuron einlaufender Synapsen sowie die Verrechnung deren Informationen.

1 Vergleichen Sie die am Neuron gezeigten Verschaltungen sowie die vier dargestellten Diagramme.

2 Erläutern Sie die neuronale Verrechnung am dargestellten Abschnitt im Material (ohne Berücksichtigung der molekularbiologischen Vorgänge) und die daraus resultierenden Konsequenzen für die Fortleitung von Aktionspotenzialen.

3 Benennen Sie eine Situation, wo eine derartige Verschaltung sinnhaft im menschlichen Organismus auftreten könnte. Begründen Sie.

4 Im Material sind die Aktionspotenziale an den Axonen der vorgeschalteten Neuronen 1, 3 und 4 dargestellt. Gehen Sie einen Schritt weiter und skizzieren sie die analogen postsynaptischen Potenziale für die drei Synapsen 1, 3 und 4.

5 Erstellen Sie ein vergleichbares Verschaltungsbild mit anderen Neurotransmittern.

6 Erklären Sie Ihre neuronale Verschaltung, indem Sie aufzeigen, ob und in welcher Frequenz Aktionspotenziale an dem Axon des nachgeschalteten Neurons auftreten.

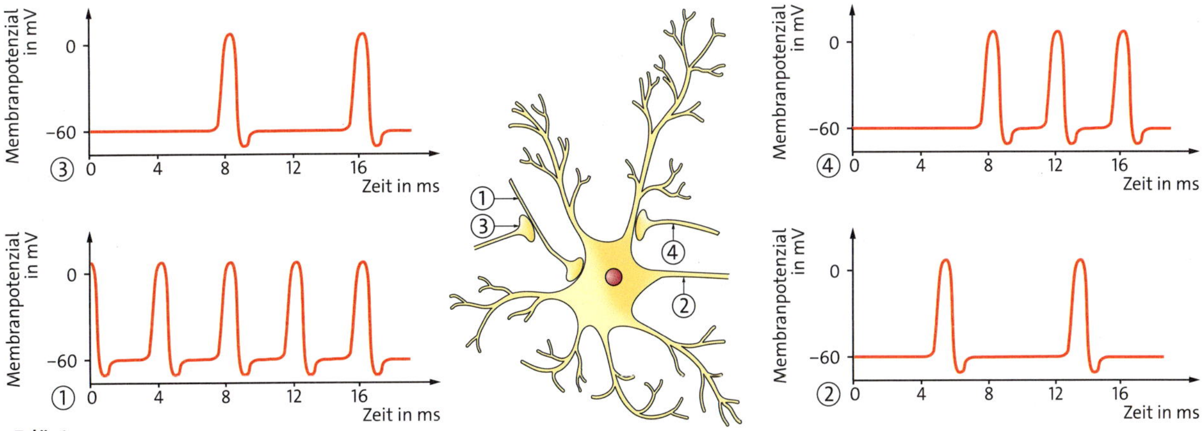

Erläuterungen:
①, ②, ③ und ④ gehören zu vier verschiedenen Neuronen. Die Pfeile kennzeichnen die Orte, an denen die dargestellten Potenzialveränderungen gemessen wurden. An den chemischen Synapsen 1/2 und 4/2 wirkt Acetylcholin als Transmitter, an Synapse 3/1 Endorphin.

1.11 Rauschmittel und Drogenwirkung

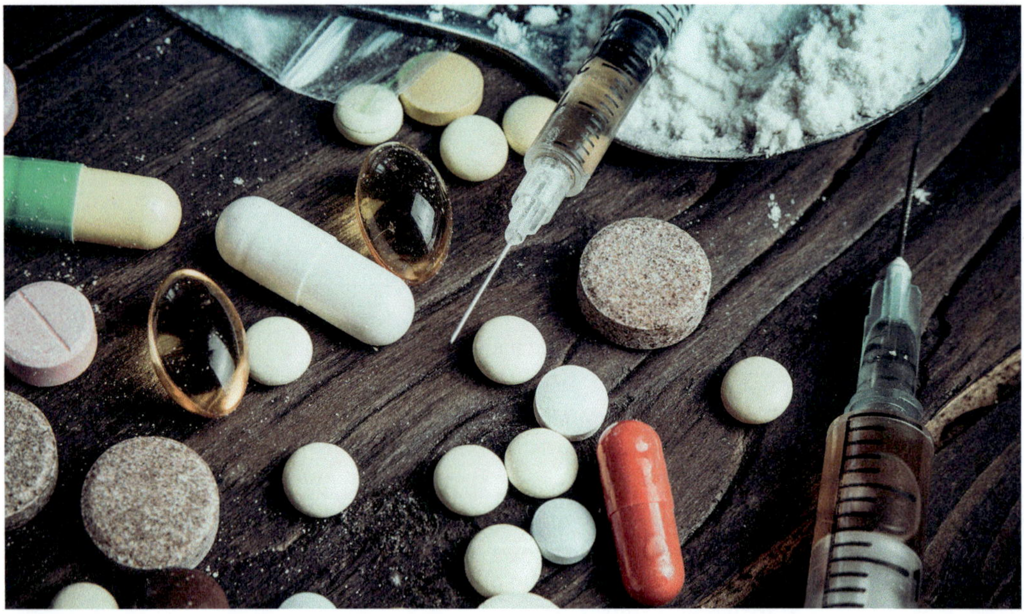

1 Verschiede Darreichungsformen von Rauschmitteln und Drogen

Im Gegensatz zu den zuvor vorgestellten Neurotoxinen oder zu Nikotin und Alkohol wirken die meisten Rauschmittel und Drogen im Organismus an langsam wirkenden G-Protein-gekoppelten Rezeptoren. Das Enzym Adenylatcyclase und das Molekül cAMP spielen hierbei eine entscheidende Rolle. Wie genau laufen nun diese Prozesse ab, die die Wirkung von Drogen und das Entstehen von Sucht erklären können?

Morphin und Opium • Im 19. Jahrhundert wurde Morphin zum ersten Mal aus Schlafmohn isoliert. Es war zwar als Schmerzmittel sehr wirksam, musste aber nach kurzer Zeit in immer höheren Dosen verabreicht werden, um dieselbe Wirkung zu erzielen. Auf der Suche nach einem Mittel, das nicht süchtig macht, wurde aus Morphin die Substanz Heroin synthetisiert, das jedoch weitaus schneller in die Abhängigkeit führt.

Die Wirkung beider Opioide beruht darauf, dass sie in ihrer molekularen Struktur den körpereigenen **Endorphinen** ähneln. Daher können sie an spezifische Rezeptoren, den **Opioidrezeptoren**, in der Membran von Neuronen binden. Opioide erzielen dabei dieselben Effekte wie Endorphine, indem sie die Schmerzweiterleitung hemmen und eine euphorisierende Wirkung haben.

Endorphine sind körpereigene Substanzen, die von der Hirnanhangdrüse im Gehirn ausschüttet werden.

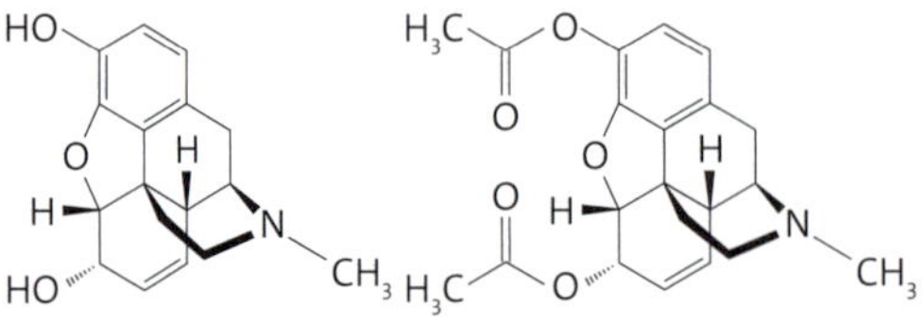

2 Morphin (links) und Heroin (rechts)

1 Vergleichen Sie den molekularen Aufbau von Morphin und Heroin.

2 Leiten Sie aus Ihrem Vergleich mit Blick auf das Konzept des Schlüssel-Schloss-Modells ab, warum Morphin und Heroin an dieselben Rezeptoren andocken.

Modell zur Morphinwirkung • Für die Wirkung des Morphins spielen das membranassoziierte Enzym Adenylatcyclase und zyklisches Adenosinmonophosphat, kurz cAMP, eine Rolle. Mit cAMP als Second Messenger bei der **Signaltransduktion** wurde daher ein Modell zur Opioidwirkung entwickelt.

Ohne Bindung eines Liganden am Opioidrezeptor katalysiert die membrangebundene Adenylatcyclase die Umwandlung von ATP zu cAMP. Das Molekül cAMP erfüllt nun zwei Aufgaben: Die erste besteht darin, dass cAMP Proteinkinasen aktiviert, die Calciumionenkanäle in der Membran phosphorylieren, sodass diese sich beim Eintreffen eines Aktionspotenzials öffnen. Dadurch kommt es zu einem Calciumioneneinstrom, woraufhin die synaptischen Vesikel mit der präsynaptischen Membran verschmelzen und den Transmitter freisetzen. Die zweite Aufgabe besteht darin, dass cAMP einen Transkriptionsfaktor aktiviert, der im Zellkern die Transkription des Adenylatcyclase-Gens hemmt.

3 Stellen Sie eine Hypothese auf, was passiert, wenn nun Liganden an die Opioidrezeptoren binden.

Wenn Endorphine oder Opioide an einen Opioid-Rezeptor binden, wird das Enzym Adenylatcyclase deaktiviert und damit die Umwandlung von ATP zu cAMP unterbunden. Daher sinkt der cAMP-Spiegel nach einer Morphingabe. Dies führt dazu, dass die Calciumionenkanäle sich beim Eintreffen eines Aktionspotenzials nicht öffnen. Dadurch wird die Transmitterfreisetzung und damit die Aktivität der Nervenzelle gehemmt. Außerdem bewirkt der cAMP-Mangel, dass der Transkriptionsfaktor deaktiviert wird und sich von der DNA löst. Dies führt dazu, dass das Adenylatcyclase-Gen abgelesen und die Proteinbiosynthese des Enzyms eingeleitet wird. Damit erhöht sich die Enzymmenge in der Membran. Der cAMP-Mangel kann längerfristig kompensiert werden.

4 Erläutern Sie, welche Folgen die erhöhte Enzymmenge in der Membran zwangsläufig auf die Menge der konsumierten Droge hat.

Da nun mehr Enzyme zur cAMP-Synthese vorhanden sind, muss eine erhöhte Morphindosis gegeben werden, um eine ähnliche Wirkung zu erzeugen. Denn bei der gleichen Dosis blieben noch Adenylatcyclasen aktiv und würden dazu beitragen, den cAMP-Spiegel nicht so stark sinken zu lassen.
Hier zeigt sich also eine Ursache der physiologischen Abhängigkeit. Fällt nun aber die Morphinwirkung weg, wird ein cAMP-Überschuss produziert, der einerseits zur Repression der Transkription des Adenylatcyclase-Gens und damit nach einer gewissen Zeit zur Wiederherstellung des Gleichgewichts führt. Andererseits kommt es beispielsweise zu einer erhöhten Schmerzempfindlichkeit, weil durch den hohen cAMP-Spiegel die Hemmung der Weiterleitung der Schmerzinformation erschwert wird. Gekoppelt mit depressionsähnlichen Zuständen führt dies zum Opioidentzugssyndrom.

5 Beschreiben Sie die Bildabschnitte A, B und C in Abbildung 3.

6 Erklären Sie mithilfe des Textes und des Bildabschnitts 3 C die schmerzstillende Wirkung von Opioiden (► 3).

7 Erklären Sie, wie eine Sucht entsteht.

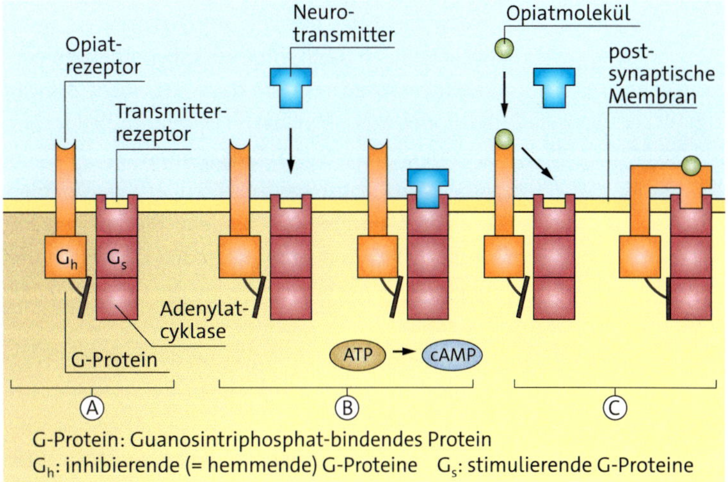

3 Wirkmechanismus von Opioiden

Tetrahydrocannabinol • Haschisch besteht aus dem getrockneten, harzigen Sekret weiblicher Blüten und Marihuana aus getrockneten Laubblättern und Blüten der Hanfpflanze, *Cannabis sativa*. Der wichtigste **psychoaktive** Stoff ist das **Tetrahydrocannabinol**, kurz THC, das in höchster Konzentration im Blütenharz zu finden ist. Geringe Dosierungen an THC haben Heiterkeit und einen unbeschwerten Entspannungszustand mit einer veränderten, meist intensivierten Sinneswahrnehmung zur Folge. Hohe Dosierungen bewirken euphorische Zustände, Halluzinationen und psychologische Funktionsstörungen wie ein beeinträchtigtes Kurzzeitgedächtnis, motorische und sprachmotorische Störungen und eine starke Beeinträchtigung des Problemlösungsverhaltens. Hinsichtlich seiner chemischen Struktur ähnelt THC keinem bekannten Neurotransmitter, sondern ist eher mit einem Steroidhormon vergleichbar. THC bindet an die körpereigenen Anandamidrezeptoren der Postsynapse. Bindet ein Ligand an den Anandamidrezeptor, wird über ein G-Protein die Aktivität der Adenylatcyclase gedrosselt. Eine Ligandenbindung bewirkt somit die Hemmung der Signalweiterleitung.

1 Entwerfen Sie ein Schaubild, das den Wirkmechanismus von THC, der an langsam wirkenden G-Protein-gekoppelten Rezeptoren stattfindet, abbildet.

2 Vergleichen Sie den generellen Wirkmechanismus von Morphin und THC tabellarisch.

Der Hippocampus ist ein Teil des Gehirns.

Wirkung des THC auf Gliazellen • Die wohl verheerendste Folge des THC-Konsums besteht in der Schädigung des Gedächtnisses. Labyrinthexperimente mit Mäusen zeigten, dass THC nicht nur auf Neuronen wirkt. Man hat im Hippocampus, der entscheidend dazu beiträgt, dass Informationen vom Arbeits- ins Langzeitgedächtnis übertragen werden, auch an Astrocyten THC-bindende Rezeptoren entdeckt. Astrocyten gehören zu den Gliazellen und spielen eine wichtige Rolle bei der Ernährung von Neuronen.
Gentechnisch veränderte Mäuse, denen diese Rezeptoren an Neuronen, aber nicht an Astrocyten fehlten, fanden nach THC-Konsum den Weg durch das Labyrinth nicht. Andere Mäuse, die an den Astrocyten nicht über solche Rezeptoren verfügten, konnten sich trotz THC an den Weg erinnern.

3 Zeigen Sie auf, ob Astrocyten von Neuronen beeinflusst werden oder umgekehrt.

Bindet THC an Rezeptoren der Astrocyten, wird Glutamat freigesetzt, das an postsynaptische Rezeptoren bestimmter Neuronen im Hippocampus bindet (► 1). Daraufhin werden andere Rezeptoren der postsynaptischen Membran zurückgebildet, sodass eine dauerhafte Abschwächung der Signalübertragung an der Synapse eintritt.
Diese Langzeitdepression, kurz LTD, ist ein grundlegender Prozess der Gedächtnisfunktion, wird aber durch den Einfluss des THC verstärkt. THC führt demnach dazu, dass Teile des Hippocampus und damit der Gedächtnisleistung über längere Zeit nur eingeschränkt funktionieren. Daher finden die Mäuse den Weg nicht mehr.

4 Erklären Sie, wie die Aktionspotenzialfrequenz am Axon eines postsynaptischen Neurons, welches mit Astrocyten mit Anandamidrezeptoren in Kontakt steht, ohne und nach regelmäßigem THC-Konsum aussieht.

5 Erläutern Sie, wieso diese Aktionspotenzialfrequenz in einer LTD mit verminderter Gedächtnisleistung mündet.

Da sich das jugendliche Gehirn noch stark in seiner Entwicklung verändert, reichen bei täglichem und chronischem THC-Konsum die kognitiven Einschränkungen bis ins Erwachsenenalter und gehen mit weiteren gravierenden Folgen wie psychischen Störungen einher.

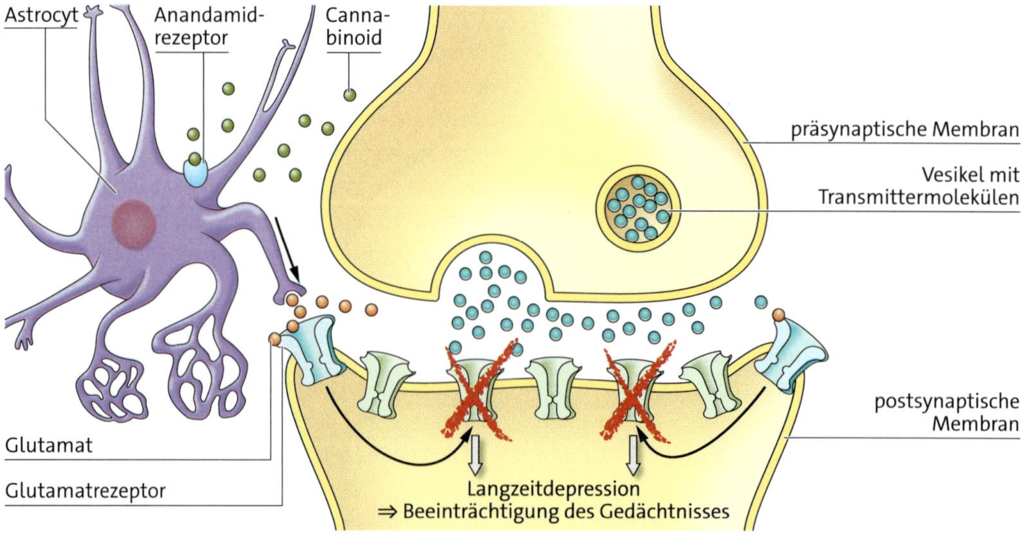

1 Wirkung des THC auf Astrocyten

eA Material A Koffein

Angeblich beobachteten äthiopische Ziegenhirten als erste die anregende Wirkung von Kaffeefrüchten, als ihre Tiere davon fraßen. Der wirksame Inhaltsstoff Koffein ist in höheren Dosen für viele Lebewesen ein Neurotoxin. Pflanzen kann es als Schutz vor Fressfeinden dienen. Koffein hat auf den Menschen vor allem eine wach haltende Wirkung, wobei diese von Mensch zu Mensch unterschiedlich ausfallen kann.

1 Erläutern Sie mithilfe des Materials ausführlich, wie Adenosin eine Acetylcholin-führende Synapse vor Übererregung schützt.

2 Stellen Sie mithilfe des Materials eine Hypothese zur Wirkweise von Koffein an den Adenosinrezeptoren auf.

3 Deuten Sie die Versuchsergebnisse und beurteilen Sie, ob Koffein für alle Menschen ein Mittel ist, um die Fehlerhäufigkeit bei Übermüdung zu verringern.

4 Stellen Sie in Form eines Flussdiagramms eine Hypothese dazu auf, wie es bei andauernder Wachphase bei bestimmten Personengruppen zur Bildung weiterer in der Zellmembran eingebauter, verfügbarer A1-Adenosinrezeptoren (A1-AR) im Gehirn kommt.

Adenosin

Der Mensch verschläft einen Großteil seines Lebens. Wie genau der Schlaf reguliert wird, ist noch nicht vollends geklärt. Jedoch hat das Molekül Adenosin hierbei anscheinend eine wichtige Rolle im Gehirn. Bei hoher neuronaler Aktivität entsteht Adensoin, indem in den Astrocyten in höherem Maße ATP über ADP und AMP zu Adenosin abgebaut wird. Der Zelltyp der Astrocyten ummantelt die Synapsen im Gehirn und unterstützt die Neuronen bei der Energieversorgung. Über einen Transporter kann Adenosin die Astrocyten verlassen.

Bei längeren Wachzeiten steigt bei den meisten Menschen extrazellulär der Gehalt an Adenosin auf mehr als das Zehnfache an. In der Folge wächst das Schlafbedürfnis. In den Schlafphasen nehmen die Astrocyten das Adenosin wieder auf und resynthetisieren es zu ATP, sodass der Adenosinspiegel außerhalb der Zellen fällt.

Adenosin wirkt im Körper über verschiedene Arten von Rezeptoren. Hierbei wird das Schlafbedürfnis offenbar vorwiegend über den A1-Adenosinrezeptor (A1-AR) gesteuert, der im Gehirn weit verbreitet ist. Dabei kommt Adenosin vermutlich die Funktion zu, Nervenzellen vor Übererregung zu schützen.

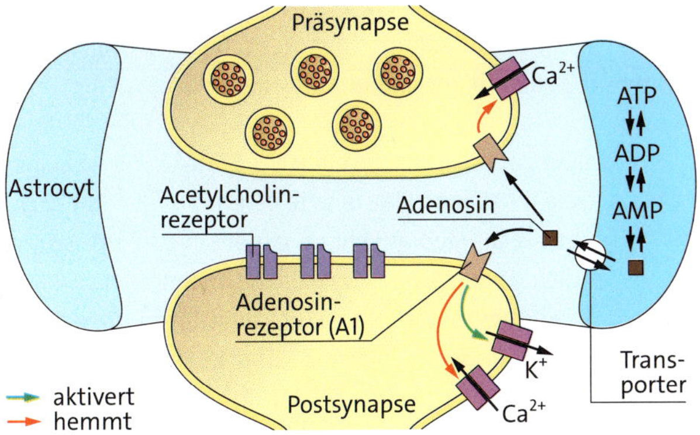

Ergebnisse aus dem Schlaflabor

Laut experimentellen Ergebnissen nimmt die Zahl der in der Zellmembran eingebauten A1-AR im Gehirn mit der Dauer der Wachphase bei bestimmten Personengruppen zu. Obwohl dieser Sachverhalt noch nicht vollumfänglich erforscht ist, hat sich gezeigt, dass bei diesen Personen eine erhöhte Zahl an A1-AR in der Zellmembran vermutlich mit einer geringen bzw. eher gleich bleibenden Produktion von Adenosin einhergeht. Andere Personengruppen hingegen weisen bei andauernder Wachphase keine oder kaum eine Veränderung der Zahl an A1-AR in der Zellmembran auf, jedoch konnte bei ihnen ein deutlicher Anstieg an Adenosin gemessen werden. Eine deutsche Forschergruppe untersuchte den Zusammenhang von A1-AR im Gehirn und die Fehlerrate bei längerem Schlafmangel. In einer experimentellen Vergleichsstudie von zwei Personengruppen in Bezug auf die Leistungsfähigkeit bei Schlafentzug ergab sich Folgendes: Gruppe 1 zeigte eine erhöhte Anzahl an verfügbaren A1-AR im Gehirn im Verlauf der Wachphase, bei Gruppe 2 trat keine Zunahme auf. Die Versuchspersonen blieben 52 Stunden wach, dann durften sie 14 Stunden schlafen. Die Probanden durften kein Koffein konsumieren. Während der Wachphase mussten sich die Probanden in regelmäßigen Abständen einem Leistungstest, der Psychomotor Vigilance Task (PVT), unterziehen.

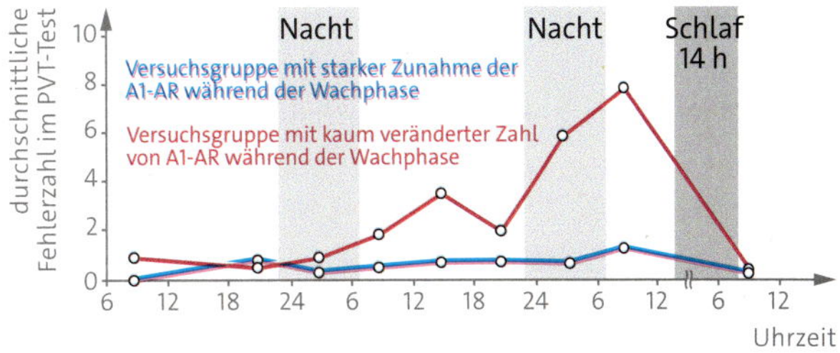

1.12 Erkrankungen des Nervensystems

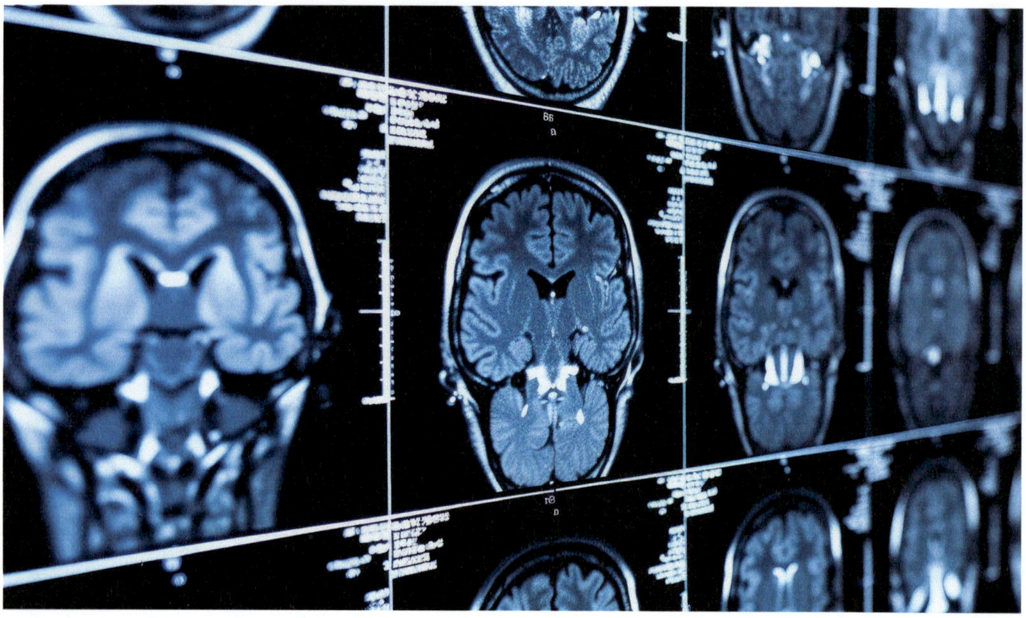

1 MRT-Scan des Gehirns

Wird das Nervensystem durch Umwelteinflüsse oder Fehlsteuerungen in den Stoffwechselprozessen zeitweilig oder dauerhaft geschädigt, kann es zu motorischen oder kognitiven Einschränkungen kommen, die dem Organismus das Leben erschweren. Je nachdem, welche Bereiche des Nervensystems wie betroffen sind, können die daraus entstehenden Einschränkungen unterschiedlich sein. Wie sind die Zusammenhänge dabei?

Multiple Sklerose • Eine Form von entzündlicher Erkrankung des zentralen Nervensystems ist die multiple Sklerose, kurz MS. Dabei wird die für saltatorische Erregungsleitungen wichtige Isolierung der Neuronen, die Myelinscheide, geschädigt.

1 Benennen Sie die Folgen, die bei der Erregungsweiterleitung auftreten, wenn die Myelinscheide der Neuronen geschädigt beziehungsweise abgebaut wird.

Man geht davon aus, dass bei MS das Zusammenwirken verschiedener Faktoren zum Auslösen einer Autoimmunreaktion führt. Abwehrstrategien, die vor einer Schädigung durch körperfremde Stoffe schützen sollen, richten sich bei Autoimmunreaktionen gegen körpereigene Proteine.

2 Recherchieren Sie, welche weiteren Autoimmunkrankheiten es gibt.

Bei MS werden beispielsweise Proteine angegriffen, die nur in der Myelinscheide vorhanden und als Transmembranprotein von außen zugänglich sind. Abwehrzellen interpretieren diese Proteine als fremd, leiten eine Entzündungsreaktion ein und führen so zum Abbau des Myelins. Die Entzündungsherde treten verteilt an multiplen Stellen des ZNS auf und führen durch den Abbau der Myelinscheiden zur Narbenbildung.
Infolge der neurologischen Funktionseinschränkungen können verschiedene motorische Störungen wie Lähmungen, Sehstörungen, später auch kognitive Störungen, etwa Einschränkungen bei Aufmerksamkeit und Konzentration, auftreten.

3 Erklären Sie, wie es im Rahmen einer MS-Erkrankung zu motorischen Störungen wie einem unsicheren Gang kommt.

Die genaue Ursache einer MS-Erkrankung ist bisher nicht bekannt. Eine direkte Vererbung ist nicht nachgewiesen, lediglich eine genetische Veranlagung, die das Entstehen von MS begünstigt.
Der Beginn der Erkrankung liegt oft im Erwachsenenalter zwischen dem 20. und 40. Lebensjahr. Weltweit werden etwa 2,8 Millionen Betroffene geschätzt. Multiple Sklerose ist nicht heilbar. Mit

Medikamenten wird versucht, das Fortschreiten der Erkrankung aufzuhalten und Schübe der Entzündungsreaktionen weitestgehend zu hemmen.

Alzheimer-Krankheit • Alzheimer ist nicht gleichbedeutend mit Demenz. Die Alzheimer-Krankheit ist aber die häufigste Form der Demenz. Es handelt sich um eine neurodegenerative Erkrankung, die langfristig zum Absterben von Neuronen führt. Infolgedessen kommt es zu massiven Einschränkungen der Fähigkeiten der Erkrankten.

4 **Beschreiben Sie das Aussehen des Gehirnscans einer an Alzheimer erkrankten und einer gesunden Person (▶ 2).**

5 **Erklären Sie, warum es zu Einschränkungen der Fähigkeiten der Erkrankten kommt.**

Das Gehirn zeigt bereits Jahre vor dem symptomatischen Ausbruch der Alzheimer-Krankheit Veränderungen. Zum einen kommt es außerhalb der Neuronen zur Anhäufung von amyloiden Plaques, zum anderen in den Neuronen zur Ansammlung von Tau-Proteinen. Die Plaques entstehen durch Verklumpung von Beta-Amyloid-Proteinen, die aus einem Vorläuferprotein geschnitten und nicht korrekt abgebaut werden. Man vermutet, dass sich die Amyloid- Plaques an Calciumionenkanäle der Membran anlagern und so den Stoffwechsel der Zellen beeinträchtigen, bis diese absterben (▶ 3). Die amyloiden Plaques treten zuerst in der Hirnrinde auf und breiten sich im gesamten Gehirn aus.

Tau-Proteine sind Bestandteile der Mikrotubuli des Cytoskeletts. Bei Alzheimer-Patienten binden sie zu viel Phosphat und lagern sich zu Tau-Fibrillen zusammen. Das führt zum Zerfall der Mikrotubuli. Ohne funktionierendes Cytoskelett degenerieren die Neuronen, die Anzahl der Synapsen verringert sich, schließlich stirbt das Neuron ab. Der zunehmende Neuronenverlust führt zur sichtbaren Hirnschrumpfung und somit zu Funktionsstörungen, etwa des Gedächtnisses, gefolgt von Sprach- und Orientierungsstörungen bis zu Veränderungen der Persönlichkeit.

6 **Erklären Sie, wie die Amyloid-Plaques die Erregungsweiterleitung beeinträchtigen (▶ 3).**

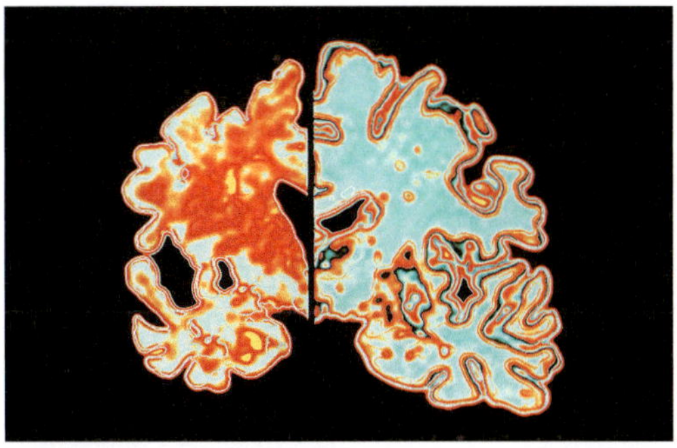

2 Gehirnscan: links mit Alzheimer-Erkrankung, rechts ohne

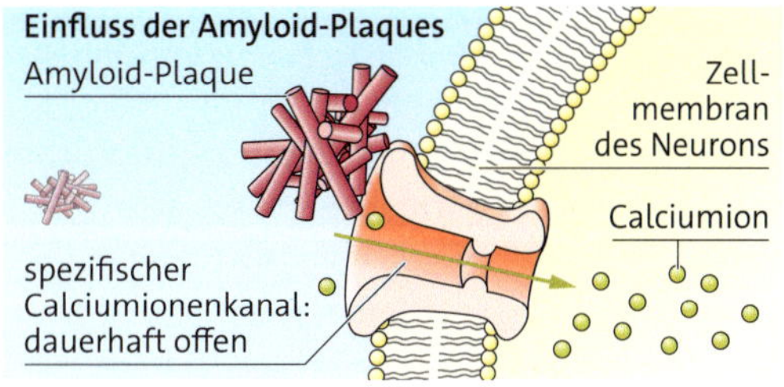

3 Einfluss der Amyloid-Plaques

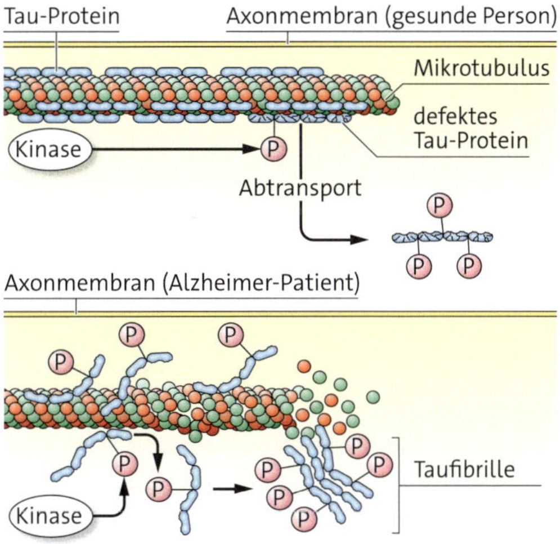

4 Entstehung der Tau-Fibirillen

7 **Erklären Sie, wie genau die Phosphorylierung der Tau-Proteine die Erregungsweiterleitung beeinträchtigt, in dem Sie den Vergleich zum Geschehen in den Axonen gesunder Personen anstellen (▶ 4).**

Nach bisherigen Erkenntnissen scheint die Alzheimer-Krankheit nur zu entstehen, wenn beide, Tau-Fibrillen und Plaques, vorliegen. Weder der Zusammenhang der Veränderungen noch die Ursachen sind bis heute geklärt.

Demenz: Als Demenz bezeichnet man ein neurologisches Krankheitsbild, das durch den Verlust kognitiver Fähigkeiten gekennzeichnet ist.

Neurodegenerative Erkrankungen: Dies sind Erkrankungen des Nervensystems, die auf dem fortschreitenden Verlust von Nervenzellen beruhen.

1 Künstlerische Darstellung einer Depression

Depression kann jeden treffen • Depressionen sind ein Thema, das noch immer oft mit einem Tabu belegt wird. Dabei kann eine Depression jeden unabhängig von Alter, Geschlecht und sozialen Status treffen.

Symptome einer Depression • Bei der Depression handelt es sich um eine weitverbreitete, die Emotionen betreffende Störung. Sie führt zu langen Episoden tiefer Niedergeschlagenheit bis hin zu Apathie oder Suizidgefährdung. Oft verspüren Betroffene Gefühle der Hoffnungs- und Wertlosigkeit, Schuldgefühle und eine Unfähigkeit, emotional zu reagieren. Physische Symptome wie Kopfschmerzen, Gewichtsverlust durch Appetitlosigkeit und Schlafstörungen sind ebenfalls typisch. Auf der Verhaltensebene zeigen sich Veränderungen wie sozialer Rückzug, erkennbare Unruhe und eine veränderte Sprache. Die Auslöser für Depressionen sind komplex und multifaktoriell: Zusätzlich zur genetischen Veranlagung können physiologische, psychologische und kognitive Komponenten beteiligt sein.

1 Jeder Mensch durchläuft in seinem Leben Zeiten, in denen er niedergeschlagen oder antriebslos ist. Erklären Sie, ab wann ein Verdacht für eine Depression besteht.

monoaminerg: Nervenzellen, die Monoamine als Neurotransmitter freisetzen

Die Monoamin-Hypothese • Viele Theorien sehen einen Zusammenhang zwischen Depressionen und den monoaminergen Nervenzellen, die als Neurotransmitter Monoamine wie Serotonin, Noradrenalin und Dopamin führen. Neurophysiologische Untersuchungen zeigten, dass vor allem diese drei Monoamine bei vielen depressiven Menschen eine niedrigere Konzentration aufweisen.

Die Neurotransmitter sind dabei im Zusammenspiel zu betrachten. So konnte u. a. gezeigt werden, dass ein Absinken der Serotonin-Konzentration auch zur Verringerung der Noradrenalin-Konzentration führen kann.

Insgesamt liegt also eine so komplexe Interaktion von Neurotransmittern vor, dass man zwar von einer Störung des Gleichgewichts der Neurotransmitter ausgehen kann, die genauen Mechanismen aber unklar und vermutlich vielgestaltig sind.

Das Vulnerabilitäts-Stress-Modell • Das Vulnerabilitäts-Stress-Modell erklärt die Entstehung von Depressionen hingegen durch die Interaktion zwischen einer individuellen Anfälligkeit (Vulnerabilität) und stressauslösenden Umweltfaktoren. Die Vulnerabilität bezieht sich auf die angeborene oder erworbene Empfindlichkeit gegenüber psychischen Erkrankungen. Diese Sensibilität kann genetisch bedingt sein oder durch frühere Erfahrungen im Leben, wie beispielsweise traumatische Erlebnisse oder unsichere Bindungen in der Kindheit. Das Maß an Vulnerabilität unterscheidet sich von Person zu Person und kann durch biologische, psychologische und soziale Faktoren beeinflusst werden. Eine Person mit hoher Vulnerabilität kann unter bestimmten Stressbedingungen eine psychische Erkrankung entwickeln. Beispielsweise könnte jemand, der genetisch eine Anfälligkeit für Depression hat und gleichzeitig starken beruflichen oder persönlichen Stress erfährt, einer höheren Wahrscheinlichkeit für die Entstehung einer Depression ausgesetzt sein. Der Stress fungiert hier als Auslöser, während die Vulnerabilität den Grad der Reaktion auf den Stress bestimmt. Zu den wichtigsten Stressoren zählen berufliche Herausforderungen, finanzielle Probleme, familiäre Konflikte oder bedeutende Lebensveränderungen, beispielsweise der Verlust eines geliebten Menschen. Auch langfristige Belastungen wie chronische Erkrankungen, dauerhafte Beziehungskonflikte oder anhaltende soziale Benachteiligung spielen eine Rolle.

2 Vergleichen Sie die beiden Erklärungsansätze zur Entstehung einer Depression miteinander. Erklären Sie, wie sich diese ergänzen und welche Therapieansätze sich dadurch ergeben.

Therapie durch Serotonin-Wiederaufnamehemmer • Da die Auslöser einer Depression vielseitig und von Person zu Person unterschiedlich sein können, umfasst auch die Behandlung von Depressionen sowohl medikamentöse als auch psychotherapeutische Ansätze.
Da die monoaminergen Neurotransmitter in zu geringer Konzentration vorliegen, versucht man deren Konzentration zu „erhöhen", da die Stärke der Signalübertragung sowohl über die freigesetzte Transmittermenge als auch die Verweilzeit der Transmitter im synaptischen Spalt bestimmt wird. Auf die Verweilzeit haben wiederum Wiederaufnahme- und Abbauprozesse regulierenden Einfluss. Eine gängige Therapie für Depressioenn ist daher die medikamentöse Behandlung mit Serotonin-Wiederaufnahmehemmern. Diese wirken, indem sie die Wiederaufnahme von Serotonin in die Nervenzellen hemmen, wodurch die Konzentration von Serotonin im synaptischen Spalt erhöht wird. Dies führt häufig zu einer Verbesserung der Stimmung und Reduktion von depressiven Symptomen. Bekannt sind Serotonin-Wiederaufnahmehemmer unter dem Begriff Antidepressiva, zu denen sie gehören.

3 **Stellen Sie Hypothesen für weitere Möglichkeiten auf, mit denen man die Konzentration der drei Neurotransmitter Serotonin, Noradrenalin und Dopamin künstlich im synaptischen Spalt hochhalten könnte.**

Psychologische Therapieansätze • In der Praxis bietet das Vulnerabilitäts-Stress-Modell wertvolle Ansätze zur Prävention und Behandlung von Depressionen. Eine häufig angewandte Methode ist die Psychotherapie, insbesondere die kognitive Verhaltenstherapie, die darauf abzielt, negative Denkmuster zu identifizieren und zu verändern. Auch interpersonelle Therapie und Tiefenpsychologie können hilfreich sein.
Viele Therapieansätze haben dabei das Ziel, die individuellen Vulnerabilitäten zu reduzieren und die Bewältigungsstrategien zu stärken. Dazu gehören psychotherapeutische Interventionen, die Bewältigungsfähigkeiten und Resilienz fördern sowie eine Bewertung und Behandlung der Stressfaktoren durch soziale Unterstützung oder Veränderungen in Lebensgewohnheiten wie regelmäßige körperliche Aktivität und Veränderungen im Arbeitsumfeld.

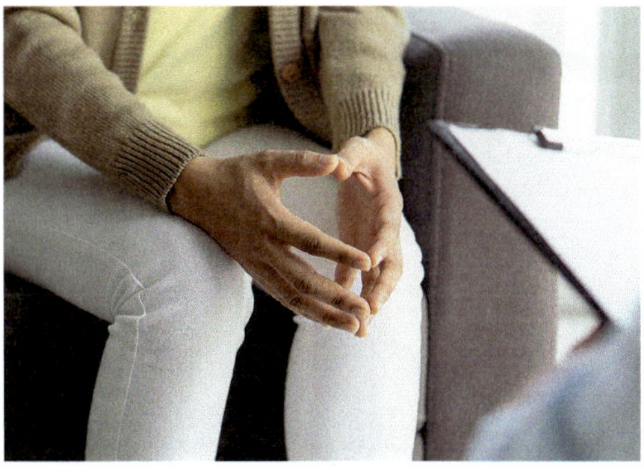

2 Psychologische Therapie

4 **Diskutieren Sie die unterschiedlichen Behandlungsansätze einer Depression zu zweit, wobei eine Person die Therapie durch Serotonin-Wiederaufnamehemmer unterstützt, die andere psychologische Therapieansätze.**

Soziale Folgen und Stigmatisierung • Neben den weitreichenden psychischen haben Depressionen oft auch soziale Folgen. So kann es zu einer Isolation und Schwierigkeiten in der zwischenmenschlichen Kommunikation kommen, was Beziehungen und soziale Bindungen belastet. Diese Auswirkungen können zu einer Verschlechterung der Lebensqualität und zu beruflichen Problemen führen. Zudem ist Stigmatisierung nicht selten ist ein großes Problem für depressive Personen. Negative gesellschaftliche Einstellungen und Vorurteile können dazu führen, dass Betroffene sich schämen und ihre Symptome verbergen. Es ist wichtig, diese Stigmatisierung zu bekämpfen, indem man ein offenes Gesprächsklima schafft, Unterstützung anbietet und Aufklärung betreibt.

Umgang mit Betroffenen • Der Umgang mit Personen, die unter Depressionen leiden, erfordert Sensibilität und Einfühlungsvermögen. Ein Verständnis der Symptome und der multifaktoriellen Ursachen der Depression ist hierbei entscheidend. Es ist wichtig, empathisch zu sein und aktive Unterstützung anzubieten, ohne die Person zu drängen oder zu verurteilen. Eine offene und respektvolle Kommunikation kann helfen, Vertrauen aufzubauen und Betroffene zu ermutigen, über ihre Erfahrungen und Gefühle zu sprechen.

eA Material A Morbus Parkinson

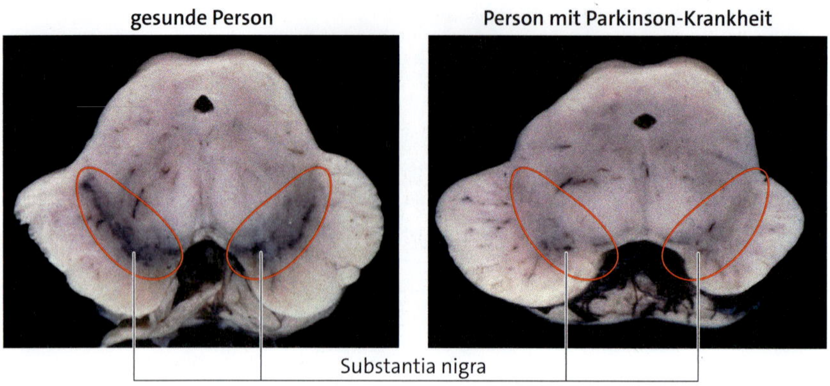

Proteinfaltung und Protein-Recycling in gesunden Zellen

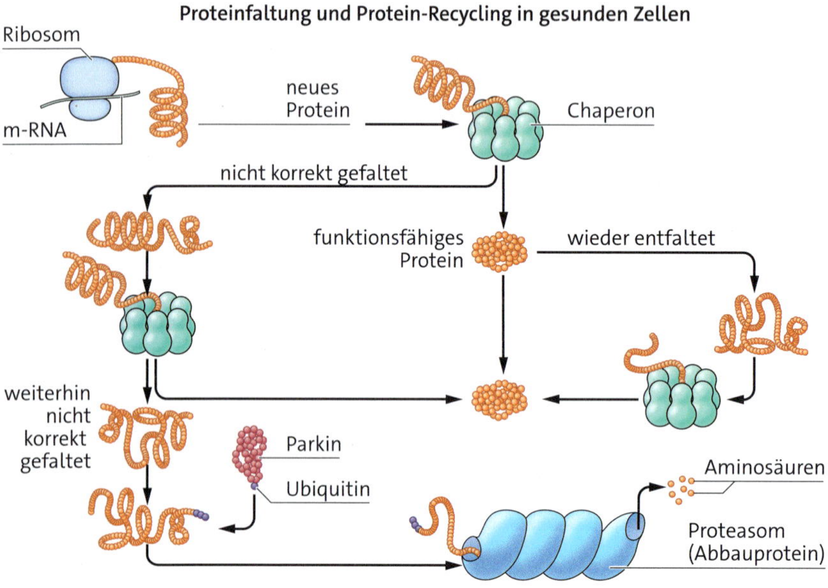

Medikamentenwirkung an einer dopaminergen Synapse

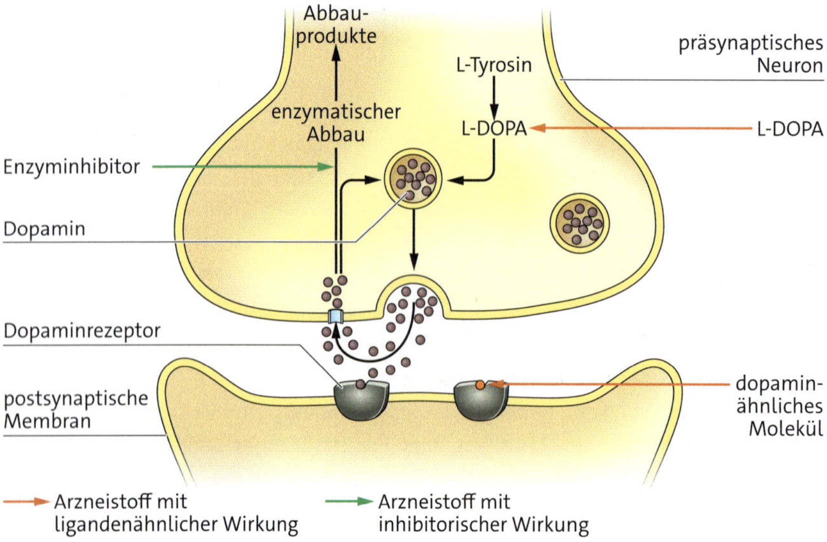

Zu den Symptomen der Parkinson-Krankheit gehören das Zittern der Gliedmaßen, Gleichgewichts- und Koordinationsstörungen, eine allgemeine Verlangsamung der Bewegungsabläufe und der Verlust der kognitiven Leistungsfähigkeit. Zurückzuführen sind diese Symptome auf eine Zerstörung der Neuronen im Bereich des Mittelhirns, sodass die Funktion der Basalganglien beeinträchtigt wird. Dabei handelt es sich um komplexe Schaltstationen im Inneren des Gehirns, durch die Bewegungsabläufe koordiniert werden. Außerdem wird der Transmitter Dopamin nicht mehr ausreichend produziert. Ursache für die Zerstörung der dopaminergen Neuronen sind Ansammlungen falsch gefalteter Proteine, die die Zelle degenerieren lassen. Diese bilden sich durch ein fehlerhaftes Protein-Recycling-System der Zelle. Die Parkinson-Krankheit kann entstehen, wenn Helfermoleküle zur Proteinfaltung, die Chaperone, nicht richtig arbeiten. Auch eine mutationsbedingte Veränderung des Proteins Parkin führt zur Erkrankung, weil defektes Parkin falsch gefaltete Proteine nicht mit Ubiquitin markieren kann. Dadurch wird das Protein-Recycling unterbunden und es bilden sich Proteinansammlungen.

1 Beschreiben Sie die Veränderungen im Gehirn eines Parkinson-Patienten und deren Folgen.

2 Erläutern Sie die Prozesse der Proteinfaltung und des Protein-Recyclings im gesunden Neuron.

3 Erklären Sie, wie es zu den Proteinansammlungen kommt.

4 Erläutern Sie mögliche Maßnahmen zur Verringerung des Dopaminmangels im Gehirn.

Material B Fallstudien zur Depression

„Anne ist eine 32-jährige Angestellte, die seit sechs Monaten unter starker Traurigkeit und Schlafstörungen leidet. Sie hat sich sozial zurückgezogen und Schwierigkeiten bei der Arbeit. Ihre depressive Episode wurde durch den Tod ihres Vaters ausgelöst."

B1 Fallstudie 1

„Roberto ist ein 45-jähriger Lehrer, der seit zwei Jahren depressive Symptome zeigt. Er fühlt sich emotional ausgelaugt und hat stark an Gewicht verloren. Beruflich ist er überfordert und hat keine sozialen Kontakte mehr."

B2 Fallstudie 2

„Didem ist eine 22-jährige Studentin, die seit zwei Jahren unter anhaltender Traurigkeit und dem Verlust des Interesses an ihrem Studium leidet. Sie fühlt sich ständig erschöpft und hat Schwierigkeiten, soziale Kontakte zu pflegen. Die Symptome verschärften sich nach einem schweren Unfall."

B3 Fallstudie 3

„Jan, ein 35-jähriger Büromitarbeiter, hat seit fünf Monaten Schlafstörungen und Appetitverlust. Er ist ständig nervös und kann sich kaum noch auf seine Arbeit konzentrieren. Seine depressive Episode begann nach einer plötzlichen Entlassung aus seinem vorherigen Job."

B4 Fallstudie 4

1 Vergleichen Sie die Fallstudien tabellarisch hinsichtlich der gezeigten Symptome und stellen Sie die wichtigsten Unterschiede und Gemeinsamkeiten heraus.

2 Beurteilen Sie für jede Fallstudie, ob anhand der dargelegten Informationen bereits die Diagnose Depression gestellt werden kann.

3 Erklären Sie, wie das Umfeld der Betroffenen dazu beitragen kann, die Situation zu verbessern.

4 Beschreiben Sie weitere Maßnahmen und Unterstützungsmöglichkeiten, die sinnvoll wären, um den Betroffenen zu helfen.

Material C Antidepressiva

Eine Möglichkeit der Behandlung einer Depression ist die Gabe von Serotonin-Wiederaufnahmehemmern. Diese Wirkstoffe werden zu den Antidepressiva gezählt. Neben der Hemmung der Serotonin-Wiederaufnahme existieren noch weitere Möglichkeiten, um den erwünschten Effekt zu erzielen.

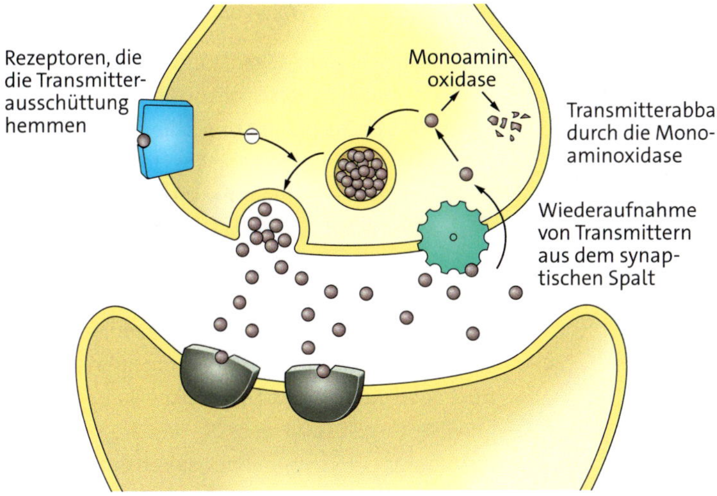

C1 Ansatzpunkte für die Wirkung von Antidepressiva

1 Beschreiben Sie die Vorgänge an der in C1 gezeigten Synapse.

2 Erklären Sie anhand der Monoamin-Hypothese, welcher Effekt auf molekularer Ebene bewirkt werden soll.

3 Beschreiben Sie weitere mögliche Wirkmechanismen von Antidepressiva, die zu den gleichen oder vergleichbaren Effekten führen wie die Gabe von Serotonin-Wiederaufnahmehemmern (▶ C1).

4 Beurteilen Sie, ob durch die Gabe unterschiedlicher Antidepressiva der gewünschte Effekt schneller erzielt werden könnte.

5 Beurteilen Sie folgende Aussage: „Die Gabe von Antidepressiva behandelt nur die Symptome, nicht aber die Ursachen einer Depression."

6 Erklären Sie anhand des Vulnerabilitäts-Stress-Modells, weshalb zur Behandlung einer Depression Antidepressiva in Kombination mit anderen Therapieansätzen angewandt werden sollten.

1.13 Neurophysiologische Verfahren als Diagnoseinstrument

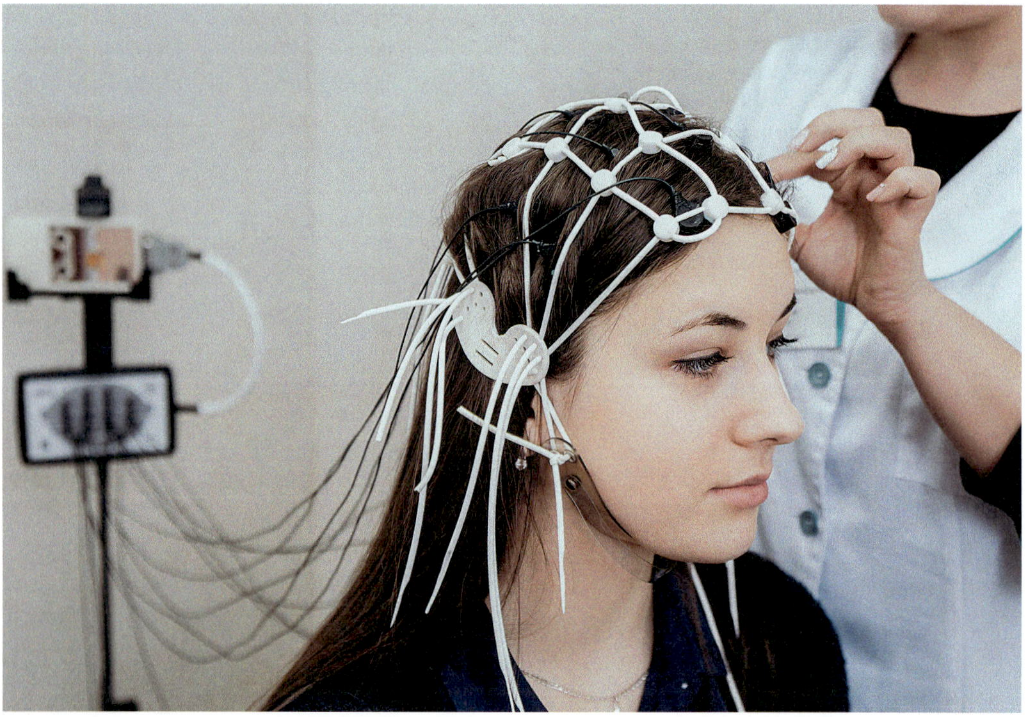

1 Untersuchung der Gehirnströme

Vor einigen Jahren wurde über die Ice Bucket Challenge auf ALS (amyotrophe Lateralsklerose) aufmerksam gemacht. Dabei handelt es sich um eine Erkrankung des Nervensystems, bei der im Laufe der Zeit immer mehr motorische Nervenzellen betroffen sind. Erkrankte leiden unter einer zunehmenden Versteifung des Körpers und Muskelschwäche bis hin zum Tod. Neben dieser gibt es noch eine Vielzahl an weiteren Erkrankungen des Nervensystems. Um den Betroffenen möglichst gut zu helfen, ist eine frühe Behandlung notwendig. Wie werden solche Erkrankungen diagnostiziert?

1 Beschreiben Sie die Phasen eines Aktionspotenzials.

2 Erstellen Sie eine Skizze eines Axons und zeichnen Sie dabei die anwesenden Ionen zu den unterschiedlichen Phasen des Aktionspotenzials ein.

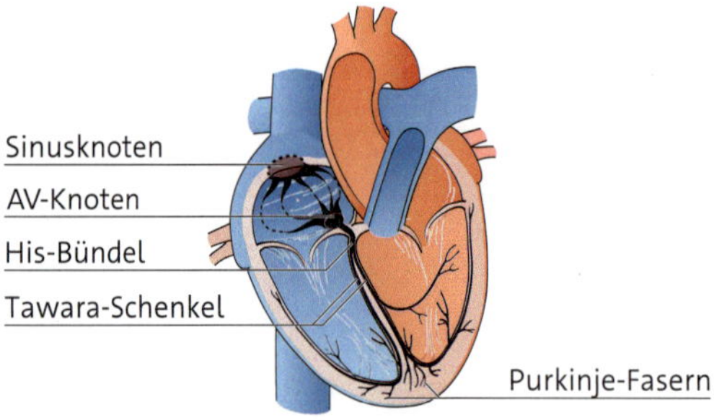

2 Querschnitt des Herzens mit Nervenfasern

3 Erklären Sie den Unterschied der Erregungsweiterleitung im Axon und an der Synapse.

4 Um einen regelmäßigen Blutfluss zu gewährleisten, müssen verschiedene Bereiche des Herzens nacheinander kontrahieren. Leiten Sie sich aus der Abbildung des Herzens den Ablauf des Herzschlags her und stellen Sie eine Hypothese auf, was beim Herzstrom gemessen wird (► 2).

Elektrokardiografie EKG • Unter dem Herzrhythmus versteht man mechanische, regelmäßige Kontraktionen des Herzmuskels, welche durch Nervenimpulse ausgelöst werden. Die primäre Steuerung übernimmt ein Nervenbündel, das oben am Herzen liegt und Sinusknoten genannt wird (► 2). Von dort aus wird der Impuls über weitere Nervenbündel

weitergegeben, um das Herz rhythmisch zu kontrahieren, das heißt erst die oberen Herzkammern und dann die unteren Herzkammern. Kommt es hier zu Auffälligkeiten, spürt das der Mensch unter Umständen als Herzrhythmusstörung. In einem solchen Fall wird ein Arzt ein **Elektrokardiogramm** oder EKG anordnen.
Das Ergebnis des Elektrokardiogramms wird auch als Herzstromkurve bezeichnet. Daraus lässt sich ableiten, worum es bei dieser Untersuchungsmethode geht. Aufgezeichnet werden die elektrischen Aktivitäten des Herzmuskels. Der Herzmuskel wird fortwährend durch kleine elektrische Impulse seiner Nervenzellen synchronisiert, damit alle Muskelstränge gemeinsam die Kontraktion des Herzens und damit den regelmäßigen Blutfluss gewährleisten können.

Durchführung des EKGs • Unterschieden werden drei Formen des EKG: Beim Ruhe-EKG (▶ 4) liegt der Patient auf einer Liege während die Herzströme gemessen werden, beim Langzeit-EKG wird für einen oder mehrere Tage gemessen und beim Belastungs-EKG betätigt sich der Patient auf einem Ausdauerfitnessgerät. In allen Fällen werden mehrere Elektroden an Armen, Beinen und Brust des Patienten befestigt und Stärke und Verlauf des Herzschlags gemessen. Jede einzelne Elektrode zeichnet eine Kurve über den elektrischen Verlauf des Herzschlags auf, gemeinsam ergeben sie eine Herzspannungskurve (▶ 3).

Auswertung des EKGs • Ein Elektrokardiogramm stellt die Ströme dar, die während des Herzschlags durch das Herz fließen. Man unterteilt sie in Bereiche, von denen jeder mit einem Buchstaben benannt wird.
Der Herzschlag beginnt mit einem Impuls des Sinusknoten (violetter Punkt Abbildung 2). Dieser Impuls aktiviert die oberen Herzkammern und wird in der P-Kurve dargestellt (▶ 3). Das Blut aus den oberen Herzkammern wird durch die Muskelkontraktion in die unteren Herzkammern gepresst.
Anschließend fließt der elektrische Strom über die Neuronen zu den unteren Herzkammern, deren Aktivität zeigt der QRS-Komplex. Durch die Kontraktion gelangt das Blut in den Körper- und Lungenkreislauf. P- und QRS-Kurve gehören zur Systole.

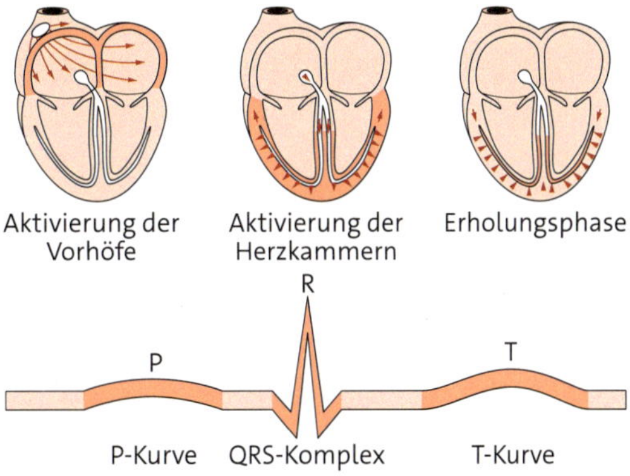

3 EKG und Phasen des Herzschlags

In der anschließenden Erholungsphase (Diastole) fließt der elektrische Strom dann über die oberen Herzkammern zurück in entgegengesetzter Richtung, gezeigt in der T-Kurve. Hier erschlafft der Herzmuskel und die Kammern werden wieder mit Blut gefüllt.

5 Überprüfen Sie Ihre in Aufgabe 4 erstellte Hypothese zur Messung des Herzstroms.

6 Vergleichen Sie die Kurve eines Aktionspotenzials mit der eines normalen EKGs.

7 Smartwatches erfreuen sich immer größerer Beliebtheit. Recherchieren Sie, inwieweit eine Smartwatch die Funktionen eines EKGs übernehmen kann (▶ Methode auf S. 272).

8 Nennen Sie Unterschiede zwischen Ruhe- und Belastungs-EKG.

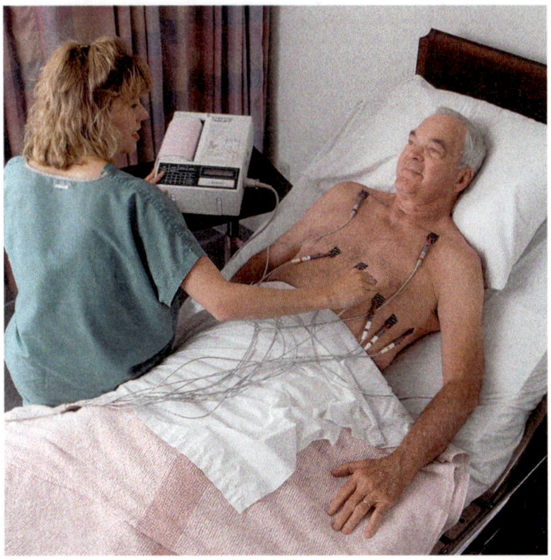

4 Ablauf eines Ruhe-EKGs

Diagnosen • Durch ein EKG lassen sich viele abnormale Veränderungen erkennen. Dazu zählen Herzinfarkte, Herzrhythmusstörungen, unzureichende Blut- und Sauerstoffversorgung des Herzens und Ausbuchtungen oder Verdickungen der Herzmuskelwände.

Bei auffälligem Rhythmus (zu schnell/langsam, unregelmäßig), kann das EKG auch Aufschluss über den Ursprungsort im Herzen geben (▶ 1). Diese Informationen helfen dem Arzt bei der Bestimmung der Ursache und der besten Behandlung.

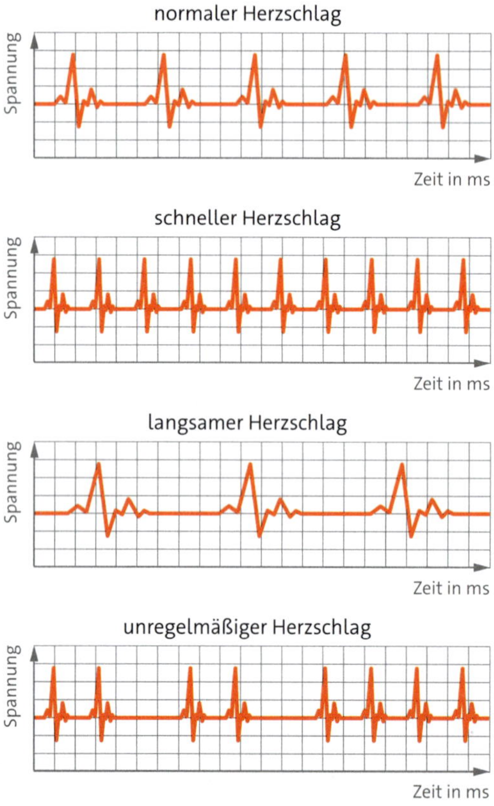

1 Auswertung verschiedener EKGs

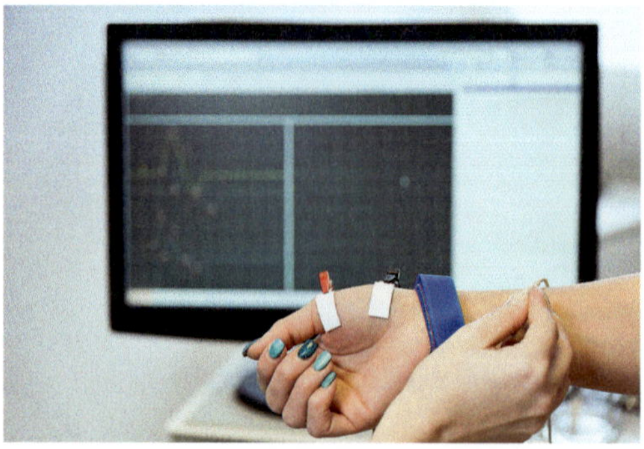

2 Durchführung eines ENGs am Handgelenk

1 Diskutieren und bewerten Sie, ob die Daten der Smartwatch direkt an medizinische Versorgungsstellen (Arzt, Rettungsdienst, Krankenkasse) gesendet werden sollten.

Elektroneurografie – ENG • Unter Elektroneurografie versteht man ein neurophysiologisches Verfahren, durch welches periphere Nerven untersucht werden.

2 Definieren Sie die Begriffe zentrales Nervensystem, periphere Nerven, motorische Nerven, sensorische Nerven und Sinneszellen und geben Sie deren jeweilige Lage im Körper an.

3 Manche Reaktionen des Körpers müssen besonders schnell erfolgen, um Verletzungen zu verhindern. Die Reiz-Reaktions-Mechanismen erfolgen in diesen Fällen über sogenannte Reflexe. Dabei wird die Information über sensorische Nerven nur bis zum ZNS geleitet. Die motorischen Nerven lösen sehr schnell eine Muskelkontraktion aus. Skizzieren Sie einen Reflexbogen und erläutern Sie daran, warum die Reaktionen so schnell erfolgen.

4 Neuronen können Informationen je nach Bauweise unterschiedlich schnell weiterleiten. Skizzieren Sie die Erregungsleitung in einem myelinisierten und nicht myelinisierten Axon.

5 Entwickeln Sie ein Experiment, in welchem die Funktionalität ihrer Nerven gemessen werden kann. Benötigte Materialien z.B.: Stoppuhren, Reflexhammer oder ein leichter Gegenstand (z.B. ein Lineal). Überlegen Sie sich, was Sie über die Reaktionszeit Ihrer Nerven denken. Glauben Sie, dass sie schnell oder langsam reagieren? Schreiben Sie Ihre Hypothese auf. Entscheiden Sie, wie Sie die Reaktionszeit messen wollen. Eine Möglichkeit ist, einen Partner leicht am Arm zu berühren und zu messen, wie schnell dieser reagiert, indem er auf einen bestimmten Hinweis (z.B. „Jetzt!“) reagiert. Legen Sie fest, wie viele Messungen Sie durchführen wollen (z.B. 5 Versuche pro Person).

Bei der Elektroneurographie werden periphere Nerven untersucht, also solche Zellen, die außerhalb des zentralen Nervensystems liegen. Mit der ENG wird bestimmt, wie schnell Nerven Informationen weiterleiten, die Höhe der Amplitude und die Refraktärzeit, um Hinweise auf mögliche Schädigungen zu finden. Hierbei gibt die Höhe der Amplitude Aufschluss über die Anzahl der betroffenen Axone im Nerv. Bei motorischen Nerven wird die ENG eingesetzt, da sie genauere Informationen liefert als die mechanische Reizung mit dem Reflexhammer.

Durchführung • Bei der ENG werden zwei Elektroden in einem definierten Abstand auf der Haut des Patienten befestigt (▸2, 3, 4). Die Strecke zwischen den Elektroden ist wichtig, da sie für die Berechnung der Leitungsgeschwindigkeit benötigt wird. Anschließend wird über die erste, die Reizelektrode, ein elektrischer Impuls gesetzt (etwa 0, 1–2 ms). Dies wird von den meisten Patienten als leichtes Zwicken beschrieben. In seltenen Fällen werden Nadelelektroden verwendet. Der elektrische Impuls führt zur Depolarisation des Nerven und wandert nun über die Leitungsstrecke zur Ableitstelle, also der zweiten Elektrode. Handelt es sich beim untersuchten Nerven um einen motorischen Nerven erfolgt am Ende eine Muskelkontraktion, bei sensiblen Nerven wird eine Potenzialänderung gemessen.

Auswertung • Aus dem Zeitraum zwischen dem Startimpuls und dem Impuls an der Ableitelektrode kann die Leitungsgeschwindigkeit als Quotient von Abstand und Zeit berechnet werden. Auch die Art der ankommenden Impulse kann Aufschluss über Art und Ort der Schädigung geben (▸4). Es handelt sich jedoch um eine Summenantwort der Nervenzellen einer Nervenfaser.
Zudem wird die ENG angewendet, um Effekte von Therapien zu beurteilen oder den Verlauf einer neurologischen Erkrankung zu verfolgen.

Diagnosen • Angewendet wird die ENG bei einer Vielzahl von Erkrankungen, die die Nerven oder Muskeln betreffen. Zum Beispiel bei einem anhaltenden Schmerz, der nach Verletzungen oder Operationen auftritt. Außerdem dem Karpaltunnelsyndrom, bei dem die Nervenbahnen gequetscht wurden, bei Muskelschwäche oder Nervenschädigung durch Medikamente oder Alkohol.

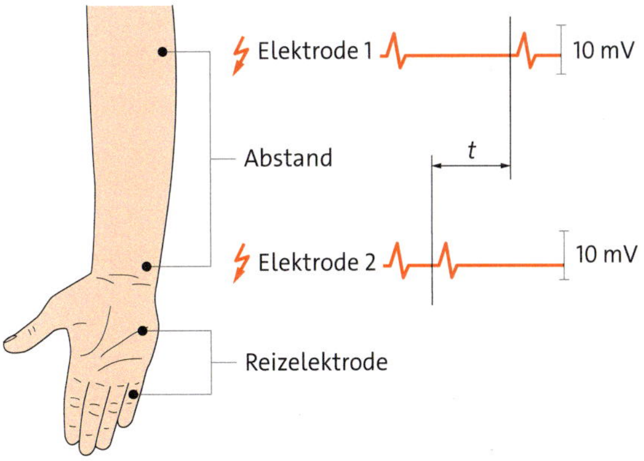

3 Durchführung und Auswertung eines ENGs

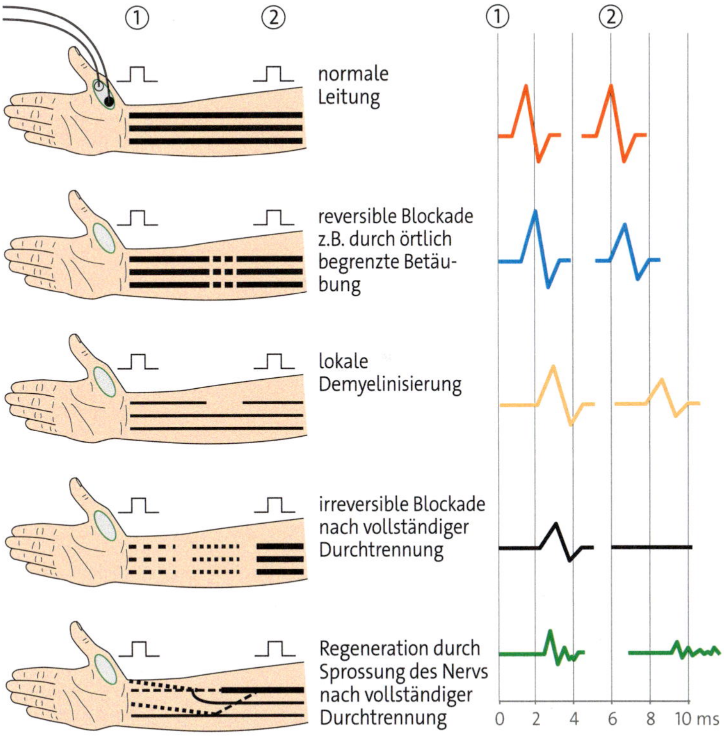

4 Auswertung verschiedener ENGs

6 Beurteilen Sie Ihr in Aufgabe 5 formuliertes Experiment.

7 Erklären Sie, warum für ein ENG mindestens zwei Elektroden notwendig sind.

8 Erläutern Sie das Hauptziel einer Untersuchung mit ENG und geben Sie die dafür untersuchten Nervenzellen an.

eA Material A EKG-Auswertung

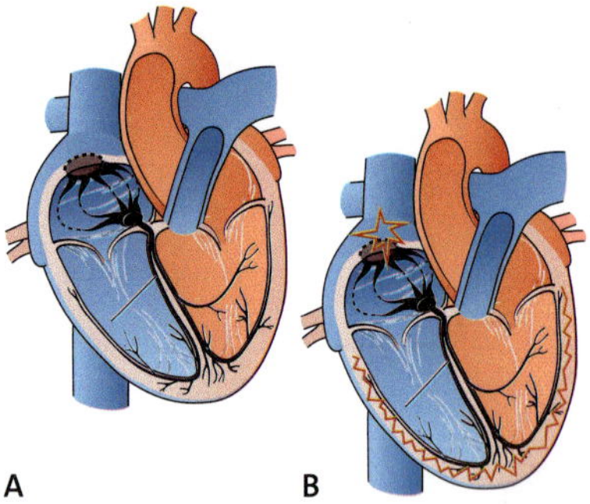

A1 Zwei unterschiedliche Herzzustände

Die Abbildungen zeigen zwei unterschiedliche Herzzustände A und B (elektrische Impulse in der oberen Herzkammer) sowie einige unterschiedliche EKG-Befunde.

1 Erläutern Sie die Entstehung eines EKGs.

2 Skizzieren Sie den grundsätzlichen Verlauf eines EKG-Signals und benennen Sie alle Phasen.

3 Ordnen Sie die Abbildungen des Herzens A und B begründet den Befunden zu.

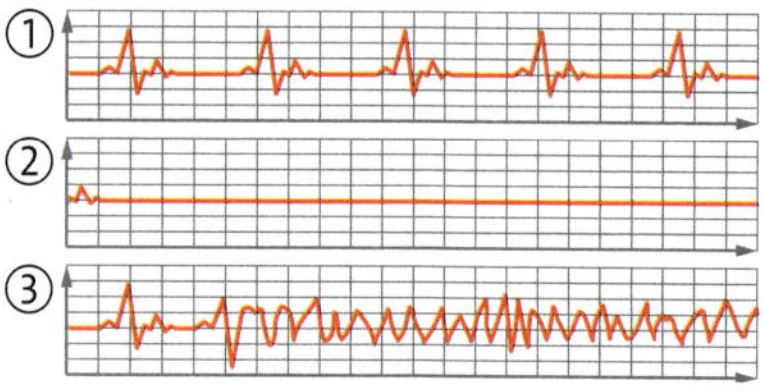

A2 Auswertungen der EKGs

eA Material B Oszillographische Untersuchung eines Regenwurms

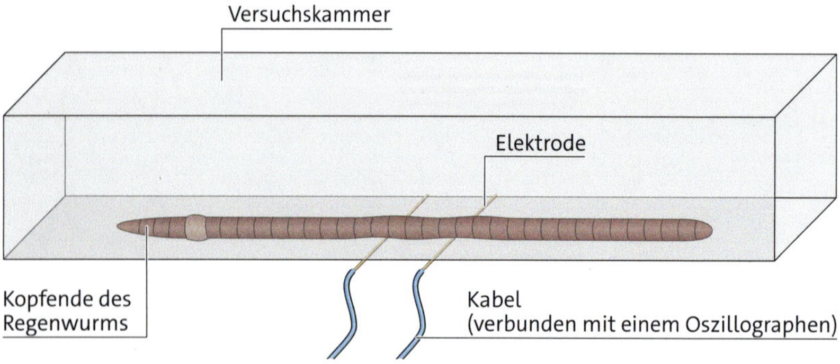

B1 Versuchsaufbau zur Messung der Nervenströme beim Regenwurm

1 Regenwürmer eignen sich sehr gut als Versuchstiere für neurologische Untersuchungen. Beschreiben Sie die oben gezeigte Methode und geben Sie an, welche Erkenntnisse gewonnen werden können.

In Abbildung **B1** ist ein Versuchsaufbau dargestellt, in dem der Regenwurm in einer Versuchskammer auf zwei etwa 1 cm voneinander entfernten Elektroden liegt. Die Reizung des Regenwurms erfolgt mechanisch, indem er am Kopfende mit einer „Trigger-Borste" berührt wird. Da die Nervenzellen des Bauchmarks nahe an der Haut verlaufen, können elektrische Impulse über Elektroden abgeleitet werden, ohne das Tier zu verletzen.

2 Während des Versuchs werden beim Regenwurm unterschiedliche Neuronen aktiv, da der Regenwurm am Ende mit Zurückzucken auf die Berührung reagiert. Teilen Sie die betroffenen Neuronen begründet nach Funktion und Lage ein.

3 Abbildung **B2** zeigt das Messergebnis des Oszillographen. Benennen und beschreiben Sie die Abläufe.

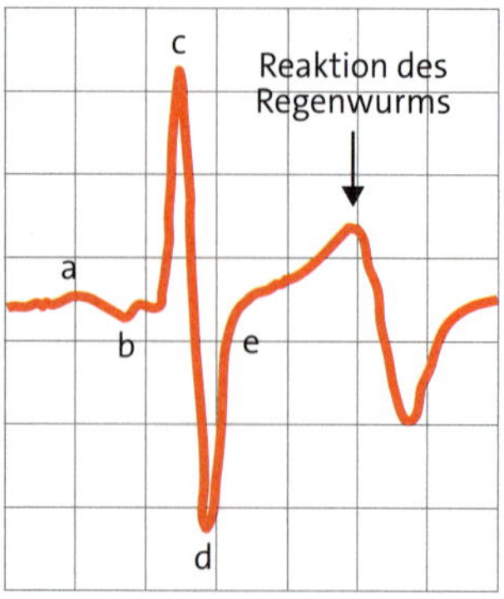

B2 Messergebnis Oszillograph

4 Der Versuch gleicht einer Untersuchungsmethode beim Menschen, dem ENG. Bennen Sie die Erregungsphasen des Neurons, die mit a bis e gekennzeichnet sind (► **B2**).

5 Mit diesem Versuch kann auch die Leitungsgeschwindigkeit von Neuronen errechnet werden. Geben Sie begründet an, um welche Art von Erregungsleitung es sich handelt.

6 Bei einem der Versuchsaufbauten wurde der Regenwurm zuvor für 5 min in eine 10%ige Ethanollösung gelegt. Stellen Sie eine Hypothese auf, welches Messergebnis zu erwarten ist, und ordnen sie dem eine der Abbildungen zu (► **B2**).

7 Erklären Sie den Effekt eines stärkeren Reizens des Regenwurms auf die Messergebnisse.

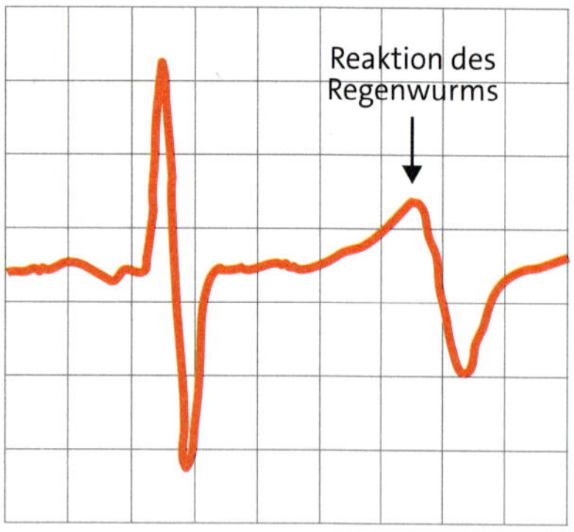

eA Material C Reflexe

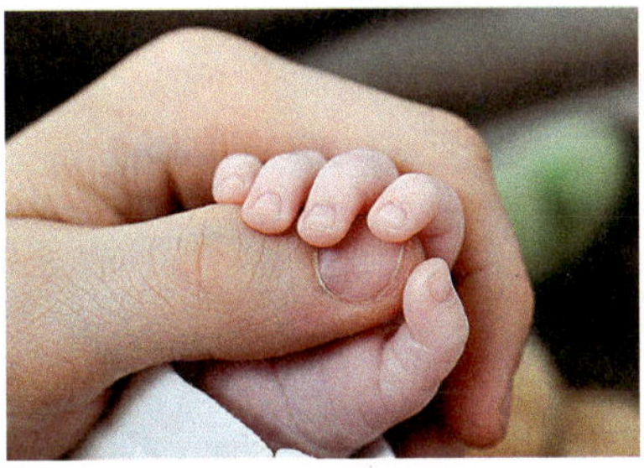

C1 Säuglingsreflexe

Name	Reflex-zentrum	Reflexzeit	Reflex	Erfolg-reich?	Zeit
Masseterreflex	...	...	...	...	...
Bizepssehnenreflex	...	...	...	...	...
Patellarsehnenreflex	...	...	...	...	...
Achillessehnenreflex	...	...	...	...	...
Cornealreflex	...	...	...	...	...

Bei Reflexen handelt es sich um unwillkürliche Reaktionen auf einen Reiz. In der Regel soll damit Schaden vom Menschen abgewendet werden. Bei den ersten Untersuchungen von Säuglingen werden eine Reihe von Reflexen geprüft, um sicherzustellen, dass keine neurologischen Einschränkungen bestehen und damit eine gesunde Entwicklung erfolgt. Auch bei Verletzungen werden Reflexe überprüft, um neurologische Schäden auszuschließen. Führen diese Untersuchungen nicht zum Erfolg, werden weitere Untersuchungen wie ENGs angesetzt.

1 Recherchieren Sie Reflexe von Säuglingen.

2 Stellen Sie Hypothesen auf, welchen Nutzen die gefundenen Reflexe für den Menschen hatten und haben.

3 Testen Sie einige dieser Reflexe mithilfe eines Partners bei sich selbst und überprüfen Sie damit Ihre Hypothesen aus der vorherigen Aufgabe.

4 Die Tabelle zeigt eine Reihe weiterer Reflexe des Menschen, die im folgenden Text vorgestellt werden. Übernehmen Sie die Tabelle in Ihre Unterlagen.

5 Recherchieren Sie die jeweiligen Reflexzentren und die Reaktionszeiten und tragen Sie diese in die Tabelle ein.

6 Stellen Sie eine Hypothese auf, warum nach einem Unfall die Überprüfung der Reflexe für eine Diagnose nicht ausreichend ist.

7 Untersuchen Sie die in der Tabelle aufgeführten Reflexe und messen Sie dabei die Reflexzeiten.

8 Vergleichen Sie Ihre gemessenen mit den recherchierten Werten aus der Literatur.

9 Nennen Sie mögliche Fehlerquellen bei Ihren Messungen.

10 Das Überprüfen der Reflexe nach Unfällen gibt erste Hinweise auf verletzte Neuronen. Erklären Sie, warum bei auffälligem Befund eine ENG angesetzt wird, und beschreiben Sie deren Durchführung.

Masseterreflex: Die Versuchsperson öffnet den Mund und bekommt auf die untere Zahnreihe einen Holzspatel aufgesetzt. Dann klopft der Versuchsleiter einmal mit dem Reflexhammer kurz und leicht auf den Spatel. Mit kurzer Latenzzeit beißt die Versuchsperson unwillkürlich zu (bewusst wird dies erst nach Ablauf des Vorgangs).

Bizepssehnenreflex: Der angewinkelte Arm des Probanden wird vom Versuchsleiter mit der linken Hand so gehalten, dass der Proband seine Armmuskeln vollständig entspannen kann. Dann schlägt der Versuchsleiter mit dem Reflexhammer einmal kurz und kräftig gegen die Sehne des inneren Oberarmmuskels. Die Reflexkontraktion führt zur kurzen ruckartigen Armbeugung.

Patellarsehnenreflex: Das jeweils untersuchte Bein wird über das andere geschlagen. Ein leichter Schlag mit dem Reflexhammer auf die Sehne unterhalb der Kniescheibe führt zur Streckung des Unterschenkels. Die Dehnungsreflexe am Bein werden beiderseits geprüft und die Reflexantworten (Ausmaß der Unterschenkelbewegung bei subjektiv gleicher Reizintensität) jeweils miteinander verglichen. Durch Auseinanderziehen der ineinander gelegten Hände während des Versuchs (Jendrassik-Handgriff) wird der Proband abgelenkt, sodass das Bein entspannt ist.

Achillessehnenreflex: Bei der auf einem Stuhl knienden Versuchsperson wird durch einen leichten Schlag auf die Achillessehne oberhalb des Fersenbeins eine Kontraktion des Unterschenkels ausgelöst.

Cornealreflex: Mit dem Gummiballon eines Blutdruckmessgeräts wird ein kurzer Luftstoß erzeugt und auf die Cornea des Auges eines Probanden gerichtet. Die Reflexantwort besteht in einem Lidschlag. Gelangt ein Fremdkörper ins Auge, wird der Cornealreflex als Schutzreflex wirksam.

1.14 Lernen und Gedächtnis

1 Klavierspielen üben

Ein Pianist spielt oft länger als 1 h, ohne auf ein Notenblatt schauen zu müssen. Die koordinierten Bewegungen der Hände sind in seinem Gedächtnis gespeichert und können dort abgerufen werden. Wie werden solche Leistungen gelernt und im Gedächtnis organisiert?

1 Benennen Sie den Zusammenhang zwischen Lernen und Gedächtnis.

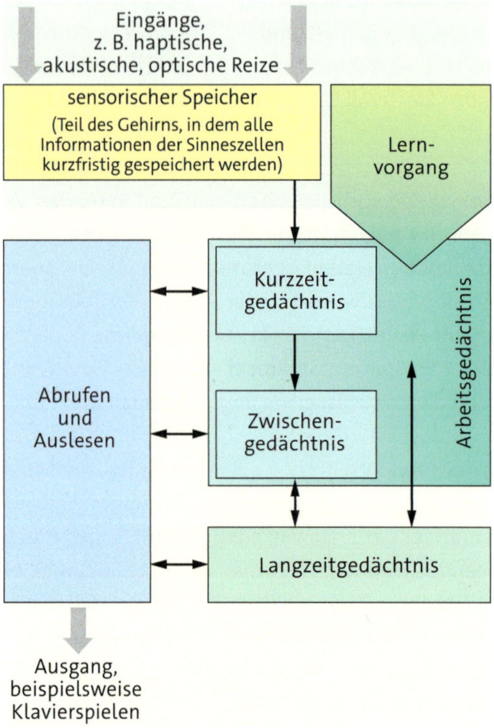

2 Modell der Gedächtnisfestigung

Übung macht den Meister • Um ein konzertreifer Musiker zu werden, bedarf es Tausende Übungsstunden. Hierbei spielen viele Fähigkeiten des menschlichen Organismus in komplexer Weise zusammen: Zu Beginn des Lernprozesses könnte die Bewegung eines Fingers stehen, der eine bestimmte Klaviertaste in bestimmter Kraftaufwendung herunterdrückt. Der Druck und die Bewegungsauslenkung werden über den Tastsinn haptisch wahrgenommen. Der entstandene Ton wird in Tonhöhe, Lautstärke und Dauer über das Gehör erfasst. Die Augen ergänzen die haptische und akustische um eine optische Wahrnehmung. Alle Wahrnehmungen werden über verschiedene Gehirnareale gefiltert, bewertet und gespeichert. Die sensorischen Zentren im Großhirn arbeiten mit dem Hippocampus in einer ersten Bewertung zusammen. Unbewusst wird aufgrund von Vorerfahrungen, Emotionen und Motivation überprüft, was wichtig und was unwichtig ist. Erst nach dieser Bewertung werden die Sinnesdaten an das **Kurzzeitgedächtnis** weitergeleitet. Von dort aus erreichen sie nach wenigen Sekunden das Zwischengedächtnis, das gemeinsam mit dem Kurzzeitgedächtnis das **Arbeitsgedächtnis** bildet. Nach weiteren Sekunden bis Minuten gelangen die Signale nach und nach ins **Langzeitgedächtnis**. Hier kann die Ausführung einer bestimmten Tonfolge von dem Musiker noch nach Jahrzehnten abgerufen werden (▸2).

2 Beschreiben Sie die Informationsverarbeitung beim Lernen einer Fremdsprache als Fließdiagramm.

3 Erklären Sie auch anhand von Beispielen, wodurch sich das Kurzzeitgedächtnis von dem Langzeitgedächtnis unterscheidet.

Die Gedächtnisfestigung • Lernen kann allgemein als Erwerb von neuem Wissen und Verhalten bezeichnet werden. Bei der ständigen Wiederholung durch das Üben am Instrument bilden sich in den beteiligten Gehirnarealen neue neuronale Verknüpfungen und bereits bestehende werden ausgebaut. Das Gelernte wieder abzurufen, macht unsere Gedächtnisleistung aus. Dabei sind die Fähigkeiten unseres Gehirns, neues Wissen und Verhalten zu lernen und das Gelernte aus dem Gedächtnis abrufen zu können, untrennbar miteinander verknüpft.

Unterschiedliche Gedächtnisleistungen • Ein weiteres Modell teilt das Gedächtnis in drei Systeme ein, deren Anteil an der Gedächtnisleistung je nach Art des Gelernten variiert (▶3). Erlebnisse und gelernte Fakten sowie Allgemeinwissen werden im deklarativen oder **expliziten Gedächtnis** gespeichert. Gelernte Fähigkeiten und Fertigkeiten, aber auch Gewohnheiten und Regeln werden im prozeduralen oder **impliziten Gedächtnis** hinterlegt. Im **emotionalen Gedächtnis** bleiben die mit dem Gelernten verbundenen positiven wie auch negativen Gefühle haften. Ob und wie lange Gelerntes gespeichert wird, hängt dabei von der Verarbeitungstiefe ab. Diese nimmt zu, wenn ein Lerninhalt über möglichst viele Sinne aufgenommen, in den dazugehörigen Arealen verarbeitet und neuronal vernetzt wird. Lerninhalte werden zudem besonders gut aufgenommen, wenn motorischen Gehirnareale aktiviert werden. Auch emotionale Komponenten wie Freude und Angst werden im limbischen System mit dem Gelernten verknüpft und dauerhaft gespeichert.

4 a Denken Sie zurück an Ihre Zeit in der Grundschule. Notieren Sie anschließend Dinge, die Ihnen besonders in Erinnerung geblieben sind.
b Ordnen Sie diese Erinnerungen den drei Gedächtnissystemen zu. Benennen Sie Auffälligkeiten und gegebenenfalls Schwierigkeiten.

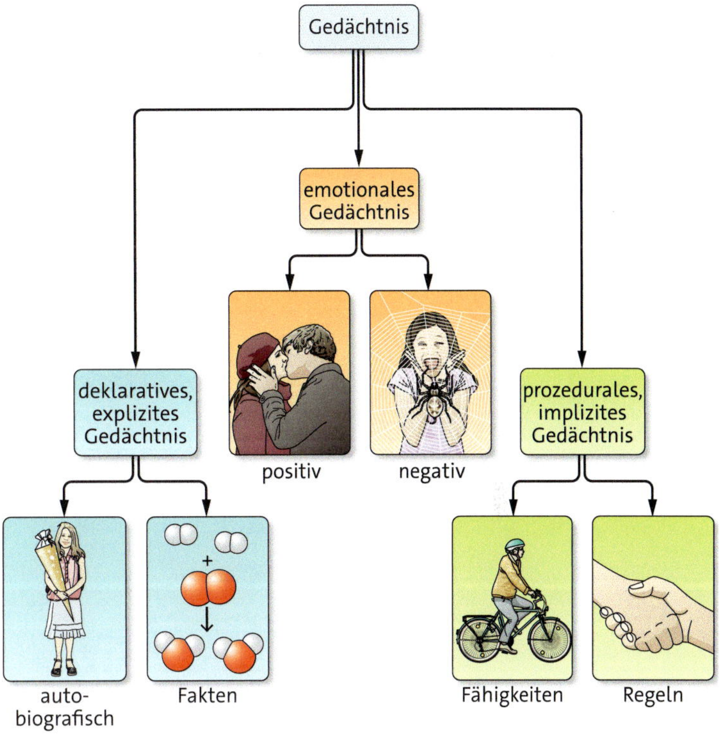

3 Modell der Gedächtnissysteme

Ein Gedächtnis wie ein Sieb • Verletzungen durch ein Schädel-Hirn-Trauma oder einen Schlaganfall, degenerative Erkrankungen wie Alzheimer oder Demenz sowie bestimmte Medikamente und auch Alkohol können zu Problemen bei der Erinnerungsfähigkeit führen. Klinisch bezeichnet man den Gedächtnisverlust als Amnesie. Wenn das Kurzzeitgedächtnis betroffen ist, können sich die Patienten nicht mehr an direkt vorangegangene Ereignisse erinnern, wohingegen sie sich an lange Zurückliegendes sehr gut erinnern können.

5 Recherchieren Sie im Internet, welche Gedächtnisform bei den im Text genannten Störungen und Erkrankungen jeweils betroffen ist (▶3).

Schmerzgedächtnis • Menschen, die eine Gliedmaße verloren haben, empfinden häufig Schmerzen in dem fehlenden Körperteil. Diese sogenannten Phantomschmerzen entstehen im Gehirn, welches die Schmerzen des amputierten Körperteils in einem Schmerzgedächtnis abgespeichert hat.

6 Stellen Sie eine Hypothese auf, ob das Schmerzgedächtnis gelöscht werden kann.

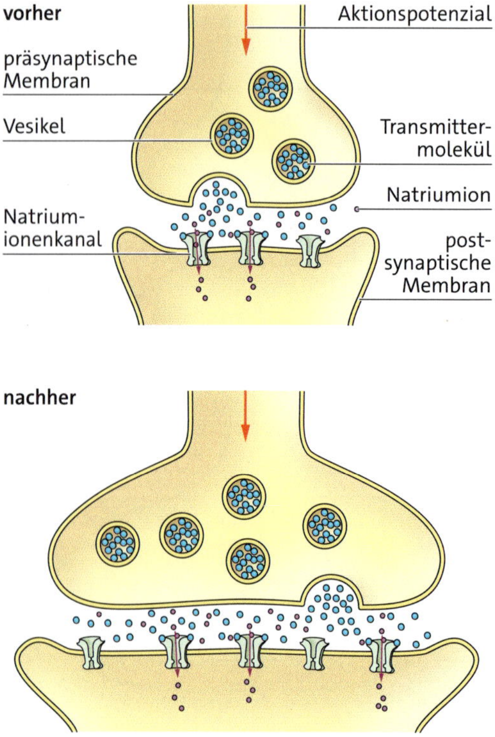

1 Synapse vor und nach einer Langzeitpotenzierung

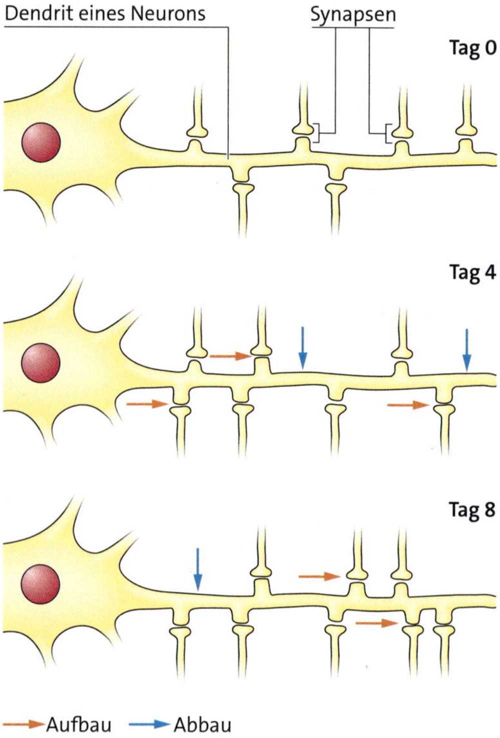

2 Auf- und Abbau neuer Synapsen

Lernen auf neuronaler Ebene • Unser Gehirn umfasst etwa 86 Milliarden Neuronen, die über jeweils rund 10 000 Synapsen miteinander in Kontakt stehen. Die Anzahl und Intensität der synaptischen Verbindungen sind zum Teil stark veränderbar. Wenn ein Neuron wiederholt an ein nachgeschaltetes Neuron Signale überträgt, vergrößert sich die Kontaktfläche der Synapse. Zudem werden mehr Vesikel und Ionenkanäle in der postsynaptischen Membran gebildet. Dadurch reagiert das nachgeschaltete Neuron intensiver auf jedes einlaufende Signal. Diese Steigerung der Übertragungsrate an Synapsen wird **Langzeitpotenzierung** genannt. Sie bildet die zelluläre und molekulare Grundlage des Lernens.

Werden Inhalte oder Verhaltensweisen oft wiederholt, bilden sich molekulare und zelluläre Vernetzungsmuster, die durch vermehrte Aktionspotenziale und mehr Rezeptoren den Informationsfluss beschleunigen. Im Gehirn werden ständig neue Synapsen gebildet und wenig genutzte Synapsen wieder abgebaut. Insbesondere während eines Lernprozesses verändern sich bestimmte Verbindungen im Gehirn. Binnen weniger Tage werden insgesamt mehr neue Synapsen gebildet als abgebaut. Häufig genutzte Verknüpfungen werden wie Trampelpfade ausgebaut und die Signale werden schneller übertragen. Dieses Phänomen nennt man **Bahnung**. Die lebenslange Fähigkeit des Gehirns, als Antwort auf veränderte Ansprüche neue Verknüpfungen zu bilden und bestehende zu verändern, wird **neuronale Plastizität** genannt. Diese wird in die funktionelle und die strukturelle Plastizität unterteilt. Bei der funktionellen Plastizität wird die synaptische Übertragung durch eine vermehrte Transmitterausschüttung effizienter, wohingegen bei der strukturellen Plastizität anatomische Veränderungen im neuronalen Netzwerk stattfinden. Mit zunehmendem Alter werden die Synapsen abgebaut, dafür sind die geknüpften Verbindungen geordneter verschaltet und häufiger verstärkt gebahnt, sodass die Informationen effektiver übertragen werden.

1 **Beschreiben Sie mithilfe der Abbildung 1 die Veränderung der Synapse nach einer Langzeitpotenzierung.**

2 **Erklären Sie die neuronale Plastizität mittels eines beispielhaften Lernprozesses.**

eA Material A Lernen von Wortlisten

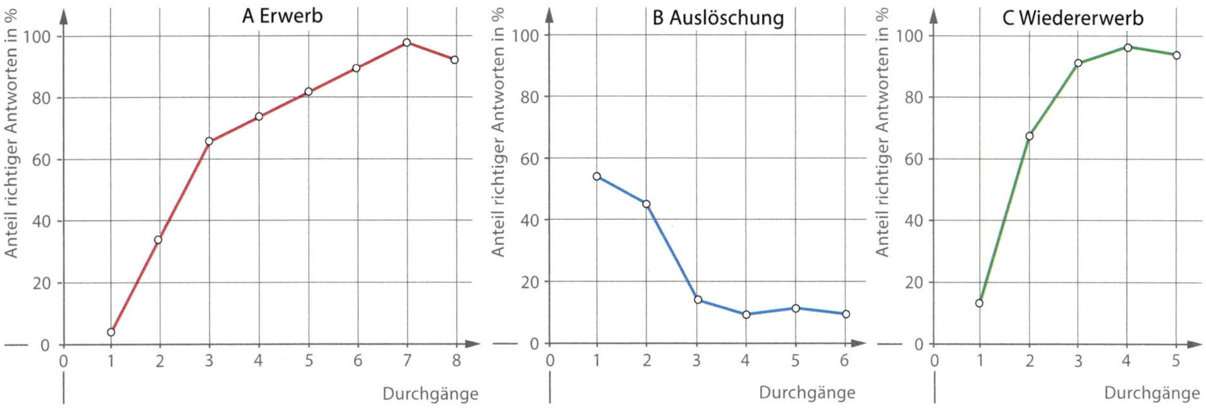

In Versuch A wurden Probanden Wortlisten zum Auswendiglernen gegeben. Sobald sie die Aufgabe bewältigen konnten, wurde ihnen eine andere Wortliste zum Lernen gegeben. Zwischendurch, in Versuch B, wurden sie nach Wörtern der ersten Liste gefragt. Anschließend, in Versuch C, wurden sie erneut aufgefordert, sich die alte Liste einzuprägen.

1 Beschreiben Sie die Ergebnisse.

2 Beschreiben Sie in Stichpunkten die Vorgänge auf zellulärer Ebene, die während der Lernphase im Gehirn ablaufen.

3 Replizieren Sie den Versuch mit Ihrem Gegenüber. Erstellen Sie dazu eine Versuchsdurchführung. Benutzen Sie als Material Wortlisten mit zehn Wörtern.

4 Tragen Sie die Ergebnisse grafisch auf.

5 Vergleichen Sie Ihre Ergebnisse im Klassenverband und mit den Ergebnissen der Studie.

eA Material B Abhängigkeit der Gedächtnisleistung von der Verarbeitungstiefe

werfen – HAMMER – leuchten – auge – RIESELN – laufen – BLUT – STEIN – denken – AUTO – zecke – LIEBEN – wolke – TRINKEN – sehen – buch – FEUER – KNOCHEN – essen – GRAS – meer – rollen – eisen – ATMEN

In einem einfach durchzuführenden Versuch lässt sich zeigen, inwiefern die Gedächtnisleistung von der Verarbeitungstiefe im Gehirn abhängig ist. Dazu wird die oben abgebildete Wortliste benutzt.

Durchführung:
Die Schülerinnen und Schüler werden nach dem Zufallsprinzip in drei Gruppen eingeteilt.
Gruppe I: Betrachten Sie nacheinander die oben abgebildeten Wörter jeweils etwa 2 s und sagen Sie leise zu sich selbst, ob das Wort mit kleinen oder mit großen Buchstaben geschrieben ist.
Gruppe II: Betrachten sie nacheinander die Wörter der Liste jeweils etwa 2 s und sagen sie leise zu sich, ob es ein Substantiv oder ein Verb ist.
Gruppe III: Betrachten Sie nacheinander die Wörter der Liste etwa 2 s und sagen Sie leise zu sich, ob es sich um etwas Belebtes oder etwas Unbelebtes handelt.

1 Notieren Sie nach drei Tagen die Wörter, an die Sie sich erinnern können.

2 Ermitteln Sie die durchschnittliche Behaltensleistung der Gruppen in Prozent.

3 Stellen Sie das Ergebnis grafisch dar.

4 Diskutieren Sie das Ergebnis im Hinblick auf die Komplexität der Aufgabe.

1.15 Steuerung der Organe

1 Sprint zum Bus

Die Kinder laufen so schnell sie können, denn der Bus steht schon an der Haltestelle. Als sie ihn in letzter Sekunde erreichen, lassen sie sich keuchend auf die noch freien Plätze fallen Das Herz pocht, die Beine zittern. Kurze Zeit später wirken die Kinder wieder völlig erholt: Sie lachen und rangeln, als ob nichts gewesen sei. Wie stellt sich der Körper auf solche Belastungen ein und wie erholt er sich wieder?

1 Nennen Sie Reaktionen, die Sie von Ihrem Körper in Belastungssituationen kennen.

Vegetatives Nervensystem • Alle lebenswichtigen Funktionen werden von unserem Körper automatisch aufrechterhalten und ständig angepasst: Wir schwitzen, wenn uns heiß wird, oder atmen schneller, wenn wir uns anstrengen. Permanent werden die Drüsen der Haut und des Verdauungstrakts, die glatte Muskulatur der inneren Organe und des Blutkreislaufs sowie das Herz mit Informationen versorgt und gesteuert. Diese Steuerung wird von einem Teil des peripheren Nervensystems geleistet, dem vegetativen Nervensystem. Es hält die grundlegenden Lebensfunktionen ohne unser Zutun selbstständig aufrecht. Deshalb heißt es auch autonomes Nervensystem. Durch seinen Einfluss werden die Körperfunktionen den unterschiedlichen Anforderungen von Ruhe und Belastung angepasst. Das vegetative Nervensystem ist somit entscheidend für die Regelung der Konstanthaltung innerer Zustände trotz äußerer Veränderungen, der **Homöostase**.

lat. vegetare = beleben

griech. homoiostásis = Gleichstand

2 Erklären Sie die Funktion des vegetativen Nervensystems.

Bau des vegetativen Nervensystems • Das **vegetative Nervensystem** besteht aus dem **Sympathikus**, dem **Parasympathikus** und dem Darmnervensystem, das in der Darmwand liegt und die Aktivität von Magen und Darm völlig autonom steuert. Sympathikus und Parasympathikus stehen über Neuronen mit den meisten Organen des Körpers in Kontakt. Ihre Axone ziehen hierbei vom Hirnstamm und Rückenmark zunächst zu Ansammlungen von Nervenzellkörpern, den **Ganglien**, außerhalb des Rückenmarks. Dort haben sie synaptischen Kontakt zu den Neuronen, die schließlich die Zielorgane innervieren. Die Ganglien des Sympathikus bilden links und rechts der Wirbelsäule eine Ganglienkette, den Grenzstrang.

3 Skizzieren Sie den Bau des vegetativen Nervensystems.

4 Recherchieren Sie, welche weiteren Nervensysteme es im Körper neben dem vegetativen Nervensystem gibt, und beschreiben Sie diese stichpunktartig (▶ Methode auf S. 272).

Sympathikus und Parasympathikus • Alle Organe, mit Ausnahme der Schweißdrüsen, der Blutgefäße und des Nebennierenmarks, werden sowohl vom Parasympathikus als auch vom Sympathikus innerviert. Die meisten Axone des Sympathikus setzen den Transmitter Noradrenalin frei, die Neuronen des Parasympathikus dagegen Acetylcholin. An den Zielorganen haben die beiden neuronalen Systeme deshalb entgegengesetzte Effekte. Zum Beispiel reagiert das Herz auf Noradrenalin mit einer Steigerung der Schlagfrequenz, auf Acetylcholin mit einer Absenkung. Im Verdauungstrakt führt Noradrenalin zu einer Hemmung der Darmtätigkeit gehemmt. Acetylcholin dagegen steigert die Aktivität des Darms. Die Aktivierung des Sympathikus führt somit zur Mobilisierung von Energie, die durch Untätigkeit der Verdauungsorgane eingespart wird, und ermöglicht eine rasche Anpassung an Leistungssituationen. Die Versorgung der Muskeln wird verbessert, indem der Herzschlag beschleunigt und die Atmung vertieft wird. Gleichzeitig wird der Glykogen- und Fettabbau in der Leber gesteigert, sodass genügend Energiereserven zur Verfügung stehen. Da diese leistungssteigernde Reaktion den Organismus auf Flucht oder Angriff vorbereitet, wird sie als Fight-or-Flight-Reaktion bezeichnet. Kommt der Körper nach der Belastung zur Ruhe, unterstützt der Parasympathikus alle Veränderungen, die zur Erholung und Regenerierung der Energiereserven führen: Die Magen- und Darmtätigkeit wird gefördert, Herzschlag und Atmung verlangsamt. Da die Wirkung der beiden Teile des vegetativen Nervensystems an den meisten Organen gegenläufig ist, bezeichnet man sie als Antagonisten. In ihrer Gesamtwirkung für die Anpassung des Organismus an die jeweiligen Bedingungen ergänzen sich die Wirkungen von Sympathikus und Parasympathikus. Sie wirken als Synergisten (▶ 2).

5 Fassen Sie tabellarisch die leistungs- und erholungsfördernden Wirkungen des Sympathikus und des Parasympathikus zusammen (▶ 2).

6 Erklären Sie, wie sich unser Körper auf Flucht und Angriff vorbereitet.

7 Begründen Sie, dass Sympathikus und Parasympathikus Gegenspieler sind.

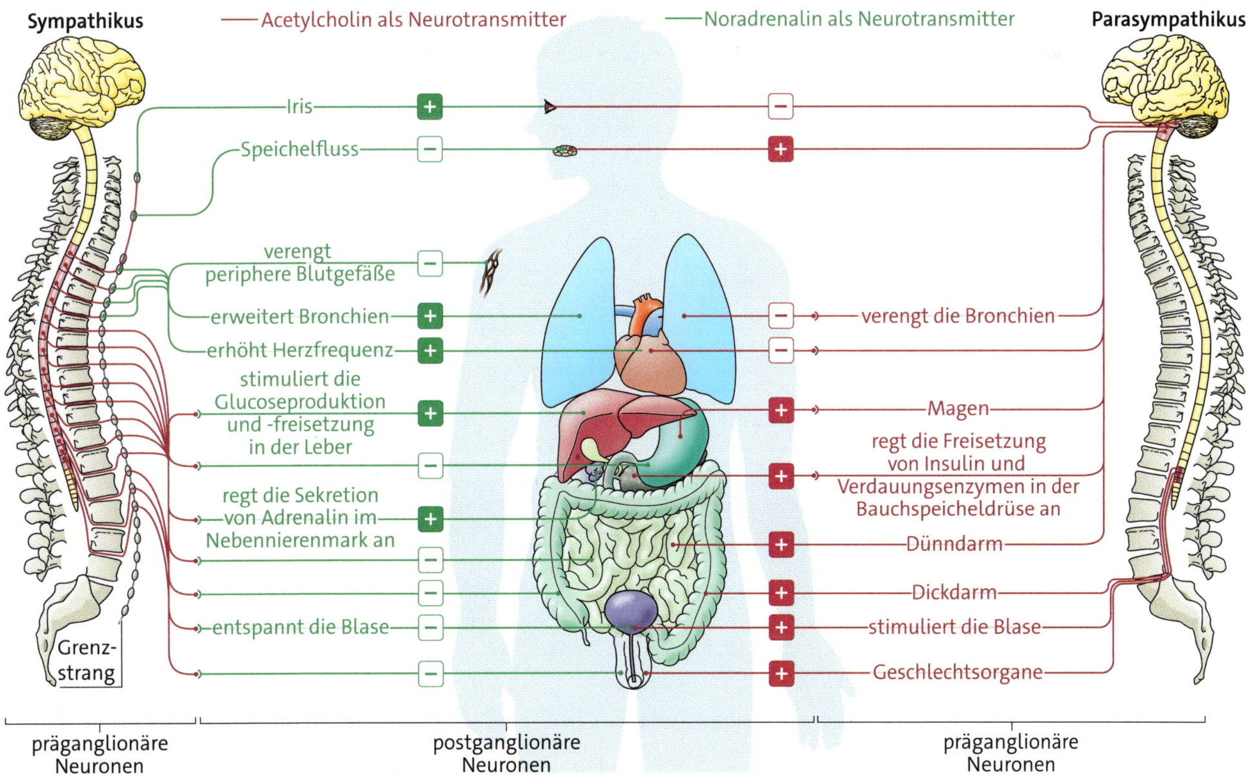

2 Wirkung von Sympathikus und Parasympathikus auf verschiedene Organe

CRH = Corticotropin-Releasing-Hormon
ACTH = adrenocorticotropes Hormon,; Synonym: Corticotropin

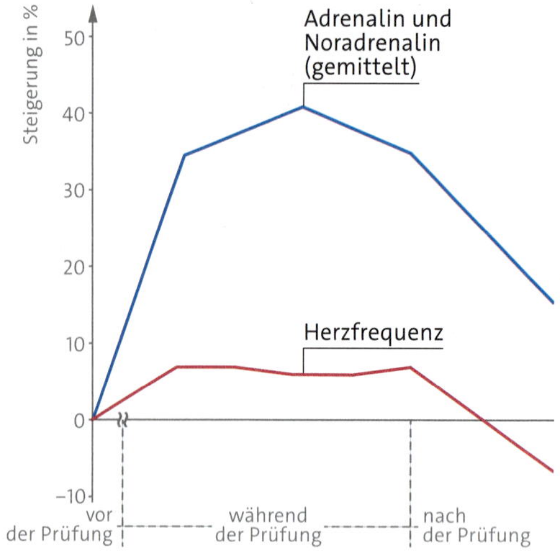

1 Körperliche Reaktionen in einer Prüfungssituation

engl. stress = Druck, Anspannung, Beanspruchung

Stressreaktion • Ärger in der Schule, Nervenkitzel beim Sport oder eine lauernde Gefahr – unser Körper reagiert auf solche Situationen mit einer typischen physiologischen Reaktion, dem Stress. Diese Bezeichnung verwendete erstmals der Mediziner Hans Seyle. Die Stressreaktion versetzt den Körper in einen Alarmzustand. Anzeichen hierfür sind erweiterte Pupillen, Muskelanspannung, Blutdruckanstieg, eine bleiche Haut und kalter Schweiß. Zudem richtet sich die Aufmerksamkeit ganz auf die Bedrohung. Die inneren oder äußeren Reize, die eine Stressreaktion auslösen, heißen Stressoren. Durch die schnelle physiologische Reaktion auf Stressoren wird der Körper auf Flucht oder Kampf vorbereitet und kann so die Gefahr bewältigen. Die Stressreaktion entwickelte sich im Laufe der Evolution als rasche Anpassungsreaktion auf gefährliche Situationen und plötzliche Belastungen. Während die physiologischen Abläufe einer Stressreaktion genetische Grundlagen besitzen, lernt der Organismus durch Erfahrung, welche Situationen stressauslösend sind und wie intensiv sie wirken. Bewertet das Gehirn einen Reiz als Stressor, wird der **Hypothalamus**, der zum limbischen System gehört, aktiviert. Der Hypothalamus hat neuronale Verbindungen zum vegetativen Nervensystem und über die Hypophyse hormonellen Kontakt zu unserem Hormonsystem. Er steuert die Zusammenarbeit des ZNS, des vegetativen Nervensystems und des Hormonsystems.

1 Beschreiben Sie mittels der Abbildung 1 die körperliche Reaktion in einer Prüfungssituation.

Stresssystem • Der Hypothalamus löst die Stressreaktion über zwei Wege beziehungsweise Stressachsen aus (▶2). Die neuronale Stressachse, auch Hypothalamus-Sympathikus-Nebennierenmark-Achse genannt, verläuft über Nervenverbindungen zu Neuronen im Hirnstamm, die Noradrenalin als Transmitter ausschütten. Dadurch wird der Sympathikus aktiviert, dessen Nerven das Nebennierenmark innervieren. Daraufhin werden die Hormone Adrenalin und Noradrenalin ins Blut ausge-

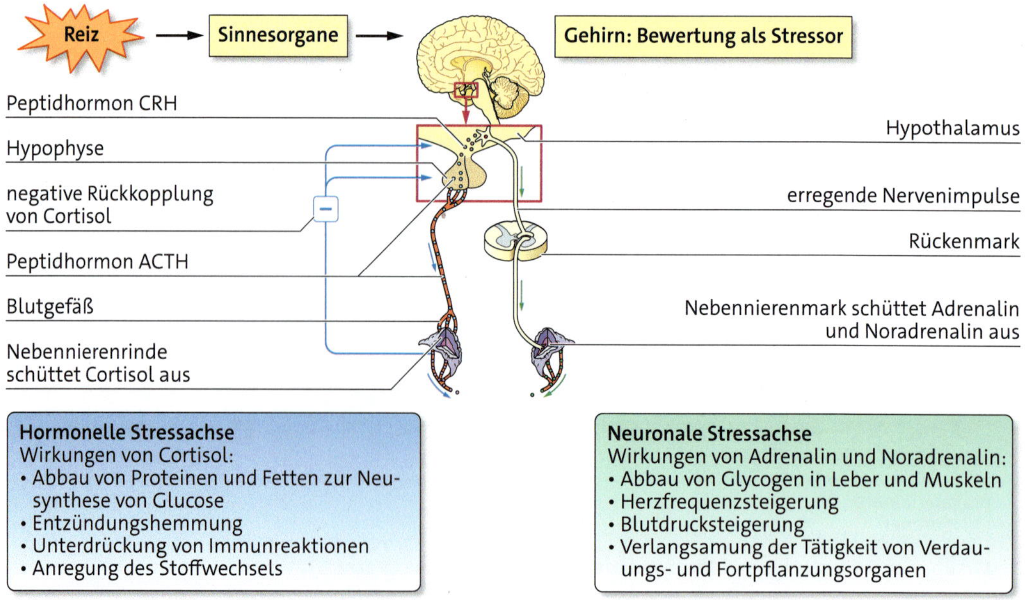

2 Neuronale und hormonelle Steuerung der Stressreaktion

schüttet. Durch die Zunahme dieser Hormone wird die leistungsfördernde Wirkung des Sympathikus gesteigert. Die Herzfrequenz, der Blutdruck und der Blutglucosespiegel steigen, sodass die Versorgung von Herz, Gehirn und Muskulatur mit Sauerstoff und energiereicher Glucose verbessert wird. Gleichzeitig werden alle anderen Funktionen des Körpers reduziert. Der Organismus befindet sich in der Alarmphase. Über die hormonelle Stressachse, auch Hypothalamus-Hypophysen-Nebennierenrinde-Achse genannt, bewirkt der Hypothalamus durch die Freisetzung des Peptidhormons CRH die Ausschüttung des Peptidhormons ACTH aus der Hypophyse. ACTH gelangt in den Blutkreislauf und regt die Nebennierenrinde an, das Steroidhormon Cortisol ins Blut abzugeben. Cortisol unterstützt die Energiebereitstellung, indem es durch den Abbau von Proteinen auch längerfristig das Vorhandensein von Glucose im Blut sichert und so den Blutzuckerspiegel erhöht. Gleichzeitig werden Entzündungsprozesse und die spezifische Immunabwehr unterdrückt. Durch die hormonelle Stressachse wird die Leistungsfähigkeit des Körpers über eine längere Zeit aufrechterhalten. Der Organismus befindet sich in der Widerstandsphase. Da Adrenalin, Noradrenalin und Cortisol in einer Stresssituation ausgeschüttet werden, nennt man sie Stresshormone. Die Synthese und Ausschüttung von Cortisol hemmt wiederum durch **negative Rückkopplung** die Freisetzung des Stresshormons CRH im Gehirn. Gleichzeitig werden Stresshormone abgebaut. Dadurch sinkt die Konzentration an Stresshormonen im Blut und die Stressreaktion lässt nach. Wird die stressauslösende Situation bewältigt, zeigt das Belohnungszentrum eine höhere Aktivität und Dopamin wird ausgeschüttet. Die Anspannung sinkt, ein Zufriedenheitsgefühl entsteht.

2 Beschreiben Sie in Form von „je mehr, desto weniger/je weniger, desto mehr"-Sätzen die Regelung der Cortisolkonzentration durch negative Rückkoppelung (▶ 2).

3 Beschreiben Sie am Beispiel des Sprints zum Bus, wie das vegetative Nervensystem Phasen der Leistung und der Erholung steuert.

4 Vergleichen Sie die Informationsübertragung im Nervensystem und im Hormonsystem. Berücksichtigen Sie folgende Aspekte: Vorgang und Geschwindigkeit der Informationsübertragung sowie Wirkungsdauer an den Zielzellen.

5 Erklären Sie am Beispiel der Stressreaktion die Bedeutung der Verschränkung von Nervensystem und Hormonsystem.

Langzeitstress • Dauert Stress an und wird nicht bewältigt, so bleiben Produktion und Freisetzung der **Hormone** CRH und ACTH gesteigert. Die Produktion von Cortisol nimmt im Laufe der Zeit zu, während sich die Nebennierenrinde als Produktionsort erkennbar vergrößert. So bleibt die Aktivierung der Stressachsen erhalten und die Menge an Stresshormonen im Blut ist erhöht. Da die Energiereserven jedoch endlich sind und das Immunsystem unterdrückt wird, führt anhaltender Stress zu einer Erschöpfungsphase. Die hormonelle Regulation der Stressreaktion bricht zusammen. Gesundheitliche Folgen wie Bluthochdruck und Anfälligkeit für Infektionskrankheiten können auftreten. Auch Krebserkrankungen werden mit Dauerstress in Zusammenhang gebracht. Da Stresshormone auch Einfluss auf das Gehirn haben, können Merkfähigkeit und Stimmung beeinträchtigt sein.

Stressabbau • für die Gesundheit ist es wichtig, dass man eigene Anti-Stress-Strategien entwickelt. Wenn wir gestresst sind, wird unsere Atmung flacher, schneller und unregelmäßiger. Gezielte Atemübungen, wie die 4-7-8-Atmung, können in solch einer Situation helfen: In aufrechter und entspannter Sitzposition wird mit geschlossenen Augen vier Sekunden lang durch die Nase eingeatmet. Dann wird der Atem für sieben Sekunden angehalten und danach binnen acht Sekunden über den Mund wieder ausgeatmet. Diese Atemtechnik wird so oft wiederholt, bis sich der Körper in einem ruhigeren Zustand befindet. Zudem gibt es weitere Entspannungstechniken wie Meditation, Yoga oder progressive Muskelrelaxation.

6 Erfassen Sie stichpunktartig Ihren Tagesablauf. Notieren Sie, in welchen Situationen Sie häufig in Stress geraten, und überlegen Sie Alternativen, um diese Stresssituationen zu vermeiden.

7 Diskutieren Sie in Kleingruppen, welche Konflikte Ihnen Stress bereiten und wie Sie diese Konflikte bewältigen können. Halten Sie Ihre Ergebnisse in Form einer Mindmap fest.

eA Material A Adrenalin

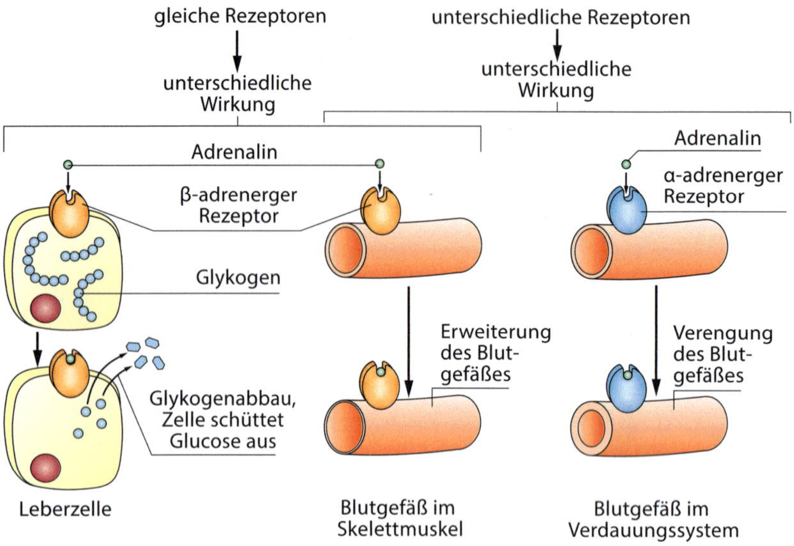

Die Zellen verschiedener Organe des menschlichen Körpers weisen unterschiedliche Typen von Adrenalinrezeptoren auf.

1 Beschreiben Sie die Wirkung von Adrenalin an den verschiedenen Zielorganen.

2 Erläutern Sie, weshalb die Ausschüttung von Adrenalin durch das Nebennierenmark bei Stress die Wirkung des Sympathikus unterstützt.

3 Stellen Sie eine Hypothese auf, weshalb bei einem Herzinfarkt oft Adrenalin verabreicht wird.

eA Material B Blutdruck- und Pulsregulation

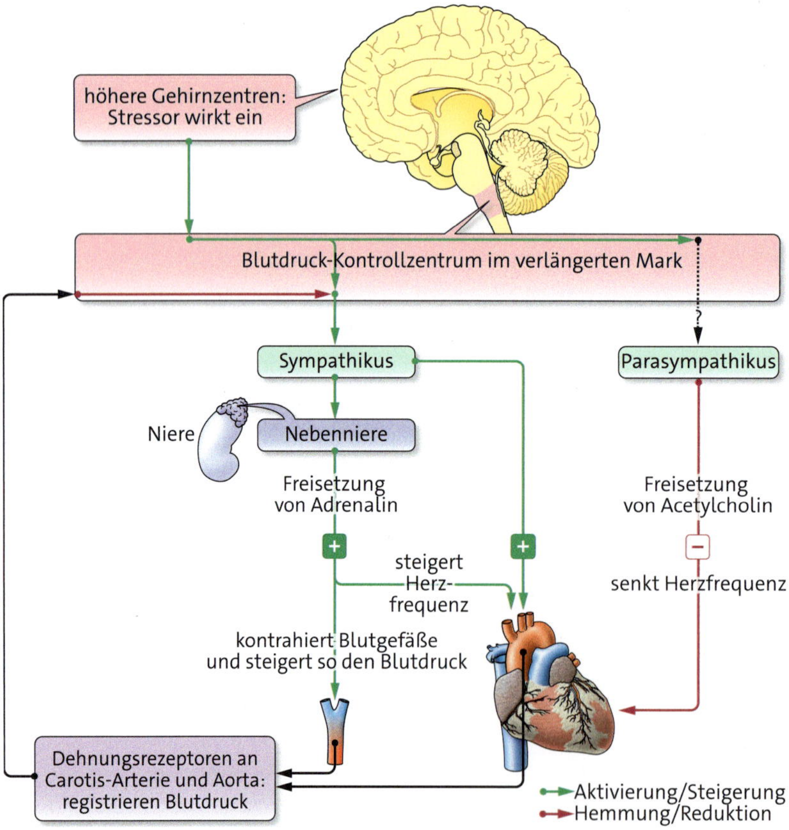

Ein Fahranfänger sieht im Rückspiegel ein Auto heranrasen, hört lautes Hupen und quietschende Reifen hinter sich. Sofort verändern sich seine Herzfrequenz und sein Blutdruck.

1 Beschreiben Sie die Wirkung des Stressors auf Blutdruck und Herzfrequenz anhand der Abbildung.

2 Erläutern Sie die Selbstregulation des Blutdrucks und der Herzfrequenz nach einer kurzen Belastung als ein Beispiel der Zusammenarbeit von Hormonsystem und Nervensystem.

3 Stellen Sie Hypothesen über die Wirkung von Stressoren auf den Parasympathikus auf.

4 Messen Sie Ihre Pulsfrequenz in Belastungssituationen. Messen Sie dazu zunächst Ihren Ruhepuls. Danach messen Sie Ihren Puls direkt nach einer körperlichen Belastung wie einem Sprint und dann erneut in der Erholungsphase. Messen Sie, bis Ihr Ruhepuls wieder erreicht ist.

5 Stellen Sie Ihre Ergebnisse grafisch dar.

6 Erklären Sie die Pulsregulation während der einzelnen Messungen durch Hormon- und Nervensystem.

eA Material C Stressreaktion

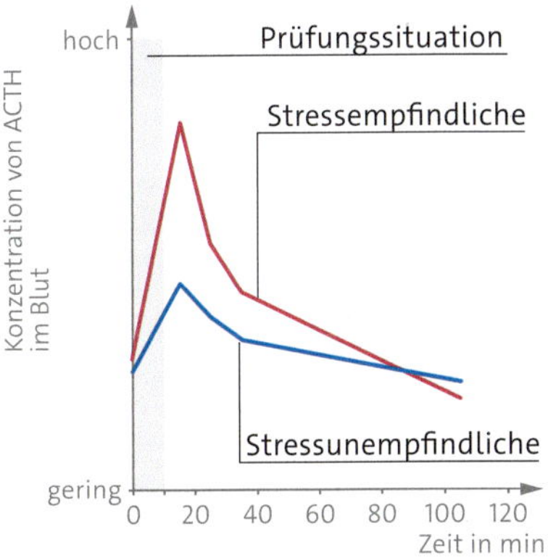

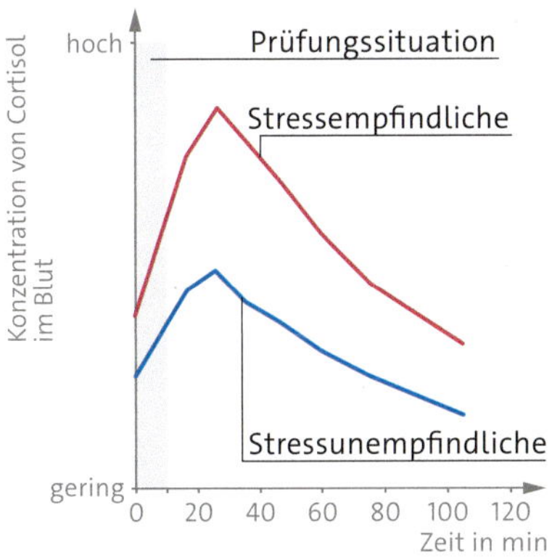

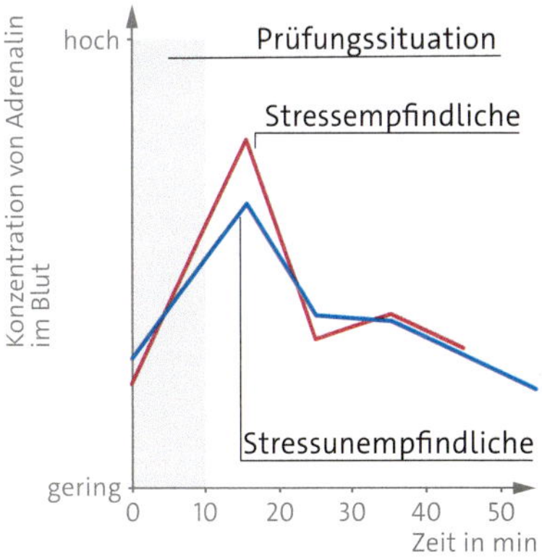

Forscher setzten Versuchsteilnehmer einer Prüfungssituation aus und bestimmten die Konzentrationen von ACTH, Cortisol und Adrenalin im Blut zu verschiedenen Zeitpunkten. In der Untersuchung konnten die Forscher zwei Reaktionstypen auf Stress im Verhältnis von etwa 1 : 1 identifizieren: Stressempfindliche, die starke Reaktionen auf Stress zeigen, und Stressunempfindliche, deren körperliche Reaktionen auf Stress deutlich geringer waren.

1 Vergleichen Sie die Kurvenverläufe von stressempfindlichen und stressunempfindlichen Versuchsteilnehmern.

2 Erklären Sie die Konzentrationsveränderungen von ACTH, Cortisol und Adrenalin im Blut während des Versuchs mithilfe der Wirkung der beiden Stressachsen.

3 Stellen Sie Hypothesen zu möglichen Ursachen unterschiedlicher Stressempfindlichkeit auf.

eA Material D Langzeitstress

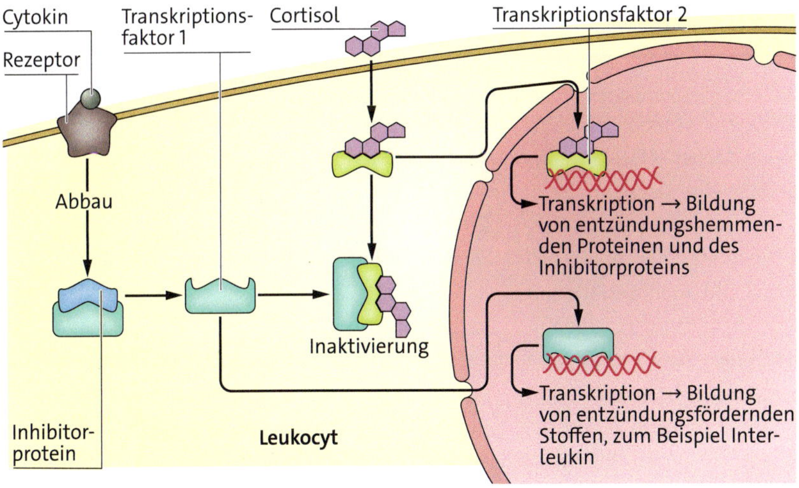

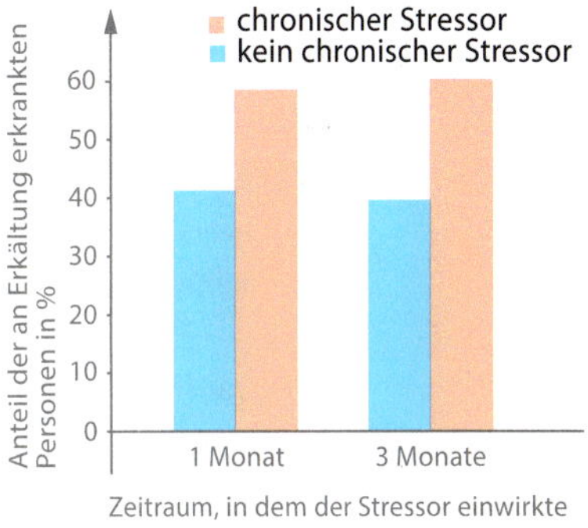

Es wurden Zusammenhänge zwischen der Stressbelastung und der Häufigkeit von Infektionskrankheiten untersucht. Die Grafik zeigt die Wirkung von Cytokinen und Cortisol. Cytokine sind Proteine, die das Zellwachstum regulieren. Sie wirken zudem immunstimulierend, da sie die Transkription von Genen bewirken, die für entzündungsfördernde Proteine codieren.

1 Beschreiben Sie die Wirkung von Cytokinen und Cortisol.

2 Definieren Sie den Begriff Langzeitstress.

3 Listen Sie mithilfe einer Online-Recherche die häufigsten Symptome bei chronischem Stress auf (▶ Methode auf S. 272).

4 Stellen Sie Hypothesen über den Zusammenhang zwischen Stress, Cortisol und Infektionskrankheiten auf.

5 Diskutieren Sie die Aussage, dass chronischer Stress Infektionskrankheiten verursacht.

6 Erstellen Sie auf Grundlage Ihres Wissens über chronischen Stress einen Flyer für eine Stressprävention.

1.16 Aufnahme und Verarbeitung von Sinnesreizen

1 Pepper, ein Roboter mit künstlichen Sinnesorganen

Pepper ist ein humanoider Roboter. Mithilfe von Sensoren und spezieller Kameratechnik nimmt er Informationen aus der Umwelt auf. Kabel ersetzen Nerven und Hochleistungsrechner verarbeiten die einlaufenden Informationen. Pepper kann tasten, hören und sehen. Er nimmt Informationen auf, verarbeitet sie und reagiert entsprechend. Doch wie funktioniert diese Informationsverarbeitung bei Lebewesen?

1 Überlegen Sie, wie die Reizaufnahme und -verarbeitung in unserem Körper erfolgen könnte, und legen Sie dazu eine Skizze an.

lat. recipere = aufnehmen

Reizaufnahme • Jedes Lebewesen nimmt mit seinen Sinnesorganen eine Vielzahl an Informationen aus der Umwelt auf. Diese Umweltreize werden in den Sinnes- und Rezeptorzellen der Sinnesorgane aufgenommen und in elektrische Erregung umgewandelt. Für die Reizaufnahme besitzen Sinneszellen Membranstrukturen, die auf unterschiedliche Reiztypen spezialisiert sind. Chemorezeptoren, die Grundlage für den Geruchs- und Geschmackssinn, reagieren auf bestimmte Moleküle. **Fotorezeptoren** werden durch Licht angeregt. Thermorezeptoren sind temperaturempfindliche Sinneszellen. Mechanorezeptoren reagieren auf mechanische Reize wie Berührung, Druck und Vibration. Sie sind für den Tastsinn, den Hörsinn und den Gleichgewichtssinn von großer Bedeutung. Elektro- und Magnetorezeptoren registrieren elektrische beziehungsweise magnetische Felder. Menschen besitzen diese Rezeptoren jedoch nicht.

2 Erstellen Sie einen tabellarischen Überblick aller Sinnesorgane, Rezeptoren und Reize.

Reizverarbeitung • Obwohl die verschiedenen Sinneszellen auf unterschiedliche Reize ansprechen, besitzen sie Gemeinsamkeiten: Alle Sinneszellen sind hochselektiv. So reagieren Fotorezeptoren nur auf Licht, nicht jedoch auf Schall oder Temperaturveränderungen. Den Reiztyp, für den ein Rezeptor empfindlich ist, nennt man den adäquaten Reiz. Auf einen **adäquaten Reiz** reagieren die Sinneszellen mit einer dem postsynaptischen Potenzial vergleichbaren Veränderung des Rezeptorpotenzials. Nur wenige Moleküle reichen beispielsweise bei Chemoezeptoren für eine Rezeptorantwort aus. Sinneszellen verstärken oft einen Reiz und wandeln ihn in eine elektrische Erregung, eine Abfolge von Aktionspotenzialen, um. Die Umwandlung und

Weiterleitung des spezifischen Reizes aus der Umwelt ins Zellinnere wird als **Signaltransduktion** bezeichnet.

3 Stellen Sie eine Hypothese auf, wie Sinneszellen auf Reizüberflutung reagieren.

4 Erläutern Sie, weshalb Röntgenstrahlen keinen Reiz für den Menschen darstellen. Nennen Sie weitere Beispiele.

Die Signaltransduktion • Die Signaltransduktion erfolgt bei allen Sinneszellen auf ähnliche Weise (▶ 2). Je nach Reiztyp beeinflusst der eintreffende Reiz einerseits direkt die räumliche Struktur von Ionenkanälen, sodass sie sich öffnen und Ionen in die Zelle strömen. Dies führt zur Öffnung spannungsgesteuerter Ionenkanäle. Die erhöhte positive Ladung im Inneren der Zelle bewirkt die Exocytose der transmittergefüllten Vesikel in den synaptischen Spalt. Andererseits kann ein eintreffender Reiz auch indirekt über spezielle Rezeptorproteine eine Kette von Reaktionen im Inneren der Zelle auslösen. Sie führt zur Bildung eines sekundären Botenstoffs, eines Second Messengers, der in hoher Konzentration erzeugt werden kann. Dieser nimmt Einfluss auf die Öffnung von Ionenkanälen und bewirkt den Einstrom zum Beispiel von Natrium- und Calciumionen. Dadurch wird die Zelle depolarisiert. Über nachgeschaltete Neuronen gelangt das Signal schließlich ins Gehirn. Dort werden einlaufende sensorische Informationen interpretiert und lösen geeignete Reaktionen wie Bewegung oder Sprechen aus. Bei dem Roboter Pepper übernehmen technische Sensoren die Signaltransduktion, elektrische Kabel leiten die Informationen weiter.

5 Benennen Sie mögliche Reaktionen einer Zelle als Antwort auf ein Signal.

6 Erstellen Sie ein Fließdiagramm, zu den Vorgängen der Signaltransduktion (▶ 2).

7 Erklären Sie die drei Phasen der Signaltransduktion (▶ 2).

8 Vergleichen Sie die Signaltransduktion der verschiedenen Sinneszellen (▶ 2).

9 Überlegen Sie, welche Faktoren die synaptische Signalübermittlung stören können.

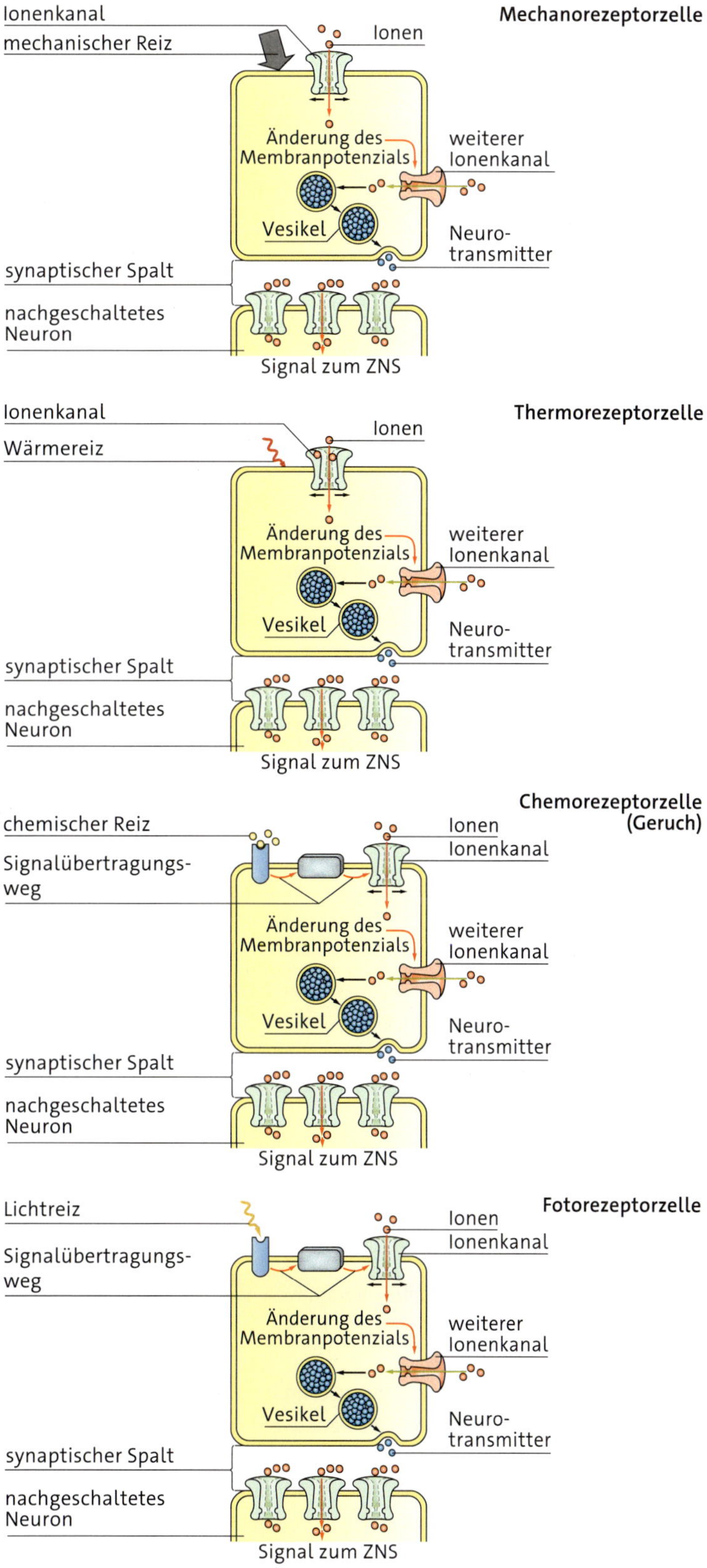

2 Signaltransduktion in verschiedenen Sinneszellen

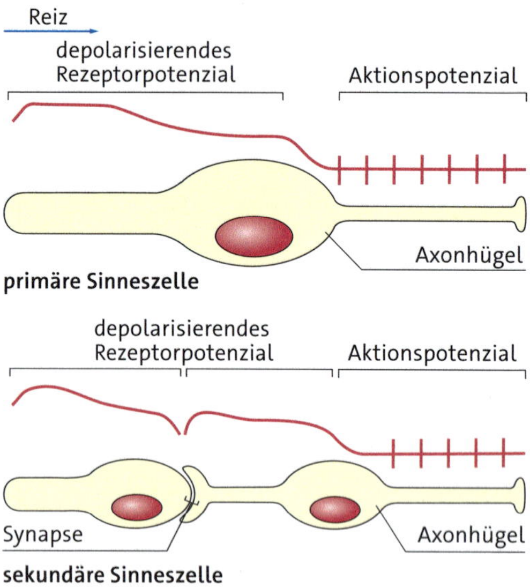

1 Primäre und sekundäre Sinneszellen

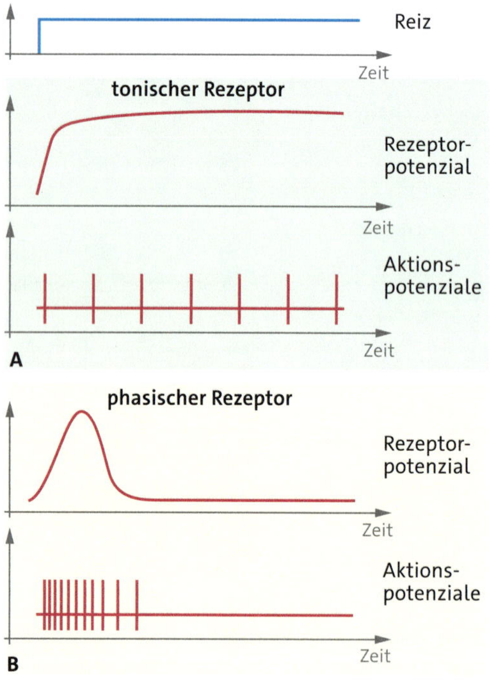

2 Rezeptorantworten: A tonische Rezeptoren, B phasische Rezeptoren

Primäre und sekundäre Sinneszellen • Je nachdem, wie die Signalweiterleitung in den Sinneszellen erfolgt, unterscheidet man verschiedene Zelltypen (▶ 1). Zu den primären Sinneszellen gehören beispielsweise die Tastborsten der Insekten sowie die Geruchsrezeptoren der Insekten und Wirbeltiere. In Bau und Funktion ähneln sie Neuronen. Als Reaktion auf einen Reiz bilden sie ein Rezeptorpotenzial, das sich bis zum Axonhügel ausbreitet und bei Überschreiten eines **Schwellenwerts** in Aktionspotenziale umgewandelt wird. Dabei bestimmt die Stärke des Rezeptorpotenzials die Frequenz der Aktionspotenziale, die Rezeptorantwort. Über nachgeschaltete afferente Neuronen wird die Information über den Reiz und die Reizstärke zum Gehirn weitergeleitet.

Haarzellen, die sich in den Dreh-, Gleichgewichts- und Hörsinnesorganen der Wirbeltiere befinden, sind ein Beispiel für sekundäre Sinneszellen. Sie besitzen kein Axon und bilden selbst keine Aktionspotenziale. Das Rezeptorpotenzial breitet sich bis zur Synapse aus und bewirkt dort die Ausschüttung eines Neurotransmitters. Erst in den nachgeschalteten Neuronen werden Aktionspotenziale erzeugt, die als Impulsfolgen die Information über den ursprünglichen Reiz weiterleiten. Bei beiden Sinneszelltypen ist die Stärke des Rezeptorpotenzials von der eintreffenden Reizstärke abhängig.

Reizcodierung • Beim Verweilen in einem muffig riechenden Raum bemerken wir, dass intensive Gerüche nach einer gewissen Zeit nicht mehr wahrgenommen werden. Dieses Phänomen wird als Rezeptoradaptation bezeichnet und beruht auf zwei verschiedenen Reizcodierungen: phasischen und tonischen Rezeptoren. **Phasische Rezeptoren** reagieren nur zu Beginn oder am Ende des Reizes. Diese Rezeptoren codieren Veränderungen in der Reizstärke, nicht jedoch die Reizdauer. Riechsinneszellen sind ein Beispiel für phasische Rezeptoren. Tonische Rezeptoren reagieren so lange, wie der Reiz anhält, und übermitteln daher Informationen über die Reizdauer (▶ 2). Die Impulsfrequenz einer Sinneszelle sinkt, wenn die Reizintensität auf einem konstanten Niveau bleibt. Zu diesem Typ gehören Hörsinneszellen. Bei **phasisch-tonischen Rezeptoren** wie den Fotorezeptoren ist am Anfang die Impulsfrequenz hoch, bis sie schließlich auf einen niedrigen, konstanten Wert abfällt (▶ 2).

1 **Vergleichen Sie Bau und Funktion von primären und sekundären Sinneszellen.**

2 **Nennen Sie für das Phänomen der Rezeptoradaptation Beispiele aus dem Alltag.**

eA Material A Der Infrarotsensor des Schwarzen Kiefernprachtkäfers

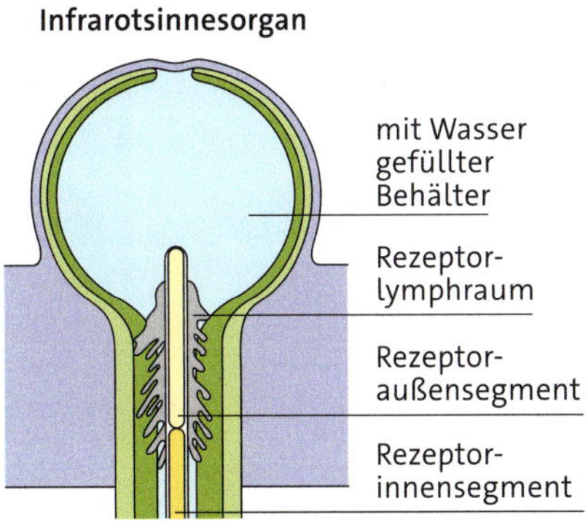

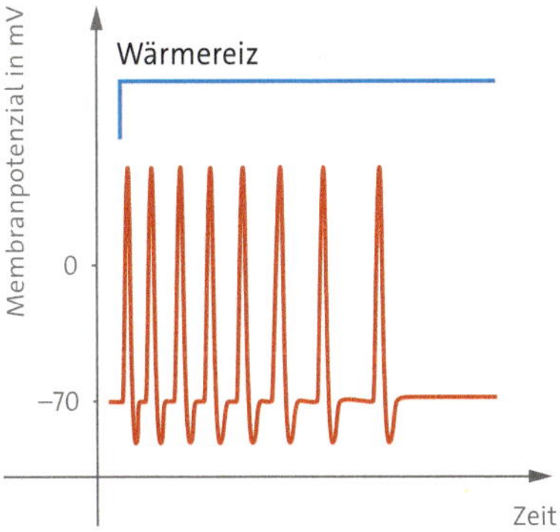

Der Schwarze Kiefernprachtkäfer legt seine Eier unter die Rinde gerade abgebrannter Bäume. Er verfügt über ein spezielles Sinnesorgan, den Infrarotsensor in den Hüftgruben der Mittelbeine. Durch dieses Sinnesorgan kann der Käfer die Wärme des Feuers wahrnehmen. Die im Sinnesorgan enthaltenen Sinneszellen sind sensorische Haare, die auf Druckerhöhung reagieren. Eingebettet sind die Sinneszellen in einen winzigen, mit kleinsten Mengen Wasser gefüllten Behälter. Bei einem Waldbrand wird die Flüssigkeit erhitzt, wodurch sie sich ausdehnt und gegen die Sinneszelle drückt. Diese Verformung löst den Einstrom von Ionen aus. Der Käfer registriert die Spannungsänderung und fliegt in Richtung Waldbrand. Bemerkenswert ist, dass der Infrarotsensor des Schwarzen Kiefernprachtkäfers fünfmal schneller reagiert als jedes käufliche Infrarotmessgerät.

1 Beschreiben Sie den Infrarotsensor des Käfers und erläutern Sie dessen biologische Bedeutung.

2 Ordnen Sie die Infrarotsinneszellen einem Typ von Sinneszelle zu und begründen Sie Ihre Zuordnung.

3 Beschreiben Sie den hier erkennbaren Zusammenhang zwischen Reiz und Signal und begründen Sie, um welche Reizcodierung es sich hierbei handelt.

eA Material B Der sechste Sinn der Haie

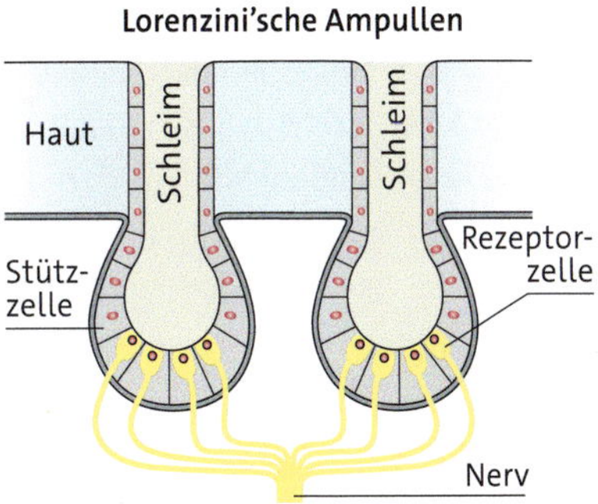

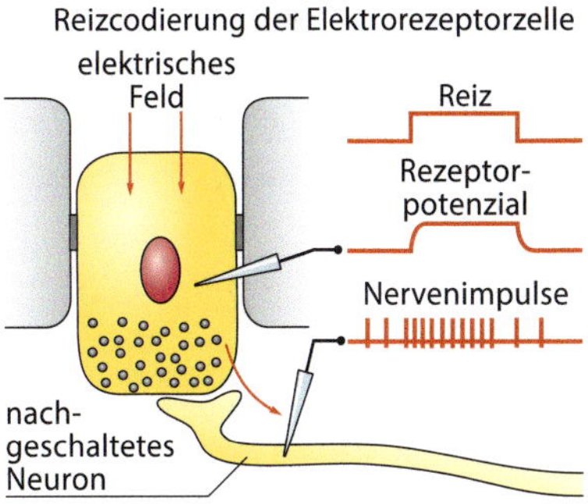

Durch Muskelaktivität werden bioelektrische Felder erzeugt. Haie erkennen diese schwachen elektrischen Felder mit einem speziellen Sinnesorgan, den Lorenzini'schen Ampullen. Dieses besondere Sinnesorgan ermöglicht Haien, ihre Beute auch bei schlechter Sicht zu finden. Die Lorenzini'schen Ampullen sind in die Unterhaut des Kopfes eingebettet. Sie bestehen aus winzigen, mit elektrisch leitfähigem Schleim gefüllten Kanälen, die mit dem Außenmedium über kleine Hautporen verbunden sind. Am Grund der Ampullen befinden sich jeweils mehrere Elektrorezeptoren.

1 Beschreiben Sie den Bau der Lorenzini'schen Ampullen und erläutern Sie an diesen das Basiskonzept Struktur und Funktion.

2 Erläutern Sie die Reizcodierung in Elektrorezeptoren.

3 Recherchieren Sie weitere Tiere, die ihre Umwelt mittels Elektrorezeptoren wahrnehmen.

4 Begründen Sie, weshalb das Vorhandensein von Elektrorezeptoren insbesondere bei im Wasser lebenden Tieren von Vorteil ist.

5 Erklären Sie den Einfluss des Salzgehalts des Wassers auf die Elektrorezeptoren von Haien.

1.17 Struktur und Funktion des Auges

1 Augen von Wirbeltieren: A Mensch, B Katze, C Knoblauchkröte, D Bartgeier

Die Fähigkeit zu sehen ist bei vielen Tiergruppen verbreitet. Wenn wir uns im Tierreich umschauen, entdecken wir eine Vielfalt von unterschiedlichen Augenformen, -größen und -farben. Doch wie sind diese unterschiedlichen Augen von Wirbeltieren grundsätzlich aufgebaut und wie funktionieren sie?

1 Notieren Sie in einer Mindmap alles, was Ihnen zum Bau des Auges einfällt.

Aufbau des menschlichen Auges • Beim Sehen fallen zunächst Lichtstrahlen auf die Hornhaut des Auges. Sie schützt nicht nur das Auge, sondern bündelt auch die Lichtstrahlen. Die Hornhaut besitzt keine Blutgefäße und wird vom Kammerwasser der Augenkammer mit Nährstoffen versorgt. Der Lichteinfall ins Auge wird durch die Iris geregelt. Die dahinterliegende transparente Linse ist ebenso wie die Iris mit der Ziliarmuskulatur verbunden, durch deren Kontraktion der Lichteinfall und die Schärfe des Bildes reguliert werden. Nachdem die Lichtstrahlen die zentrale Lichtöffnung, die Pupille, durchdrungen haben, gelangen sie durch den Glaskörper auf die Netzhaut oder Retina. Dahinter liegt die Aderhaut. Nach außen wird das Auge durch die Lederhaut begrenzt. Die Retina ist ein vorgeschobener Teil des Gehirns, der sich schon früh in der Embryonalentwicklung absondert, durch die Faserbündel des Sehnervs aber mit ihm verbunden bleibt (▶ 2). Das Auge mit der Retina bildet also fast den einzigen unmittelbaren Kontakt des Gehirns mit der Umwelt.

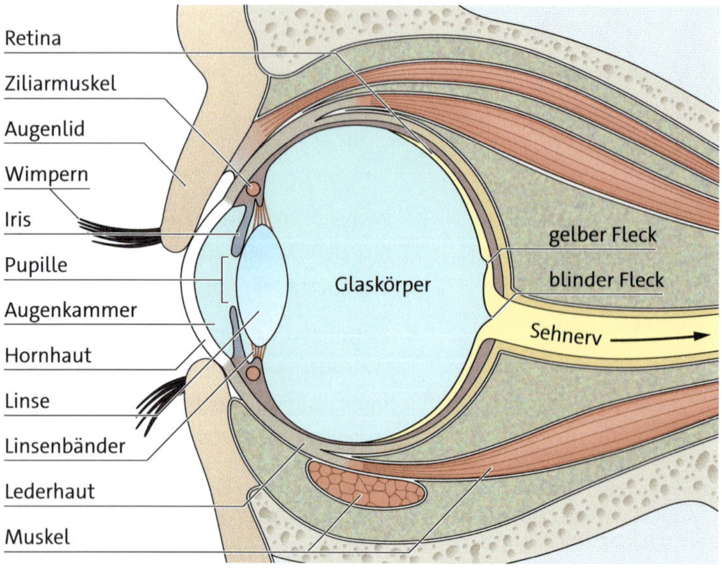

2 Längsschnitt durch das Auge

2 Erstellen Sie ein Fließdiagramm, das den Strahlengang im Auge wiedergibt.

3 Recherchieren Sie mögliche Anomalien im Aufbau des Auges und benennen Sie die jeweiligen Folgen.

Zellulärer Aufbau der Retina • Die Retina des Wirbeltierauges besteht aus mehreren Zellschichten, die scheinbar verkehrt herum angeordnet sind (▶3). Das Licht muss vom Glaskörper erst durch mehrere Schichten von Nervenzellen gelangen – den Müller-Zellen, Ganglienzellen, amakrinen Zellen, **Bipolarzellen** und Horizontalzellen –, bevor es auf die lichtempfindlichen Lichtsinneszellen oder Fotorezeptoren fällt. Diese wandeln die Lichtreize in elektrische Signale um und leiten sie an die vorgelagerten Zellschichten weiter.

Die Bipolarzellen dienen als Vermittler zwischen den Fotorezeptoren und den Ganglienzellen. Letztere vereinigen sich zum Sehnerv, der das Auge verlässt und die Signale an das Gehirn weiterleitet. Da an der Austrittsstelle des Sehnervs lichtempfindliche Zellen fehlen, wird dieser Bereich als **blinder Fleck** bezeichnet. Dennoch ist das wahrgenommene Bild lückenlos, weil das Gehirn mit den Informationen des anderen Auges den fehlenden Bereich ergänzt.

Zwei weitere Zelltypen beeinflussen die Signalweiterleitung in der Retina: Die Horizontalzellen erhalten Informationen von den Fotorezeptoren und verändern über seitliche Fortsätze die Signale der Bipolarzellen und der Fotorezeptoren. Die amakrinen Zellen bekommen Informationen von Bipolarzellen und beeinflussen benachbarte Ganglienzellen, Bipolarzellen und andere amakrine Zellen durch seitliche Verbindungen. Durch diese Verschaltungen erhält eine Ganglienzelle Signale von einer Vielzahl von Fotorezeptoren. Müller-Zellen, die zu den Gliazellen gehören, durchziehen die Retina und stützen und versorgen die übrigen Zellen. In der Retina befinden sich Regionen mit unterschiedlicher Bildauflösung. So fällt das Zentrum des von der Linse erzeugten Bildes auf eine kleine, gelb erscheinende Fläche, die aus dünnen, durchscheinenden Zellschichten besteht. Weil die Dichte der Zapfen dort sehr hoch ist, handelt es sich um den Bereich des schärfsten Sehens bei Tag, der als **gelber Fleck** bezeichnet wird. Der Aufbau der Netzhaut mit den verschiedenen Zellschichten ermöglicht es, die von den Fotorezeptoren abgegebenen elektrischen Signale miteinander zu verrechnen, bevor die entstehenden Signalmuster in entsprechenden Hirnzentren zu einer visuellen Wahrnehmung verarbeitet werden. Grundsätzlich unterscheiden sich alle Wirbeltieraugen nur in der Anzahl einzelner Zelltypen, etwa Fotorezeptoren. Die Anordnung der jeweiligen Zelltypen jedoch ist bei allen Wirbeltieraugen gleich. In der Retina des Menschen gibt es zwei Arten von Fotorezeptoren, von denen er etwa 125 Millionen besitzt. Sie lassen sich leicht durch ihre Erscheinungsform unterscheiden: Stäbchen und Zapfen.

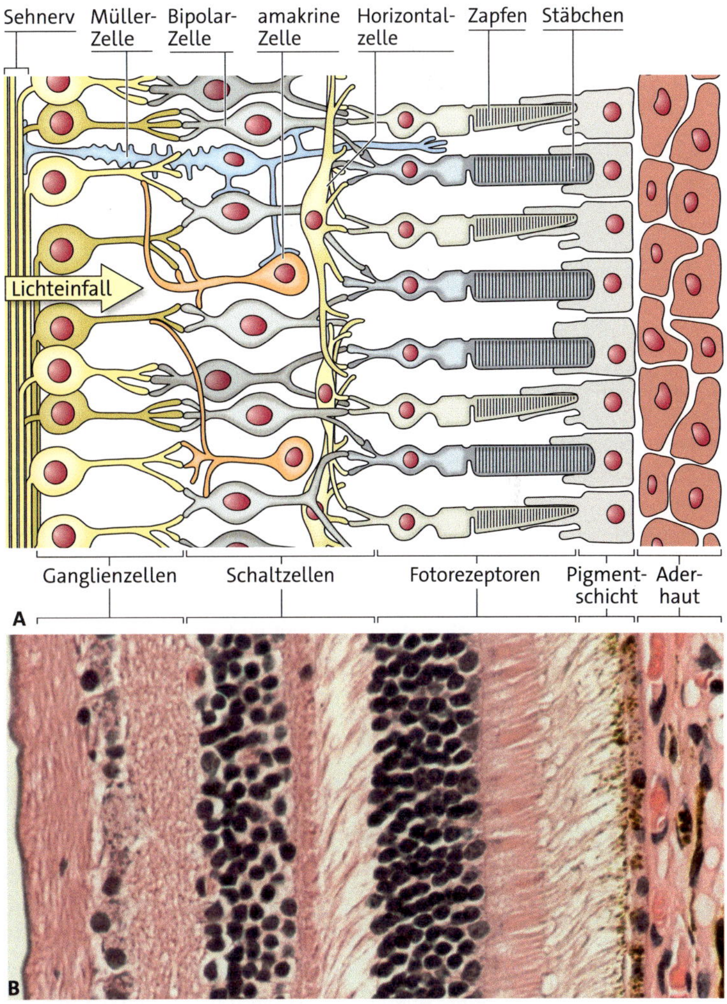

3 Aufbau der Retina: A Schema, B lichtmikroskopische Aufnahme

4 Erklären Sie, weshalb die Bildauflösung in der Retina nicht gleichmäßig ist.

5 Erläutern Sie, weshalb wir bei der Retina auch von inverser Retina sprechen.

6 Stellen Sie eine Hypothese auf, welchen Einfluss die Anzahl der Fotorezeptoren auf das Sehen bei verschiedenen Wirbeltieren hat.

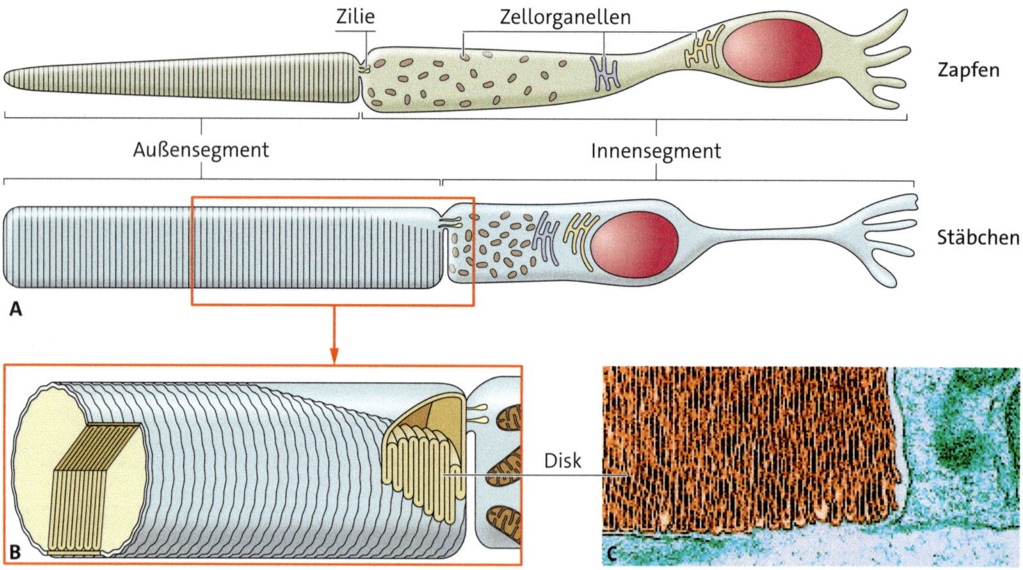

1 Aufbau der Fotorezeptoren: A gesamt (Schema), B Stapel von Disks (Schema), C Stapel von Disks (EM-Aufnahme)

Photon = Lichtteilchen

Aufbau der Fotorezeptoren • Fotorezeptoren bestehen aus einem Außen- und einem Innensegment. Das Innensegment enthält den Zellkern, die Zellorganellen sowie eine synaptische Endigung. Das Außensegment enthält einen Stapel aus membranförmigen Scheibchen, den Disks. In den Membranabschnitten der Disks befinden sich lichtempfindliche Farbstoffmoleküle, die Fotopigmente. Diese absorbieren Licht und lösen dabei eine Veränderung des Membranpotenzials aus. Fotorezeptoren unterteilen sich in Stäbchen und Zapfen, die sich wegen ihrer Funktion strukturell unterscheiden. Die Stäbchen enthalten mehr Disks und Fotopigmente (▶ 1). Sie sind über 1000-mal lichtempfindlicher als die Zapfen und ermöglichen somit das Sehen bei geringen Lichtintensitäten in der Dämmerung oder nachts. Die Zapfen sind dagegen für das Sehen bei Tageslicht zuständig. Während alle Stäbchen das gleiche Fotopigment enthalten, gibt es drei verschiedene Arten von Zapfen mit jeweils einem anderen Pigment. Die Zapfen können deshalb verschiedene Wellenlängen absorbieren und sind Voraussetzung für die Farbwahrnehmung.

1 **Fassen Sie die Eigenschaften von Stäbchen und Zapfen tabellarisch zusammen.**

Sehfarbstoffe • Die Disks der Stäbchen und Zapfen enthalten eine große Anzahl von Sehfarbstoffmolekülen, die aus einem lichtabsorbierenden Farbstoff Retinal und dem Membranprotein Opsin bestehen. Retinal und Opsin bilden zusammen das **Rhodopsin**. Bereits ein einziges Photon verändert die räumliche Struktur des Retinals: Aus dem 11-cis-Retinal entsteht das all-trans-Retinal. Innerhalb 1 ms reagiert das fotoangeregte Rhodopsin dadurch zum Metarhodopsin II. Bei dieser Bleichung verändert das violette Rhodopsin seine Farbe zum gelben Metarhodopsin II. Das Metarhodopsin II wird in all-trans-Retinal und Opsin gepalten, welches im Dunkeln wieder zu Rhodopsin regeneriert (▶ 2).

2 **Beschreiben Sie den Aufbau und die Funktionsweise von Rhodopsin in den Zapfen der Retina.**

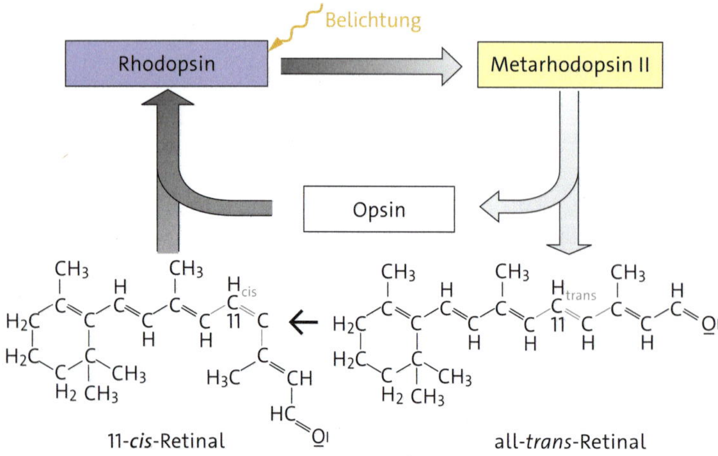

2 Retinalzyklus beim Sehvorgang (Schema)

Vom Lichtreiz zum Nervenimpuls • Die Spannungsverhältnisse an den Membranen der Fotorezeptoren unterscheiden sich von denen anderer Rezeptorzellen. In einem Neuron liegt das Ruhepotenzial normalerweise bei etwa –65 mV. Im Gegensatz dazu beträgt das Membranpotenzial der Disks von Stäbchen in völliger Dunkelheit etwa –40 mV. Diese Depolarisation der Fotorezeptoren wird durch den ständigen Einstrom von Natriumionen verursacht. Da er in Abwesenheit von Licht erfolgt, wird er auch Dunkelstrom genannt. Die Natriumionenkanäle werden durch zyklisches Guanosinmonophosphat, kurz cGMP, offengehalten. Die Depolarisation führt zu einer permanenten Abgabe des Neurotransmitters Glutamat am Endknöpfchen des Stäbchens. Die eigentliche Umwandlung des Lichtreizes in einen Nervenimpuls, die **Fototransduktion** (▶ 3), wird von der Bildung des Metarhodopsins II eingeleitet. Über eine mehrschrittige Signalkette kommt es zur Schließung der geöffneten Natriumionenkanäle und zur Hyperpolarisation der Stäbchenmembran auf etwa –70 mV. Die Menge des abgegebenen Neurotransmitters Glutamat an den Endknöpfchen der Stäbchen wird geringer, die Hemmung der nachgeschalteten Neuronen nimmt ab. Dies führt zu Nervenimpulsen, die ins Gehirn geleitet werden. Jedes Rhodopsinmolekül, das von einem Photon getroffen wird, aktiviert über die Signalkette eine Vielzahl an Signalmolekülen. Dadurch genügt ein einziges Photon, um den Fluss von mehr als 1 Million Natriumionen zu blockieren.

Zeitliches Auflösungsvermögen und Nachbilder • Die Geschwindigkeit, mit der die Sehfarbstoffmoleküle regeneriert werden, bestimmt das zeitliche Auflösungsvermögen des Auges. Das heißt, dass das Auge ab einer gewissen Frequenz des Lichtwechsels keine Einzelereignisse, sondern kontinuierliches Licht wahrnimmt. Sind die Sehfarbstoffmoleküle längere Zeit stärkerem Licht ausgesetzt, werden alle vorhandenen Sehfarbstoffmoleküle umgewandelt. Da die Regeneration eine gewisse Zeit benötigt, führen die Überbleibsel des vorherigen Anregungszustands zur Wahrnehmung von Nachbildern.

3 Erklären Sie den Dunkelstrom (▶ 3).

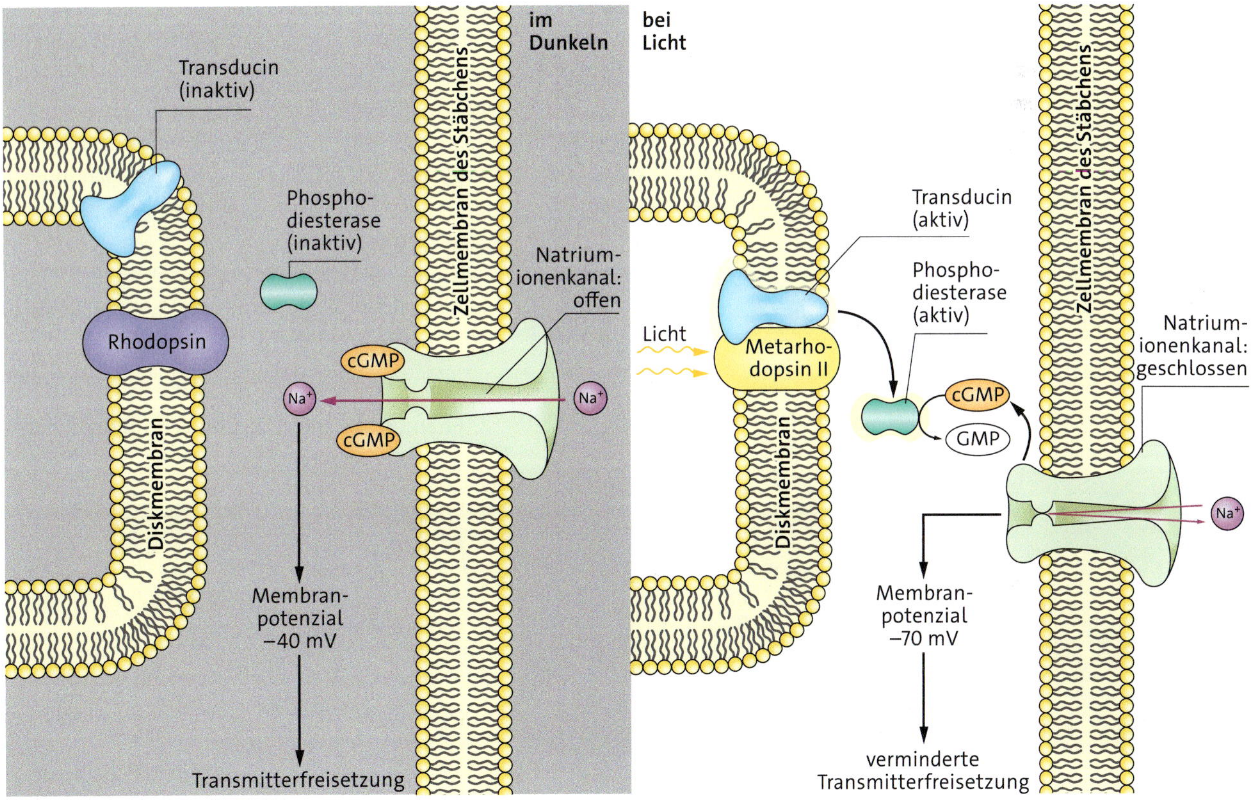

3 Fototransduktion (Schema)

Sehen in Farben und im Dunkeln

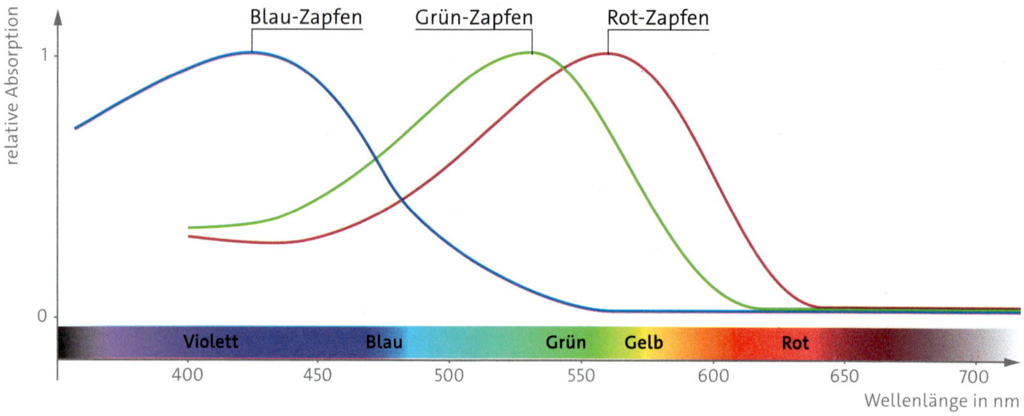

1 Absorptionsspektren der Opsinmoleküle in den Zapfen

Farbensehen • Der Prozess der Fototransduktion in den Zapfen ist nahezu der gleiche wie der in den Stäbchen. Der einzige Unterschied ist die Art des Opsins in den Disks der Zapfen. Sie enthalten beim Menschen einen von drei Opsintypen, die gegenüber unterschiedlichen Wellenlängen des Lichts empfindlich sind. In Abhängigkeit vom Absorptionsspektrum des eingelagerten Opsins unterscheidet man zwischen Blau-Zapfen, Grün-Zapfen und Rot-Zapfen. Im Gegensatz zu den Zapfen können Stäbchen nur Licht eines Wellenlängenbereichs absorbieren. Das Farbensehen wird daher ausschließlich von den Zapfen ermöglicht.

1 Beschreiben Sie das Absorptionsspektrum der Opsine in den Zapfen mittels Abbildung 1.

lat. adaptare = anpassen

Hell-Dunkel-Sehen • Der Sehsinn während des Tages hängt vollständig von den Zapfen ab, deren Rhodopsin mehr Energie benötigt, um gebleicht zu werden. Hohe Lichtintensitäten führen in den Zapfen immer noch zu Nervenimpulsen. Die cGMP-Konzentration fällt in den Stäbchen dagegen auf einen Wert, bei dem keine weitere Hyperpolarisation entstehen kann. Bei geringer Lichtintensität ist die Rhodopsinkonzentration in den Zapfen und Stäbchen hoch und die Lichtempfindlichkeit höher als am Tag. Der Übergang vom Tagessehen mit den Zapfen zum Sehen in der Dämmerung mit den Stäbchen erfolgt nicht augenblicklich. Es dauert einige Minuten, bis das gebleichte Rhodopsin zum ungebleichten regeneriert wird. Wenn wir aus dem hellen Tageslicht in einen abgedunkelten Raum treten, sind wir deshalb erst nach einigen Minuten wieder in der Lage, auch bei geringen Lichtintensitäten zu sehen. Die Empfindlichkeit gegenüber Licht steigt in diesem Zeitraum auf das Millionenfache. Die **Hell-Dunkel-Adaptation** ermöglicht es, dass das Sehen bei Lichtverhältnissen vom hellen Tag bis zu fast stockfinsterer Nacht funktioniert.

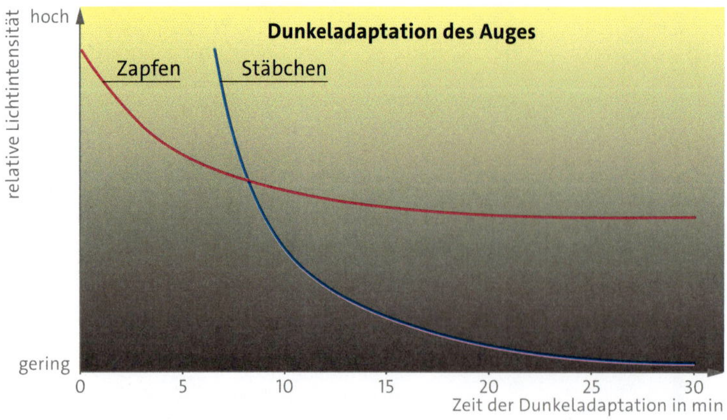

2 Zeitlicher Verlauf der Dunkeladaptation von Stäbchen und Zapfen

2 Erläutern Sie den zeitlichen Verlauf der Dunkeladaptation mittels Abbildung 2.

3 Erklären Sie das Sprichwort: Nachts sind alle Katzen grau.

4 Recherchieren Sie, weshalb Katzen in der Dunkelheit besonders gut sehen.

5 Ergänzen Sie Ihre Tabelle aus Aufgabe 1 auf Seite 88 mit weiteren Informationen aus den vorangegangenen Texten.

6 Fassen Sie die wichtigsten Schritte der Fototransduktion zusammen.

eA Material A Potenzialverhältnisse bei Zellen der Retina

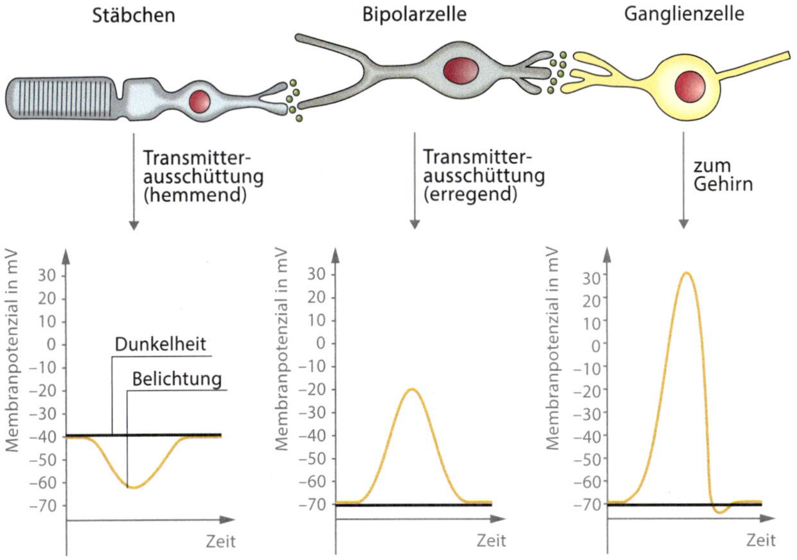

Die Abbildung zeigt die Membranpotenziale aufgrund der Transmitterausschüttung von Stäbchen und Bipolarzellen innerhalb der Retina bei Dunkelheit und bei Belichtung. Amakrinzellen und Horizontalzellen wurden zur Vereinfachung weggelassen.

1 Beschreiben Sie die Membranpotenziale der abgebildeten Zellen der Retina bei Dunkelheit und bei Belichtung.

2 Erläutern Sie, wie es zu den dargestellten Membranpotenzialen bei Dunkelheit und bei Belichtung in den Zellen der Retina kommt.

3 Stellen Sie Hypothesen auf, wie sich das Membranpotenzial bei Amakrin- und Horizontalzellen bei Dunkelheit und bei Belichtung verhalten würde.

eA Material B Retinitis pigmentosa

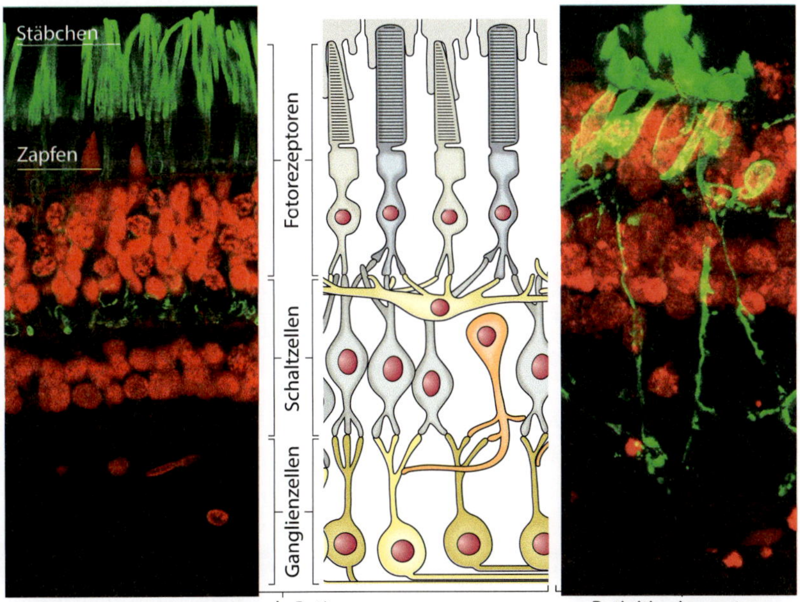

gesunde Retina

Retinitis pigmentosa

Eine der häufigsten Ursachen für eine Sehbehinderung ist die Erkrankung Retinitis pigmentosa (RP). Bei RP kommt es zu einem fortschreitenden Funktionsverlust der Retina. Das erste Anzeichen ist oft der Verlust des seitlichen Sehens. RP kann zur vollständigen Erblindung führen. Ursache sind Mutationen in Genen, deren Genprodukte in den Fotorezeptoren exprimiert werden. Bisher konnten mehr als 30 Gene identifiziert werden, die betroffen sein können. So wurden etwa rezessive Mutationen in den Genen der cGMP-spezifischen Phosphodiesterase gefunden. Für eine Form der RP ist eine Gentherapie zugelassen. Die Einnahme von Vitamin A kann den Krankheitsverlauf verlangsamen.

1 Beschreiben Sie die anatomischen Veränderungen der Retina bei einer an RP erkrankten Person.

2 Stellen Sie eine Hypothese zur Reizantwort der Fotorezeptoren einer an RP erkrankten im Vergleich zu einer gesunden Person auf.

3 Begründen Sie, weshalb eine Mutation in den Genen für die cGMP-spezifische Phosphodiesterase eine RP verursachen kann.

4 Recherchieren Sie, welche Gentherapie bei RP zugelassen ist (▸ Methode auf S. 272).

5 Recherchieren Sie, weshalb die Einnahme von Vitamin A den Krankheitsverlauf von RP verlangsamen kann.

1.18 Vom Reiz zur Wahrnehmung

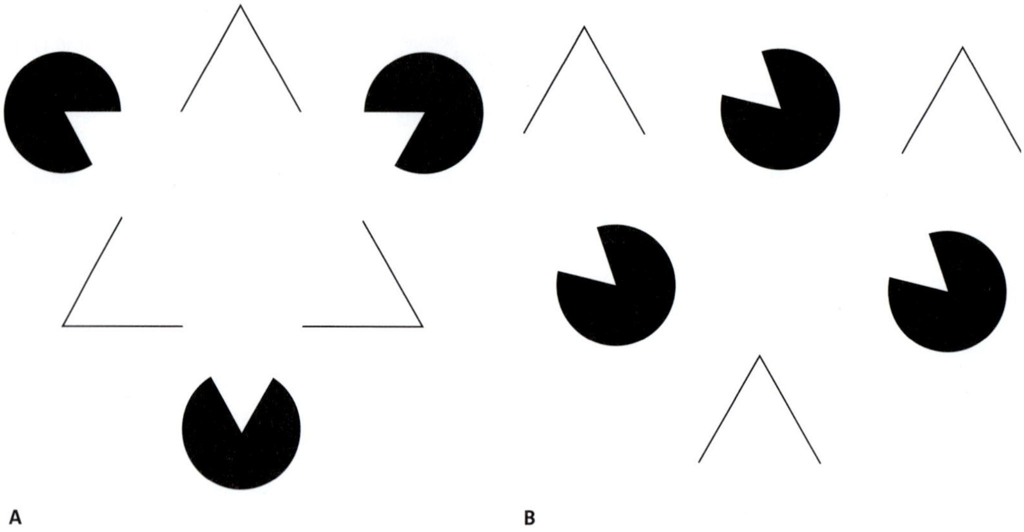

1 Optische Täuschung: A Kanizsa-Dreieck, B Bildelemente anders angeordnet

Optische Täuschung oder Realbild? Wie wir Dinge wahrnehmen, hängt nicht nur von der Reizinformation ab, sondern auch von der Verarbeitung der Information durch das Nervensystem. Doch wie gelangt die Information von der Netzhaut ins Gehirn und wie wird sie dort verarbeitet?

1 Beschreiben Sie, was Sie bei der Betrachtung der Abbildung 1 wahrnehmen.

Von der Netzhaut ins Gehirn • Die Axone aller Ganglienzellen verlassen über den blinden Fleck das Auge. Dabei schließen sich etwa 1 Million Nervenfasern zum Sehnerv zusammen. Beide Sehnerven treten durch eine Öffnung in der Schädelbasis in das Gehirn ein. Im Vorderhirn kreuzen sich Teile der Nervenfasern zur gegenüberliegenden Seite. Man bezeichnet dies als Sehnervenkreuzung. Nervenfasern, die aus den rechten Netzhauthälften beider Augen stammen, führen in die rechte Großhirnhälfte und umgekehrt. Die Informationen der linken Hälfte der Gesichtsfelder von beiden Augen gelangen zur Sehrinde, dem visuellen **Cortex**, der rechten **Hirnhälfte** und umgekehrt. Das Gehirn erzeugt daraus ein dreidimensionales Bild. Je ein Bündel von Nervenfasern verläuft ausgehend von der Sehnervenkreuzung als Sehstrang zum Thalamus und dann zum visuellen Cortex im Hinterhauptlappen des **Großhirns**. Hier werden die Informationen weiterverarbeitet. Die Nervenverbindung zwischen Netzhaut und visuellem Cortex wird Sehbahn genannt (►2).

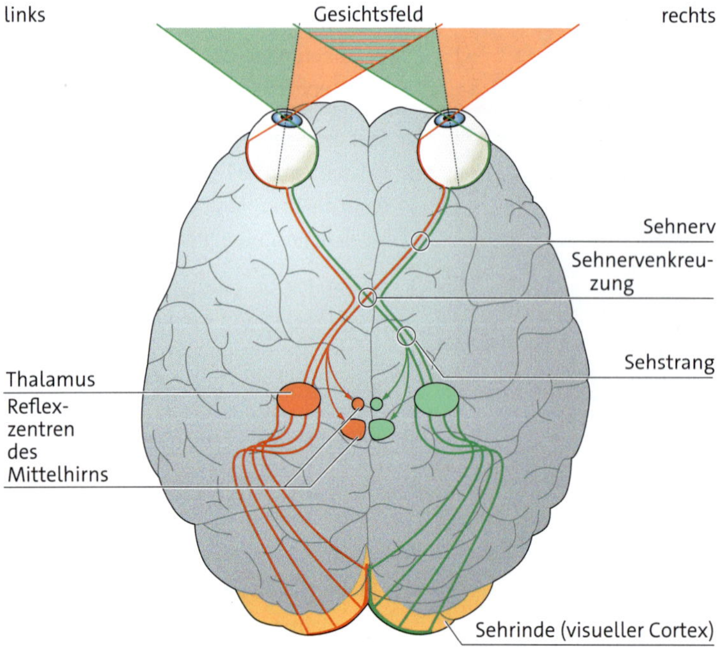

2 Übersicht über die Sehbahn

2 Erläutern Sie, weshalb mit einem verdeckten Auge kein räumliches Sehen möglich ist.

3 Erstellen Sie ein Fließdiagramm der Informationsleitung zwischen Netzhaut und Sehrinde.

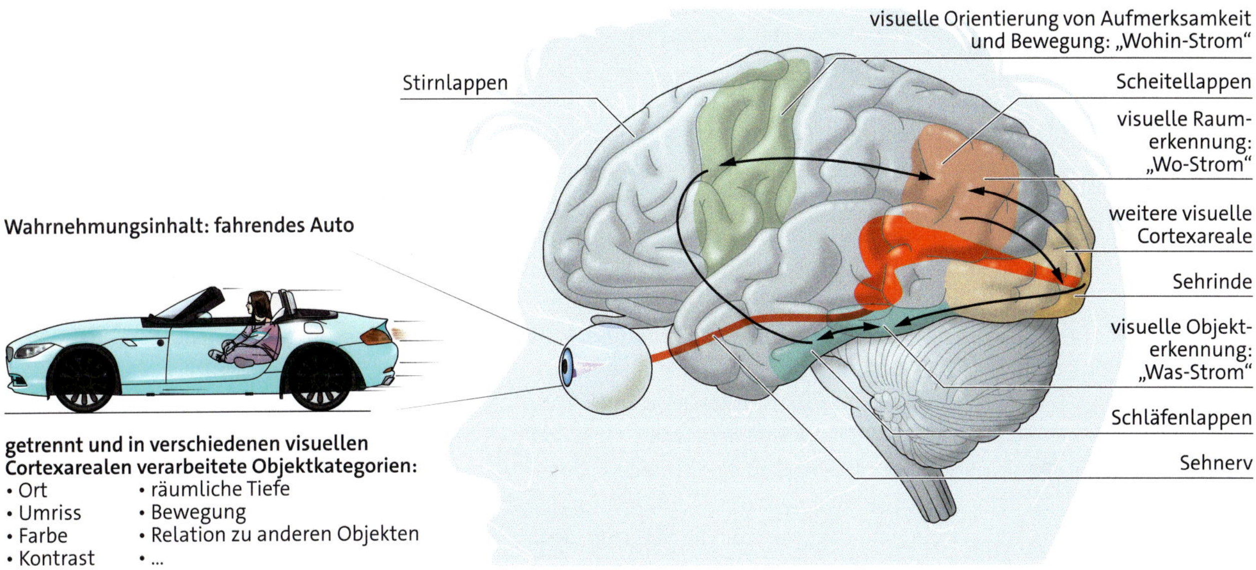

3 An der Verarbeitung visueller Informationen beteiligte Gehirnareale

Corticale Verarbeitung • Die Nervenfasern der Sehbahn sind mit Neuronen im visuellen Cortex, der Sehrinde, verbunden. Der visuelle Cortex ist in rezeptiven Feldern organisiert. Als rezeptives Feld wird eine Gruppe von Sinneszellen bezeichnet, die auf ein ableitendes Neuron verschaltet wird. Einige rezeptive Felder im visuellen Cortex reagieren besonders auf Kontraste, Konturen oder Farbunterschiede im Gesichtsfeld. Andere werden aktiviert, wenn sich Gegenstände vor den Augen bewegen. Sie wirken wie neuronale Filter, die selektiv und spezialisiert auf visuelle Informationen der Umgebung antworten. Vom visuellen Cortex ausgehend wird die verarbeitete Information zu weiteren Cortexarealen über zwei Hauptpfade weitergeleitet: Der eine führt zum Scheitellappen sowie zum Stirnlappen und der andere zum Schläfenlappen. Der Verarbeitungsstrom über den Scheitellappen und zum Stirnlappen dient der Raum-, Positions- und Richtungswahrnehmung. Er wird daher „Wo-Strom" und „Wohin-Strom" genannt. Der Strom über den Schläfenlappen ist für die Farb-, Muster- und Formwahrnehmung zuständig. Er wird daher auch „Was-Strom" genannt. Die visuelle Informationsverarbeitung erfolgt also parallel, schrittweise und arbeitsteilig in verschiedenen Arealen. Die parallele Bildverarbeitung bietet den Vorteil, dass sich große Informationsmengen gleichzeitig verarbeiten lassen. Die Vernetzung der Cortexareale ermöglicht, dass die bereits gefilterten und analysierten Informationen zusammengeführt mit gespeicherten Informationen aus dem Gedächtnis verglichen und zu einem Gesamteindruck verknüpft werden. Erst unter dem Einfluss von Erfahrung und Gedächtnis interpretiert das Bewusstsein das Objekt zum Beispiel als fahrendes Auto. Die Verarbeitung der Information kann allerdings auch zu Fehlinterpretationen führen. Im Fall des Kanizsa-Dreiecks erfasst das Gehirn die wenigen Bildelemente und ihre Anordnung und suggeriert aufgrund unserer Erfahrung Zusammenhänge, die nicht existieren (▶ 1). Die Reizinformation aus unserer Umgebung wird also durch gespeicherte Erfahrungen interpretiert und verändert. Bei Überreizung der Fotorezeptoren entsteht ein sogenanntes Nachbild. Obwohl der ursprüngliche Lichtreiz bereits abgeklungen ist, kommt es hierbei zu einer optischen Täuschung.

4 Beschreiben Sie mithilfe der Abbildung 3 in einem Flussdiagramm den Sehprozess vom Auge bis zur bewussten Wahrnehmung.

5 Recherchieren Sie Beispiele für negative und positive Nachbilder und erklären Sie diese (▶ Methode auf S. 272).

6 Stellen Sie Hypothesen auf, welchen Einfluss eine visuelle Wahrnehmungsstörung auf die Entwicklung von Kindern nehmen könnte.

Rezeptives Feld • Die Aktivität einzelner Ganglienzellen wird von einer kleinen Gruppe meist kreisförmig zusammenstehender Fotorezeptoren beeinflusst. Eine solche Funktionseinheit nennt man rezeptives Feld. Es besteht aus einem Zentrum und einem Umfeld. Grundsätzlich unterscheidet man rezeptive Felder mit ON-Zentrum und OFF-Umfeld und umgekehrt. Einem Modell zufolge sind in einem rezeptiven Feld mit ON-Zentrum und OFF-Umfeld die Stäbchen im Zentrum über ON-Bipolarzellen mit der weiterleitenden Ganglienzelle verknüpft. Fällt Licht auf die Stäbchen im Zentrum, so führt dies zu einer Abnahme ihrer Transmitterfreisetzung. Wird dadurch die ON-Bipolarzelle depolarisiert, bewirkt sie über erregende Synapsen eine erhöhte Aktionspotenzialfrequenz der nachgeschalteten Ganglienzelle. Im Umfeld dagegen sind die Stäbchen über Horizontalzellen mit den Stäbchen im Zentrum verknüpft. Sie nehmen so indirekt Einfluss auf die ON-Bipolarzelle und die Ganglienzelle. Fällt Licht gleichzeitig auf die Stäbchen des Umfelds, nimmt deren Transmitterfreisetzung ab. Das führt zu einer Hyperpolarisation der Horizontalzellen. Diese wirken hemmend auf die Stäbchen im Zentrum, wodurch die ON-Bipolarzelle weniger depolarisiert wird. Darauf reagiert die Ganglienzelle mit einer geringeren Aktionspotenzialfrequenz als zuvor, obwohl sich die Lichtverhältnisse im Zentrum nicht verändert haben. Licht im Umfeld hemmt somit die Aktivität der zentralen ON-Bipolarzelle. Das nennt man seitliche oder laterale Inhibition. Diese Verschaltung führt dazu, dass Kontraste verstärkt werden. Ein rezeptives Feld mit OFF-Zentrum und ON-Umfeld funktioniert entsprechend umgekehrt. Helle Flecken vor dunklem Hintergrund führen zu besonders starken Änderungen der Aktionspotenzialfrequenz. Deshalb sehen wir die Ecken des imaginären Dreiecks besonders deutlich.

1 Erklären Sie, wie rezeptive Felder entstehen.

2 Erklären Sie mithilfe von Abbildung 1 die unterschiedlichen Reaktionen von Ganglienzellen auf Lichtreize.

3 Beschreiben Sie den Vorgang der lateralen Inhibition.

4 Zeichnen Sie ein Beispielbild, bei dem die Kontrastverstärkung der Retina Anwendung findet.

5 Überlegen Sie, in welchen sensorischen Bereichen des Körpers die laterale Hemmung ebenfalls eine bedeutende Rolle spielen könnte.

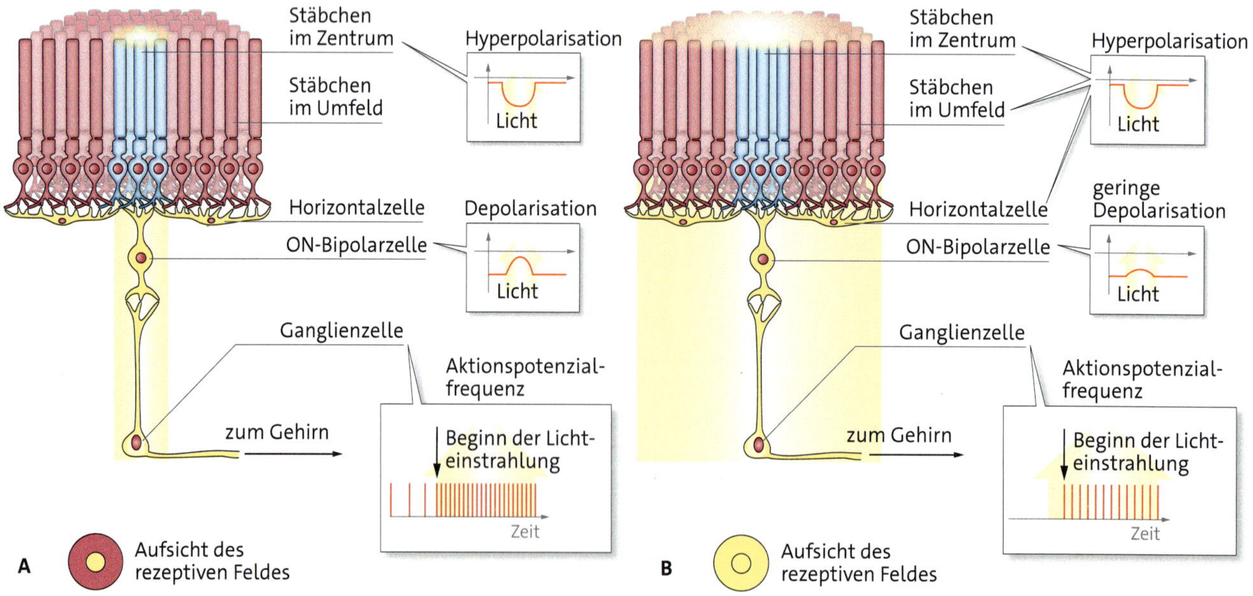

1 Reaktion eines rezeptiven Feldes mit ON-Zentrum und OFF-Umfeld auf Belichtung: **A** im Zentrum, **B** im Zentrum und im Umfeld (stark vereinfacht)

eA Material A Ein Neuron für Halle Berry?

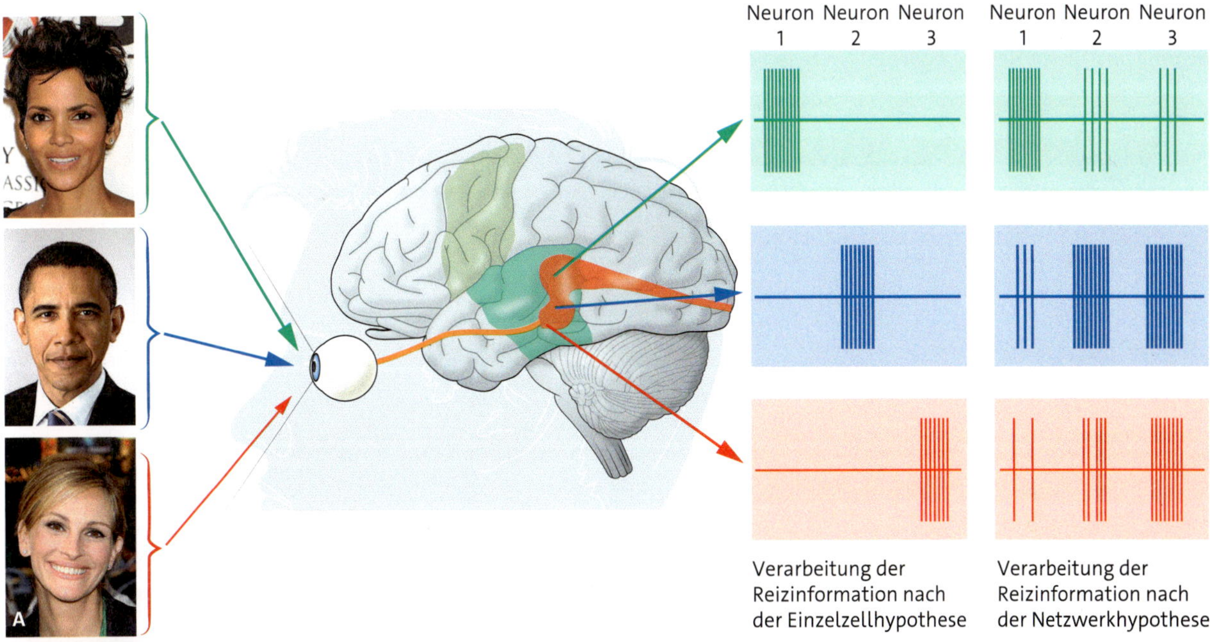

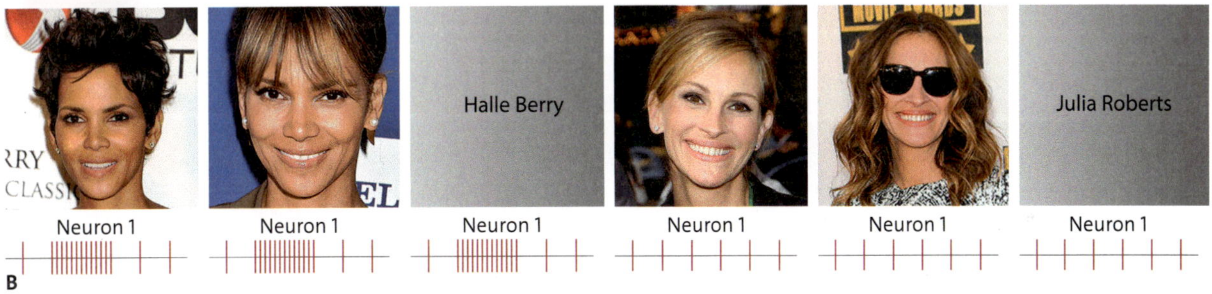

Für die Verarbeitung von komplexen Reizinformationen, etwa bekannte Objekte und Persönlichkeiten, gibt es verschiedene Hypothesen. Eine besagt, dass die Aktivität eines einzelnen Neurons ausreicht, um beispielsweise unsere Großmutter zu repräsentieren und wiederzuerkennen. Eine Gelegenheit, diese „Großmutterneuronen"-Theorie zu prüfen, bot sich während der Behandlung von acht Epilepsieerkrankten. Ihnen wurden für einige Tage Tiefenelektroden in verschiedene Regionen des Gehirns implantiert, um den Auslöser für die epileptischen Anfälle zu finden. In dieser Zeit wurden verschiedene Tests mit den Betroffenen durchgeführt und die Reaktionen von Neuronen im Hippocampus abgeleitet. Der Hippocampus wird mit dem Speichern von Erinnerungen und dem Erkennen von Objekten in Verbindung gebracht. Den Erkrankten wurden Bilder von verschiedenen Prominenten und Sehenswürdigkeiten gezeigt. Mit einem aufwendigen digitalen Verfahren wurde dann die elektrische Aktivität einzelner Neuronen selektiert und verstärkt.

Bei einem der Patienten konnten Reaktionen eines Neurons auf ein Bild der Schauspielerin Halle Berry festgestellt werden. Daraufhin wurde überprüft, ob weitere Bilder der Person oder anderer Persönlichkeiten dieselbe Reaktion auslösten. Von 132 untersuchten Neuronen des Patienten zeigten 51 eine spezifische Reaktion gegenüber bestimmten Personen oder bekannten Gebäuden. Bei anderen Erkrankten wurden keine solche Reaktionen auf Halle Berry, Julia Roberts oder Barack Obama gefunden.

1 Beschreiben Sie die in Abbildung A dargestellten Hypothesen zur Repräsentation komplexer Informationen.

2 Beschreiben und erläutern Sie die Versuchsergebnisse in Abbildung B mit Blick auf die Verarbeitung visueller Information im Cortex.

3 Begründen Sie die Vorteile der gemessenen neuronalen Reaktionen im Hippocampus für unsere Wahrnehmung. Erklären Sie, weshalb das Forschungsteam trotz der Befunde die Existenz von „Großmutterneuronen" anzweifelt.

Neuronale Informationsverarbeitung

Mit dieser Übersicht können Sie die wichtigsten Inhalte des Kapitels wiederholen. Ergänzen Sie das Schema um weitere Begriffe und finden Sie Querbeziehungen zwischen den Themen.

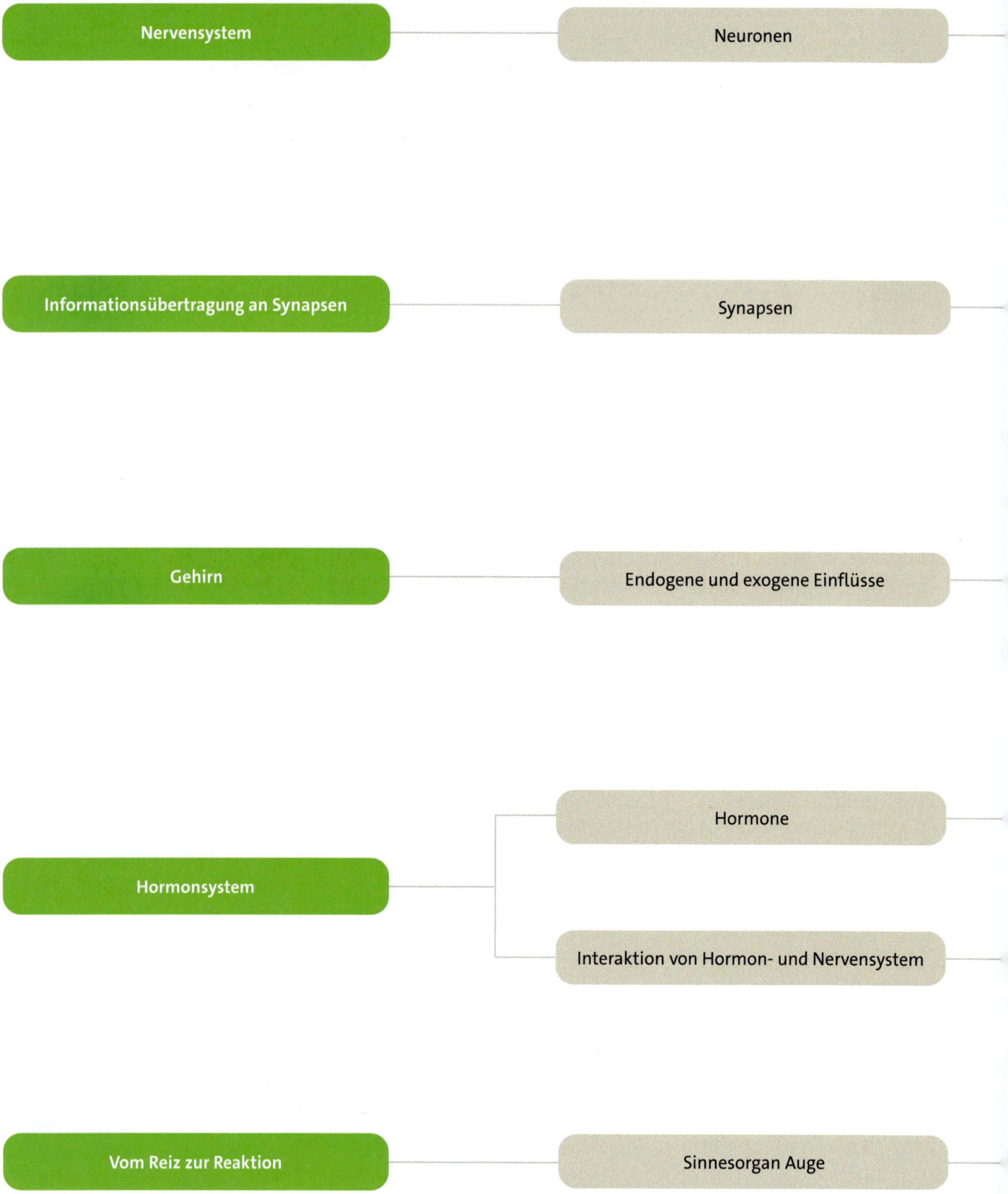

Struktur und Funktion

Ruhe- und Aktionspotenzial

Erregungsleitung

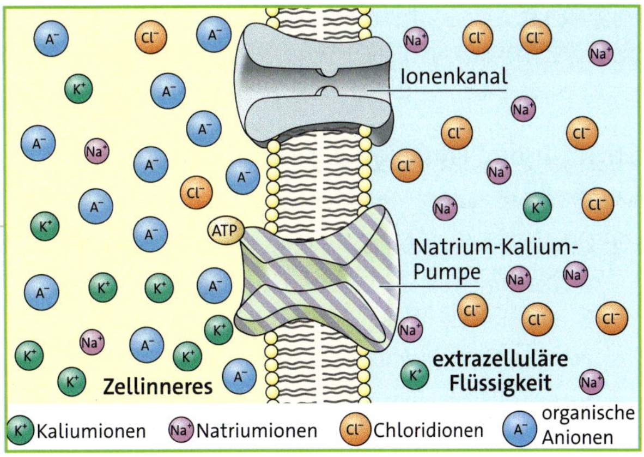

Chemische Synapsen

Erregende und hemmende Synapsen

Synapsengifte

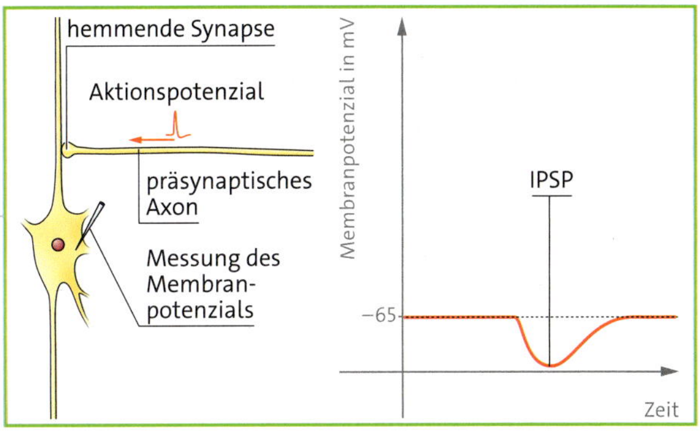

Krankheiten des Nervensystems

Rausch- und Schmerzmittel

Lernen und Gedächtnis

Regulatorische Funktion

Molekulare Wirkmechanismen

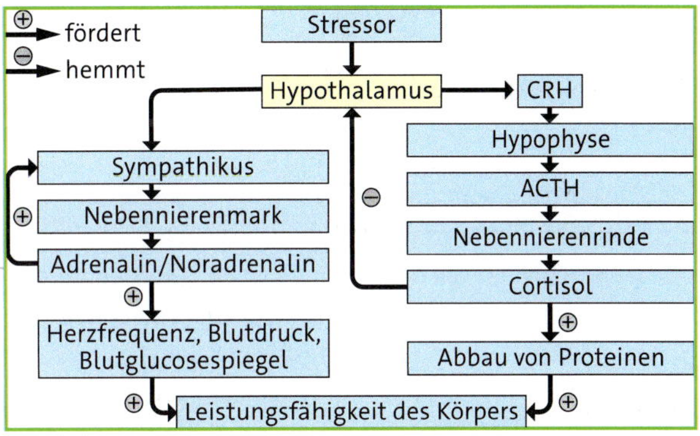

Steuerung der Organe

Bau und Strukturen

Reizaufnahme und Transduktion

Sehwahrnehmung

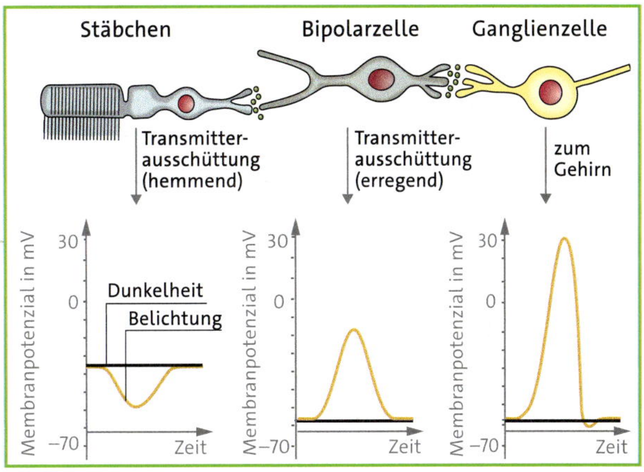

Neuronale Informationsverarbeitung

Mit den folgenden Aufgaben können Sie überprüfen, ob Sie die Inhalte aus dem Kapitel verstanden haben. An den Aufgaben finden Sie Angaben zu den Seiten, auf denen Sie zum jeweiligen Thema noch einmal nachlesen können. Die Lösungen zur Selbstüberprüfung finden sich im Anhang.

Struktur und Funktion des Nervensystems (S. 16–47)

1 Grundelemente des Nervensystems sind Neuronen.

a Benennen Sie die Bestandteile 1–8 des Neurons.

b Erklären Sie am Beispiel des Neurons das Basiskonzept Struktur und Funktion.

c Zeichnen Sie den Versuchsaufbau, mit dem das Membranpotenzial eines Neurons gemessen wird.

d Beschreiben Sie die Verteilung der verschiedenen Ionen innerhalb und außerhalb eines Neurons.

e Erklären Sie Zustandekommen und Erhaltung des Ruhepotenzials.

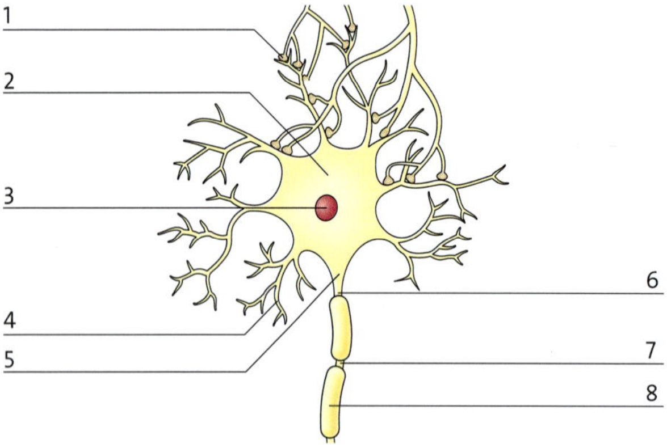

2 Die elektrische Erregung eines Neurons wird in Form von Aktionspotenzialen weitergeleitet.

a Beschreiben Sie die Vorgänge an der Axonmembran während eines Aktionspotenzials (▶ untere Abbildung).

b Erklären Sie den Spannungsverlauf dabei.

c Begründen Sie, dass eine zweimalige Axonreizung im Abstand von 2 ms nur ein Aktionspotenzial auslöst.

d Erläutern Sie, weshalb die saltatorische Erregungsleitung schneller abläuft als die kontinuierliche.

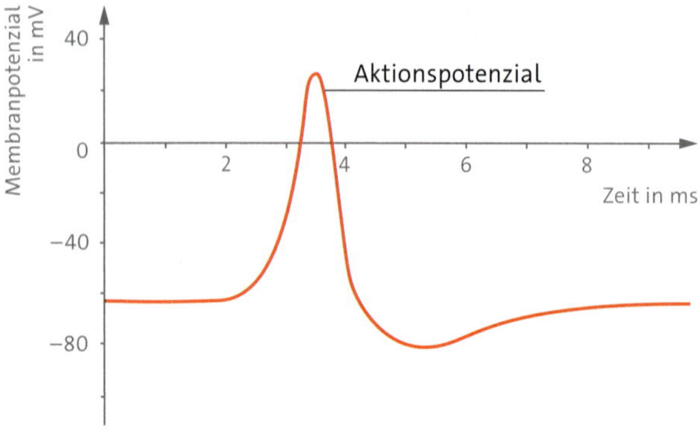

3 An interneuronalen Synapsen wird die Erregung von einem Neuron auf ein anderes übertragen.

a Benennen Sie die Bestandteile 1–11 der Synapse.

b Beschreiben Sie die dargestellten Vorgänge bei der Erregungsübertragung an der Synapse.

c Nennen Sie ein Beispiel für das Schlüssel-Schloss-Modell bei diesen Vorgängen.

d Erläutern Sie die Wirkung des Acetylcholinesterasehemmers Parathion auf die Vorgänge an der Synapse.

e Begründen Sie, weshalb das Kegelschneckengift ω-Conotoxin durch eine Blockade der Calciumionenkanäle als Schmerzmittel eingesetzt werden kann.

eA **f** Vergleichen Sie erregende und hemmende chemische Synapsen.

eA **g** Erklären Sie, wie derselbe Neurotransmitter, beispielsweise Dopamin, an erregenden und hemmenden Synapsen eine gegensätzliche Wirkung entfalten kann.

eA **h** Zeichnen Sie den Verlauf des Membranpotenzials bei einem EPSP ab und ergänzen Sie in der Zeichnung, wie es sich durch **räumliche und zeitliche Summation** erregender Potenziale verändert.

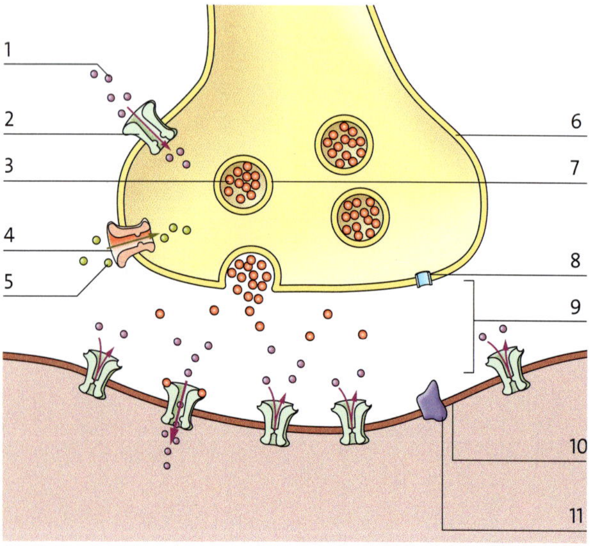

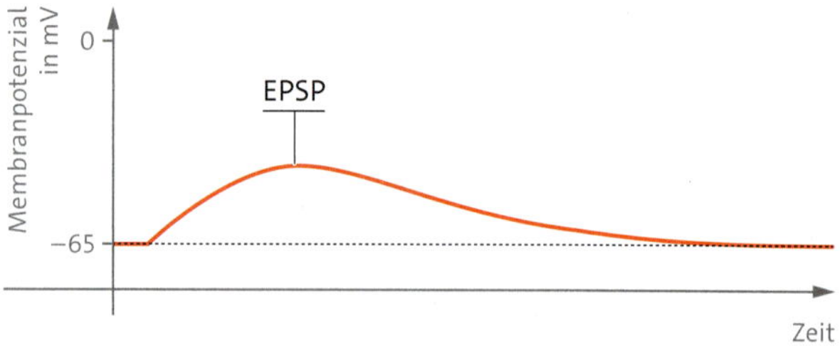

Endogene und exogene Einflüsse (S. 48–71)

4 Im Nervensystem können kognitive oder motorische Einschränkungen durch unterschiedliche Einflüsse hervorgerufen werden.

a Erklären Sie, wie es zur Störung der Gedächtnisleistung durch Haschisch kommt.

eA **b** Begründen Sie, weshalb es bei der multiplen Sklerose zu Funktionseinschränkungen kommt und warum diese Einschränkungen sehr uneinheitlich sein können.

5 eA Lernprozesse basieren auf der neuronalen Plastizität unseres Gehirns.

a Erklären Sie, was neuronale Plastizität bedeutet.

b Erläutern Sie am Beispiel der Langzeitpotenzierung das Prinzip der Oberflächenvergrößerung.

c Beschreiben Sie die Bedeutung der Bahnung bei Lernprozessen.

Aufnahme und Verarbeitung von Reizen (72–95)

6 eA Den Glucosegehalt des Blutes bezeichnet man als Blutzuckerspiegel. Er wird von Insulin und Glukagon reguliert. Beide Hormone entfalten in ihren Zielzellen eine Wirkung durch die Bindung an einen Rezeptor in der Zellmembran.

a Nennen Sie einige wichtige Hormondrüsen des Menschen.

b Beschreiben Sie die Regulation des Blutzuckerspiegels mithilfe der unteren Abbildung.

c Erklären Sie an diesem Beispiel das Basiskonzept Steuerung und Regelung.

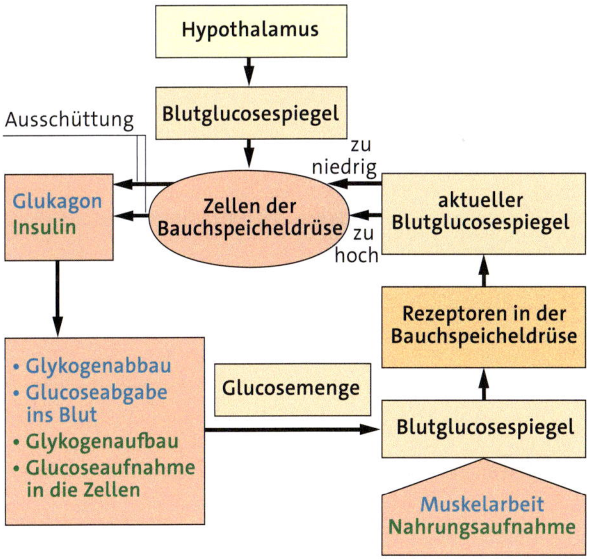

d Beschreiben Sie die Folgen der mangelnden Reaktion der Zielzellen auf Insulin bei Diabetes Typ 2.

e Stellen Sie auf molekularer Ebene dar, wie ein Cortisolmolekül, das in eine Zielzelle aufgenommen wird, deren Stoffwechsel beeinflusst.

7 eA Sowohl über das Nerven- als auch über das Hormonsystem werden die inneren Organe gesteuert. Gut zu beobachten ist diese Steuerung an der Wirkung von Sympathikus und Parasympathikus des vegetativen Nervensystems sowie bei der Stressreaktion.

a Erläutern Sie am Beispiel von Sympathikus und Parasympathikus das Gegenspielerprinzip.

b Beschreiben Sie am Beispiel der neuronalen Stressachse die Verschränkung von Nerven- und Hormonsystem.

c Erklären Sie den Vorteil der starken Aktivität der neuronalen Stressachse bei Kurzzeitstress und der hormonellen Stressachse bei Langzeitstress.

d Nennen Sie negative Folgen von Langzeitstress.

8 eA Einige Ganglienzellen in der Netzhaut des Menschen sind fotosensitiv. Bei Belichtung senden sie Signale an den Hypothalamus und die Zirbeldrüse sowie an die Reflexzentren des Mittelhirns.

a Beschreiben Sie mithilfe der unteren Abbildung das Zustandekommen eines Rezeptorpotenzials in einer fotosensitiven Ganglienzelle.

b Begründen Sie, weshalb man diese Form der Signaltransduktion als Second-Messenger-Prinzip bezeichnet.

c Erklären Sie, wodurch es in der fotosensitiven Ganglienzelle zu einer Signalverstärkung kommt.

d Erklären Sie, welche Information nötig ist, um die fotosensitiven Ganglienzellen den primären oder sekundären Sinneszellen zuzuordnen.

e Begründen Sie, weshalb die fotosensitiven Ganglienzellen nicht an der bewussten Wahrnehmung von Licht beteiligt sind.

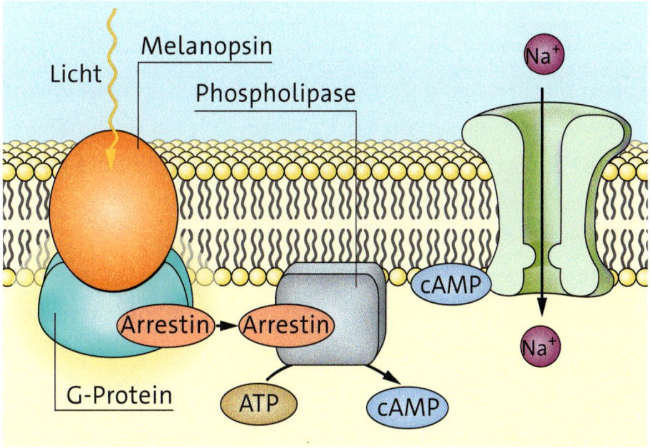

Training A Toxine der Kegelschnecke

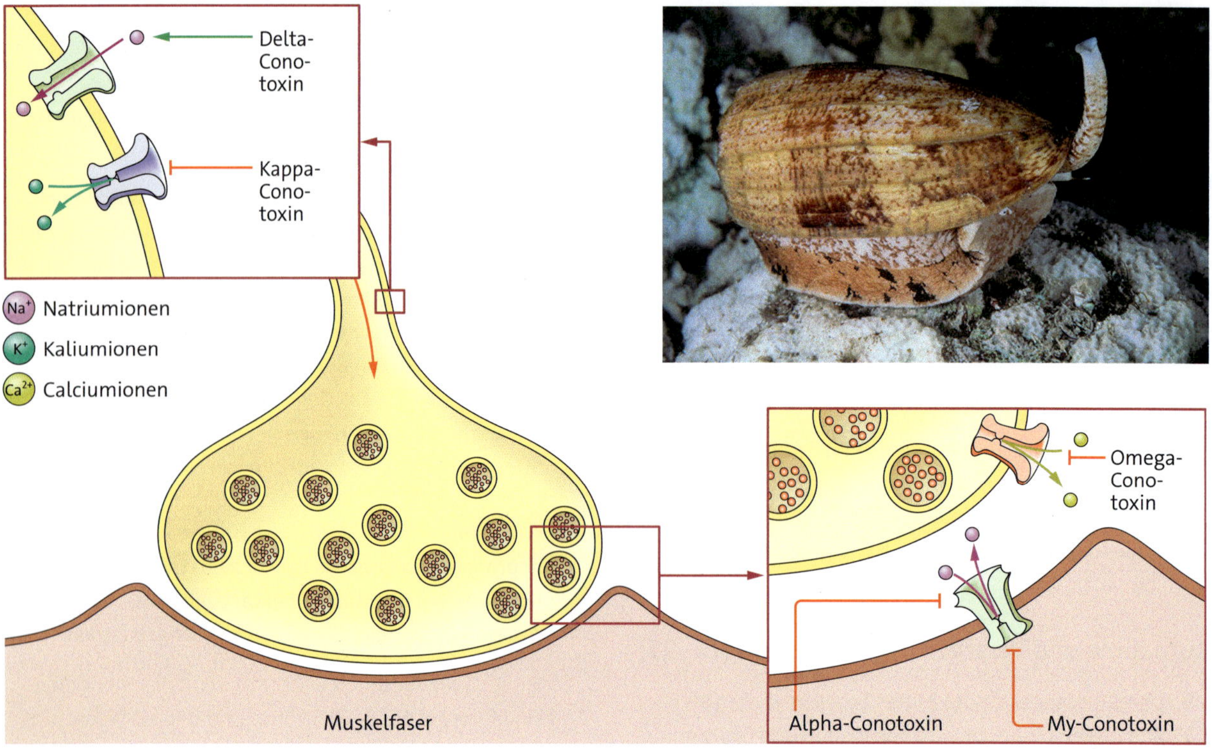

Toxin	Wirkung/Ort
Alpha-Conotoxin	blockiert die Acetylcholinrezeptoren an der motorischen Endplatte
Delta-Conotoxin	verhindert das Schließen der spannungsgesteuerten Natriumionenkanäle des Axons
Kappa-Conotoxin	blockiert die Kaliumionenkanäle des Axons
Omega-Conotoxin	blockiert die Calciumionenkanäle an der präsynaptischen Membran
My-Conotoxin	blockiert die Öffnung postsynaptischer Natriumionenkanäle

Kegelschnecken leben im Meer und ernähren sich von Würmern und kleineren Fischen. Sie sind deutlich langsamer als ihre Beute. Im Verlauf der Evolution hat sich bei ihnen ein spezielles Jagdverhalten entwickelt: Sie graben sich im sandigen Meeresboden ein, bis nur noch ihr Schlundrohr aus dem Boden ragt. Fische halten das Schlundrohr für einen Wurm und werden dadurch angelockt. Wenn sich ein Fisch nähert, schießt die Schnecke einen Giftpfeil ab. Die gelähmte Beute wird anschließend in das dehnbare Schlundrohr gezogen und verdaut. Das Gift der Kegelschnecken besteht aus einem Cocktail verschiedener Peptide, der Conotoxine.
Obwohl die Conotoxine auch für Menschen gefährlich werden können, wird Omega-Conotoxin in der Humanmedizin erfolgreich zur Schmerztherapie eingesetzt. Neuronen leiten Schmerzinformationen über das Rückenmark zum Gehirn, wo der Schmerz wahrgenommen wird. Bei der Schmerztherapie wird Omega-Conotoxin in geringer Dosierung in die Rückenmarksflüssigkeit injiziert.

1 Erläutern Sie die Wirkung des Delta- und des Kappa-Conotoxins am Axon.

2 Erläutern Sie die Wirkung der anderen Conotoxine an der Synapse.

3 Erklären Sie die Auswirkung des Giftcocktails hinsichtlich des Beutefangs der Kegelschnecke.

4 Stellen Sie eine Hypothese auf, weshalb Omega-Conotoxin bei der Schmerztherapie direkt in die Rückenmarksflüssigkeit und nicht intravenös verabreicht wird.

Training B Verzögerte Reaktion

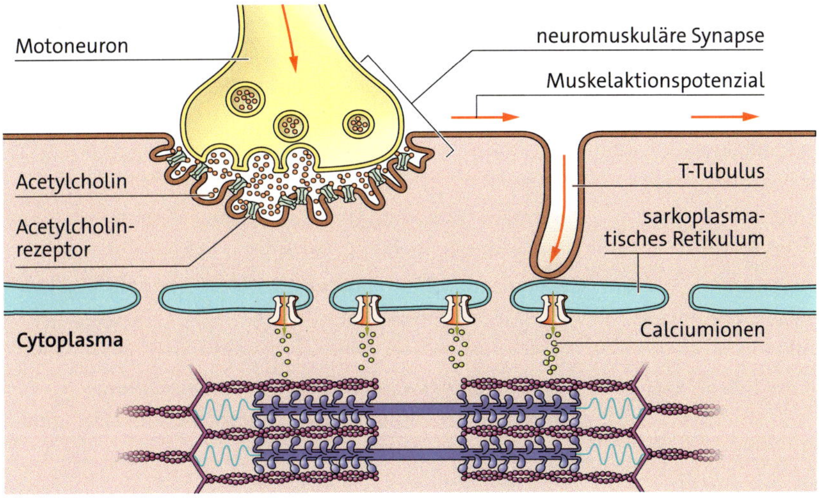

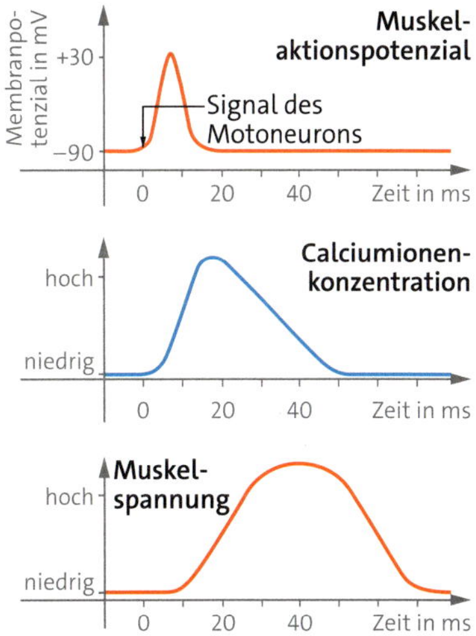

Phasen der Informationsverarbeitung	Dauer in ms
Reizeinwirkung bis zur Erregung des Rezeptors (Transduktion)	10–50
Erregungsleitung (afferentes Neuron)	30–100
Verarbeitung im ZNS	50–120
Erregungsleitung (efferentes Neuron)	2–20
synaptische Übertragung an der motorischen Endplatte	4–10
Erregung der postsynaptischen Membran bis zur Kontraktion der Muskelfaser	10–25

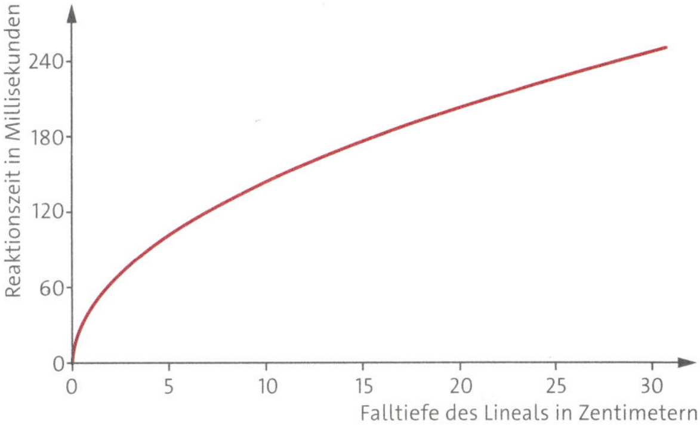

Versuchsperson	1 (♂)	2 (♀)	3 (♂)	4 (♀)	5 (♂)	6 (♀)
Fallstrecke in cm (1. Durchgang)	17,5	16,0	21,0	21,5	18,5	11,5
Fallstrecke in cm (10. Durchgang)	19,0	19,5	11,0	15,0	8,5	11,0
Fallstrecke in cm (20. Durchgang)	21,0	19,0	16,5	17,5	9,0	17,5

Besonders im Straßenverkehr spielt die Fähigkeit, schnell auf Reize zu reagieren, eine entscheidende Rolle. Die Reaktionsgeschwindigkeit ist die Zeit von der Aufnahme eines Reizes bis zum Beginn der motorischen Reaktion. Mithilfe verschiedener Methoden lässt sich die Dauer der einzelnen Phasen der Informationsverarbeitung messen. Mit einem einfach durchzuführenden Reaktionstest, dem Fallstabtest, lässt sich die Reaktionsgeschwindigkeit ermitteln. Aus der Fallstrecke eines Lineals, das eine Versuchsperson aufzufangen versucht, nachdem der Versuchsleiter bzw. die Versuchsleiterin es ohne Vorankündigung losgelassen hat, kann man über die Fallstrecke die Reaktionsgeschwindigkeit indirekt ableiten. Jede Versuchsperson führt den Versuch 20-mal durch.

1 Stellen Sie anhand der Informationsverarbeitungsphasen die neurobiologischen Ursachen einer Reaktionsverzögerung dar.

2 Erläutern Sie die Abläufe bei der Übertragung der Erregung auf eine Muskelfaser und erklären Sie die Ursachen der verzögerten Kontraktion.

3 Ermitteln Sie die durchschnittlichen Reaktionszeiten der sechs Versuchspersonen und werten Sie die Daten in Bezug auf mögliches Lernverhalten und die Reaktionszeit von Mädchen und Jungen aus.

4 Beurteilen Sie die Aussagekraft dieses Reaktionstests.

Glossar

A

absolute Refraktärzeit: Phase, in der das Axon in einem bestimmten Bereich nicht erregbar ist

Acetylcholinesterase: Enzym, das Acetylcholin durch Spaltung in Cholin und einen Acetatrest inaktiviert

Acetylcholinrezeptor: spezifischer Rezeptor der Natriumionenkanäle an der postsynaptischen Membran

adäquater Reiz: spezifischer Reiz, für den ein Rezeptor empfindlich ist

Adenylatcyclase: Enzym, das als Teil des Second-Messenger-Systems die Umwandlung von ATP zu cAMP katalysiert

afferente Neuronen: leiten Informationen von den Sinneszellen oder Sinnesorganen zum ZNS

Aktionspotenzial: schnelle Potenzialveränderung an der Membran eines Axons, die durch einen Reiz ausgelöst wird, nachdem der Schwellenwert erreicht oder überschritten wurde

analoge Codierung: Die Stärke des Reizes wird durch die Menge des ausgeschütteten Neurotransmitters codiert.

Arbeitsgedächtnis: temporäres Gedächtnis, das für die erfolgreiche Bewältigung von Tätigkeiten mit einer verzögerten räumlichen Antwort erforderlich ist

Astrocyten: sind die häufigsten Gliazellen. Sie regulieren die chemische Zusammensetzung der Zellumgebung der Neuronen und beeinflussen ihr Wachstum.

Axon: schmaler, bis zu 1 m langer Zellfortsatz eines Neurons. Axone werden auch als Neuriten oder Nervenfasern bezeichnet.

Axonhügel: verdickter Bereich des Axons am Übergang vom Soma zum Axon. Dort entsteht bei ausreichender Erregung eine Frequenz an Aktionspotenzialen.

B

Bahnung: Die Wirkungen einzelner räumlich oder zeitlich getrennter synaptischer Aktivitäten können sich gegenseitig verstärken, sodass eine postsynaptische Antwort stärker ausfällt als die vorhergehende, durch die gleiche präsynaptische Aktivität hervorgerufene Antwort.

bipolare Zellen: Neuronen mit zwei Fortsätzen, zum Beispiel in der Netzhaut des Auges von Wirbeltieren

blinder Fleck: Austrittsstelle des Sehnervs in der Netzhaut, ohne Fotorezeptoren

Blut-Hirn-Schranke: Barriere zwischen dem Blutkreislauf und dem ZNS. Sie verhindert das Eindringen giftiger Stoffe in das ZNS.

C

chemische Synapsen: Synapsen, bei denen die Informationsübertragung durch einen chemischen Botenstoff, einen Neurotransmitter, erfolgt

D

Dendriten: stark verzweigte Zellfortsätze eines Neurons, die eine baumkronenähnliche Struktur aufweisen

Depolarisation: Verminderung des Membranpotenzials an der Axonmembran. Nach Erreichen oder Überschreiten des Schwellenwerts kommt es zur kurzfristigen Umkehr der Spannungsverhältnisse an der Axonmembran aufgrund der Öffnung spannungsgesteuerter Natriumionenkanäle und dadurch einströmender Natriumionen: Ein Aktionspotenzial wird ausgelöst.

digitale Codierung: Alles-oder-nichts-Prinzip bei Aktionspotenzialen. Die Stärke des Reizes wird durch die Frequenz der Aktionspotenziale codiert.

E

efferente Neuronen: leiten Signale vom ZNS zu den jeweiligen Muskeln

emotionales Gedächtnis: speichert die mit dem Erlebten oder Gelernten verbundenen Gefühle

Endknöpfchen: verdickte Struktur am Ende eines Axons. Da Axone häufig verzweigt sind, weisen sie eine Vielzahl an Endknöpfchen auf.

Endorphine: körpereigene Neuropeptide, die euphorische Gefühle und Schmerzlinderung bewirken, zum Beispiel Enkephalin

explizites Gedächtnis: Hier werden Fakten und Wortbedeutungen sowie Erinnerungen an Ereignisse gespeichert.

exzitatorisches postsynaptisches Potenzial (EPSP): entsteht durch Depolarisation der postsynaptischen Membran an einer erregenden Synapse

F

Fotorezeptor: Es gibt zwei Typen von Lichtsinneszellen in der Netzhaut von Wirbeltieren: Stäbchen sind lichtempfindlicher und für das Sehen bei Dämmerung, Zapfen sind weniger lichtempfindlich und für das Farbensehen zuständig.

Fototransduktion: Verarbeitung des Lichtreizes zu einem Nervenimpuls

G

Ganglion: aus Neuronen bestehender Knoten

gelber Fleck (Fovea): Bereich des schärfsten Sehens auf der Netzhaut mit sehr hoher Zapfendichte

Gleichgewichtspotenzial: berechnetes Potenzial für eine Ionenart am Neuron. Es resultiert aus dem elektrischen Potenzial und den entgegengesetzt gerichteten Anziehungskräften aufgrund des Konzentrationsgradienten.

Gliazellen: Zellen des Nervensystems, die kleiner als Neuronen sind und diese unterstützen

Großhirn: übergeordnetes Zentrum für die Verarbeitung von Sinneseindrücken und das Bewusstsein

Großhirnrinde (Cortex): äußerer Teil des Großhirns und übergeordnetes sensorisches und motorisches Zentrum der Säugetiere. Der Cortex gliedert sich in Stirnlappen, Scheitellappen, Schläfenlappen und Hinterhauptlappen.

H

Hell-Dunkel-Adaptation: Anpassung der Sehsinneszellen an unterschiedliche Lichtintensitäten

Hirnhälften: Unterteilung des Großhirns in eine rechte und eine linke Hälfte, die durch ein Nervenbündel, den Balken, verbunden sind

Homöostase: Konstanthaltung eines inneren Milieus durch Regulation

Hormon: chemischer Botenstoff mit regulatorischer Funktion, der von spezialisierten Zellen produziert und über Blut und Lymphe zu spezifischen Zielzellen transportiert wird

Hyperpolarisation: kurzfristig erhöhte Spannung am Ende eines Aktionspotenzials über das Ruhepotenzial hinaus

Hypothalamus: Teil des Zwischenhirns. Er steuert die Zusammenarbeit des ZNS, des vegetativen Nervensystems und des Hormonsystems.

I

implizites Gedächtnis: Es umfasst Fertigkeiten, Gewohnheiten und Regeln.

inhibitorisches postsynaptisches Potenzial: entsteht durch Hyperpolarisation der postsynaptischen Membran an einer hemmenden Synapse

Ionenkanäle: Kanäle in der Zellmembran, die für bestimmte Ionen selektiv permeabel sind

K

Konzentrationsgradient: Maß für das Gefälle des Konzentrationsunterschieds eines gelösten Stoffes, hier in einem biologischen System

Kurzzeitgedächtnis: primäres Gedächtnis zur kurzzeitigen Informationsspeicherung

L

Langzeitgedächtnis: permanentes Gedächtnis, das Informationen über Tage, Monate oder das ganze Leben speichert

Langzeitpotenzierung (LTP): Die Steigerung der Übertragungsrate an Synapsen durch Aktivierung einer bestimmten neuronalen Verbindung bildet die zelluläre und molekulare Grundlage des Lernens.

M

Membranpotenzial: gemessene Spannung am Neuron zwischen Zellaußenseite und Zellinnenseite

Mikroglia: Bezeichnung für Gliazellen, die für die Beseitigung abgestorbener oder degenerierter Neuronen zuständig sind

multipolare Zellen: Neuronen mit einer starken Verästelung der Dendriten. Hierzu gehören die Purkinje-Zellen im Kleinhirn.

Muskelfaser: lange, dünne Zellen mit vielen Zellkernen und Mitochondrien, die aus der Verschmelzung von Vorläuferzellen entstanden sind. Mehrere Muskelfasern bilden ein Muskelfaserbündel.

Myelinscheide: Schicht um die Axone von Wirbeltieren, die elektrisch isoliert. Sie wird von spezifischen Gliazellen gebildet. Die Gliazellen umwickeln das Axon, sodass ihre Zellmembranen dicht aneinanderliegen.

N

Natrium-Kalium-Pumpe: Protein in der Axonmembran, das unter ATP-Verbrauch Kaliumionen in das Neuron hinein- und Natriumionen aus dem Neuron herausbefördert

negative Rückkopplung: Wirkungsprinzip, bei dem ein Stoff hemmend auf die eigene Herstellung wirkt

neuromuskuläre Synapse: Synapse zwischen Motoneuron und Muskelfaser

Neuron (Nervenzelle): spezialisierter Zelltyp, der Informationen in Form von elektrischen Signalen verarbeiten und weiterleiten kann

neuronale Plastizität: lebenslange Fähigkeit des Gehirns, neue Verknüpfungen zu bilden und bestehende zu verändern

Neurotoxine: Giftstoffe, die das Nervensystem angreifen und die Informationsübertragung stören

O

Oligodendrocyten: Gliazellen, die die Myelinscheide im zentralen Nervensystem bilden

Opioidrezeptor: Rezeptormolekül für körpereigene Endorphine und Opioide pflanzlicher Herkunft

P

Parasympathikus: Antagonist des Sympathikus, der grundsätzlich der Erholung und Regeneration dient

Peptidhormon: gehört zu den Proteinen, ist wasserlöslich und bindet extrazellulär an die Zielzelle

peripheres Nervensystem: Bezeichnung für alle Neuronen, die Informationen von den Körpergeweben zum ZNS oder vom ZNS zu den Geweben leiten

phasisch-tonischer Rezeptor: codiert die Reizintensität. Er feuert auch bei lang anhaltenden, konstanten Reizintensitäten (tonisch) und reagiert besonders stark auf Änderungen der Reizintensität (phasisch); Beispiel: Fotorezeptoren.

phasischer Rezeptor: codiert die Veränderungen in der Reizintensität; Beispiel: Riechsinneszellen

Potenzialdifferenz: gemessene Spannung zwischen der Zellinnenseite und der Zellaußenseite aufgrund der unterschiedlichen Verteilung geladener Ionen

pseudo-unipolare Zellen: Bezeichnung für bipolare Zellen, deren Fortsätze während der Embryonalentwicklung miteinander verschmelzen. Beispiele sind die sensorischen Bahnen zum Rückenmark.

psychoaktiver Stoff: zugeführter Wirkstoff, der auf die Psyche und das Bewusstsein wirkt

R

Ranvier-Schnürringe: frei liegende Abschnitte der Axone zwischen den Myelinscheiden. Sie ermöglichen eine schnelle Erregungsleitung.

räumliche Summation: An mehreren erregenden Synapsen kommt es zeitgleich zu Depolarisationen, die miteinander verrechnet werden.

Refraktärzeit: Zeitraum verminderter Erregbarkeit eines bestimmten Bereichs der Axonmembran nach Durchlauf eines Aktionspotenzials

relative Refraktärzeit: Phase, in der das Axon in einem bestimmten Bereich nur durch einen stärkeren Reiz erregbar ist

Repolarisation: Rückkehr zu den ursprünglichen Spannungsverhältnissen am Axon durch Ausströmen der Kaliumionen nach Öffnen der spannungsgesteuerten Kaliumionenkanäle während eines Aktionspotenzials

Rhodopsin: Sehfarbstoff, bestehend aus dem lichtabsorbierenden Farbstoff Retinal und dem Membranprotein Opsin

Rückenmark: schließt an den Hirnstamm an und verläuft innerhalb der Wirbelsäule. Es leitet alle afferenten Signale zum Gehirn und alle efferenten Signale zu den Muskeln.

Ruhepotenzial: gemessene Spannung zwischen dem Axoninneren und der extrazellulären Umgebung im Ruhezustand eines Neurons

S

saltatorische Erregungsleitung: Aktionspotenziale springen an myelinisierten Neuronen von Ranvier-Schnürring zu Ranvier-Schnürring und werden deshalb erheblich schneller weitergeleitet als an nicht myelinisierten Neuronen.

Schwann-Zellen: Gliazellen, die die Myelinscheide im peripheren Nervensystem bilden

Schwellenwert: Spannung, die das Membranpotenzial mindestens erreichen muss, damit ein Aktionspotenzial ausgelöst wird

Signaltransduktion: Verarbeitung eines Reizes über einen Verstärkungsmechanismus zu elektrischen Signalen

Soma: Zellkörper eines Neurons

spannungsgesteuerte Ionenkanäle: Ionenkanäle, die sich öffnen, sobald an der Axonmembran eine bestimmte Spannung erreicht wird

Sympathikus: Teil des vegetativen Nervensystems, der grundsätzlich eine Leistungssteigerung des Organismus bewirkt

Synapse: Kontaktstelle zwischen zwei Neuronen

synaptische Integration: Verrechnung aller an den Dendriten und am Soma eines Neurons über verschiedene Synapsen empfangenen Signale

T

Tetanus: dauerhafte Muskelkontraktion

Tetrahydrocannabinol (THC): psychoaktiver Stoff, der aus der Hanfpflanze, *Cannabis sativa*, gewonnen wird. In höchster Konzentration ist es im Harz der weiblichen Blüten zu finden.

tonischer Rezeptor: übermittelt Informationen über die Reizdauer; Beispiel: Hörsinneszelle

transmittergesteuerte Ionenkanäle: Ionenkanäle, die sich nur öffnen, wenn bestimmte Neurotransmitter an ihre spezifischen Rezeptoren binden

U

unipolare Zellen: Neuronen mit nur einem Zellfortsatz. Sie kommen bei den meisten wirbellosen Tieren vor.

V

vegetatives Nervensystem (autonomes Nervensystem): Teil des peripheren Nervensystems, das für die unwillkürliche Steuerung grundlegender Lebensfunktionen verantwortlich ist

W

Gehirn: besteht bei Wirbeltieren aus fünf Gehirnabschnitten, die sich während der Embryonalentwicklung bilden: Großhirn, Zwischenhirn, Mittelhirn, Kleinhirn und Nachhirn

Z

zeitliche Summation: Verrechnung der an einer Synapse entstehenden postsynaptischen Potenziale

zentrales Nervensystem (ZNS): gliedert sich in Gehirn und Rückenmark. Hier werden alle wichtigen Informationen verarbeitet und es finden Steuerungsprozesse statt.

2

Stoffwechselphysiologie der Zelle

- Der aufbauende und der abbauende Stoffwechsel werden behandelt und die verschiedenen Formen der Energiebereitstellung in der Zelle miteinander verglichen. Die Zellatmung, die Photosynthese und die Gärung werden erläutert.

- Die Anpassungen von Pflanzen und die Abhängigkeit der Photosyntheserate von abiotischen Faktoren werden verdeutlicht.

- Die energetische Anregung der Elektronen in Lichtsammelkomplexen von Photosystemen wird erklärt. Der Zusammenhang zwischen Primär- und Sekundärreaktionen auf stofflicher und energetischer Ebene wird schematisch dargestellt.

Eichhörnchen, *Sciurus vulgaris*, sind agile Kletterkünstler, fast ununterbrochen auf Nahrungssuche oder anderweitig in Bewegung. Trotz sehr fettreicher Kost beobachtet man jedoch kaum Anzeichen von Trägheit. Sogar im Winter wird täglich die Ruhe für ein bis zwei Stunden Nahrungssuche im Umfeld des Kobels unterbrochen. Einfach mal „total runterfahren" ist zu dieser kalten Jahreszeit gar nicht möglich. So viel Energie in einem solch kleinen Tier – wie schafft der Stoffwechsel des Eichhörnchens das?

2.1 Stoffwechselphysiologie der Zelle – Vorwissen

1 Reh frisst Eichenblätter

Alle Lebewesen benötigen Energie zum Aufrechterhalten ihrer Lebensvorgänge. Wie können sich Pflanzen die Energie der Sonne nutzbar machen? Wieso müssen Tiere atmen? Und wie wird Energie innerhalb des Körpers transportiert? Frischen Sie mithilfe der folgenden Seiten ihr Wissen auf.

1 Übertragen Sie das Schema zur Photosynthese und vervollständigen Sie es (▶ 2).

Die Photosynthese • Vor 3,5 Milliarden Jahren gelang einer Bakteriengruppe, den Cyanobakterien (▶ 2), ein gewaltiger Schritt bei der Energiebereitstellung. Mit chlorophyllähnlichen Molekülen konnten sie Sonnenlicht aufnehmen und mithilfe der Energie in Form von Licht Wassermoleküle zerlegen. Sie waren phototroph (von griech. *phos:* Licht). Die Wasserstoffatome wurden zusammen mit Kohlenstoffdioxidmolekülen zum Aufbau von Traubenzucker, der Glucose, verwendet. Als „Abfallprodukt" entstanden dabei Sauerstoffmoleküle. Der Vorgang der **Photosynthese** wird auch von allen grünen Pflanzen betrieben.

2 Erläutern Sie den Begriff phototroph.

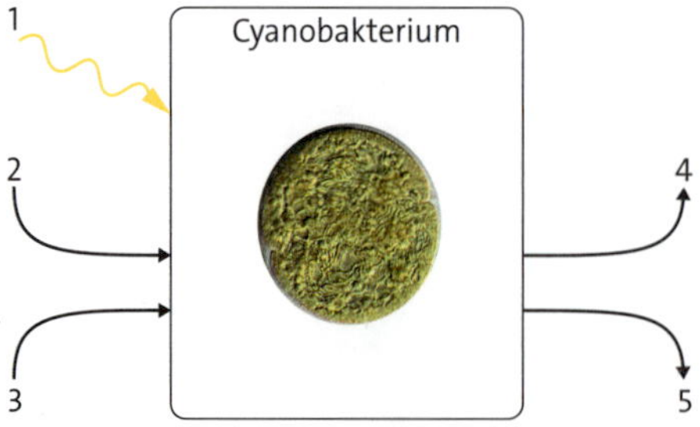

2 Schema der Photosynthese eines Cyanobakteriums

3 Oft wird behauptet, Pflanzen produzieren den Sauerstoff für die Menschen und Tiere. Nehmen Sie Stellung zu dieser Aussage.

Energiebereitstellung durch Gärung • Tiere, Pilze und die meisten Bakterienarten sind nicht in der Lage, Photosynthese zu betreiben.

4 Erklären Sie, woher Tiere und Pilze die Energie für ihre Lebenswege beziehen, und nennen Sie zwei Stoffwechselvorgänge, mit denen diese Energie bereitgestellt werden kann.

5 Beschreiben Sie den Versuchsaufbau in Abbildung 3.

6 Beschreiben Sie die Versuchsergebnisse aus Abbildung 4 und ordnen Sie diese begründet einem Stoffwechselvorgang zu.

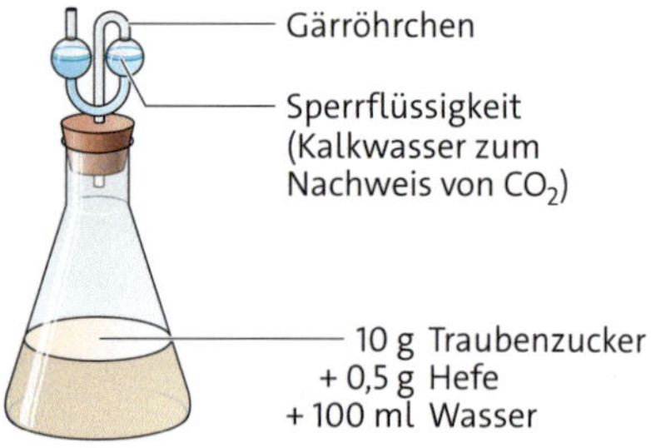

3 Untersuchung Pasteurs an der Hefe

7 Versuchen Sie für diesen Vorgang ein einfaches Reaktionsschema zu formulieren.

Die alkoholische Gärung • In Abwesenheit von Sauerstoff stellen Hefepilze aus energiereichem Traubenzucker Kohlenstoffdioxid und Ethanol her. Dabei gewinnen die Hefezellen Energie für ihre Lebensvorgänge. Diesen Prozess bezeichnet man als alkoholische Gärung.

8 Ethanol ist ein energiereicher Stoff. Erklären Sie, was dies für Lebewesen, die Gärung betreiben, bedeutet.

9 Ethanol wird auch als Trinkalkohol bezeichnet und ist ein wichtiger Bestandteil aller alkoholischen Getränke. Beschreiben Sie Abbildung 5 und erklären Sie, warum sich durch Gärung kein Alkoholgehalt über 16 % erreichen lässt.

Die Milchsäuregärung • Namensgebend für die Art der Gärung ist der Stoff, der dabei gebildet und nach außen abgegeben wird. Ist dies Alkohol, spricht man von alkoholischer Gärung, ist es Milchsäure, wird der Prozess als Milchsäuregärung bezeichnet.

10 Betrachten Sie das Schema der Milchsäuregärung und beschreiben Sie den Vorgang in eigenen Worten (▶ 7).

11 Auch Milchsäure ist ein Stoff mit einem relativ hohen Energiegehalt. Erklären Sie die Gemeinsamkeiten mit der und die Unterschiede zur alkoholischen Gärung.

Die Zellatmung • Nach der Entwicklung der Photosynthese stieg der Sauerstoffgehalt innerhalb von Millionen von Jahren auf den heutigen Wert an. Der Sauerstoff war für die meisten Bakterienarten ein tödliches Zellgift. Einigen Bakterien aber schadete er nicht. Stattdessen konnten Sie den Sauerstoff für den Abbau energiereicher Verbindungen nutzen. Dieser Vorgang wird **Zellatmung** genannt.

12 Beschreiben Sie das Reaktionsschema für die Zellatmung in Abbildung 8 und nennen Sie Gemeinsamkeiten mit und Unterschiede zu alkoholischer und Milchsäuregärung.

13 Kohlenstoffdioxid und Wasser sind nicht brennbar. Erklären Sie, welche Bedeutung dies für die Zellatmung hat.

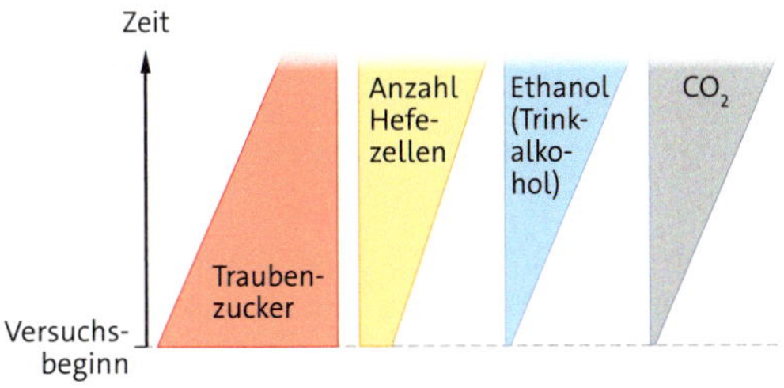

4 Ergebnisse von Pasteurs Versuch

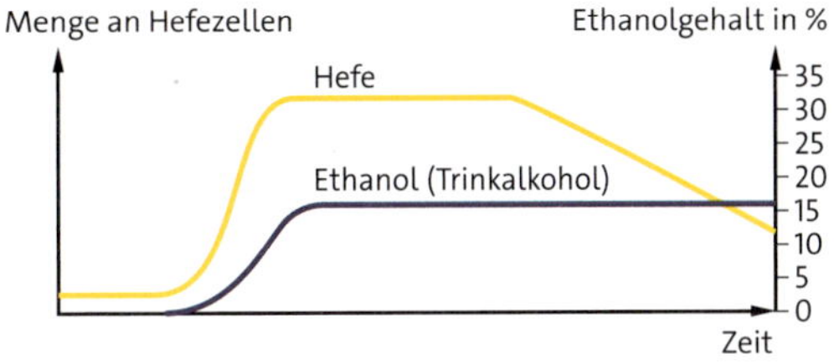

5 Anzahl an Hefezellen und Ethanolgehalt

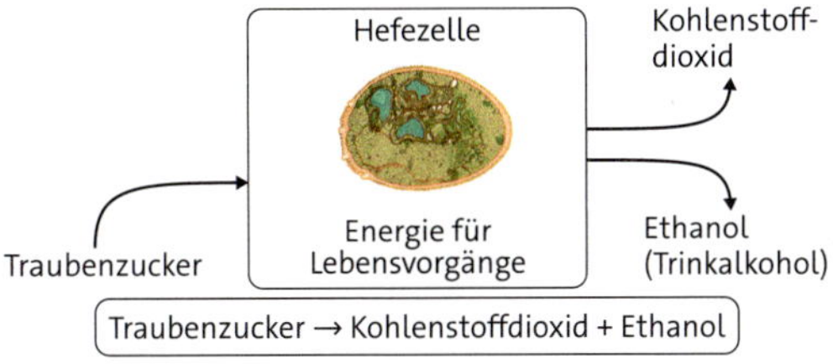

6 Schema der alkoholischen Gärung

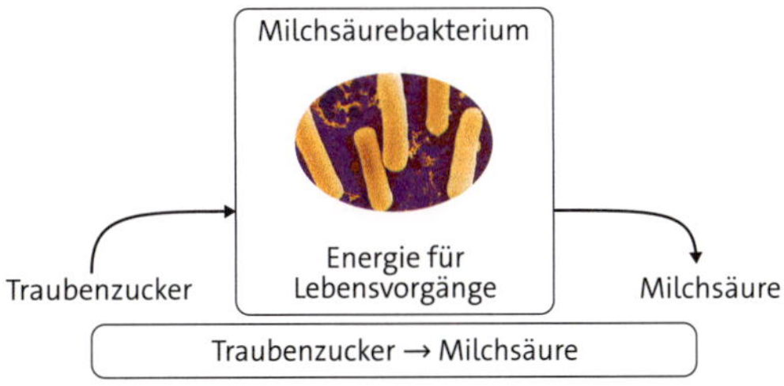

7 Schema der Milchsäuregärung

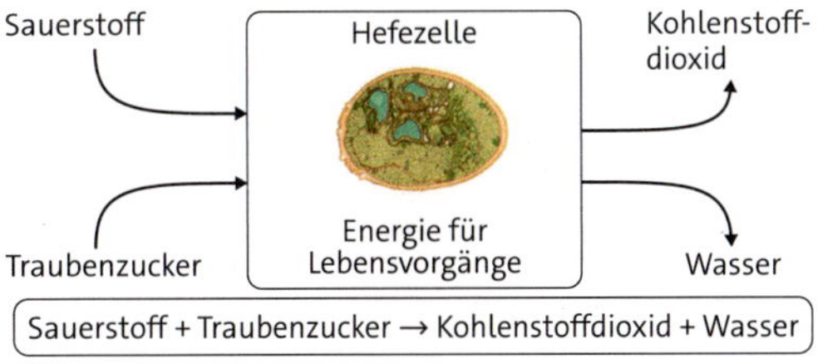

8 Schema der Zellatmung

ATP • Beim Abbau von Glucosemolekülen wird ein Teil der in ihnen enthaltenen Energie von der Zelle zum Aufbau spezieller energiereicher Moleküle genutzt, die als **Adenosintriphosphat**, kurz ATP, bezeichnet werden. Nur mithilfe dieser Moleküle können in den Zellen Lebensvorgänge wie der Transport von Molekülen, der Aufbau von Proteinmolekülen oder die Kontraktion der Muskelzellen ablaufen.

1 Beschreiben Sie die Vorgänge in Abbildung 1 und erklären Sie, warum ATP als Energieträger der Zelle bezeichnet wird.

2 Den oben beschriebenen Vorgang bezeichnet man auch als energetische Kopplung. Erklären Sie, warum dieser Begriff sinnvoll ist.

ATP-Moleküle werden gespalten • Ein ATP-Molekül besteht aus einem Adeninmolekül, an welches ein Molekül des Zuckers Ribose gebunden ist. An diesem befinden sich drei Phosphatgruppen. Bei der Abspaltung einer Phosphatgruppe des ATP-Moleküls wird eine bestimmte Energiemenge für Vorgänge in der Zelle zur Verfügung gestellt. ATP reagiert dabei zum energieärmeren Adenosindiphosphatmolekül, kurz ADP, und einem Phosphatmolekül. Ein ADP-Molekül kann mithilfe der Energie, die durch den Abbau von Glucosemolekülen zur Verfügung gestellt wird, wieder zu einem ATP-Molekül regeneriert werden (▶1).

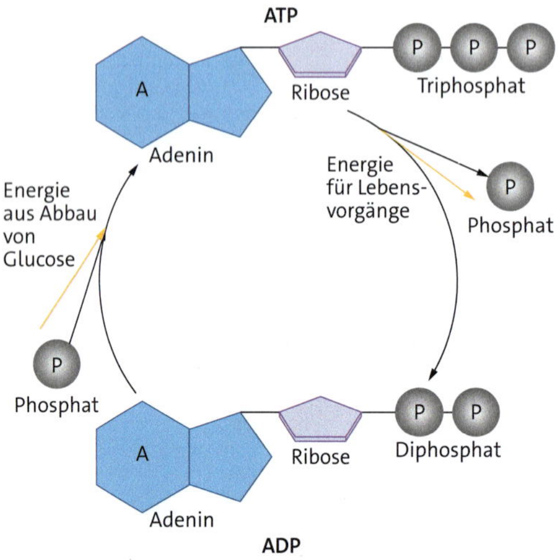

1 ATP wird zu ADP und umgekehrt

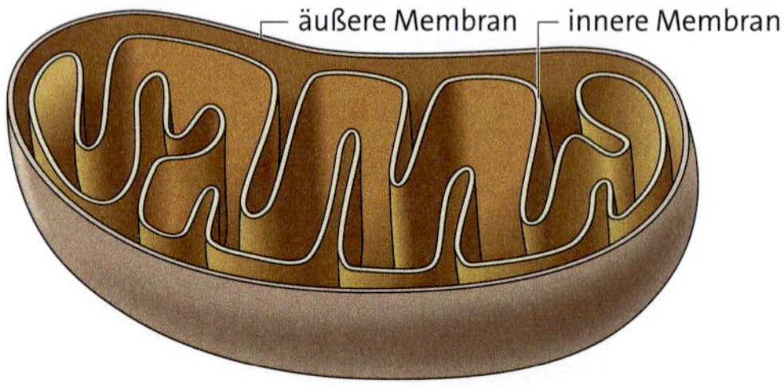

2 Schematischer Aufbau eines Mitochondriums

3 Formulieren Sie für die Bildung von ATP unter Einbezug von Glucose eine geeignete Reaktionsgleichung.

ATP wird bei vielen Vorgängen benötigt • Unsere Zellen müssen wachsen und sich teilen. Beim Wachstum müssen viele Moleküle in der Zelle neu gebildet werden. Für den Ablauf der meisten Reaktionen wird Energie in Form von ATP benötigt.

4 Das Gehirn benötigt einen großen Teil der Energie und damit von ATP im Körper. Erklären Sie, warum.

5 Unser Körper enthält etwa 35 g ATP als Vorrat. Bei großer körperlicher Belastung wird aber ungefähr so viel Energie benötigt, wie etwa 500 g ATP pro Minute bereitstellen können. Erklären Sie, wie dies möglich ist.

Die Regenerierung von ATP erfolgt größtenteils in den **Mitochondrien**. Aus diesem Grund werden diese auch als Kraftwerke der Zelle bezeichnet.

6 Ein Mitochondrium ist von zwei Membranen umgeben (▶2). Die innere Membran, an der die ATP-Herstellung erfolgt, ist stark gefaltet. Erläutern Sie an weiteren Ihnen bekannten Beispielen das biologische Prinzip, welches hier zugrunde liegt.

Enzyme • An fast allen Stoffwechselvorgängen in Lebewesen sind besondere Proteinmoleküle beteiligt, die Enzyme.

7 Beschreiben Sie in eigenen Worten die Rolle von Enzymen in Lebewesen.

8 Nur wenige Enzymmoleküle haben bereits eine große Wirkung. Begründen Sie diese Aussage.

Leben beruht auf sehr schnellen chemischen Reaktionen • Damit Leben aber überhaupt möglich ist, müssen alle Stoffwechselvorgänge mit sehr hoher Geschwindigkeit ablaufen. Die in der Zelle vorkommenden Enzyme sind bis auf ganz wenige Ausnahmen sehr große Proteinmoleküle mit einer molaren Masse von bis zu 106 g/Mol. Diese Riesenmoleküle bilden eine Art Tasche, die aktives Zentrum genannt wird, in die sich die zu „bearbeitenden" Substratmoleküle einlagern (▶ 3). Der dadurch entstehende Enzym-Substrat-Komplex ermöglicht einen so engen Kontakt zwischen beiden Molekülen, dass es für ganz kurze Zeit zu bindungsähnlichen Wechselwirkungen zwischen dem Substratmolekül und dem aktiven Zentrum des Enzyms kommt. Durch diese Wechselwirkungen mit dem Enzym werden Bindungen innerhalb des Substratmoleküls gelockert und so wird dessen Umbau, das Lösen und Neuknüpfen von Bindungen, erleichtert.

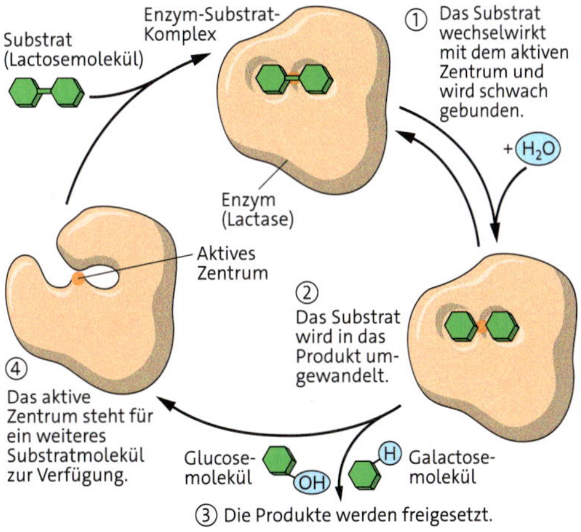

3 Modell der enzymatischen Spaltung von Lactose

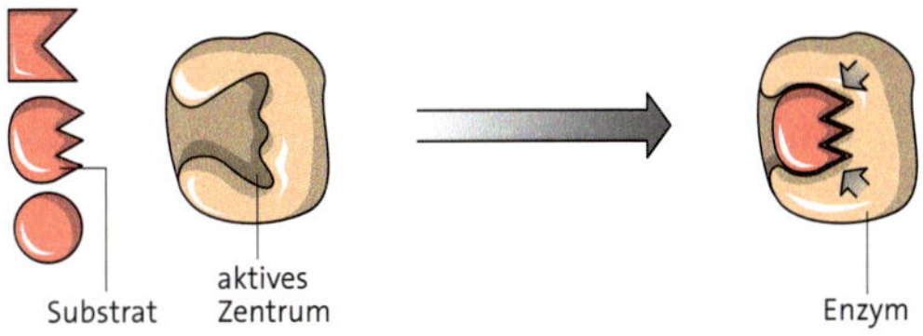

4 Schlüssel-Schloss-Modell von Enzymen

9 Erklären Sie, inwieweit enzymatische Reaktionen von Faktoren wie der Temperatur, dem pH-Wert und der Substratkonzentration abhängig sind.

10 Nehmen Sie Stellung zu den folgenden Aussagen zur Wirkweise von Enzymen.
a Enzyme ermöglichen den Edukten einen neuen Reaktionsweg, der zu den gleichen Produkten führt.
b Enzyme beschleunigen eine Reaktion.
c Verdauungsenzyme spalten das Substrat, zum Beispiel Lactose in Glucose und Galactose.
d Enzyme „liefern" keine Energie.
e Enzyme sind an der Reaktion beteiligt, gehen aber unverändert aus ihr hervor.

11 Stellen Sie unter Verwendung von Abbildung 4 begründete Hypothesen dafür auf, dass Enzymreaktionen nicht mit jedem beliebigen Substrat erfolgen können. Gehen Sie soweit möglich auch auf die molekulare Ursache dieser Spezifität ein, indem Sie Ihr Wissen über den Bau der Proteine anwenden.

12 Enzyme werden Biokatalysatoren genannt. Verfassen Sie eine Definition von Enzymen als Biokatalysatoren.

Sie haben schon vieles über die Stoffwechselvorgänge gelernt, die für die Bereitstellung von Energie für die Lebensvorgänge verantwortlich sind. Die folgenden Aufgaben sollen Ihnen einen Ausblick auf die Inhalte geben, mit denen Sie sich in diesem Kapitel beschäftigen werden.

13 Stellen Sie Hypothesen auf, welche Außenfaktoren einen Einfluss auf die Photosynthese der Pflanzen haben können.

14 Die Photosynthese wird unterteilt in eine Photoreaktion und eine Synthesereaktion. Stellen Sie ausgehend von diesen Bezeichnungen eine Hypothese auf, was in den jeweiligen Reaktionen geschieht.

15 Sowohl bei der Gärung als auch der Zellatmung wird Glucose abgebaut. Stellen Sie Hypothesen auf, wie Lebewesen Fette für die Bereitstellung von Energie nutzen können.

16 Recherchieren Sie den Begriff Glykolyse und notieren Sie in wenigen Sätzen die wesentlichen Punkte, die Sie verstanden haben.

2.2 Grundlagen der Photosynthese

1 Sonnentaublatt beim Beutefang

Die Gattung Sonnentau (Drosera) *bildet mit über 200 Arten die zweitgrößte Gattung fleischfressender Pflanzen. Diese Pflanzen haben mit klebrigen Sekreten besetzte Tentakel auf ihren Blättern, an denen die Beute hängen bleibt. Sonnentauarten decken so einen Teil ihres Mikronährstoffbedarfs an Mineralstoffen ab. Doch wie ernähren sie und die meisten Pflanzen sich dann, und was hat das mit dem Sonnenlicht zu tun?*

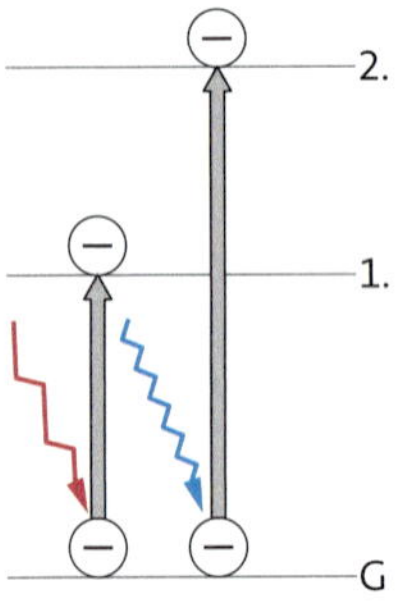

2 Elektronen werden vom Grundzustand in angeregte Zustände angehoben

1 Erläutern Sie die Ihnen bereits bekannten Grundlagen der Photosynthese.

2 Beschreiben Sie, was man unter Absorption und Reflektion von Licht versteht.

Licht und Absorption • Licht, das auf einen Gegenstand trifft, wird entweder hindurchgelassen, reflektiert oder aufgenommen. Welcher dieser Vorgänge eintritt, hängt von der Wellenlänge des Lichts und von dem Objekt ab, auf das das Licht fällt. Die Aufnahme der Lichtenergie bezeichnet man als **Absorption.** Fällt weißes Licht auf bestimmte Moleküle, wird aus dem gesamten Spektrum ein bestimmter Wellenlängenbereich absorbiert. Die nicht absorbierten Wellenlängen werden reflektiert und lassen die Stoffe farbig aussehen.

Lat. absorbere = aufsaugen

3 Erklären Sie mit Fachbegriffen, warum Blätter grün erscheinen.

Lat. assimilare = ähnlich machen

Dies lässt sich anhand des Atombaus erklären. Die Elektronen in der Hülle von Atomen können nur bestimmte Energiezustände annehmen. Den niedrigsten Energiezustand nennt man Grundzustand. Durch die Aufnahme von Energie können die Elektronen in einen angeregten Zustand übergehen (▶ 2). Da der Abstand zwischen Grundzustand und angeregtem Zustand nur bestimmte Energiewerte annehmen kann, die sich je nach Atom- und Molekülart unterscheiden, ist auch zum „Anheben" des Elektrons genau diese Energiemenge notwendig. Die Energie wird durch die Absorption von Licht bestimmter Wellenlängen aufgenommen. Nach kurzer Zeit wird die Energie in Form von Wärme oder Licht abgegeben. Dabei „fällt" das Elektron wieder in den Grundzustand zurück. Im Fall von Chlorophyll, dem Photosynthesefarbstoff, können auch Elektronen auf benachbarte Verbindungen übertragen werden. Dieser Elektronenübergang setzt eine Kette von Folgereaktionen in Gang, bei denen aufgenommenes Wasser und Kohlenstoffdioxid in organische Verbindungen umgewandelt werden. Bei dieser Stoffumwandlung im Rahmen der Assimilation wird Energie in Form von Licht in chemisch gebundene Energie umgewandelt. Dabei wird ein Teil der Energie als Wärme entwertet. Der gesamte Vorgang ist eine **Redoxreaktion:** Wassermoleküle geben zunächst Elektronen ab (**Oxidation**), Kohlenstoffdioxidmoleküle nehmen sie am Ende auf (**Reduktion**).

4 Begründen Sie, dass es sich bei der Photosynthese um eine endotherme Redoxreaktion handelt.

5 Erklären Sie, was man unter Assimilation versteht.

Ort der Photosynthese • Alle grünen Pflanzenteile besitzen Zellen, in denen bis zu 100 **Chloroplasten** enthalten sein können. Die Chloroplasten sind linsenförmig aufgebaut und haben eine Größe von etwa 5–10 µm. Sie sind die Orte der Photosynthese (▶ 3, 5).

6 Beschreiben Sie den Aufbau eines Chloroplasten anhand der Abbildung 3.

Elektronenmikroskopische Untersuchungen zeigen, dass die Chloroplasten von einer Doppelmembran umgeben sind, die einen Bereich einschließt, den man **Stroma** nennt. Neben der Doppelmembran haben Chloroplasten ein komplexes Membransystem im Innern. Die Stromathylakoide durchziehen das Stroma. Auf den Stomathylakoiden gibt es geldrollenartig gestapelte Membranen, die Grana heißen.

7 Beschreiben Sie den Aufbau der Thylakoidmembran.

8 Erläutern Sie das Prinzip der Oberflächenvergrößerung am Beispiel eines Chloroplasten.

eA

Photosysteme • An der Thylakoidmembran finden Teilprozesse der Photosynthese statt. Weitere Teilvorgänge laufen im Stroma der Chloroplasten ab. Die Thylakoidmembran enthält **Blattpigmente**, die an spezielle Proteinkomplexe gebunden sind. Die Proteinkomplexe durchdringen die innere Thylakoidmembran und werden als **Photosysteme** bezeichnet. Pflanzen besitzen zwei Photosysteme, das Photosystem I und das Photosystem II. Neben den verschiedenen lichtabsorbierenden Pigmenten befinden sich im Zentrum der Photosysteme zwei besondere Chlorophyllmoleküle. Auf sie wird die gesamte absorbierte Energie übertragen.

Die Thylakoidmembranen enthalten die Blattpigmente: hauptsächlich Chlorophylle und Carotinoide sind dort in Proteinkomplexe eingebettet. In deren Zentrum befinden sich zwei zentrale Chlorophyllmoleküle. Durch den engen Kontakt kann die absorbierte Energie von einem Pigment zum nächsten übertragen werden. Sie wirken als Lichtsammelkomplex, da sie die Energie aufnehmen und an die zwei zentralen Chlorophyllmoleküle abgeben. Nur diese können dann Elektronen abgeben.

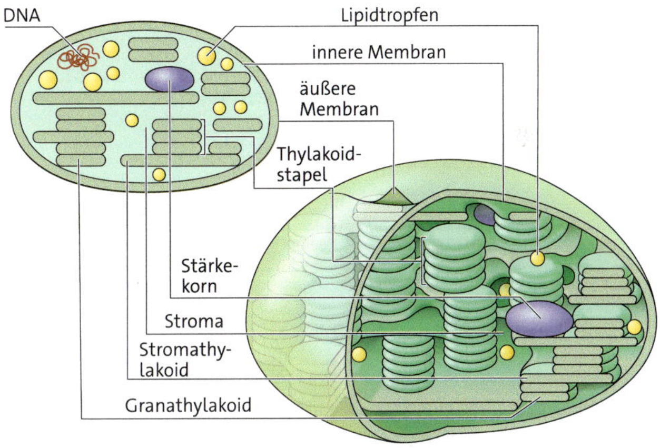

3 Aufbau eines Chloroplasten

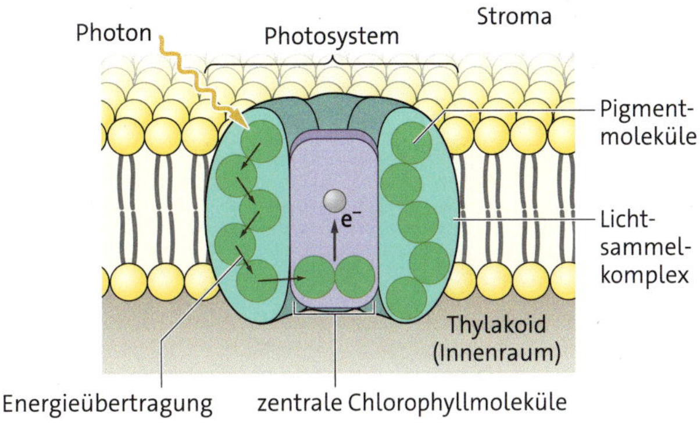

4 Aufbau eines Photosystems in der Thylakoidmembran

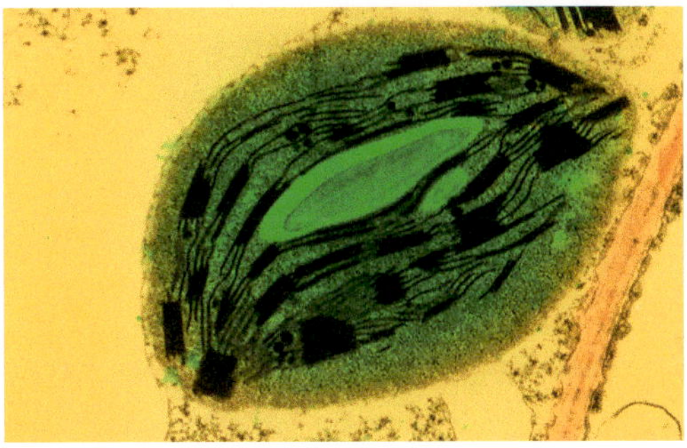

5 EM-Bild eines Chloroplasten

Lat. spec. = species Diese Bezeichnung wird verwendet, wenn die genau Art nicht bekannt ist.

Engelmann'scher Bakterienversuch • Um herauszufinden, bei welchen Wellenlängen des Lichts die Photosynthese besonders gut abläuft, führte Theodor Wilhelm Engelmann bereits in den 1880er-Jahren einen berühmten Versuch durch. Er zerlegte weißes Licht mithilfe eines Prismas in die Spektralfarben und bestrahlte damit einen Algenfaden der Gattung *Spirogyra* spec. Der Algenfaden befand sich in einer Lösung mit Bakterien, die Sauerstoff zum Leben benötigten. Diese Bakterien hielten sich daher vor allem an den Stellen auf, an denen die Alge besonders gut Photosynthese betreiben konnte.

1 Beschreiben Sie das Versuchsergebnis mithilfe der Abbildung 1.

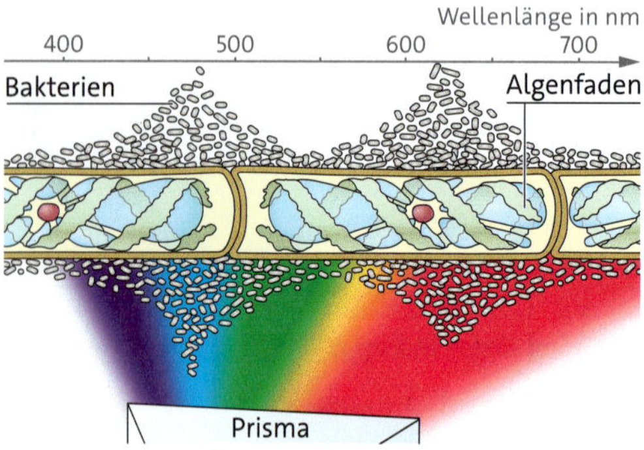

1 Engelmann'scher Bakterienversuch

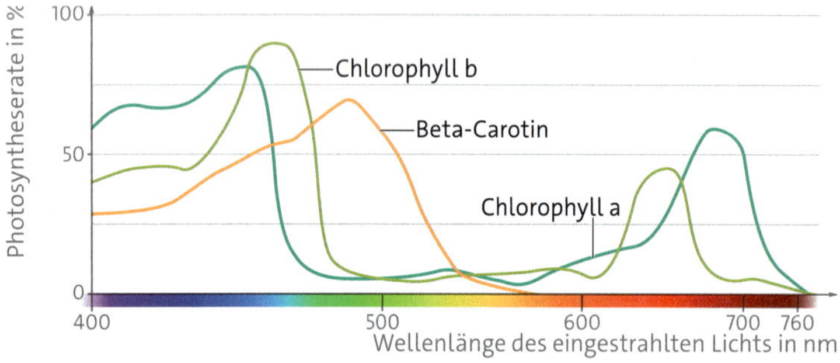

2 Absorptionsspektren verschiedener Blattpigmente

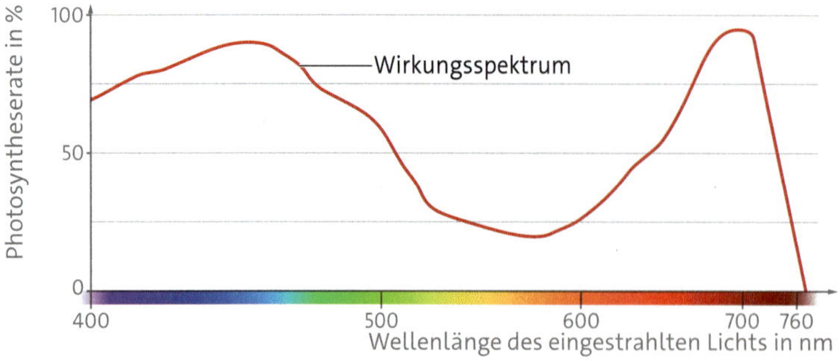

3 Wirkungsspektrum der Photosynthese

Absorptionsspektren • Die lichtabsorbierenden Farbstoffe in den Laubblättern nennt man Blattpigmente. Beispiele dafür sind Chlorophyll a und b sowie Beta-Carotin. Strahlt man einen Teil des Spektrums auf ein isoliertes Pigment, dann sinkt die Intensität dieses Lichts beim Durchstrahlen des Pigments. Das Verhältnis der Intensität des eingestrahlten Lichts zu der Intensität des austretenden Lichts nennt man Extinktion. Ausgehend von der Extinktion kann man das **Absorptionsspektrum** eines bestimmten Pigments messen und die Werte grafisch darstellen (▶ 2).

2 Beschreiben und vergleichen Sie die Absorptionsspektren verschiedener Blattpigmente mithilfe der Abbildung 2.

3 Stellen Sie einen Zusammenhang zwischen den Absorptionsspektren der einzelnen Pigmente und dem Engelmann'schen-Versuch her.

4 Erklären Sie anhand der Absorptionsspektren von Chlorophyll a und b, was man unter der Grünlücke versteht.

5 Recherchieren Sie Namen und Bedeutung weiterer Blattpigmente (▶ Methode auf S. 272).

6 Die einzelnen Blattpigmente lassen sich durch Chromatografie voneinander trennen und isolieren. Recherchieren Sie die Vorgehensweise bei dieser Methode.

Wirkungsspektrum • Bestrahlt man Pflanzen mit Licht verschiedener Wellenlängen und misst die Photosyntheserate für jede Wellenlänge, so erhält man das Wirkungsspektrum der Photosynthese. Das Wirkungsspektrum lässt sich ebenfalls grafisch darstellen und steht in direktem Zusammenhang mit den Absorptionsspektren (▶ 3).

7 Beschreiben Sie das Wirkungsspektrum der Photosynthese mithilfe der Abbildung 3.

8 Vergleichen Sie das Wirkungsspektrum der Photosynthese mit den Absorptionsspektren der Blattpigmente und leiten Sie daraus ab, welche Blattpigmente am wichtigsten für den Ablauf der Photosynthese sind.

Material A Einfluss der Wellenlänge auf die Photosynthese

In einem Schülerexperiment wird der Einfluss unterschiedlicher Wellenlängen auf die Photosyntheseleistung grüner Efeupflanzen untersucht.
Aus den Efeublättern werden zunächst kleine Stücke herausgeschnitten und in verschiedenen Versuchsansätzen je fünf Stücke in gleich große Plastikspritzen gegeben, die jeweils mit Wasser und Backpulver (= Natriumhydrogencarbonat) gefüllt werden.
Durch das Backpulver löst sich Kohlenstoffdioxid im Wasser. Überschüssiges, nicht gelöstes Kohlenstoffdioxid kann aus der Spritze herausgedrückt werden.
Hinter den Spritzen werden nacheinander Folien mit unterschiedlicher Farbe (Rot, Blau, Grün) angebracht. So wird gewährleistet, dass auf die Efeublattstücke jeweils nur Licht dieser einen Farbe einstrahlt. Die Folien werden mithilfe einer Lichtquelle in der immer gleichen Intensität beleuchtet.

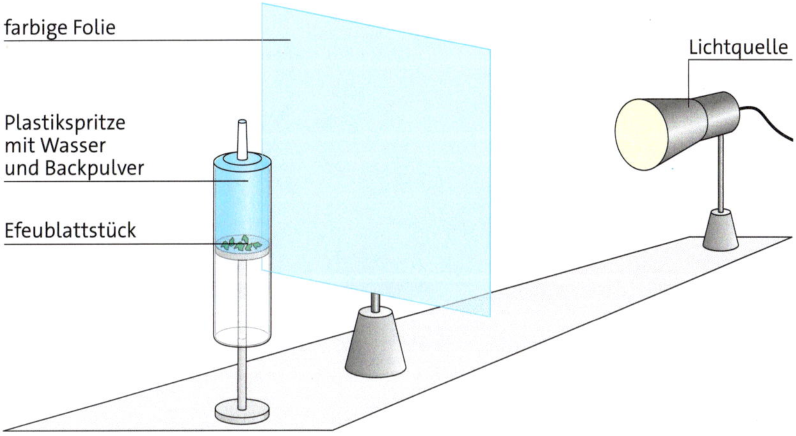

1 Beim Ansatz mit der blauen Folie kann beobachtet werden, dass die Efeustücke nach einiger Zeit in der Spritze aufsteigen. Erklären Sie diese Beobachtung.

2 Begründen Sie, welche Beobachtungen beim Einsatz der grünen bzw. der roten Folie gemacht werden können.

3 Erklären Sie, warum die Lichtintensität bei allen Ansätzen konstant gehalten werden muss.

Material B Blattpigmente in Algen

Auch Wassermoleküle absorbieren Sonnenlicht. Die Stärke der Absorption unterscheidet sich aber je nach Wellenlängenbereich. Bis in eine Meerestiefe von 6 m dringt noch etwa 80 % des blauen und des grünen Lichts. Diese Tiefe erreicht jedoch nur noch etwa 10 % des roten Lichts. Unterhalb von 10 m gibt es gar kein rotes Licht mehr. Im Meer sind Grün-, Rot- und Braunalgen in unterschiedlichen Tiefen anzutreffen.
Grünalgen besitzen dieselben Blattfarbstoffe wie höhere Pflanzen. Für ihre Photosynthese bedeutsam sind vor allem Chlorophyll a und b. Die wichtigsten Photosynthesepigmente der Rotalgen hingegen sind neben dem Chlorophyll a das Phycoerythrin und das Phycocyanin.

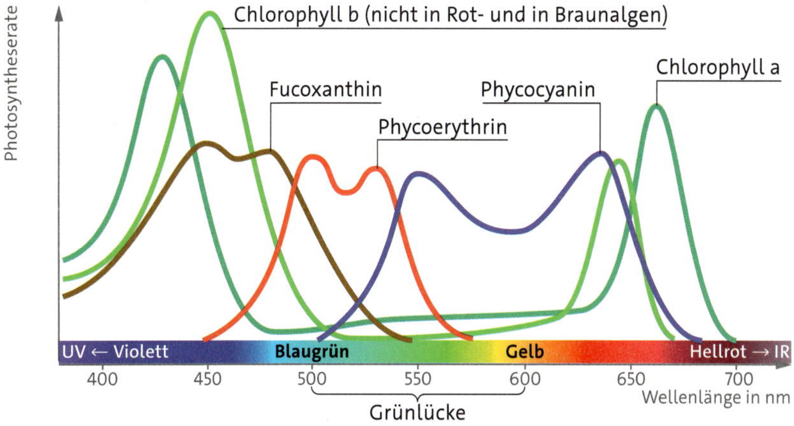

1 Erklären Sie den Unterschied zwischen Absorptionsspektrum und Wirkungsspektrum, in dem sie für in 30 m Tiefe lebende Rotalgen ein hypothetisches Wirkungsspektrum skizzieren und begründen.

2 Leiten Sie aus dem Diagramm und den im Text enthaltenen Informationen ab, welche Gruppe von Algen im flachen Wasser (bis 5 m) und welche im tiefen Wasser (bis zu 200 m) vorkommen.

2.3 Einfluss von Außenfaktoren

1 Wachstum im EDEN-ISS-Gewächshaus

Das Projekt EDEN ISS dient zur Erforschung der Versorgung von Menschen mit frischem Gemüse und Obst bei Weltraummissionen. Eine mobile Anlage des Gewächshauses wird seit 2018 in der Antarktis getestet, um herauszufinden, wie Gemüse auf kleinstem Volumen die höchsten Erträge bringt. Entscheidend dafür ist ein optimaler Ablauf der Photosynthese. Welche Einflussfaktoren auf die Photosynthese gibt es und welche Bedingungen sind ideal?

1 Stellen Sie Hypothesen auf, von welchen Einflussfaktoren die Photosynthese abhängt.

2 Leiten Sie ausgehend von der Reaktionsgleichung der Photosynthese zwei Möglichkeiten ab, um die Geschwindigkeit der Photosynthese zu ermitteln.

Bestimmung der Photosyntheserate • Bei der Photosynthese synthetisiert die Pflanze mithilfe von Licht zunächst Traubenzucker, der zum Teil in anderes organisches Material umgewandelt wird. Diese organischen Stoffe bezeichnet man als Biomasse. Sie dient den Pflanzen als Baustoff und Energiespeicher. Die **Photosyntheserate** ist die Geschwindigkeit, mit der die Photosynthese erfolgt. Um sie zu ermitteln kann man die Netto-Reaktionsgleichung heranziehen:

$6\,CO_2 + 6\,H_2O \rightarrow C_6H_{12}O_6 + 6\,O_2.$

Die Photosyntheserate kann man entweder über den Verbrauch des Edukts Kohlenstoffdioxid oder über die Bildung der Produkte ermitteln.

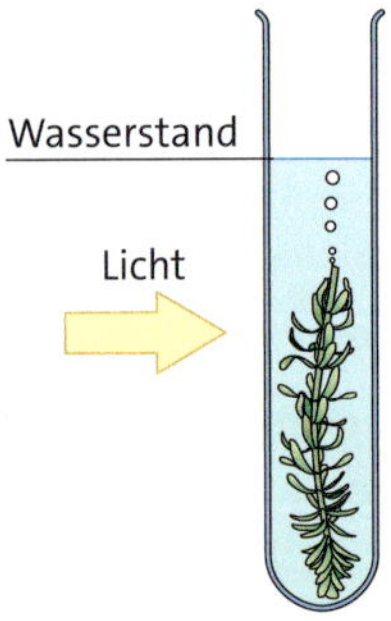

2 Bläschenzählmethode

3 Erklären Sie die in Abbildung 2 dargestellte experimentelle Vorgehensweise zur Ermittlung der Photosyntheserate und beurteilen Sie diese.

Eine Möglichkeit zur Bestimmung der Rate der Photosynthese ist die Messung der Sauerstoffentwicklung oder des Verbrauchs an Kohlenstoffdioxid über die Zeit. Da sich die Mengen der Gase bei Landpflanzen nur mit hohem Aufwand messen lassen, arbeitet man mit Wasserpflanzen wie der Wasserpest *Elodea canadensis*. Die Sauerstoffproduktion kann hier durch das Zählen der von der Pflanze freigesetzten Gasbläschen bestimmt werden. Die Sauerstoffproduktion dient als Messgröße und wird in Abhängigkeit von den variablen Größen dargestellt, deren Einfluss man untersuchen möchte. Dies kann zum Beispiel die Lichtintensität sein.

4 Beschreiben Sie, wie man den Versuchsaufbau aus Abbildung 2 jeweils verändern müsste, um den Einfluss von Lichtintensität, Temperatur und Kohlenstoffdioxidkonzentration auf die Photosynthese zu bestimmen.

5 Stellen Sie eine Hypothese auf, wie sich die Photosyntheserate bei steigender Lichtintensität verhält.

Lichtintensität • Ermittelt man die Photosyntheserate in Abhängigkeit von der Lichtintensität, so kann man den Graphen in drei Abschnitte unterteilen (▶ 3). In Abschnitt I wirken sehr niedrige Lichtintensitäten auf die Pflanze. Sie verbraucht hier mehr Sauerstoff, als sie durch Photosynthese produziert. Der Sauerstoffverbrauch der Pflanze ist unabhängig von der Lichtintensität und daher bei gleich bleibender Temperatur konstant. Die Sauerstoffproduktion und damit die Photosyntheserate steigt aber bei steigender Lichtintensität. Die Lichtstärke, bei der die Photosyntheserate genauso hoch ist wie die Zellatmungsrate, ist der **Lichtkompensationspunkt**. Im Abschnitt II, bei Lichtstärken oberhalb des Lichtkompensationspunkts, überwiegt die Photosynthese und die Pflanze bildet mehr Glucose und Sauerstoff, als sie verbraucht (▶ 3). Die Lichtintensität ist hier der limitierende Faktor für die Photosynthese.

6 Erklären Sie den Unterschied zwischen Brutto- und Netto-Photosynthese (▶ 4).

In Abschnitt III erkennt man, dass ab einer bestimmten Lichtstärke die Photosyntheserate nicht weiter zunimmt (▶ 3). Diese Lichtstärke ist der **Lichtsättigungspunkt**. Bei noch höheren Lichtintensitäten begrenzen nicht mehr das Licht, sondern andere Faktoren die Photosyntheserate. Das kann zum Beispiel der Kohlenstoffdioxidgehalt der Luft, die Temperatur oder die Aktivität der beteiligten Enzyme sein.

7 Ein Hobby-Gärtner rät: „Um einen möglichst hohen Ertrag im Gewächshaus zu erzielen, sollte die Lichtstärke so groß wie möglich sein". Beurteilen Sie diese Aussage wissenschaftlich und wirtschaftlich.

Kohlenstoffdioxidkonzentration • Ermittelt man die Photosyntheserate in Abhängigkeit vom Kohlenstoffdioxidgehalt, so kann man die Kurve auch wieder in drei Abschnitte unterteilen (▶ 5).

8 Beschreiben Sie das Diagramm und erklären Sie den Kurvenverlauf.

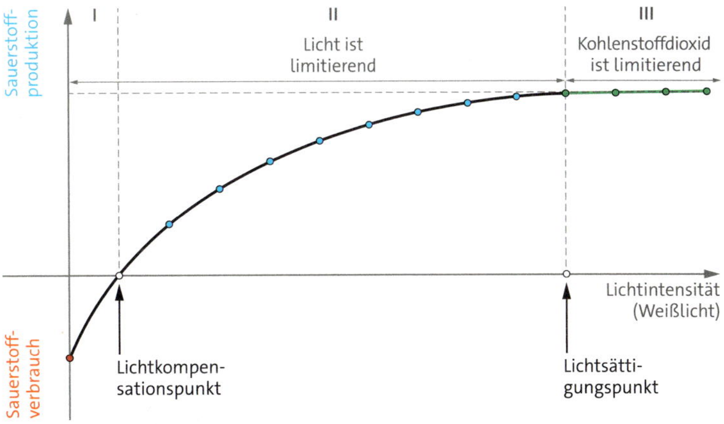

3 Abhängigkeit der Photosynthese von der Lichtintensität

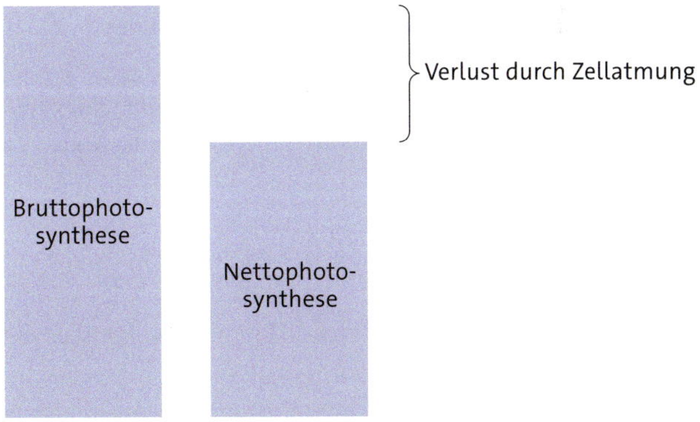

4 Brutto- und Netto-Photosyntheseraten

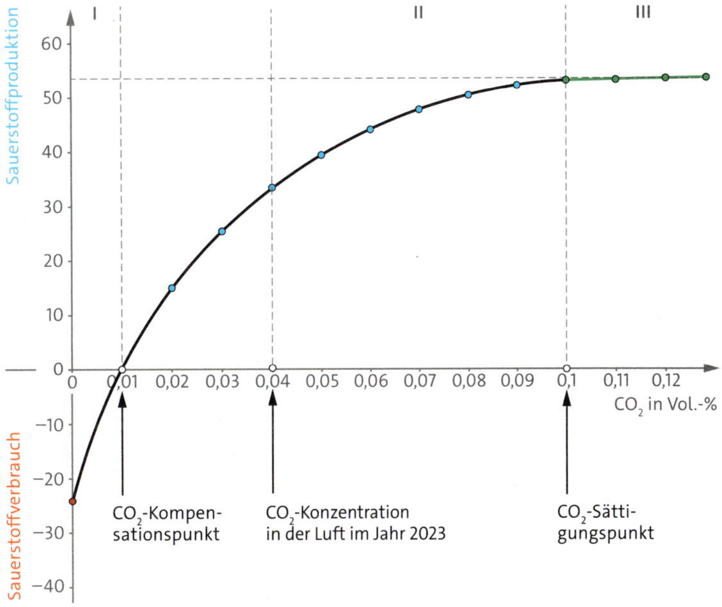

5 Abhängigkeit der Photosynthese von der Kohlenstoffdioxidkonzentration

CO_2-Kompensations- und Sättigungspunkt • Bei sehr niedriger Kohlenstoffdioxidkonzentration unter 0,01 Vol.-% CO_2 ist der Sauerstoffverbrauch durch die Zellatmung höher als die Sauerstoffproduktion durch die Photosynthese. Bei ungefähr 0,01 Vol.-% liegt der **CO_2-Kompensationspunkt**.

1 Definieren Sie, was man unter dem CO_2-Kompensationspunkt versteht.

Unter natürlichen Bedingungen liegt die CO_2-Konzentration der Luft bei 0,04 Vol.-%. Bei einer Erhöhung der Konzentration bis auf 0,1 Vol.-% CO_2 würde sich die Photosyntheserate etwa verdreifachen. Ab dem **CO_2-Sättigungspunkt** ist keine weitere Zunahme der Photosyntheserate zu verzeichnen.

2 Begründen Sie mit Ihrem Wissen über Enzyme, warum es einen CO_2-Sättigungspunkt gibt.

In Freilandkulturen ist bei passenden Temperaturen und Lichtintensitäten der Kohlenstoffdioxidgehalt der Luft der limitierende Faktor für die Photosynthese. Nach dem Gesetz des Minimums von Justus von Liebig wird die Photosynthese durch den Faktor begrenzt, der die Vorgänge am stärksten limitiert. Somit können Pflanzen gute Licht- und Temperaturverhältnisse nur nutzen, wenn die Kohlenstoffdioxidversorgung optimiert wird.

3 Begründen Sie, warum durch die Anpassung der CO_2-Konzentration der größte Mehrertrag im Gewächshaus erzielt werden kann.

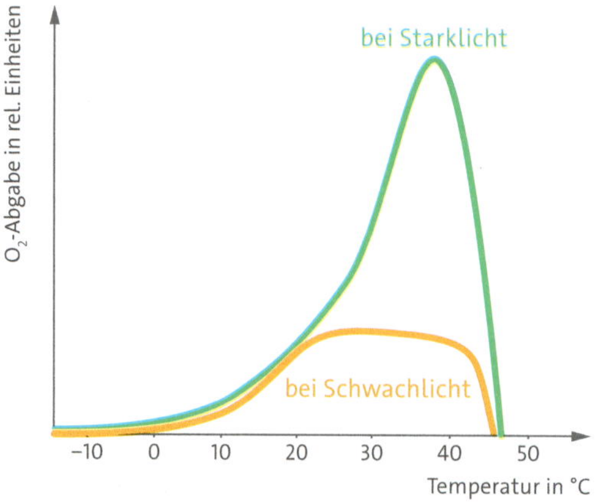

1 Abhängigkeit der Photosynthese von der Temperatur unter Stark- und Schwachlicht

Temperatur • Die Photosyntheserate ist bei starkem Licht temperaturabhängig und zeigt den typischen Verlauf einer enzymkatalysierten Reaktion. Mit steigender Temperatur erhöht sich die Photosyntheserate bis zu einem Optimum und verringert sich bei weiterem Temperaturanstieg. Die Prozesse folgen der Reaktionsgeschwindigkeit-Temperatur-Regel, kurz **RGT-Regel**. In einem bestimmten Bereich verdoppelt sich die Geschwindigkeit enzymatisch katalysierter Reaktionen bei einer Temperaturerhöhung um 10 °C. Oberhalb dieser Temperaturen denaturieren die beteiligten Enzyme und verlangsamen die Photosyntheserate.

4 Begründen Sie den nahezu temperaturunabhängigen Verlauf bei Schwachlicht mithilfe des Gesetzes des Minimums von Justus von Liebig.

Vergleicht man die Temperaturabhängigkeit der Kurven bei Starklicht und Schwachlicht, so lässt sich daraus eine wesentliche Schlussfolgerung für den Ablauf der Photosynthese ziehen. Diese besteht aus zwei voneinander abhängigen Abschnitten. In den lichtabhängigen Vorgängen werden Zwischenprodukte gebildet, die dann in den temperaturabhängigen Vorgängen weiterverarbeitet werden. Bei Starklicht werden viele Zwischenprodukte gebildet, die in den temperaturabhängigen Reaktionen umgesetzt werden. Bei Schwachlicht sind nur wenige Zwischenprodukte vorhanden, die auch bei geringeren Temperaturen sofort umgesetzt werden können.

5 Recherchieren Sie, unter welchen Bedingungen die Pflanzen im ISS EDEN gezüchtet werden, und begründen Sie mögliche Abweichungen zu den Idealbedingungen.

Bedeutung der Außenfaktoren • Die Außenfaktoren Lichtintensität, CO_2-Konzentration und Temperatur bestimmen maßgeblich die Photosyntheserate. Eine Veränderung wirkt sich daher direkt auf das Wachstum aus. Wildpflanzen haben unterschiedliche Ansprüche und können durch ungünstige Bedingungen aus bestimmten Lebensräumen verdrängt werden, während günstige Bedingungen ihre Ausbreitung fördern. Bei Nutzpflanzen lassen sich gezielt Maßnahmen zur Ertragssteigerung einsetzen, beispielsweise CO_2-Begasung, künstliche Beleuchtung und Klimasteuerung im Gewächshaus.

Material A Einfluss der Wellenlänge auf die Photosynthese

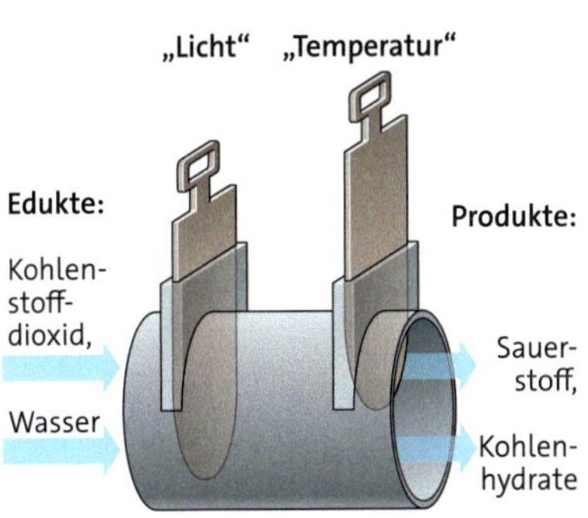

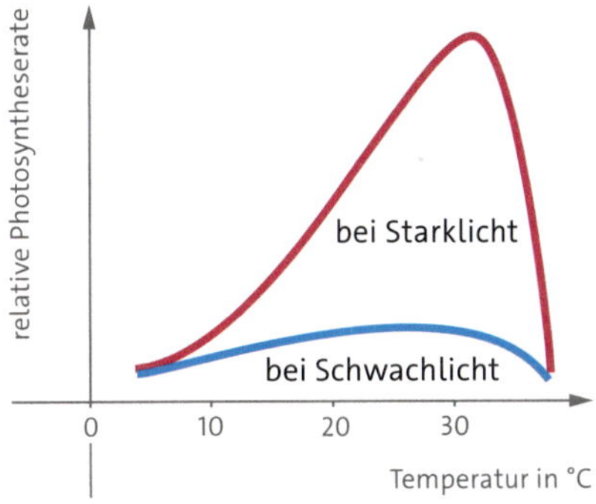

Die Abbildung zeigt modellhaft ein Reaktionsrohr, welches die Photosyntheserate bei Starklicht und Schwachlicht sowie bei unterschiedlichen Temperaturen veranschaulichen soll. Mithilfe von zwei Schiebern können die Lichtintensität und die Temperaturintensität reguliert werden.

1 Beschreiben und vergleichen Sie die Messergebnisse der Photosyntheserate bei Starklicht und Schwachlicht.

2 Erläutern Sie die Modellabbildung, indem Sie erklären, welche Konsequenzen verschiedene Positionen der Verschlusseinrichtungen auf den Durchfluss der Stoffe haben.

3 Nennen Sie Vor- und Nachteile der Modellabbildung des Reaktionsrohrs.

Material B Höhlen in Gefahr

In Südfrankreich gibt es Höhlen, die für ihre prähistorischen Wandmalereien bekannt sind. Einige dieser Höhlen sind feucht und für Besucher zugänglich. Da übermäßiges Wachstum einzelliger Grünalgen die Wandmalereien nach und nach zerstört, überlegt man sich, die Höhlen in Zukunft für Besucher zu schließen.

1 Begründen Sie, weshalb sich der tägliche Besucherstrom positiv auf das Algenwachstum auswirkt.

2 Leiten Sie zwei einfache Lösungsansätze ab, wie das Algenwachstum ohne eine Schließung der Höhlen oder eine Begrenzung der Besucherzahlen eingedämmt werden kann.

Material C Forscherauftrag zur Photosynthese

Sie nehmen an einem Wettbewerb teil. Das Ziel ist es, herauszufinden, welcher der abiotischen Faktoren, die auf die Photosynthese Einfluss nehmen, das Wachstum der Pflanzen am stärksten fördert. Dazu sollen Untersuchungen an der Wasserpest (*Elodea canadensis*) durchgeführt werden, da sie als Sauerstoff produzierende Wasserpflanze gut eingesetzt werden kann. Die Ergebnisse sollen auf einem Kongress vorgestellt werden.

1 Überprüfen Sie mit Ihrer Forschergruppe den Einfluss eines abiotischen Faktors auf die Photosynthese. Berücksichtigen Sie dabei den Weg der naturwissenschaftlichen Erkenntnisgewinnung.

2 Erstellen Sie ein Poster für den Kongress, auf dem Sie das Vorgehen und die Ergebnisse für Ihren Faktor darstellen.

3 Spielen Sie den Kongress im Kurs nach. Bereiten Sie dafür einen Kurzvortrag zum Poster vor.

Variablenkontrolle: Hier werden Ursache-Wirkungs-Beziehungen beschrieben.
Messwerte: Was wird gemessen, hier z. B. die Anzahl der Bläschen?
Testvariable: Welchen Einfluss nimmt die Variable, hier z. B. der CO_2-Gehalt?

Hypothesen
- basieren auf wenigen Grundannahmen, sind nicht konstruiert (unkompliziert)
- bauen auf Vorwissen auf
- erlauben Vorhersagen
- müssen die Beobachtungen bzw. das Phänomen erklären können
- sind experimentell überprüfbar
- sind falsifizierbar

Die Glimmspanprobe

Sauerstoff kann dadurch nachgewiesen werden, dass er einen glimmenden Holzspan zum Entflammen bringt.

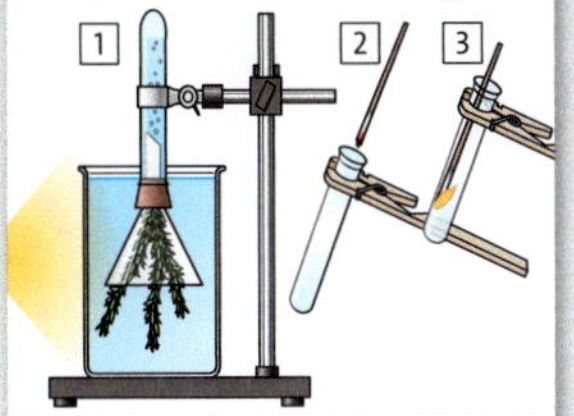

Auswertung:
- Wurden die Versuchsergebnisse exakt angegeben und angemessen dargestellt?
- Wurden die Hypothesen mithilfe der Ergebnisse
- Wurden aus den Daten Erklärungen abgeleitet?
- Wurde die Frage beantwortet?
- Wurden neue Erkenntnisse gewonnen oder vorhandenes Wissen erweitert?
- Wurde die Aussagekraft der Daten bewertet?
- Wurden Fehlerquellen diskutiert?

2.4 Chromatografie

1 Wandelröschen (*Lantana camara*) mit Hummel (*Bombus hortorum*)

Blüten leuchten in verschiedenen Farben. Blütenfarben dienen als Locksignal für bestäubende Insekten. Auch Laubblätter enthalten Farbstoffe. Wie können wir verschiedene Farbstoffe in Pflanzen untersuchen?

1 Halten Sie tabellarisch fest, welche Bestandteile einer Pflanze Farbstoffe enthalten und welche Funktionen diese erfüllen. Lassen Sie zudem Platz für eine weitere Spalte.

Farbstoffe • Die verschiedenen für uns sichtbaren Farben der Blüten, Blätter und Früchte entstehen durch Farbstoffe, die Pigmente. Diese Farbstoffe haben unterschiedliche Funktionen. Blütenfarbstoffe dienen als Locksignal für bestäubende Insekten. Die Pigmente der Laubblätter haben wichtige Aufgaben bei der Photosynthese.

Bei den Farbstoffen der Blüten und Früchte handelt es sich meist um **Anthocyane** (► 2). Es gibt über 100 verschiedene Anthocyane, die zu unterschiedlichen Farbabstufungen bei Blüten und Früchten führen. Anthocyane sind wasserlösliche Pigmente, die rote und blaue Farbeindrücke erzeugen. Sie sind im Cytoplasma und in der Vakuole lokalisiert.

In den Blättern der grünen Pflanzen sind **Chlorophylle**, **Carotine** und **Xanthophylle** enthalten (► 4). Diese Pigmente sind mehr oder weniger lipophil und in den Chloro- und Chromoplasten der Zellen lokalisiert. Die wichtigsten Pigmente sind die Chlorophylle. Sie können bei der Photosynthese die Energie des Sonnenlichts in chemische Energie umwandeln. Wenn die Chlorophylle im Herbst abgebaut werden, werden die Blätter bunt. Bei der Herbstfärbung treten die Xanthophylle und Carotine hervor und Anthocyane werden neu gebildet.

2 Ergänzen Sie Ihre Tabelle aus Aufgabe 1 um die Bezeichnungen der Farbstoffe.

3 Erklären Sie die Bedeutung der Farbstoffe in der Tierwelt.

2 Anthocyane in verschiedenen Früchten

Chromatografie • Pigmente kommen oft als Gemisch vor. In den Zellen eines Laubblatts findet man viele verschiedene Pigmente. Man kann ihre unterschiedlichen chemischen Eigenschaften nutzen, um sie voneinander zu trennen. Dazu muss man die Pigmente mit einem geeigneten Verfahren aus dem Laubblatt gewinnen und sie dann mit dem Verfahren der **Chromatografie** voneinander trennen (▶ 3). Die Lösung mit den Pigmenten wird auf ein **Trägermaterial** aufgetragen. Mithilfe eines Lösungsmittels, dem **Laufmittel**, wird das Stoffgemisch durch das Trägermaterial transportiert. Als Laufmittel wird meist ein hydrophobes Lösungsmittel im Gemisch mit einem hydrophilen Lösungsmittel benutzt. Die Wechselwirkungen der Pigmente mit dem Trägermaterial und dem Laufmittel führen dazu, dass die einzelnen Stoffe des Gemisches unterschiedlich schnell durch das Trägermaterial bewegt werden (▶ 4). Dadurch werden sie voneinander getrennt. Die Auftrennung erfolgt entweder durch eine unterschiedlich starke Bindung der zu trennenden Substanzen an das Trägermaterial, oder durch eine unterschiedlich starke Löslichkeit der Pigmente im Laufmittel. Oft wirken beide Prinzipien gleichzeitig. Die Chromatografie (griech. *chromos* = Farbe; *graphein* = schreiben) ist ein physikalisches-chemisches Trennverfahren.

4 Erläutern Sie das Grundprinzip der Chromatografie.

Papierchromatografie • Ein einfaches Verfahren zur Trennung kleiner Stoffmengen ist die **Papierchromatografie**. Damit kann man zum Beispiel nachweisen, dass die schwarzen Filzstiftfarben aus verschiedenen Farbstoffen zusammengesetzt sind. Trägt man auf dem Filterpapier die Farbstoffe verschiedener Stifte auf einer Startlinie auf und hängt das Filterpapier dann in ein Wasser-Spiritus-Gemisch, wandert das Laufmittel durch den Kapillareffekt (wie Wasser, das in einem dünnen Strohhalm selbstständig etwas aufsteigt) nach oben durch das Papier und nimmt die verschiedenen Farbstoffe unterschiedlich weit mit. (▶ 3)

5 Beschreiben Sie, welche Probleme sich bei der Papierchromatografie der Blattfarbstoffe durch deren teilweise ähnliche Löslichkeiten ergeben könnten (▶ 4).

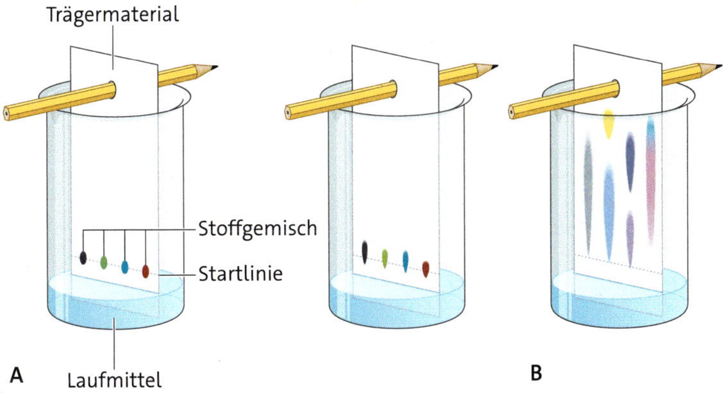

3 Papierchromatografie: **A** Schema, **B** Ergebnis

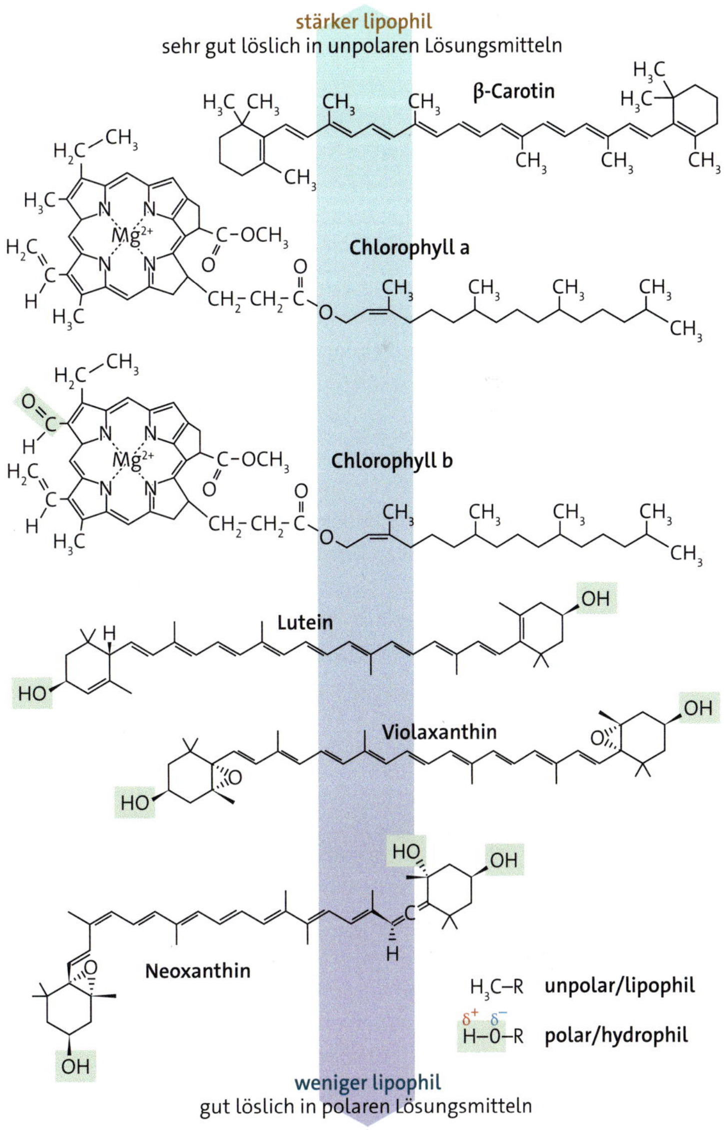

4 Strukturformeln der Blattfarbstoffe

Weitere Arten der Chromatografie

$$R_f = \frac{\text{Laufstrecke der untersuchten Substanz}}{\text{Laufstrecke des Lösungsmittels}}$$

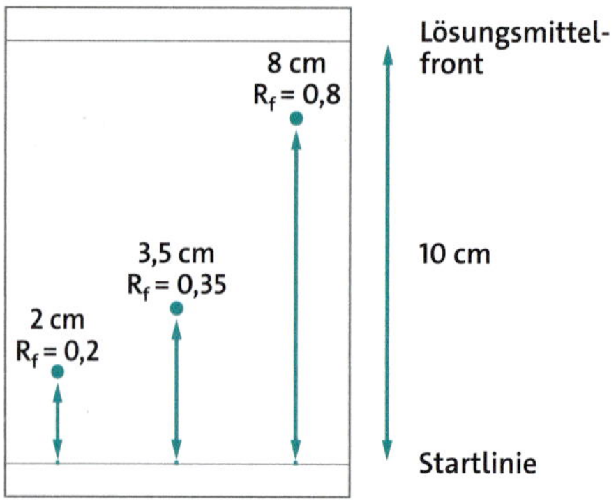

1 Berechnung des R_f-Wertes

Dünnschichtchromatografie • Ein gängiges Verfahren ist die **Dünnschichtchromatografie**. Man benutzt als Trägermaterial ein feinkörniges Material, wie Kieselgel oder Cellulose. Dieses befindet sich in einer dünnen Schicht auf einer Kunststoffplatte oder Metallfolie. Das Trägermaterial ist dünner und feiner strukturiert als das Filterpapier bei der Papierchromatografie. Dadurch kann man mit kleineren Substanzmengen arbeiten und die Trennung erfolgt schneller und genauer. Der Zellextrakt wird hergestellt, indem man klein geschnittene Blätter mit etwas Quarzsand, Calciumcarbonat und Aceton im Mörser zerreibt. Anschließend wird er gefiltert, auf die Startlinie der Dünnschichtplatte aufgetragen und getrocknet. Die Platte wird mit dem unteren Rand in das Laufmittel gestellt. Die Startlinie muss sich oberhalb des Laufmittels befinden. Das Laufmittel steigt durch das Trägermaterial nach oben und nimmt die verschiedenen Pigmente des Stoffgemisches mit. Für die Trennung von Blattfarbstoffen wird meist ein organisches Lösungsmittel benutzt. Da die einzelnen Pigmente unterschiedliche Eigenschaften haben, binden sie unterschiedlich stark am Trägermaterial und werden auch unterschiedlich weit mit dem Laufmittel mitgenommen. Als Ergebnis erhält man ein **Chromatogramm**. Die Blattpigmente sind nach der Chromatografie direkt sichtbar, verblassen aber sehr schnell, sodass man das Ergebnis fotografisch sichern sollte. Manche Stoffe muss man durch chemische Reaktionen oder die Bestrahlung mit UV-Licht sichtbar machen. Man kann die einzelnen Pigmente gewinnen, indem man die Farbstoffbande des gewünschten Pigments mit dem Kieselgel von der Dünnschichtplatte ablöst und in einem organischen Lösungsmittel aufnimmt. Aus dem Verhältnis der Laufstrecke der Substanz zur Laufstrecke des Laufmittels berechnet man den **R_f-Wert**. Jede Substanz besitzt einen charakteristischen R_f-Wert. Allerdings ist er von den jeweiligen Versuchsbedingungen abhängig, deswegen lässt man oft eine bekannte Substanz als Referenz auf derselben Platte mitlaufen.

Zweidimensionale Chromatografie • Wenn man Substanzgemische nicht hinreichend in einem ersten Schritt mittels Chromatografie trennen kann, kann man die Trennung verbessern, indem man das Substanzgemisch punktförmig aufträgt, einmal chromatografiert, dann die Platte um 90° dreht und die Chromatografie ein zweites Mal mit einem anderen Lösungsmittel durchführt. Da die Stoffe in verschiedenen Lösungsmitteln unterschiedliche Fließeigenschaften haben, erreicht man dadurch eine optimale Trennung.

1 Erläutern Sie, weshalb Carotin unter den angegebenen Bedingungen weiter läuft, also einen größeren R_f-Wert hat als Chlorophyll a oder Chlorophyll b (▶ Seite 121, Abb. 4).

Hochdruckflüssigkeitschromatografie • Ein besonders effizientes Verfahren ist die **Hochdruckflüssigkeitschromatografie**, abgekürzt **HPLC** (*high pressure liquid chromatography*). Bei dieser Chromatografie werden die zu untersuchenden gelösten Substanzen mit hohem Druck durch eine mit einem Feststoff gefüllte Glasröhre gepresst. Das Verfahren wird zum Beispiel in der Arzneimittelanalyse, in der Umweltanalytik und bei Trennung von Proteinen und Nukleinsäuren angewendet.

Gaschromatografie • Bei der **Gaschromatografie**, GC, sind das Laufmittel und die zu trennenden Substanzen gasförmig. Mit dieser Methode kann man sehr viele Stoffe gleichzeitig identifizieren. Sie wird zum Beispiel angewendet, um Schadstoffe oder Inhaltsstoffe von Früchten zu bestimmen.

2 Recherchieren Sie den genauen Ablauf der Gaschromatografie und erstellen Sie hierzu ein Flussdiagramm (▶ Methode auf S. 272).

3 Vergleichen Sie die auf dieser Seite vorgestellten Chromatografieverfahren in Form einer Tabelle miteinander.

Versuch A Dünnschichtchromatografie

Die Chromatografie ist ein wichtiges Verfahren zur Trennung von Stoffgemischen. Auch die in grünen Blättern enthaltenen Pigmente kann man chromatografisch trennen.

A Rohchlorophylllösung herstellen
Zerkleinern Sie etwa 5 g grüne Blätter, beispielsweise Petersilie.
Mörsern Sie die Blattstücke mit etwas Quarzsand und 20 ml Aceton. Filtern Sie den Extrakt durch einen Faltenfilter. Sie haben eine Rohchlorophylllösung hergestellt.

B Dünnschichtfolie vorbereiten
Bereiten Sie die Dünnschichtfolie vor, indem Sie mit einem weichen Bleistift etwa 1 cm vom unteren Rand eine dünne Startlinie einzeichnen. Tragen Sie portionsweise die zu untersuchende Pigmentlösung mithilfe der Glaskapillare auf der Startlinie auf. Lassen Sie dabei 5 mm Rand nach rechts und links frei. Lassen Sie die Farbstoffpunkte trocknen und wiederholen Sie das Auftragen der Farbstofflösung, bis eine konzentrierte farbige, gepunktete Linie entstanden ist.

C Chromatogramm entwickeln
Gießen Sie das Laufmittel: Petroleumbenzin (Siedebereich 100–140 °C), Propan-2-ol und demineralisiertes Wasser im Volumenverhältnis 100 : 10 : 0,25 in das Chromatografiegefäß. Stellen Sie die vorbereitete Dünnschichtfolie in das Lösungsmittel. Achten Sie darauf, dass die Folie nur so tief im Laufmittel steht, dass die Farbstofflinie nicht eintaucht. Verschließen Sie das Gefäß. Warten Sie, bis das Laufmittel ungefähr 1 cm unter dem oberen Rand der Folie angekommen ist.

D Ergebnisse festhalten
Entnehmen Sie die Folie mit einer Pinzette. Markieren Sie die Laufmittelfront. Lassen Sie die Dünnschichtfolie unter dem Abzug trocknen. Fotografieren Sie das Bandenmuster oder zeichnen Sie es ab. Notieren Sie die Farben und die Reihenfolge der Banden. Messen Sie den Abstand der Farbstoffbanden von der Startlinie sowie den Abstand zwischen Starlinie und Laufmittefront.

E Chromatogramm auswerten
Bestimmen Sie die R_f-Werte für die einzelnen Pigmente.

$$R_f\text{-Wert} = \frac{\text{Laufstrecke der untersuchten Substanz}}{\text{Laufstecke des Lösungsmittels}}$$

Bestimmen Sie anschließend auch die R_f-Werte der Pigmente des rechts gezeigten Chromatogramms und vergleichen Sie diese mit jenen aus Ihrer Durchführung.

1 Erstellen Sie eine Materialliste. Führen Sie den Versuch durch und fertigen Sie ein Versuchsprotokoll an.

2 Erklären Sie, wieso Carotin fast bis zur Laufmittelfront transportiert wird (▸ S. 122, Abb. 1).

3 Erklären Sie, wieso bei der Verwendung von Wasser als Laufmittel keine Auftrennung der Blattfarbstoffe erfolgt (▸ Seite 121, Abb. 4).

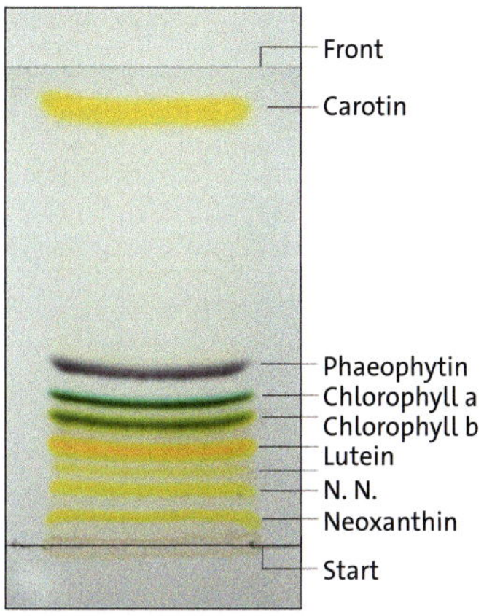

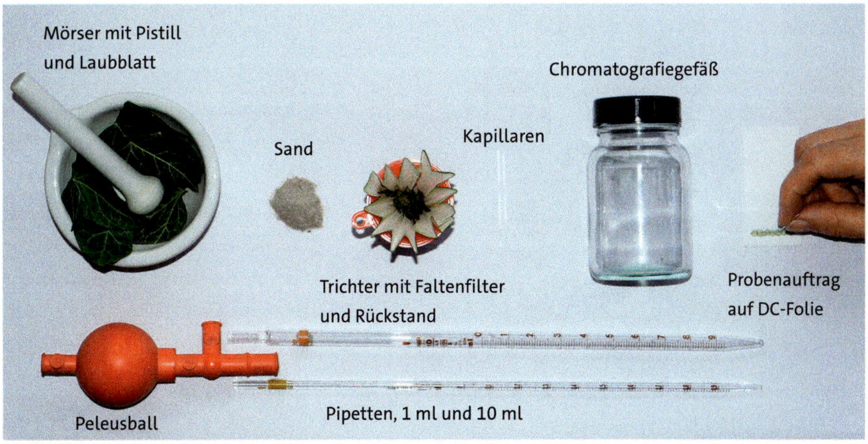

2.5 Laubblätter

1 Amazonas-Riesenseerose

Die Amazonas-Rieseseerose (Victoria amazonica) *ist eine Pflanzenart aus der Gattung der Riesenseerosen, die nach der britischen Königin Victoria benannt wurde. Die Blätter der Seerose besitzen einen ähnlichen Grundbauplan wie die einheimischer Bäume. Wie sieht dieser Grundbauplan aus und wie ist er bei der Amazonas-Riesenseerose an die Lebensweise angepasst?*

1 Beschreiben Sie den von außen erkennbaren Aufbau eines Laubblatts und stellen Sie Hypothesen darüber auf, wie das Laubblatt im Aufbau an seine Funktion angepasst ist.

Lat. cutis = Haut

Äußerer Aufbau des Laubblatts • Betrachtet man ein Buchenblatt von außen, erkennt man die Blattfläche mit den Blattadern, den Blattstiel und den Blattgrund (= Verbindung zum Zweig / Sprossachse). Die Oberseite unterscheidet sich beim Buchenblatt deutlich von der Unterseite.

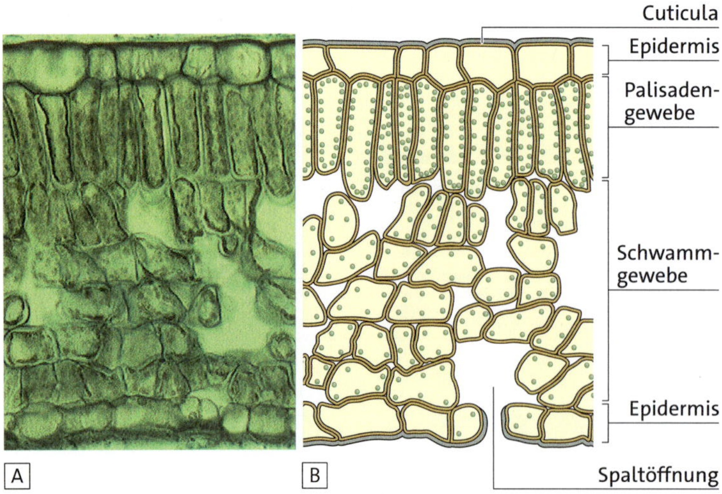

2 Querschnitt eines Laubblatts: A lichtmikroskopisches Bild, B Schema

2 Fertigen Sie eine beschriftete Skizze des äußeren Aufbaus eines Buchen- und eines weiteren, einheimischen Laubblatts an.

3 Beschreiben Sie den Querschnitt eines Laubblatts mithilfe der Abbildung 2 und stellen Sie Hypothesen über die Funktionen der einzelnen Bestandteile auf.

Querschnitt des Laubblatts • Im mikroskopischen Bild erkennt man im Querschnitt den inneren Aufbau des Blattes. Es besteht aus der oberen **Epidermis**, dem Palisadengewebe, dem Schwammgewebe und der unteren Epidermis. Die Zellen der oberen Epidermis sind von einer Wachsschicht überzogen, der **Cuticula**. Die Cuticula ist wasserabweisend und verringert so den Wasserverlust. Durch die lückenlose Aneinanderreihung der Zellen der Epidermis sind die inneren Gewebe geschützt und stabilisiert. Die Zellen der oberen Epidermis enthalten keine Chloroplasten. Ihre verdickten Zellwände verleihen dem Blatt seine Stabilität. Unter der oberen Epidermis erkennt man lang gestreckte Zellen mit vielen Chloroplasten. Diese Zellen bilden das Palisadengewebe. In den Chloroplasten dieser Zellen findet der Großteil der Photosynthese statt.

Gasaustausch im Laubblatt • Die unregelmäßig geformten Zellen unterhalb des Palisadengewebes sind zu einem lockeren Verband angeordnet und enthalten ebenfalls Chloroplasten. Es handelt sich um die Zellen des Schwammgewebes. Zwischen diesen Zellen befinden sich viele miteinander verbundene, gasgefüllte Hohlräume. Zwischen den Hohlräumen und den Zellen findet ein Gasaustausch statt: Die Zellen nehmen Kohlenstoffdioxid auf und geben Sauerstoff und Wasserdampf an die Hohlräume ab.

4 Erläutern Sie die Ihnen bereits bekannten Grundlagen der Photosynthese.

5 Fertigen Sie eine beschriftete Skizze der Biomembran einer Zelle des Schwammgewebes an und zeichnen Sie in Ihre Skizze vereinfacht die Teilchen ein, die zwischen den Zellen und der Luft ausgetauscht werden.

In der unteren Epidermis befinden sich die Spaltöffnungen. Jede Öffnung ist von zwei bohnenförmig angeordneten Zellen umgeben, die man Schließzellen nennt. Sie enthalten als einzige Epidermiszellen auch Chloroplasten und bilden die Verbindung mit der Außenluft. Über die Spaltöffnungen gelangt Kohlenstoffdioxid in das Blatt und ein Teil des bei der Photosynthese freigesetzten Sauerstoffs wird nach außen abgegeben. Auch die Abgabe des Wasserdampfs, die **Transpiration**, erfolgt über die Spaltöffnungen. Diese lassen sich öffnen und schließen. Der Öffnungszustand der Spaltöffnungen ist daher immer ein Kompromiss zwischen Photosynthese betreiben und Wasser sparen.

6 Erläutern Sie, weshalb es für die Pflanze wichtig ist, die Öffnungsweite der Spaltöffnungen aktiv steuern zu können.

7 Fertigen Sie eine Tabelle mit zwei Spalten an, in der Sie alle Strukturen des Querschnitts eines Laubblatts und ihre Funktionen notieren.

Sonnen- und Schattenblätter • Je nach Lichtbedingungen an der Wuchsstelle entwickelt die Pflanze entweder Sonnenblätter, die den Sonnenstrahlen direkt ausgesetzt sind, oder Schattenblätter, die weniger Licht erhalten.

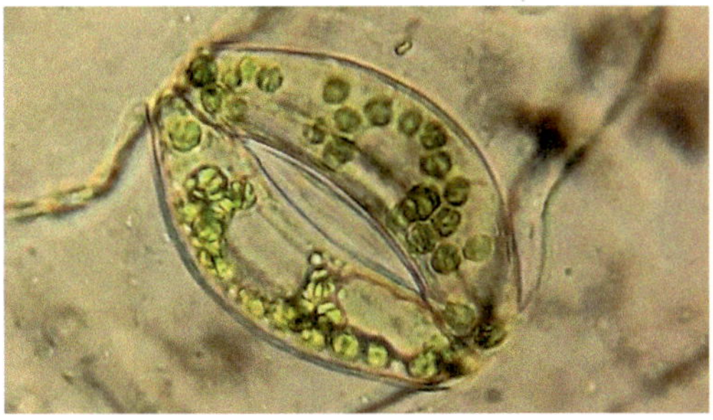

3 Spaltöffnung eines Laubblatts

8 Erklären Sie, wie der unterschiedliche Bau von Sonnen- und Schattenblättern eine Angepasstheit der Pflanze an verschiedene Lichtverhältnisse darstellt. (▶ 4).

9 Beschreiben und interpretieren Sie das Diagramm aus Abbildung 5 zum Einfluss verschiedener Lichtintensitäten auf die Photosyntheserate von Licht- und Schattenpflanzen, die auf der Ebene des Organismus an unterschiedliche Lichtmengen angepasst sind.

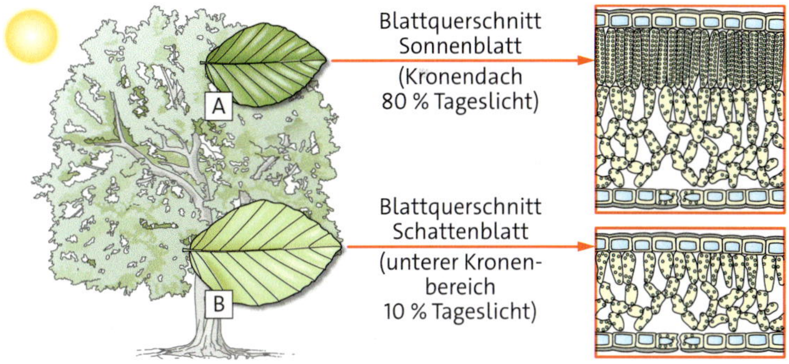

4 Blattquerschnitt einer Buche: **A** Sonnenblatt, **B** Schattenblatt

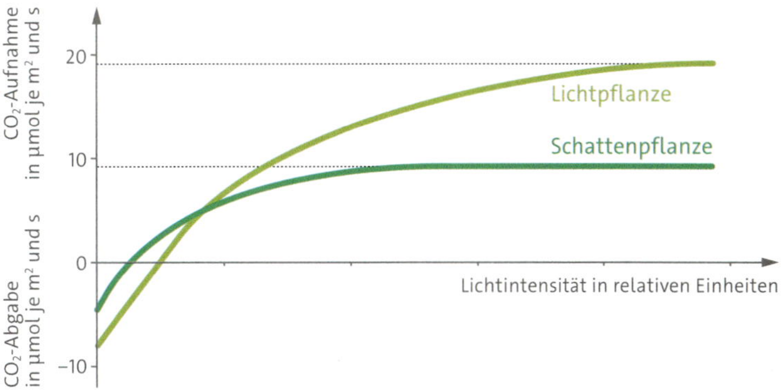

5 Einfluss verschiedener Lichtintensitäten

Mesophyten • Neben Sonnen- und Schattenblättern, die am selben Baum hängen, unterscheidet man auch verschiedene Typen von Pflanzen, deren Blätter und Wuchsformen Angepasstheiten an den Lebensraum der Pflanze besitzen. Die in Mitteleuropa verbreitete Buche beispielsweise verträgt hohe Sommertemperaturen, aber auch Wintertemperaturen von bis zu –30 °C. Bevorzugt wächst sie an mäßig feuchten und geschützten Lagen. Pflanzen, die an mäßig feuchte Standorte angepasst sind, bezeichnet man als **Mesophyten**. Die Epidermis von Mesophyten weisen eine dünne Cuticula auf und sind nicht behaart. Die Spaltöffnungen an den Unterseiten der Blätter weisen keine besonderen Vorrichtungen für einen ausgeprägten Verdunstungsschutz auf. Da die Pflanzen durch Transpiration ständig Wasser verlieren, werden im Herbst die Blätter abgeworfen. Dadurch wird bei Frost ein Austrocknen der Bäume verhindert. Bäume, die den Mesophyten zugeordnet werden, haben tiefe Wurzeln. Das sichert auch in trockeneren Zeiten die Wasserversorgung und ist damit unabdingbar für das Überleben.

1 Nennen Sie Angepasstheiten von Mesophyten an ihre Lebensweise.

2 Vergleichen Sie die Angepasstheiten von Mesophyten mit den Angepasstheiten des Oleanders (*Nerium oleander*) in Abbildung 1.

3 Stellen Sie eine Hypothese über den Lebensraum des Oleanders auf.

1 Oleander: A Pflanze, B Querschnitt eines Blatts

Xerophyten • Der Oleander kann an Standorten mit wenig Wasser und hoher Sonneneinstrahlung wachsen. Pflanzen, die solche Standorte besiedeln, nennt man auch **Xerophyten**. Die wirksamste Angepasstheit zur Verringerung des Wasserverlusts ist die Einschränkung der Transpiration.
Xerophyten besitzen kleine, oft behaarte Blätter. Diese haben eine mehrschichtige Epidermis und eine dicke Cuticula mit eingesenkten Spaltöffnungen. Hinzu kommt ein oft stark verzweigtes Wurzelwerk, das die geringen Wasservorräte im Boden erreichen kann. Viele Xerophyten speichern zudem Wasser in Blättern oder Sprossen. Das Speichern von Wasser in fleischigen Wasserspeichergeweben bezeichnet man als **Sukkulenz**.

4 Recherchieren Sie eine einheimische und zwei nicht einheimische Arten sukkulenter Pflanzen (► Methode auf S. 272).

Hydrophyten • Die Amazonas-Riesenseerose gehört zur Gruppe der Hydrophyten. Das sind Pflanzen, die ganz oder teilweise im Wasser wachsen. Die Schwimmblätter der Hydrophyten haben nur eine dünne oder gar keine Cuticula, da die Transpiration bei ihnen eine geringere Rolle spielt. Ebenso sind die Wurzeln dieser Pflanzen reduziert. Das Gewebe von Hydrophyten ist meist nicht in Palisaden- und Schwammgewebe untergliedert, sondern von großen Hohlräumen durchzogen. Diese sorgen für einen Auftrieb und dienen auch dem Gasaustausch der Pflanzen. Die Spaltöffnungen von Schwimmblättern liegen an der Oberseite der Blätter. Auf der unteren Epidermis gibt es keine Spaltöffnungen.

5 Zeichnen Sie ausgehend von den Informationen im Text einen möglichen Blattquerschnitt der Amazonas-Riesenseerose.

6 Fassen Sie die Angepasstheiten von Mesophyten, Xerophyten und Hydrophyten in einer Vergleichstabelle zusammen.

7 Recherchieren Sie weitere Typen von Pflanzen, deren Blätter Angepasstheiten an andere Lebensräume besitzen, und ergänzen Sie Ihre Tabelle.

Versuch A Mikroskopierpraktikum: Blattquerschnitt und Spaltöffnungsapparat

Geräte und Materialien

- Blätter einer *Tradescantia* (Dreimasterblume)
- Mikroskop
- Objektträger
- Deckgläschen
- Pinzette
- Becherglas (100 ml)
- Pipetten
- Rasierklingen
- klarer Nagellack
- gegebenenfalls weitere Blätter (z. B. *Ficus*, Seerose)

A Blattquerschnitt

Aus dem Blatt einer *Tradescantia* wird ein möglichst dünner Querschnitt gemacht. Dabei sollte das Blatt möglichst nicht beschädigt werden. Auf einen Objektträger wird mithilfe der Pipette ein Tropfen Wasser aufgetragen und der Querschnitt der Pflanze auf das Wasser gelegt. Das Präparat wird mit einem Deckgläschen möglichst blasenfrei abgedeckt. Anschließend wird der Querschnitt mit verschiedenen Vergrößerungen mikroskopiert.

B Spaltöffnungsapparat

Farbloser, durchsichtiger Nagellack wird auf die Unterseite eines Laubblatts aufgetragen. Nach dem Trocknen wird die Nagellackschicht vorsichtig mit der Pinzette abgezogen. Dieses Präparat wird ebenfalls auf einen Objektträger gelegt und mikroskopiert.

1 Fertigen Sie jeweils Skizzen der Präparate an und beschriften Sie Ihre Zeichnungen.

2 Vergleichen Sie Ihre Skizzen mit Querschnitten anderer Pflanzen, zum Beispiel Seerosen oder Oleander.

3 Legen Sie ein Laubblatt mit der Blattunterseite nach oben und präparieren Sie ein Stück Cuticula heraus. Ritzen Sie dazu mit einer Rasierklinge ein etwa 5 × 5 mm großes Quadrat in die Blattoberfläche und ziehen Sie die Cuticula vorsichtig mit der Pinzette ab. Geben Sie das Präparat mit etwas Wasser auf einen Objektträger, legen Sie ein Deckgläschen auf und mikroskopieren Sie.

Material B Verhungern oder Verdursten

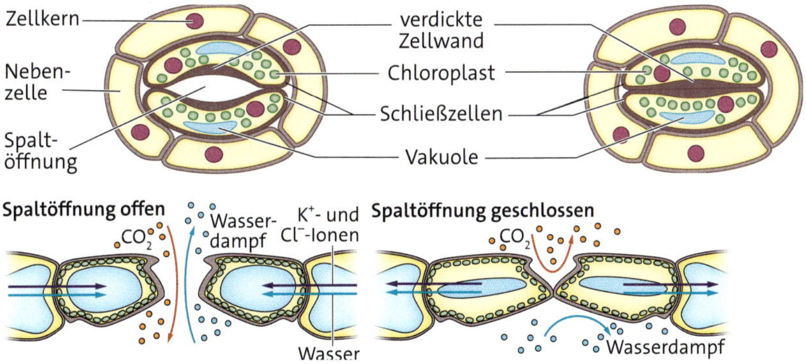

Die Spaltöffnungen in der Blattepidermis werden von Schließzellen umgeben. Die Verdickung der zur Spaltöffnung liegenden Wände der Schließzellen ermöglicht das Öffnen und Schließen. Von den Nebenzellen werden aktiv Kaliumionen in die Schließzellen transportiert. Durch das nachströmende Wasser baut sich ein Druck auf, den man Turgor nennt. Der Turgor verformt die Schließzellen, sodass sich eine Öffnung bildet. Ein Rückstrom führt zum Verschließen. Die Öffnungsweite wird über die abiotischen Umweltfaktoren gesteuert. Bei guter Wasserversorgung sind die Spaltöffnungen geöffnet. Außerdem führen Licht und ein niedriger CO_2-Gehalt im Blattinneren zu einer Öffnung.

1 Beschreiben Sie den Aufbau der Spaltöffnungen.

2 Beschreiben Sie die Veränderungen der Ionenkonzentrationen in den Schließzellen, die zum Öffnen beziehungsweise Schließen der Spaltöffnungen führen.

3 Erklären Sie, wieso es biologisch sinnvoll ist, dass die Umweltfaktoren Licht, Wasser und Kohlenstoffdioxid Einfluss auf die Öffnungsbewegungen der Spaltöffnungen nehmen, und planen Sie Experimente, um den Einfluss der genannten Faktoren auf die Spaltöffnungen zu untersuchen.

Die Tracer-Methode

Grundlagen • Das mikroskopische Bild einer Zelle liefert für sich allein keine Informationen über die in der Zelle ablaufenden Stoffwechselvorgänge. Um diese zu erforschen, werden die zu untersuchenden Moleküle markiert und so ihre Verteilung in der Zelle und ihr Weg durch die Zellbestandteile sichtbar gemacht. Auf diese Weise lässt sich die Spur der Atome im Stoffwechsel einer Zelle oder eines Organismus verfolgen. Die markierten Verbindungen heißen **Tracer**. Tracer können mit verschiedenen Methoden in der Zelle oder dem Organismus aufgespürt und bildlich dargestellt werden.

engl. to trace = aufspüren

1 Definieren Sie, was man unter Tracern versteht.

2 Erklären Sie, was man unter Isotopen versteht.

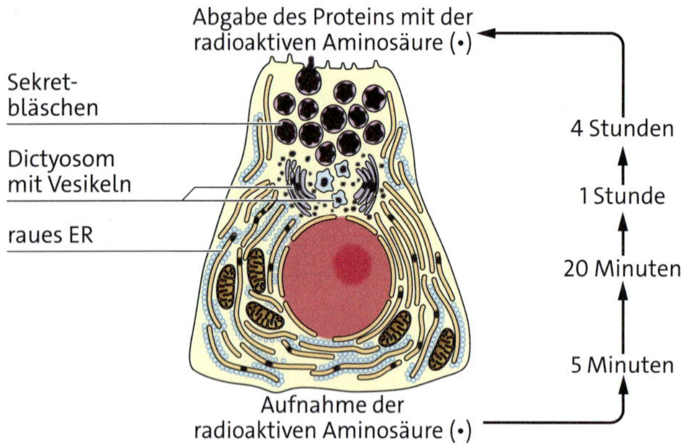

1 Schema einer Bauchspeicheldrüsenzelle nach Isotopenmarkierung

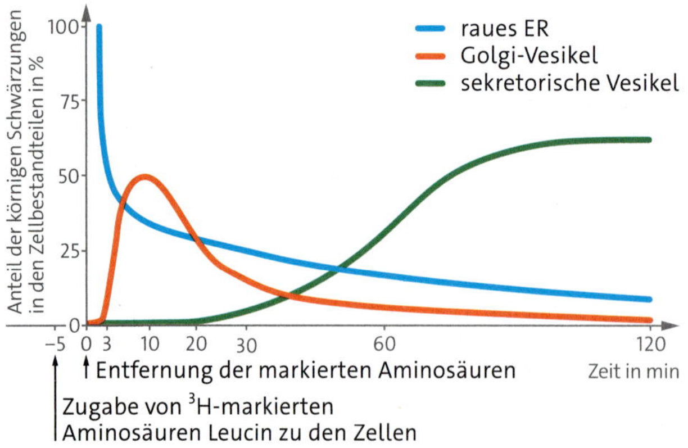

2 Autoradiografische Schwärzung verschiedener Zellorganelle

Isotope als Tracer • Die Atome vieler chemischer Elemente kommen in der Natur in verschiedenen Varianten vor, die sich in ihren chemischen Eigenschaften gleichen, aber unterschiedliche physikalische Eigenschaften besitzen. Der Grund liegt in einer unterschiedlichen Anzahl an Neutronen im Atomkern. Solche Atome nennt man **Isotope**. Stickstoff zum Beispiel kann in Form des leichten Stickstoffisotops ^{14}N oder des schweren Stickstoffisotops ^{15}N vorkommen.

Beispiele für Isotope • Isotope eignen sich als Tracer. Das Stickstoffisotop ^{15}N verwendet man zum Beispiel bei der Erforschung der DNA-Replikation. Viele Isotope sind instabil und geben spontan radioaktive Strahlung ab. Dazu gehören das schwach radioaktive Isotop des Kohlenstoffs, ^{14}C, das Tritium, ^{3}H, und das Phosphorisotop, ^{32}P. Im Labor können sie genutzt werden, um zum Beispiel radioaktiv markierte Aminosäuren oder DNA-Bausteine herzustellen.

Autoradiografie • Lebewesen können zwischen den verschiedenen Isotopen nicht unterscheiden, sie werden genau gleich verstoffwechselt. Wenn man in Zellen kurzzeitig radioaktiv markierte Aminosäuren einbringt, nutzen sie diese für den Aufbau von Proteinen. Untersucht man anschließend die Zellen zu verschiedenen Zeiten, kann man erkennen, welche Wege die hergestellten Moleküle durch die Zelle nehmen.
Mithilfe der Autoradiografie konnte bereits 1967 die Beteiligung der verschiedenen Zellorganellen an der Synthese von Insulin in Bauchspeicheldrüsenzellen aufgeklärt werden. Die von den Zellen für die Insulinsynthese genutzte Aminosäure ^{3}H-Leucin wurde radioaktiv markiert. Anschließend wurden die Bauchspeicheldrüsenzellen in verschiedenen zeitlichen Abständen tiefgefroren und für die elektronenmikroskopische Untersuchung präpariert. Radioaktive Strahlung hinterlässt auf Fotofilmen körnige Schwärzungen. Diese Schwärzungen lassen sich zählen und Zellbestandteilen zuordnen.

3 Beschreiben Sie die Vorgänge bei der Proteinbiosynthese, die zum Einbau der radioaktiv markierten Aminosäure in ein Protein führen.

Tracer zur Aufklärung der Photosynthese • Mithilfe eines Tracer-Versuchs konnte eine entscheidende Erkenntnis zur Photosynthese gemacht werden. Bis dahin war unklar, ob die bei der Photosynthese freigesetzten Sauerstoffmoleküle aus den Kohlenstoffdioxid- oder den Wassermolekülen stammen.

4 Beschreiben Sie die Tracer-Versuche zur Klärung dieser Frage (▶ 3) und ziehen Sie eine Schlussfolgerung aus den Ergebnissen.

Um die Hypothese zu prüfen, ob der Sauerstoff aus dem aufgenommenen Kohlenstoffdioxid stammt, nutzten die Forscher das natürlich vorkommende Sauerstoffisotop ^{18}O, das sich von dem sehr viel häufiger vorkommenden Sauerstoffisotop ^{16}O durch eine etwas höhere Atommasse auszeichnet. In einem Versuch gaben sie zu einer Suspension von Chlorella-Algen Wasser, das mit ^{18}O-Sauerstoffatomen markiert wurde ($H_2{}^{18}O$) und normales Kohlenstoffdioxid, welches ^{16}O-Sauerstoffatome enthielt: $C^{16}O_2$. In einem zweiten Experiment versorgte man die Pflanzen umgekehrt mit ^{18}O markiertem Kohlenstoffdioxid, während die Sauerstoff-Atome im Wasser keine höhere Atommasse aufwiesen. Die Algen wurden belichtet und das Verhältnis der beiden Isotope in der Luft gemessen.

Versuchsergebnisse • Nur im ersten Versuchsansatz konnte nachgewiesen werden, dass die Menge an ^{18}O gegenüber ^{16}O in der Luft zunahm. Dadurch wurde die ursprüngliche Hypothese über die Herkunft des Sauerstoffs falsifiziert. Dieser Nachweis führte zur Korrektur der Bilanzgleichung der Photosynthese und zur intensiven Erforschung der Spaltung von Wasser mithilfe von Sonnenlicht.

Weitere Tracer • Calvin gelang es dann, in ausgeklügelten Tracer-Experimenten mit radioaktiv markiertem $^{14}CO_2$, die Nutzung des CO_2, während der Photosynthese zu verfolgen und autoradiografisch sichtbar zu machen. So konnte er systematisch einen der wichtigsten Stoffwechselkreisläufe aufklären, der nach ihm **Calvin-Zyklus** genannt wird.

5 Beschreiben Sie den Weg der Erkenntnisgewinnung zur Klärung der Frage der Herkunft der Atome des Sauerstoffs bei der Photosynthese in Form eines Flussdiagramms.

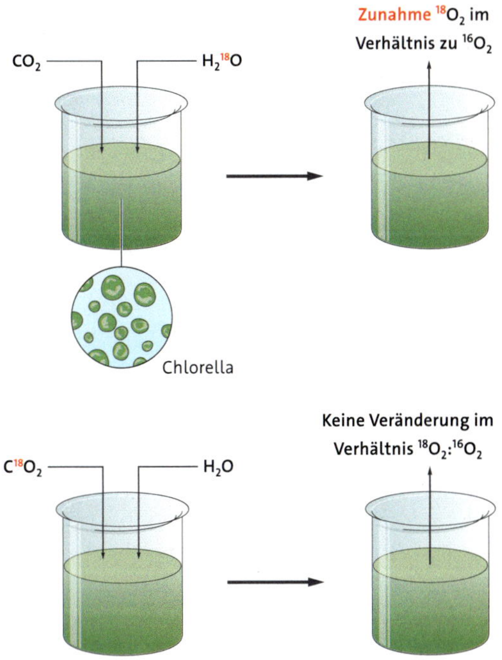

3 Nachweisexperiment zur Herkunft der Sauerstoffatome

Antikörper lassen sich als Tracer nutzen, da sie sehr spezifisch an bestimmte Merkmale von Krankheitserregern, Zellen und Fremdstoffen binden. Dazu werden passende Antikörper im Labor von Antikörper produzierenden Immunzellen hergestellt und mit einer fluoreszierenden oder radioaktiven Substanz verknüpft. Mithilfe solcher Tracer lassen sich zum Beispiel das Vorkommen von Tumorzellen in einem Gewebe sichtbar machen.
Die zufällige Entdeckung eines grün fluoreszierenden Proteins, kurz GFP, in der Tiefseequalle *Aequorea* hat eine Revolution in der Erforschung lebender Zellen mithilfe von Leuchtproteinen ausgelöst. Mit gentechnischen Methoden stellen Forschende die genetische Bauanleitung für das GFP her und schleusen es gekoppelt mit Genen, deren Wirkung untersucht werden soll, in den Organismus ein. Wird das zu untersuchende, eingeschleuste Gen aktiviert, führt das auch zur Aktivierung des gekoppelten GFP-Gens. Das wird durch ein grünes Aufleuchten unter geeigneter Beleuchtung erkennbar.

6 Fertigen Sie eine Mind-Map als Übersicht über verschiedene Tracer an.

2.6 Ablauf der Photosynthese

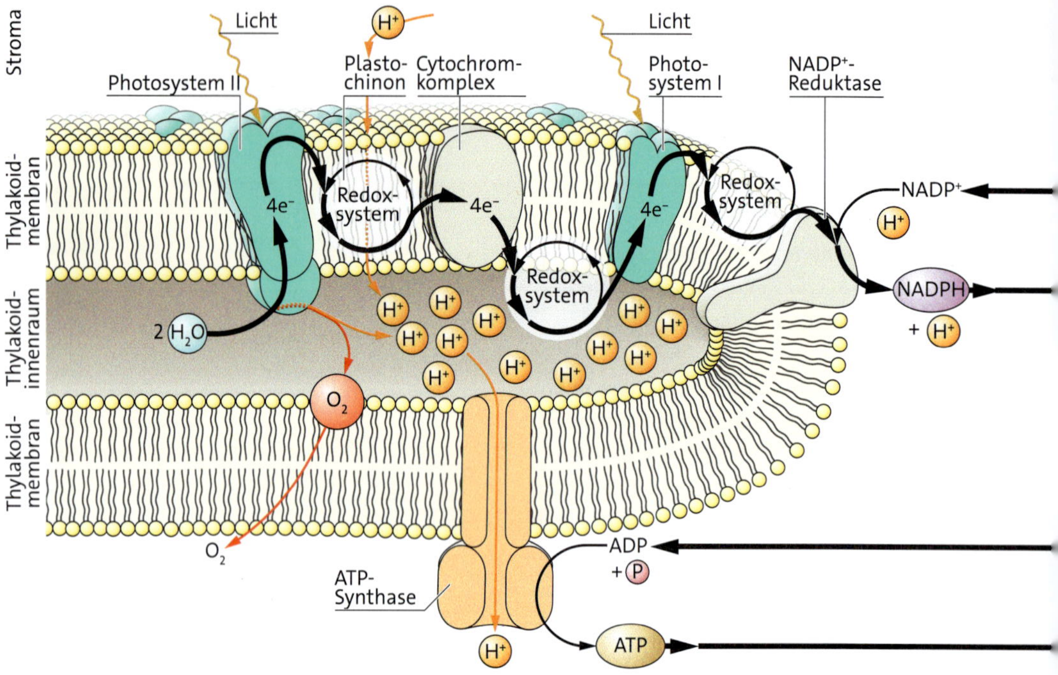

1 Primärreaktionen (Schema mit Elektronentransport und Protonenfluss)

Bei der Photosynthese nutzt die Pflanze das Sonnenlicht zur Produktion von Glucose. Welche Vorgänge laufen in den Chloroplasten ab?

Die Primärreaktionen werden auch als lichtabhängige Reaktionen bezeichnet.

Die Sekundärreaktionen werden auch als lichtunabhängige Reaktionen bezeichnet.

eA

Zyklischer Elektronentransport: Ein im Photosystem I durch Licht angeregtes Elektron wird über eine Reihe von Elektronenträgern (u. a. dem Cytochrom-Komplex) weitergeleitet. Dabei wird ein Protonengradient aufgebaut, der zur ATP-Synthese genutzt wird. Statt zur $NADP^+$-Reduktion zu führen, wird das Elektron zurück zum Photosystem I geleitet – daher „zyklisch". Der Vorgang dient der Regulierung der Synthese von ATP im Verhältnis zu NADPH + H^+ und des Elektronentransports.

Primärreaktionen • Bei der Photosynthese werden Kohlenstoffdioxid und Wasser in den Chloroplasten unter Einwirkung von Licht in Glucose und Sauerstoff umgewandelt. Dies erfolgt innerhalb der Chloroplasten in zwei verschiedenen Kompartimenten. Untersuchungen belegten, dass die Primärreaktionen an die Thylakoide gebunden sind, während die Sekundärreaktionen im Stroma ablaufen. Bei den Primärreaktionen werden die zelleigenen Stoffe $NADP^+$ zu NADPH + H^+ reduziert und ADP + P in ATP umgewandelt. $NADP^+$/NADPH + H^+ ist ein Redoxpaar, das Elektronen aufnimmt oder abgibt. NADPH + H^+ und ATP werden in der den Sekundärreaktionen benutzt, um Kohlenhydrate aufzubauen. In den Primärreaktionen werden insgesamt Elektronen aus dem Wassermolekül auf $NADP^+$ übertragen, wodurch $NADP^+$ zu NADPH + H^+ reduziert wird. Die dafür benötigte Energie stammt aus dem Licht. Zwei hintereinandergeschaltete Photosysteme werden durch Licht in den angeregten Zustand überführt. Durch die Absorption der Lichtenergie wird das Chlorophyllmolekül derart angeregt, dass es zwei Elektronen an das jeweils nächste Redoxsystem abgibt. Erst diese zweifache Energieaufnahme reicht schließlich für die Reduktion des $NADP^+$ aus (▶ **1**).

Die auf das $NADP^+$ übertragenen Elektronen stammen aus dem Wasser. Das angeregte Chlorophyllmolekül entzieht dem Wasser die Elektronen und füllt damit seine „Elektronenlücke". Dabei wird das Wasser zerlegt:

$$2\,H_2O \rightarrow 4\,H^+ + O_2 + 4e^-$$

Diesen Vorgang nennt man **Photolyse** des Wassers. Bei der Spaltung des Wassers mithilfe eines Enzymkomplexes werden außerdem H^+-Ionen, also Protonen, und elementarer Sauerstoff freigesetzt. Der Sauerstoff wird nach außen abgegeben. Die Elektronen werden in der Elektronentransportkette weitergegeben (▶ **1**). Diese besteht neben den Photosystemen und der $NADP^+$-Reduktase aus mehreren Proteinen, die als Redoxsysteme wirken: sie können Elektronen aufnehmen und wieder abgeben. Man spricht hierbei auch von einem nichtzyklischen Elektronentransport (im Gegensatz zum zyklischen Elektronentransport, bei dem die Elektronen schließlich zum Ausgangsmolekül zurückkehren). Die bei der Wasserspaltung freigesetzten Protonen reichern sich im Thylakoidinnenraum an. Zusätzlich werden H^+-Ionen über die Membran vom Stroma in den

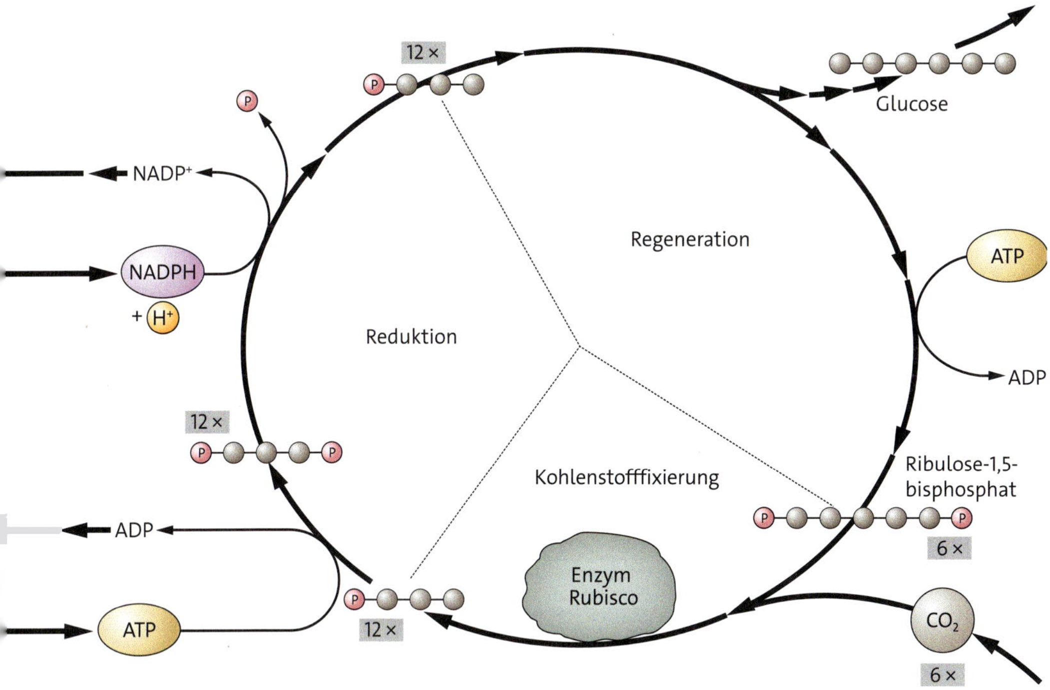

2 Sekundärreaktionen (Calvin-Zyklus) stark vereinfacht

Thylakoidinnenraum transportiert. Durch beide Vorgänge entsteht ein Protonengradient zwischen Thylakoidinnenraum und Stroma. Die ATP-Synthase nutzt diesen Protonengradienten zur ATP-Synthese. Diese sogenannte Photophosphorylierung entspricht dem von Peter Mitchell beschriebenen chemiosmotischen Modell (▶ 3). In den Primärreaktionenn entstehen neben Sauerstoff also NADPH + H^+ und der Energieträger ATP. NADPH + H^+ und ATP sind Ausgangsstoffe für die Sekundärreaktionen. Das **chemiosmotische Modell** von Peter Mitchell erklärt das Prinzip der ATP-Synthese in lebenden Zellen. Angewendet auf die Photosynthese besagt es, dass Elektronen mithilfe von Lichtenergie angeregt werden. Die Energie wird genutzt, um Protonen vom Stroma in den Thylakoidinnenraum zu transportieren. Dadurch baut sich ein Protonengradient auf. Der Gradient wird von einer ATP-Synthase genutzt, um ATP aus ADP und P_i aufzubauen. (▶ 3)

Sekundärreaktionen • Kern der Sekundärreaktionen ist ein zyklischer Reaktionsablauf, der Calvin-Zyklus. Dieser kommt ohne Licht aus. Für die hier ablaufenden Prozesse werden die in der den Primärreaktionen gebildeten Reduktionsmittel NADPH + H^+ und ATP als Energiequelle benötigt. Als Produkt wird Glucose gebildet. Sein Reaktionsablauf lässt sich in drei Phasen gliedern: Bei der CO_2-Fixierung reagiert Kohlenstoffdioxid unter Wirkung des Schlüsselenzyms **Ri**b**u**lose-1,5-**bis**phosphat-**c**arboxylase/-**o**xygenase, kurz RuBisCO, mit dem C_5-Zucker Ribulose-1,5-bisphosphat. Das Produkt zerfällt sofort in zwei C_3-Körper. Die folgende Reduktion wird mithilfe von ATP eingeleitet. Der energiereiche C_3-Körper kann nun von dem in der Photoreaktion gebildeten NADPH + H^+ reduziert werden. Das dabei entstehende $NADP^+$ und das ADP stehen für die Primärreaktionen wieder zur Verfügung. Wenn hinreichend reduzierte C_3-Körper entstanden sind, findet in einer komplexen Reaktionsfolge die Regeneration des C_5-Körpers statt, der wieder Kohlenstoffdioxid fixieren kann. Aus insgesamt zwölf C_3-Körpern entsteht ein Glucosemolekül, also ein C_6-Körper, und es werden sechs C_5-Körper regeneriert.
Für die Energie- und Stoffbilanz der Photosynthese lässt sich folgende Reaktionsgleichung formulieren:

$$12\ H_2O + 6\ CO_2 \rightarrow C_6H_{12}O_6 + 6\ H_2O + 6\ O_2$$

1 Die Sekundärreaktionen werden auch als Dunkelreaktionen bezeichnet. Erklären Sie, warum diese Bezeichnung irreführend sein kann.

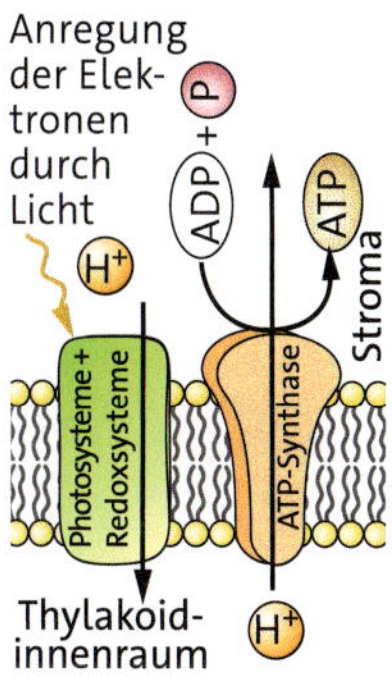

3 Chemiosmotisches Modell der lichtabhängigen Reaktion

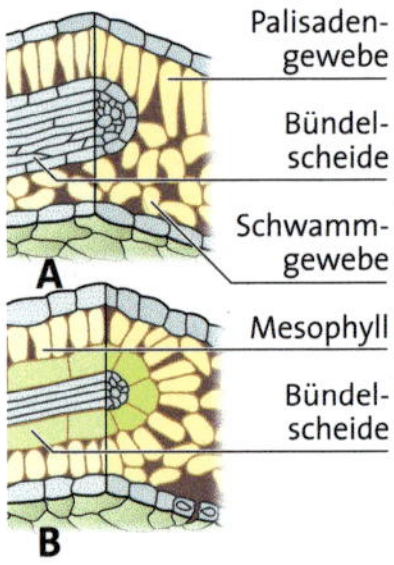

1 Blattaufbau:
A C_3, B C_4

C_3-Pflanzen sind Pflanzen, bei denen die Fixierung des Kohlenstoffdioxids zunächst über ein Molekül mit drei Kohlenstoffatomen erfolgt.

1 **Beschreiben Sie, welche Probleme sich für Pflanzen an sehr trockenen Standorten hinsichtlich der Photosynthese ergeben.**

C_4-Pflanzen • Die Kulturpflanze Mais ist an heiße und trockene Standorte angepasst. Sie verengt tagsüber die Spaltöffnungen in den Blättern, sodass die Verdunstung verringert wird. Dadurch gelangt nur wenig CO_2 in ihre Zellen. Der Mais kann trotzdem noch CO_2 fixieren. In den Mesophyllzellen (Palisaden- und Schwammgewebezellen) der Blätter kommt ein Enzym vor, welches schon bei sehr geringen CO_2-Konzentrationen arbeitet. Es bindet CO_2 an Phosphoenolpyruvat, kurz PEP. Dabei entsteht zuerst Oxalacetat und dann Malat. Das Malat enthält vier Kohlenstoffatome, deswegen werden diese Pflanzen als C_4-Pflanzen bezeichnet. Das Malat gelangt in die Leitbündelscheidenzellen. Hier wird das CO_2 wieder freigesetzt. Es liegt jetzt in den Leitbündelscheidenzellen in so hoher Konzentration vor, dass es in den Calvin-Zyklus eingeschleust werden kann. Durch die räumliche Trennung von CO_2-Fixierung und Weiterverarbeitung im Calvin-Zyklus zeigen C_4-Pflanzen auch bei schlechterer Wasserversorgung ein gutes Wachstum. C_4-Pflanzen können also im Vergleich zu C_3-Pflanzen auch bei niedrigen Kohlenstoffdioxidkonzentrationen effektiv Photosynthese betreiben.

Blickpunkt

CAM-Pflanzen • Einige Pflanzen, die an trockenen Standorten leben, wie die Ananas, halten ihre Spaltöffnungen tagsüber geschlossen und öffnen sie nur nachts. Dies verhindert größere Wasserverluste durch Transpiration. Das Kohlenstoffdioxid wird nachts aufgenommen. Wie C_4-Pflanzen binden sie das Kohlenstoffdioxid unter Bildung von Oxalacetat, welches zu Malat reduziert wird. Das Malat wird in den Vakuolen gespeichert. Trotz tagsüber geschlossener Spaltöffnungen kann die Photosynthese aber ablaufen. Wenn die Primärreaktionen anlaufen, verlässt das gespeicherte Malat die Vakuole. Es wird abgebaut und Kohlenstoffdioxid freigesetzt. Dieses kann dann im Calvin-Zyklus fixiert werden. Da dieser Stoffwechsel zunächst bei Dickblattgewächsen, Crassulaceen, beobachtet wurde, nennt man ihn englisch Crassulacean Acid Metabolism, CAM. CAM-Pflanzen wachsen sehr langsam. Sie kommen aber mit einem Zehntel der von C_3-Pflanzen benötigten Wassermenge aus.

2 **Vergleichen Sie die Photosynthese von C_3-, C_4- und CAM-Pflanzen.**

3 **Erklären Sie, warum CAM-Pflanzen langsamer wachsen als C_3- oder C_4-Pflanzen.**

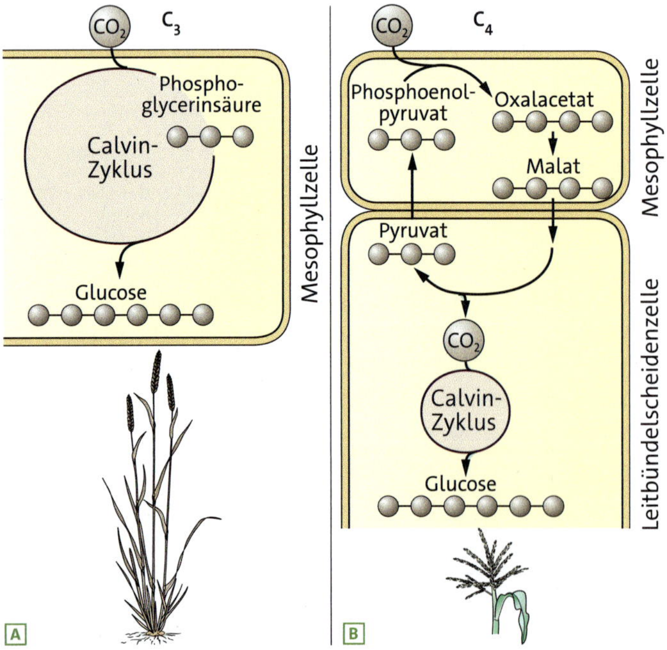

2 Stoffwechsel von A C_3-, B C_4- Pflanzen

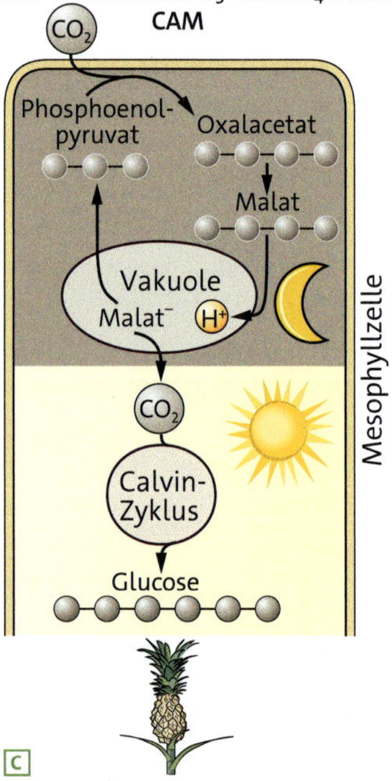

3 Stoffwechsel von CAM-Pflanzen

Material A ATP-Synthese

1 Erläutern Sie, an welchen Stellen in den Primärreaktionen der Photosynthese der Protonengradient erhöht beziehungsweise erniedrigt wird.

2 Ordnen Sie die pH-Werte 5 und 8 begründet den beiden Kompartimenten Stroma und Thylakoidinnenraum zu.

3 Beschreiben Sie die Struktur und Funktion der ATP-Synthase. Berücksichtigen Sie dabei insbesondere den Weg der Protonen.

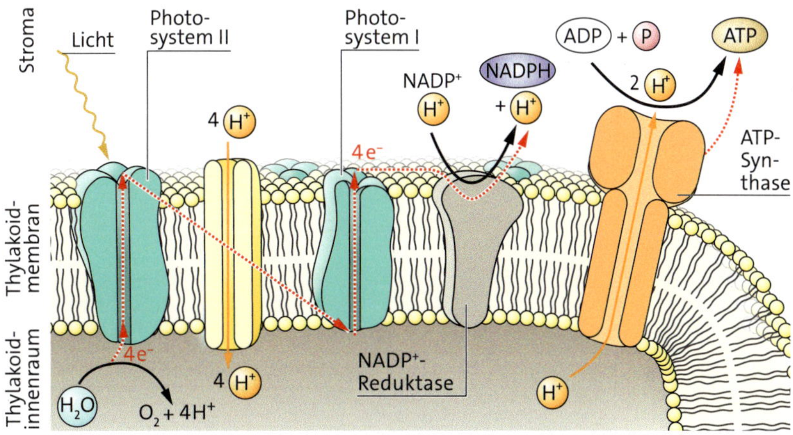

A1 Die Elektronentransportkette und die ATP-Synthase

Versuch B Modell der Hill-Reaktion

Die photolytische Wasserzerlegung kann man mithilfe eines Modellversuchs nachstellen.

$$2\,H_2O + 2\,NADP^+ \xrightarrow[\text{Chloroplasten}]{\text{Licht}} 2\,NADPH + 2\,H^+ + O_2$$

Mit künstlichem Elektronenakzeptor (Blutlaugensalz):

$$2\,H_2O + \text{rotes Blutlaugensalz (oxidiert)} \xrightarrow[\text{Chloroplasten}]{\text{Licht}} \text{gelbes Blutlaugensalz reduziert} + O_2$$

$$\text{gelbes Blutlaugensalz reduziert} + \text{Eisen(III)-chlorid} \longrightarrow \text{Berliner Blau (unlöslicher Niederschlag)}$$

Material: 1%ige Lösung rotes Blutlaugensalz (Kaliumhexacyanoferrat (III)), 1%ige Lösung gelbes Blutlaugensalz (Kaliumhexacyanoferrat (II)), 0,1%ige Lösung Eisen(III)-chlorid-Hexahydrat, 2 g Petersilie, Mörser und Pistill, Schere, Filter, Trichter, Petrischalen, 4 Reagenzgläser, Aluminiumfolie, 3 Pasteurpipetten, Lichtquelle

Durchführung:

1 Zerkleinern Sie die Petersilie im Mörser und fügen Sie 20 ml demineralisiertes Wasser hinzu, bis ein dunkelgrüner Blattextrakt entsteht.

2 Filtrieren Sie den Extrakt, verteilen Sie ihn auf die beiden Reagenzgläser. Schützen Sie ein Reagenzglas mit Aluminiumfolie vor Lichteinfall.

3 Warten Sie 5 min und geben Sie dann jeweils 10 Tropfen der Lösung des roten Blutlaugensalzes hinzu.

4 Geben Sie drei Tropfen des ersten Ansatzes auf eine Petrischale. Die Belichtung erfolgt für 15 min mit einer starken Lichtquelle.

5 Geben Sie einen Tropfen der Eisen(III)-chlorid-Hexahydrat-Lösung hinzu.

	Ansatz 1	Ansatz 2	Ansatz 3	Ansatz 4
Chlorophyll	+	+		
Rotes Blutlaugensalz	+	+	+	
Gelbes Blutlaugensalz				+
Licht	+			
Eisen(III)-chlorid	+	+	+	+
Ergebnis	blau	rot	rot	blau

1 Erklären Sie, was ein Farbumschlag zu Blau anzeigt.

2 Erklären Sie, was es bedeutet, wenn kein Farbumschlag von Rot nach Blau stattgefunden hat.

3 Beschreiben Sie den Unterschied in den beiden Versuchsansätzen mit Chlorophyll und erklären Sie ihn.

2.7 Einflüsse auf die Enzymaktivität

1 Great-Fountain-Geysir

Als Forscher der Indiana University im Jahr 1969 den Great-Fountain-Geysir im Yellowstone-Nationalpark untersuchten, stellten sie überrascht fest, dass in den 80 °C heißen Quellen Bakterien leben. Sie nannten die gefundene Bakterienart Thermus aquaticus. *Die Bakterien wurden in den 1980er-Jahren durch die Arbeit von Kary Mullis weltbekannt, der die Polymerasekettenreaktion zur Vervielfältigung von DNA entwickelte. Worauf ist die Besonderheit dieser Bakterien zurückzuführen?*

1 Enzyme sind Biokatalysatoren. Erklären Sie anhand des Energiediagramms die Wirkungsweise von Enzymen (▸ 2). Ziehen Sie Parallelen zum Autokatalysator, der die teilweise giftigen Autoabgase von Verbrennungsmotoren schnell und bei relativ niedrigen Temperaturen in weniger schädliche Produkte umwandelt.

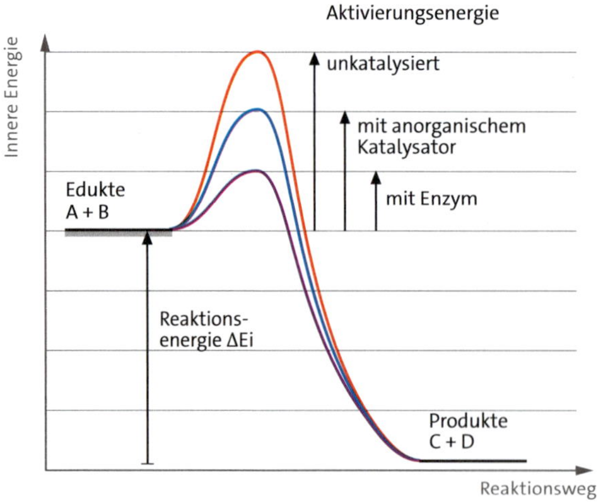

2 Katalytische Wirkung von Enzymen

Enzymaktivität und Temperatur • In Lebewesen steuern Enzyme den gesamten Stoffwechsel. Sie gehören fast immer zur Stoffklasse der Proteine, die noch durch weitere Bestandteile ergänzt sein können.

2 Schildern Sie den molekularen Aufbau von Proteinen und erläutern Sie in diesem Zusammenhang die Begriffe Primär-, Sekundär-, Tertiär-, und Quartärstruktur.

Für Menschen ist Fieber mit einer Körpertemperatur von über 41 °C sehr gefährlich, für Vögel ist 40 °C die Normaltemperatur. Ein antarktischer Eisfisch, der

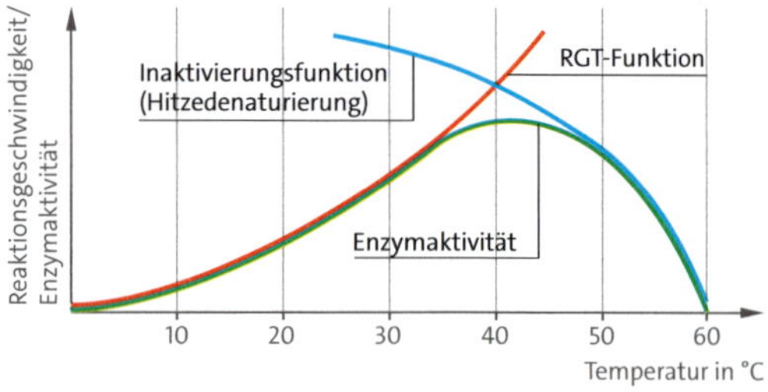

3 Temperaturabhängigkeit der Enzymaktivität als Resultat zweier gegenläufiger Funktionen

bei einer Wassertemperatur von konstant –1,9 °C lebt, stirbt schon bei 6 °C. Der Grund hierfür liegt im artspezifisch unterschiedlichen Aufbau bestimmter Enzyme.

3 Beschreiben Sie anhand des Graphen die allgemeine Temperaturabhängigkeit der Enzymaktivität und ermitteln Sie grafisch deren Optimum (▶ 3).

4 Erläutern Sie begründet, warum eine durch Fieber bedingte Erhöhung der Körpertemperatur des Menschen bis zu einer gewissen Temperatur vorteilhaft sein kann.

Der Vergleich der Temperaturoptima verschiedener thermorkonformer Lebewesen zeigt die evolutionäre Angepasstheit an die jeweiligen Lebensräume. Bei Thermoregulatoren liegt das Temperaturoptimum der Enzymaktivität im Bereich der Körpertemperatur.

5 Stellen Sie eine begründete Hypothese auf, inwiefern sich die Optimumkurven einer Elster und eines arktischem Eisfisches unterscheiden, und skizzieren Sie entsprechende vollständig beschriftete Graphen.

Eine Temperaturerhöhung führt grundsätzlich zu einer Erhöhung der Geschwindigkeit einer chemischen Reaktion. Die Ursache auf Teilchenebene ist die größere Bewegungsgeschwindigkeit der beteiligten Teilchen. Dies gilt auch für enzymkatalysierte Stoffwechselreaktionen, bei denen innerhalb eines bestimmten Temperaturbereichs eine Temperaturerhöhung um 10 °C die Reaktionsgeschwindigkeit verdoppelt. Man bezeichnet diesen Zusammenhang als Reaktionsgeschwindigkeit-Temperatur-Regel, kurz RGT-Regel. Jedes Enzym hat dabei ein spezifisches Temperaturoptimum, bei dem es seine höchste katalytische Aktivität besitzt. Für die meisten Enzyme unseres Körpers liegt das Temperaturoptimum bei etwa 37 °C. Die Sekundär-, Tertiär- und Quartärstrukturen verändern sich bei weiterer Erhöhung der Temperatur aufgrund der geringer wirkenden Wechselwirkungen zwischen den Aminosäuren. Dadurch verändert sich die räumliche Gestalt des Enzyms. Es denaturiert aufgrund der Hitze irreversibel.

6 Erklären Sie anhand einer beschrifteten Schemazeichnung das Schlüssel-Schloss-Modell der Wirkungsweise von Enzymen. Erläutern Sie in diesem Zusammenhang, wieso die Funktion von Enzymen aufgrund von Temperaturveränderungen beeinträchtigt werden kann.

Aufgrund der Temperaturempfindlichkeit von Enzymen hatte man im Great-Fountain-Geysir keine Lebewesen erwartet. Deshalb war es eine wissenschaftliche Sensation, dort Bakterien zu finden. Diese besitzen hitzestabile Enzyme. Die weitreichende Bedeutung dieser Entdeckung offenbarte sich in den 1980er-Jahren, als es gelang, selbst geringe Mengen DNA mithilfe eines Enzyms aus dem Bakterium *Thermus aquaticus* zu vervielfältigen. Man nennt das Enzym deshalb Taq-Polymerase. Heutzutage ist diese von Kary Mullis entwickelte Vervielfältigungsmethode der DNA – die Polymerasekettenreaktion (PCR) – eines der wichtigsten Laborverfahren der molekularen Genetik.

7 Beschreiben Sie den Ablauf der Polymerasekettenreaktion und erklären Sie, was man bei der PCR unter Denaturierung, Hybridisierung und Amplifikation versteht. Erklären Sie insbesondere, welche Rolle die Taq-Polymerase bei der PCR spielt und wieso sie nicht durch menschliche Enzyme ersetzt werden kann. Vergleichen Sie dazu auch die beiden Optimumkurven der Taq-Polymerase und eines typischen menschlichen Enzyms (▶ 4).

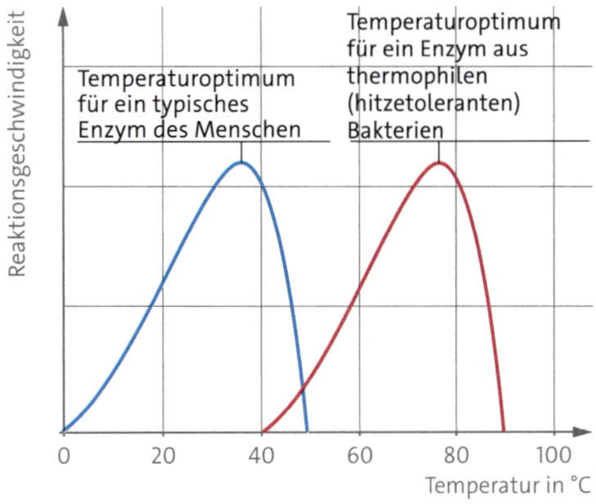

4 Temperaturoptima menschlicher Enzyme und der von *Thermus aquaticus*

eA Praktikum

1 Banane über Kerzenflamme

1 Führen Sie folgendes Experiment durch, dokumentieren Sie Ihre Beobachtungen und erläutern Sie diese mithilfe Ihres Wissens über die Temperaturabhängigkeit der Enzymwirkung:

Eine Bananenschale wird mit der Außenseite waagrecht über ein Teelicht gehalten und komplett still gehalten, bis eine deutliche Verfärbung zu erkennen ist. Die Flammenspitze soll dabei genau die Schale berühren.
Info: Wenn Bananen in der Natur reif werden, dann ändert sich deren Farbe von Gelb nach Braun. Verantwortlich für diesen Reifungsprozess ist die Phenoloxidase, ein Enzym der Bananenschale, das Phenol in braunes Melanin umwandelt.

Enzymaktivität und pH-Wert • Bei der menschlichen Verdauung wird die Bedeutung des pH-Werts für die Enzymaktivität deutlich. Die pH-Werte in Magen und Dünndarm unterscheiden sich beispielweise erheblich. Dieser Befund legt nahe, dass die in den jeweiligen Organen aktiven Enzyme durch den pH-Wert beeinflusst werden. Der pH-Wert des Magensafts liegt zwischen 1,5 und 2 und entspricht etwa dem Optimum des im Magen aktiven Pepsins. Das alkalische Sekret der Bauchspeicheldrüse lässt den pH-Wert im Dünndarm bis auf 8 steigen. Die hier vorhandenen Enzyme, beispielsweise Trypsin, weisen entsprechend höhere pH-Optima auf als das Pepsin. Bei unterschiedlichen pH-Werten liegen unterschiedliche H_3O^+-Ionen-Konzentrationen vor, welche die Ladungen von Carboxyl- und Aminogruppen der Aminosäuren innerhalb des Enzyms verändern. Dadurch werden die Wechselwirkungen mit anderen geladenen Gruppen im Enzym so beeinflusst, dass sich dessen Struktur und damit die Aktivität des Enzyms verändert.

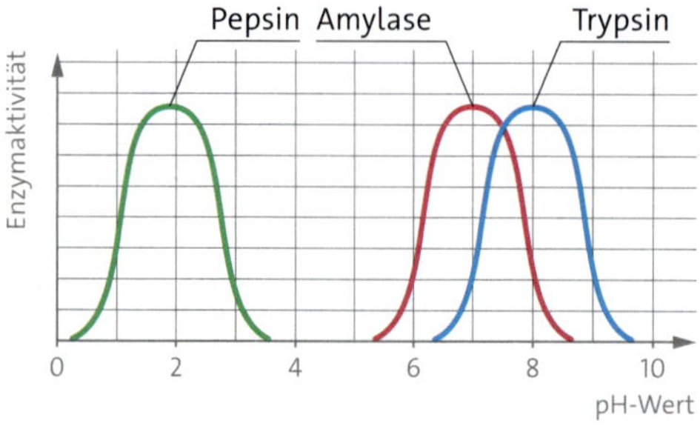

2 pH-Abhängigkeit menschlicher Verdauungsenzyme

2 Das stärkespaltende Enzym Amylase wird in den Speicheldrüsen der Mundhöhle gebildet, kann aber auch gentechnisch hergestellt werden und findet unter anderem in Waschmitteln Verwendung. Erklären Sie anhand der Informationen des Graphen in Abbildung 2, wieso Amylase im Magen seine katalytische Wirkung verliert, und begründen Sie genau, warum amylasehaltige Waschmittel nicht für Kochwäsche geeignet sind.

3 Sauerkraut entsteht durch Milchsäuregärung. Erklären Sie anhand der Beeinflussung der Enzymaktivität durch Außenfaktoren, wieso Sauerkraut sehr lange haltbar ist, ein geöffnetes Sauerkrautglas aber im Kühlschrank aufbewahrt werden und innerhalb weniger Tage aufgebraucht werden soll.

Enzymgifte. • Neben Protonen können auch andere Ionen die Konformation eines Enzyms und damit seine Wirkung beeinflussen. Ionen, die sich so an das Enzym binden, dass es dadurch vollkommen inaktiviert wird, bezeichnet man als Enzymgifte. Viele Schwermetallionen wie Blei-, Cadmium-, Arsen- oder Quecksilberionen sind solche Gifte. Sie deformieren das aktive Zentrum des Enzyms, sodass das Substrat nicht mehr gebunden und umgesetzt werden kann.

4 Erläutern Sie die Abhängigkeit der Reaktionsgeschwindigkeit von der Substratkonzentration, indem Sie das Diagramm zuhilfe nehmen und auf die abgebildete Modellvorstellung der Wirkungsweise von Enzymen eingehen (▸ 3).

Substratkonzentration und Reaktionsgeschwindigkeit • Eine enzymatische Reaktion kann nur stattfinden, wenn ein Substratmolekül auf ein Enzymmolekül trifft. Je höher die Konzentration der Substratmoleküle, umso größer ist die Wahrscheinlichkeit, dass sie mit einem Enzymmolekül reagieren, die Reaktionsgeschwindigkeit steigt dementsprechend. Wenn nach dieser Modellvorstellung die aktiven Zentren aller vorhandenen Enzymmoleküle besetzt sind, führt eine weitere Erhöhung der Substratkonzentration zu keinem weiteren Anstieg der Reaktionsgeschwindigkeit. Alle Enzymmoleküle sind mit Substratmolekülen gesättigt, haben also jeweils ein Substratmolekül gebunden und es wird eine Maximalgeschwindigkeit V_{max} gemessen, die nicht mehr von der Substratkonzentration abhängt. Trägt man die experimentell ermittelten Reaktionsgeschwindigkeiten bei steigenden Substratkonzentrationen in einem Diagramm auf, erhält man eine Sättigungskurve (▶ 3). Die Abhängigkeit der Geschwindigkeit einer enzymatischen Reaktion von der Substratkonzentration kann zwischen verschiedenen Arten von Enzymen sehr unterschiedlich sein. Besteht eine hohe Affinität, also Neigung der Moleküle miteinander in Wechselwirkung zu treten, zwischen Enzym und Substrat, reicht bereits eine geringe Substratkonzentration aus, um das Enzym mit einer hohen Geschwindigkeit arbeiten zu lassen.

5 Fassen Sie zusammen, wie sich die Substratkonzentration auf die Geschwindigkeit der enzymatischen Reaktion auswirkt und welche Rolle hierbei die Affinität zwischen Enzym und Substrat spielt.

Die maximale Reaktionsgeschwindigkeit eines einzelnen Enzymmoleküls hängt davon ab, wie schnell es die Reaktion mit einem Substratmolekül katalysiert, also wie viele Substratmoleküle ein Enzymmolekül bei einer hohen Substratkonzentration maximal pro Sekunde umsetzen kann.

6 Werten Sie die Tabelle aus und stellen Sie Hypothesen auf, ob ein Zusammenhang zwischen der Geschwindigkeit der enzymatischen Reaktion und ihrer Funktion im Körper besteht (▶ 4).

7 eA Planen Sie eine Reihe von Experimenten, mit denen der Einfluss verschiedene Außenfaktoren auf die Enzymaktivität überprüft werden kann. Gehen Sie davon aus, dass Ihnen hierzu unter anderem eine Amylaselösung und Glucoseteststreifen zur Verfügung stehen.

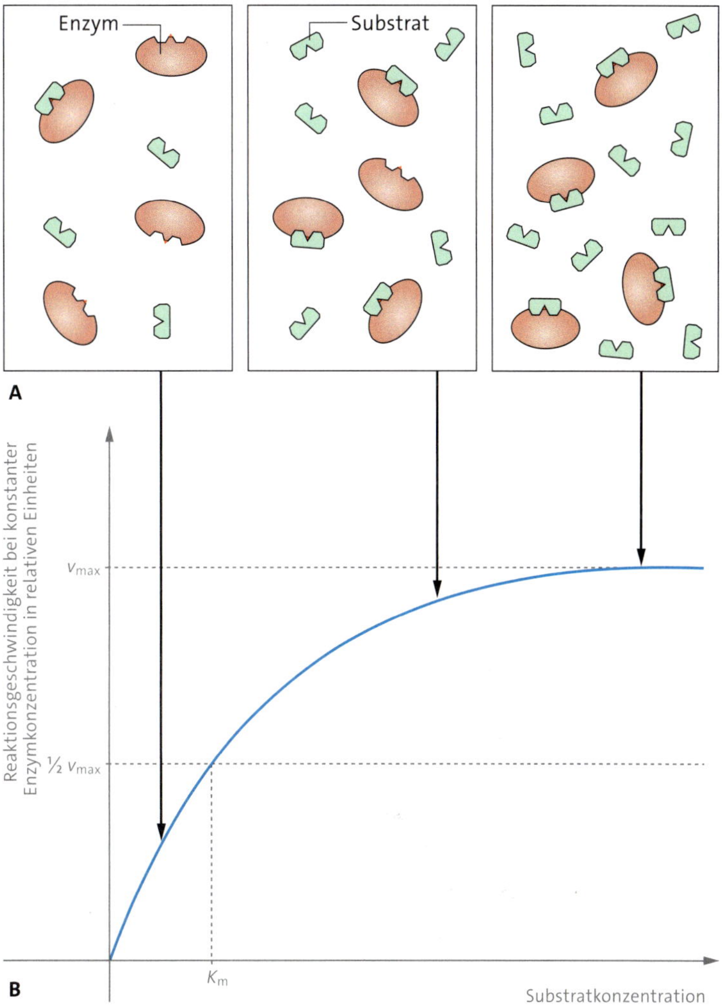

3 Abhängigkeit der Reaktionsgeschwindigkeit von der Substratkonzentration bei konstanter Enzymkonzentration: **A** Modellvorstellung, **B** Diagramm

Enzym	Umgesetzte Substratmoleküle pro Sekunde	Funktion des Enzyms
Lysozym	0,5	Bestandteil des Immunsystems
DNA-Polymerase	15–10 000	Synthese von DNA
Lactatdehydrogenase	1000	katalysiert reversibel die Reaktion von Pyruvat zu Lactat
Urease	3000	setzt Harnstoff in Ammoniak und Kohlenstoffdioxid um
Katalase	40 000 000	setzt Wasserstoffperoxid in Wasser und Sauerstoff um

4 Umsatzgeschwindigkeiten verschiedener Enzyme

Hemmung von Enzymen • Damit eine enzymatische Reaktion ablaufen kann, muss ein Substratmolekül mit dem aktiven Zentrum des Enzymmoleküls in Wechselwirkung treten.

1 **Leiten Sie anhand der Informationen aus Abbildung 1 und 2 ab, wie der dargestellte Hemmstoff jeweils die enzymatische Bildung des Produkts beeinflusst.**

Substanzen, deren Molekülstrukturen denen der Substratmoleküle ähneln, können auch an das aktive Zentrum des Enzyms binden und so die Reaktion mit dem Substratmolekül verhindern. Sie wirken als Hemmstoff, auch Inhibitor genannt. Wenn Substrat- und Hemmstoffmoleküle um das aktive Zentrum des Enzymmoleküls konkurrieren, bezeichnet man diesen Vorgang als kompetitive Hemmung.

2 **Leiten Sie anhand Ihres Wissens und mithilfe des Diagramms ab, wie sich die Hemmwirkung eines kompetitiven Inhibitors mit zunehmender Konzentration des Substrats verändert (▶ 1).**

Die Hemmwirkung steigt mit zunehmender Konzentration des Hemmstoffs. Manche Hemmstoffe treten nur sehr kurz mit dem aktiven Zentrum in Kontakt und geben es danach wieder frei, andere binden dort stärker. Somit ist die Hemmwirkung auch von der Affinität des Hemmstoffs zum aktiven Zentrum abhängig. Mit zunehmender Substratkonzentration nimmt die Konkurrenz durch den Hemmstoff und damit die Hemmwirkung ab. Die maximale Reaktionsgeschwindigkeit bleibt erhalten, wird aber erst bei einer höheren Substratkonzentration erreicht als ohne Hemmstoff.

Enzyme inaktivieren und aktivieren • Einige Enzyme haben neben dem aktiven Zentrum eine zweite Bindungsstelle. Bindet dort ein Hemmstoff, ändert sich die Struktur des aktiven Zentrums. Es kann dann nicht mehr mit dem Substrat interagieren. Eine Erhöhung der Substratkonzentration beeinflusst die Wirkung des Hemmstoffs nicht. Deshalb reduziert sich die Maximalgeschwindigkeit der Reaktion. Dieser Vorgang heißt nichtkompetitive Hemmung (▶ 2). Nach dem gleichen Prinzip können auch Enzyme, die zunächst nicht aktiv sind, durch die Bindung eines Aktivators eine Strukturänderung vollziehen, die ihr aktives Zentrum erst funktionsfähig macht. Durch das Inaktivieren und Aktivieren von Enzymen, kann deren Aktivität reguliert werden.

Regulation von Stoffwechselprozessen • Da Enzyme an allen Stoffwechselreaktionen beteiligt sind, stellen sie eine gute Möglichkeit dar, diese Reaktionen zu regulieren. Dies kann über die Menge der gebildeten Enzyme, den Transport von Enzymen an gewünschte Zielorte oder die gezielte Inaktivierung oder Aktivierung von Enzymen erfolgen.

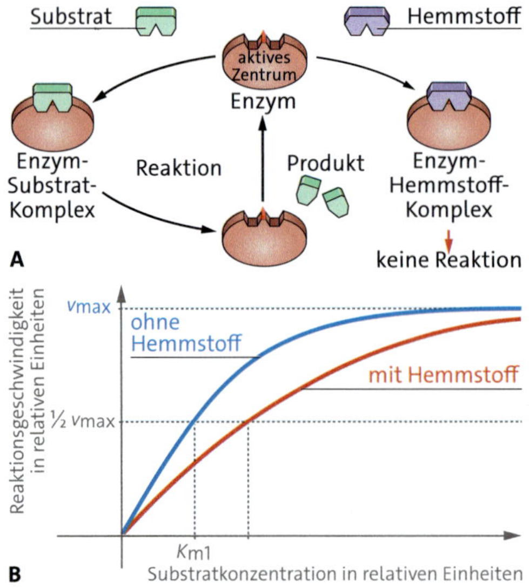

1 Kompetitive Hemmung

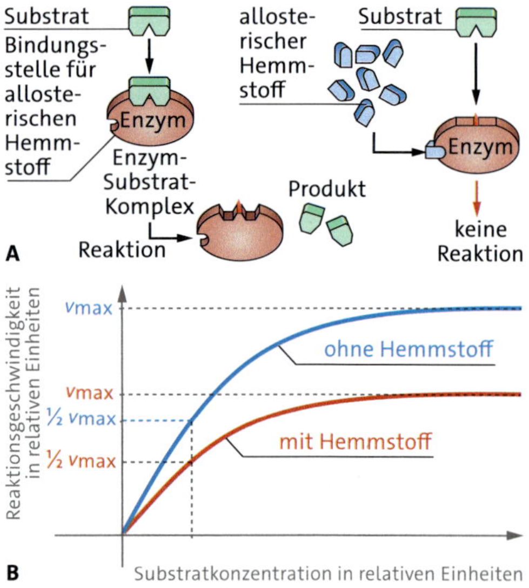

2 Nichtkompetitive Hemmung.

eA Material A Beeinflussung der Enzymwirkung

Weitere Substanzen je 1 ml	Reagenzglas-Nummer						
	1	2	3	4	5	6	7
Lösung (pH 6,5)	–	–	–	–	+	–	–
Lösung (pH 8)	+	+	+	+	–	+	+
2%ige Quarksuspension	+	+	+	+	+	+	+
50%ige Quarksuspension	–	–	+	–	–	–	–
konzentrierte Salzsäure	–	–	–	+	–	–	–
Trypsin	+	+	+	+	+	–	+
Temperatur (°C)	10	20	20	30	20	40	70

Die endgültige Verdauung der Nährstoffe findet beim Menschen im Dünndarm statt. Dort werden zum Beispiel Proteine mithilfe von Enzymen wie Trypsin in ihre Einzelbausteine zerlegt. Diese gut löslichen, kleinen Moleküle diffundieren dann durch die Darmzotten ins Blut.
In einem medizinischen Labor wird folgender Versuch zur menschlichen Verdauung durchgeführt:

Versuch
In 7 Reagenzgläser werden je 10 ml Wasser gegeben. Zusätzlich werden in jedes Reagenzglas weitere Substanzen hinzugefügt (siehe Tabelle: „+" bedeutet Substanz wurde ins Reagenzglas gegeben, „–" bedeutet: Substanz ist nicht vorhanden).
Auch die Versuchstemperatur wird variiert.

Anschließend wird in einminütigen Abständen die Enttrübung der Quarksuspension gemessen.
Hinweis: Quark besteht hauptsächlich aus relativ unlöslichen Proteinen, das heißt eine Quarksuspension (= Quark-Wasser-Mischung) ist trüb.

1 **Begründen Sie genau, in welchem Reagenzglas die zunächst vorhandene Trübung am schnellsten verschwindet.**

2 **Erläutern Sie, in welchen Reagenzgläsern die Trübung überhaupt nicht beziehungsweise langsamer verschwinden wird, und geben Sie bei jedem Reagenzglas eine genaue und aussagekräftige Begründung an.**

Material B Beeinflussung der Enzymwirkung

Harnsäure entsteht im menschlichen Organismus zum Beispiel beim Abbau von Nukleinsäuren, wobei die Verbindung Hypoxanthin als Zwischenprodukt entsteht und dann mittels Xanthinoxidase zu Harnsäure abgebaut wird. Harnsäure wird normalerweise über die Nieren ausgeschieden. Gichtkranke bilden allerdings zu viel Harnsäure, die dann nicht mehr komplett ausgeschieden werden kann, sondern sich in Form von Harnsäurekristallen in den Gelenken der Patienten absetzt. Eine mögliche Behandlung ist die Verabreichung von Allopurinol.

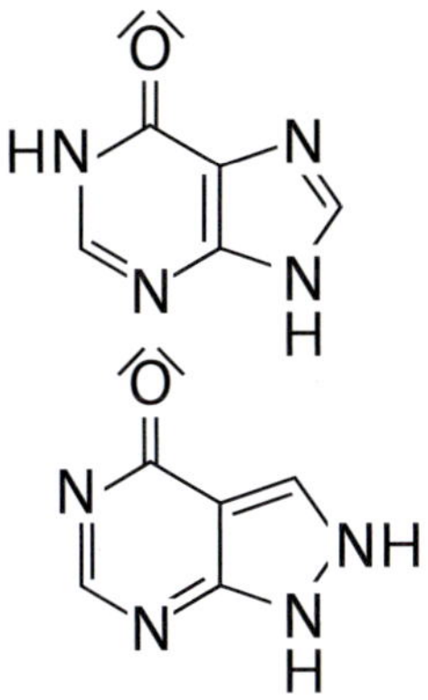

B1 Hypoxanthin (oben), Allopurinol (unten)

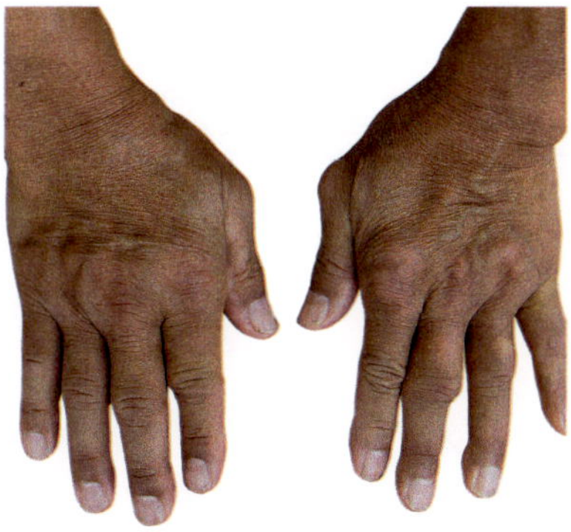

B2 Gichthände

1 **Erklären Sie unter Verwendung entsprechender Fachausdrücke genau, worauf die Wirksamkeit des Allopurinols beruht.**

2 **Fertigen Sie ein beschriftetes Diagramm an, das die Reaktionsgeschwindigkeit der Xanthinoxidase in Abhängigkeit von der Hypoxanthikonzentration zeigt, und erklären Sie den Kurvenverlauf genau.**

3 **Zeichnen Sie den veränderten Kurvenverlauf bei Anwesenheit des Allopurinols ein.**

2.8 Stoffabbau durch aerobe Dissimilation

1 Energienachschub beim Marathon

Bei einem Marathonlauf müssen die Muskeln über mehrere Stunden hohe Leistungen erbringen. Dafür ist eine ausreichende Energieversorgung notwendig. Viele Läufer essen während des Marathonlaufs Bananen oder kohlenhydratreiche Gele. Wie werden Kohlenhydrate in der Zelle zur Energiebereitstellung genutzt?

Energiebedarf • Die Bewegungen eines Marathonläufers werden mithilfe von Skelettmuskeln ermöglicht. Alle Organe, Gewebe und Zellen des Körpers benötigen aber auch in Ruhe eine ausreichende Energieversorgung, zum Beispiel für die Funktion der Muskelzellen, der Drüsenzellen sowie der Zellen des Nervensystems. Viele andere Prozesse in den Körperzellen erfordern ebenfalls die Bereitstellung von Energie, auch ohne äußerlich erkennbare Bewegung. Der Energiebedarf von Lebewesen wird durch die Nahrung gedeckt. Die in der Nahrung enthaltenen Nährstoffe dienen als Energielieferanten.

1 Beschreiben Sie weitere Vorgänge in Zellen von Lebewesen, die Energie benötigen.

2 Werten Sie Abbildung 2 aus und fassen Sie die wesentlichen Inhalte des Schemas zur energetischen Kopplung in einem durchgehenden Fließtext zusammen. Definieren Sie dabei die Begriffe endotherm und exotherm und gehen Sie insbesondere auf die Funktion von ATP als universellen „Energieträger" ein.

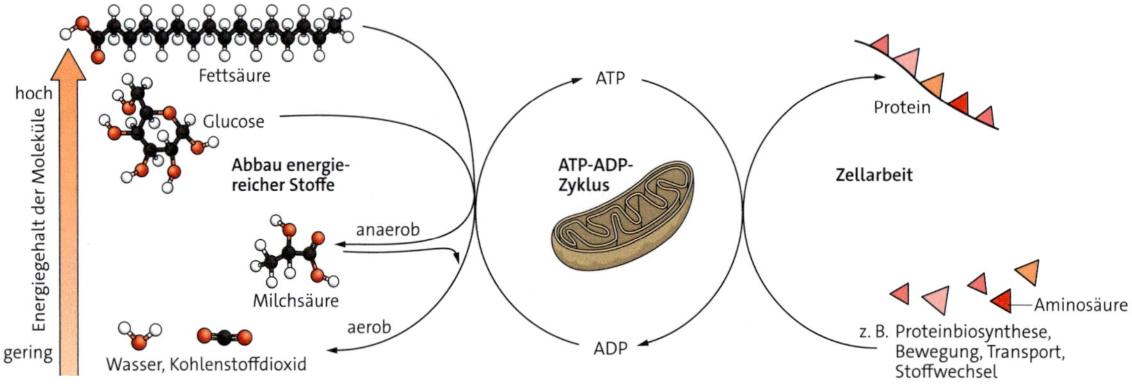

2 Energievorgänge und energetische Kopplung

Bedeutung von ATP • Zellen können durch Abbauprozesse die in den Molekülen der Nährstoffe chemisch gebundene Energie verfügbar machen. Als Produkt dieser Reaktionen wird das energiereiche Adenosintriphosphat, abgekürzt ATP, gebildet. ATP dient als universeller Energieträger der Zelle.

3 **Beschreiben Sie den chemischen Aufbau eines ATP-Moleküls (▶ 3).**

4 **Auch die DNA besteht aus Nukleotiden. Vergleichen Sie den Aufbau des ATP mit einem DNA-Nukleotid Ihrer Wahl und erläutern Sie vorhandene Gemeinsamkeiten und Unterschiede.**

5 **Beschreiben Sie, was man unter der Hydrolyse von ATP versteht, und erläutern Sie deren Bedeutung für den Stoffwechsel (▶ 3).**

ATP ist ein Nukleotid aus der organischen Base Adenin, dem Zucker Ribose und drei Phosphatgruppen. Durch die drei Phosphatgruppen befinden sich negative Ladungen dicht gedrängt auf engem Raum. Da sich gleiche Ladungen abstoßen, wird die endständige Phosphatgruppe in einer Reaktion mit Wasser leicht abgespalten und es entstehen Adenosindiphosphatmoleküle, abgekürzt ADP, und freie Phosphatgruppen. Das durch diese Hydrolyse freigesetzte Phosphat kann enzymatisch auf ein anderes Molekül übertragen werden. Dieses Molekül wird phosphoryliert und ist dadurch bereit für Reaktionen, die es im nichtphosphorylierten Zustand nicht eingehen würde. Da in der Zelle ein neu gebildetes ATP-Molekül durchschnittlich innerhalb 1 min verbraucht wird, muss ATP kontinuierlich neu gebildet werden.

6 **In einer Modellvorstellung kann der Akku eines E-Autos als ATP beschrieben werden. Finden Sie Parallelen zwischen entsprechendem Akku und ATP. Nehmen Sie aber auch kritisch Stellung zur Modellvorstellung, indem Sie Unzulänglichkeiten des Modells aufzeigen.**

Energiespeicher des Körpers • Die aus der Nahrung resorbierte Glucose liegt in geringen Mengen gelöst im Blutplasma vor und kann zur Deckung des unmittelbaren Bedarfs von den Zellen weiterverarbeitet werden. Weitere Energiereserven in Form von Kohlenhydraten liegen als langkettige Verbindungen aus vielen Glucosemolekülen vor, dem Glykogen. Diese

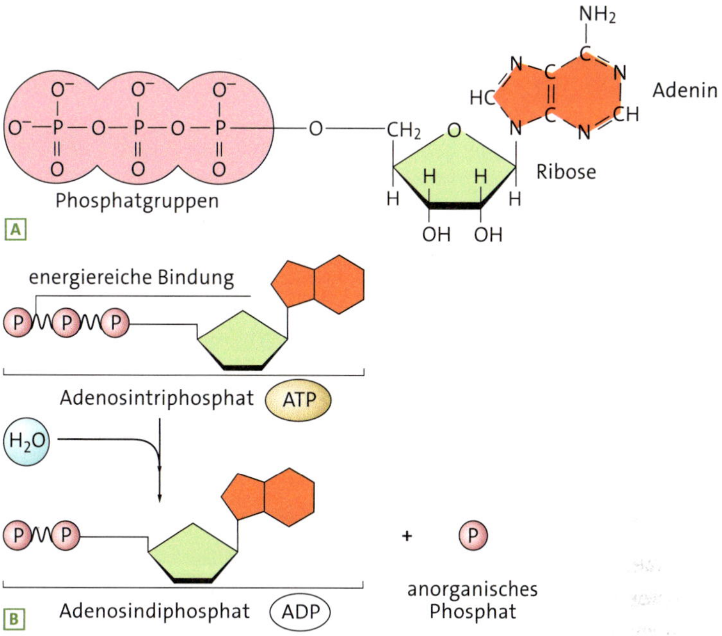

3 ATP-Molekül: A Struktur, B Hydrolyse

Glykogenspeicher befinden sich vorwiegend in der Leber und in der Skelettmuskulatur. Ein weiterer großer Energiespeicher sind Proteine, vor allem Muskelproteine. Auch diese kann der Körper zur Energiegewinnung nutzen. Der größte Energiespeicher sind die Lipide in Zellen des Fettgewebes. Da die Prozesse des Fettabbaus mehr Zeit benötigen, werden Fette vor allem bei geringer, lang andauernder Belastung zur Energiebereitstellung für die Muskelarbeit genutzt.

Die Energie für den Aufbau von ATP-Molekülen stammt aus dem Abbau, also der Dissimilation energiereicher Stoffe wie Glucose oder Fetten. Diese Stoffe werden entweder unter aeroben Bedingungen, also unter Beteiligung von Sauerstoff, in einer mehrstufigen Reaktion letztlich zu Kohlenstoffdioxid und Wasser umgesetzt oder anaerob abgebaut. Diese anaerobe Dissimilation wird auch als Gärung bezeichnet. Je nach Endprodukt unterscheidet man zwischen alkoholischer Gärung und Milchsäuregärung. Allen Abbauwegen gemeinsam ist, dass sie mit der Glykolyse beginnen.

7 **Stellen Sie die möglichen Abbauwege von Glucose in einem Fließdiagramm dar.**

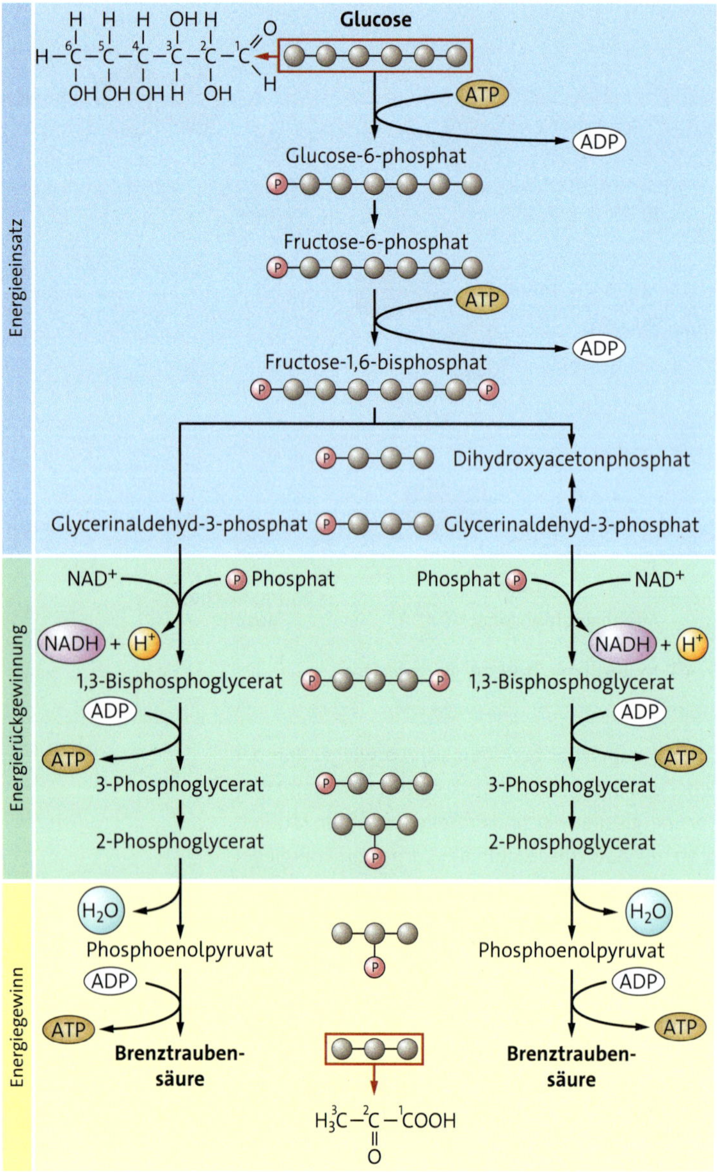

1 Abbau von Glucose zu Brenztraubensäure in der Glykolyse

Die Glykolyse • Es hat etwa drei Jahrzehnte intensiver Forschungsarbeit gedauert, bis die Einzelschritte der Glykolyse aufgeklärt waren. Dabei hat man festgestellt, dass die chemische Umwandlung der Glucose meist einem bestimmten Ablauf folgt. Dieser lässt sich unter energetischem Aspekt in drei Phasen gliedern, die die Energiebilanz der Glykolyse beschreiben. In der ersten Phase wird zunächst ATP verbraucht und damit Energie zur Herstellung von Fructose-6-bisphosphat bereitgestellt. Daraus werden letztlich jeweils zwei Moleküle Glycerinaldehyd-3-phosphat gebildet. Dieses wird in der zweiten Phase in 3-Phosphoglycerat umgewandelt. Dabei wird wieder ATP gebildet und somit die eingesetzte Energie zurückgewonnen. Die dritte Phase liefert Energie für die Zelle, weil beim schrittweisen Abbau zum Endprodukt Brenztraubensäure (Pyruvat) wieder ATP gebildet wird, das dann zur Energieübertragung bei anderen chemischen Reaktionen zur Verfügung steht. Die Glykolyse liefert pro Molekül Glucose zwei Moleküle ATP. Die stoffliche Umwandlung erfolgt so, dass aus einem Glucosemolekül, $C_6H_{12}O_6$, zwei Pyruvatmoleküle, $C_3H_3O_3^-$, zwei Wassermoleküle und zwei Protonen, H^+, entstehen. Außerdem reagieren vier Wasserstoffionen mit zwei Molekülen Molekülen NAD^+ zu zwei $NADH + H^+$.

1 Fassen Sie die wesentlichen Schritte der Glykolyse zusammen.

2 Erläutern Sie mithilfe der Summenformeln von Glucose und Brenztraubensäure die Bilanz der Glykolyse.

Regulation der Glykolyse • Bei der Erforschung der Glykolyse fiel schon früh auf, dass zu ihrem Ablauf NAD^+ und ADP benötigt werden. Wenn das in der Reaktion mit Glycerinaldehyd-3-phosphat gebildete NADH in einem späteren Reaktionsschritt nicht wieder oxidiert wird, um erneut für die Glykolyse zur Verfügung zu stehen, kommt diese zum Stillstand. Wenn zu wenig ADP vorhanden ist, stoppt die Glykolyse ebenso. Darüber hinaus hemmt eine hohe ATP-Konzentration das Enzym für den Reaktionsschritt zum Fructose-1,6-bisphosphat und das Enzym für den Reaktionsschritt vom Phosphoenolpyruvat zur Brenztraubensäure.

3 Stellen Sie diese Regulation als Schema mit Rückkopplung dar und leiten Sie die Bedeutung für den Zellstoffwechsel ab.

Material A Versuche mit Mitochondriensuspensionen

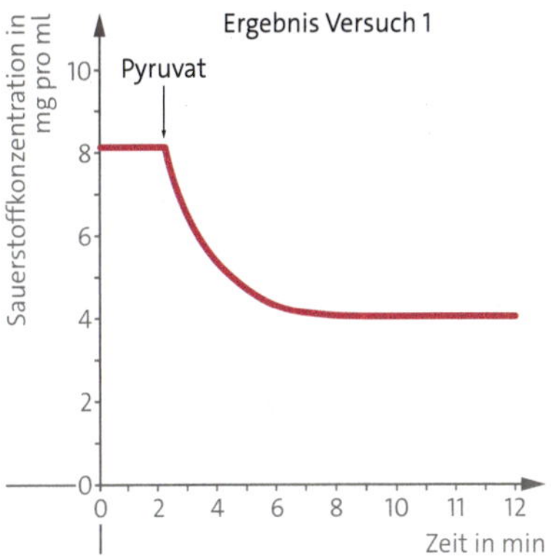

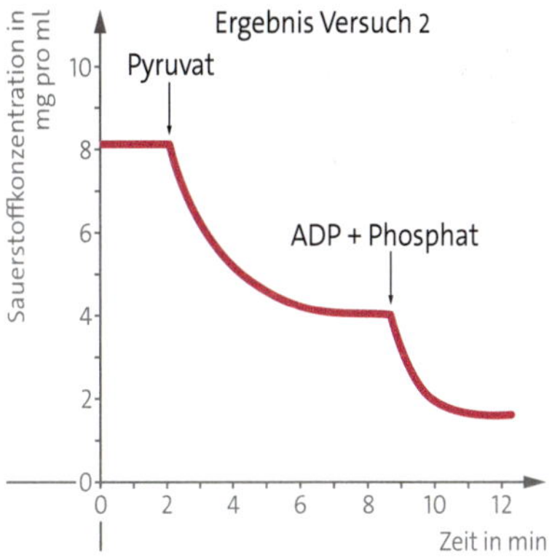

Bei zwei Versuchen hat man zu einer Flüssigkeit mit fein verteilten intakten Mitochondrien, einer Mitochondriensuspension, jeweils zu einem bestimmten Zeitpunkt Pyruvat hinzugegeben. Im zweiten Versuch wurden zu einem späteren Zeitpunkt zusätzlich noch ADP und Phosphat hinzugefügt.

1 Beschreiben und vergleichen Sie die Versuchsergebnisse.

2 Deuten Sie die Ergebnisse aus dem ersten Versuch.

3 Stellen Sie eine Hypothese dazu auf, weshalb im zweiten Versuch der Sauerstoffgehalt in der Mitochondriensuspension weiter abnimmt. Begründen Sie mithilfe dieser Hypothese das Ergebnis des ersten Versuchs.

4 Formulieren Sie neu hinzugekommene Erkenntnisse über die Zellatmung, die Sie auf Grundlage der Ergebnisse gewinnen können.

Material B Bedeutung von ATP

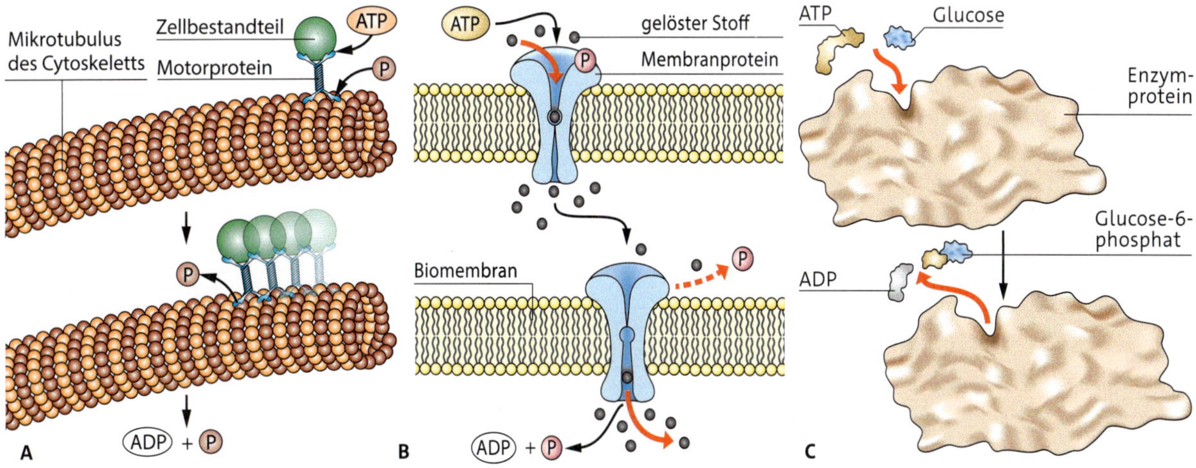

1 Erläutern Sie die biologische Bedeutung von Motorproteinen und beschreiben Sie anhand der Abbildung A die Bedeutung von ATP für zelluläre Bewegungsabläufe.

2 Erläutern Sie die Reaktion zwischen ATP und dem Membranprotein mithilfe der Abbildung B. Nennen Sie die geleistete Arbeit und beschreiben Sie deren Bedeutung für die Zelle.

3 Beschreiben Sie die enzymkatalysierte Reaktion mithilfe der Abbildung C und erläutern Sie das Prinzip der energetischen Kopplung mit ATP.

2.9 Gärung als anaerobe Dissimilation

1 Karausche überlebt im zugefrorenen See in Finnland

In Seen im Norden Skandinaviens leben wilde Verwandte der Goldfische mit einer einzigartigen Fähigkeit. Die Karauschen (Carassius carassius) gehören zu den karpfenartigen Fischen. Unter der im Winter zugefrorenen Eisdecke sieht die Karausche zwar leblos aus, doch sie übersteht kalte Winter problemlos, obwohl das Wasser sehr sauerstoffarm ist. Wenn anderen Wirbeltieren der Sauerstoff ausgeht, schlagen Karauschen einen Stoffwechselweg ein, dessen Produkt in großen Mengen tödlich ist. Wieso kann die Karausche als einziger Fisch in Seen Nordskandinaviens überleben?

1 Beschreiben Sie mithilfe Ihres Vorwissens mögliche Abbauwege der Glucose unter anaeroben und aeroben Bedingungen und stellen Sie eine begründete Hypothese auf, welches Endprodukt bei Sauerstoffmangel in Wirbeltierzellen hergestellt wird und in großer Menge sehr giftig ist.

aerob: mit Sauerstoff

anaerob: ohne Sauerstoff

Stoffwechselwege ohne Verbrauch von Sauerstoff • Fische sind aerobe Lebewesen, sie sind auf Sauerstoff angewiesen. Sinkt der Sauerstoffgehalt in einem Gewässer im Winter oder auch bei sommerlicher Hitze, so reduzieren die Fische ihre Aktivität. Dadurch verringert sich ihr Energiebedarf. Außerdem erhöht sich ihre Atemfrequenz.

2 Erläutern Sie genau, inwiefern eine geringere Aktivität sowie eine erhöhte Atemfrequenz eine Angepasstheit von Fischen an einen geringen Sauerstoffgehalt des Wassers ist.

Ethanol: Trinkalkohol

Lactat: das Anion der Milchsäure
Milchsäure dissoziiert in Lactat und ein Proton H^+.

Ist das Gewässer zugefroren, reicht die verfügbare Sauerstoffmenge nicht aus, um aeroben Stoffwechsel zu betreiben. Trotzdem können Karauschen mehr als 100 Tage in einem sauerstoffarmen Gewässer überleben. Vergleicht man den Zellstoffwechsel der Karausche unter sauerstoffreichen und sauerstoffarmen Bedingungen, so lassen sich Unterschiede feststellen. In allen Fällen beginnen die Abbauwege mit der Glykolyse im Zellplasma. Bei ausreichendem Sauerstoffangebot wird dann mithilfe der Mitochondrien der Zellen Glucose zu Wasser und Kohlenstoffdioxid abgebaut und pro Molekül Glucose werden 32 Moleküle ATP synthetisiert. Man nennt diesen Stoffwechselweg auch aerobe Dissimilation oder Zellatmung.

3 Formulieren Sie eine Reaktionsgleichung der Zellatmung, die auch die Energiebilanz berücksichtigt.

Unter sauerstoffarmen Bedingungen wird zwar ebenfalls Glucose abgebaut, allerdings lässt sich im Blut der Karauschen nun eine Konzentrationszunahme von Lactat und Ethanol messen. Lactat und Ethanol sind Stoffwechselprodukte eines anaeroben Glucoseabbaus, bei dem kein Sauerstoff verbraucht wird. Man bezeichnet dies als Gärung. Entsteht beim anaeroben Abbau von Glucose Lactat, so handelt es sich um Milchsäuregärung. Ist Ethanol das Endprodukt des Stoffwechselprozesses, so spricht man von alkoholischer Gärung. Gärungsprozesse sind vor allem bei Mikroorganismen wie Milchsäurebakterien und Hefepilzen bekannt. Außer dem Energiegewinn der Glykolyse wird kein weiteres ATP gebildet.

4 **Der Graph in Abbildung 2 zeigt die Ergebnisse eines Experiments, in dessen Verlauf in drei unterschiedlichen Versuchsansätzen die Veränderung der anfangs identischen Glucosekonzentration im Laufe der Zeit gemessen wurde. Ordnen Sie die drei Kurven begründet den drei Versuchsansätzen zu.**
Versuchsansatz 1: Zellplasma, Mitochondrien, in geöffnetem Reagenzglas
Versuchsansatz 2: Zellplasma, Mitochondrien, in sauerstofffreier Stickstoffatmosphäre
Versuchsansatz 3: Mitochondrien, in geöffnetem Reagenzglas

Gärung kommt aber auch als Alternative zur aeroben Zellatmung in den Geweben von vielzelligen Organismen vor, sodass sie kürzere Phasen geringer Sauerstoffverfügbarkeit überstehen können. So können die Karauschen aus dem anaeroben Abbau von Glucose pro Molekül zwei Moleküle ATP gewinnen und den Winter auch bei Sauerstoffmangel überstehen. Allerdings ist die Bereitstellung von verfügbarer Energie in Form von ATP bei der Gärung etwa 16- bis 18-mal geringer als bei der aeroben Dissimilation. Dementsprechend wird im Vergleich zur aeroben Dissimilation bei vergleichbarem Energiebedarf deutlich mehr Glucose abgebaut, weshalb die Lebensprozesse zu Einsparzwecken stark reduziert werden müssen.

Milchsäuregärung • Der anaerobe Abbau der Glucose beginnt bei der Milchsäuregärung wie bei allen anderen Dissimilationsprozessen auch mit der Glykolyse.

5 **Schildern Sie unter Verwendung der Begriffe Oxidation und Reduktion die wesentlichen Vorgänge der Milchsäuregärung. Beziehen Sie bei Ihren Überlegungen Informationen aus der Abbildung 3 mit ein und nennen Sie zwei Lebewesen, die fähig sind, Milchsäuregärung zu betreiben.**

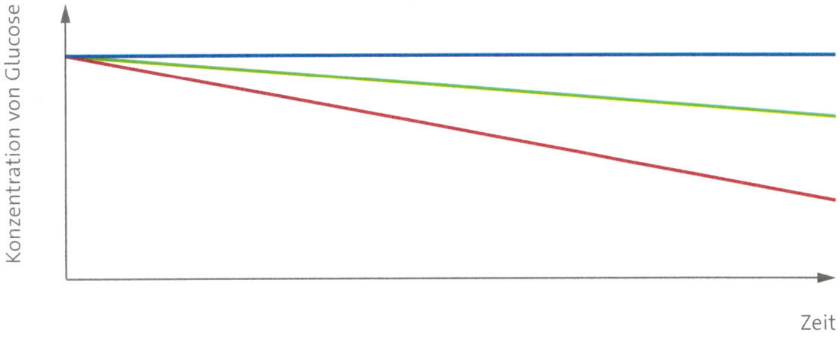

2 Glucosekonzentration in den Versuchsansätzen 1, 2 und 3

In der Glykolyse wird Glucose über mehrere Schritte im Zellplasma zu Brenztraubensäure oxidiert. Bei einer Oxidationsreaktion geben Teilchen Elektronen ab. Diese werden mit zwei H^+-Ionen auf ein NAD^+-Molekül übertragen, wodurch dieses zu $NADH+H^+$ reduziert wird. Insgesamt entstehen so 2 $NADH+H^+$, wobei zwei ATP-Moleküle aufgebaut werden.

6 **Vergleichen Sie Vor- und Nachteile anaerober Gärung im Vergleich zur aeroben Dissimilation.**

7 **Stellen Sie eine Hypothese auf, welche Folgen sich für die Glykolyse ergeben, wenn die Bildung von NAD^+ durch die nachgeschalteten Vorgänge der Milchsäuregärung ausbleibt.**

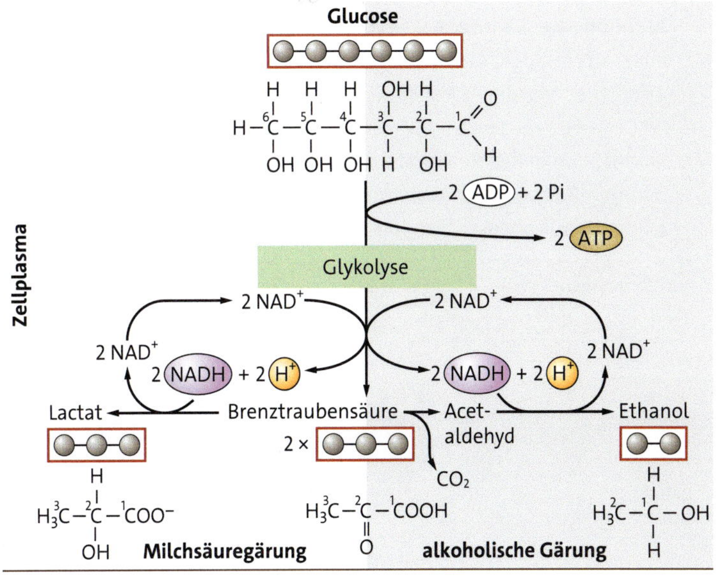

3 Anaerober Abbau von Glucose

Milchsäuregärung und alkoholische Gärung

Die Bildung von Lactat • Bei der Milchsäuregärung wird die in der Glykolyse entstandene Brenztraubensäure anschließend zu Lactat reduziert, um die zwei Elektronenüberträger-Moleküle NAD^+ zu regenerieren. Wenn das benötigte NAD^+ nicht regeneriert wird, kommt die Glykolyse zum Stillstand. Das gebildete Lactat wird in die umgebende Flüssigkeit ausgeschieden. Durch das Absenken des pH-Werts wird dabei das Wachstum von Mikroorganismen erschwert. Diesen Umstand nutzt man seit über 6000 Jahren, um haltbare Lebensmittel wie Joghurt, Sauerkraut oder Sauerteig herzustellen. Beim Menschen findet Milchsäuregärung in den Erythrocyten statt, sie enthalten keine Mitochondrien. Aber auch in Muskelzellen kann für wenige Minuten der Energiebedarf anaerob gedeckt werden, wenn zum Beispiel durch eine sehr starke, kurzfristige Belastung ein lokaler Sauerstoffmangel entsteht. In der Folge steigt die Lactatkonzentration im Muskel und im Blut. Nach der körperlichen Aktivität wird das Lactat wieder abgebaut: Es wird entweder in den Muskelzellen zur aeroben ATP-Gewinnung genutzt oder dient in der Leber zur Synthese von Glykogen als Reservestoff.

1 Formulieren Sie die Gesamtbilanz der Milchsäuregärung.

2 Beschreiben Sie die Vorgänge der alkoholischen Gärung. Nennen Sie zwei Lebewesen, die alkoholische Gärung betreiben können (▶ **1**).

Alkoholische Gärung • Die alkoholische Gärung beginnt ebenfalls mit dem Abbau der Glucose zu Brenztraubensäure. Auch hier werden zwei Moleküle ATP gebildet. Das zu $NADH^+ + H^+$ reduzierte NAD^+ wird in zwei Schritten zurückgewonnen. Im ersten Reaktionsschritt wird von den beiden gebildeten Brenztraubensäuremolekülen je ein Kohlenstoffdioxidmolekül abgespalten, die Brenztraubensäure wird zu Acetaldehyd decarboxyliert. In einem zweiten Schritt wird Acetaldehyd zu Ethanol reduziert. Je Molekül Glucose werden je zwei Moleküle Ethanol, Kohlenstoffdioxid und ATP gebildet sowie zwei Moleküle NAD^+ zurückgewonnen. Ethanol ist ein Zellgift, das die Zellmembranen schädigt und die Zellen abtötet; es wird ausgeschieden.

Hefepilze wie die einzellige Bäckerhefe *Saccharomyces cerevisiae*, werden zum Brotbacken und Bierbrauen eingesetzt. Ist Sauerstoff verfügbar, so baut sie Glucose aerob ab und gewinnt über 32 Moleküle ATP pro Glucosemolekül. Sie kann Glucose aber auch anaerob zu Kohlenstoffdioxid und Ethanol vergären und ist damit ein fakultativer Anaerobier. Alkoholbildung durch Wirbeltiere ist bislang nur bei karpfenartigen Fischen wie den Karauschen nachgewiesen, entsteht aber anders als in der eigentlichen alkoholischen Gärung: Bei Sauerstoffarmut wird Lactat zu Brenztraubensäure umgewandelt und dieses dann zu Ethanol reduziert und über die Kiemen ausgeschieden.

3 Erläutern Sie die Bedeutung des anaeroben Abbaus von Glucose für das Überleben der Karauschen. Beschreiben Sie den Abbauweg genau.

4 Hefe wird in gut belüfteten Räumen vermehrt, aber beim Bierbrauen wird unter Luftabschluss gearbeitet. Erstellen Sie ein Diagramm mit zwei y-Achsen, das die Vermehrungsrate der Hefe und die Menge des entstehenden Ethanols in Abhängigkeit der Sauerstoffkonzentration zeigt. Benutzen Sie relative Werte.

5 Erklären Sie begründet, wieso man beim Brotbacken Hefe zugibt, um ein besonders lockeres Backergebnis zu erhalten. Geben Sie dabei auch die Gesamtbilanz der ablaufenden Reaktion an.

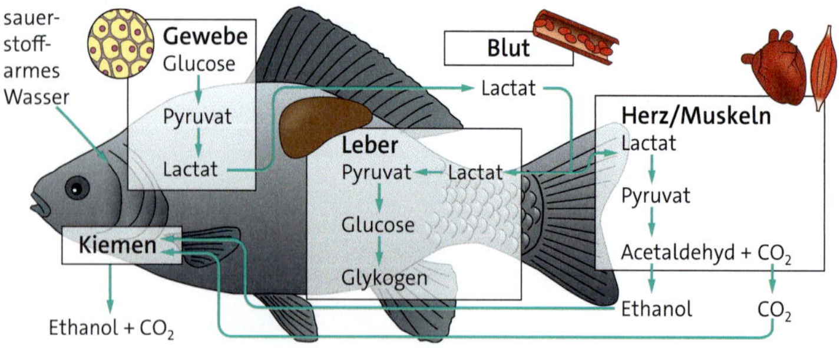

1 Stoffwechselwege bei der Karausche unter sauerstoffarmen Bedingungen im Winter

Material A Untersuchung von Gärungsbedingungen

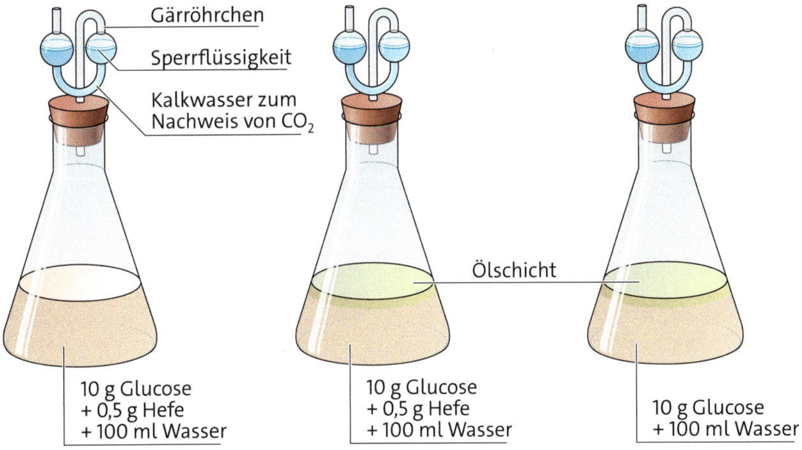

Hefeteig lässt sich unterschiedlich zubereiten. Eine Gruppe von Schülerinnen und Schülern möchte verschiedene Rezepturen testen. Zunächst wollen sie überprüfen, unter welchen Bedingungen Hefe ein Gas abgibt, das den Teig lockert. Im Internet haben sie verschiedene Möglichkeiten gefunden, den Versuch durchzuführen. Einen möglichen Versuchsaufbau mit drei Erlenmeyerkolben zeigt die Abbildung.

1 Gliedern Sie das Anliegen der Gruppe in Teilprobleme und formulieren Sie experimentell überprüfbare Versuchsfragen und Hypothesen.

2 Beschreiben Sie anhand des ersten Erlenmeyerkolbens den abgebildeten Versuchsaufbau und erläutern Sie die Funktion eines Gärröhrchens.

3 Diskutieren Sie den abgebildeten Versuchsaufbau kritisch.

4 Planen und erläutern Sie Nachweismöglichkeiten für die Vergärbarkeit verschiedener Kohlenhydrate oder für die Abhängigkeit der Gärungsaktivität von der Temperatur.

Material B Gärungsbedingungen beeinflussen den Geschmack – Herstellung von Kombucha

A

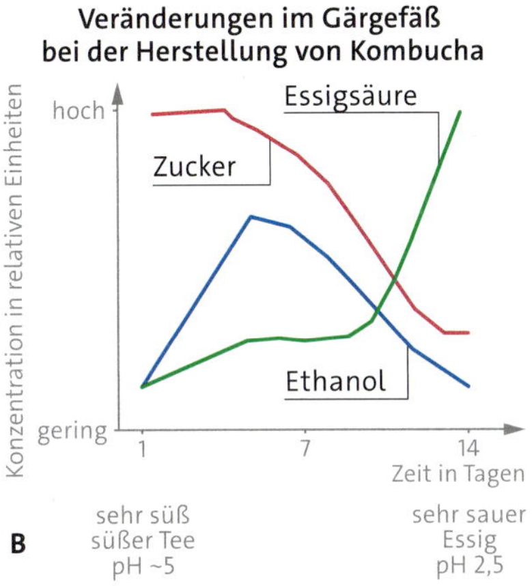

B

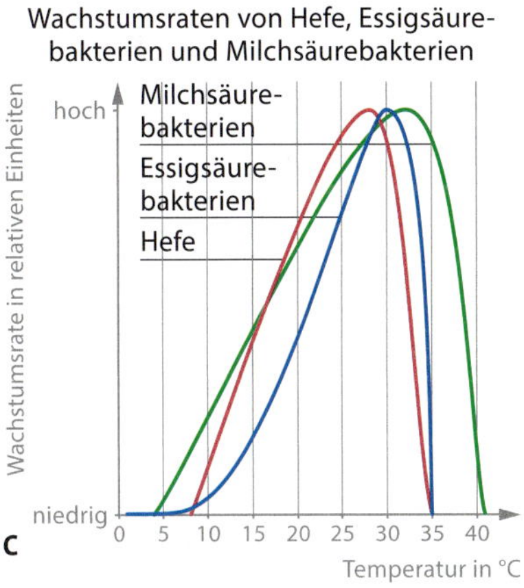

C

Kombucha ist ein Erfrischungsgetränk mit geringem Alkoholgehalt. Das Getränk wird mithilfe des gallertartigen Teepilzes hergestellt, der aus Hefepilzen, Milchsäure- und Essigsäurebakterien besteht. Die Essigsäurebakterien oxidieren Ethanol zu Essigsäure.

Für die Zubereitung von Kombucha wird der Teepilz mit gesüßtem schwarzen Tee bei 20 bis 25 °C angesetzt. Durch die Stoffwechselaktivität der Mikroorganismen steigt die Temperatur im Gärgefäß. Nach etwa 8 bis 12 Tagen ist der Kombucha fertig. Der Teepilz ist gewachsen und kann für einen neuen Ansatz genutzt werden.

1 Beschreiben Sie die Veränderungen im Gärgefäß in Abbildung B.

2 Erläutern Sie die Untersuchungsergebnisse in Abbildung C.

3 Deuten Sie die Veränderungen im Göransatz, indem Sie die Ergebnisse in Beziehung zueinander setzen.

4 Fassen Sie zusammen, wovon der Geschmack und die Zusammensetzung des Kombuchas abhängen.

2.10 Die Zellatmung im Zellstoffwechsel

1 Erforschung des Citratzyklus: Hans Adolf Krebs im Labor

Nachdem die Reaktionen des Abbaus der Glucose bis zur Brenztraubensäure bekannt waren, erforschte man die sauerstoffverbrauchenden Prozesse des Glucoseabbaus. Der deutsche Mediziner und Biochemiker Hans Adolf Krebs spielte bei deren Entdeckung eine wichtige Rolle. Welche Schritte laufen dabei ab?

Oxidative Decarboxylierung • Die bei der Glykolyse gebildete Brenztraubensäure wird zunächst in die Mitochondrien der Zelle transportiert. In diesen laufen alle weiteren Abbauprozesse ab. Beim ersten Teilprozess wird die Brenztraubensäure mithilfe des Coenzyms A (CoA) zu Acetyl-CoA oxidiert, wobei CO_2 gebildet wird. Zudem wird NAD^+ zu NADH reduziert. Man bezeichnet diesen Vorgang als oxidative Decarboxylierung (▶ 2).
Die Reaktionsgleichung lautet:

$$2 \text{ Brenztraubensäure} + 2 \text{ CoA} + 2 \text{ NAD}^+ \rightarrow 2 \text{ Acetyl-CoA} + 2 \text{ CO}_2 + 2 \text{ NADH} + 2 \text{ H}^+$$

Tricarbonsäurezyklus • Das bei der oxidativen Decarboxylierung gebildete Acetyl-CoA wird anschließend in einen mehrschrittigen Kreislauf von enzymatischen Reaktionen eingespeist, den man als **Tricarbonsäurezyklus** oder Citratzyklus bezeichnet (▶ 2). Dabei wird das Acetyl-CoA vollständig oxidiert, und es entstehen CO_2, ATP, NADH und $FADH_2$. In einem letzten Schritt werden die für den Start der Reaktionen benötigten Moleküle erneut gebildet, sodass sich der Kreislauf schließt.

Die Reaktionsgleichung für den Tricarbonsäurezyklus lautet:

$$\text{Acetyl-CoA} + 3 \text{ NAD}^+ + \text{FAD} + \text{ADP} + \text{Pi} + 2 \text{ H}_2\text{O} \rightarrow \text{CoA} + 2 \text{ CO}_2 + 3 \text{ NADH} + 3 \text{ H}^+ + \text{FADH}_2 + \text{ATP}$$

ATP-Lieferant Mitochondrium • Die bisherigen Schritte des Glucoseabbaus liefen ohne die Mitwirkung von Sauerstoff ab. Die nun folgenden Vorgänge finden an der Mitochondrienmembran statt. Diese ist an vielen Stellen in das Innere des Mitochondriums eingestülpt und hat so im Vergleich zur äußeren Membran eine sehr große Oberfläche. Die innere Membran ist nur für Stoffe durchlässig, die durch Carrier transportiert werden. Das ist für die ATP-Synthese entscheidend: Protonen, H^+-Ionen, werden durch Proteinkomplexe aus der Matrix in den Intermembranraum gepumpt. So entsteht zwischen dem Intermembranraum und der Matrix des Mitochondriums ein Konzentrationsgefälle für Protonen, ein Protonengradient. Durch spezielle Enzyme in der Membran, die ATP-Synthasen, strömen die Protonen wieder in die Matrix zurück. Dabei wird die Energie des Konzentrationsgefälles für die Bildung von ATP aus ADP und Phosphat genutzt. Angetrieben wird der Vorgang durch die sogenannte **Atmungskette**.

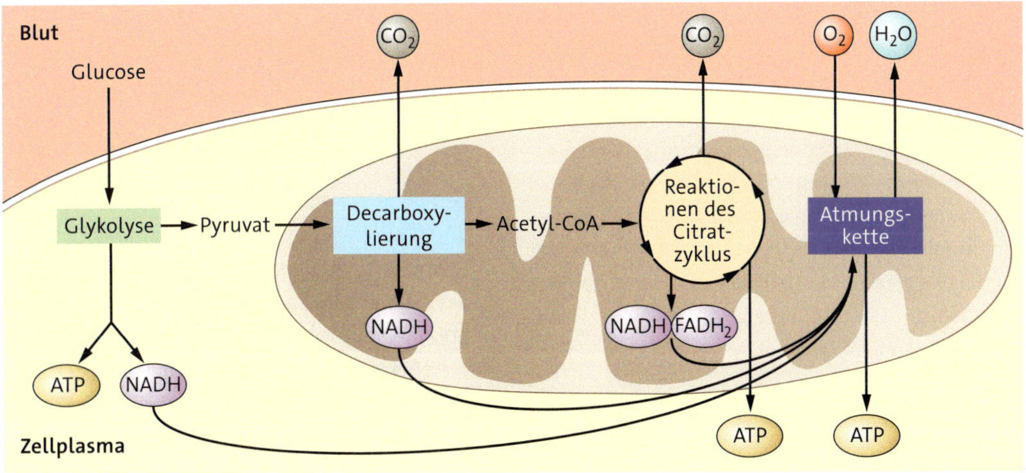

2 Orte und Schritte der Zellatmung

Atmungskette • Die Atmungskette findet in der inneren Membran der Mitochondrien statt. Hier werden die Elektronen von NADH und $FADH_2$ durch eine Reihe von Komplexen transportiert. Die Energie, die dabei freigesetzt wird, nutzt die Zelle letztlich, um den Protengradienten für die ATP-Synthese aufzubauen. Am Ende der Atmungskette wird Sauerstoff verbraucht, der mit den Elektronen und Protonen zu Wasser reduziert wird (▶ 2).

Bilanz der Zellatmung • Die Bilanz der Stoffumwandlungen während der Glykolyse, des Tricarbonsäurezyklus und der Atmungskette ergibt, dass pro Molekül Glucose 24 Elektronen aus NADH und FADH2 sowie zwölfmal zwei H+ mit sechs Sauerstoffmolekülen zu zwölf Molekülen Wasser reagieren (▶ 3). Die Reaktionsgleichung zur Zellatmung muss daher lauten:

$$C_6H_{12}O_6 + 6\ O_2 + 6\ H_2O \rightarrow 6\ CO_2 + 12\ H_2O$$

Diese Reaktionsgleichung berücksichtigt jedoch nicht die Einzelreaktionen sowie die ATP-Bildung. Sie bleibt daher ein Modell, das die Bilanz der Zellatmung wiedergibt.

1 Erklären Sie, warum man die Mitochondrien auch als Kraftwerke der Zelle bezeichnet.

2 Erklären Sie die Rolle der Moleküle NAD und FAD beim Abbau von Brenztraubensäure.

3 Beschreiben Sie die Besonderheit des Tricarbonsäurezyklus.

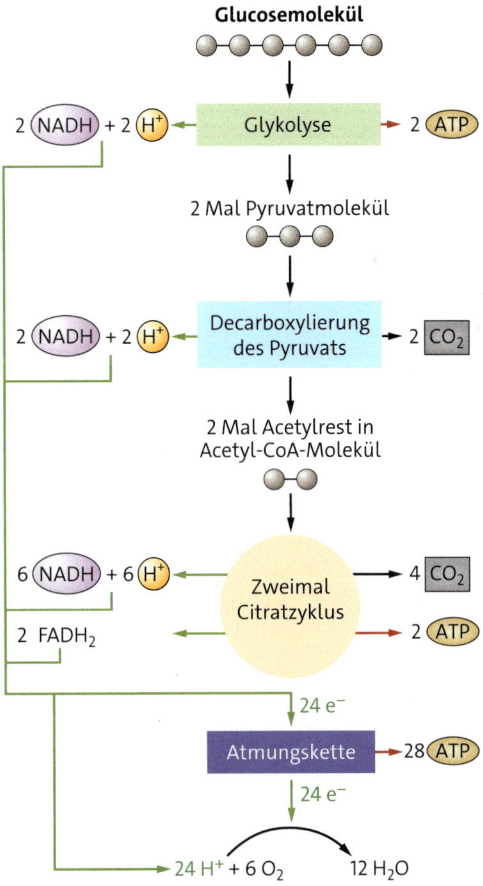

3 Schritte und Bilanzen bei der Zellatmung
(● Kohlenstoffatom)

Energieentwertung • Bei allen Energieumwandlungsprozessen wird Wärme an die Umgebung abgegeben. Im Zuge der Zellatmung werden beispielsweise nur 36% der möglichen Reaktionsenergie von Glucose für weitere endergonische Reaktionen verwendet, bei der Gärung sogar nur 2%. Der Rest wird als Wärme frei, welche von den Lebewesen nur zu einem Teil, zum Beispiel zum Aufrechterhalten der Körpertemperatur bei Thermoregulatoren, genutzt werden kann. Der nicht nutzbare Anteil wird als entwertete Energie bezeichnet.

Umschlagplatz Mitochondrienmatrix • Der Abbau von Glucose dient nicht ausschließlich der Energiebereitstellung. Auch für den Aufbau von köpereigenen Molekülen sind einige Stoffe des Tricarbonsäurezyklus von Bedeutung. Sie werden beispielsweise zur Produktion von DNA-Bausteinen, den Nukleotiden, verwendet. Da dadurch die Konzentration der entsprechenden Stoffe in der Mitochondrienmatrix sinkt, laufen anschließend Auffüllreaktionen ab, um diese zum Beispiel aus Brenztraubensäure neu zu bilden. Die in der Matrix vorhandenen Stoffe verknüpfen die Reaktionen des Tricarbonsäurezyklus mit wichtigen Stoffwechselwegen für den Aufbau und Abbau von Zellbausteinen. Man kann die Mitochondrienmatrix daher als Stoffumschlagplatz der Zelle ansehen.

Aufbau und Abbau • Die Zwischenprodukte der Zellatmung sind noch in viele weitere Stoffwechselwege eingebunden. Sie sind damit Teil des Baustoffwechsels, des Anabolismus. Der abbauende Stoffwechsel, der Katabolismus, beinhaltet neben der Zellatmung auch den Abbau anderer Stoffe. Die so gebildeten kleinen Moleküle können im Anabolismus genutzt werden. Wichtigste Funktion ist jedoch die Lieferung von Energie für den Anabolismus: Über Reaktionen zur Bildung von ATP beziehungsweise ADP sind Katabolismus und Anabolismus energetisch gekoppelt.

1 Erklären Sie an einem Beispiel, dass die Mitochondrienmatrix ein wichtiger Stoffumschlagplatz im Zellstoffwechsel ist.

eA

Anpassung von Stoffwechselwegen • Hefezellen können ihren Stoffwechsel je nach den verfügbaren Nährstoffen umstellen. Unter anaeroben Bedingungen, wenn Sauerstoff knapp ist, durchlaufen sie die Gärung und produzieren Ethanol und Kohlenstoffdioxid. Bei ausreichender Sauerstoffversorgung wechseln sie zur Zellatmung, wodurch mehr Energie in Form von ATP generiert wird. Diese Anpassungsfähigkeit ermöglicht den Hefezellen das Überleben unter verschiedenen Umweltbedingungen.
Ein ähnlicher Wechsel des Stoffwechselweges zeigt sich auch in den Skelettmuskelzellen des Menschen. Unter normalen Bedingungen nutzen diese hauptsächlich die Zellatmung in den Mitochondrien, wobei Glucose zur Energiegewinnung oxidiert wird. Bei intensiver oder anhaltender, hoher Belastung wechseln sie aber zu einem anaeroben Stoffabbau, der Milchsäuregärung. Hierbei wird Glucose in Laktat umgewandelt, was schnell Energie zur Verfügung stellt, jedoch weniger effizient ist. Zudem wird dabei Milchsäure gebildet, was zur Muskelermüdung führen kann. Das angesammelte Laktat muss daher nach der Belastung mithilfe von Sauerstoff weiter abgebaut werden, was der Grund dafür ist, dass man zum Beispiel nach einem Sprint noch für einige Zeit tief und schnell atmet.
Die Fähigkeit zur flexiblen Anpassung von Stoffwechselwegen ist entscheidend für das Überleben und die Leistungsfähigkeit verschiedener Zellen unter variierenden Bedingungen. Sie ermöglicht Hefezellen, in wechselhaften Umgebungen zu gedeihen und den Skelettmuskelzellen, dynamisch auf unterschiedliche körperliche Anforderungen zu reagieren.

2 Erklären Sie, wie Skelettmuskelzellen in der Lage sind, Glucose anaerob abzubauen.

Energetisches Modell der Atmungskette • In den Mitochondrien transportieren die Protonenpumpen Protonen gegen ein Konzentrationsgefälle in den Intermembranraum. Die hierzu notwendige Energie wird in einer Reaktionskette, der Atmungskette, freigesetzt. Diese läuft in der Mitochondrienmembran ab (▶ 1).

Die in der Glykolyse und im Citratzyklus gebildeten Produkte NADH + H^+ und $FADH_2$ werden an zwei verschiedenen Stationen der Atmungskette oxidiert. Sie geben jeweils zwei Elektronen und zwei Protonen ab. Die Elektronen werden durch die Proteinkomplexe I bis IV unter Beteiligung von Elektronenakzeptoren weitergereicht. Bei diesen Reaktionen werden also von einem Reaktionspartner Elektronen auf den nächsten übergeben. Es laufen somit nacheinander mehrere Redoxreaktionen ab. Die Protonen verbleiben zunächst in der Matrix. Sie können durch die Proteinkomplexe I, III und IV in den Intermembranraum gepumpt werden. Bei der letzten Redoxreaktion in der Atmungskette werden die Elektronen auf das Sauerstoffmolekül übertragen, von dem nun ein Atom mit zwei Protonen zu einem Wassermolekül reagieren kann.

Weil die Redoxreaktionen die Energie für den Protonentransport und damit für die ATP-Bildung liefern, spricht man von chemiosmotischer ATP-Bildung.

3 **Beschreiben Sie ausgehend von Abbildung 1C die Mechanismen der ATP-Bildung im Mitochondrium.**

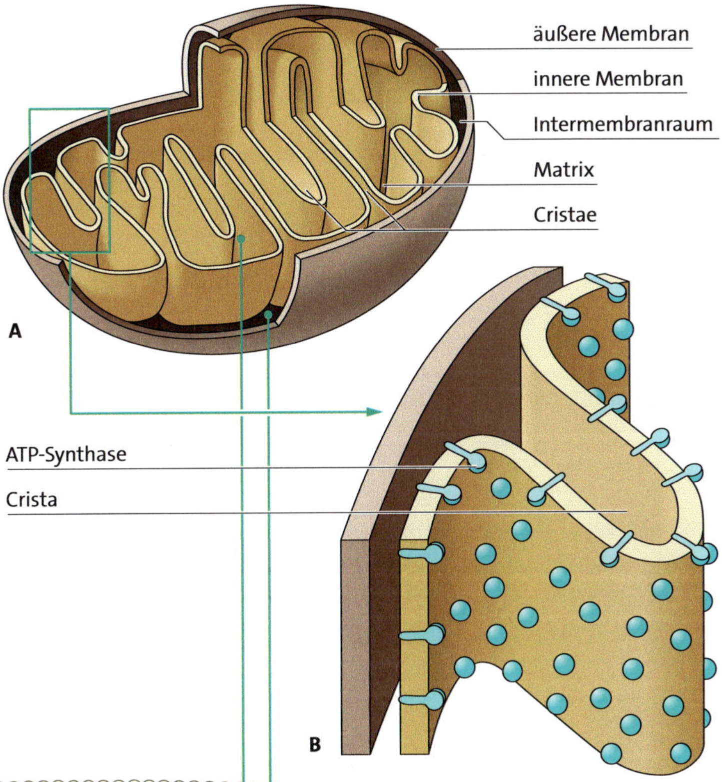

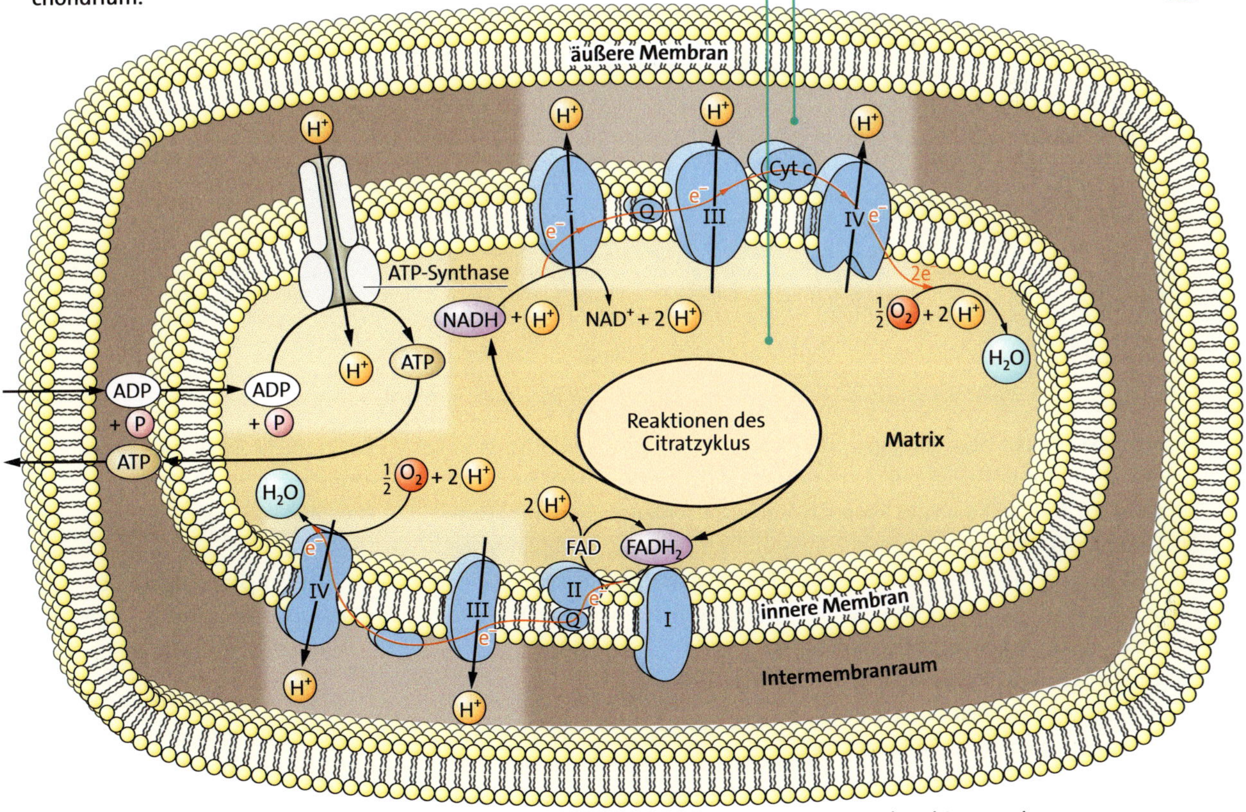

C I–IV: Proteinkomplexe; Q = Ubichinon, Cyt c = Cytochrom c: Redoxsysteme der inneren Mitochondrienmembran

1 Mitochondrium (Schema): **A** Bau, **B** Lage der ATP-Synthasen, **C** ATP-Bildung

eA Material A Modell der stufenweisen Reduktion

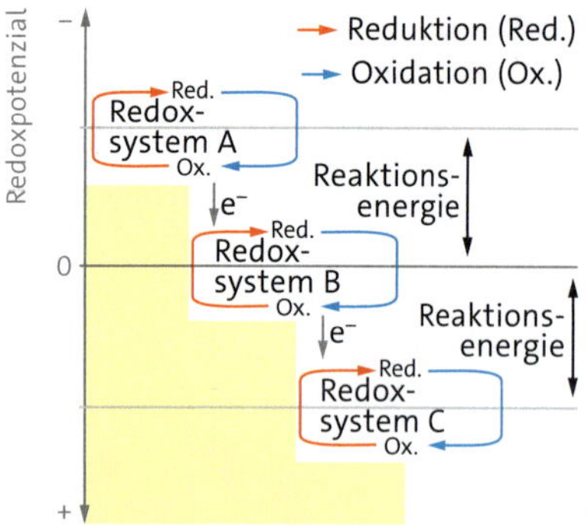

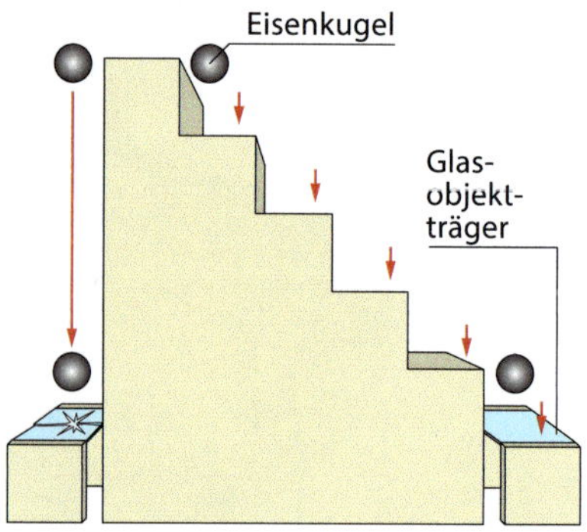

Bei der Zellatmung reagieren NAD^+ zu $NADH + H^+$ und FAD zu $FADH_2$. NAD^+ und $NADH + H^+$ sowie FAD und $FADH_2$ werden als Redoxpaare oder auch als Redoxsysteme bezeichnet, bei denen die reduzierte Form zur oxidierten wechselt oder umgekehrt.
Das Redoxpotenzial, gemessen in Volt, ist ein durch Versuche ermitteltes Maß dafür, ob ein Redoxpaar in einer Redoxreaktion Elektronen an einen anderes Paar abgeben kann. Paare mit negativerem Potenzial können Elektronen an Paare mit positiverem Potenzial abgeben. Die Hochachse im Diagramm ist an die mit den Reaktionen gekoppelten Energieabgaben angepasst. Daher sind negative Redoxpotenziale nach oben und positive nach unten abgetragen.

Ein mechanisches Modell zeigt den jeweils möglichen Effekt der Reaktionsenergie bei einer einschrittigen und einer mehrschrittigen Reaktion. Im einschrittigen Fall wird die gesamte Lageenergie einer Eisenkugel in Verformungsenergie für eine Glasscheibe übertragen. Die Scheibe bricht.

1 Stellen Sie die im Diagramm veranschaulichten Aussagen zusammen.

2 Vergleichen Sie das Modell mit den Aussagen aus dem Diagramm.

3 Erklären Sie mithilfe des Modells den Unterschied zwischen der explosionsartigen Verbrennung von reinem Sauerstoff und der Zellatmung.

Material B ATP-Synthase in künstlichen Lipidvesikeln

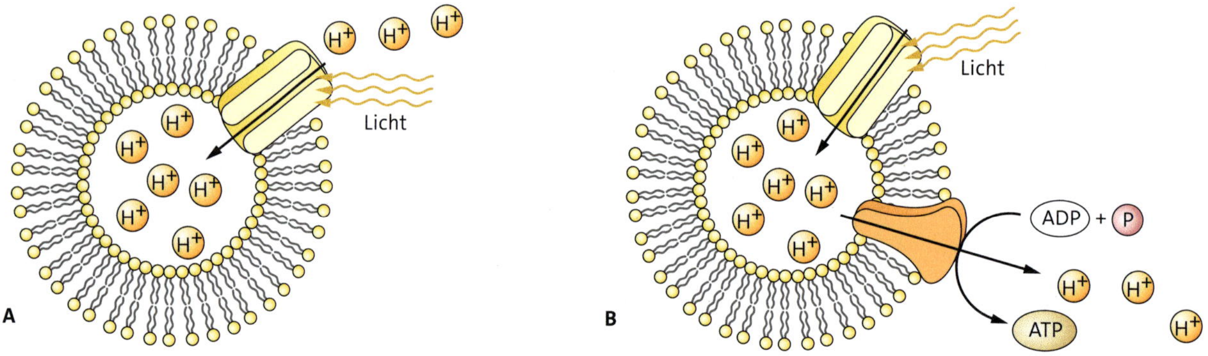

In einem Experiment ist es gelungen, künstliche Lipidvesikel, Liposomen, herzustellen. Dazu hat man das Phospholipid Lecithin in Wasser gegeben und kräftig umgerührt. Auf diese Weise entstehen Liposomen, die eine Membran aus einer Lipiddoppelschicht haben. Darüber hinaus hat man aus Bakterienzellen Proteine isoliert, die in der Bakterienmembran als Protonenpumpen arbeiten. Die Energie für den Protonentransport durch die Membran erhalten diese Pumpen durch das Licht. Ihre Moleküloberfläche ist so beschaffen, dass sie sich bei Zugabe zu einer Liposomensuspension selbstständig in die Lipidschicht integrieren. Wenn man solche Liposomen beleuchtet, reichern sie im Inneren Protonen an.

In einem zweiten Schritt ist es gelungen, in die Liposomenmembran zusätzlich zu den Protonenpumpen ATP-Synthase-Moleküle zu integrieren.

Wenn solche Liposomen belichtet werden, stellen sie aus ADP und Phosphat ATP her.

1 Erläutern Sie, weshalb sich Phospholipide selbstständig zu Liposomen formen können.

2 Erklären Sie, inwieweit die künstlich erzeugten Lipidvesikel als Modell der Abläufe im Mitochondrium dienen können. Gehen Sie hierbei auf Vor- und Nachteile des Modells ein.

Material C Thermogenese

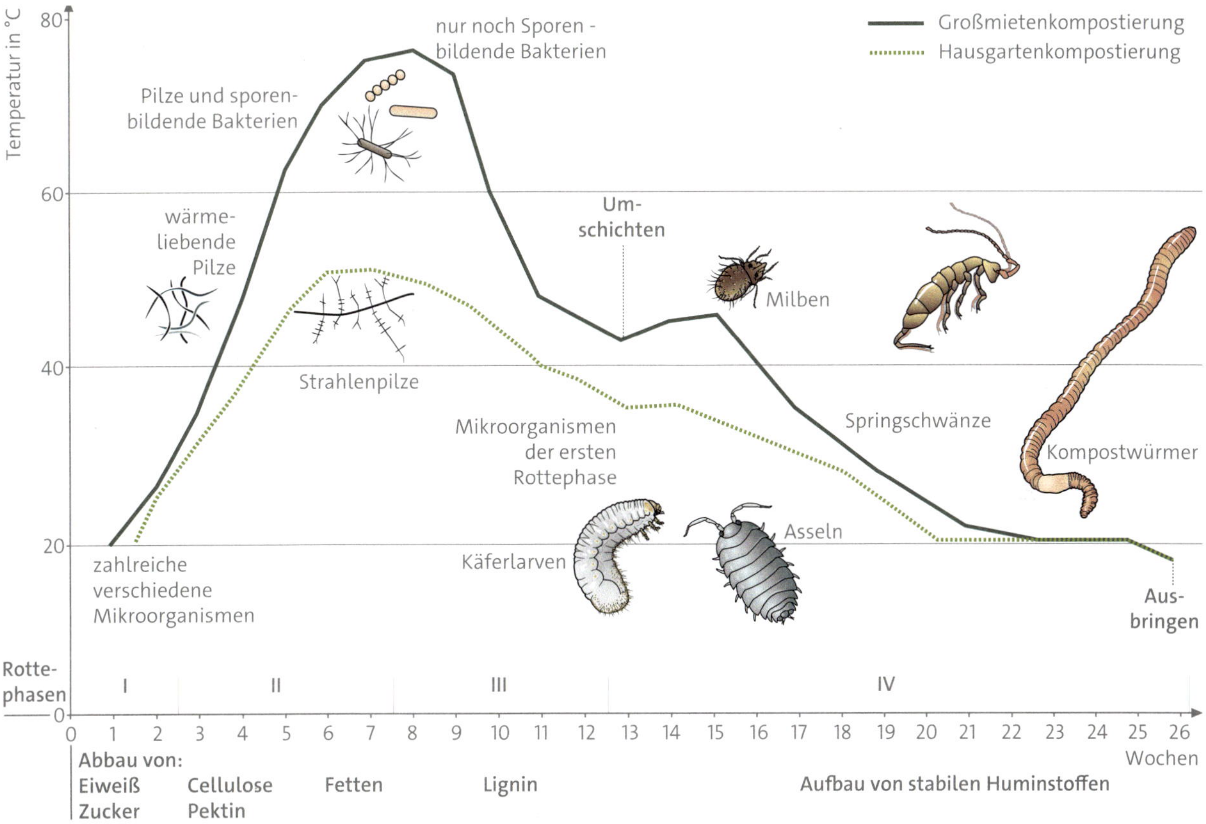

Dampfender Kompost

Ein richtig zusammengestellter Komposthaufen enthält abgestorbene Pflanzenteile in einer Zusammensetzung, die das Wachstum aerob lebender Mikroorganismen fördert. Zur Durchlüftung wird er locker aufgeschichtet.
Huminstoffe sind zwar chemisch unterschiedlich, haben aber insgesamt einen positiven Einfluss auf das Pflanzenwachstum. Sie haben große Moleküle.

Die Vorgänge im Komposthaufen lassen sich in vier Phasen einteilen, die bei optimalem Verlauf jeweils eine bestimmte Zeit dauern. Nach etwa zwölf Wochen schichtet man den Haufen um, sodass äußeres Material ins Zentrum kommt. Die Temperaturen in der obigen Abbildung wurden jeweils in der Mitte des Haufens gemessen.
Mit steigenden Temperaturen sterben die Mikroorganismen der ersten Phase ab und neue Mikroorganismen treten auf. Bei Temperaturen zwischen 50 °C und 65 °C siedeln sich wärmeliebende Pilze, Bakterien und Strahlenpilze an. Bei Temperaturen über 65 °C treten Sporen bildende Bakterien auf. Die Bakteriensporen überdauern widrige Umstände, insbesondere auch sehr hohe Temperaturen.
Auch andere Bakterienarten und Pilze bilden Dauer- und Vermehrungseinheiten, die an andere Stellen verdriften oder transportiert werden können. Die Lebewesen im Kompost ertragen oder benötigen bestimmte Werte bestimmter Umweltfaktoren und erscheinen entsprechend zu bestimmten Phasen der Kompostierung.

1 Beschreiben Sie den Temperaturverlauf.

2 Erstellen Sie Hypothesen zu einer kausalen Erklärung des Temperaturverlaufs. Beachten Sie katabole und anabole Prozesse sowie das Auftreten unterschiedlicher Mikroorganismen.

3 Diskutieren Sie, ob eine funktionale Beschreibung des Temperaturverlaufs möglich ist. Beachten Sie dabei die Abhängigkeit der Reaktionsgeschwindigkeit von der Temperatur.

2.11 Überblick Stoffwechselwege

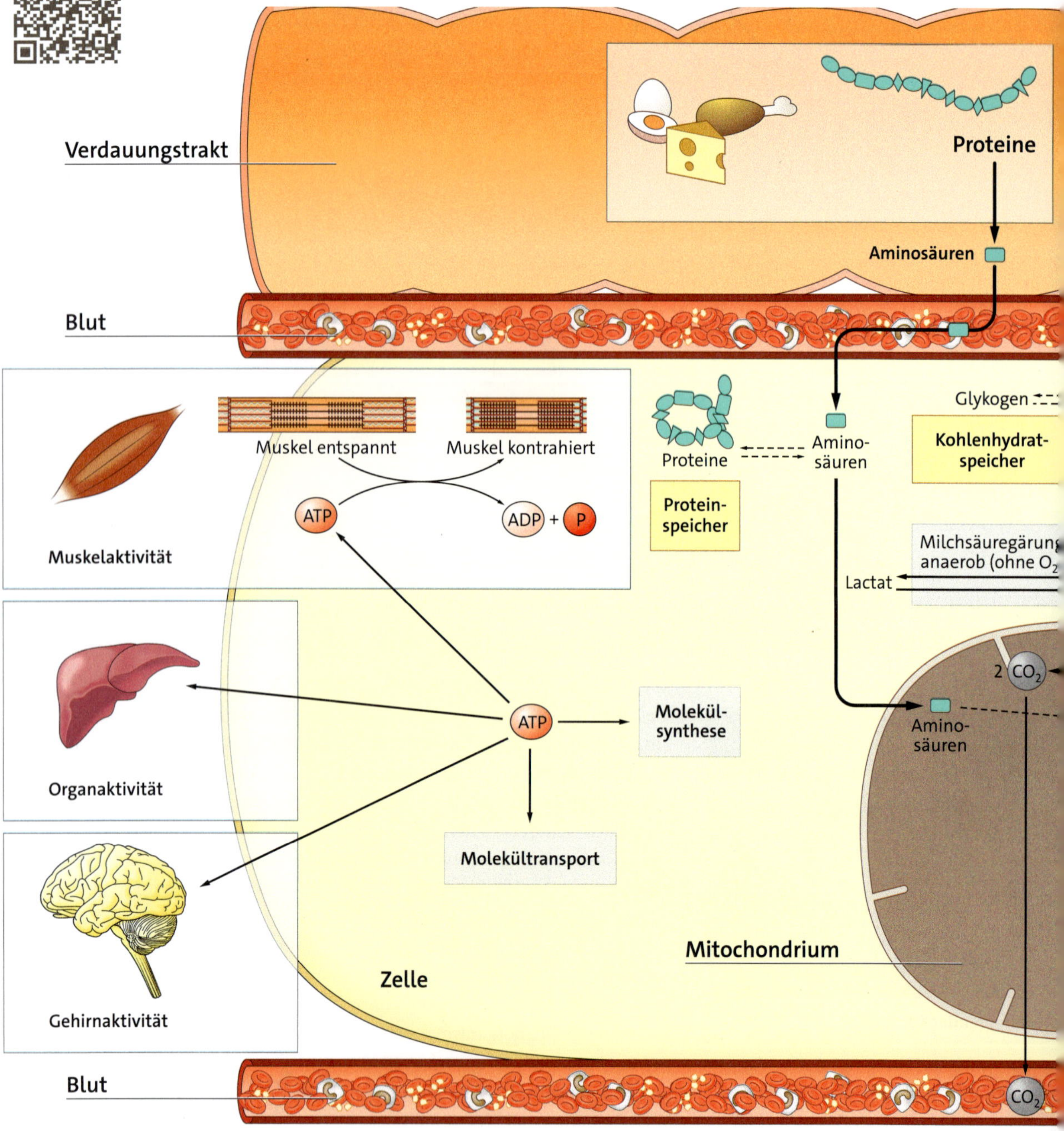

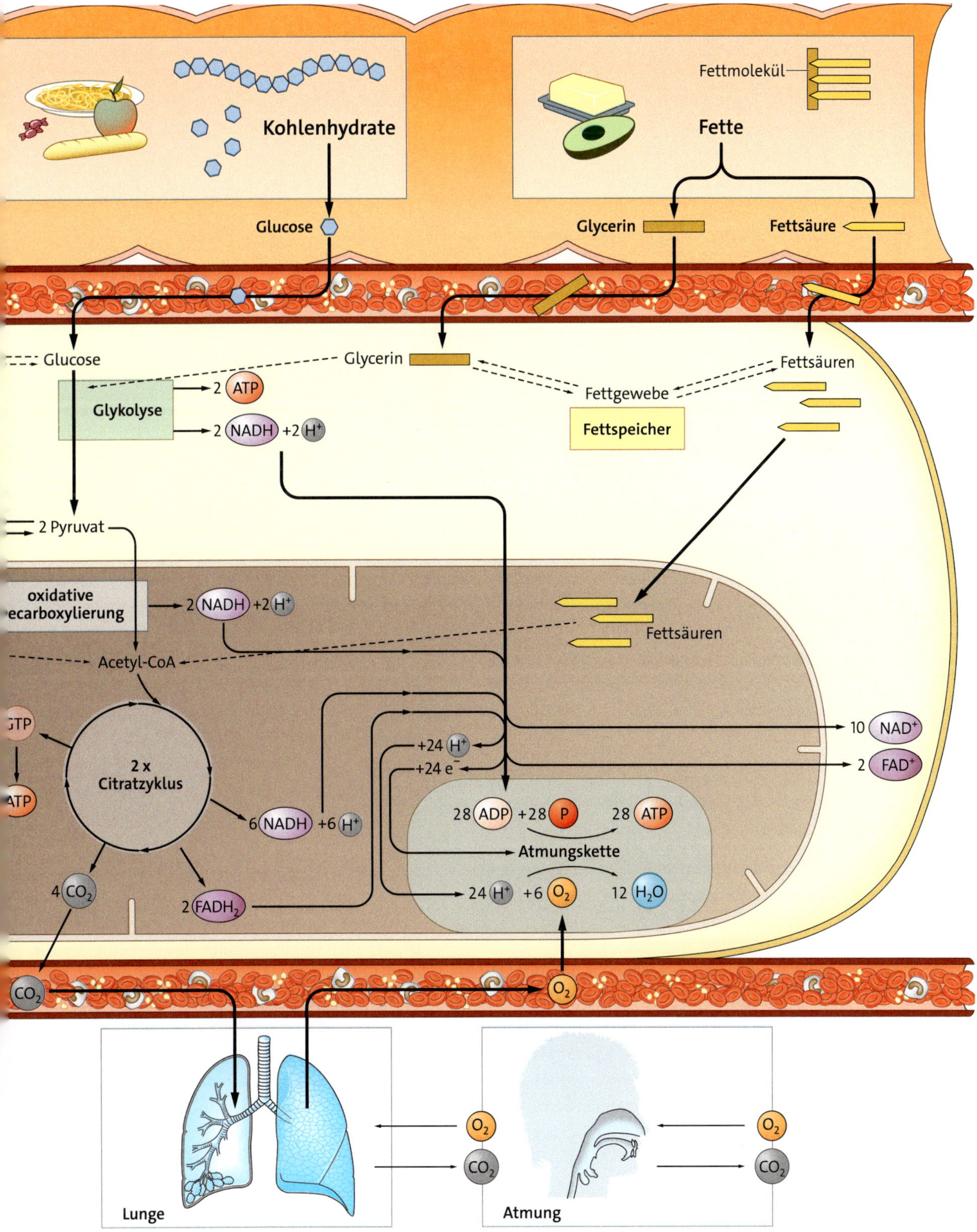
Kohlenhydrate
Fettmolekül
Fette
Glucose
Glycerin
Fettsäure
Glucose
Glycerin
Fettsäuren
Fettgewebe
Fettspeicher
Glykolyse
2 ATP
2 NADH +2 H^+
2 Pyruvat
oxidative
ecarboxylierung
2 NADH +2 H^+
Fettsäuren
Acetyl-CoA
TP
ATP
2 x
Citratzyklus
6 NADH +6 H^+
4 CO_2
2 $FADH_2$
+24 H^+
+24 e^-
10 NAD^+
2 FAD^+
28 ADP +28 P
28 ATP
Atmungskette
24 H^+ +6 O_2
12 H_2O
CO_2
O_2
O_2
CO_2
Lunge
O_2
CO_2
Atmung

2.12 Vergleich von Photosynthese und Zellatmung

1 Pflanze mit Laubblättern und Wurzeln

In den vergangenen Kapiteln haben sie zwei für das Leben auf der Erde notwendige Stoffwechselwege kennengelernt: die Photosynthese, welche zum Aufbau von energiereichen Stoffen Energie in Form von Licht verwendet. Und die Zellatmung, in der die chemische Energie aus Fetten, Kohlenhydraten und Proteinen für die Zelle verfügbar gemacht wird. Beide Vorgänge finden in höheren Lebewesen in speziellen Organellen, den Chloroplasten und Mitochondrien, statt. Bei Photosynthese und Zellatmung handelt es sich um sehr unterschiedliche biochemische Vorgänge, die in engem Zusammenhang miteinander stehen. Doch weisen sie auch Ähnlichkeiten auf?

1 Nennen Sie die energiereichen Stoffe, die an der Photosynthese beziehungsweise Zellatmung beteiligt sind, inklusive der Zwischenprodukte.

2 Erstellen Sie je eine beschriftete Skizze der für beide Stoffwechselvorgänge notwendigen Zellorganellen.

3 Erstellen Sie eine Tabelle, in der Sie die Unterschiede und Gemeinsamkeiten dieser Organellen darstellen.

Zellatmung und Photosynthese im Überblick • Die Assimilation von lebenswichtigen Kohlenhydraten erfolgt in allen phototrophen Lebewesen, wie Algen, höheren Pflanzen, aber auch Cyanobakterien, über den Stoffwechselweg der Photosynthese. Die nötigen Teilreaktionen sind lichtabhängig, da Photonen Chlorophyll und weitere Hilfspigmente in den Chloroplasten in einen angeregten Zustand versetzen. Es erfolgt eine Elektronenübertragung auf Moleküle innerhalb der Membran, wodurch ein Protonengradient erzeugt wird. In der Folge werden Elektronen auf $NADP^+$ übertragen und ATP aufgebaut. Beides wird im nun folgenden Calvin-Zyklus zum Aufbau von Zuckermolekülen benötigt.
In Chloroplasten kann so die Energie in Form von Licht in chemische Energie umgewandelt werden, zusätzlich entsteht für uns wichtiger Sauerstoff.

Die aerobe Dissimilation der Kohlenhydrate und weiterer energiereicher Stoffe erfolgt in den Mitochondrien aller höheren Lebewesen. Phototrophe Organismen können also ihre Baustoffe und die für den Umbau notwendige Energie selbst wandeln, daher sind sie autotroph. Jedoch findet auch bei autotrophen Lebewesen die Zellatmung statt, um gespeicherte Energie wieder freizusetzen. Heterotrophe Lebewesen, zu denen auch der Mensch zählt, müssen die nötigen Nährstoffe über die Nahrung aufnehmen und die nötige Energie größtenteils in Mitochondrien freisetzen. Beim Abbau dieser Nährstoffe entsteht über viele Reaktionsschritte Kohlenstoffdioxid, teilweise auch außerhalb der Mitochondrien im Cytoplasma. Durch die einzelnen Abbauschritte wird zum Teil direkt ATP erzeugt, der größere Anteil daran wird jedoch über einen Protonengradienten und die ATPase erzeugt. Um den Protonengradienten aufzubauen, werden die Elektronen von $NADH + H^+$ und $FADH_2$ an Moleküle in der Membran abgegeben. Es entstehen NAD^+ und FAD, die erneut als Elektronenakzeptoren bereit stehen.

Elektronenübertragung • Bei der Photosynthese stammen die freien Elektronen aus dem Wassermolekül und werden über Proteinkomplexe und Moleküle an und in der Membran weitergeleitet. Dabei werden Protonen in den Membranzwischenraum transportiert und schließlich $NADP^+$ reduziert.
Bei der Zellatmung stammen die Elektronen aus dem Abbau von Glucose und werden an NAD^+ und FAD gebunden, welches die Elektronen bei der Atmungskette an Moleküle in der Membran überträgt. Zu den Elektronen transportierenden Komplexen zählen hier Coenzym Q sowie ein Cytochrom-c-Komplex.

Reduktionsäquivalente und Protonengradient • Reduktionsäquivalente sind spezielle Moleküle, die in der Zelle in oxidierter und reduzierter Form vorliegen können. Sie spielen eine entscheidende Rolle bei Redoxreaktionen in der Zelle, da sie Elektronen und Wasserstoffatome aufnehmen und abgeben können. Bei der Photosynthese übernimmt dies $NADP^+$, bei der Zellatmung sind es zwei Moleküle: FAD und NAD^+. Die genannten Moleküle sind in allen Fällen für den Transport von Elektronen und den Aufbau des Protonengradienten zuständig. Der Protonengradient an den entsprechenden Membranen ist notwendig, um den ATPase-Komplex zu betreiben und damit aus ADP und Phosphat ATP aufzubauen.

Kreislaufprozesse • Der Aufbau der Glucose erfolgt in einem Kreislaufprozess, dem Calvin-Zyklus, in dem Kohlenstoffdioxid an Ribulose-1,5-bisphosphat gebunden wird. Beim Abbau der Glucose über den Citratzyklus wird Acetyl-CoA an Oxalacetat gebunden, der entstehende C_6-Körper Citrat zerfällt daraufhin zu zwei C_3-Körpern.

4 Stellen Sie in Ihren in Aufgabe 2 skizzierten Zellorganellen verbindende Elemente, also Moleküle dar, sodass ein Fließdiagramm entsteht.

5 Übernehmen Sie die folgende Tabelle und füllen Sie die Lücken.

	Photosynthese	Zellatmung
Stoffwechsel	...	...
Ziel	...	...
Kompartiment	...	...
Reduktionsäquivalente	...	...
Glucose	...	...
Prozesse	...	...
ATP-Gewinnung	...	...
Beteiligte Enzyme	...	...

2 Vergleich von Photosynthese und Zellatmung

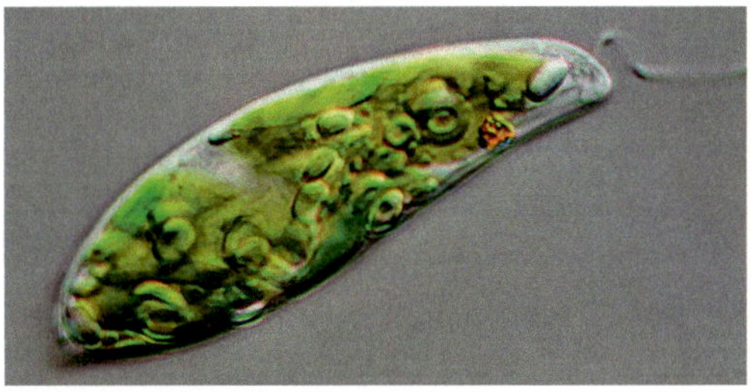

3 Euglena mit Zellorganellen

6 Erläutern Sie anhand von Skizzen die evolutionäre Entstehung der Chloroplasten und Mitochondrien in einer Pflanzenzelle (▶ 3). Enden Sie mit einer vollständigen Skizze einer pflanzlichen Zelle und beschriften Sie alle Bestandteile.

7 Begründen Sie, um welchen Prozess es sich bei dem Bildausschnitt in Abbildung 4 handelt.

8 Übernehmen Sie die Skizze aus Abb. 4 und ergänzen Sie diese um die fehlenden Bestandteile, so dass sich der vollständige Prozess ergibt (▶ 4).

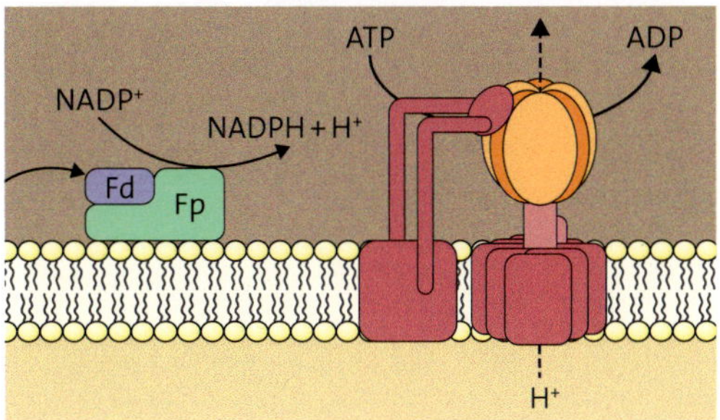

4 Ausschnitt aus einem Prozess des Zellstoffwechsels

2.13 Die Bedeutung der Glucose

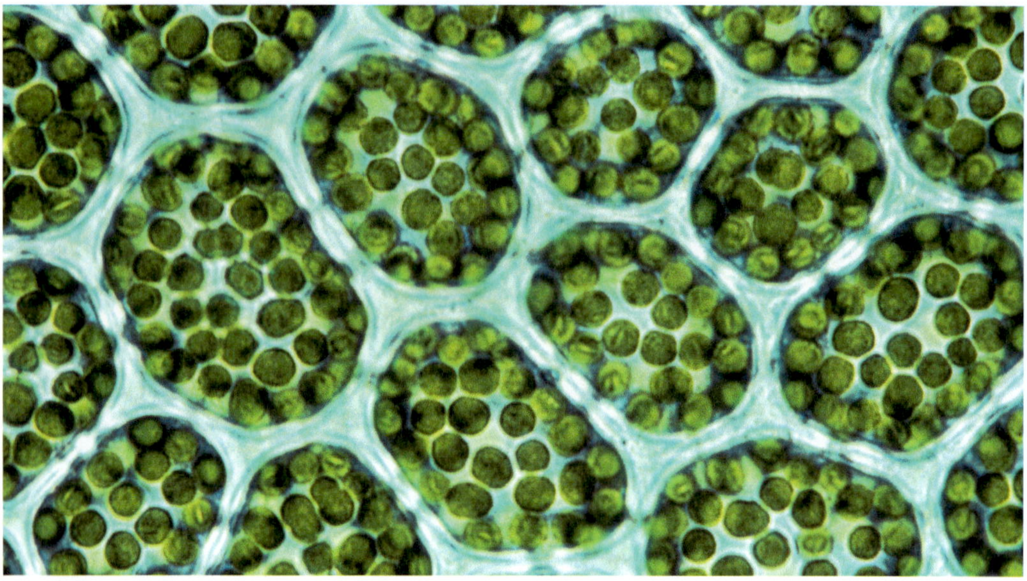

1 Mikroaufnahme eines Moosblättchens (500-fache Vergrößerung)

In grünen Pflanzenzellen findet unter günstigen Bedingungen Photosynthese statt: Aus anorganischen Stoffen werden organische Stoffe hergestellt und Sauerstoff wird freigesetzt. Welche Bedeutung haben diese stoffaufbauenden Prozesse der Photosynthese für den weiteren Stoffwechsel und andere Lebewesen?

Bedeutung der Photosynthese • Viele Menschen sehen den Sauerstoff als wichtigstes Photosyntheseprodukt an. Auch wenn heutiges Leben auf der Erde Sauerstoff voraussetzt, so ist doch die entscheidende Leistung der Photosynthese die Produktion von organischen Stoffen, vorwiegend Kohlenhydraten. Pflanzen, aber auch andere Lebewesen nutzen diese energiereichen Stoffe für den eigenen Stoffwechsel. Daher ist die Photosynthese die entscheidende treibende Kraft des Lebens auf der Erde.

1 Nennen Sie alle Nährstoffe, die in der Nahrung pflanzenfressender Lebewesen enthalten sein müssen und erklären Sie, welche Problematik sich ergeben würden, wenn die Photosynthese der einzige Vorgang wäre, der in Pflanzen stattfindet.

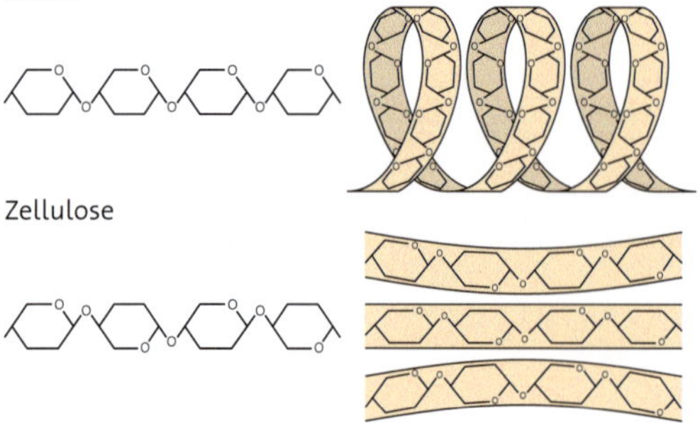

3 Stärke und Zellulose

2 Kartoffeln und Karotten

Energiespeicherung • Pflanzen nutzen die während der Photosynthese gebildete Glucose unter anderem für die eigene Zellatmung und zur Energiespeicherung. Für Letztere wird eine Vielzahl an Glucosemolekülen enzymatisch zu einer langen Kette verbunden, wodurch ein Stärkemolekül entsteht (► 3). Die Stärkemoleküle werden anschließend in verschiedenen Pflanzenteilen wie Wurzeln und Samen gelagert (► 2). Bei Bedarf, etwa während der Nacht oder in Zeiten des Wachstums, können Stärkemoleküle wieder zu Glucosemolekülen abgebaut werden.

Struktur und Wachstum • Glucose spielt auch eine wesentliche Rolle für die Struktur und das Wachstum von Pflanzen. Sie wird zur Synthese von Zellulose verwendet, die ein Hauptbestandteil der Pflanzenzellwände ist. Zellulose besteht, wie auch die Stärke, aus vielen Glucosemolekülen, die ein langkettiges Molekül bilden. Im Gegensatz zur Stärke erfolgt die Bindung zwischen den einzelnen Glucosemolekülen aber in einer solchen Weise, dass die

Zellulosemoleküle nicht wie die Stärke gewunden, sondern gradlinig sind (▶ 3). Zellulosemoleküle können sich so aneinander anlagern, wobei sie durch zwischenmolekulare Anziehungskräfte zusammengehalten werden. Dadurch sind die Zellwände der Pflanzen fest und widerstandsfähig gegen mechanische Belastungen und Umwelteinflüsse. Diese strukturelle Besonderheit ist entscheidend für das Wachstum und die Stabilität von Pflanzen.

2 **Zellulose- und Stärkemoleküle sind sehr energiereich. Doch die Verwertung von zellulosehaltigen Pflanzenteilen setzt einige besondere Angepasstheiten voraus. Beschreiben Sie diese am Beispiel eines Rindes.**

Primäre Pflanzenstoffe • Neben ihrer Rolle als Energiespeicher und Bestandteil der Zellwände dienen Glucosemoleküle auch als Ausgangspunkt für zahlreiche weitere essenzielle Verbindungen in Pflanzen. Neben den Kohlenhydraten Stärke und Zellulose sind hierbei vor allem die Fette, die für die Bildung von Zellmembranen entscheidend sind, und die Aminosäuren, die für den Proteinaufbau benötigt werden, von besonderer Bedeutung. Die pflanzlichen Kohlenhydrate, Fette und Aminosäuren werden auch als **primäre Pflanzenstoffe** bezeichnet. Über verschiedene Stoffwechselwege werden diese molekularen Bausteine aus Glucose gebildet und weiter modifiziert, um die vielfältigen Bedürfnisse der Pflanze zu erfüllen.

Fette • Glucose kann über verschiedene enzymatische Prozesse in Fettsäuren umgewandelt werden. Ein wichtiger Zwischenschritt dabei ist der Abbau von Glucose zu Molekülen mit nur zwei Kohlenstoffatomen, Acetyl-CoA-Molekülen. Diese sind für viele Stoffwechselwege von Bedeutung.
Acetyl-CoA-Moleküle werden für den enzymatischen Aufbau von Fettsäuren verwendet, die dann in Form von Triglyceriden als langfristige Energiespeicher in Fettgeweben gespeichert werden. Die Fette liegen hierbei oft als Öle vor und sind als Energiereserve und für den Aufbau von Zellmembranen von großer Bedeutung (▶ 4).

Aminosäuren • Der Abbau von Glucose liefert auch Zwischenprodukte, die für die Biosynthese von Aminosäuren verwendet werden können. Diese entstehen vor allem im Tricarbonsäurezyklus. Durch enzymatische Prozesse werden diese Zwischenprodukte in verschiedene Aminosäuren umgewandelt. Aminosäuren sind die Bausteine von Proteinen, die wichtige Funktionen in der Zelle übernehmen, einschließlich der Strukturgebung, enzymatischen Aktivität und Signalübertragung.
Die für den Aufbau von Aminosäuren benötigten Stickstoffatome beziehen die Pflanzen hauptsächlich aus dem Boden. Dort sind diese in verschiedenen Formen wie Nitrat- (NO_3^-) und Ammoniumionen (NH_4^+) vorhanden, die durch spezielle Transportproteine in die Wurzeln aufgenommen werden.
Zudem gibt es Pflanzen, die in Symbiose mit Knöllchenbakterien leben, welche in der Lage sind, Stickstoffatome direkt aus der Luft zu fixieren. Diese Bakterien wandeln den gasförmigen Stickstoff (N_2) in eine nutzbare Form um, die von der Pflanze aufgenommen und für die Synthese von Aminosäuren verwendet werden kann.

3 **Beschreiben Sie die Bedeutung der primären Pflanzenstoffe für den Energie- und Baustoffwechsel heterotropher Lebewesen.**

4 **Nennen Sie Ihnen bekannte von Pflanzen gebildeten Stoffe, die bislang noch nicht vorgestellt wurden und erklären Sie, weshalb diese nicht zu den primären Pflanzenstoffen gezählt werden.**

5 **Eine dauerhafte vegane Ernährung ohne die Einnahme von bestimmten Nahrungsergänzungsmitteln, kann beim Menschen und auch vielen Tieren zu gesundheitlichen Problemen führen. Schließen Sie daraus Schlüsse auf die Stoffwechselleistungen dieser Lebewesen im Gegensatz zu denen von Tieren, die sich ausschließlich von Pflanzen ernähren.**

6 **Diskutieren Sie, ob es dauerhafte Alternativen zum Anbau von Pflanzen für die Ernährung der Weltbevölkerung gibt.**

Pflanzen ernähren die Welt • Durch die Produktion der primären Pflanzenstoffe werden fast allen Tieren, einschließlich des Menschen, direkt oder indirekt die lebensnotwendigen Nährstoffe bereitgestellt. Die Pflanzen benötigen hierfür lediglich Wasser, Kohlenstoffdioxid, Licht und einige Mikronährstoffe.

4 Rapsöl und Rapsblüten

5 Schoten der grünen Bohne

Sekundäre Pflanzenstoffe • Neben den primären Pflanzenstoffen, die vor allem dem Wachstum und der Energiespeicherung dienen, bilden Pflanzen noch weitere Verbindungen, die spezielle Aufgaben erfüllen, **die sekundären Pflanzenstoffe.** Diese sind zum Beispiel für die Abwehrmechanismen der Pflanzen und deren Interaktionen mit der Umwelt von Bedeutung. Es gibt Tausende von verschiedenen sekundären Pflanzenstoffen, die in Kategorien wie Alkaloide, Flavonoide, Terpene und Phytosterine eingeteilt werden.

Schutz vor Schädlingen und Krankheiten • Eine der Hauptfunktionen sekundärer Pflanzenstoffe besteht im Schutz der Pflanzen vor Schädlingen und Krankheiten. So wirken viele dieser Verbindungen als natürliche Pestizide, die Insekten abwehren oder deren Wachstum hemmen. Antimikrobielle sekundäre Pflanzenstoffe tragen dazu bei, die Pflanze vor bakteriellen und pilzlichen Infektionen zu schützen. Durch diese Abwehrmechanismen erhöhen sekundäre Pflanzenstoffe die Überlebensfähigkeit der Pflanzen in ihrem natürlichen Lebensraum.

1 Einige Stoffe, die von Pflanzen zur Abwehr von Fressfeinden gebildet werden, nutzt der Mensch als Genussmittel. Nennen Sie mindestens zwei Ihnen bekannte Beispiele und beurteilen Sie deren Auswirkungen auf die Gesundheit des Menschen.

Attraktion von Bestäubern und Symbionten • Sekundäre Pflanzenstoffe sind auch daran beteiligt, Bestäuber wie Insekten anzulocken. Farbenprächtige Pigmente wie Anthocyane und Flavonoide ziehen bestäubende Insekten an, während aromatische Verbindungen wie Terpene Düfte erzeugen, die ebenfalls zur Bestäubung beitragen. Darüber hinaus fördern bestimmte sekundäre Pflanzenstoffe symbiotische Beziehungen, beispielsweise mit Nützlingen oder Mykorrhiza-Pilzen.

Phytopharmaka und gesundheitliche Vorteile • Viele sekundäre Pflanzenstoffe haben pharmakologische Eigenschaften und werden in der Naturheilkunde und modernen Medizin verwendet. **Phytopharmaka,** also pflanzliche Arzneimittel, können entzündungshemmend, antioxidativ, antimikrobiell und antikarzinogen wirken. Beispiele für solche Wirkstoffe wären Flavonoide, die als starke Antioxidantien eingesetzt werden, und Alkaloide, die in Schmerzmitteln und Medikamenten gegen Herz-Kreislauf-Erkrankungen verwendet werden. Die Erforschung dieser Stoffe hat zu zahlreichen therapeutischen Anwendungen geführt.

2 Beschreiben Sie mögliche Vorteile der Erforschung und Nutzung pflanzlicher Heilmittel.

3 Erklären Sie, weshalb auch pflanzliche Heilmittel Nebenwirkungen haben können.

Ernährung und Prävention • Sekundäre Pflanzenstoffe spielen auch eine wichtige Rolle in der menschlichen Ernährung und der Prävention von Krankheiten. Der Konsum von Pflanzen, die reich an diesen Verbindungen sind, wie Obst, Gemüse und Kräutern, kann die Gesundheit fördern und das Risiko von Krankheiten wie Krebs, Herz-Kreislauf-Erkrankungen und neurodegenerativen Krankheiten reduzieren. Diese präventiven Eigenschaften resultieren aus der Fähigkeit der sekundären Pflanzenstoffe, freier Radikale zu neutralisieren, Entzündungen zu reduzieren und das Immunsystem zu stärken.

1 Eine Biene fliegt eine Blüte an

2 Kräuter mit pharmakologischen Eigenschaften

Pflanzenstoffe als Rohstoffe • Da Pflanzenstoffe von lebenden Organismen produziert werden, zählt man sie zu den **nachwachsenden Rohstoffen**. Sie sind nachhaltig und erneuerbar, da sie regelmäßig angebaut und geerntet werden können, wodurch die Abhängigkeit von endlichen fossilen Ressourcen reduziert wird. Durch die Aufnahme und Bindung von Kohlenstoffdioxid während ihres Wachstums tragen sie zum Klimaschutz bei und helfen, den Treibhauseffekt zu mindern. Zudem sind nachwachsende Rohstoffe meist biologisch abbaubar. Ihre vielfältigen Anwendungen in Branchen wie Bau, Energie, Textilien, Lebensmittel und Kosmetik bieten nachhaltige Alternativen zu konventionellen Materialien und Prozessen.

Holz und Bambus • Als Rohstoff wird das Holz der Bäume als Baumaterial, zur Herstellung von Möbeln und Papier und als Brennstoff verwendet. Durch nachhaltige Forstwirtschaft kann Holz regelmäßig nachwachsen und über viele Generationen gleichbleibende Erträge liefern. Im Gegensatz zu den meisten Bäumen, zählt Bambus nicht zu den Holzgewächsen, sondern zu den Süßgräsern. Es teilt jedoch viele Eigenschaften mit Harthölzern und wird in tropischen und subtropischen Regionen als deren Alternative angebaut. Bambus kann bis zu einem Meter pro Tag wachsen und wird wie Holz für Bauprojekte, Möbel, Fußböden und Textilien verwendet.

Pflanzenöle • Raps und Ölpalme zählen weltweit zu den wichtigsten Öllieferanten. Rapsöl findet Anwendung in der Lebensmittelindustrie und der Herstellung von Biodiesel. Dieser Biokraftstoff ist eine umweltfreundlichere Alternative zu fossilen Brennstoffen, da er biologisch abbaubar ist und weniger Schadstoffe emittiert.

Palmöl wird aus den Früchten der Ölpalme gewonnen und findet breite Anwendung in der Lebensmittelindustrie und Kosmetik. Es kann ebenfalls zur Herstellung von Biodiesel genutzt werden.
Neben Raps- und Palmöl gibt es viele andere pflanzliche Öle und Fette, wie Olivenöl, Sonnenblumenöl, Leinöl und Kokosöl, die vielfältig einsetzbar sind. Sie finden überwiegend in der Lebensmittelproduktion Verwendung.

4 **Bewerten Sie die Verwendung großer Anbauflächen für die Produktion von Biodiesel anstelle von Nahrungsmitteln. Nennen Sie hierbei Werte und Argumente für beide Fälle.**

Mais • Mais ist eine vielseitig einsetzbare Pflanze, die neben der Nahrungsmittelproduktion auch zur Herstellung von Biokunststoffen, Bioethanol und Tierfutter genutzt wird. Bioethanol aus Mais dient als Biotreibstoff und bietet eine erneuerbare Energiequelle. Biokunststoffe, die aus Mais hergestellt werden, sind biologisch abbaubar und reduzieren die Abhängigkeit von Erdöl-basiertem Plastik.

Zuckerrohr • Zuckerrohr wird hauptsächlich zur Herstellung von Zucker und Bioethanol verwendet. Bioethanol aus Zuckerrohr ist ein effizienter Biokraftstoff. Der Abfall des Zuckerrohrs, die Bagasse, wird als Brennstoff zur Energieproduktion und zur Herstellung von Biokunststoffen genutzt. Diese Anwendungen tragen zur nachhaltigen Nutzung der gesamten Pflanze bei und minimieren die Abfälle.

5 **Nennen Sie die Gemeinsamkeiten in den Anwendungsbereichen der Pflanzenstoffe und führen Sie diese, wenn möglich, auf deren Ausgangsstoff Glucose zurück.**

3 Dachstuhl aus Holz

4 Ölpalmplantage

2.14 ß-Oxidation

1 Fettgewebe im Elektronenmikroskop

Gerade in den letzten Jahren haben Fette hauptsächlich negative Schlagzeilen gemacht. Sie gelten als die Ursache für viele Zivilisationskrankheiten wie Diabetes Typ 2, Adipositas und Herz-Kreislauf-Erkrankungen. Aber sind Fette für den Menschen so negativ wie ihr Ruf? Um Stoffwechseltätigkeiten, Zellwachstum und Reifung des Körpers zu bewerkstelligen oder Informationen zu übertragen, sind Fette für den Organismus von großer Bedeutung. Wie funktioniert also der Stoffwechsel der Fette?

1 Erstellen Sie ein Übersichtsschema über den aeroben Abbau mit allen Teilschritten und entstehenden energiereichen Molekülen. Lassen Sie dabei Platz für Ergänzungen aus Aufgabe 8.

2 Zeichnen Sie die Strukturformel eines Fettes, recherchieren Sie hierfür den Aufbau von Stearinsäure (▶ Methode auf S. 272).

3 Nennen Sie Lebensmittel, die besonders reich an gesättigten beziehungsweise ungesättigten Fettsäuren sind.

4 Stellen Sie eine Hypothese auf, wo Ihr Fett im Schema aus Aufgabe 1 zur Energiegewinnung eingespeist werden könnte.

Der Weg der Fette durch den Körper • Bisher haben Sie die Energiebereitstellung nur über den Abbau von Kohlenhydraten kennengelernt. Der effektivere Weg, um ATP aufzubauen, führt jedoch über den Abbau von Fetten.

Fette bestehen aus einem Glycerinmolekül, das über je eine Esterbindung mit drei langkettigen organischen Fettsäuren verbunden ist. Über die Nahrung aufgenommene Fette werden zunächst durch Gallensalze emulgiert und dann mithilfe von Lipasen zu freien Fettsäuren und Glycerin abgebaut (▶ 2). Diese können die Darmwand passieren und somit über den Blutkreislauf und das Lymphsystem an Körperzellen verteilt werden. Werden Fettsäuren und Glycerin nicht direkt zur Energieversorgung benötigt, werden sie in den Körperzellen wieder zu Lipiden zusammengebaut und gespeichert. Ist der Glykogenvorrat gefüllt und wird dennoch mehr Fett, sowie Kohlenhydrate und Eiweiße zugeführt, findet die Speicherung in Fettzellen und der Leber in Form von Lipiden statt. Hierfür werden aus den kurzen Molekülen der Einfachzucker und Aminosäuren über die Umkehrung der Abbaureaktion lange Fettsäuremoleküle als Speicherfett aufgebaut. Lipide können aufgrund ihrer hydrophoben Eigenschaften leichter und dadurch in größerem Maß gespeichert werden

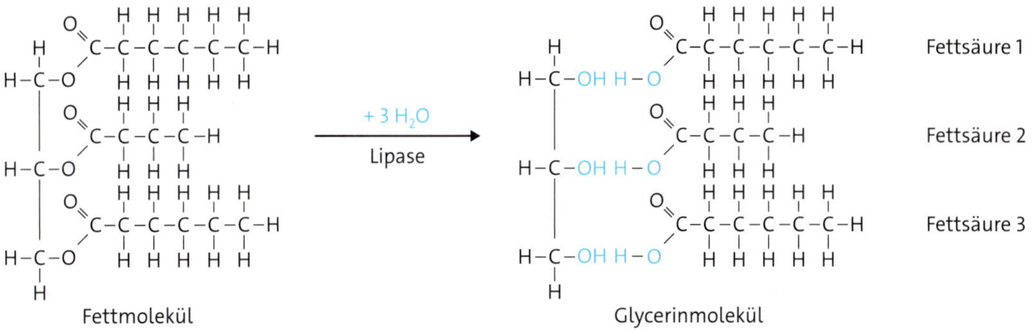

2 Hydrolyse von Lipiden

als Glykogen. Dieses benötigt einen Wassermantel und ist daher umfangreicher im Volumen trotz geringerem Energieinhalt. Fettspeicher sind damit deutlich leichter als Glykogenspeicher. Im menschlichen Körper sind bisher drei unterschiedliche Typen von Fettgeweben bekannt: das braune, das beige und das weiße Fettgewebe (▶ 3). Das braune Fettgewebe enthält besonders viele Mitochondrien und ist für die Energiebereitstellung in Form von Wärme verantwortlich. Weißes Fettgewebe speichert überschüssige, das heißt zu viel aufgenommene, Nährstoffe als Fett ab. Beiges Fettgewebe kann zwischen beiden Aufgaben wechseln.

Aufgrund ihres stark reduzierten Kohlenstoffkörpers sind Fettsäuren sehr gute Betriebsstoffe: dabei liefert 1 g Fettsäuren, das durch die Zellatmung oxidiert wird, mehr als doppelt so viel ATP wie 1 g Kohlenhydrat oder Eiweiß.

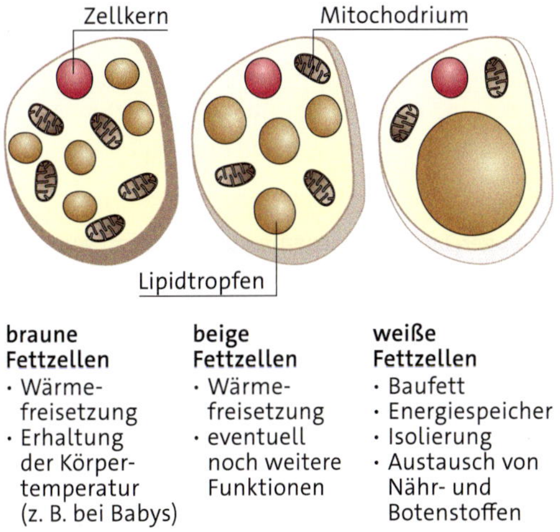

3 Typen von Fettzellen

5 Begründen Sie, warum Sie auch bei einer fettarmen Ernährung von Proteinen und Eiweißen Fettspeicher aufbauen können.

6 Erläutern Sie die unterschiedliche Anzahl an Mitochondrien in den drei Typen von Fettzellen (▶ 3).

7 Braunes Fettgewebe war lange Zeit nur von Säuglingen bekannt. Begründen Sie folgende Aussage: Babys führen eine zitterfreie Wärmebildung durch.

Das β-C-Atom • Fettsäuren werden über einen gesonderten Stoffwechselweg, der β-Oxidation, zur Energiefreisetzung zersetzt. Namengebend für den Stoffwechselweg ist das dritte C-Atom nach der funktionellen Gruppe. Also in diesem Fall das dritte C-Atom nach der Säuregruppe (▶ 4).

8 Fügen Sie Ihrem Schema aus Aufgabe 1 die Verstoffwechslung von Fetten hinzu.

9 Nennen Sie weitere Funktionen von Fetten im menschlichen Organismus.

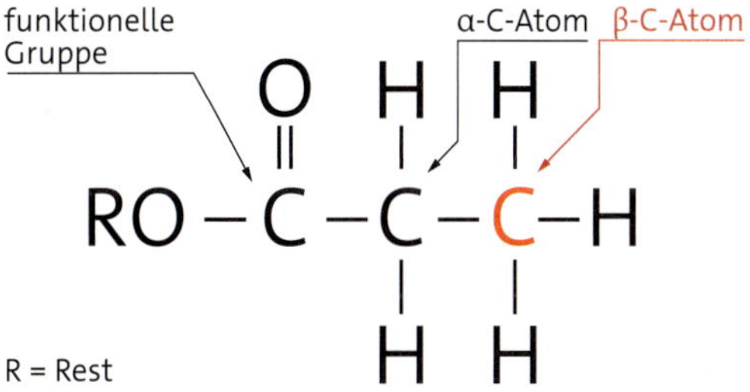

4 Benennung der C-Atome in der Fettsäure

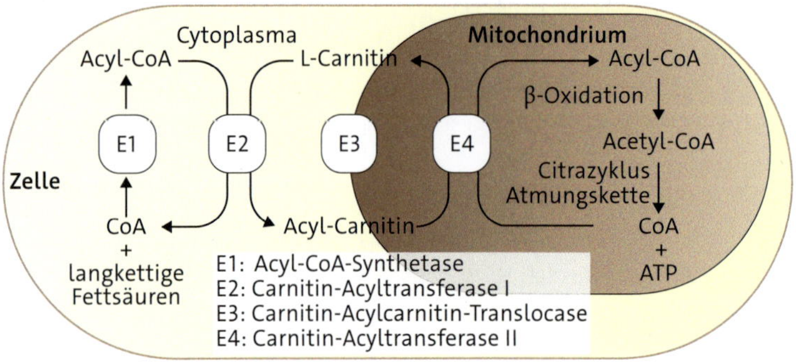

1 Carnitintransport der Fettsäure in das Mitochondrium

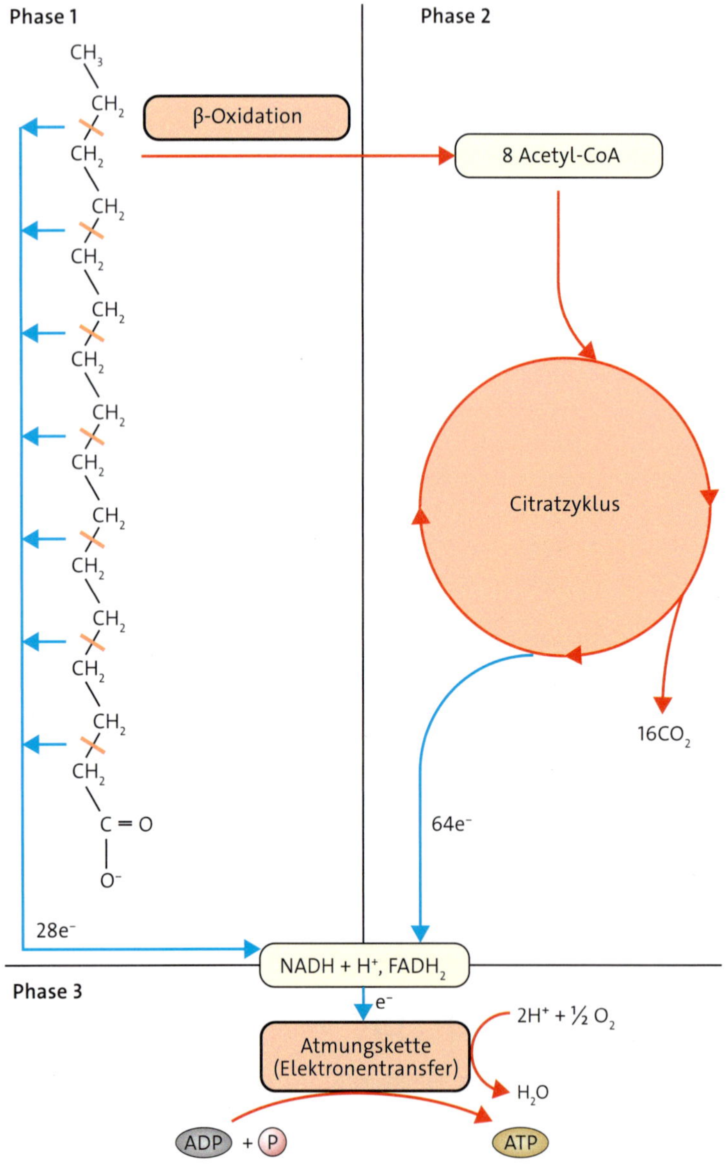

2 Einbindung der ß-Oxidation (Phase 1) in die Zellatmung (Phase 2 und 3)

Energiebereitstellung über die β-Oxidation • Der Start der β-Oxidation findet im Cytoplasma statt, indem die lange Fettsäurekette unter ATP-Verbrauch an das Coenzym A gebunden und damit aktiviert wird. Das entstandene Acyl-CoA gibt seine Acylgruppe an Carnitin ab, wodurch die Membran passiert werden kann (▶ 1). Im Anschluss wird das Carnitin in der Mitochondrienmatrix wieder abgespalten. Hier findet nun ein sich wiederholender Prozess so lange statt, bis die Fettsäure komplett in C_2-Körper gespalten wurde.

Die eigentliche β-Oxidation besteht aus mehreren enzymkatalysierten Schritten. Dabei wird das β-C-Atom der Fettsäure oxidiert und die Fettsäure jeweils um zwei C-Atome verkürzt (▶ 2). Die Spaltung findet also zwischen dem Alpha- und dem β-C-Atom der Fettsäure statt. Die C-Atome eins und zwei werden als Acetyl-CoA abgespalten und in den Citratzyklus eingespeist. Die vorherige Fettsäurekette ist um zwei C-Atome verkürzt worden und das ehemalige β-C-Atom ist in der nun kürzeren Kette das neue C1-Atom. Diese Vorgänge wiederholen sich so lange, bis die komplette Fettsäurekette abgebaut ist (▶ 2).

Freiwerdende Elektronen werden wie bekannt auf NAD^+ und FAD übertragen. Für jeden C_2-Körper entstehen so 1 Molekül NADH + H^+ und 1 Molekül $FADH_2$. Der aus dem Acyl-CoA entstehende C_2-Körper wird als Acetyl-CoA in den Citratzyklus eingespeist. Die Netto-ATP-Produktion für ein Triglycerid mit drei Stearinsäuremolekülen (je 18 C-Atome), das in die Glykolyse eingespeiste Glycerin berücksichtigt, beträgt 458 ATP-Moleküle.

1 In Aufgabe 4 auf Seite 162 sollten Sie eine Hypothese äußern, wie Fette zur Energiebereitstellung verstoffwechselt werden. Nehmen Sie Ihre Notizen zur Hand und überprüfen Sie Ihre Hypothese.

2 Fügen Sie Ihrem Schema aus Aufgabe 1 auf Seite 162 eine von Ihnen recherchierte ungeradzahlige Fettsäure hinzu.

3 Berechnen Sie für Ihre Fettsäure aus Aufgabe 2 die entstandenen ATP-Moleküle.

4 Recherchieren Sie, warum ungeradzahlige Fettsäuren und mehrfach ungesättigte Fettsäuren selten für die Energiebereitstellung genutzt werden.

Material A Stoffwechsel bei Kamelen

Kamele gehören zur Säugetierfamilie der Paarhufer. Unterteilt werden sie in zwei Gruppen, die Neuweltkamele mit Lamas und Vikunjas und die Altweltkamele, zu denen Dromedare und Trampeltiere zählen. Alle diese Arten sind an ein Leben in wasserarmen Gegenden angepasst. So sind ihre Erythrozyten oval, haben eine hohe Affinität für Sauerstoff und können große Mengen an Wasser aufnehmen. Sowohl Niere als auch Dickdarm können Wasser besonders gut resorbieren und die Nasenlöcher sind verschließbar, sodass das Wasser der Ausatemluft wieder über die Nasenschleimhaut aufgenommen wird. Außerdem haben die Altweltkamele ein oder zwei Höcker. Diese sind nicht, wie oft behauptet, Wasserspeicher, sondern speichern Fett. Dieses isoliert den Rücken, um zu viel Transpiration zu verhindern.

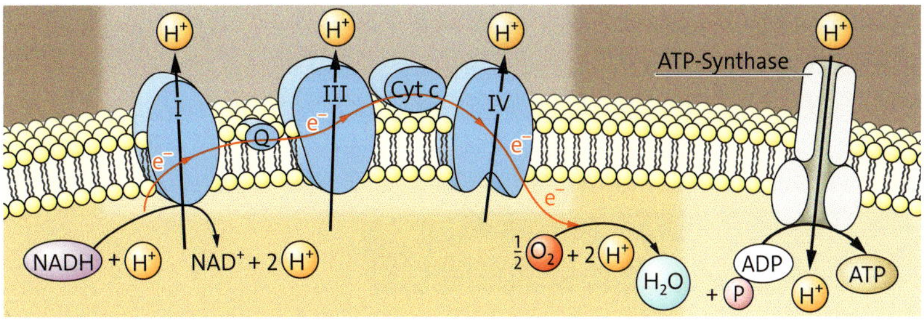

A1 Schematische Darstellung der Atmungskette

1 Kamele können innerhalb sehr kurzer Zeit bis zu 200 l Wasser aufnehmen. Würde ein Mensch Vergleichbares probieren, würde dies zur Unterversorgung der Gefäße und damit zu Koma und Tod führen. Stellen Sie eine Hypothese auf, welche Angepasstheit die Kamele dazu befähigt.

2 Recherchieren Sie Möglichkeiten der Wasservergiftung beim Menschen.

3 Für den Stoffwechsel ist an verschiedenen Stellen Wasser als Reaktionspartner notwendig. Geben Sie die jeweiligen Reaktionen für den Abbau von Glucose und Fettsäuren an.

4 Erläutern Sie, warum die Höcker statt Wasser Fett speichern.

5 Erklären Sie ausführlich und unter Einbezug der Abbildung, warum man im übertragenen Sinn beim Höcker der Kamele doch von einem Wasserspeicher sprechen kann.

Material B β-Oxidationsdefekt

Neugeborenen wird in Deutschland schon am Tag nach der Geburt Blut aus der Ferse entnommen. Dieses wird für das Neugeborenen-Screening auf unterschiedliche Stoffwechselerkrankungen untersucht. Zu den untersuchten Erkrankungen zählt der β-Oxidationsdefekt. Ursache können verschiedene fehlgebildete oder fehlende Enzyme des Stoffwechselwegs sein. Bei Betroffenen sammeln sich Zwischenprodukte in den Zellen an und wirken dabei in größeren Mengen toxisch auf Herz, Leber und Gehirn. Zudem fehlt es an anderen wichtigen Produkten und der Energiebereitstellung. Schon nach kurzer Zeit kann ein β-Oxidationsdefekt zu Koma und Tod führen. Ein Gendefekt, der zu oben genanntem β-Oxidationsdefekt führt, wird mit Gaben von L-Carnitin behandelt.

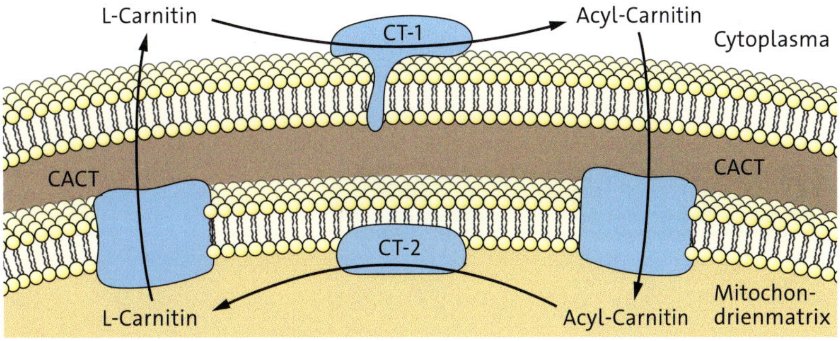

B1 Carnitin-Acyltransferase-Transporter

1 Geben Sie mithilfe von Abbildung B1 an, welche Bedeutung Carnitin für den Fettstoffwechsel hat.

2 Erläutern Sie die Folgen des Fehlens von L-Carnitin.

3 Bei vielen Stoffwechselerkrankungen ist eine Behandlung in Form einer bestimmten Diät möglich. Diskutieren Sie, warum eine solche Behandlung beim Oxidationsdefekt meist nicht möglich ist.

4 Recherchieren Sie weitere Behandlungsmethoden von Autoimmun- und Stoffwechselerkrankungen wie dem β-Oxidationsdefekt. Beziehen Sie für die Antwort Ihr Wissen aus der Genetik mit ein.

Stoffwechselphysiologie der Zelle

Mit dieser Übersicht können Sie die wichtigsten Inhalte des Kapitels wiederholen. Ergänzen Sie das Schema um weitere Begriffe und finden Sie Querbeziehungen zwischen den Themen.

Laubblätter

Pflanzenfarbstoffe

Ablauf

Einflüsse

Milchsäuregärung

Alkoholgärung

Energiebilanz

Regulation

ATP-Produktion

Redoxreaktionen

Bilanz

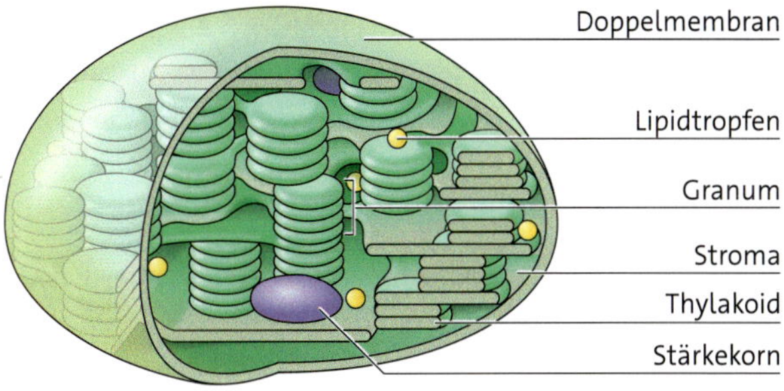

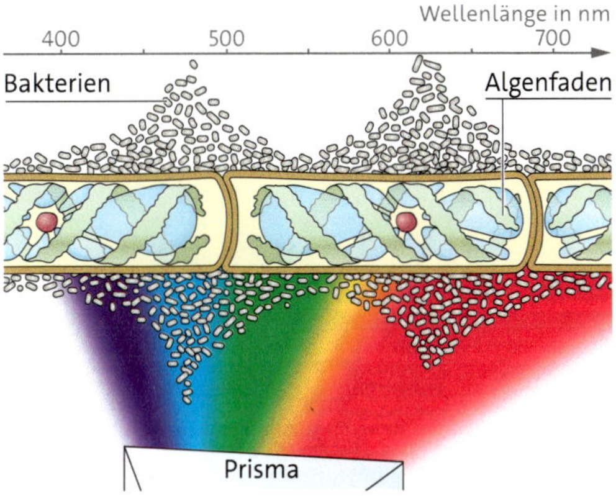

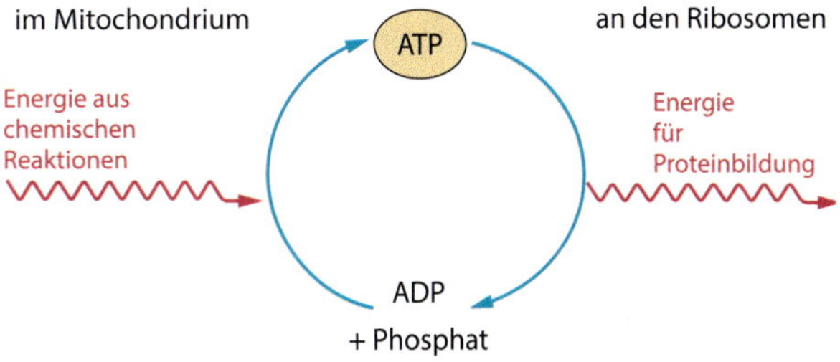

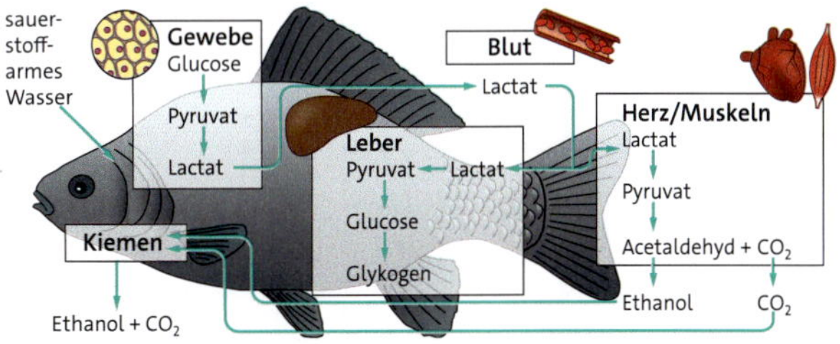

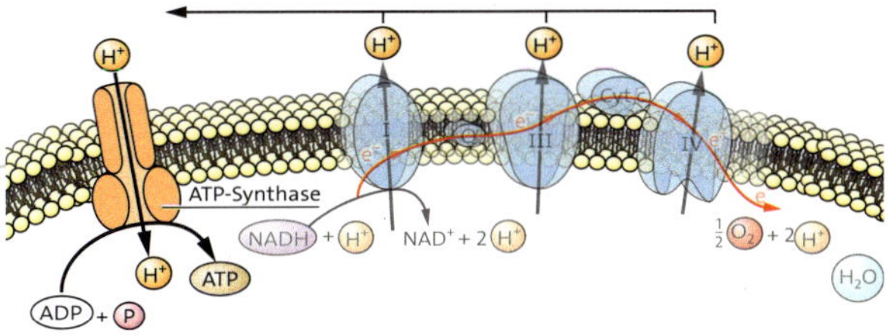

Stoffwechselphysiologie der Zelle

Mithilfe der folgenden Aufgaben können Sie überprüfen, ob Sie die Inhalte aus dem Kapitel Stoffwechsel verstanden haben. Bei den Aufgaben finden Sie Angaben zu den Seiten, auf denen Sie Informationen zum jeweiligen Thema nachlesen können.

Aufbau von energiereichen Stoffen (S. 106–129)

1 Laubblätter sind vielgestaltige Pflanzenorgane, die der Photosynthese dienen.

a Übertragen und beschriften Sie den Querschnitt eines Laubblatts und erstellen Sie eine Tabelle zur Struktur und Funktion der Gewebe des Laubblatts.

b Erläutern Sie, wieso es energetisch sinnvoll für eine Pflanze ist, Blätter im Inneren der Krone als Schattenblätter auszubilden.

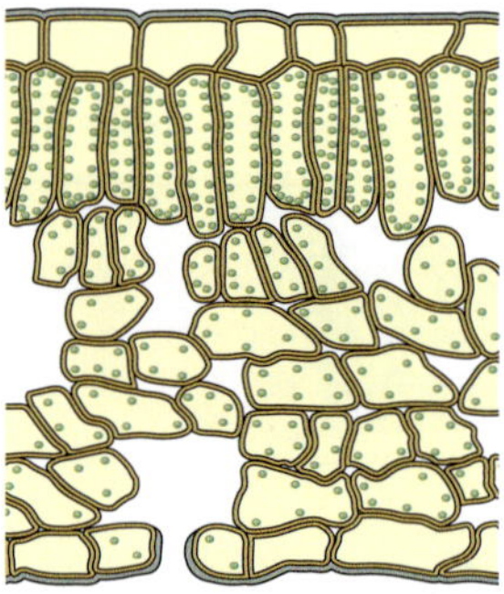

2 Mithilfe der Chromatografie können Blattfarbstoffe aufgetrennt werden.

a Beschreiben Sie, welche beiden grundsätzlichen funktionalen Typen von Farbstoffen es in Pflanzen gibt.

b Erläutern Sie die Funktion von Trägermaterial und Laufmittel im Verfahren der Chromatografie.

c Beschreiben Sie den Ablauf einer zweidimensionalen Chromatografie und verdeutlichen Sie Ihre Erklärungen mithilfe einer Skizze.

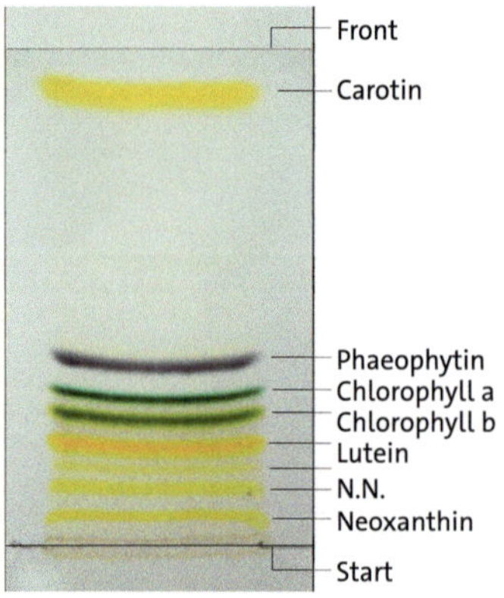

3 Bei der Photosynthese wird Energie der Sonne umgewandelt.

a Beschreiben Sie die Absorption von Licht durch grüne Blätter.

b Beschreiben Sie die Modellvorstellung zur Änderung der Energiezustände der Elektronen bei der Absorption von Licht.

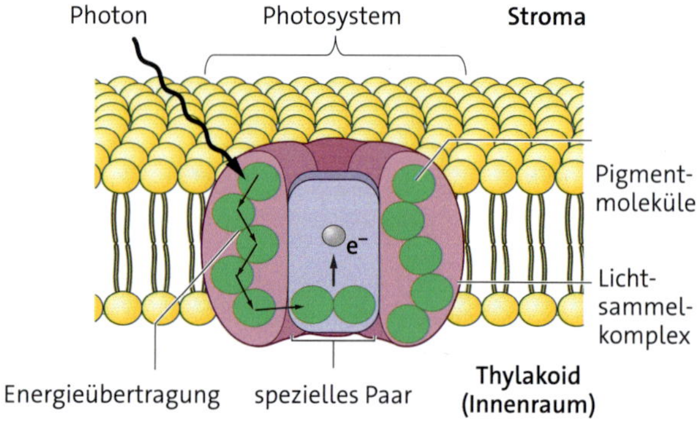

4 Die Photosynthese ist zweigeteilt.

a Für die Primärreaktionen und die Sekundärreaktionen der Photosynthese sind unterschiedliche Fachbegriffe im Umlauf. Diskutieren Sie Vor- und Nachteile der verschiedenen Begriffe.

eA **b** Typische Pflanzen heißer und trockener Standorte zeigen Spezialisierungen bei der Fixierung von Kohlenstoffdioxid. Beschreiben Sie die Fixierung von Kohlenstoffdioxid bei C_4-Pflanzen.

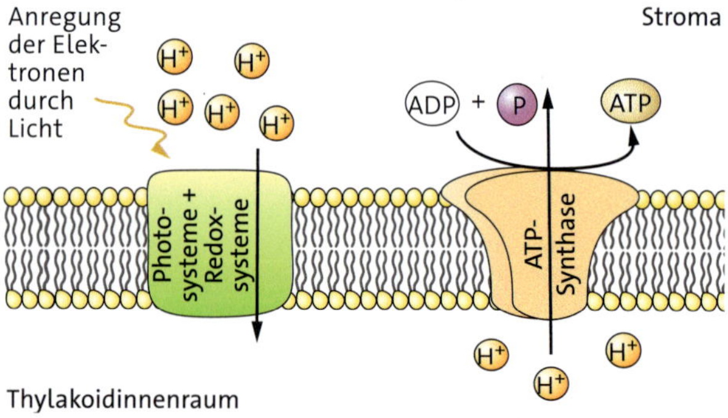

5 Die Photosynthese ist von verschiedenen Umweltfaktoren abhängig.
a Nennen Sie die Reaktionsgleichung der Photosynthese.
b Erklären Sie die Begriffe Lichtkompensationspunkt und Lichtsättigungspunkt.
c Erklären Sie, wieso der Ertrag in Gewächshauskulturen durch CO_2-Begasung gesteigert werden kann.

Abbau von energiereichen Stoffen (S. 140–165)

6 Unter Energieumsatz versteht man die Übertragung der in der Nahrung enthaltenen Energie auf die vom Körper nutzbaren Energieformen.
a Beschreiben Sie den Aufbau von ATP.
b Skizzieren Sie die Hydrolyse von ATP und erklären Sie die Bedeutung dieses Vorgangs.

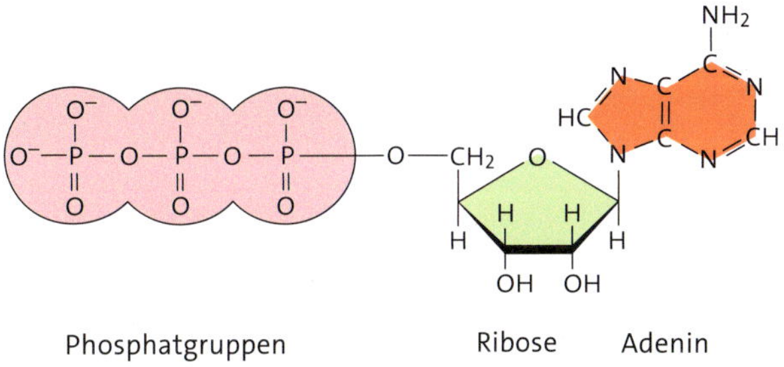

7 Die Glykolyse ist eine Folge von chemischen Reaktionen, bei der Glucose zu Pyruvat abgebaut wird.
a Notieren Sie die Bilanz der Glykolyse.
b Geben Sie die Reaktionsgleichung der Zellatmung an und notieren Sie sie auch als Wortgleichung.
c Erklären Sie mithilfe der unteren Abbildung, wie die Glykolyse reguliert wird.

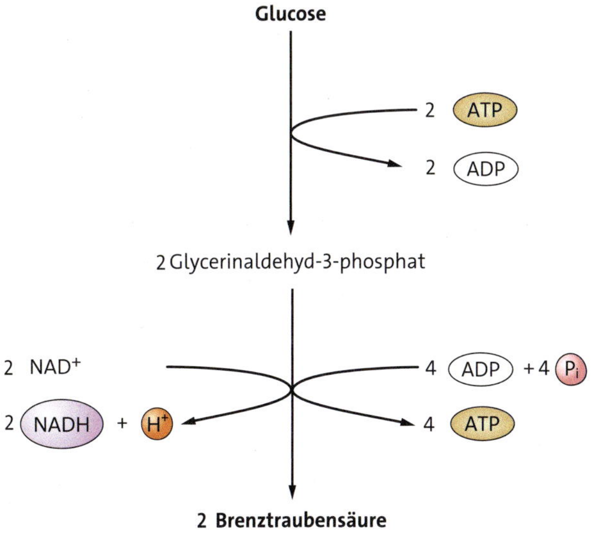

d Beschreiben Sie, was in den beiden Phasen der Glykolyse abläuft.

8 In der Atmungskette wird viel ATP gebildet.
a Fertigen Sie eine einfache Schemazeichnung eines Längsschnitts durch ein Mitochondrium an und beschriften Sie diese.
b Benennen Sie die Teilvorgänge der Zellatmung und ordnen Sie ihnen die entsprechenden Zellkompartimente zu.
c Beschreiben Sie die Vorgänge, die in der inneren Mitochondrienmembran ablaufen.
d Beschreiben Sie die chemiosmotische Hypothese von Peter Mitchell.

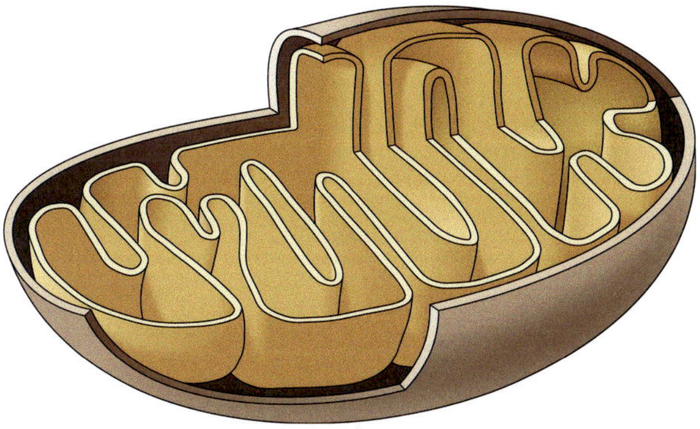

9 In der Gärung wird Glucose enzymatisch zu Ethanol oder Milchsäure abgebaut.
a Beschreiben Sie die Rolle der Reduktionsäquivalente beim Abbau der Glucose.
b Sowohl bei der alkoholischen Gärung als auch bei der Milchsäuregärung wird $NADH + H^+$ zu NAD^+ oxidiert. Erläutern Sie die Bedeutung der Bildung von NAD^+ für die Glykolyse.
c Mikroorganismen wie Hefen und Bakterien werden in der Lebensmittelproduktion eingesetzt. Erstellen Sie eine Tabelle mit den verschiedenen Organismen und den von Ihnen erzeugten Produkten. Recherchieren Sie drei weitere Beispiele (▸ Methode auf S. 272).

Training A Regulierende Faktoren der Glykolyse

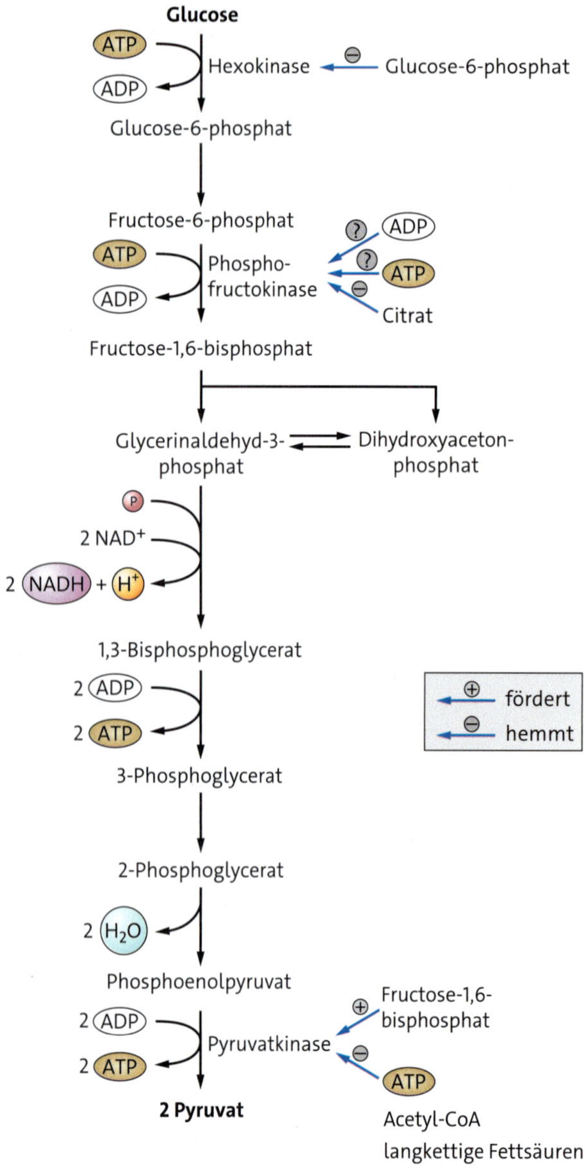

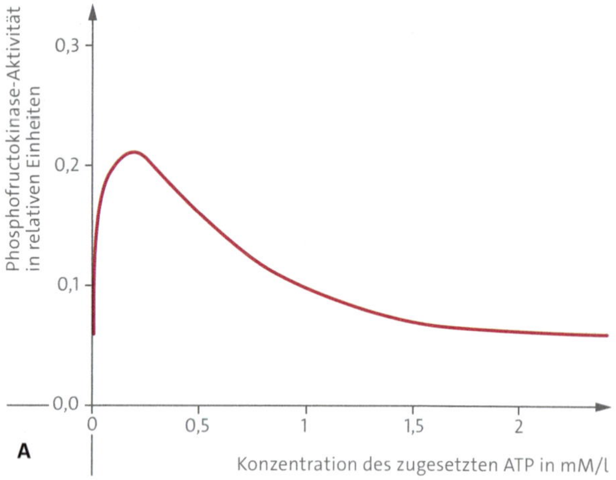

A

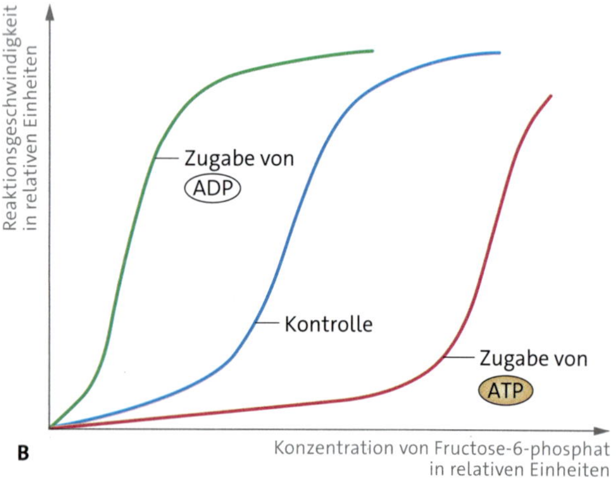

B

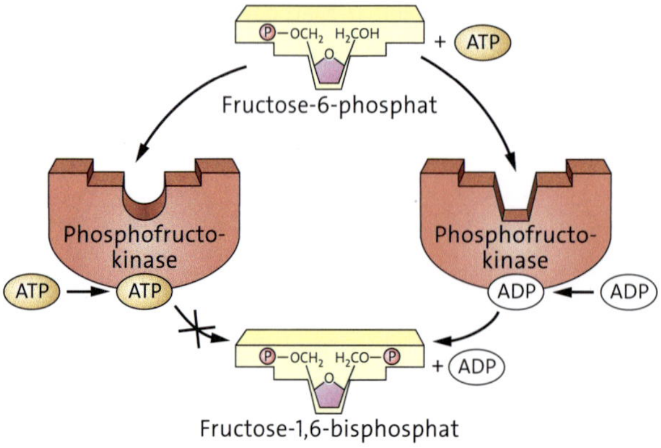

Die Zelle ist in der Lage, die Glykolyse bedarfsgerecht zu regulieren. Als Kontrollstellen für diese Regulation dienen die drei Enzyme Hexokinase, Phosphofructokinase und Pyruvatkinase. Eine besonders wichtige Rolle in der Regulation der Glykolyse spielt das Enzym, das den ersten energieübertragenden Schritt der Glykolyse katalysiert.
Die Diagramme zeigen, wie ATP und ADP das Enzym Phosphofructokinase beeinflussen.

1 Nennen Sie die Stoffe, die den Ablauf der Glykolyse beeinflussen, sowie jeweils die Art ihrer Wirkung.

2 Erläutern Sie anhand der Diagramme den Einfluss von ATP und ADP auf die Reaktion von Fructose-6-phosphat zu Fructose-1,6-bisphosphat.

3 Erläutern Sie den Mechanismus zur Regulation der Phosphofructokinase durch ATP und ADP.

4 Erklären Sie den Einfluss von ATP und ADP auf die Glykolyse.

Training B Leistungsdiagnostik und Trainingserfolge

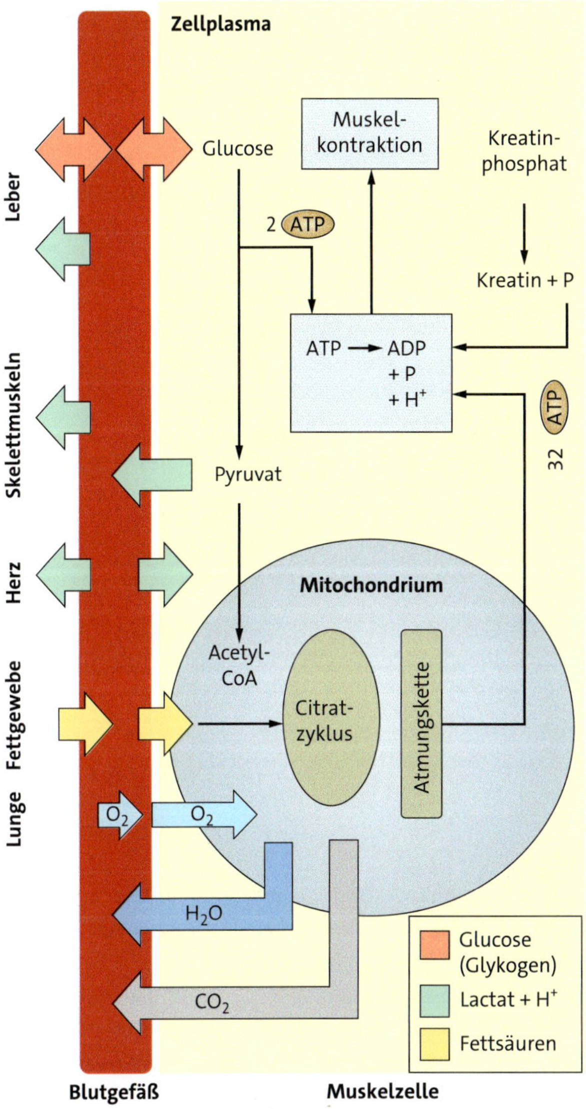

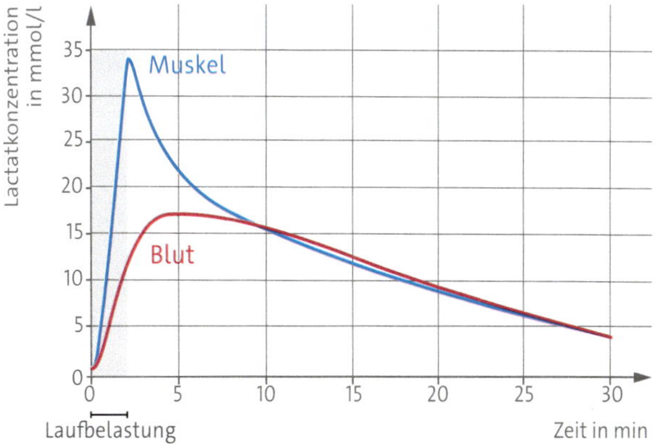

Lactatkonzentration beim 400-Meter-Lauf

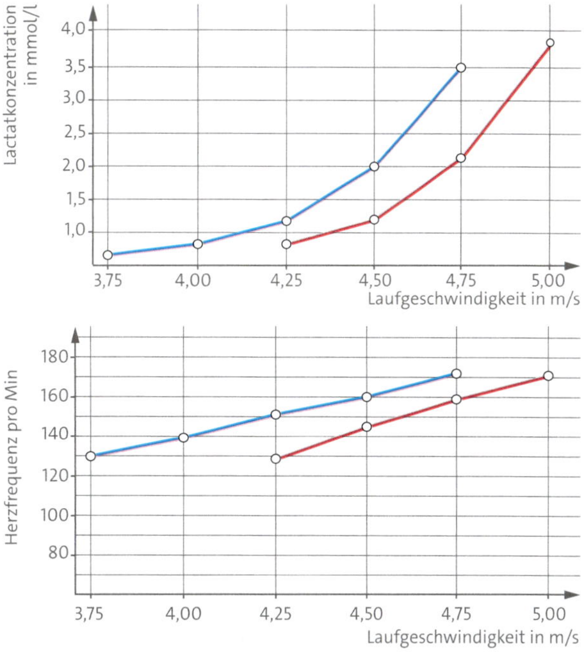

Messergebnisse des Leistungstests bei Belastungsintervallen von 3 min
(— Dezember 2014, — Dezember 2015)

Während und nach einer intensiven körperlichen Belastung, zum Beispiel einem 400-Meter-Lauf, verändert sich die Lactatkonzentration im Blut und in den Muskeln. Mithilfe der veränderten Lactatwerte werden im Leistungssport Trainingszustand und Trainingserfolg bestimmt.

Eine Spitzensportlerin im Mittel- und Langstreckenlauf führte jährlich einen Leistungstest durch. Dazu lief die Sportlerin auf einem Laufband. Die Geschwindigkeit des Laufbands wurde stufenweise in festgesetzten Zeitintervallen von jeweils 3 min erhöht, bis die Sportlerin ihre maximale Leistungsfähigkeit erreichte und die Belastung abbrach. Am Ende jeder Belastungsstufe wurden die Lactatkonzentration im Blut und die Herzfrequenz bestimmt.

1 Beschreiben Sie die Veränderungen der Lactatkonzentrationen in Blut und Muskel während und nach einem 400-Meter-Lauf.

2 Stellen Sie die im Schema gezeigten Stoffwechselwege der Energiebereitstellung für eine Muskelkontraktion dar.

3 Deuten Sie die Veränderungen der Lactatkonzentration mithilfe des Schemas.

4 Beschreiben Sie die Ergebnisse des Leistungstests der Sportlerin in den Jahren 2014 und 2015.

5 Stellen Sie Hypothesen auf, welche Trainingseffekte die Veränderungen erklären könnten.

Glossar

A

Absorption: Aufnahme von Strahlungsenergie durch Anregung von Elektronen

Absorptionsspektrum: grafische Darstellung der Absorption in Abhängigkeit von eingestrahlten Wellenlängen. Absorptionsspektren werden mit einem Spektralphotometer aufgenommen.

Adenosintriphosphat (ATP): ein Nucleotid aus der organischen Base Adenin, dem Zucker Ribose und drei Phosphatgruppen, das als universeller Energieträger der Zelle dient

Atmungskette: Kette von Redoxreaktionen in der inneren Mitochondrienmembran, in deren Verlauf die Wasserstoffatome der NADH-Moleküle mit Sauerstoffatomen zu Wassermolekülen oxidiert wird. Diese Redoxreaktionen liefern die Energie für den Protonentransport und damit für die ATP-Bildung.

ATP-Synthase: spezielles Enzym in der Membran, durch das Protonen entlang des Konzentrationsgefälles durch eine Membran transportiert werden. Dabei wird die Energie des Konzentrationsgefälles für die Bildung von ATP aus ADP und Phosphat genutzt.

B

Blattpigmente: lichtabsorbierende Farbstoffe in Blättern, beispielsweise Chlorophyll

Brennwert: Maß für die in einem Stoff enthaltene innere Energie. Er wird in Kilojoule (kJ) oder Kilokalorie (kcal) pro Gramm Nährstoff angegeben.

C

Calvin-Zyklus: zyklischer Reaktionsablauf der lichtunabhängigen Reaktion der Photosynthese, in dem Kohlenstoffdioxidmoleküle reduziert und in organische Substanz eingebaut werden.

chemiosmotische ATP-Bildung: Prozess, bei dem die Redoxreaktionen in der Atmungskette die Energie für den Protonentransport und damit für die ATP-Bildung liefern

Chloroplasten: von zwei Membranen umschlossene Zellbestandteile von Pflanzenzellen, die für die Photosynthese verantwortlich sind

Chromatografie: Methode zur Trennung eines Stoffgemischs, bei der Stoffe aufgrund unterschiedlicher Löslichkeit in einem Fließmittel und unterschiedlicher Adsorption an einem Träger getrennt werden

Citratzyklus: Reaktionskreislauf in der Mitochondrienmatrix, durch den Brenztraubensäure über mehrere Schritte vollständig zu Kohlenstoffdioxid oxidiert wird. Er ist der zentrale Abschnitt der Zellatmung und dient vor allem zur Bildung von NADH + H^+ sowie als Ausgangspunkt verschiedener Biosynthesewege.

D

Dissimilation: abbauender Stoffwechsel, bei dem Kohlenhydrate, Fette, Aminosäuren oder andere Stoffe zur ATP-Bildung genutzt werden.

E

Elektronentransportkette: Reaktionskette von Redoxsystemen, in der Elektronen transportiert werden

endergonische Reaktion: biochemische Reaktion, die Energie benötigt. Sie läuft nicht freiwillig ab.

Energieumsatz: Übertragung der in der Nahrung enthaltenen Energie auf die für den Körper nutzbaren, körpereigenen Energieformen, vor allem ATP

G

Glykogen: in Tier- und Pilzzellen vorliegende Speicherform der Kohlenhydrate, die aus vielen Glucosemolekülen besteht

Glykolyse: Folge von einzelnen chemischen Reaktionen, bei der Glucose schrittweise zu Brenztraubensäure abgebaut wird

M

Mitochondrium: von zwei Membranen umhüllter Zellbestandteil, der für die Energiebereitstellung in der Zelle verantwortlich ist

Muskelfaser: besteht aus langen, dünnen Zellen mit vielen Zellkernen und Mitochondrien, die aus der Verschmelzung von Vorläuferzellen entstanden sind. Mehrere Muskelfasern bilden ein Muskelfaserbündel.

N

NAD^+ (Nicotinamid-Adenin-Dinucleotid): Molekül, das bei Redoxreaktionen Wasserstoffionen und Elektronen aufnimmt und dabei zu NADH + H^+ reduziert wird

O

Oxidation: Abgabe von Elektronen

oxidative Decarboxylierung: chemische Reaktion, bei der Kohlenstoffdioxid aus Verbindungen abgespalten und das restliche Molekül oxidiert wird

P

Photolyse des Wassers: photochemische Zerlegung von Wasser, bei der Elektronen, Protonen und elementarer Sauerstoff freigesetzt werden

Photophosphorylierung: Aufbau von ATP aus ADP und Phosphat durch Nutzung absorbierter Strahlungsenergie

Photosynthese: Umwandlung von Lichtenergie in innere Energie und Aufbau von organischer Substanz aus anorganischen Stoffen. Sie besteht aus lichtabhängigen Primär- und lichtunabhängigen Sekundärreaktionen.

Photosysteme: photosynthetisch wirksame Farbstoffe, die an Proteinkomplexe gebunden sind

physikalischer Brennwert: gibt den Energiegehalt eines Stoffes an und wird durch den vollständigen Abbau des Stoffes ermittelt

physiologischer Brennwert: gibt die spezifische Energie eines Stoffes an, die bei seiner Verstoffwechslung im Körper eines Organismus verfügbar gemacht werden kann. Da der Körper Stoffe nicht vollständig oxidieren kann, ist dieser Wert geringer als der physikalische Brennwert.

Proton, auch Wasserstoffion oder H^+-Ion: ein stabiler, elektrisch positiv geladener Bestandteil der Atome

Protonengradient: Konzentrationsgefälle für Protonen an einer Membran. Der Protonengradient ist die Grundlage der Energiegewinnung durch die chemiosmotische ATP-Bildung wie Photophosphorylierung.

R

Reaktionsgeschwindigkeit-Temperatur-Regel (RGT-Regel): Faustregel, die besagt, dass eine Temperaturerhöhung um 10 °C etwa eine Verdopplung der Reaktionsgeschwindigkeit einer chemischen Reaktion zur Folge hat

Redoxreaktion: Reaktion, bei der ein Reaktionspartner oxidiert wird, also Elektronen abgibt, und ein anderer gleichzeitig reduziert wird, also Elektronen aufnimmt

Reduktion: Aufnahme von Elektronen

T

Thylakoidmembranen: Membransystem der Chloroplasten

Z

Zellatmung: aerobe Form des Energiestoffwechsels, bei dem die Glykolyse im Cytoplasma und der Citratzyklus in den Mitochondrien abläuft

3

Ökologie und Biodiversität

- Einflüsse von abiotischen Faktoren auf die Lebensprozesse von Pflanzen und Tieren werden betrachtet.

- Merkmale und Lebensbedingungen verschiedener Ökosysteme und die Bestimmung der darin lebenden Tiere oder Pflanzen werden behandelt und der Kreislauf von Kohlenstoff- und von Stickstoffatomen vorgestellt.

- Arttypische Eigenschaften von Lebewesen und ihre Angepasstheit an die Umweltbedingungen sowie die Nahrungsbeziehungen verschiedener Organismengruppen werden erläutert.

- Das Wachstum von Populationen und seine Grenzen sowie Vor- und Nachteile des Zusammenlebens von Lebewesen der gleichen Art und verschiedener Arten werden erklärt.

- Exponentielles Wachstum der Weltbevölkerung wird in Bezug gesetzt mit der enormen Zunahme des Ressourcenverbrauchs und der Energienutzung. Die Ursachen und Folgen von Klimaveränderungen sowie mögliche Klimaschutzmaßnahmen werden erklärt.

- Voraussetzungen für die Entwicklung von Vielfalt an Arten und Ökosystemen werden kennengelernt und deren Bedeutung untersucht.

Koalas, *Phascolarctos cinereus*, leben in den Wäldern Australiens. Der Lebensraum wird immer kleiner und damit sinkt auch die Population der Koalas. Doch woran liegt das?

3.1 Ökologie – Vorwissen

1 Korallenriff

Der Begriff Ökosystem umfasst Korallenriffe, Wälder und Seen ebenso wie ein Stück Wiese auf einem Hinterhof oder einen Bürgersteig, zwischen dessen Pflastersteinen Löwenzahn wächst. Wie sind Ökosysteme aufgebaut? Welchen Einfluss hat der Mensch auf die Ökosysteme der Erde? Und was versteht man unter Nachhaltigkeit? Frischen Sie mithilfe der folgenden Seiten ihr Wissen auf.

1 Beschreiben Sie, was man unter Biotop, Biozönose und Ökosystem versteht (▶ 3).

2 Erklären Sie, was man unter biotischen und abiotischen Faktoren versteht (▶ 2).

3 Vergleichen Sie zwei unterschiedliche Ökosysteme bezüglich ihrer abiotischen Faktoren.

4 Vergleichen Sie zwei unterschiedliche Ökosysteme bezüglich ihrer biotischen Faktoren.

Ökosysteme • Ein **Biotop**, das durch seine besonderen abiotischen Faktoren geprägt ist, bildet gemeinsam mit der von ihm abhängigen **Biozönose** ein komplexes, individuelles Ökosystem. Dieses kann naturnah, wie beispielsweise eine Feuchtwiese, oder stark durch den Einfluss des Menschen geprägt sein, wie die Terrasse eines Wohnhauses. Ökosysteme sind dabei offen und dynamisch und stehen oft miteinander in Verbindung. Alle Ökosysteme zusammen bilden den belebten Teil der Erde, die Biosphäre (von griech. *bios*: Leben, *sphaira*: Kugel).

Beziehungen zwischen Lebewesen • Die Lebewesen innerhalb eines Lebensraums stehen oft als Fressfeinde und Beute miteinander in Beziehung. Solche Beziehungen werden in Form von **Nahrungsketten** dargestellt. Durch viele Lebewesen, die mehrere Nahrungsquellen nutzen, werden Nahrungsketten verknüpft. Man spricht dann von einem **Nahrungsnetz**.

2 Einfluss von biotischen und abiotischen Faktoren auf einen Löwenzahn

5 Formulieren Sie jeweils eine möglichst lange Nahrungskette aus zwei unterschiedlichen Ökosystemen. Heben Sie hervor, was allen Nahrungsketten gemeinsam ist.

6 Begründen Sie, weshalb Biologen meist Nahrungsnetze und nicht Nahrungsketten untersuchen.

Nahrungskette • Pflanzliches **Plankton** und Pflanzen stehen am Beginn einer jeden Nahrungskette. Sie werden von Pflanzenfressern abgeweidet. Von diesen ernähren sich Räuber, die oft selbst größeren Fleischfressern als Nahrung dienen.

7 Erklären Sie, was man unter dem Begriff Nachhaltigkeit versteht.

Nachhaltigkeit • Die oft kahlen und erodierten Hügel der Mittelmeerländer sind das Ergebnis des unkontrollierten Holzeinschlags von der Antike bis ins 19. Jahrhundert. Wenn man bewirtschaftete Wälder nachhaltig nutzen will, darf nur so viel Holz geschlagen werden wie nachwächst. **Nachhaltige Entwicklung** umfasst im Kern folgende Bereiche: intakte Umwelt, soziale Gerechtigkeit und wirtschaftlicher Wohlstand für die Menschen heute, ohne dabei die Möglichkeiten zukünftiger Generationen zu beschränken.

8 Beschreiben Sie, was Sie unter den folgenden Begriffen verstehen: intakte Umwelt, soziale Gerechtigkeit und wirtschaftlicher Wohlstand.

Earth Overshoot Day • Vom 1. Januar bis zum 1. August 2024 hat die Menschheit so viele natürliche **Ressourcen** verbraucht, wie die Erde binnen eines Jahres regenerieren kann. Damit nutzen wir die Natur etwa 1,7-mal schneller, als diese sich erholt, anders gesagt, wir bräuchten inzwischen 1,7 Erden, um auf lange Sicht unseren Bedarf zu decken. Den Tag im Jahr, ab dem wir Menschen über unseren ökologischen Verhältnissen leben, bezeichnet man als Earth Overshoot Day.

9 Erklären Sie, wie es möglich ist, dass mehr Ressourcen durch die Menschheit verbraucht werden können, als sich im selben Zeitraum erholen.

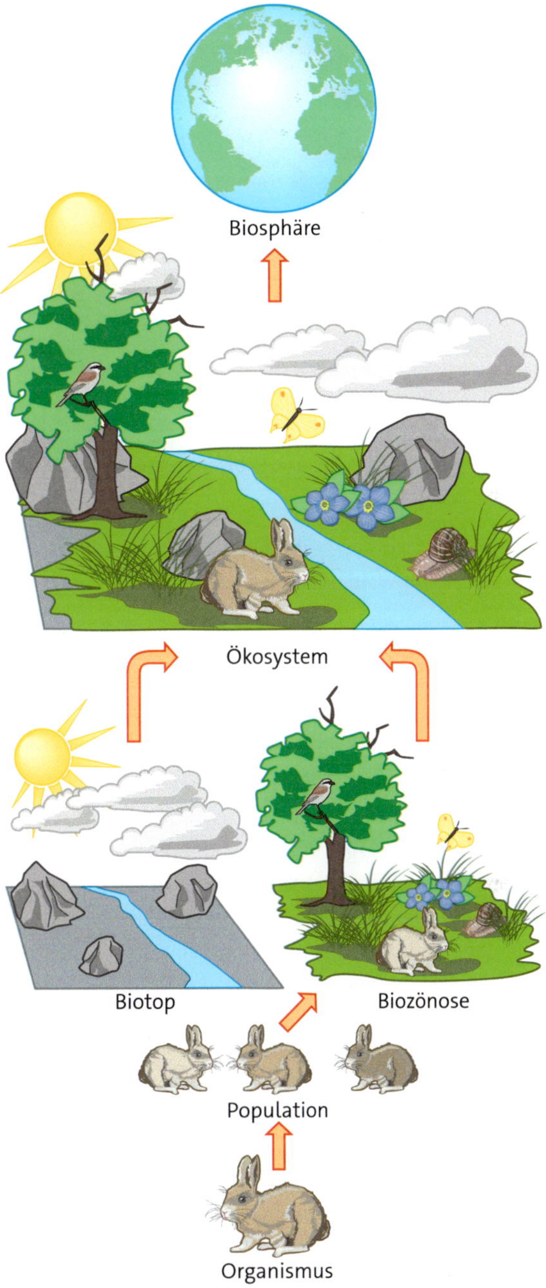

3 Aufbau von Ökosystemen

10 Erläutern Sie, inwieweit Ihrer Meinung nach die Kernforderungen für eine nachhaltige Entwicklung global gesehen erfüllt sind.

11 Auch ohne das Zutun des Menschen verändern sich Ökosysteme. Beschreiben Sie hierfür ein Beispiel.

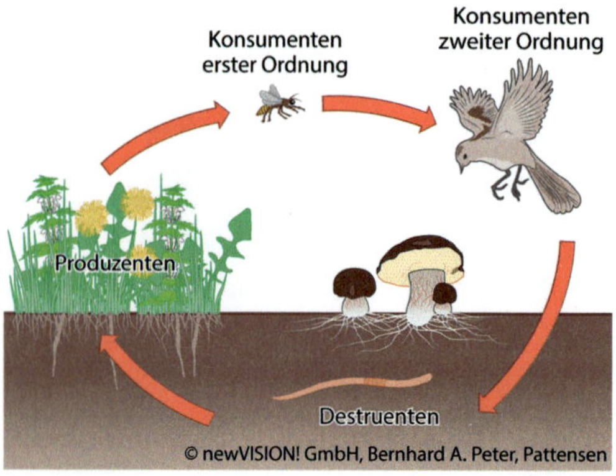

1 Der Stoffkreislauf

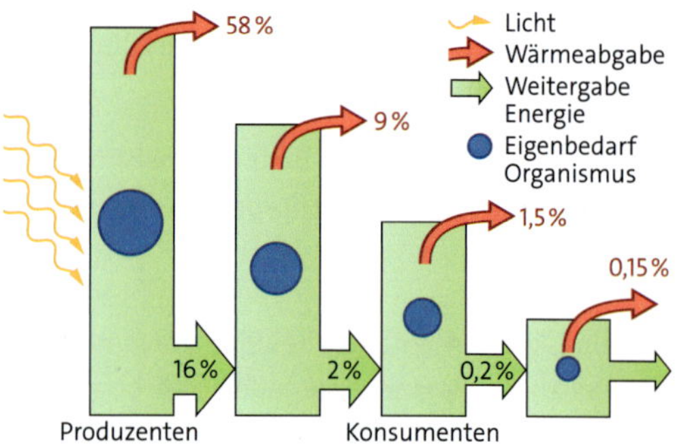

2 Energiefluss in einem Ökosystem

1 Beschreiben Sie den Stoffkreislauf in Abbildung 1.

2 Erklären Sie, weshalb man Totholz nicht aus einem Wald entfernen sollte.

Der Stoffkreislauf • Das Leben auf der Erde ist auf die Wiederverwendung der in den Lebewesen enthaltenen Atome angewiesen. An diesem System der Wiederverwertung sind drei Gruppen von Lebewesen beteiligt (▶ 1). Zu den **Produzenten** zählen alle Lebewesen, die durch Photosynthese chemisch gebundene Energie in Form von Biomasse aufbauen können. Diese dient den Pflanzenfressern, also den **Konsumenten** erster Ordnung, als Nahrungsgrundlage. Fleischfresser ernähren sich als Konsumenten zweiter Ordnung wiederum von Pflanzenfressern. Alle abgestorbenen Bestandteile von Lebewesen werden von **Destruenten** zersetzt. Diese können beispielsweise aerob durch Zellatmung oder auch durch anaerobe Gärungsprozesse Energie zum Leben freisetzen. Da dabei auch Mineralstoffe (Mikronährstoffe) für die Produzenten freigesetzt werden, schließt sich der Stoffkreislauf.

3 Ergänzen Sie die folgende Aussage: Die Produzenten sind als einzige Bestandteile des Ökosystems in der Lage, ...

4 In tropischen Regenwäldern zersetzen sich organische Reste innerhalb weniger Monate. In nordischen Wäldern vergehen über 50 Jahre bis zur vollständigen Mineralisierung. Erklären Sie diese Beobachtung.

5 Die an den Folgekonsumenten jeweils weitergegebene innere Energie beträgt durchschnittlich nur etwa 10 %. Erläutern Sie diese Tatsache (▶ 2).

6 Erklären Sie, warum man von einem Stoffkreislauf und einem Energiefluss spricht.

Ein sensibles Gleichgewicht • Alle Lebewesen auf der Erde sind über komplexe Nahrungsnetze miteinander verbunden. Damit sind sie auch alle Teil verschiedener globaler Stoffkreisläufe. Nahezu alle Moleküle, aus denen Lebewesen bestehen, enthalten ein Grundgerüst aus Kohlenstoffatomen. Der Kohlenstoffatomkreislauf spielt somit für das Leben auf der Erde eine besondere Rolle (▶ 3).

7 Erläutern Sie die Vorgänge im Kohlenstoffatomkreislauf (▶ 3). Verwenden Sie dazu folgende Begriffe: Photosynthese, Zersetzung, Nahrungsaufnahme, Zellatmung, Brände.

8 Begründen Sie, weshalb die Konzentration des Kohlenstoffdioxids in der Atmosphäre jahreszeitlichen Schwankungen unterliegt (▶ 4).

9 Seit Beginn der industriellen Revolution wurden große Mengen an fossilen Brennstoffen verbrannt und weite Flächen der Urwälder gerodet. Erklären Sie, wie sich diese Eingriffe des Menschen auf den Kohlenstoffatomkreislauf ausgewirkt haben (▶ 3).

Klimawandel • Eine neue Gefahr für ein nachhaltiges menschliches Leben auf der Erde ist der Klimawandel. Als ein Grund dafür wird der Eingriff in die natürlichen Stoffkreisläufe angesehen. So werden

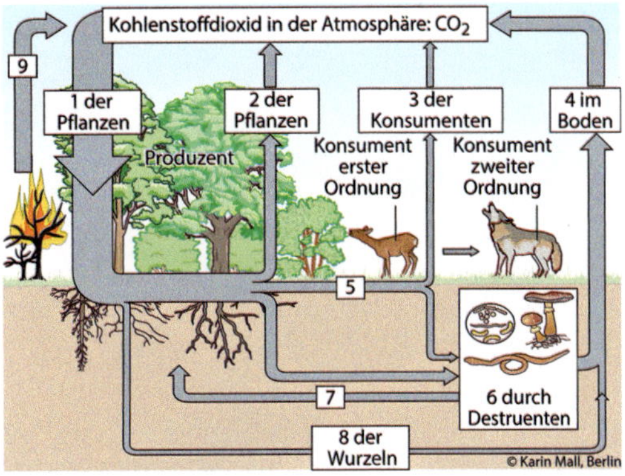

3 Der Kohlenstoffatomkreislauf

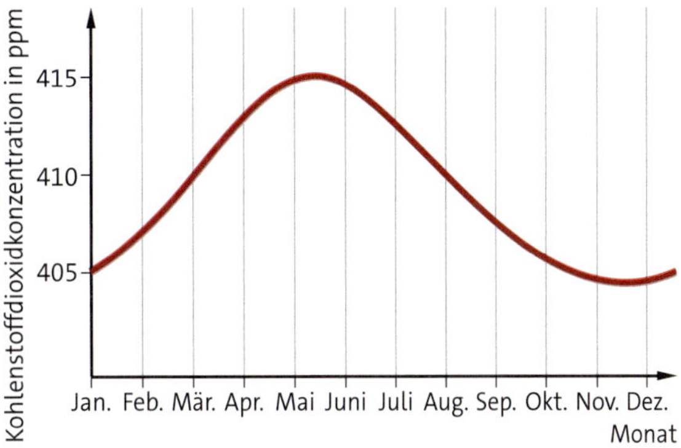

4 Kohlenstoffdioxid-Konzentration im Jahresverlauf

zum Beispiel fossile Brennstoffe wie Öl oder Kohle, die über lange erdgeschichtliche Zeiträume aus den Überresten verstorbener Pflanzen und Tiere entstanden sind, als Energiequelle genutzt. Dabei werden in kurzer Zeit gewaltige Mengen an Kohlenstoffdioxid frei, sodass die Volumenkonzentration dieses Gases in der Luft heute etwa 50 % über dem Wert vor der industriellen Revolution liegt. Kohlenstoffdioxid ist ein sogenanntes Treibhausgas. Es sammelt sich in der Atmosphäre an und vermindert die Wärmeabgabe an den Weltraum. Dadurch steigt die Temperatur der Atmosphäre langsam an, was einen Einfluss auf das Klima hat.

10 Begründen Sie, ob sich mithilfe des Modells des Kohlenstoffatomkreislaufs (▶3) ein Zusammenhang zwischen dem Klimawandel und dem Anstieg der Kohlenstoffdioxidkonzentration herstellen lässt.

11 Erklären Sie, was man unter dem ökologischen Fußabdruck versteht.

Der ökologische Fußabdruck • Gibt es zu viele Menschen auf der Erde oder leben wir einfach über unsere Verhältnisse? Würden alle Menschen auf der Erde so leben wie wir Deutschen, bräuchten wir zurzeit 2,8 Erdplaneten. Der ökologische Fußabdruck ist ein mathematisches Verfahren, mit dem man errechnen kann, wie groß die Fläche auf der Erde ist, die benötigt wird, um den Lebensstil und Lebensstandard eines Menschen dauerhaft zu ermöglichen. Dabei werden unter anderem eingerechnet: Flächen, die zur Produktion von Nahrung, Kleidung, Möbeln und sonstigen Gebrauchsgegenständen benötigt werden, Flächen für das Wohnen, Flächen für den produzierten Müll, Flächen für die Bereitstellung von Energie.

12 Geben Sie im Internet den Suchbegriff „Fußabdruckrechner" ein und bearbeiten Sie den Onlinefragebogen auf einer geeigneten Homepage. Notieren Sie die Fläche Ihres Fußabdrucks und testen Sie durch das Variieren der Antworten aus, welche Aspekte den größten Einfluss auf den ökologischen Fußabdruck haben.

13 Erklären Sie, welcher Zusammenhang zwischen dem Konsumverhalten, dem Artensterben und dem Klimawandel besteht.

Sie haben schon vieles über Ökosysteme, Stoffkreisläufe und den Einfluss des Menschen auf die Umwelt gelernt. Die folgenden Aufgaben sollen Ihnen einen Ausblick auf die Inhalte geben, mit denen Sie sich in diesem Kapitel beschäftigen werden.

14 Stellen Sie eine Hypothese auf, was man unter einer Biomassenpyramide versteht.

15 Stellen Sie eine Hypothese auf, was man unter Konkurrenzverminderung versteht.

16 Stellen Sie eine Hypothese auf, welche Auswirkung das Populationswachstum von Fressfeinden auf deren Beute hat.

17 Stellen Sie eine Hypothese auf, was man unter einer ökologischen Nische versteht.

18 Stellen Sie eine Hypothese auf, welchen Einfluss hormonartig wirkende Stoffen auf die Umwelt haben können.

3.2 Lebewesen und Temperatur

1 Badetag bei den Rotgesichtsmakaken (*Macaca fuscata*)

Im Norden der japanischen Insel Honshu liegt lange meterhoch Schnee. Eine Gruppe der hier lebenden Rotgesichtsmakaken überlebt in der kalten Jahreszeit auf außergewöhnliche Weise: Sie wärmen sich stundenlang in dem 35–40 °C heißen Wasser der Thermalquellen von Yukanaka auf. Wie ist dieses Verhalten zu verstehen?

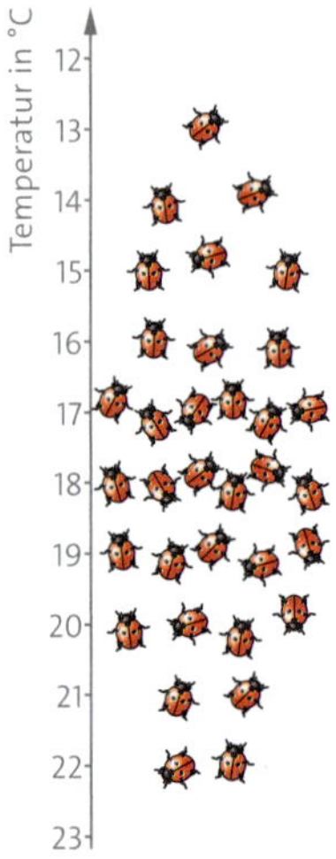

2 Temperaturpräferenz beim Marienkäfer

1 Tiere können bei ungünstigen Bedingungen Bereiche ihres Lebensraums aufsuchen, in denen die Umweltbedingungen günstiger sind. Beschreiben Sie mithilfe von Abbildung 2 den Präferenzbereich von Marienkäfer.

2 Stellen Sie Hypothesen auf, wie die Reaktion von Lebewesen ist, die sich außerhalb ihres Präferenzbereichs befinden.

Temperatur und Stoffwechsel • Alle Lebensvorgänge sind an temperaturabhängige physikalisch-chemische Prozesse gebunden. Darüber hinaus kommt es bei hohen Temperaturen zu einer Denaturierung der Proteine. Sie verlieren ihre räumliche Struktur und damit ihre Funktion. Sinkt die Temperatur unter 0 °C, gefriert Wasser in den Zellen und das Gewebe wird irreversibel geschädigt. Aufgrund der chemischen Zusammensetzung der Lebewesen laufen zudem nur in einem begrenzten Temperaturbereich Stoffwechselprozsse ab.
Der Wirkungsbereich eines Umweltfaktors, in dem die Individuen einer Art eine besonders gute Lebenserhaltung und Fortpflanzungsfähigkeit aufzeigen, wird als **physiologisches Optimum** bezeichnet. Je stärker die Intensität des Faktors vom Optimum abweicht, desto mehr wird die Lebensaktivität eingeschränkt. Das Wachstum kann vermindert oder die Nachkommenschaft verringert werden.

3 Entwickeln Sie einen Versuch für ein ausgewähltes Individuum, um sein physiologisches Optimum festzustellen.

In der grafischen Darstellung ergeben die Daten Toleranzkurven, die meist den typischen Verlauf einer Optimumskurve zeigen (▶ 3, 4). Die Grenzwerte stellen das Minimum oder Maximum dar, das von einem Organismus langfristig ertragen wird. Ein Über- oder Unterschreiten dieser Werte schwächt den Organismus und ist schließlich tödlich. Die Spanne zwischen Minimum und Maximum nennt man **Toleranzbereich**. Dieser kann enger oder weiter sein. Während Bachforellen lediglich Wassertemperaturen zwischen 14 und 17 °C tolerieren, ertragen Karpfen Temperaturen von 15–32 °C.

4 Erklären Sie mit der Übersetzungshilfe am Rand den Unterschied zwischen stenothermen und eurythermen Arten.

5 Ordnen Sie die Bachforelle und die Karpfen den Begriffen stenotherm und eurytherm zu.

griech. stenos = eng
griech. eurys = breit
griech thermos = warm

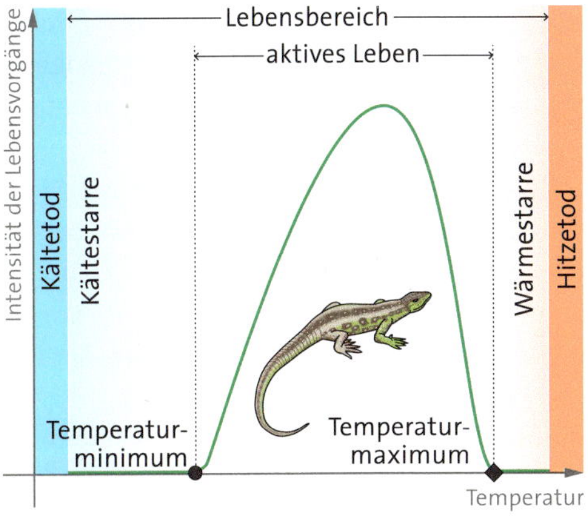

3 Temperaturkurve von Poikilothermen

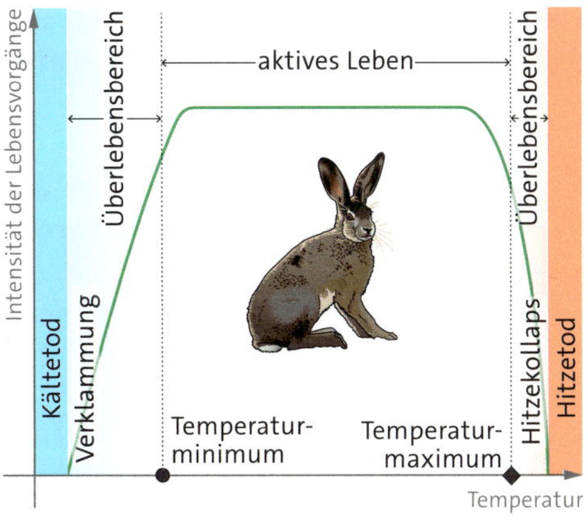

4 Temperaturkurve von Homoiothermen

Thermokonforme Organismen • Als **thermokonform** oder poikilotherm werden Tiere bezeichnet, deren Körpertemperatur und Aktivität passiv der Umgebungstemperatur folgen. Thermokonform sind alle Wirbellosen sowie Fische, Amphibien und Reptilien. Sie steuern ihre Körpertemperatur, indem sie sonnige oder schattige Bereiche aufsuchen. Liegt die Umgebungstemperatur außerhalb der unteren oder oberen Toleranzbereiche, verfallen sie in eine Kältestarre beziehungsweise Wärmestarre.

6 Recherchieren Sie das Verhalten von Zauneidechsen bei sehr niedrigen und sehr hohen Temperaturen (▸ Methode auf S. 272).

Auch Pflanzen, wie zum Beispiel das Alpenveilchen oder der Kaktus sind thermokonform (▸ 5). Da sie standortgebunden sind, können sie den vorherrschenden abiotischen Faktoren nicht ausweichen. Vergleicht man die Photosyntheserate verschiedener Landpflanzen, so lassen sich große Unterschiede hinsichtlich der Temperaturoptima feststellen.

Darüber hinaus schwankt das Temperaturoptimum bei vielen Pflanzen tagesperiodisch. So sind viele Stoffwechselvorgänge in den Zellen, das Wachstum von Pflanzen, sowie chemische Reaktionen im Allgemeinen abhängig von der Temperatur. Außerhalb des Temperaturoptimums können Pflanzen negative Auswirkungen erfahren, wie etwa verlangsamtes Wachstum, gestörte Stoffwechselprozesse oder sogar Tod.

5 Großes Alpenveilchen und Kaktus

Thermoregulatoren • Vögel und Säugetiere sind in der Lage, ihre Körpertemperatur weitgehend unabhängig von der Außentemperatur in einem physiologisch optimalen Bereich zwischen etwa 36 und 40 °C zu halten. Sie werden daher als **Thermoregulatoren** oder homoiotherme Organismen bezeichnet. Auf eine sinkende Umgebungstemperatur reagieren sie mit einer Erhöhung der Stoffwechselrate. Es wird also mehr innere Energie in Wärmeenergie umgewandelt. Die Tiere können zudem über eine Reihe von Regulationsmechanismen ihre Körpertemperatur weitgehend konstant halten.

7 Beschreiben Sie mithilfe von Bild 6 verschiedene Regulationsmechanismen von Tieren bei zu hohen oder zu niedrigen Temperaturen.

6 Verschiedene Regulationsmechanismen im Tierreich

Nutzen und Kosten der Temperaturregulation • Thermokonforme Tiere nehmen Wärmeenergie über ihre gesamte Körperoberfläche auf. Es ergibt sich dadurch allerdings eine Körpergrößenobergrenze. Größere Tiere haben ein relativ kleines Oberfläche-Volumen-Verhältnis. Das bedeutet, sie haben weniger Oberfläche im Verhältnis zu ihrem Volumen. Bei thermokonformen Tieren bedeutet dies, dass sie weniger Wärme aus der Umgebung aufnehmen oder an sie abgeben können, was ihre ohnehin geringe Fähigkeit zur gezielten Körpertemperaturveränderung weiter einschränkt. Weiterhin haben thermokonforme Tiere eine relativ niedrige Stoffwechselrate, die weitgehend von der Umgebungstemperatur bestimmt wird. Aus diesem Grund können einige dieser Tierarten auch Lebensräume mit sehr eingeschränkten Nahrungs- und Wasserressourcen besiedeln. Thermoregulatoren können ihre Körpertemperatur weitgehend unabhängig von der Außentemperatur konstant halten. Hierdurch können sie länger im Bereich ihrer höchsten Aktivität bleiben und sind leistungsfähiger bei der Nahrungssuche sowie bei der Flucht vor Räubern. Thermoregulation verursacht jedoch hohe Energiekosten, denn je weiter die Umgebungstemperatur vom Wert der Körpertemperatur entfernt ist, umso höher ist der Energiebedarf, um diese konstant zu halten. Vögel und Säuger müssen daher viel Nahrung aufnehmen. Nur ein geringer Anteil der darin enthaltenen Energie wird in Wachstumsprozesse investiert, während der Großteil zur Erzeugung von Körperwärme oder der Kühlung dient.

1 **Stellen Sie thermokonforme Tiere und Thermoregulatoren gegenüber und nennen Sie jeweils die Vorteile und Nachteile hinsichtlich des Temperaturhaushaltes.**

Angepasstheit an die Jahreszeiten • Wenn im Spätherbst die Außentemperaturen sinken, fallen thermokonforme Tiere in Winterstarre, die sie nicht aktiv unterbrechen können. Bei Thermoregulatoren beobachtet man dagegen andere Strategien, die kalte Jahreszeit zu überstehen. So schützt ein isolierendes Winterfell oder Federkleid winteraktive Tiere vor Wärmeverlusten. Thermoregulatoren wie der Dachs setzten den Nahrungsbedarf durch lange Schlafphasen herab, die von seltenen Aktivitätsphasen unterbrochen werden. Sie halten Winterruhe. Davon zu unterscheiden ist der echte Winterschlaf (▶ 1).

Generalisten und Spezialisten • Arten verfolgen in der Natur entweder eine generalistische oder eine spezialistische Anpassungsstrategie. Generalisten besitzen eine breite **ökologische Potenz**. Sie können verschiedene Ressourcen nutzen, in unterschiedlichen Habitaten überleben und sind gegenüber Umweltveränderungen meist relativ robust. Der Rotfuchs etwa lebt sowohl in Wäldern als auch in Städten und frisst alles von Beeren bis zu Kleintieren. Spezialisten hingegen sind auf eine enge ökologische Nische spezialisiert. Sie benötigen ganz bestimmte Bedingungen oder Ressourcen, um überleben zu können. Ein Beispiel ist der Koala, der fast ausschließlich Eukalyptusblätter frisst – verschwinden diese, ist auch das Überleben der Art gefährdet.

2 **Analysieren Sie zwei Beispielarten (z. B. Fuchs und Koala) hinsichtlich ihrer Lebensweise: Nahrungsspektrum, Lebensraum, ...**

3 **Planen Sie ein Experiment zur Untersuchung der Toleranz von Generalisten und Spezialisten gegenüber einem Umweltfaktor.**

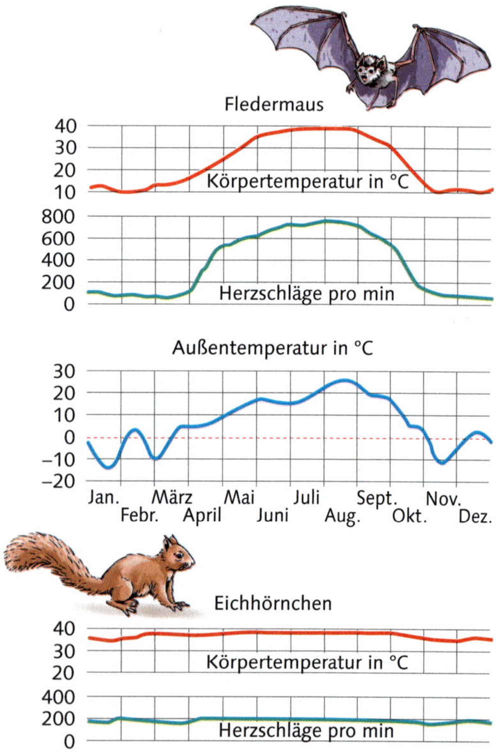

1 Körpertemperatur und Herzschläge von Eichhörnchen und Fledermaus im Jahresverlauf

Versuch A Zusammenhang zwischen Körperoberfläche, Volumen und Energiebedarf

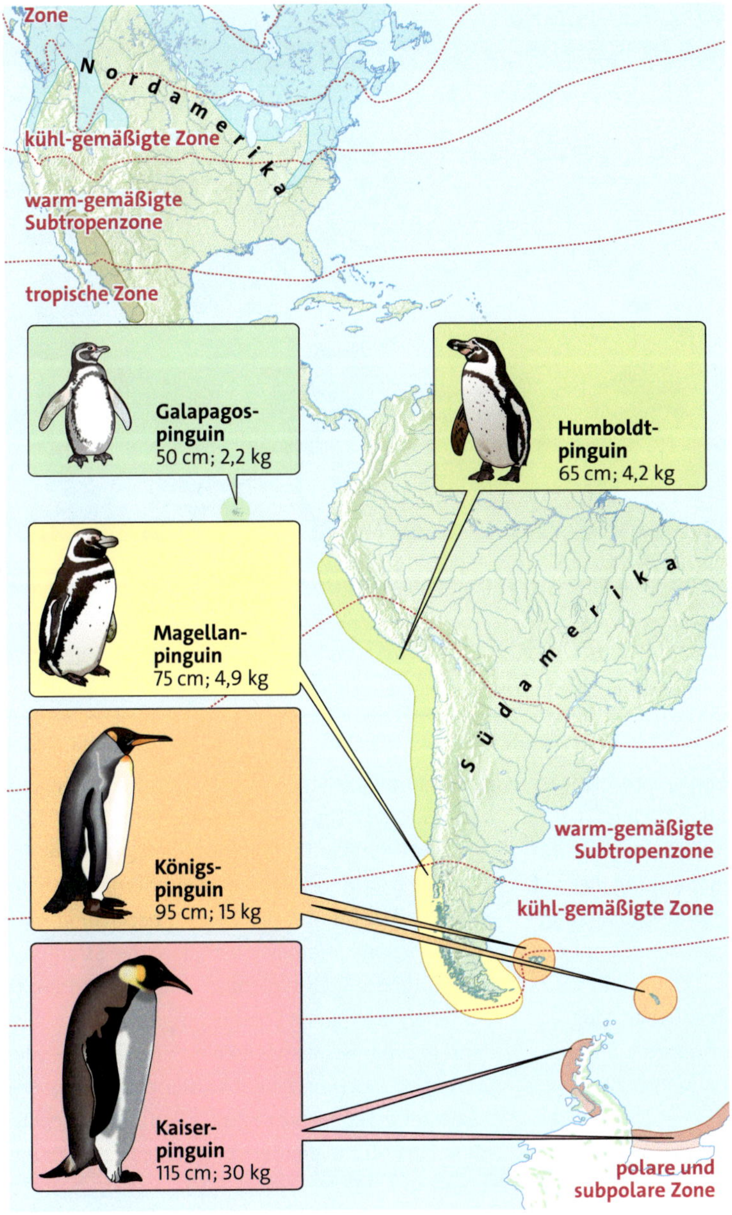

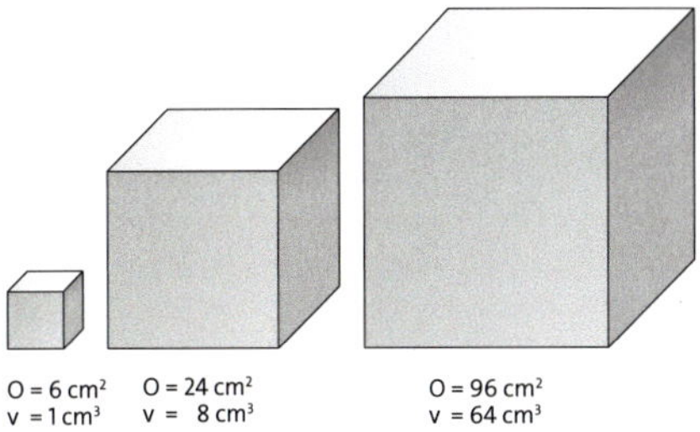

Nach der Bergmann'schen Regel sind Thermoregulatoren des gleichen Verwandtschaftskreises in kälteren Regionen größer als Tiere in wärmeren Regionen. Je größer das Körpervolumen eines Tieres, desto mehr Wärme wird freigesetzt. Zudem wird über eine verhältnismäßig geringere Körperoberfläche weniger Wärmeenergie abgeben, als über eine große. Veranschaulicht man dies in Form verschieden großer Würfel, so erkennt man, dass ein Zunahme des Volumens nicht mit einer ebenso starken Zunahme der Oberfläche einhergeht.

1 Überprüfen Sie mithilfe der Abbildung, ob die Bergmann'sche Regel auf den Pinguin zutrifft. Formulieren Sie einen mathematischen Zusammenhang zwischen Oberfläche und Volumen mit Hilfe der abgebildeten Würfel.

2 Formulieren Sie eine Hypothese zum Zusammenhang zwischen Energiebedarf und dem Verhältnis zwischen Körpergröße und -oberfläche bei Säugetieren.

3 Entwickeln Sie mit den Materialien einen Modellversuch zur Überprüfung eines möglichen Zusammenhangs zwischen dem Energiebedarf und dem Verhältnis zwischen Körpervolumen und -oberfläche bei Säugetieren.

Versuchsmaterial:
- 2 verschieden große Rundkolben
- 2 passende Stopfen
- Alufolie
- Thermometer
- Stative mit Klemmen und Muffen
- Wasserkocher
- Wasser

4 Führen Sie den von Ihnen entwickelten Versuch durch und notieren Sie die Messdaten.

5 Stellen Sie die Messdaten grafisch dar.

6 Finden Sie ein weiteres Beispiel für die Bergmann'sche Regel.

7 Elefanten können aufgrund ihrer Körpergröße theoretisch die hohen Tagestemperaturen in ihren Lebensräumen nicht tolerieren. Recherchieren Sie, durch welche Angepasstheiten die Elefanten dennoch überleben können (► Methode auf S. 272).

3.3 Einfluss von Licht auf Tiere und Pflanzen

1 Sonnenblumenfeld

Goldgelb strahlen die Blüten der Sonnenblumen (Helianthus annuus) *im Licht der Sommersonne. Dabei fällt auf, dass sich alle Pflanzen in eine Richtung orientieren – offenbar immer dem Sonnenlicht entgegen. Und so lautet der französische Name der Sonnenblume auch tournesol, was so viel bedeutet wie „die sich zur Sonne dreht". Spielt das Sonnenlicht bei der Bewegung der Pflanzen tatsächlich die entscheidende Rolle?*

Licht als Energiequelle • Die Sonne ist trotz ihrer großen Entfernung die stärkste und dadurch wichtigste Energiequelle für das Klima und das Leben auf der Erde. Den Anteil der Sonnenstrahlung, der auf der Erde ankommt, bezeichnet man als Globalstrahlung. Sonnenlicht ist elektromagnetische Strahlung.

1 **Beschreiben Sie drei unterschiedlichen Möglichkeiten, wie Licht beim Auftreffen auf ein Blatt beeinflusst werden kann (▶ 3).**

2 **Beschreiben Sie den Ausschnitt aus dem Spektrum elektromagnetischer Strahlung mit Angabe der jeweiligen Wellenlänge (▶ 2).**

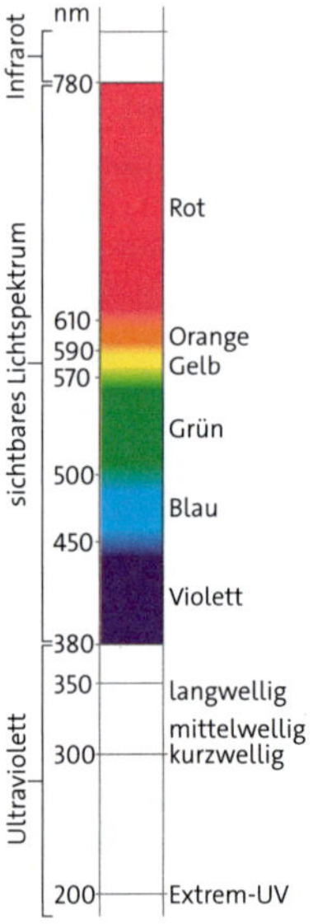

2 Ausschnitt aus dem Spektrum elektromagnetischer Strahlung

Durch die von Blättern aufgenommenen Wellenlängenbereiche wird die Licht- und Wärmeenergie der Sonne auf die Strukturen der Pflanze übertragen. Die Absorption von Strahlung zu Beginn der Photosynthese erfolgt mithilfe von Pigmenten wie Chlorophyll oder Carotin in einem Wellenlängenbereich von 380–710 nm. Diesen Bereich bezeichnet man daher auch als photosynthetisch aktive Strahlung. Im Verlauf der Photosynthese wird die absorbierte Lichtenergie in innere Energie umgewandelt. Sie ist dann in organischen Molekülen wie Glucose oder Stärke gebunden und steht so allen Lebewesen für die weiteren Lebensprozesse zur Verfügung. Licht ist somit ein entscheidender abiotischer Faktor für das Leben auf der Erde.

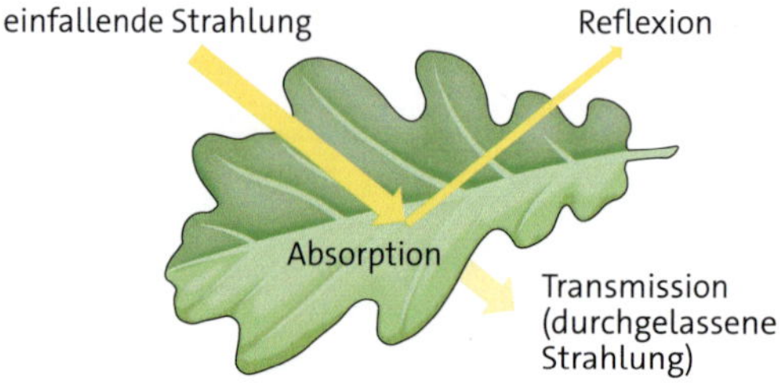

3 Sonnenlicht trifft auf ein Laubblatt

3 **Erstellen Sie ein Flussdiagramm, welches die Energieumwandlungen in einem Blatt ab der Aufnahme von Licht- und Wärmeenergie zeigt.**

Einfluss von Licht auf Pflanzen • Das Vorkommen einer Pflanzenart wird wesentlich durch die Intensität der Sonneneinstrahlung am Standort bedingt.

4 **Beschreiben Sie das Pflanzenwachstum eines Laubwaldes im Jahresverlauf mithilfe der Abbildung 4. Stellen Sie dabei einen Zusammenhang zur Lichtintensität her.**

Trotz der niedrigen Lichtintensität im Laubwald zur Sommerzeit sind dennoch einzelne Pflanzenarten am Boden zu finden. So erreichen Arten wie Waldsauerklee und Aronstab auch bei wenig Licht eine positive Photosynthesebilanz und werden als Schattenpflanzen bezeichnet.
Rotklee und Waldkiefer gedeihen dagegen nur an Standorten mit hoher Lichtintensität und werden deshalb als Lichtpflanzen bezeichnet. Betrachtet man ihre Photosyntheseaktivität in Abhängigkeit von der Lichtintensität, erkennt man, dass sie eine höhere Lichtintensität benötigen, um durch die Photosyntheseleistung so viel Kohlenstoffdioxid aufzunehmen, wie sie durch die Zellatmung abgeben. Neben diesem höheren Lichtkompensationspunkt zeichnet sie aus, bei hohen Lichtintensitäten die Photosyntheseleistung weiter zu steigern, sodass sie auch einen höheren Lichtsättigungspunkt besitzen.

5 Erklären Sie den Einfluss verschiedener Lichtintensitäten auf die Photosyntheseleistung von Licht- und Schattenpflanzen.

Die Unterschiede zwischen Licht- und Schattenpflanzen hängen mit physiologischen und morphologischen Angepasstheiten zusammen. So hat der Wurmfarn als typische Schattenpflanze meist große und dünne Blätter mit einschichtigem Palisadengewebe und lockerem Schwammgewebe. Dieser Blattaufbau ist charakteristisch für Pflanzen an lichtarmen Standorten und entspricht dem eines Schattenblatts. Die Blätter des Rotklees entsprechen mit ihrem mehrschichtigen, chloroplastenreichen Palisadengewebe dagegen dem Aufbau eines Lichtblatts. Beide Blatttypen findet man auch in der Krone dichtbelaubter Blätter wie der Rotbuche. Hier herrschen ebenfalls je nach Lage andere Lichtverhältnisse, die zur Ausbildung verschiedener Blattformen führen.

6 Beschreiben und erklären Sie den unterschiedlichen Aufbau von Licht- und Schattenblättern am Beispiel der Rotbuche.

7 Recherchieren Sie nach weiteren typischen Licht- und Schattenpflanzen, die in heimischen Mischwäldern zu finden sind.

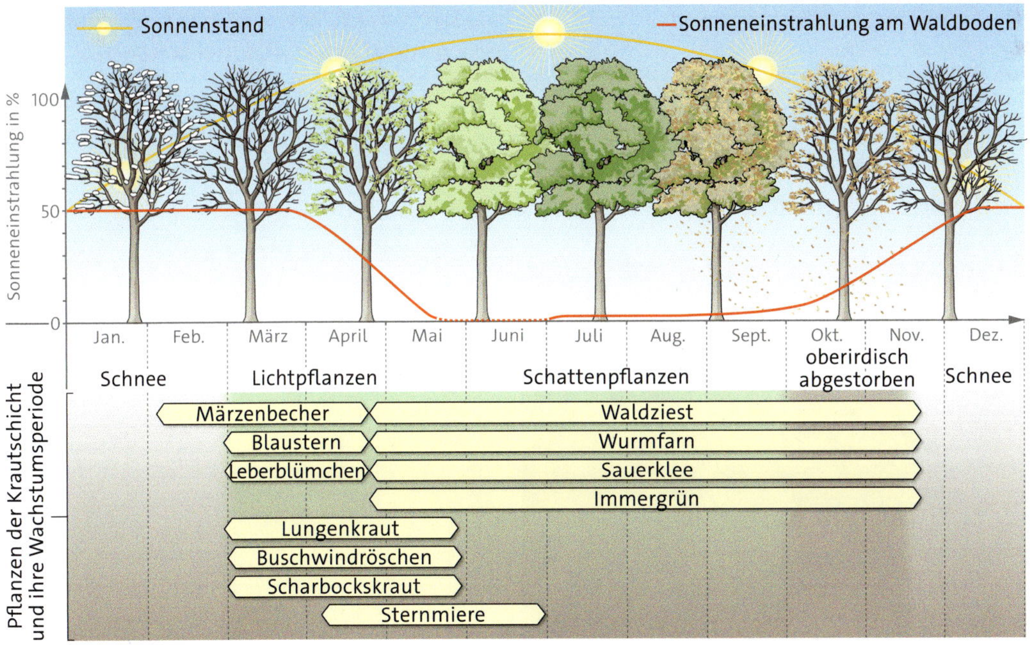

4 Laubwald im Jahresverlauf

lat. circa = ungefähr
lat. dies = Tag

1 Vogeluhr

Einfluss von Licht auf Tiere • Einzelne Singvogelarten wie der Gartenrotschwanz oder das Rotkehlchen beginnen zu unterschiedlichen Zeitpunkten in den frühen Morgenstunden mit ihrem Gesang. Der genaue Zeitpunkt steht im Zusammenhang mit der jeweils vorhandenen Lichtintensität. Da der Sonnenaufgang wiederum von der jeweiligen Jahreszeit und dem geografischen Ort abhängig ist, ergibt sich für verschiedene Gebiete gleichzeitig eine unterschiedliche Taktung. Diese Taktung wird auch Vogeluhr genannt (▶1). Sie ist das Ergebnis aus dem Zusammenspiel verschiedener physiologischer Faktoren wie aktueller Körpertemperatur und momentaner Hormonausschüttung. Diese werden unter anderem auch durch die Tageslänge oder Photoperiode beeinflusst.
Photoperiodische Aktivitäten wie der Vogelgesang werden ausgelöst, wenn der Anteil der hellen Stunden eines Tages eine bestimmte Schwelle unter- oder überschreitet. Diese kritische Tageslänge ist genetisch festgelegt und weitgehend artspezifisch.

1 Der nächtliche Kunstlichteintrag wird auch als Lichtverschmutzung bezeichnet. Erläutern Sie diesen Begriff und beschreiben Sie mögliche Auswirkungen auf die Vogelwelt.

2 Neben dem Vogelgesang gibt es viele weitere Beispiele zum Photoperiodismus im Tierreich. Recherchieren Sie, inwieweit der Fellwechsel, der Winterschlaf und auch die Zugaktivität bei Vögeln vom Umweltfaktor Licht abhängig ist.

2 Igel im Winterschlaf

Die innere Uhr des Menschen • Auch beim Menschen sind wichtige Körperfunktionen wie Körpertemperatur, Hormonausschüttung oder der Schlaf-Wach-Rhythmus von der Tageslänge abhängig. Diese Prozesse unterliegen einem regelmäßigen Rhythmus von etwa 24 h. Dieser wird als circadianer Rhythmus bezeichnet. Der circadiane Rhythmus ist genetisch gesteuert und benötigt das Sonnenlicht als Taktgeber zur Feinabstimmung der inneren Uhr.

3 Das Hormon Melatonin wird in der Zirbeldrüse im Gehirn produziert und regelt den Schlaf-Wach-Rhythmus. Ein Anstieg der Melatoninkonzentration führt beim Menschen zu einsetzender Müdigkeit.
a Beschreiben Sie mithilfe von Abbildung 3 die Melatoninkonzentration im Tagesverlauf.
b Erläutern Sie die Rolle des Hormons Melatonin für die Regelung der inneren Uhr.

Wie intensiv die inneren Zyklen menschliche Aktivitätsmuster steuern wird deutlich, wenn durch äußere Einflüsse der Rhythmus aus dem Takt gerät. Ein Beispiel dafür ist der Jetlag. Er umfasst körperliche und psychische Beschwerden, die als Folge von Flugreisen in andere Zeitzonen mit Verschiebungen tageszeitlicher Aktivitätsmuster auftreten.

4 Erklären Sie, warum der Wechsel von Tag- und Nachtarbeit oftmals mit körperlichen und psychischen Beschwerden verbunden ist.

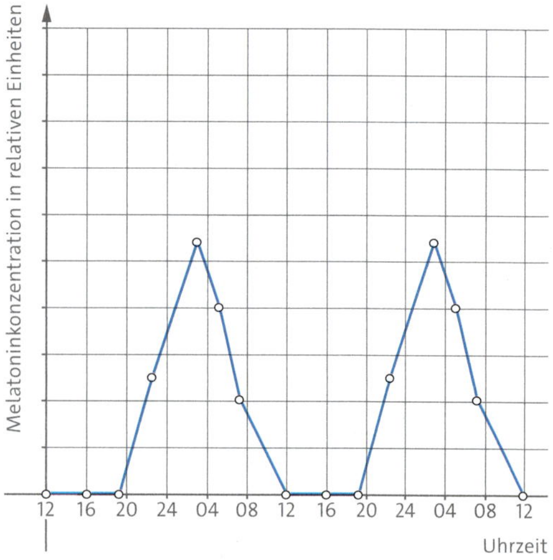

3 Melatoninkonzentration im Tagesverlauf

Material A Photoperiodismus bei Pflanzen

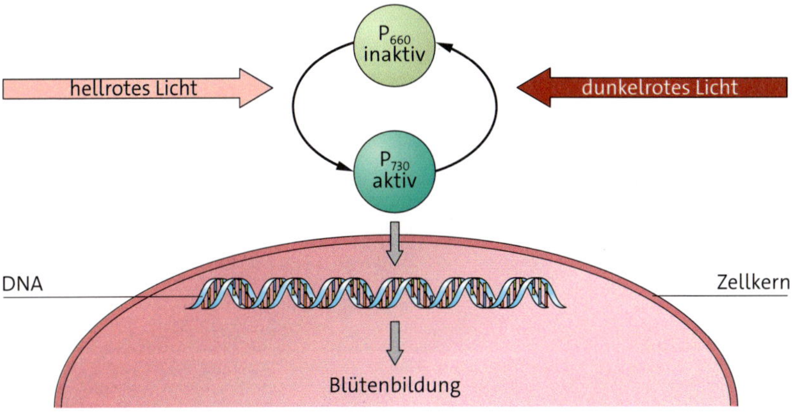

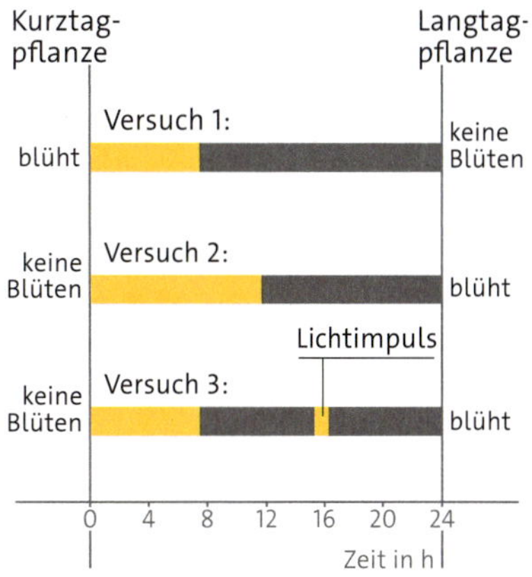

Bei vielen Pflanzenarten hängt die Blütenbildung vom Verhältnis der Nacht- zur Tageslänge ab. Hierbei kann man zwischen Kurztag- und Langtagpflanzen unterscheiden. Die photoperiodische Steuerung der Blütenbildung erfolgt über das Pigment Phytochrom, dessen Moleküle leicht zwischen zwei ineinander überführbaren Strukturformen P_{660} (inaktiv) und P_{730} (aktiv) wechseln. Die Qualität des Lichts bestimmt dabei, welche Form gerade vorliegt.

1 Beschreiben Sie anhand der Versuche 1 und 2 die Wirkung von Hell- und Dunkelphasen auf Lang- und Kurztagpflanzen.

2 Beurteilen Sie auf der Basis des Versuchs die Aussage: Die Blütenbildung wird bei Pflanzen mit Photoperiodismus durch die Länge der Dunkelperiode gesteuert.

3 Erklären Sie, weshalb Gärtner Langtagpflanzen, die im Winter blühen sollen, kurzzeitig einen Lichtimpuls geben, statt sie durchgehend zu beleuchten.

4 Erläutern Sie die Steuerung der Blütenbildung durch das Pigment Phytochrom, wenn der Lichtimpuls nur hellrot oder nur dunkelrot ist.

Versuch B Orientierung durch Licht bei Daphnien

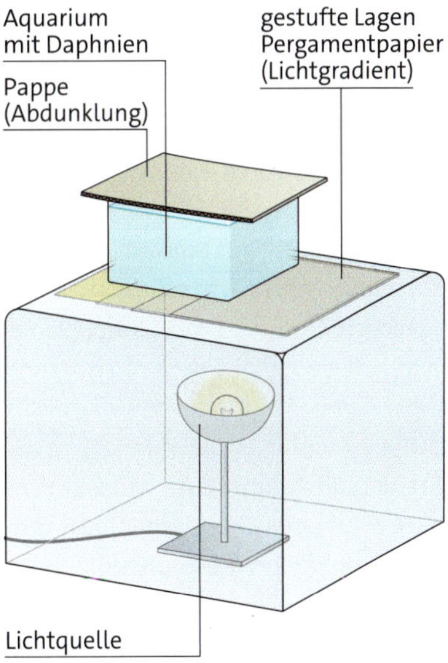

Versuchsmaterialien:

- Wasserprobe mit Daphnien
- kleines Glasbecken
- Pergamentpapier
- Pappe zur Abdunklung

Versuchsdurchführung:
Stellen Sie den Versuch wie in der Abbildung dargestellt zusammen. Den Lichtgradienten erhalten Sie dabei durch das Aufeinanderlegen unterschiedlich vieler Schichten Pergamentpapier auf einer durchsichtigen Folie. Diese Folie legen Sie zu Beginn des Versuchs auf den Overheadprojektor.

1 Schätzen Sie die Anzahl der Daphnien in den Bereichen unterschiedlicher Lichtintensität und stellen Sie die Ergebnisse grafisch dar.

2 Deuten Sie die Reaktion der Daphnien im Lichtgradienten und ziehen Sie Schlüsse daraus hinsichtlich der biologischen Bedeutung der Reaktion.

3 Planen Sie ein Experiment zur Untersuchung des Einflusses verschiedener Lichtqualitäten auf das Verhalten der Daphnien. Führen Sie das Experiment durch und werten Sie es aus.

3.4 Abiotischer Faktor Wasser

1 Spießbock zur Regenzeit im südafrikanischen Namaqualand

Die Welt ist mit einem Anteil von 71 % hauptsächlich mit Wasser bedeckt. Trotzdem ist Wasser nicht überall auf der Erde verfügbar. So sind viele afrikanische Länder von monatelangen Trockenphasen ohne Niederschläge und austrocknenden Grasflächen geprägt. Beginnt jedoch dann wieder die Regenzeit, explodiert die Vegetation vielerorts in Form bunt blühender Wiesen. Zu diesen Orten reichhaltiger Nahrung und Wasserstellen wandern Jahr für Jahr Millionen von Gnus, Gazellen und Zebras. Danach kehren sie wieder in ihre ursprünglichen und dann auch wieder regenreichen Gebiete zurück und legen hierbei jährlich bis zu 3000 km zurück. Welche Bedeutung hat Wasser für Tiere und Pflanzen?

Exkretion = Ausscheidung

2 Wassergehalt von Qualle, Schnecke, Frosch und Mensch

Bedeutung von Wasser • Der Wassergehalt tierischer und pflanzlicher Zellen liegt zwischen 75 und 95 %. Wasser dient sowohl als Reaktionspartner als auch als Medium für biochemische Reaktionen oder Abfallprodukte. Eine regulierte Wasserabsonderung durch Schwitzen ermöglicht die Abgabe überschüssiger Wärme. Ein hoher Wasserverlust kann schnell lebensbedrohlich werden. Beim Menschen führt ein Wasserverlust von 10 % zu motorischen Ausfällen sowie Sprachstörungen und schon nach wenigen Tagen droht der Tod durch Austrocknung. Wasserverlust muss daher durch Wasseraufnahme ausgeglichen werden: durch Trinken, Aufnahme wasserhaltiger Nahrung und durch das bei der Zellatmung entstehende Wasser.

1 Erstellen Sie eine Concept-Map zur Bedeutung von Wasser für Tiere und Pflanzen.

Landtiere • Fossilien aus dem Devon belegen die Entwicklung erster Landwirbeltiere vor etwa 400–350 Millionen Jahren. Der Übergang vom Wasser- zum Landleben war nur nach Entwicklung von **Angepasstheiten** in Bau und Funktion möglich. Sie wirken dem Wasserverlust durch Exkretion, Atmung und Wasserabgabe an der Körperoberfläche entgegen.

Eine wesentliche strukturelle Angepasstheit gegen übermäßigen Wasserverlust ist eine wachshaltige Kutikula über dem Chitinpanzer vieler Insekten und Spinnentiere. Ihre Körperoberfläche ist daher für Wasser nahezu undurchlässig. Viele Wirbeltiere haben eine ausgeprägte Hornhaut mit Schuppen, Federn oder Haaren, die ebenfalls dem Austrocknen entgegenwirken.
Die dünne Haut von Amphibien bietet hingegen nur einen geringen Verdunstungsschutz. Mit Schleimdrüsen wird ihre Haut befeuchtet. Amphibien trinken nicht, sondern nehmen Wasser über ihre Haut auf.

2 Stellen Sie eine begründete Hypothese auf, warum Amphibien so empfindlich gegenüber Luftverschmutzungen sind.

Auf dem Land lebende Tiere haben eine Reihe von physiologischen Angepasstheiten, die den Wasserverlust bei der Exkretion reduzieren. Ein Beispiel ist die Rückresorption von Wasser aus Kot und Urin auf der Grundlage des Gegenstromprinzips. Der Mensch produziert täglich 180 l Primärharn, von dem nur 0,5–2 l ausgeschieden wird. Das meiste Wasser, das in den Nieren rückresorbiert wird, gelangt zurück ins Blut. Aus Primärharn wird so ein konzentrierter Endharn, der Urin, mit dem unter anderem stickstoffhaltige Endprodukte des Proteinstoffwechsels als Harnstoff ausgeschieden werden.

3 **Vergleichen Sie Gleich- und Gegenstromprinzip mithilfe der Abbildung 3.**

Landtiere zeigen zusätzlich verhaltensgesteuerte Angepasstheiten zur Regulierung des Wasserhaushalts. Amphibien als Feuchtlufttiere bevorzugen Ufer, feuchte Wiesen und Wälder. Zur Fortpflanzung müssen die meisten Arten das Wasser aufsuchen, denn ihre Nachkommen durchlaufen dort zunächst ein Larvenstadium. Nach einer Metamorphose führen sie dann ein Leben an Land. Viele Amphibien sind zudem nachtaktiv und halten so den Wasserverlust über die Haut gering. Viele Schnecken, ebenfalls Tiere feuchter Habitate, überstehen Trockenzeiten abgeschirmt in Kalkgehäusen.

4 **Fertigen Sie eine Tabelle mit strukturellen, physiologischen und verhaltensgesteuerten Angepasstheiten von Landtieren an. Lassen Sie zunächst Platz für drei weitere Spalten.**

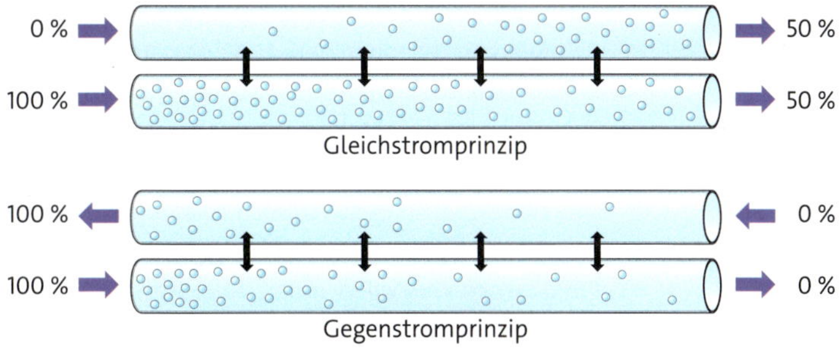

3 **Gleich- und Gegenstromprinzip im Vergleich**

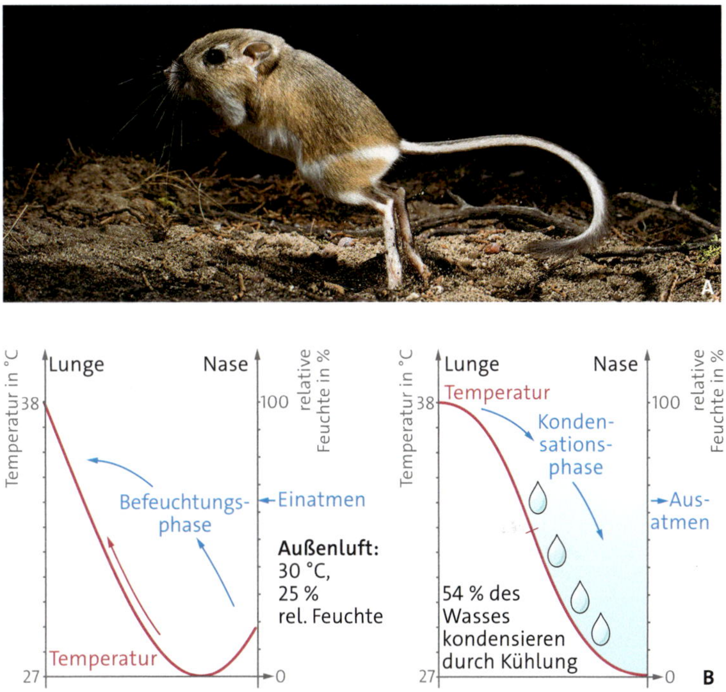

4 **Känguruuratte: A Habitus, B Temperatur und Feuchtigkeit der Luft beim Ein- und Ausatmen**

Wüstentiere • Säugetiere der Wüste haben als strukturelle Angepasstheit keine oder reduzierte Schweißdrüsen. Auch physiologische Angepasstheiten verringern den Wasserverlust. Manche Tiere können sogar überleben, ohne zu trinken. Känguruuratten lassen beim Einatmen Wasser von der feuchten Naseninnenfläche verdunsten. Die trockene Luft wird dabei angefeuchtet und angewärmt. Beim Ausatmen wird der Luft an der nun kühleren Nasenschleimhaut ein Teil des Wassers durch Kondensation wieder entzogen. Der atmungsbedingte Wasserverlust der Känguruuratten wird so stark reduziert. Känguruuratten ernähren sich hauptsächlich von trockenen Samen. Das beim Abbau dieser Nahrung entstehende Wasser deckt meist den Wasserbedarf. Trampeltiere gewinnen einen großen Teil ihres Wasserbedarfs durch Abbau von Fettgewebe in ihren Höckern. Wie viele andere Wüstentiere scheiden sie einen hochkonzentrierten Urin und sehr trockenen Kot aus. Beispiele für verhaltensgesteuerte Angepasstheiten sind die Fernwanderungen afrikanischer Huftiere oder die Nachtaktivität kleiner Säugetiere.

5 **Vergleichen Sie die strukturellen, physiologischen und verhaltensgesteuerten Angepasstheiten der Wüstentiere mit denen der anderen Landtiere. Ergänzen Sie dazu die Tabelle aus Aufgabe 4 um drei weitere Spalten.**

Süßwassertiere • Die Körperflüssigkeit vieler im Süßwasser lebender Tiere hat normalerweise eine höhere Ionenkonzentration als das Außenmedium. Die Tiere sind somit hyperosmotisch. Daher diffundieren mehr Wassermoleküle in ihre Zellen als umgekehrt. Dies führt schließlich zu einer höheren Exkretion von Wasser und damit auch zu einem Verlust biologisch wertvoller Ionen. Alle Stoffwechselvorgänge sind jedoch von einem konstanten inneren Milieu abhängig, also einer bestimmten Konzentration an Natrium- oder Kaliumionen oder von anderen gelösten Stoffen. In ihrer hypotonischen Umgebung sind Süßwassertiere daher auf **Osmoregulation** angewiesen. Ein Absinken des osmotischen Drucks im Zellinneren lässt sich nur durch das Ausscheiden des überschüssigen Wassers und die aktive Aufnahme wichtiger Ionen kompensieren.

Osmose = Diffusion durch eine semipermeable Membran

Manche Süßwasserfische können daher aktiv über spezifische Transportepithelien in ihren Kiemen Natrium- und Chloridionen aus dem Umgebungswasser aufnehmen. Dabei kann das Wasser weniger als 1 mmol/l Natriumchlorid enthalten und ihre Plasmaionenkonzentration 100 mmol/l übertreffen. In Süßwasser lebende Fische und Amphibien trinken zudem kaum Wasser, sodass sich die Notwendigkeit der Ausscheidung von überflüssigem Wasser weiter reduziert. Amöben, Pantoffeltierchen und andere Einzeller des Süßwassers besitzen kontraktile Vakuolen, die der Wasserausscheidung dienen. Süßwasserfische können über ihre Nieren große Mengen stark verdünnten Harns ausscheiden. Biologisch wichtige Ionen werden aus dem Primärharn ins Blut rückresorbiert.

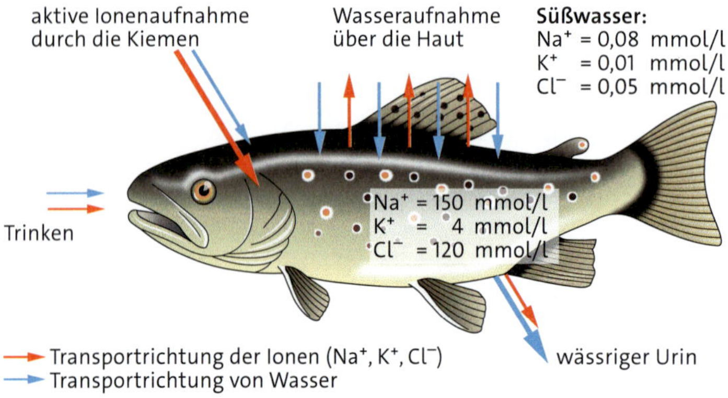

1 Osmoregulation bei Süßwasserfischen

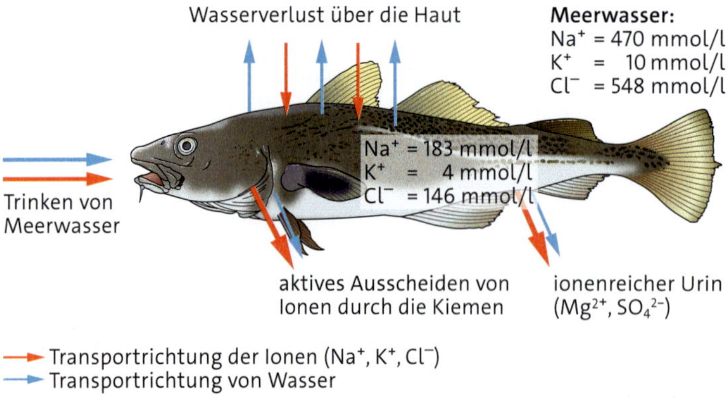

2 Osmoregulation bei Knochenfischen des Meeres [mmol/l = Millimol pro Liter]

Marine Tiere • Bei den meisten wirbellosen Meerestieren ähnelt die Ionenkonzentration mit etwa 3,5 % NaCl der des Umgebungswassers. Sie sind poikiloosmotisch. Deswegen muss der Zustand ihrer Körperflüssigkeiten nicht aktiv kontrolliert werden. Diese Tiere nennt man Osmokonformer. Dazu gehören zum Beispiel Stachelhäuter, Krebstiere und Knorpelfische. Je nach Salzgehalt scheiden sie Wasser aus oder nehmen Ionen auf, bis ihre Körperflüssigkeit isotonisch mit der Umgebung ist.

1 Beschreiben Sie die Osmoregulation bei Knochenfischen des Meeres mithilfe der Abbildung 2.

Knochenfische des Meeres sind hingegen hypoosmotisch. Das heißt, ihre Körper haben einen geringeren Salzgehalt als das Meerwasser und sie verlieren durch Osmose ständig Wasser an die Umgebung. Sie trinken daher zum Ausgleich Meerwasser und scheiden gleichzeitig die überschüssigen Ionen aktiv über das Kiemenepithel oder die Nieren aus. Sie sind Osmoregulierer. Auch Meeresvögel und Reptilien, die die mit dem Wasser oder der Nahrung aufgenommenen überschüssigen Ionen über spezifische Drüsen ausscheiden, sind Osmoregulierer.

2 Definieren Sie die Begriffe hyperosmotisch, poikiloosmotisch und hypoosmotisch.

3 Nennen Sie Beispiele für Osmokonformer und Osmoregulierer und beschreiben Sie deren Strategie, ihr inneres Milieu konstant zu halten.

4 Erklären Sie, mit welchem Problem Fische, die im Salzwasser leben und zur Fortpflanzung ins Süßwasser ziehen, konfrontiert sind.

Wasserhaushalt bei Pflanzen • Laubbäume wie die Rotbuche bevorzugen mäßig feuchte Standorte. Man bezeichnet sie daher als Mesophyten. Rotbuchen erreichen eine Stammhöhe von bis zu 40 m. Bäume dieser Höhe benötigen an einem sonnigen Sommertag etwa 400 l Wasser zur Aufrechterhaltung aller Lebensvorgänge. Das über die Wurzeln aufgenommene Wasser und die darin gelösten Mineralsalze werden über spezifische Leitungsbahnen entgegen der Schwerkraft bis zu den Blättern transportiert. Die angegebene Menge entspricht dem Inhalt von etwa 45 Mineralwasserkisten. Eine erhebliche Kraft wäre demnach notwendig, diese Menge eine Treppe von 40 m hochzutragen.

5 **Stellen Sie eine Hypothese auf, auf welchen Kräften der Wassertransport in der Pflanze beruht.**

6 **Beschreiben Sie den Wassertransport durch die Pflanze ausgehend von der Wurzel (▶ 3).**

Wasseraufnahme • Die Aufnahme von Wasser erfolgt bei Landpflanzen über das Wurzelsystem. Dabei diffundiert das Wasser passiv entlang eines Konzentrationsgefälles aus dem Boden in die äußeren Zellen der Wurzeln, der Rhizodermis. Möglich ist dies, weil der Wassergehalt in den Zellen geringer ist als in den angrenzenden Bodenschichten. Das aufgenommene Wasser diffundiert schließlich über die Zellwände oder das Zellplasma der angrenzenden Schichten bis hin zur Endodermis. Hier finden ATP-verbrauchende Transportvorgänge statt, wodurch der weitere Stoffdurchtritt kontrolliert wird. Im Inneren der Wurzel, gelangt das Wasser schließlich in lang gestreckte, oft querwandlose Zellen des Xylems der Leitbündel, die sich durch den gesamten Pflanzenkörper ziehen.

Wasserabgabe • An einem heißen und trockenen Sommertag gibt ein frei stehender Baum bis zu 400 l Wasser über die Blattflächen ab. Die Wasserdampfabgabe erfolgt über die Spaltöffnungen in der Blattoberfläche und wird als **Transpiration** bezeichnet. Da an trockenen Tagen der Wassergehalt der Luft niedriger ist als in den Blattzellen, verlieren diese infolge der Transpiration stetig Wasser. In den Zellen herrscht ein Unterdruck, der dazu führt, dass Wasser aus dem umgebenden Gewebe gesaugt wird. So entsteht ein Transpirationssog, der die Wassersäule von den Wurzeln bis in die Blätter kontinuierlich transportiert. An warmen Tagen geschieht dies mit Geschwindigkeiten von bis zu 60 m/h. Die Transpiration von Wasser über die Blattoberflächen ist die treibende Kraft für den Wassertransport durch die Pflanze. Solange eine Pflanze über den Boden ausreichend Wasser aufnehmen kann, stellt der Wasserverlust über die Transpiration kein Problem dar. Trocknet der Boden jedoch aus, welkt die Pflanze.

7 **Nennen Sie Faktoren, die die Transpiration einer Pflanze beeinflussen.**

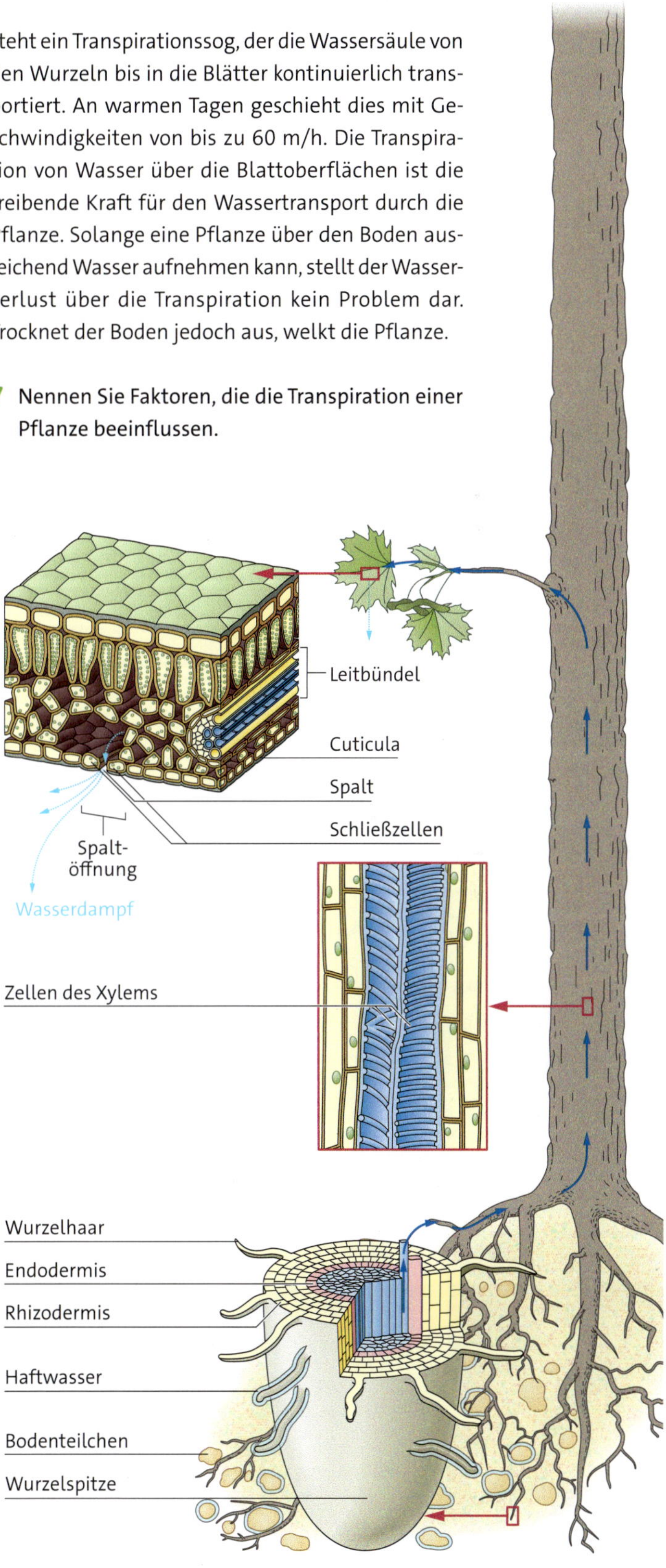

3 Wassertransport durch die Pflanze

Angepasstheit an die Wasserverfügbarkeit bei Pflanzen • Pflanzen sind ortsgebunden und daher nicht in der Lage, ihren Aufenthaltsort zu verlassen und aktiv wasserreiche Regionen aufzusuchen. Somit sind sie an die Verfügbarkeit von Wasser ihres jeweiligen Standorts angewiesen, was sich in verschiedenen Angepasstheiten widerspiegelt.

1 Stellen Sie Hypothesen auf, welche Angepasstheiten Pflanzen an die Verfügbarkeit von Wasser entwickelt haben könnten.

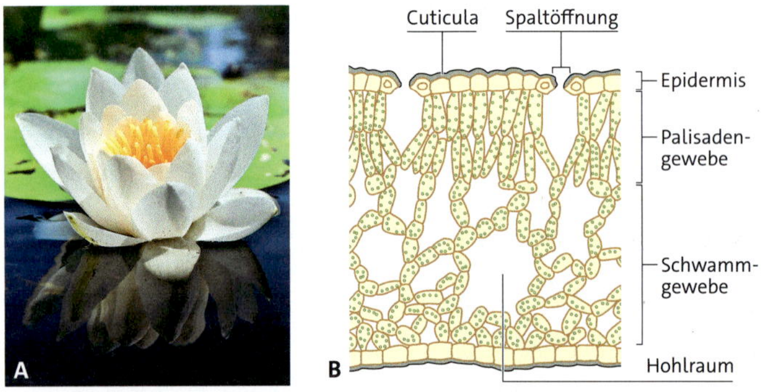

1 Weiße Seerose: A Foto, B Blattquerschnitt (Schema)

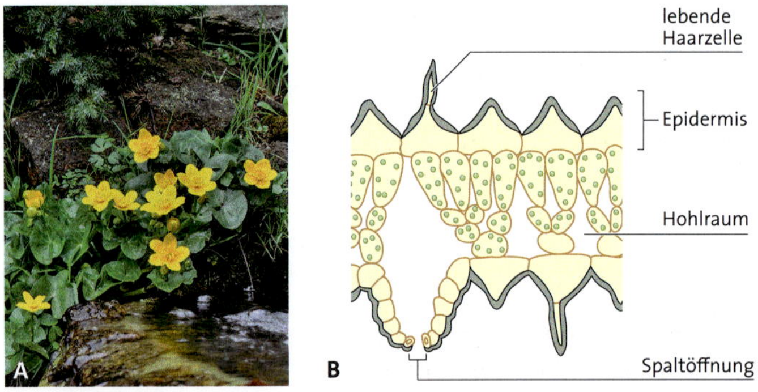

2 Sumpfdotterblume: A Foto, B Blattquerschnitt (Schema)

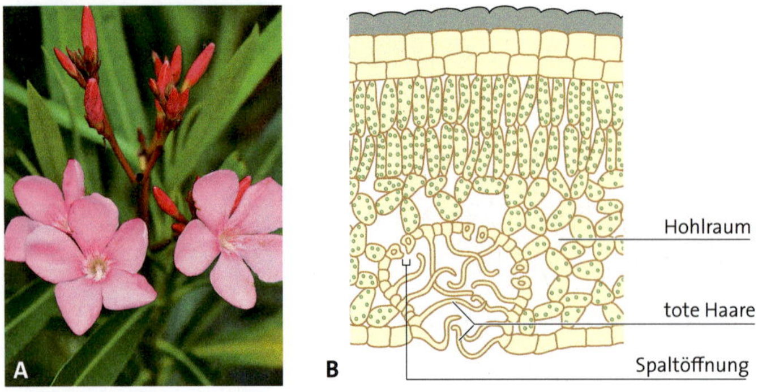

3 Oleander: A Foto, B Blattquerschnitt (Schema)

2 Vergleichen Sie stichpunktartig die Blattquerschnitte von Seerose, Sumpfdotterblume und Oleander (▶ 1, 2, 3).

3 Erklären Sie die jeweiligen Auswirkungen auf den Wasserhaushalt und den Gasaustausch.

Hydrophyten, auch Wasserpflanzen genannt, leben entweder untergetaucht oder „schwimmen" mit ihren Blättern auf der Wasseroberfläche. Die Schwimmblätter der Wasserpflanzen sind wie die Laubblätter der Mesophyten gebaut, während die untergetauchten Blätter nur eine einschichtige Epidermis mit zarter Cuticula aufweisen. Spaltöffnungen finden sich zudem nur an den Blattoberseiten der Schwimmblätter. Auffällig sind auch die großen Hohlräume, die mit einem Durchlüftungsgewebe in Verbindung stehen. Dieses durchzieht den gesamten Spross und stellt so den Gasaustausch sicher. Wasserpflanzen können gelöstes Kohlenstoffdioxid, Sauerstoff und Mineralsalze aus dem Wasser aufnehmen. Oftmals sind die Wurzeln daher zurückgebildet.

Hygrophyten, auch Feuchtpflanzen genannt, wachsen im Wald, Sümpfen und Uferzonen. Besondere Angepasstheiten ermöglichen eine ausreichende Transpiration und damit die Aufrechterhaltung des Wassertransports trotz hoher Luftfeuchtigkeit. Feuchtpflanzen besitzen dünne, große Blätter, oft mit lebenden Haaren oder herausgehobenen Spaltöffnungen. Die Blattflächen sind mit zahlreichen Wasserspalten besetzt, über die auch bei hoher Luftfeuchtigkeit Wasser ausgeschieden werden kann. Dieser Vorgang wird als Guttation bezeichnet.

Xerophyten, auch Trockenpflanzen genannt, wachsen an Standorten mit starker Sonneneinstrahlung und hohem Wassermangel. Die wirksamste Angepasstheit zur Verringerung des Wasserverlusts ist die Einschränkung der Transpiration. Xerophyten besitzen kleine Blätter mit einer mehrschichtigen Epidermis, einer dicken Cuticula, eingesenkten Spaltöffnungen und toten Haaren. Ein oft stark verzweigtes Wurzelwerk hilft, die geringen Wasservorräte im Boden zu erreichen. Sukkulente Trockenpflanzen speichern zudem Wasser in Blättern oder Sprossen.

Material A Abiotischer Faktor Wasser und der Klimawandel

Waldbäume und Klimawandel •
Wärme und Trockenheit als Folge des Klimawandels führen zu einem vermehrten Waldsterben. Dieses Waldsterben bedingt eine ganze Reihe anderer Auswirkungen. Diese sind in der Abbildung A1 dargestellt.

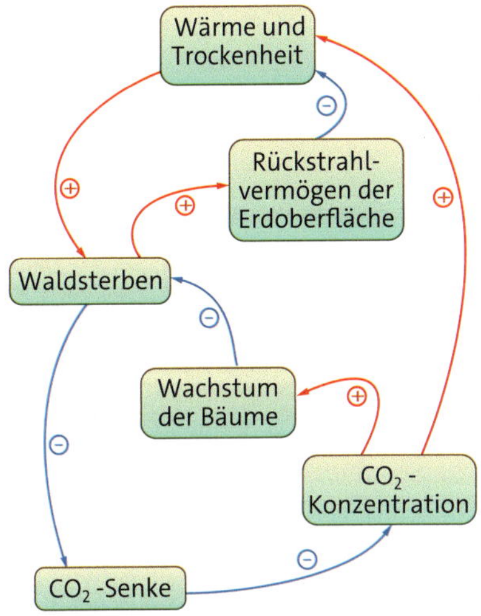

+ : je mehr, desto mehr
– : je mehr, desto weniger

A1 Auswirkungen des Klimawandels

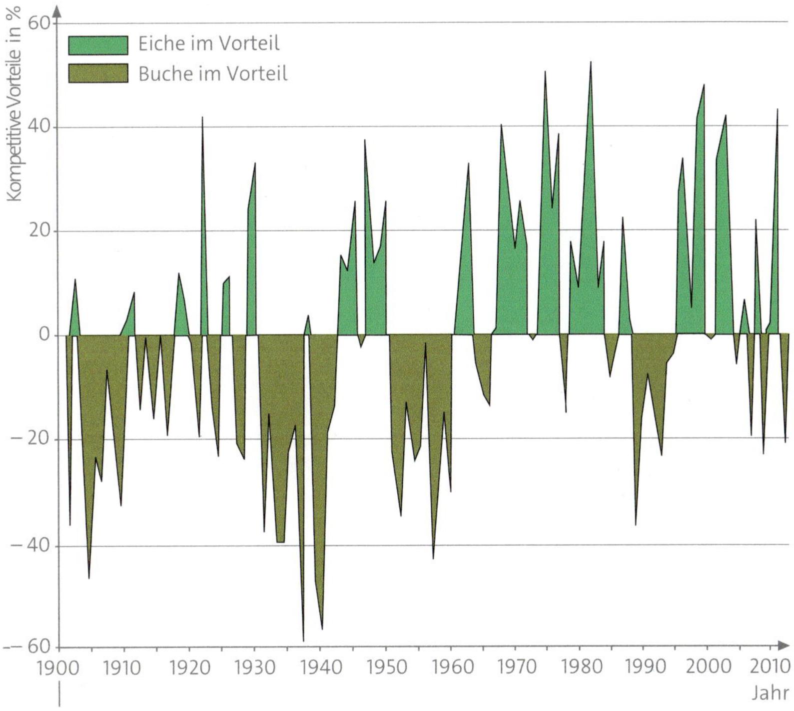

A2 Langfristiger Vergleich der jeweiligen Konkurrenzvorteile von Buche und Eiche

1 Beschreiben Sie die in der Abbildung dargestellten Auswirkungen des Klimawandels ausgehend von dem durch zunehmende Trockenheit bedingten Waldsterben.

2 Erklären Sie, wie sich das zunehmende Waldsterben auf den Klimawandel auswirkt.

3 Recherchieren Sie weitere Probleme, die durch das Waldsterben entstehen können.

Verschiedene Baumarten können den Herausforderungen des Klimawandels unterschiedlich gut standhalten. So wäre ohne die Eingriffe des Menschen die Landfläche Deutschlands überwiegend von Rotbuchenwälder bedeckt.

4 Erstellen Sie einen Steckbrief der Rotbuche. Gehen Sie dabei auch auf die Konkurrenzvorteile gegenüber anderen Baumarten wie Eiche oder Fichte ein.

Heutzutage sind allerdings bei Rotbuchen vermehrt Symptome wie Schleimaustritt aus dem Stamm oder abgestorbene Blätter zu beobachten, die als Trockenstressfolgen interpretiert werden können (▶ A3).

5 Beschreiben und erklären Sie die in Abbildung A2 dargestellte Entwicklung der Konkurrenzvorteile von Buche und Eiche.

6 Stellen Sie eine begründete Hypothese auf, wie sich die Konkurrenzsituation zwischen Eichen und Buchen nach dem Jahr 2010 entwickelt haben könnte.

Das aufgrund des Klimawandels zunehmende Waldsterben macht einen Umbau unserer Wälder unumgänglich.

7 Erklären Sie, warum beim Waldumbau heutzutage vermehrt Mischwälder statt der früher weit verbreiteten Monokulturen angelegt werden.

8 Treffen Sie eine begründete Entscheidung, ob bei der Wiederaufforstung von Waldflächen die Rotbuchen noch geeignet sind.

A3 Buche mit vorzeitig verbraunten und vertrockneten Blättern

Untersuchung eines Ökosystems

Um ein Ökosystem, zum Beispiel eine Trockenmauer, charakterisieren zu können, muss man eine Vielzahl von Daten durch Freilanduntersuchungen erfassen. Mit verschiedenen Methoden lassen sich sowohl die abiotischen Umweltfaktoren als auch die Zusammensetzung der Biozönose sehr genau untersuchen. Die Untersuchungsergebnisse werden in einem Protokoll festgehalten.

1 Untersuchungsgebiet

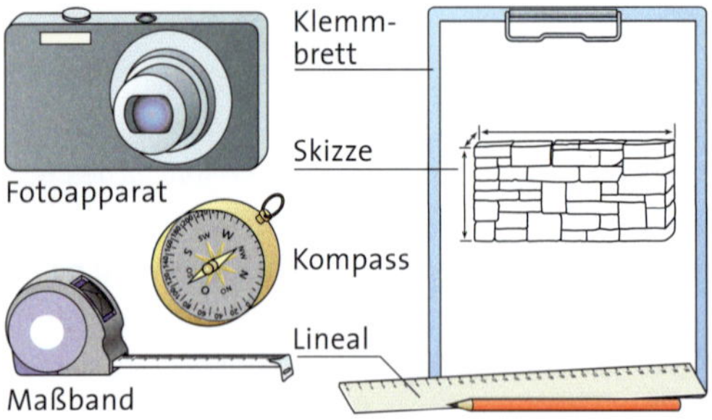

2 Material für die Kartierung

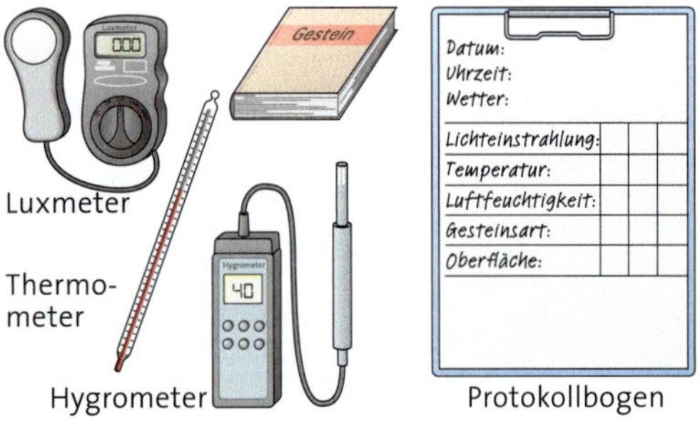

3 Material zur Erfassung abiotischer Faktoren

1 Kartierung

Fotografieren Sie den zu bearbeitenden Mauerabschnitt. Ermittleln Sie mit dem Kompass die Ausrichtung der Mauer und notieren Sie diese. Vermessen Sie den Mauerabschnitt und notieren Sie die Länge, Höhe und Tiefe. Fertigen Sie eine große, genaue Skizze des Mauerabschnitts an.

2 Erfassung abiotischer Faktoren

Notieren Sie Datum, Uhrzeit und Wetter. Messen Sie mit dem Luxmeter die Lichtstärke an der Mauerkrone, ander Mauermitte und am Mauerfuß, bei frei stehenden Mauern auch auf der lichtabgewandten Seite. Messen Sie ebenso die Temperatur und die Luftfeuchtigkeit an verschiedenen Mauerstellen. Berücksichtigen Sie auch die Temperatur der Steine sowie die Temperatur und Feuchtigkeit in den Mauerfugen. Bestimmen Sie das Gestein, aus dem die Mauer besteht, und beschreiben Sie seine Oberflächenbeschaffenheit. Notieren Sie Ihre Ergebnisse in einer Tabelle.

3 Erfassung der Flora

Bestimmen Sie mit Lupe und Pflanzenbestimmungsbuch die Pflanzen des Mauerabschnitts. Notieren Sie die Namen der Pflanzenarten in der Reihenfolge Flechten, Moose, Farne, Blütenpflanzen. Fotografieren Sie die verschiedenen Pflanzenarten. Tragen Sie mit Kennzahlen das Vorkommen der einzelnen Arten in die Mauerskizze ein. Machen Sie sich auch Notizen zur Flächengröße, die von der jeweiligen Pflanze bedeckt wird.

4 Erfassung der Fauna

Tiere sind aufgrund ihrer Beweglichkeit sehr viel schwerer zu erfassen als Pflanzen. Beobachten Sie deshalb die Mauer vor der genaueren Untersuchung nach Tieren etwa 5-10 min ruhig und notieren Sie Ihre Beobachtungen. Fangen Sie geflügelte Insekten und andere schnelle Gliederfüßer mit dem Insektenkescher und überführen Sie sie mithilfe der Federstahlpinzette zur Bestimmung in eine Becherlupe. Langsamere Gliederfüßer und Würmer können direkt mit der Federstahlpinzette gefangen und mithilfe der Becherlupe bestimmt werden. Schnecken kann man mit der Hand auflesen. Sehr kleine Gliederfüßer werden mit einem speziellen Sauggerät, einem Exhauster, gefangen, in Sammelgefäße überführt und mithilfe der Stereolupe bestimmt. Erfassen Sie mit diesen Methoden die Tiergesellschaft verschiedener Mauerbereiche. Notieren Sie die Namen der gefundenen Tiere in der Reihenfolge Würmer, Schnecken, Spinnentiere, Asseln, Tausendfüßer, Insekten und Insektenlarven, Wirbeltiere. Notieren Sie auch jeweils den genauen Fundort auf der Mauer, und schätzen Sie die Häufigkeit der jeweiligen Tierart ab. Nehmen Sie mit dem Spatel mehrere Bodenproben aus den Mauerfugen zur genaueren Untersuchung mithilfe der Stereolupe.

4 Material zur Erfassung der Pflanzengesellschaft

5 Untersuchungen im Biologieraum

Überführen Sie die gesammelten Gliederfüßer in kleine Petrischalen mit Deckel und bestimmen Sie sie mithilfe der Stereolupe. Geben Sie jeweils zwei Spatellöffel der Bodenproben in größere Petrischalen und verteilen Sie die Probe zu einer dünnen Schicht. Durchsuchen Sie unter der Stereolupe die Probe systematisch nach kleinsten Tieren und bestimmen Sie diese, zum Beispiel mithilfe eines Bestimmungsschlüssels. Füllen Sie fünf Spatellöffel der durchsuchten Bodenprobe in ein Becherglas, geben Sie 50 ml destilliertes Wasser dazu und messen Sie den pH-Wert mit pH-Papier. Stellen Sie fest, welche Tiere besonders häufig oder selten sind.

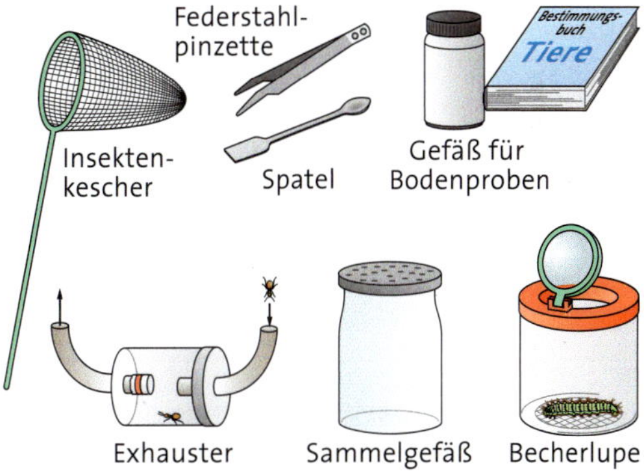

5 Material zur Erfassung der Fauna

6 Auswertung und Dokumentation

Zur Auswertung werden die Aufzeichnungen und Ergebnisse der einzelnen Gruppen zusammengetragen und ein Gesamtbild der untersuchten Trockenmauer, der abiotischen Faktoren und der erfassten Pflanzen- und Tierarten erstellt. Informieren Sie sich über die Ansprüche, Angepasstheiten und Lebensweisen der erfassten Pflanzen und Tiere und vergleichen Sie diese mit den von Ihnen gemachten Beobachtungen. Stellen Sie fest, welche der gefundenen Pflanzen und Tiere sehr gut an die speziellen Umweltbedingungen angepasst sind, und beschreiben Sie diese Angepasstheiten. Dokumentieren Sie Ihre Untersuchung mit Bildern, Grafiken, Tabellen und einem nach wissenschaftlichen Gesichtspunkten verfassten Text.

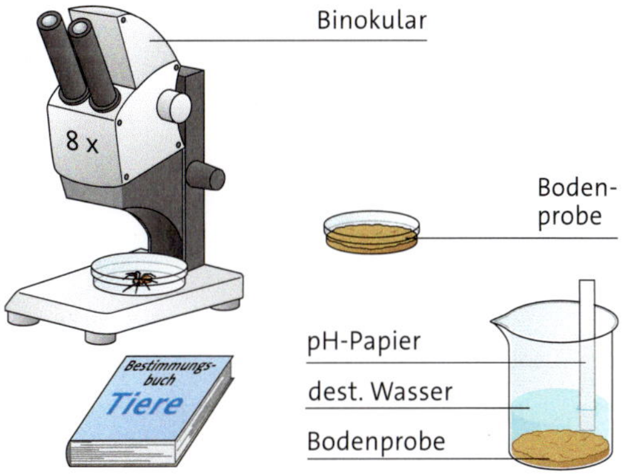

6 Material für Untersuchungen im Biologieraum

3.5 Nahrungsbeziehungen

1 Austernfischer mit erbeuteter Muschel

Der Austernfischer ist ein typischer Vogel der Nordseeküste. Anders als der Name vermuten lässt, ernährt er sich überwiegend von kleineren Muscheln, Würmern, Krebsen und Insekten. Eine beliebte Nahrung sind Miesmuscheln. Diese sind Filtrierer und ernähren sich von Kleinstlebewesen, die im Wasser schweben. Dabei handelt es sich vorwiegend um Kieselalgen, die in großen Mengen das Watt besiedeln und organische Substanz durch Photosynthese aufbauen. In welcher Beziehung stehen diese Lebewesen zueinander?

Nahrungsketten • Am Beispiel von Kieselalgen, Miesmuscheln, Austernfischern und Seeadlern, die im Ökosystem Wattenmeer leben, lässt sich die einfachste Form von Nahrungsbeziehungen zeigen. Hierbei werden analog der Vorstellung einer Kette die sich jeweils fressenden Lebewesen hintereinander aufgereiht. Deshalb nennt man solche Darstellungsformen Nahrungsketten.

1 Beschreiben Sie eine Nahrungskette aus dem Ökosystem Wiese.

griech. autos = „selbst"
griech. trophe = Ernährung

sich selbst ernährend

Kieselalgen sind autotrophe Organismen. Im Prozess der Photosynthese bauen sie aus anorganischen Stoffen energiereiche organische Stoffe auf. Die dazu notwendige Energie erhalten Algen durch das Sonnenlicht. Kieselalgen werden deshalb Produzenten genannt. Kleinkrebse wie Wasserflöhe sind heterotrophe Organismen und ernähren sich von Algen. Sie werden als Konsumenten 1. Ordnung bezeichnet. Ihre **Biomasse** wird also aus der Biomasse von anderen Organismen produziert. Kleinkrebse werden wiederum von kleinen Fischen gefressen, die sich den Konsumenten 2. Ordnung zuordnen lassen. Je nach Größe des Ökosystems können weitere Konsumenten höherer Ordnung vorkommen. Am Ende einer Nahrungskette steht ein Tier wie der Seeadler, den man als Endkonsument bezeichnen kann. Dieser hat keine direkten Fressfeinde.

2 Benennen Sie die einzelnen Glieder der abgebildeten Nahrungskette mit den Begriffen Produzent, Konsument und Endkonsument (▶ 2).

2 Eine Nahrungskette aus dem Ökosystem Wald

Destruenten • Neben den lebenden Organismen sind auch alle toten Tiere und Pflanzen Teil von Nahrungsketten. Sowohl dieses abgestorbene Material als auch Ausscheidungen von noch lebenden Tieren, stellen für Würmer, Kleinstlebewesen und Mikroorganismen eine Nahrungsgrundlage dar. Diese sogenannten Destruenten zersetzen die abgestorbene Biomasse, beziehen daraus ihre Energie und führen für Produzenten essenzielle anorganische Stoffe wieder in das System zurück.

3 **Nennen Sie drei verschiedene Destruenten im Ökosystem Wald.**

Nahrungsnetze • In jedem Ökosystem haben Tiere meist nicht nur eine, sondern viele Nahrungsquellen. Im Wattenmeer gibt es über 450 Arten von Kieselalgen. Sie können beispielsweise von Wattschnecken gefressen werden, die wiederum Nahrung von Wattvögeln wie dem Knutt sind. Von Kieselalgen ernähren sich auch Miesmuscheln, die von Seesternen gefressen werden. Miesmuscheln können aber auch zahlreichen Vögeln, zum Beispiel Austernfischern und Eiderenten, als Nahrung dienen. Alle diese Tiere gewinnen die für sie notwendige Energie aus den aufgenommenen organischen Stoffen.

Die in den Ausscheidungen der Tiere enthaltenen organischen Verbindungen müssen weiter zersetzt und abgebaut werden, damit sie als Mineralstoffe für Produzenten wieder nutzbar sind. Diese Aufgabe übernehmen im Meer zu einem großen Anteil im Boden lebende Bakterien und Würmer. Die Nahrungsbeziehungen in einem Ökosystem sind also sehr verzweigt: Einzelne Nahrungsketten stehen miteinander in Verbindung und bilden Nahrungsnetze.

4 **Erstellen Sie einen Ausschnitt aus dem Nahrungsnetz im Wattenmeer.**

5 **Erstellen Sie mithilfe des Nahrungsnetzes in Abbildung 3 zwei verschiedene Nahrungsketten in einem Teich. Markieren Sie durch gestrichelte Linien mögliche Verbindungen zwischen den Nahrungsketten.**

Biologisches Gleichgewicht • Produzenten und Konsumenten regulieren sich in ihrer Anzahl über einen bestimmten Zeitraum selbst. Dieses sogenannte biologische Gleichgewicht ist dynamisch und reagiert auf Veränderungen von Umweltbedingungen. Das Aussterben bestimmter Arten oder plötzliche Massenvermehrungen sind häufig die Ursache für Störungen des biologischen Gleichgewichts in der Natur. Durch eine große Artenvielfalt kann das Gleichgewicht lange stabil bleiben.

6 **Beschreiben Sie die Auswirkungen auf das biologische Gleichgewicht, wenn in einem See alle Hechte als Endkonsumenten abgefischt würden.**

7 **Erläutern Sie die Bedeutung der biologischen Vielfalt für das Gleichgewicht eines Ökosystems.**

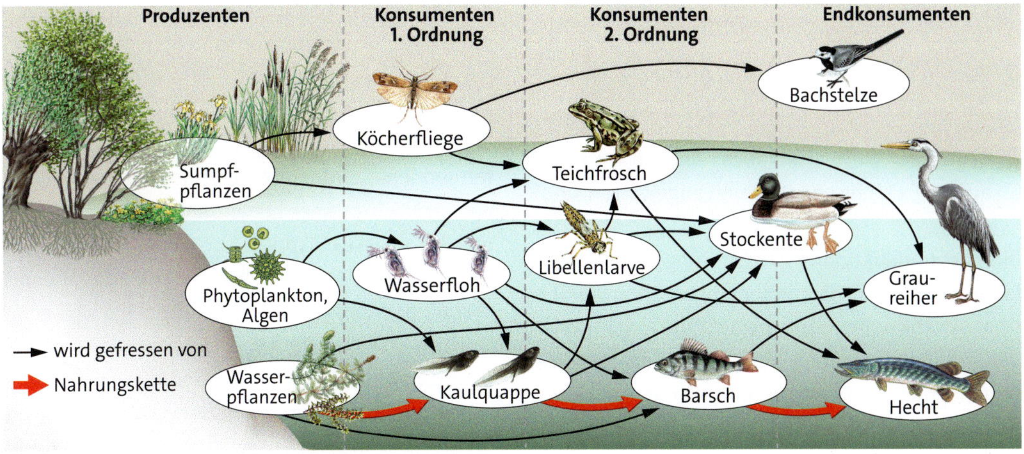

3 Ausschnitt aus dem Nahrungsnetz in einem Teich

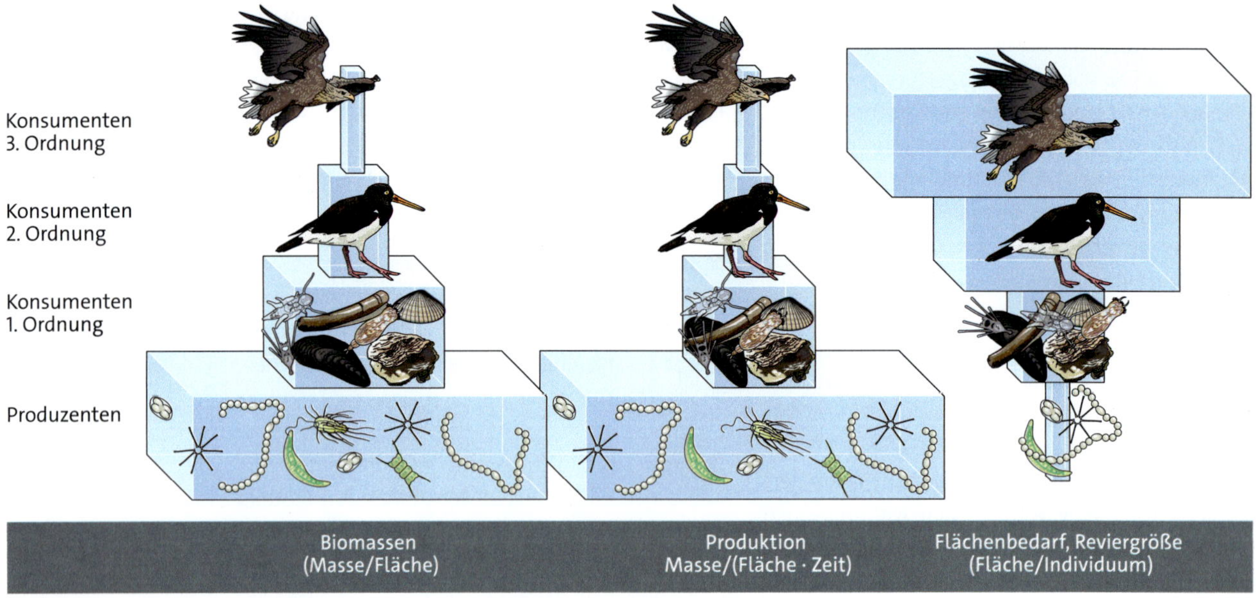

1 Beispiele für drei ökologische Pyramiden am Beispiel des Ökosystems Wattenmeer

Trophiestufen • Lebewesen werden aufgrund ihrer Ernährungsweise bestimmten Stufen zugeordnet. Alle Organismen, die zu einem Glied der Nahrungskette gehören, fasst man zu einer **Trophiestufe** zusammen. Produzenten bilden die erste Stufe. Die einzelnen Stufen der Konsumenten schließen sich an. In Ökosystemen wie dem Wattenmeer sind in der Regel nur zwei oder drei Trophiestufen ausgeprägt. Eine übliche Form der Veranschaulichung von Trophiestufen sind **ökologische Pyramiden** (▶ 1). Am gängigsten sind die Darstellungen von Verhältnissen der Faktoren Biomasse mit Masse pro Fläche, Produktion mit Masse pro Fläche und Zeit sowie Flächenbedarf mit Fläche pro Individuum in den jeweiligen Trophiestufen.

1 Recherchieren Sie nach ökologischen Pyramiden aus den Ökosystem Wald und Wiese.

2 Begründen Sie, warum auch reine Fleischfresser auf die Existenz von Pflanzen angewiesen sind.

Biomasseproduktion • Die Nahrungsbeziehungen lassen sich auf Grundlage der umgesetzten Biomasse abschätzen. Biomasse besteht aus organischen Verbindungen, in denen Energie gespeichert ist. Dabei entspricht 1 g Biomasse einem Energiegehalt von etwa 20 kJ. Der Zugewinn an Biomasse pro Fläche und Zeiteinheit wird als Produktion verstanden. Auf dem Weg vom Produzenten zum Endkonsumenten kann aber jeweils nur ein gewisser Teil der chemisch gebundenen Energie in neue Biomasse umgebildet werden. Grund dafür ist, dass ein großer Teil dieser Energie für die Atmung genutzt und dabei schließlich in Wärme umgewandelt wird. Schätzungsweise verringert sich der Energiegehalt von Glied zu Glied der Nahrungskette um den Faktor 10.

3 Erklären Sie die Notwendigkeit großer Jagdreviere für Tiere an der Spitze der ökologischen Pyramide.

Produktivität in Trophiestufen • Ausgehend von den Produzenten nimmt die Biomasse über die verschiedenen Stufen der Konsumenten ab. Biomassepyramiden verdeutlichen, dass die produzierte Masse meist geringer ist als diejenige der darunterliegenden Trophiestufe. So zeichnen sich Konsumenten „höherer" Ordnung oft dadurch aus, dass sie nur wenige Nachkommen hervorbringen. Die aufgenommene Biomasse entspricht also nicht der Produktion einer höheren Trophiestufe. Ein scheinbar anderes Bild einer ökologischen Pyramide zeigt sich gelegentlich im Ökosystem See: Denn es kann vorkommen, dass einzellige Algen als Produzenten sich zwar schnell vermehren, aber auch so rasch von Konsumenten gefressen werden, dass sich mehr Konsumenten im Ökosystem befinden als Produzenten.

Material A Bioakkumulation

Marine Lebensräume sind durch den menschlichen Einfluss mit zahlreichen Schadstoffen und daraus entstehenden chemischen Verbindungen, Schwermetallen, radioaktiven Substanzen oder Krankheitskeimen belastet. Einige dieser Stoffe verteilen sich im Wasser nicht, sondern lagern sich an Partikel und kleinere Lebewesen an. Im freien Meerwasser ist deshalb ihre Konzentration so gering, dass sie für den Stoffwechsel dieser kleinen Lebewesen ungefährlich sind. Zu den Schadstoffen zählen zum Beispiel polychlorierte Biphenyle, kurz PCB, die in vielen technischen Verfahren Anwendung finden. PCB sind lipophil und lagern sich deshalb vorwiegend in Fettgeweben ein. In höherer Konzentration blockieren sie im Organismus unter anderem die Bildung von Vitamin A und schwächen das Immunsystem. Sie haben daher negative Auswirkungen auf die Überlebensrate und die Entwicklung des Nachwuchses. Bei Untersuchungen an gestrandeten Großen Tümmlern (*Tursiops truncatus*) wurden zum Teil extrem hohe PCB-Werte gemessen. Diese sind wahrscheinlich mitverantwortlich für die gesunkene Reproduktionsrate oder sogar für den Tod der Tiere.

1 Ordnen Sie Heringe, Kieselalgen, Zooplankton, Sardinen, Große Tümmler, Meerforellen und Krill den verschiedenen Trophieebenen des Ökosystems zu.

2 Stellen Sie die Nahrungsbeziehungen dieser Lebewesen als Pfeildiagramm in Form eines Nahrungsnetzes dar.

3 Erklären Sie mithilfe des Textmaterials, wie es zu einer Bedrohung des Großen Tümmlers kommen konnte.

Material B Der Wald im Gleichgewicht

B1 Der Wolf im Lebensraum Wald

Verbiss durch Wildtiere im Wald hat negative Folgen für die Waldverjüngung und die Gesamtstruktur des Waldes. Es kann zu Wachstumsverzögerungen, Qualitätsverlusten und sogar zum Ausfall von jungen Bäumen führen. Ein russisches Sprichwort lautet: Wo der Wolf jagt, wächst der Wald. Diese Erfahrung konnte auch im Bayerischen Wald gemacht werden. Nach einer Ausrottung der letzten Wölfe vor 100 Jahren, wuchsen in den Waldgebieten deutlich weniger Bäume.

B2 Bewohner des Waldes

1 Erstellen Sie mithilfe der Lebewesen in Abbildung B2 ein Nahrungsnetz. Fügen Sie dabei fünf weitere Tiere und Pflanzen des Ökosystems Wald hinzu.

2 Tragen Sie zusätzlich den Wolf in das Nahrungsnetz ein.

3 Erläutern Sie mithilfe des erstellten Nahrungsnetzes das russische Sprichwort.

Praktikum A Charakterisierung des Untersuchungsgebiets

1 Bestimmung von Baumhöhe, Baumumfang und Baumalter

Um den Holzvorrat in einem Wald zu bestimmen, ermittelt man Anzahl, Höhe (l) und Durchmesser (d) von Bäumen in Brusthöhe. Zur Bestimmung der Baumhöhe hält man eine Stange, die so lang wie der Arm ist, mit ausgestreckter Hand senkrecht vor sich. Man sucht den Ort, von dem man die Stangenspitze und den Wipfel des Baumes auf einer Linie sieht. Die mit einem Bandmaß gemessene Strecke vom Standpunkt zum Baum, zu der man die Augenhöhe addiert, entspricht der Höhe des Baumes. Der Holzvorrat eines Waldes wird dann mit der Formel $V \approx d^2 \cdot l \cdot 0{,}8$ bestimmt. Das Alter eines Baumes kann man abschätzen, indem man die Jahresringe an einem Baumstumpf zählt, der etwa gleich dick ist.

1 Messen Sie die Höhe ausgewählter Bäume nach der angegebenen Methode.

2 Erklären Sie die Messmethode.

3 Berechnen Sie den Holzvorrat Ihres Waldstücks.

4 Zählen Sie bei einem etwa gleich dicken Baumstumpf die Jahresringe und schätzen Sie danach das Alter danebenstehender Bäume.

2 Entwicklung des Waldes

Um einen Eindruck von der Entwicklung eines Waldes zu bekommen, schätzt man die Gehölzzusammensetzungen der ersten und zweiten Baumschicht sowie der Strauch- und der Krautschicht ab. Auch Keimlinge werden erfasst.

1 Stellen Sie die relative Häufigkeit der Pflanzen in den einzelnen Schichten in einer Tabelle zusammen.

2 Entwickeln Sie auf dieser Basis Hypothesen zur künftigen Entwicklung des Waldes.

3 Recherchieren Sie die Entwicklung des Waldes der letzten 50 Jahre (▸ Methode auf S. 272).

4 Diskutieren Sie die Ergebnisse mit der zuständigen Forstbehörde.

Praktikum B Untersuchung von Pflanzen am Standort

1 Untersuchung eines Transekts

B1 Transekt durch einen Pflanzenbestand

Von einem Ort, an dem eine bestimmte Pflanzenart massenhaft vorkommt, bis dort, wo sie selten ist, wird eine in Meterabschnitte unterteilte Schnur gespannt. Die abgesteckte Strecke nennt man **Transekt**. Gut geeignet für die Untersuchung sind Bestände von Brennnesseln am Waldrand oder von Bärlauch.

1 Messen Sie die Lichtmengen, die auf die Blätter treffen. Vergleichen Sie die Lichtwerte auf einer Freifläche mit denen an den Blättern der Pflanzen des Transekts. Errechnen Sie, welcher Prozentanteil der vollen Lichtmenge jeden Ort des Transekts erreicht. Wiederholen Sie die Messungen mehrmals am Tag.

2 Messen Sie die Lufttemperatur und die Luftfeuchtigkeit.

3 Ermitteln Sie die Häufigkeiten der Pflanzen in den verschiedenen Abschnitten des Transekts. Berücksichtigen Sie jeweils einen Bereich von maximal 50 cm rechts und links der Schnur.

4 Stellen Sie Korrelationen zwischen den Häufigkeiten der Pflanzen und den Standortbedingungen her.

2 Reaktion auf Schwankungen abiotischer Faktoren

B2 Kleines Springkraut: A im Schatten, B in der vollen Sonne

Das Kleine Springkraut verliert viel Wasser, wenn seine Blätter von der vollen Sonne beschienen werden. Lässt die Lichteinstrahlung nach, füllen sich die Pflanzenzellen wieder mit Wasser.

1 Messen Sie mit einem Geodreieck die Winkel zwischen Sprossen und Blättern bei unterschiedlich starker Sonneneinstrahlung.

2 Vergleichen Sie Pflanzen an verschiedenen benachbarten Standorten.

3 Fassen Sie die Ergebnisse zusammen.

4 Stellen Sie Korrelationen zwischen Lichteinstrahlung und Blattstellung her.

3 Vegetationsaufnahme mit Zeigerwerten

Vegetationsaufnahme				
1. Waldart:	Buchenwald			
2. Fundort:	Elm-Reitlingstal, Messtischblatt 3730, Mulde am Südwesthang des Herzbergs	Schicht	Höhe	Deckung
3. Funddatum:	25. 5. 1975	Bäume	28 m	75 %
4. Höhe über NN:	220 m			
5. Hanglage und Neigung:	Mulde, von Rinnsal durchzogen	Sträucher	–	–
6. Größe der Probefläche:	100 m²	Kräuter	40 cm	100 %

Artenliste	Zeigerwerte			
	F	R	N	L
Bärlauch	6	7	8	2
Scharbockskraut	7	7	7	4
Großblütiges Springkraut	7	7	6	4
Winkel-Segge	8	x	x	3
Ruprechtskraut	x	x	7	4
Blutroter Ampfer	8	7	7	4
Wald-Ziest	7	7	7	4
Große Brennnessel	6	6	8	x
Kriechender Hahnenfuß	7	x	x	6
Riesen-Schwingel	7	6	6	4
Busch-Windröschen	x	x	x	x
Aronstab	7	7	8	3
Wald-Segge	5	7	5	2
Gewöhnliches Hexenkraut	6	7	7	4
Esche	x	7	7	4
Rotbuche	–	–	–	–
Wald-Sauerklee	6	4	7	1
Wald-Zwenke	5	6	6	4
Frauenfarn	7	x	6	4
Hohe Schlüsselblume	6	7	7	6
Waldmeister	5	x	5	2
Summe der Zeigerwerte:	110	92	114	65
Zahl der bewerteten Arten:	17	14	17	18
Mittlere Zeigerwerte:	~6,4	~6,6	~6,7	~3,6

Heinz Ellenberg beschrieb 1974 erstmals ein Klassifikationsverfahren für mitteleuropäische Pflanzen nach ihrem ökologischen Verhalten und botanischen Eigenschaften. Er berücksichtigte dabei die Faktoren Licht, Wasser, pH-Wert, Nährstoffe und Salze.

1 **Notieren Sie für drei ausgewählte Pflanzen die entsprechenden Zeigerwerte nach Ellenberg. Recherchieren Sie dazu im Internet (▸ Methode auf S. 272).**

An feuchten und trockenen, sauren und neutralen, mineralstoffreicheren und -ärmeren, warmen und kühleren Standorten wachsen unterschiedliche Pflanzenarten. Auf der Grundlage dieser Erkenntnisse wurden neun Stufen von **Zeigerwerten** für jede Pflanzenart festgelegt: Zum Beispiel erhielten Pflanzen heller Standorte hohe Lichtzahlen, Gewächse extrem dunkler Standorte die Lichtzahl 1. Zeigerwerte sind keine Messwerte. Sie gelten nur unter aktuellen Konkurrenzverhältnissen. Wenn sich weitere Pflanzenarten an einem Standort ausbreiten, gelten die Zeigerwerte nicht mehr. Dann verändern sich die Verbreitungsschwerpunkte aller Pflanzenarten. In einer Vegetationsaufnahme werden zunächst in der angegebenen Weise geografische Angaben zusammengestellt. Darunter werden alle nachgewiesenen Pflanzenarten aufgeschrieben. Hinzugefügt werden die Feuchtezahl F, die Stickstoffzahl N, die Lichtzahl L und die mit dem pH-Wert des Bodens zusammenhängende Reaktionszahl R. In der hier als Beispiel präsentierten Tabelle gibt es Pflanzen dunkler Standorte (Lichtzahl 1 beim Sauerklee) und hellerer Wuchsorte (Lichtzahl 6 beim Kriechenden Hahnenfuß und bei der Hohen Schlüsselblume). Auch bei anderen Zeigerwerten gibt es Abweichungen.

2 **Stellen Sie in einer Tabelle zusammen, welche Pflanzenarten in dem von Ihnen untersuchten Waldstück wachsen.**

3 **Ermitteln Sie die Zeigerwerte der gefundenen Pflanzenarten, beispielsweise über Internetseiten des Bundesamts für Naturschutz.**

4 **Bilden Sie Durchschnittswerte der Zeigerwerte und charakterisieren Sie auf diese Art und Weise den von Ihnen untersuchten Standort hinsichtlich Feuchtigkeit, Mineralstoffgehalt (Stickstoffgehalt), Helligkeit und Bodenreaktion.**

5 **Erklären Sie, weshalb Pflanzen mit sehr unterschiedlichen Zeigerwerten dennoch nebeneinander vorkommen können.**

Praktikum C Monitoring von Tieren

1 Untersuchung der Laubstreu

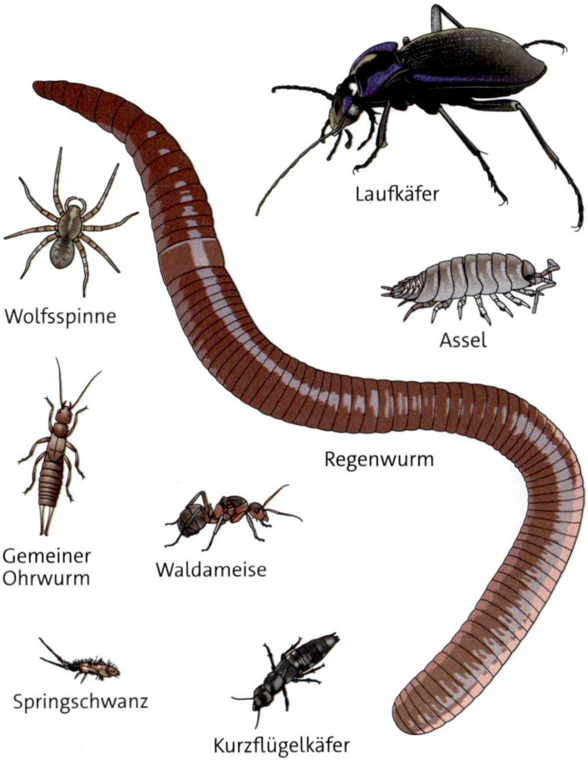

Bei der Untersuchung der Laubstreu findet man eine große Anzahl von Tieren, die an einem Waldstandort vorkommen.

1 Graben Sie Plastikbecher in die Streuschicht ein und geben Sie zerkleinerte Laubstreu in die Becher. Holen Sie sie nach einem Tag wieder aus dem Boden heraus und entleeren Sie ihren Inhalt in Plastikschalen. Bestimmen Sie alle Tiere so genau wie möglich und zählen Sie sie. Setzen Sie die Tiere nach der Untersuchung wieder am Waldboden aus.

2 Informieren Sie sich über die Ernährung der nachgewiesenen Tiere und entwerfen Sie ein Nahrungsnetz.

2 Direkte und indirekte Tierbeobachtung

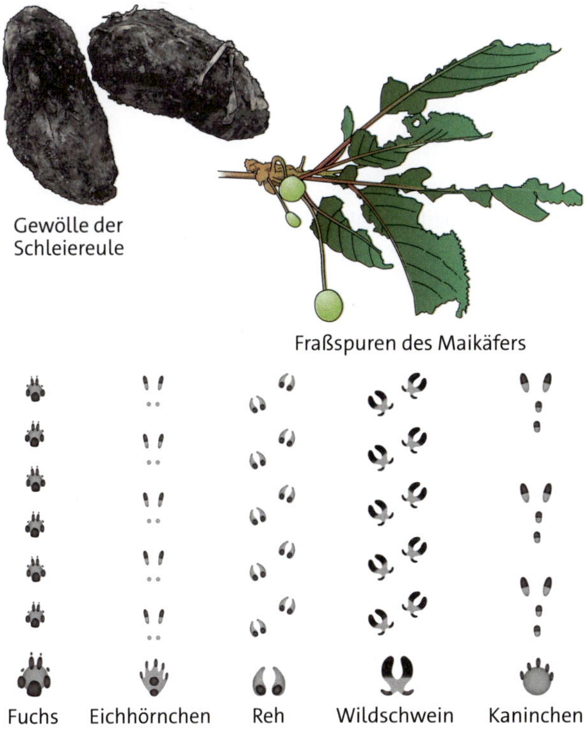

Das Monitoring oder die Erfassung von Tieren im Wald ist nur bei solchen Arten einfach, die man direkt zu Gesicht bekommt. Viele Tiere lassen sich nur über indirekte Spuren nachweisen, zum Beispiel über Fraßspuren an Pflanzen oder Spuren im Schnee. Wildschweine durchwühlen den Boden auf der Suche nach Kleintieren und Pilzen. Vögel identifiziert man über ihren Gesang.

Zerlegt man Gewölle von Schleiereulen, kann man an den dort nachgewiesenen Knochen und anderen Resten feststellen, welche Tiere von den Eulen erbeutet wurden.

Achtung: Gewölle können Krankheitserreger enthalten. Tragen Sie beim Umgang mit Gewöllen daher Handschuhe und eine Schutzbrille und vermeiden Sie direkten Kontakt.

1 Protokollieren Sie die nachgewiesenen Tiere und ordnen Sie diese nach systematischen Gruppen.

2 Erläutern Sie Chancen und Grenzen des indirekten Nachweises von Tieren im Ökosystem Wald.

3 Erläutern Sie, wie sich Ihre Erfassungsdaten in einem längerfristigen Monitoring von Waldtieren verwenden lassen.

3.6 Stoffkreisläufe in Ökosystemen

1 Kohleabbau

Im heutigen Ruhrgebiet fand einer Sage nach vor langer Zeit ein Schweinehirt glühende schwarze Steine in einer Feuerstelle. Dies soll der erste Fund von Steinkohle gewesen sein. Inzwischen werden weltweit jährlich über 7 Milliarden Tonnen Stein- und Braunkohle abgebaut. Sie wird beim Hochofenprozess, zur Erzeugung von elektrischer Energie und zur Wärmegewinnung genutzt. Woher stammt diese Kohle?

1 Stellen Sie eine Hypothese auf, wie Kohle entsteht und woher die in der Kohle gespeicherte Energie stammt.

Energiefluss • Pflanzen und Cyanobakterien nutzen das Licht der Sonne bei der Photosynthese zum Aufbau energiereicher Verbindungen aus Kohlenstoffdioxid und Wasser. Dabei wandeln die Produzenten etwa 5 % der einfallenden Lichtenergie in chemische Energie um. Einen Großteil davon verwenden sie für eigene Lebensprozesse und geben sie danach als Wärmeenergie an die Umgebung ab. Da nur ein geringer Teil der pflanzlichen Biomasse durch Primärkonsumenten verwertet werden kann, gelangt chemische Energie über unverdauliche Pflanzenteile und Falllaub auch zu den Destruenten. Deshalb erreichen nur 10 % der photosynthetisch gebundenen Energie über die Nahrungsaufnahme die Konsumenten erster Ordnung. Da diese einen großen Teil der aufgenommenen Energie für Stoffwechselvorgänge umsetzen, können davon wiederum nur 10 % zu den Konsumenten zweiter Ordnung und davon auch nur 10 % zu den Endkonsumenten gelangen.

2 Berechnen Sie, wie viel Prozent der im Sonnenlicht enthaltenen Energie den Konsumenten 2. Ordnung zur Verfügung steht.

3 Erklären Sie, warum man von einem Energiefluss spricht und welche Rolle die bei den Lebensprozessen abgegebene Wärmeenergie hierbei spielt.

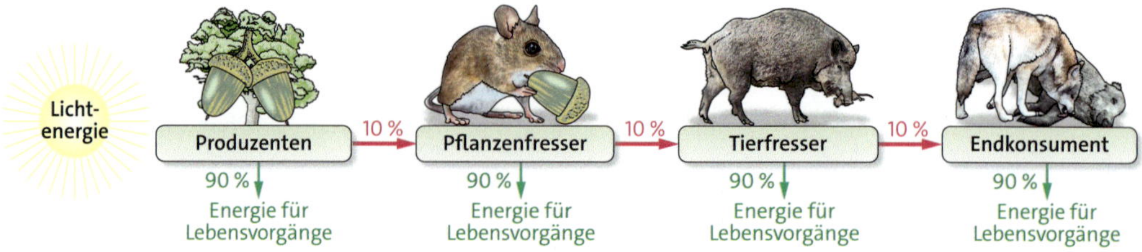

2 Energiefluss im Ökosystem Wald

4 Beim aeroben Abbau von energiereichen Molekülen wird CO_2 gebildet. Beschreiben Sie den Weg der CO_2-Moleküle im Stoffkreislauf.

Kohlenstoffatomkreislauf • Eine 80-jährige Buche mit einer Höhe von 25 m besitzt eine Trockenmasse von etwa 12 t. Darin enthalten ist die Menge von etwa 6 t Kohlenstoffatomen, die aus 22 t Kohlenstoffdioxidmolekülen gebildet wurde. Die Biomasse der Buche und anderer Pflanzen wird aus anorganischem Kohlenstoffdioxid aus der Luft aufgebaut. Konsumenten und Destruenten bauen daraus durch Fraß oder Abbau eigene Biomasse auf oder nutzen sie als Energiequelle, wobei wieder Kohlenstoffdioxid gebildet wird. Die Aufnahme und Abgabe von Kohlenstoffdioxid entsprechen sich bei dieser Kreislaufvorstellung weitestgehend. Da diese Prozesse innerhalb von Jahrzehnten stattfinden, spricht man von einem Kurzzeitkreislauf.

Tatsächlich wird ein Großteil der Kohlenstoffverbindungen im Boden oder in den Ozeanen langfristig fixiert. So entstehen in langen geologischen Prozessen aus den Kohlenstoffverbindungen der abgestorbenen Organismen Torf, Kohle, Erdöl oder Erdgas. Außerdem kann Kohlenstoffdioxid auch in Kalk eingebaut werden. Insbesondere im Meer wurden etwa 80 % des Kohlenstoffs der Erde durch Bildung von Kalkgestein festgelegt. Dieser Kreislauf wird durch Verbrennen von Kohlenstoffatomquellen wie Erdöl oder Lösen von Kalk geschlossen. Da sich dieser Vorgang über Jahrmillionen erstreckt, spricht man von einem Langzeitkreislauf (▶ 4).

5 Die Freisetzung von CO_2 durch die Verbrennung fossiler Brennstoffe ist Bestandteil des natürlichen Kohlenstoffatomkreislaufs. Nehmen Sie Stellung zu dieser Aussage.

Innerhalb des Kohlenstoffatomkreislaufs stellt sich nur dann ein Fließgleichgewicht zwischen Atmosphäre, Hydrosphäre und Lithosphäre ein, wenn sich Assimilation und Dissimilation als gegenläufige Prozesse entsprechen. Global gesehen zeigt sich aber momentan ein anderes Bild. Die Menschen verbrennen immer mehr fossile kohlenstoffatomhaltige Brennstoffe und auch rezente kohlenstoffatomhaltige Brennstoffe wie Holz. Bei diesen Verbrennungsprozessen wird mehr Kohlenstoffdioxid freigesetzt, als in der gleichen Zeit durch Fotosynthese und Lösung von Kohlenstoffdioxid im Meerwasser gebunden wird. So werden durch die Verbrennung fossiler Brennstoffe jährlich etwa 6 Gt Kohlenstofatome in die Atmosphäre abgegeben. Der Gehalt an Kohlenstoffdioxid in der Atmosphäre steigt pro Jahr um etwa 3 Gt. Diese Veränderung ist problematisch, weil sie den Gehalt an Kohlenstoffdioxid in der Atmosphäre erhöht und damit auch eine Klimaveränderung bewirkt. Durch Fotosynthese und Aufbau von Biomasse kann ein Ökosystem die im CO_2 enthaltenen Kohlenstoffatome wieder fixieren. Dieser Prozess benötigt aber sehr viel Zeit.

6 Erörtern Sie anhand der Abbildung 3, wie Menschen in den globalen Kohlenstoffatomkreislauf eingreifen.

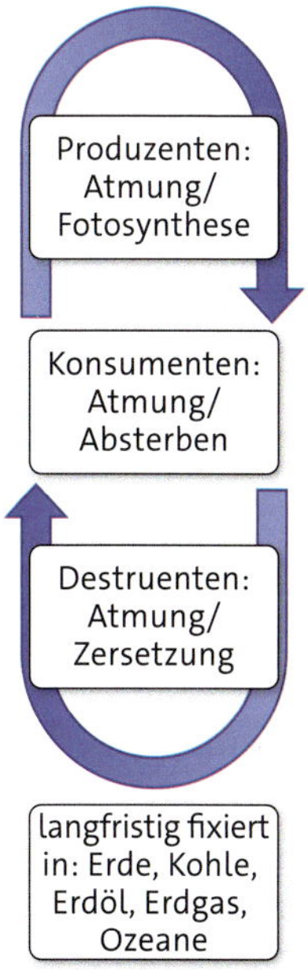

4 Langzeitkreislauf

1 Gt = 1 Gigatonne = 1 000 000 000 t

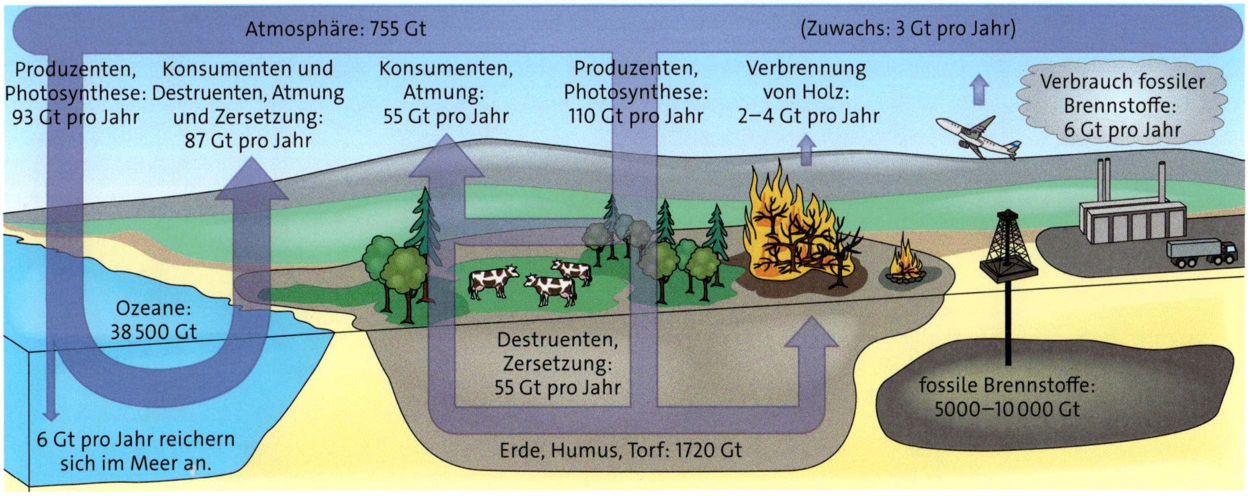

3 Globaler Kohlenstoffatomkreislauf

1 **Erklären Sie die Bedeutung von Stickstoffatomen für Lebewesen und nennen Sie die wichtigsten Stickstoffatomquellen.**

Stickstoffatomkreislauf • Als Bestandteil von Aminosäuren, Nukleotiden und Chlorophyll wird Stickstoff in großen Mengen von Lebewesen benötigt. 78 % der Luft bestehen aus Stickstoff, aber dieser ist für Pflanzen und Tiere in elementarer Form aufgrund seiner chemischen Eigenschaften nicht nutzbar. Stickstoffatomfixierende Bakterien wie Cyanobakterien können elementaren Stickstoff aus der Luft aufnehmen und ihn für andere Organismen verfügbar machen. Manche dieser Bakterien leben in **Symbiose** mit höheren Pflanzen. So besitzen Schmetterlingsblütler und Erlen stickstoffatomfixierende Knöllchenbakterien. Zugänglich für Pflanzen sind auch mineralische Stickstoffatomverbindungen des Bodens, die in Ausscheidungen von Tieren enthalten waren und von Bakterien abgebaut wurden. Tiere scheiden überschüssige Stickstoffatome vor allem in Form von Harnstoffmolekülen oder Harnsäure aus. Destruenten mineralisieren die Aminogruppe (-NH_2) dieser Stickstoffatomverbindungen zu Ammoniumionen. Diesen Prozess nennt man **Ammonifikation.** In Gegenwart von Sauerstoff können bestimmte aerobe Mikroorganismen das Ammonium schrittweise über Nitrit (NO_2^-) zu Nitrat (NO_3^-) oxidieren. Diesen Prozess nennt man **Nitrifikation.** Produzenten nehmen das so gebildete Ammonium (NH_4^+) oder Nitrat aus dem Boden auf. Durch diesen Prozess werden jährlich etwa 175 Millionen Tonnen Stickstoffatome assimiliert. Durch den Prozess der Nitrifikation setzen die nitrifizierenden Bakterien Energie frei und binden Kohlenstoffatome in organischer Substanz. Ist aber kein Sauerstoff vorhanden, können bestimmte Bakterien Nitrat- oder Nitritverbindungen für ihren eigenen Stoffwechsel benutzen. Sie reduzieren Nitrate wieder zu elementarem Stickstoff (N_2). Dieser wird schließlich an die Atmosphäre abgegeben, sodass die Biosphäre sukzessiv an für Lebewesen verfügbaren Stickstoffatomverbindungen verarmt. Vor allem durch die Bakterien wird der **Stickstoffatomkreislauf** mit der Atmosphäre verbunden.

2 **Begründen Sie, weshalb Stickstoffatome für Pflanzen in der Regel einen Minimumfaktor darstellen, obwohl hinreichend Stickstoffmoleküle in der Atmosphäre vorhanden sind.**

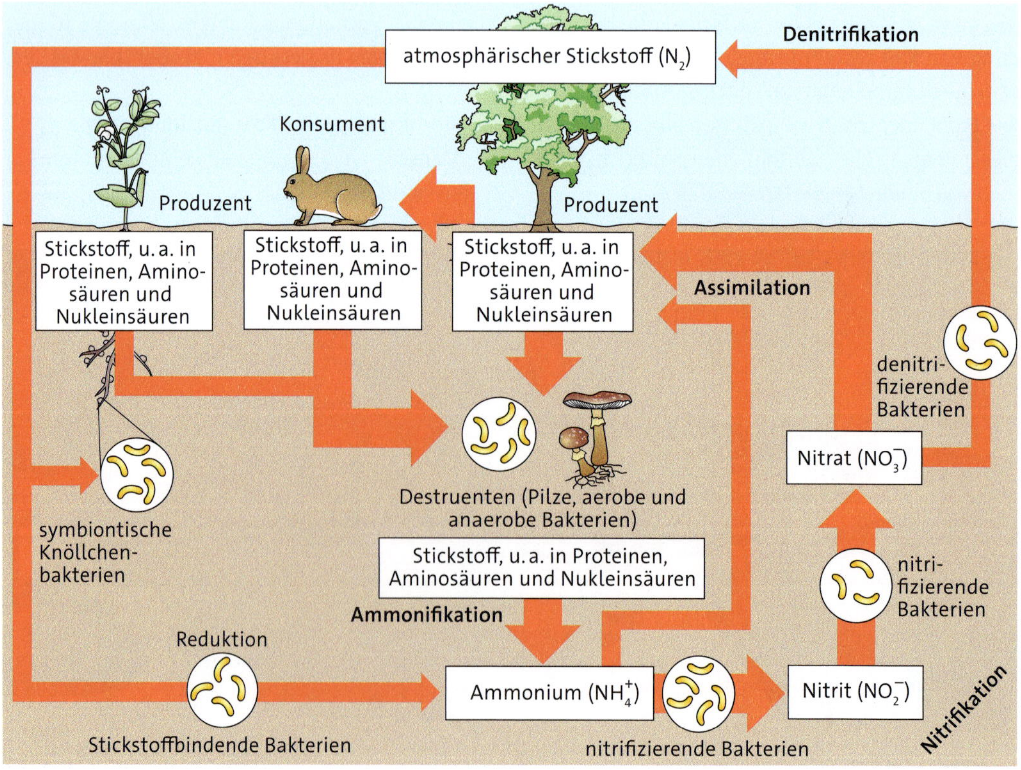

1 Stickstoffatomkreislauf

eA Material A Schmetterlingsblütler im Landbau

In der ökologischen Landwirtschaft wird auf Mineraldünger verzichtet. Stattdessen gibt es viele Felder, auf denen Erbsen und andere Schmetterlingsblütler angebaut werden. Sie sollen insbesondere für eine Anreicherung des Bodens mit Stickstoffatomverbindungen sorgen.

1 Erklären Sie die Funktion der Schmetterlingsblütler für die Anreicherung des Bodens mit Stickstoffatomverbindungen.

2 Informieren Sie sich über Möglichkeiten, Ackerböden Stickstoffatomverbindungen zuzuführen. Nennen Sie Vor- und Nachteile der jeweiligen Methode gegenüber dem Anbau von Schmetterlingsblütlern.

Material B Experiment zur Anreicherung der Kohlenstoffdioxidkonzentration

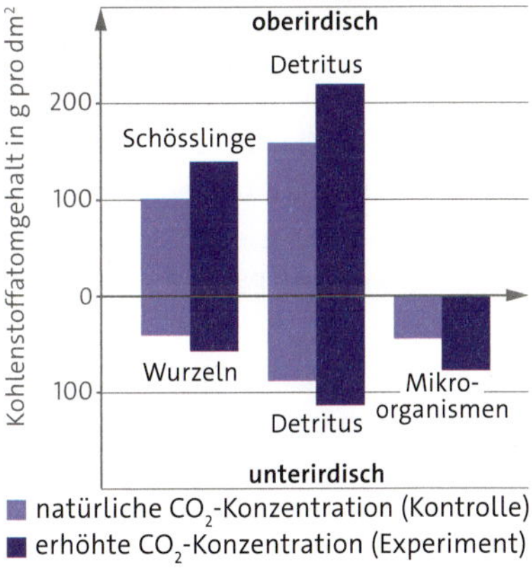

Mithilfe von Experimenten untersuchten Forscher, wie sich eine höhere Kohlenstoffdioxidkonzentration in der Atmosphäre auf die Aufnahme und Speicherung von Kohlenstoffdioxid ober- und unterirdisch in Ökosystemen auswirkt.
Dazu wurde drei Jahre lang in einem Graslandökosystem in getrennten, oben offenen Kammern so lange kohlenstoffdioxidreiche Luft eingeleitet, bis die Konzentration 720 ppm betrug. In andere Kammern wurde als Kontrolle reine Luft eingeleitet.
Nach drei Jahren wurde in jeder Kammer die Biomasse der Schösslinge und der Streuschicht gemessen. Zusätzlich wurde aus jeder Kammer eine Bodenprobe entnommen und der Kohlenstoffatomgehalt der Wurzeln und des Detritus (organische Zersetzungsprodukte aus tierischen und pflanzlichen Geweben und Exkrementen) bestimmt.

1 Formulieren Sie eine Hypothese dazu, ob bei einer erhöhten Kohlenstoffdioxidkonzentration in der Atmosphäre mehr Kohlenstoff ober- und unterirdisch gespeichert wird.

2 Beschreiben Sie das Experiment und die Ergebnisse.

3 Deuten Sie die Ergebnisse des Experiments und erklären Sie, durch welche Vorgänge die Kohlenstoffatome fixiert wurden.

4 Beschreiben Sie, welche Rückschlüsse das Experiment auf den globalen Kohlenstoffatomkreislauf erlaubt.

Material C Phytoplankton bei verschiedenen Kohlenstoffdioxidkonzentrationen

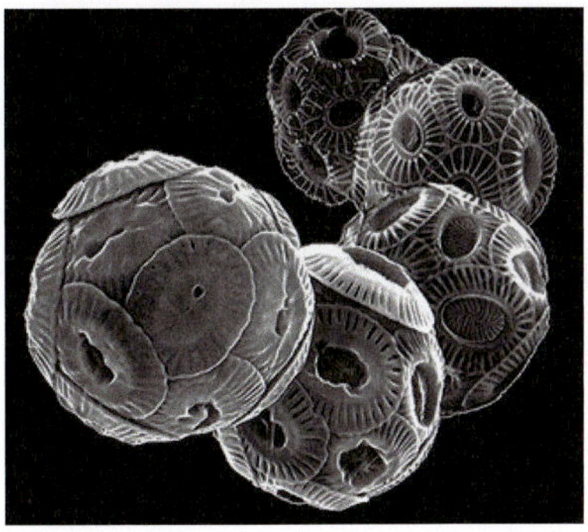

Die im Meer lebende Kalkalge *Emiliania huxleyi* ist von Kalkplättchen aus Calcit umhüllt, die die Alge aus im Wasser gelöstem Calciumhydrogencarbonationen bildet. Das Foto zeigt vorne eine Kalkalge bei normaler CO_2-Konzentration im Wasser, dahinter Kalkalgen, die bei zunehmender CO_2-Konzentration entstanden sind.

1 Beschreiben Sie Auswirkungen des globalen CO_2-Anstiegs für die Atmosphäre und die Ozeane.

2 Erläutern Sie anhand der Abbildung mögliche Effekte, die sich aus der Erhöhung der CO_2-Konzentration im Ozean ergeben.

3.7 Interspezifische Konkurrenz und Koexistenz

1 Hyänen und Geier konkurrieren um einen Kadaver

In der afrikanischen Savanne finden sich Hyänen und Geier bei einem Kadaver ein. Hyänen jagen ebenso wie Löwen in der Regel lebende Tiere. Wenn aber Aas leicht verfügbar ist, unternehmen sie keine anstrengende Jagd und konkurrieren dann mit anderen Aasfressern um die Beute. Wie können die Arten trotz der Konkurrenz um Nahrung im selben Lebensraum überleben?

1 Nennen Sie weitere Ihnen bekannte Beispiele für interspezifische Konkurrenz.

lat. inter = zwischen
lat. intra = innerhalb

Interspezifische Konkurrenz • Wie das Beispiel zeigt, können auch Angehörige verschiedener Arten in Konkurrenz zueinander stehen. Eine solche **interspezifische Konkurrenz** kann auftreten, wenn gleiche Ressourcen beansprucht werden.

Ressource = biotischer oder abiotischer Faktor, der bei der Nutzung verbraucht wird

2 Nennen Sie möglichst viele Ressourcen, um die verschiedene Tierarten in einem Lebensraum konkurrieren können.

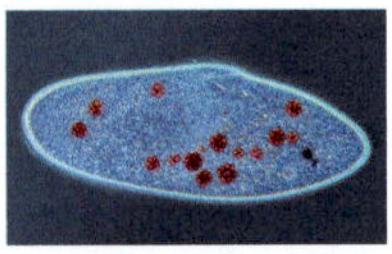

2 *Paramecium aurelia*

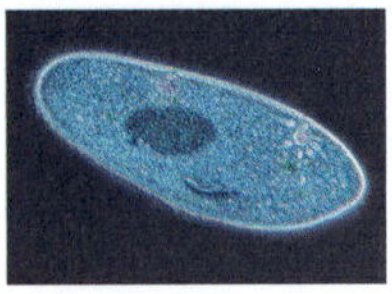

3 *Paramecium caudatum*

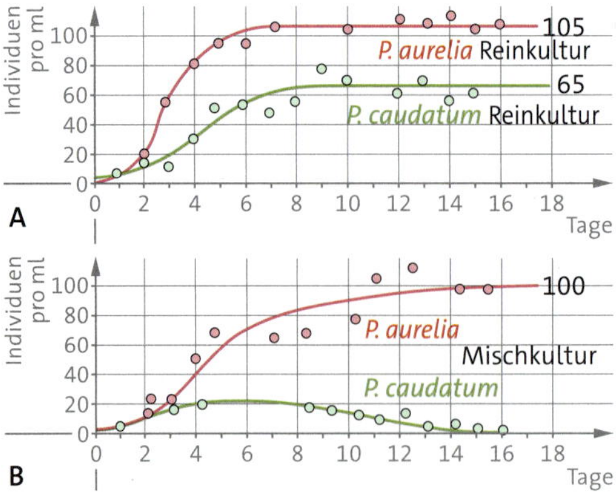

4 Experimente mit Pantoffeltierchen-Kulturen

Erforschung im Labor • Der russische Ökologe Georgi F. Gause erforschte die Konkurrenz am Beispiel von Pantoffeltierchen. Diese wenige Zehntel Millimeter langen Einzeller besiedeln Süßwasserbiotope wie Seen, Tümpel und Pfützen und lassen sich leicht im Labor halten. Gauses erstes Ergebnis: Hält man *Paramecium aurelia* und *Paramecium caudatum* in getrennten Gefäßen, ergeben sich die erwarteten Wachstumskurven (▶ 4A). Werden beide gemeinsam in einem Gefäß gehalten, überlebt *P. caudatum* auf Dauer nicht. (▶ 4B) Dieses Ergebnis lässt sich durch die Umweltansprüche der beiden Arten erklären: *P. aurelia* und *P. caudatum* stellen gleiche Anforderungen an Nahrung, Sauerstoffgehalt, Licht und Temperatur. Dabei hat die konkurrenzstärkere Art auf Dauer mehr Nachkommen und „verdrängt“ dadurch die konkurrenzschwächere. Gause kam zu folgendem Schluss: Arten, die die gleichen ökologischen Ansprüche stellen, können auf Dauer nicht im selben Lebensraum leben. Man nennt dies das **Konkurrenzausschlussprinzip**.

3 Erstellen Sie eine Tabelle zu den Unterschieden und Gemeinsamkeiten der intra- und interspezifischen Konkurrenz.

Koexistenz • In die Wattenmeergebiete fallen im Frühjahr und Herbst ungeheure Zahlen von Zugvögeln ein: Austernfischer, Regenpfeifer, Knutts und viele mehr. Die meisten fressen Muscheln, Schnecken, Würmer und Krebse. Müssten sich hier nicht auch die konkurrenzstärkeren Arten „durchsetzen"? – Dies ist nicht der Fall.

4 Erklären Sie, wie die Zugvögel eine Konkurrenz um Nahrung vermeiden (▶5).

Die Populationsgrößen variieren zwar von Jahr zu Jahr, aber die Arten können auf Dauer im selben Lebensraum leben. Dies nennt man **Koexistenz**. Die gängige Erklärung dafür ist die unterschiedliche Ernährungsweise – aufgrund der Schnabellänge suchen die dargestellten Arten ihre Nahrung zum Beispiel in unterschiedlichen Bodentiefen (▶5).
Auch Gause konnte solche Koexistenz im Labor beobachten: Zieht man *Paramecium aurelia* und *P. bursaria* in einem Gefäß gemeinsam heran, überleben beide Arten (▶6). Die Umweltansprüche von *P. aurelia* und *P. bursaria* sind nicht völlig gleich. Bei gemeinsamer Haltung tritt die eine Art vor allem an der Oberfläche des Nährmediums auf, während die andere in tieferen Bereichen anzutreffen ist.
Diese etwas unterschiedliche Nutzung der Ressourcen in den beiden Beispielen wird als Konkurrenzvermeidung bezeichnet. Da sich die Ressourcennutzung aber meist noch überschneidet, spricht man besser von **Konkurrenzverminderung**.

Instabile Umwelt • In Kenia konkurrieren vier Ameisenarten mit fast identischen Umweltansprüchen um Akazienbäume. Der Wohnbaum bietet einer Ameisenkolonie Nektar als Nahrung und gute Wohnmöglichkeit. Die vier Arten bekämpfen sich, so dass ein Baum auf Dauer immer nur von einer Art besiedelt wird. Dabei zeigt sich eine klar abgestufte Konkurrenzstärke (▶8). Trotzdem lässt sich auch hier kein Konkurrenzausschluss beobachten; vielmehr kann man auf einer Fläche von 100 m^2 alle vier Arten finden. Wie ist das möglich? – Durch Brand, Austrocknen oder Elefanten werden immer einmal Akazien unbewohnbar. Wenn die Bäume wieder austreiben, ist eine Neubesiedlung möglich. Ein Ameisenstaat bringt mitunter geflügelte Königinnen hervor. Sie können neue Kolonien gründen. Dabei sind die Arten nun ihrer Konkurrenzstärke entgegengesetzt unterschiedlich erfolgreich (▶9).
Die Arten koexistieren offenbar, weil die Umwelt im Freiland durch wiederkehrende **Störungen** komplexer ist und auch den konkurrenzschwächeren Arten immer wieder Lebensmöglichkeiten eröffnet.

5 Erklären Sie, wie sich ein drastischer Anstieg beziehungsweise Einbruch der Elefantenpopulation auf die Konkurrenzsituation der vier Ameisenarten auswirken würde.

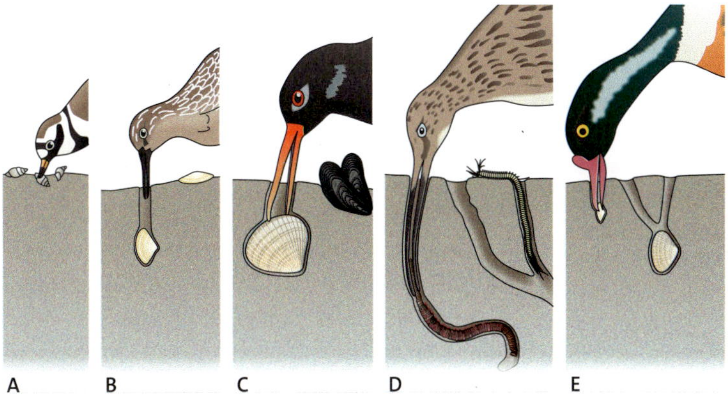

5 Wattvögel und die Orte ihrer Nahrung: **A** Sandregenpfeifer, **B** Knutt, **C** Austernfischer, **D** Brachvogel, **E** Brandente

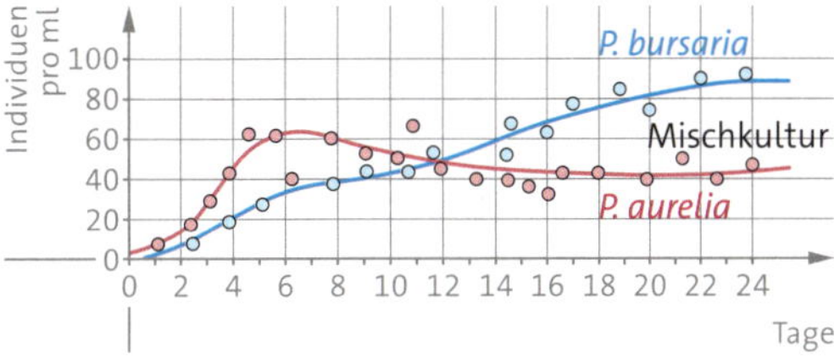

6 Koexistenz in einer Pantoffeltierchen-Kultur

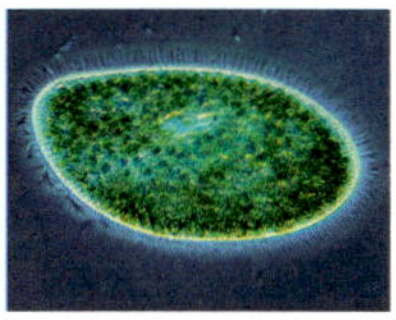
7 *Paramecium bursaria*

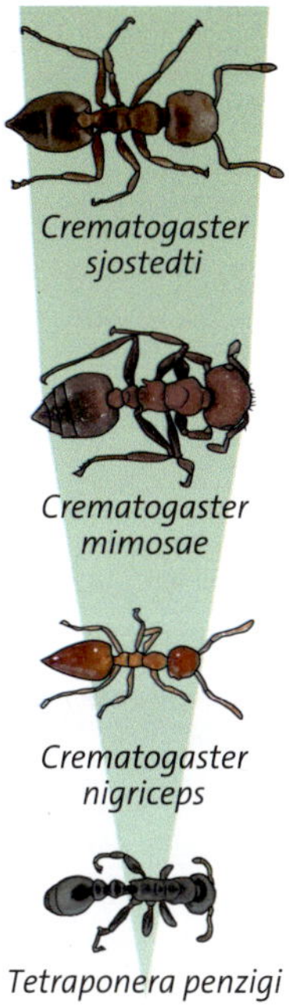

8 Konkurrenzstärke der vier Ameisenarten

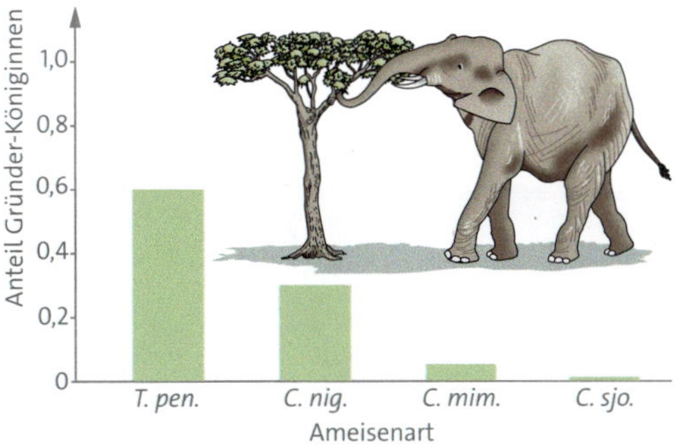

9 Anteil von Ameisenköniginnen, die auf beschädigten Akazien gefunden wurden (Artnamen ▶8)

1 Seepocke beim Strudeln

lat. adultus = erwachsen

1 Nennen Sie Vor- und Nachteile von Konkurrenzversuchen im Labor.

Erforschung der Konkurrenz im Freiland • Ob sich Arten tatsächlich Konkurrenz machen, ist gar nicht einfach zu bestimmen. Im Labor lassen sich zwar kontrollierte Experimente machen, aber dabei wählt man bestimmte stabile Umweltfaktoren und blendet die Dynamik der natürlichen Umwelt aus.
Darum sind aufwendigere Freilandexperimente nötig. Dabei entfernt man meist eine der beiden Arten aus dem Habitat und misst die Populationsentwicklung im Vergleich zur natürlichen Situation.
Ein Beispiel: Seepocken sind Krebse, die als Larven frei im Wasser treiben. Nach einiger Zeit setzen sie sich auf einer harten Unterlage fest. Die nun erwachsenen (adulten) Krebse können sich nicht mehr von der Stelle bewegen. Ihre Nahrung strudeln sie mit den zu einem Fangkorb geformten Beinen aus dem umgebenen Wasser (▶ 1). Trockenperioden überdauern sie, indem sie ihr Gehäuse mit zwei torähnlichen Klappen schließen. Sie bewachsen dicht an dicht jeden Zentimeter der Brandungszone vieler Felsen. Offenbar herrscht große Konkurrenz um Aufwuchsfläche. Seepocken wachsen sogar weit oben, wo der Fels nur mit Wasser bedeckt ist, wenn die Flut besonders hoch aufläuft. So weit oben findet man regelmäßig vor allem die Sternseepocke, weiter unten zwar Jungtiere der Sternseepocke, aber Adulte fast nur von der Gemeinen Seepocke (▶ 2a). Ist diese Verteilung durch Konkurrenz verursacht? – Hierzu führte der britische Forscher Joseph Connell folgendes Experiment durch: An vielen Stellen in verschiedener Höhe kratzte er auf einer Hälfte der Probefläche die an Sternseepocken angrenzenden Gemeinen Seepocken vom Felsen ab. Die andere Hälfte der Fläche blieb jeweils unverändert. Dann protokollierte Connell ein Jahr lang alle vier bis sechs Wochen die Besiedlung. Auf fast allen Flächen wuchsen die Sternseepocken sehr gut, wenn man die andere Art entfernt hatte (▶ 2b). Auf den Kontrollflächen wurden die Sternseepocken dagegen häufig von Gemeinen Seepocken überwachsen oder durch Unterwachsen vom Fels abgelöst. Die Verteilung scheint also im Überschneidungsbereich der potenziellen Verbreitung durch Konkurrenz verursacht zu sein.

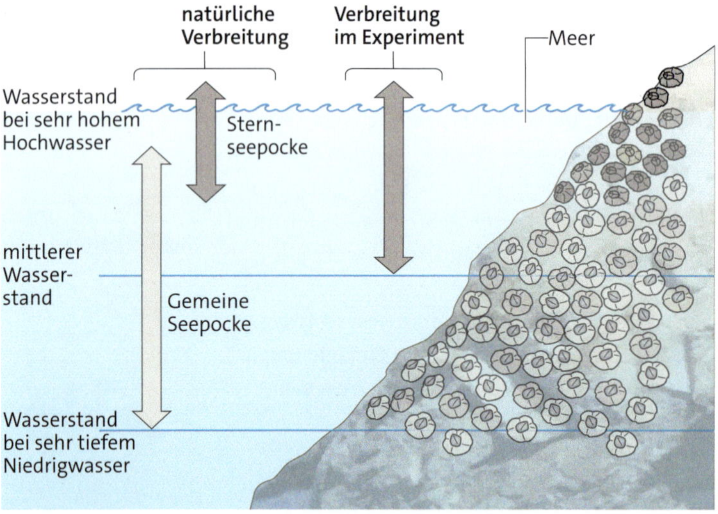

2 Erforschung der Konkurrenz zwischen Seepocken an der Nordsee

2 Erklären Sie, weshalb die Verbreitung der Seepockenarten durch Konkurrenz bestimmt ist.

3 Beschreiben Sie Besonderheiten der Konkurrenzsituation zwischen Pflanzen.

Wer zuerst kommt ... • Ähnliche Experimente brachten in vielen Fällen aber Hinweise dafür, dass nicht die Konkurrenzstärke entscheidet, wie ein Lebensraum besiedelt wird, sondern welches Lebewesen sich zuerst ansiedelt. Dies beruht häufig auf Zufall. Bei Asteracea wie dem Löwenzahn ist dies besonders augenfällig, denn die fliegenden Samen landen zufällig auf einem Flecken Erde, der die Keimung zulässt. Ist die Pflanze herangewachsen, verhindert die Blattrosette, dass andere Samen keimen können (▶ 4).

4 Fassen Sie zusammen, welche Effekte dazu führen, dass man in freier Natur wohl nur selten Konkurrenzausschluss beobachten kann.

3 Fliegender Löwenzahnsamen

4 Blattrosette des Löwenzahns

Material A Kieselalgen im Labor

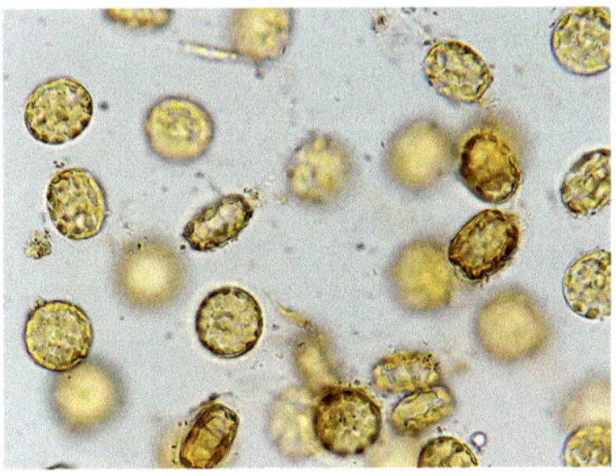

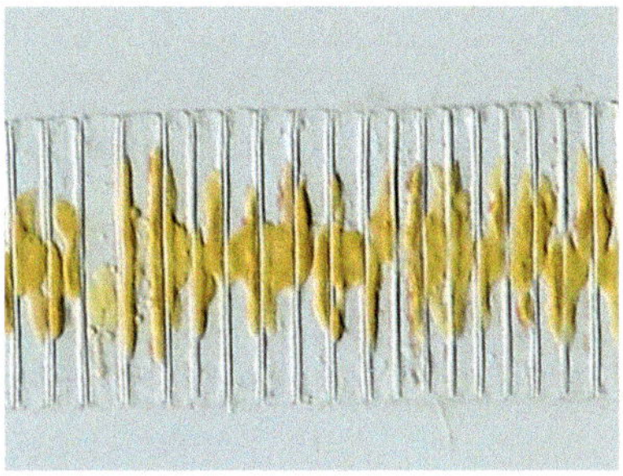

Cyclotella spec. und *Fragilaria* spec. sind zwei Kieselalgengattungen (▶ Fotos). Kieselalgen sind Einzeller, die eine feste Schale besitzen. Um die Schale aufzubauen, müssen die Algen Silikat, also Kieselsäureanionen, aus dem Wasser aufnehmen. Die Algen wurden im Labor in Gefäßen gehalten.

1 Beschreiben Sie die Versuchsergebnisse bei 24 °C.

2 Beschreiben und erklären Sie genau, wie die Forscher den Versuch durchgeführt haben.

3 Entwickeln Sie einen Erklärungsansatz für die Ergebnisse.

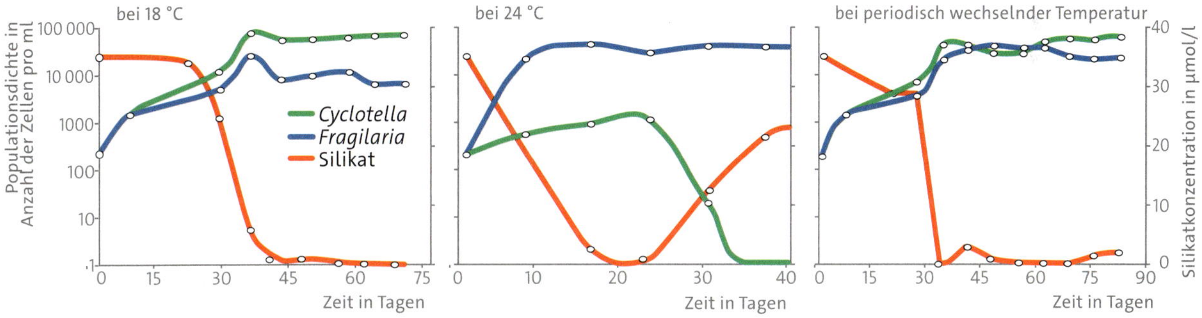

Material B Konkurrenz zwischen Unkraut und Weizen

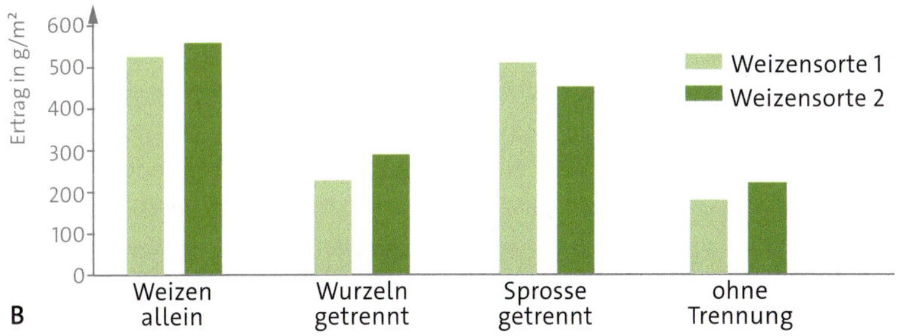

Das Wissen um die Konkurrenz zwischen Pflanzen macht man sich im Garten und in der Landwirtschaft zunutze. Im Biolandbau sucht man nach Pflanzenkombinationen, die sich wenig Konkurrenz machen und den Ertrag sogar positiv beeinflussen. In der konventionellen Landwirtschaft sucht man nach Sorten, die möglichst konkurrenzfähig gegenüber Unkräutern sind, auch weil man dann den Einsatz von Herbiziden vermindern kann.

In dem Experiment säten Forscher die zwei Weizensorten 1 und 2 jeweils allein oder mit dem Unkraut Italienisches Weidelgras. Dabei beschränkten sie den Kontakt zwischen den Pflanzen aber teilweise durch Trennwände in den Töpfen oder zwischen den Halmen.

1 Nennen Sie die Ressourcen, um welche die Pflanzen konkurrieren.

2 Erklären Sie die Bedeutung des ersten Versuchs (Weizen allein).

3 Beschreiben Sie die Versuchsergebnisse.

4 Werten Sie den Versuch aus.

3.8 Räuber-Beute-Beziehungen

1 Luchs bei der Jagd

Der kanadische Luchs (Lynx canadensis) *ernährt sich als Beutegreifer oder Prädator fast ausschließlich von Fleisch. Häufigste Beute ist der Schneeschuhhase* (Lepus americanus), *ein schneller Pflanzenfresser oder Herbivore. Das Bild zeigt das sogenannte* life-dinner principle (*übersetzt in etwa: Überleben-Abendessen-Prinzip*). *Diese Beziehung wird auch als evolutiver Wettlauf der Angepasstheit bezeichnet. Auf welche Weise beeinflussen sich die Populationen von Prädatoren und ihrer Beute gegenseitig?*

1 In einem Ökosystem stehen die Organismen in komplexen Nahrungsnetzen miteinander in Verbindung. Beschreiben Sie die zwischen zwei Organismen unterschiedlicher Art möglichen Interaktionen.

Räuber-Beute-Beziehung • Diese zwischenartliche Beziehung spielt eine wesentliche Rolle im Nahrungsnetz und beeinflusst Struktur und Dynamik von Ökosystemen. Ein Prädator erbeutet und konsumiert andere Tiere. Das hat direkte Auswirkungen auf die Populationsdynamik beider beteiligter Arten.

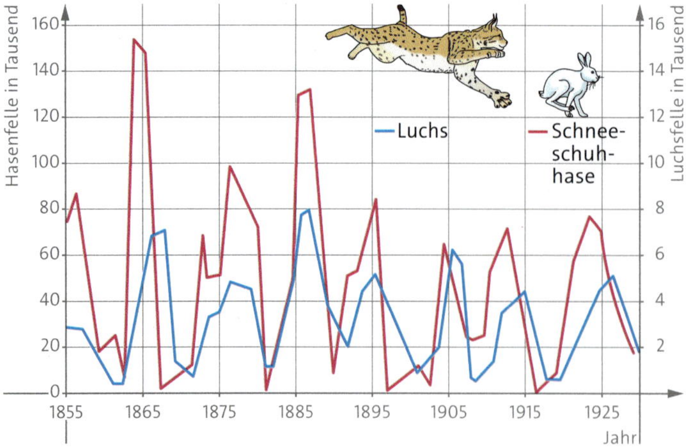

2 Von Trappern abgelieferte Felle

eA

Lotka-Volterra-Regeln • Das bekannteste mathematische Modell zur Beschreibung von Populationszyklen formulierten 1925/26 A. J. Lotka und V. Volterra unabhängig voneinander. Es basiert auf der Analyse der Menge von Luchs- und Hasenfellen (▶ 2), die von Trappern bei der kanadischen Hudson Bay Company zwischen 1845 und 1935 abgegeben wurden. Stellt man die so ermittelten Daten grafisch dar, ergibt sich ein Kurvenverlauf, der eine negative Rückkopplung zu zeigen scheint.

- **Erste Regel:** Die Zahlen von Beute- und Räuberindividuen schwanken periodisch, wobei Maxima und Minima der Beutegreifer denen der Beute folgen.
- **Zweite Regel:** Trotz der Schwankungen bleiben die Mittelwerte beider Populationen langfristig konstant, wobei die Zahlen der Beute durchschnittlich höher liegen.
- **Dritte Regel:** Werden Beutegreifer und Beute gleich stark vermindert, so erholt sich die Population der Beute zuerst.

Die Regeln gelten für Ein-Beutegreifer-eine-Beute-Systeme.

Im Modell werden periodische Schwankungen der **Populationen** abgebildet, aber nicht die komplexen Wechselwirkungen in natürlichen, offenen Ökosystemen erfasst. Später wurde gezeigt, dass der Zyklus der Schneeschuhhasenpopulation auch ohne Luchse auftritt, der Luchs demnach nicht der Hauptfaktor für die Regulation der Hasenpopulation sein kann. Eine Regulation der Beutedichte kann somit auch unabhängig vom Beutegreifer erfolgen. Wohingegen die Populationsdynamik des Prädators an die der Hauptbeute gekoppelt zu sein scheint.

2 Schwankungen in der Populationsgröße der Konsumenten erster Ordnung ergeben sich aus der Populationsdichte und den verfügbaren Ressourcen. Diskutieren Sie mögliche Faktoren in Bezug auf die Hasenpopulation.

Für **Nahrungsgeneralisten** unter den Beutegreifern, die auf ein breites Beutespektrum zugreifen oder auch auf andere Nahrung ausweichen können, besteht keine direkte Abhängigkeit. Man sagt, die Dynamik von Beutegreifer und Beute ist entkoppelt.

Konflikt mit Menschen • Kormorane sind fischfressende Vögel (▶ 5). Bei leicht zugänglicher Nahrung kann ihre Population zu großen Kolonien anwachsen. Dadurch verändert sich nicht nur die Fischdichte, sondern auch deren Artenvielfalt. Der natürliche Top-Prädator im Gewässerökosystem, der die Kormoranbestände regulieren kann, ist der Seeadler (*Haliaetus albicilla*).

3 Diskutieren Sie die menschliche Intervention zur Regulierung der Kormoranbestände versus natürliche Regulationsmechanismen.

4 Recherchieren Sie weitere Beispiele menschlichen Eingreifens, um Populationsdynamiken zu regulieren (▶ Methode auf S. 272).

Gradation • In der Populationsdynamik mancher Tierarten kann es zu periodischen, oft drastischen Schwankungen in der **Populationsdichte** kommen. In kurzer Zeit nimmt die Population stark zu und bricht nach einer kurzen Phase hoher Dichte wieder zusammen. Nach einer Erholungsphase beginnt der nächste Zyklus. Solche **Gradation** genannten Zyklen werden zum Beispiel bei Lemmingen beobachtet.

3 Beutegreifer und Beute: Schneeeule (*Bubo scandiacus*) und Lemming (*Dicrostonyx grönlandicus*)

4 Beuteüberangebot: Massenauftreten von Zikaden (*Magicicada*)

5 Konkurrent Kormoran (*Phalacrocorax carbo*)

5 Recherchieren Sie den Zusammenhang der Populationsdynamik von Lemmingen und Schneeeulen.

Der wohl erstaunlichste Populationszyklus ist der der periodischen Zikaden (Gattung *Magicicada*). Ihre Larven leben 13 oder 17 Jahre (je nach Art) im Boden und ernähren sich von Wurzeln. Dann tauchen sie gleichzeitig in ungeheurer Dichte, synchronisiert durch Umweltfaktoren, aus dem Boden auf, pflanzen sich fort und sterben ab (▶ 4).

6 Bei Lemmingen und Zikaden können zyklische Massenauftreten beobachtet werden. Vergleichen Sie die Ursachen der Gradation.

Soziale Interaktionen • Der amerikanische Zoologe Paul Errington hat sich mit den sozialen Interaktionen innerhalb der Beute-Populationen in Zusammenhang mit der Populationsdynamik verschiedener Tierarten beschäftigt. Zum Beispiel hängt die Populationsdichte von Bisamratten (*Ondata zibethicus*) nur von ihrer Territorialität und nicht von ihrem Beutegreifer Mink (*Neogale vison*) ab.

1 Recherchieren Sie die Rolle der *doomed surplus* (dem Untergang geweihter Überschuss)-Hypothese in der Dynamik der Beutetierpopulationen (▸ Methode auf S. 272).

2 Stellen Sie ökologische und soziale Faktoren – sowohl biotische, anthropogene als auch abiotische, die eine Räuber-Beute-Beziehung beeinflussen, zusammen.

Beuteerwerb und Feindabwehr • Löwen jagen je nach Deckung allein oder in Rudeln. Da sie keine ausdauernden Läufer sind, aber sehr gut beschleunigen können, hängt ihr Jagderfolg oft vom Überraschungseffekt ab. Beutegreifer besitzen nicht nur spezifische Verhaltensweisen, sondern auch anatomische Angepasstheiten, um ihre Beute zu greifen: Mundwerkzeuge, Greif- und Fangapparate, Sinnesorgane und mitunter auch spezielle Verdauungssysteme, zum Beispiel solche, die den Verzehr von Aas erlauben.
Bartenwale filtrieren Wasser mit speziellen Hornplatten statt Zähnen, Chamäleons erbeuten Insekten mit einer klebrigen Schleuderzunge.
Fangschreckenkrebse, farbenprächtige Meeresbewohner, haben kräftige Vorderbeine, die zu Fangwerkzeugen umgebildet sind. Diese territorialen Krebse haben zudem ein hoch entwickeltes Sehvermögen, was sie zu erfolgreichen Lauerjägern macht.

3 Recherchieren Sie die Technik und Varianten in der Fangtechnik der Fangschreckenkrebse (Ordnung Stomatopoda) und ihre leistungsstarken Komplexaugen (▸ 2).

4 Vergleichen Sie die Beutefangwerkzeuge und -methode von Gottesanbeterinnen (*Mantodea*) und Fangschreckenkrebsen (▸ 2, 3). Finden Sie weitere Beispiele konvergenter anatomischer Angepasstheiten zum Beutefang.

1 Beutegreifer Mink (*Neogale vison*)

2 Fangapparat des Fangschreckenkrebses

Abwehr • Nicht jeder Angriff eines Räubers ist erfolgreich. Der Jagderfolg vieler Greifvögel zum Beispiel liegt bei nur etwa 10 %. So vielfältig die Strategien zum Beutefang sind, so sind es auch die Abwehrmechanismen der Beutetiere. Die Gejagten fliehen oder setzen sich auf vielfältige Weise zur Wehr: Sie beißen, treten, spucken, manche sind giftig, andere täuschen dies nur vor, tarnen sich oder stellen sich tot. Eine effektive Verteidigungsstrategie ist auch die Autotomie: Körperteile können abgeworfen und später wieder regeneriert werden.

5 Suchen Sie Beispiele aus verschiedenen Tierstämmen für Autotomie. Gibt es auch Probleme bei diesem Abwehrmechanismus?

3 Gottesanbeterin (*Mantodea*) mit Beute

Material A Räuber-Beute-Beziehung zwischen Marienkäfer und Blattlaus

Der bei uns heimische Siebenpunktmarienkäfer (*Coccinella septempunctata*) ist als Larve und Käfer der größte Blattlausvertilger. Blattläuse bohren die Leitungsbahnen von Pflanzen an und ernähren sich von deren Zuckersaft. Da sie sich im Sommer ohne vorherige Befruchtung, also parthenogenetisch, fortpflanzen, können ihre Populationen sehr schnell anwachsen.

1 Zeichnen Sie ein schematisiertes Diagramm zur Populationsentwicklung für beide Arten und begründen Sie die Kurvenverläufe.

2 Erklären Sie anhand einer zusätzlichen Skizze, welche Folgen ein Insektizideinsatz hätte, der sowohl Räuber als auch Beute zu je 95 % eliminieren würde.

3 Beurteilen Sie den Insektizideinsatz.

4 Beurteilen Sie, ob der Einsatz von Marienkäfern in einem Gewächshaus zur Bekämpfung von Blattläusen empfehlenswert ist.

Material B Eicheln, Wildschweine und Eichhörnchen

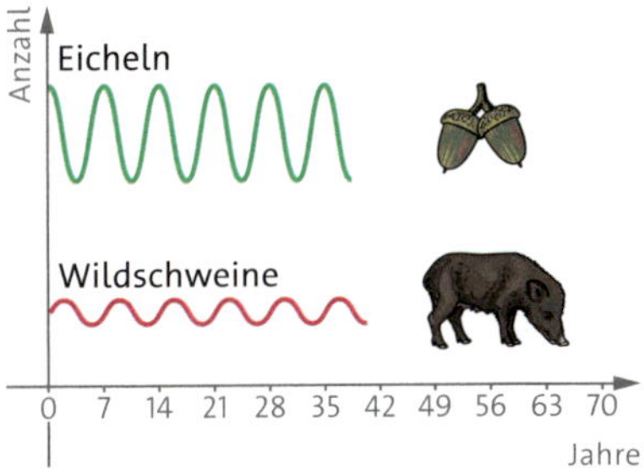

Etwa alle sieben Jahre tritt ein Mastjahr auf, in dem Eichen sehr viele Früchte produzieren. Im Jahr darauf ist die Eichelproduktion entsprechend geringer. Eicheln sind eine wichtige Nahrungsquelle von Wildschweinen und Eichhörnchen. Die Abbildung zeigt schematisch die Beziehung zwischen Eicheln und Wildschweinen.

1 Vergleichen Sie die Abhängigkeit zwischen Wildschweinen und Eicheln mit einer klassischen Räuber-Beute-Beziehung.

2 Erklären Sie das Verhältnis zwischen Wildschweinen und Eichhörnchen sowie den Einfluss eines Mastjahrs auf ihre Populationen.

Material C Seestern und die Artenvielfalt

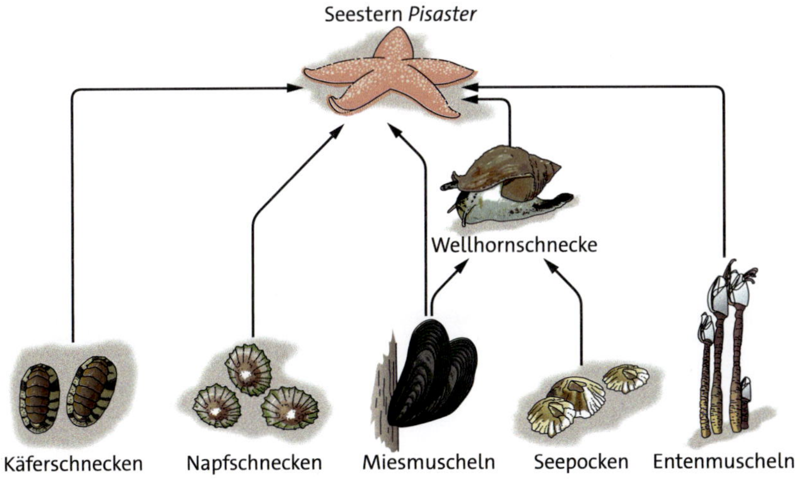

In Nordamerika ist die Gezeitenzone der felsigen Nordpazifikküste Lebensraum zahlreicher Arten. Innerhalb dieser Lebensgemeinschaft ernährt sich der Seestern *Pisaster* von einer Vielzahl wirbelloser Tiere. In einem Experiment entfernte man *Pisaster* aus den Versuchsflächen. Danach änderte sich die Zusammensetzung der Lebensgemeinschaft und die Vielfalt der Arten ging zurück. Von den anfangs 15 Arten blieben nur acht übrig und die Miesmuschel gewann die Oberhand.

1 Erläutern Sie die Beziehungen der verschiedenen Wirbellosenarten, einerseits in Anwesenheit und andererseits in Abwesenheit des Seesterns *Pisaster*.

2 Stellen Sie Hypothesen auf, weshalb in Abwesenheit von *Pisaster* die Miesmuschel im Lebensraum dominiert.

3.9 Symbiose und Parasitismus

1 Grundel und Knallkrebs leben zusammen.

Knochenfisch und Krebstier – ein ungleiches Paar: Eine Grundel und ein Knallkrebs (Alpheus *spec.*) *leben zusammen in einer Wohnhöhle am Meeresgrund. In einem Ökosystem stehen Organismen verschiedener Arten oft durch Interaktionen in Verbindung, die nicht mit „fressen oder gefressen werden“ zu tun haben. Welche Formen von Wechselbeziehungen existieren und welche Bedeutung haben sie für die jeweiligen Partner?*

1 Stellen Sie eine Hypothese auf, welche Vorteile die ungewöhnliche Wohngemeinschaft in Abbildung 1 für die beteiligten Tiere hat.

Symbiose (Mutualismus) • Ein Zusammenleben von Lebewesen zweier Arten, das für beide Partner nützlich oder gar notwendig ist, nennt man Symbiose. Solche Beziehungen verschiedener Organismen entwickelten sich in vielen Millionen Jahren durch Koevolution.

2 Kugelkopf-Akazie (*Acacia collinsii*) mit Akazien-Ameisen

Faszinierende Symbiosen zwischen Insekten und Pflanzen finden sich bei den sogenannten Ameisenpflanzen oder Myrmekophyten (▸ 2). Die Pflanzen bieten spezialisierten Ameisenarten sowohl Unterkunft als auch Nahrung. Als Gegenleistung pflegen und verteidigen die Insekten ihre Wirte.

2 Recherchieren Sie weitere Pflanzengattungen, die in symbiontischer Beziehung zu Ameisen leben (▸ Methode auf S. 272).

Fakultative Symbiosen • Leben die Partner nicht sehr eng oder nur temporär zusammen, bezeichnet man das als fakultative Symbiose. Madenhacker zum Beispiel befreien das Fell von verschiedenen Paarhufern von Maden und anderen Parasiten. Putzerfische säubern Haut, Mund und Kiemen größerer Fische von Speiseresten. Die größeren Tiere profitieren von den „Hygienemaßnahmen“ und die kleineren finden Nahrung.

Obligate Symbiosen • Sind die Wechselbeziehungen zwischen zwei Arten so eng, dass die Partner voneinander abhängen und ohne diese Beziehung nicht überleben können, spricht man von einer obligaten Symbiose. Ein Beispiel ist die Lebensgemeinschaft zwischen Pilz und Blattschneiderameisen in den Tropen der Alten und Neuen Welt. Alle 40 bekannten Blattschneiderameisenarten schneiden Blätter ab, tragen sie ins Nest, zerkauen sie und kultivieren damit einen Pilz. Die Pilzgärten werden belüftet, gesäubert und falls notwendig, mit Antibiotika behandelt. Diese werden von Bakterien der Gattung *Streptomyces* produziert, die unter den Mandibeln der Ameisen auf dem Panzer sitzen. Die Ameisen beißen die Enden der Pilzhyphen ab, so unterbleibt die Bildung der Pilzsporen. Stattdessen bilden sich proteinreiche, knollenartige Verdickungen, von denen sich die Ameisen ernähren. Beide Partner sind allein nicht mehr lebensfähig.

3 Beschreiben sie die jeweiligen Angepasstheiten an die symbiotische Lebensweise bei Pilz und Ameise.

Flechten • Eine weitere obligate Symbiose findet sich bei den **Flechten**. Durch die Lebensgemeinschaft eines Pilzes mit einem photosynthetisch aktiven Partner (Grünalge oder Cyanobakterium) ist die Besiedlung extremer Lebensräume möglich. Die Vermehrung und Ausbreitung der Symbiosepartner kann ebenfalls gemeinsam asexuell erfolgen, entweder durch einfache Fragmentation oder durch spezielle Strukturen, die eine schnelle Besiedlung eines neuen Substrats erlauben.

4 Beschreiben Sie die Aufgabenteilung in der Pilz-Grünalge/Cyanobakterium-Partnerschaft und diskutieren Sie die ökologische Bedeutung.

Auch die Beziehung zwischen Blütenpflanzen und ihren Bestäubern ist eine Symbiose, bei der im Allgemeinen beide Partner profitieren. Dabei bildeten sich bei Blüten spezielle Lockmittel wie Form, Farbe oder Duft und bei Bestäubern spezielle Mundwerkzeuge, „Sammelkörbchen" oder auch Verhaltensweisen aus.
Eine besondere Beziehung haben Prachtbienen zu Pflanzen. Auf der Suche nach Düften, um ihre Weibchen zu beeindrucken, hat sich eine Symbiose zwischen duftenden Blüten und Bienenmännchen entwickelt.

5 Recherchieren Sie die Wechselbeziehung zwischen südamerikanischen Prachtbienen und Orchideen (▶ 3) (▶ Methode auf S. 272).

6 Recherchieren Sie die Bestäubungsstrategie der Ragwurzen (Gattung *Ophrys*) und stellen Sie eine Hypothese auf, ob die Beziehung zwischen diesen Pflanzen aus der Familie der Orchideen und Insekten als Symbiose bezeichnet werden kann (▶ 4).

3 Partnerschaft zwischen Prachtbiene und Blüte

4 Blüte einer Ragwurz

terrestrisch = zur Erde gehörend

Zelluloseverdauung • Pflanzenfresser oder Herbivoren nehmen Nahrung auf, deren Hauptbestandteil das Polysaccharid Zellulose ist. Die Tiere können Zellulose nicht selbstständig verdauen. In ihrem Verdauungssystem leben jedoch Pilze, Protozoen und Bakterien, die die dafür notwendigen Enzyme, die Cellulasen, produzieren und die Zellulose fermentieren, wobei bei vielen Protozoenarten wiederum endosymbiontische Bakterien diese Aufgabe übernehmen. Nur durch die symbiotische Beziehung mit den Mikroben können Herbivoren Energie aus ihrer Nahrung gewinnen. Die pflanzenfressenden Organismen werden in dieser Partnerschaft als **Wirt**, der die stabile Umgebung und Nährstoffe liefert, und die Energie gewinnenden Mikroorganismen als **Symbiont** bezeichnet.

Endosymbiose • Lebt der Symbiont innerhalb der Zellen seines Wirtes, spricht man von **Endosymbiose**. Eine solche besteht zwischen Bakterien der Gattung *Rhizobium* und Schmetterlingsblütlern, wie z. B. Lupinen, Soja oder Bohnen. Diese bilden für die Bakterienpartner **Wurzelknöllchen** aus (▶ 1).

1 Wurzelknöllchen

2 Mykorrhiza

1 Recherchieren Sie, wie diese Endosymbiose beiden Partnern nutzt.

Mykorrhiza • Eine der ältesten und vielleicht wichtigsten Symbiosen in der Geschichte des Lebens besteht zwischen Pilzen und Pflanzenwurzeln. Hierbei vergrößern die Pilze die Aufnahmefläche der Pflanze für Wasser und Mineralsalze und erhalten im Gegenzug energiereiche Stoffe. Die Besiedlung des Landes wurde vermutlich erst durch diese Partnerschaft möglich. **Mykorrhizasymbiosen** finden sich in allen terrestrischen Ökosystemen. Etwa 95 % aller Samen- und Farnpflanzen leben in einer solchen Symbiose.

2 Nennen Sie Gründe, warum die Mykorrhizapilze so bedeutend für die Landpflanzen sind.

Kommensalismus • Unter diesem Begriff versteht man eine einseitige Beziehung, bei der eine Art profitiert, während die andere weder Vor- noch Nachteile hat. Schiffshalter sind Fische mit einer Saugscheibe am Kopf, mit der sie sich an größeren Meerestieren anheften und diese als Transportmittel gebrauchen und von deren Nahrungsresten profitieren (▶ 3). Auch im Pflanzenreich finden sich zahlreiche solche Lebensgemeinschaften, zum Beispiel die Epiphyten, auch Aufsitzerpflanzen genannt, Diese wachsen auf anderen Pflanzen, um an ihre Energiequelle, das Sonnenlicht zu gelangen.

3 Recherchieren und vergleichen Sie die Wechselbeziehung der Misteln (*Viscum* spec.) und von Ananasgewächsen mit ihrem jeweiligen Wirtsbaum (▶ Methode auf S. 272).

3 Karettschildkröte mit Schiffshaltern (*Remoras* spec.)

Parasitismus • Bei dieser auch als Schmarotzertum bezeichneten Form der Wechselbeziehung zieht der Parasit einen Nutzen auf Kosten seines Wirtes. Der Wirt wird geschädigt, aber meist nicht getötet. Parasiten sind weltweit anzutreffen. So hat etwa die Hälfte aller bekannten Tierarten eine parasitische Lebensweise. Entstanden ist sie durch Koevolution, dabei muss der Parasit dem Wirt immer einen Schritt voraus sein. Die Schäden, die der Wirt erleidet, sind vielfältig: Nährstoffverlust, Gewebeschäden, Übertragung von Krankheiten bis hin zur Manipulation des Verhaltens. Diese Wechselbeziehung ist ein essenzieller Bestandteil der Vielfalt des Lebens auf der Erde.

4 **Recherchieren Sie Beispiele für Verhaltensänderungen durch Parasitenbefall, die für den Wirt negative Folgen haben (▶ Methode auf S. 272).**

Wenn Parasiten auf der Körperoberfläche des Wirtes leben und sich von seinem Blut ernähren, etwa Wanzen, Flöhe oder Zecken, werden sie Ektoparasiten genannt. Leben sie im Inneren des Wirtes, wie Bandwürmer, Fadenwürmer oder die einzelligen Malariaerreger, bezeichnet man sie als Endoparasiten.

Mit Malaria werden jährlich Millionen von Menschen infiziert, von denen 1 Million strben. Die Symptome ähneln anfangs denen einer Grippe, dann treten bei zwei Malariaformen periodische Fieberschübe, Blutarmut und Organschäden auf.

5 **Beschreiben Sie mithilfe der Grafik den Entwicklungszyklus und Wirtswechsel des Malariaerregers (*Plasmodium vivax*) (▶ 5).**

6 **Beim Fuchsbandwurm ist der Fuchs der Endwirt, in dem die sexuelle Fortpflanzung des Bandwurms stattfindet. Recherchieren Sie die Gefahr für den Menschen bei einer Infektion.**

Auch unter den Säugetieren gibt es Ektoparasiten: Die Vampirfledermäuse Süd- und Mittelamerikas sind auf Blutnahrung spezialisiert. Ihre ursprünglichen Wirte sind Huftiere und Nagetiere der Regenwälder und Savannen. Durch die veränderte Landnutzung in ihrem Verbreitungsgebiet suchen sie heute ihre Blutnahrung vielfach bei den Haustieren, da sie dort wesentlich einfacher zu erhalten ist als bei Wildtieren. Die hohe Dichte an Nutztieren führte durch eine Veränderung des Verhaltens der Vampirfledermäuse zu einer Zunahme der Populationsdichte.

7 **Vampirfledermäuse – saugen sie wirklich Blut? Recherchieren Sie die Nahrungsaufnahme, die Übertragung von Krankheiten und das erstaunliche Sozialverhalten der Vampirfledermäuse.**

8 **Informieren Sie sich über die ökologische und ökonomische Problematik der Interaktionen der Vampirfledermäuse mit Haustieren.**

Parasitoide Lebensweise • Bei dieser Sonderform des Parasitismus dient der Wirt als lebende Nahrung und kommt schlussendlich zu Tode. Es sind zumeist Insekten aus den Ordnungen Hautflügler und Zweiflügler, die ihre Eier direkt in oder auf den Wirt legen. Hierbei gibt es meist eine hohe Wirtsspezifität.

9 **Recherchieren Sie Beispiele für parasitoide Insekten, ihre Rolle in den Ökosystemen und ihre ökonomische Bedeutung in der Schädlingsbekämpfung.**

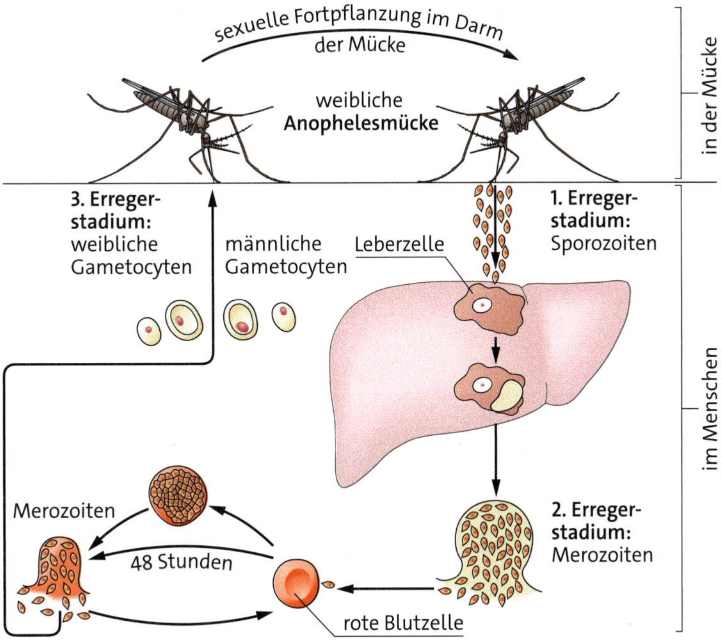

4 Entwicklungszyklus und Wirtswechsel bei *Plasmodium vivax*

Material A Endosymbionten im Korallenriff

Die größten Bauwerke der Welt werden seit etwa 240 Millionen Jahren von winzigen Baumeistern errichtet, den Steinkorallen (Sceractinia) aus dem Stamm der Nesseltiere. Korallenpolypen leben meist in Kolonien, benötigen Wassertemperaturen von über 20 °C und können mit ihren Tentakeln Plankton aus dem Wasser fangen. Die meisten Korallenarten, sowohl Steinkorallen als auch Weichkorallen, ernähren sich aber hauptsächlich mithilfe von Endosymbionten. Diese einzelligen Mikroalgen, Zooxanthellen genannt, leben in den Hautzellen der Polypen. Sie brauchen Sonnenlicht, um Photosynthese zu betreiben und den Korallenpolypen Nahrung zu liefern. Zusätzlich begünstigt ihr Stoffwechsel die Kalkabscheidung der Polypen. Aus den Kalkskeletten entstehen Riffe bis zu einer Länge von 2500 km. Höhere Wassertemperaturen und weitere Umwelteinflüsse können die Zooxanthellen schädigen. Sie stellen dann die Photosynthese ein und werden darauf von den Korallenpolypen ausgestoßen. Die Polypen sterben, nur das weiße Kalkskelett bleibt übrig. Man bezeichnet dies als Korallenbleiche.

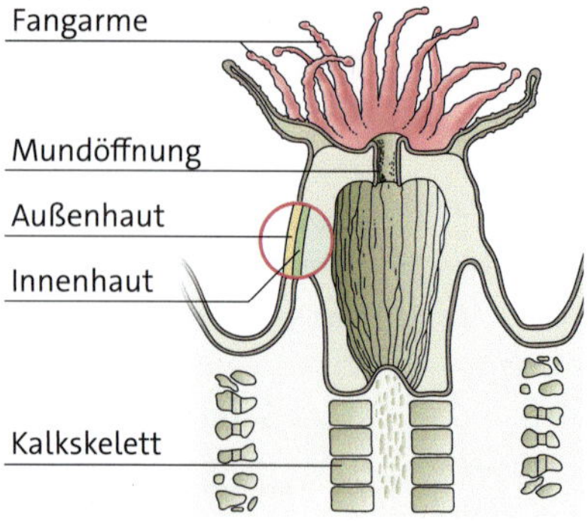

A1 Korallenpolyp

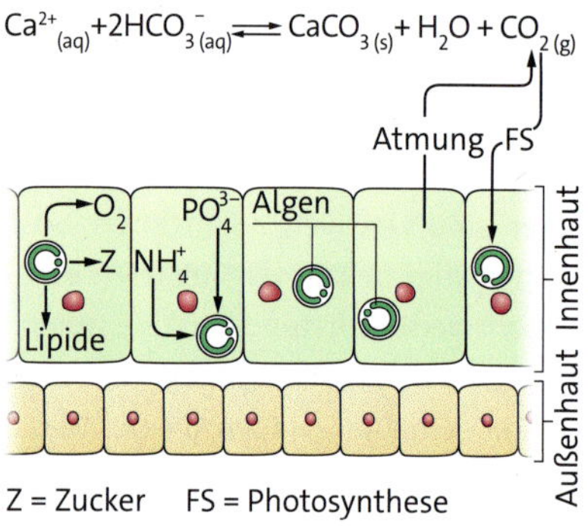

A2 Stoffwechsel der Symbionten

1 Erklären Sie das Wechselspiel zwischen Polyp und Symbiont und erläutern Sie, wie die Zooxanthellen die Kalkbildung fördern.

2 Auch in den Alpen können wir Korallenriffe finden. Recherchieren Sie die Entstehungsgeschichte der Alpen (▸ Methode auf S. 272).

3 Diskutieren Sie die Folgen der Korallenbleiche für den Lebensraum Riff und recherchieren Sie in diesem Zusammenhang den Begriff Coralgardening.

4 Es gibt tag- und nachtaktive Korallenpolypen. Erklären Sie die Unterschiede.

Material B Das Dreifingerfaultier – ein mobiles Mikrohabitat

In Südamerika leben in den Baumwipfeln zwei Arten von Faultieren. Sie sind in ihrer charakteristischen nach unten hängenden Haltung bestens an ihr Leben in den Bäumen angepasst. Neben den anatomischen Angepasstheiten finden sich auch spezielle Stoffwechselstrategien, um mit der recht nährstoffarmen Blätterkost zurechtzukommen, sowie eine zusätzliche Nährstoffversorgung durch ihre Mitbewohner, die in enger Symbiose in ihrem Fell leben: Motten, die das Fell der Faultiere als Unterschlupf und deren Kot als Nahrung nutzen und Kotrückstände zurück ins Fell tragen, Pilze, die diese organischen Stoffe zu Mineralsalzen zersetzen und nährstoffreiche Algen, die diese Mineralsalze für ihr Wachstum verwenden und teilweise vom Faultier gefressen werden.

1 Beschreiben Sie die symbiotische Lebensgemeinschaft im Faultierfell (▸ B1).

2 Erklären Sie, inwiefern die Bezeichnung terrestrisches Mikroökosystem auf ein Faultier zutrifft.

B1 Ökosystem Faultier

B2 Dreifingerfaultier mit Algenbesatz

Material C Parasiten des Menschen

Als weit verbreiteter tierischer Organismus mit hohen Populationsdichten gibt es eine Vielzahl von Parasiten, die ihn als Nahrungsquelle nutzen. Nicht zu verwechseln mit diesen sind die anderen, mikroskopisch kleinen Mitbewohnern, Bakterien, Pilze, Viren und sonstigen Mikroorganismen, auf und im menschlichen Körper, die als Mikrobiom bezeichnet werden. Ein Mensch besteht aus etwa 10 Billionen Zellen, zusätzlich befinden sich auf und in ihm etwa zehnmal so viele Mikroben, ohne die er nicht überleben könnte.

1 Recherchieren Sie, zu welchen Stämmen und Klassen die abgebildeten Parasiten gehören (▶ Methode auf S. 272).

2 Teilen Sie die Tiere in Endoparasiten und Ektoparasiten, temporäre und permanente Parasiten ein. Endoparasiten erfordern immer eine ärztliche Diagnose und Behandlung.

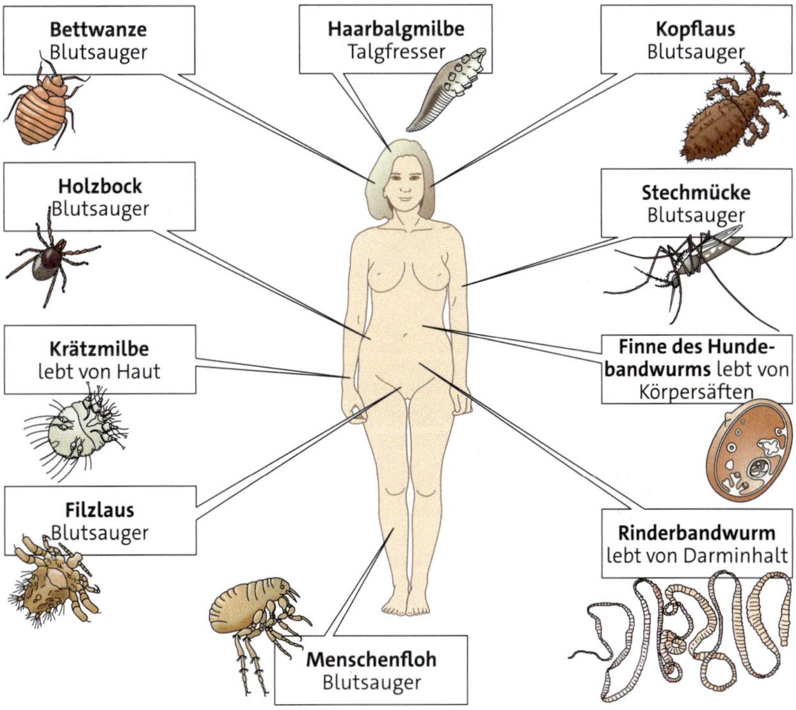

C1 Endo- und Ektoparasiten des Menschen

3 Informieren Sie sich über die Krankheiten, die von den Parasiten ausgelöst werden können.

4 Recherchieren Sie die Bedeutung des Mikrobioms für Verdauung, Stoffwechsel, Immunsystem und Schutz vor Pathogenen.

Material D Blutsauger

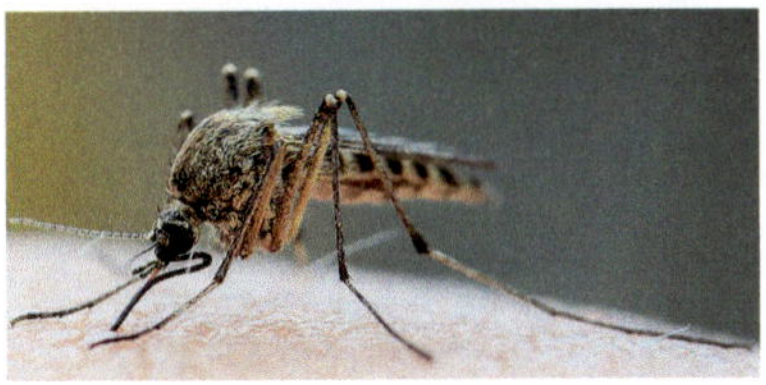

D1 Stechmücke

D2 Pferdebremse

D3 Gnitze

Die meisten blutsaugenden Insektenarten gehören zur Ordnung der Zweiflügler (Diptera). Ihre Weibchen benötigen die Blutmahlzeit für die Eiproduktion. Die Männchen ernähren sich von Nektar. Die Insektenweibchen haben spezialisierte Stechwerkzeuge. Einen Stechrüssel wie die Stechmücken (▶ D1), scharfe Mandibeln wie die Bremsen (Tabanidae) (▶ D2) oder feine nadelartige Strukturen, die das Gewebe zerstören, wie die Gnitzen (Ceratopogonidae) (▶ D3).

1 Erklären Sie, dass durch einen Mückenstich parasitäre Krankheiten übertragen werden können und bei einem Wespen- oder Bienenstich nicht.

Eine Gefährdung durch blutsaugende Parasiten geht in Deutschland vor allem durch Zecken aus. Sie übertragen Krankheiten wie die Borreliose und die Frühsommer-Meningoenzephalitis.

2 Informieren Sie sich über die aktuelle Gefährdung in Ihrem Wohngebiet, Prävention und Behandlung.

3.10 Ökologische Nische

1 Eisvogel mit erbeutetem Fisch

Eisvögel sind pfeilschnelle Flieger an heimischen Gewässern: Ihr türkisblau-oranges Gefieder mutet tropisch an, bei der Jagd stürzen sie kopfüber ins Wasser, im Flug glitzern sie wie Edelsteine. Welche Ansprüche an den Lebensraum haben Eisvögel? Sind Eisvögel ihrerseits bedeutsam für ihre Umwelt?

Ansprüche an die Umwelt • Eisvögel sind Fleischfresser. Fischreiche Gewässer mit langsam fließenden Abschnitten und passende Sitzwarten sind für Eisvögel wichtig. Auch dürfen die Temperaturen im Winter nicht zu niedrig sein. Für die Jungenaufzucht benötigen sie Steilufer, in die sie Bruthöhlen graben können.
Soll im Rahmen einer Gewässerrenaturierung eine Ansiedlung von Eisvögeln möglich gemacht werden, muss geprüft werden, ob das Biotop die genannten Ansprüche erfüllt.

Einflüsse auf die Umwelt • Eisvögel beeinflussen ihre Umwelt: Sie jagen Fische und konkurrieren folglich mit anderen Fischjägern, ihr auffälliges Gefieder lockt Feinde an, sie verändern die Steilufer durch ihre Bruthöhlen, sind Wirt für Parasiten, etwa Federlinge, und nicht zuletzt dienen ihre Ausscheidungen und Leichen Destruenten und Aasfressern als Nahrung.

Diese hier unvollständig dargestellten, wechselseitigen Zusammenhänge definieren die **ökologische Nische** der Eisvögel. Unter einer ökologischen Nische versteht man die Gesamtheit der Beziehungen zwischen einer Art und ihrer Umwelt. Diese Nische ist für eine Art charakteristisch.

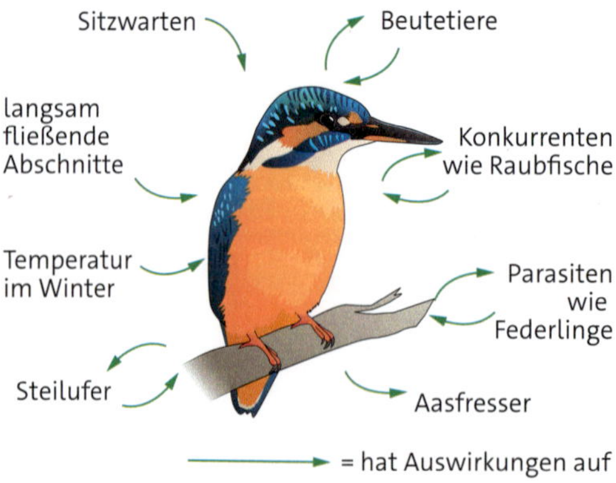

2 Ausschnitt der ökologischen Nische von Eisvögeln

1 Ein kanalisierter, schnell fließender Flussabschnitt soll mit dem Ziel renaturiert werden, die Ansiedlung von Eisvögeln zu ermöglichen.
a Definieren Sie die ökologische Nische der Eisvögel umfassend.
b Entwickeln Sie ein Konzept für die Renaturierung.

2 Diskutieren Sie mögliche Auswirkungen dieses Vorhabens auf andere Wirbeltier- und Insektenarten.

3 Informieren Sie sich über ähnliche Projekte in Ihrer Region.

Ökologische Nische • Luzerneblattnager sind Rüsselkäfer, die neben Luzerne auch weitere Nutzpflanzen wie Kartoffel befallen. Die Entwicklung der Eier der Luzerneblattnager hängt von mehreren Faktoren wie der Temperatur und der Luftfeuchtigkeit ab (▶ 3). Dies lässt sich an der Eisterblichkeit bestimmen. Bei einer Temperatur von 29 °C und einer Luftfeuchtigkeit von 89–91 % überleben mindestens 80 % der Eier (▶ 3a). Bei 24 °C sind 79–88 % Luftfeuchte am günstigsten (▶ 3b), bei über 37,5 °C hingegen sterben fast alle Eier (▶ 3c).

Die Gesamtheit der biotischen und abiotischen Faktoren, die die Lebensbedingungen einer Art charakterisieren wird als ökologische Nische bezeichnet. Sie dient der Vermeidung zwischenartlicher Konkurrenz, z.B. durch unterschiedliche Aktivitätsphasen. Das Einschleppen von Neobiota durch den Menschen kann vorübergehend zu einer verstärkten zwischenartlichen Konkurrenz führen. Dauerhaft kann eine ökologische Nische nur von einer Art besetzt sein. In räumlich getrennten Lebensräumen kann eine ökologischen Nische von unterschiedlichen Arten besetzt sein. Säugetiere, die einen Großteil ihres Lebens unterirdisch verbringen, gibt es in vielen Regionen der Erde. Entsprechend zeigen sie ähnliche Angepasstheiten wie schaufelartige Vorderextremitäten, walzenförmige Körper mit generell kurzen Gliedmaßen und einen guten Geruchssinn (▶ 4–7). Die Ähnlichkeiten zum Beispiel im Körperbau und in der sensorischen Ausstattung lassen sich nicht mit einer gemeinsamen Abstammung dieser Vertreter begründen, sondern mit der Angepasstheit an vergleichbare Lebensbedingungen.

4 Charakterisieren Sie die ökologische Nische des Luzerneblattnagers mithilfe von Abbildung 3.

5 Diskutieren Sie das Phänomen, dass sich Luzerneblattnager über ein Larvenstadium zu der Imago, dem geschlechtsreifen Tier, entwickeln, im Hinblick auf seine ökologische Nische.

6 Fertigen Sie eine Übersicht über die biotischen und die abiotischen Faktoren an, die eine ökologische Nische definieren können.

7 Beurteilen Sie den Umstand, dass für die Charakterisierung einer Art in der Regel nur wenige der biotischen und abiotischen Faktoren herangezogen werden.

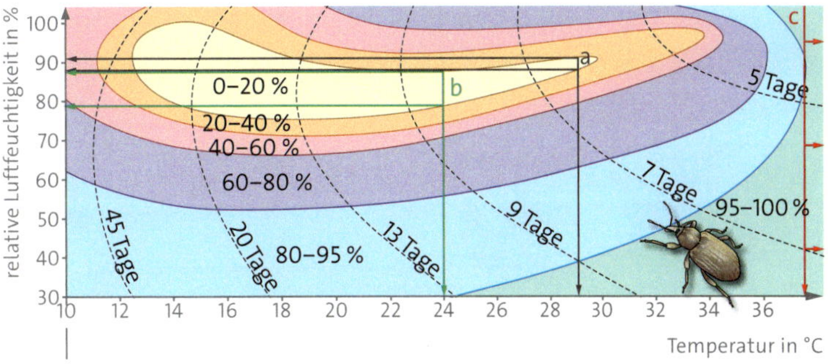

3 Mortalität der Eier und Dauer der Embryonalentwicklung beim Luzerneblattnager in Abhängigkeit von Temperatur und Luftfeuchtigkeit

8 Recherchieren Sie die Verbreitung der hier vorgestellten unterirdisch lebenden Säugetiere und ihre systematische Einordnung (▶ 4–7). Beziehen Sie auf dieser Grundlage Stellung zu der oben formulierten Aussage zur engeren Verwandtschaft dieser Arten.

9 Erstellen Sie Steckbriefe der in den Abbildungen 4–7 dargestellten Säugetiere. Vergleichen Sie deren Sinnesorgane und stellen Sie einen Zusammenhang zu ihrer ökologischen Nische her.

Nischenbildung • Ökologische Nischen bilden sich über lange Zeiträume. Auch heute findet eine Entstehung von Angepasstheiten, nicht zuletzt auch an die, unter dem Einfluss des Menschen, sich stark verändernden Lebensräume statt – wenn denn die Veränderung nicht zu schnell stattfindet.

10 Die zu den Stechmücken zählende Anopheles-Mücke gilt als eines der für den Menschen gefährlichsten Tiere weltweit. Sie überträgt einzellige Parasiten der Gattung *Plasmodium*. Diese können beim Menschen die Infektionskrankheit Malaria auslösen. Der Mensch stellt im Entwicklungszyklus dieser Parasiten einen Zwischenwirt dar. Recherchieren Sie zum Zusammenhang zwischen der Bewirtschaftung tropischen Regenwälder und der Infektionsgefahr für den Menschen.

11 Charakterisieren Sie die ökologische Nische der Anopheles-Mücke. Entwickeln Sie eine Hypothese zu einem möglichen zukünftigen Verbreitungsgebiet, die Veränderungen im Rahmen des Klimawandels einbezieht.

4 Sternmull (Nordamerika, Insektenfresser)

5 Graumull (Südafrika, Nagetier)

6 Beutelmull (Australien, Beuteltier)

7 Maulwurf (Eurasien, Insektenfresser)

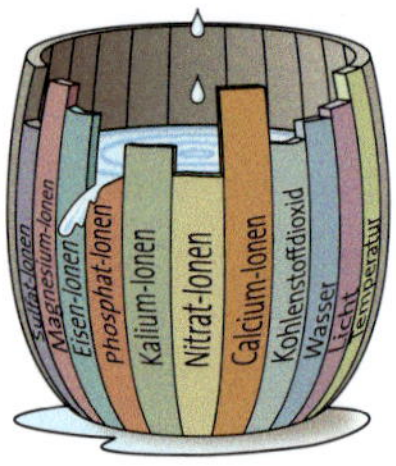

1 Minimumtonne

Daube: Längshölzer, aus denen die Wand eines Fasses besteht.

Gesetz vom Minimum • Das von Carl Sprengel formulierte und von Justus von Liebig erweiterte Gesetz vom Minimum besagt, dass das Pflanzenwachstum von der Ressource begrenzt wird, deren Angebot am weitesten vom Optimum entfernt ist – so wie der Wasserstand in einem Fass durch die kürzeste Daube begrenzt wird (▶ 1). Sind dies wie im dargestellten Beispiel Phosphationen, so steigert Phosphatdünger den Ertrag am stärksten.

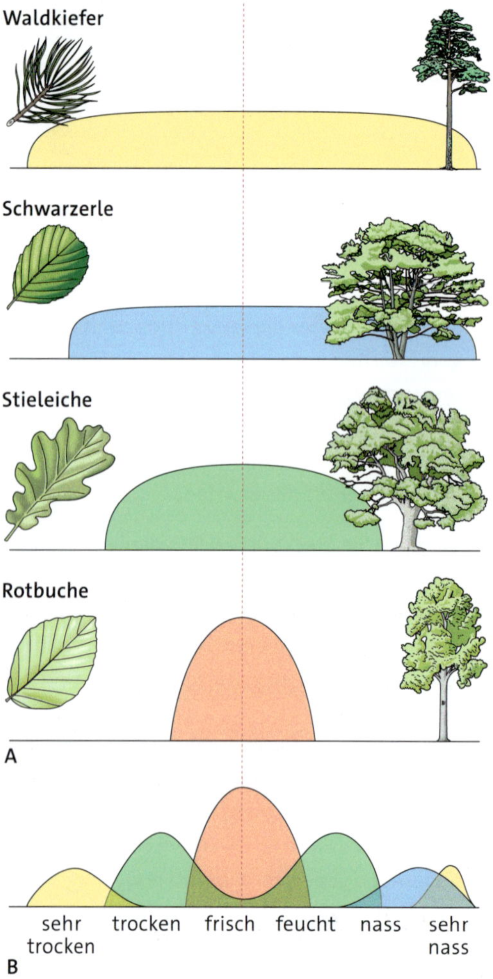

2 Wachstum von Baumarten in Abhängigkeit von der Bodenfeuchte: A in Einzelkultur, B im Freiland

Physiologische und ökologische Potenz • Untersucht man Baumarten einzeln auf einer Versuchsfläche, so lassen sich ihre Ansprüche an Feuchtigkeit durch eine kontrollierte Variation der Bodenfeuchte ermitteln. Dabei zeigt sich, dass Waldkiefern sehr trockene bis sehr nasse Böden tolerieren (▶ 2A). Im Freiland kommen sie allerdings fast ausschließlich an sehr nassen oder sehr trockenen Standorten vor (▶ 2B). Die in einem Experiment ermittelten Bedingungen werden als Fundamentalnische oder **physiologische Potenz** bezeichnet. Zu unterscheiden ist diese von den Bedingungen, unter denen ein Lebewesen tatsächlich in der Natur vorkommt, der sog. Realnische oder ökologischen Potenz.

Zeigerarten • Schwarzerlen kommen im Freiland fast ausschließlich an nassen Standorten vor (▶ 2B). Aus ihrem Vorkommen kann mit hoher Wahrscheinlichkeit auf nassen Boden geschlossen werden. Schwarzerlen werden daher als **Zeigerart** für hohe Bodenfeuchte bezeichnet, obwohl sie einen sehr weiten Toleranzbereich in Bezug auf die Bodenfeuchte haben (▶ 2A). Sie verfügen über ein Wurzelbelüftungssystem, das es ihnen ermöglicht, auf nassen und daher sauerstoffarmen Böden besonders gut zu wachsen. Rotbuchen zeigen dagegen frische Böden mit einem mittleren Wassergehalt an. (▶ 2). Bekannte Zeigerarten sind Weidenröschen für hohe Beleuchtungsstärke, Bärlauch für kalkhaltige und Brennnessel für stickstoffreiche Böden (▶ 3).

3 Zeigerarten: A Weidenröschen, B Bärlauch, C Brennnesselblüte, D Brennnesseln

1 Recherchieren Sie die Zusammensetzung von im Handel erhältlichen Düngemitteln. Stellen Sie einen Zusammenhang her zwischen der Düngeempfehlung des Herstellers und der landwirtschaftlichen Nutzung des Bodens.

2 Erörtern Sie konkrete Faktoren, die die Unterschiede in der Verbreitung von Waldkiefer, Schwarzerle, Stieleiche und Rotbuche zwischen dem Versuchsergebnis und den Beobachtungen im Freiland erklären können.

Material A Zeigerarten an der Nordseeküste

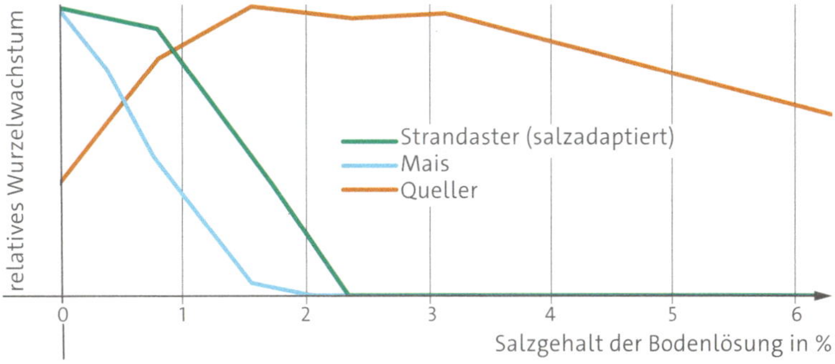

Strandaster (links) und Queller (rechts) sind Zeigerorganismen für salzhaltige Böden. Beide Arten wachsen in den Salzwiesen an der Nordseeküste, wo sie immer wieder mit Salzwasser überflutet werden. Für Pflanzen ist Salz ein Stressfaktor, denn es entzieht den Zellen durch Osmose Wasser. Nordseewasser enthält etwa 2,5–3,2 % Salz, Süßwasser hingegen nur <0,1 % Salz. Zudem sind die Salzwiesenpflanzen intensiver Sonnenstrahlung ausgesetzt. Durch zersetztes Treibgut enthält der Boden viele Mineralstoffe.

Die Pflanzen dienen Weidegängern wie Gänsen und spezialisierten Insekten als Nahrung und tragen durch das Festhalten von Sediment zur Bodenerhöhung bei. So können auch weniger salztolerante Arten überleben. In diesem Experiment wurde die Strandaster in Salzwasser kultiviert.

1 Beschreiben Sie den dargestellten Ausschnitt der ökologischen Nische von Strandaster und Queller als Pfeilschema (▶ S. 222, Abb. 2).

2 Beschreiben Sie die Messergebnisse unter Verwendung ökologischer Fachbegriffe.

3 Erläutern Sie jeweils, warum Strandaster oder Queller salzhaltigen Boden anzeigen.

4 Entwerfen Sie jeweils einen Versuch, um zu überprüfen, ob die Pflanzenart Strandflieder
  a salzhaltige Böden toleriert,
  b salzhaltige Böden anzeigt.

Material B Nischen von vier mitteleuropäischen Eulenarten

	Schleiereule	Steinkauz	Waldkauz	Waldohreule
Lebensraum	halb offene Kulturlandschaft	offene Kulturlandschaft	Mischwälder bis Steppe	offene Kulturlandschaft
Hauptnahrung	Feld- und Wühlmäuse	Mäuse, Insekten	Mäuse, Kleinsäuger	Feld- und Wühlmäuse
Nistplatz	Scheunen, Kirchtürme, Ruinen	kleinere Baumhöhlen, Gebäude	größere Baumhöhlen	verlassene Greifvogelhorste
Jagdzeit	fast nur in der Nacht	Dämmerung, Nacht	Dämmerung, Nacht	Dämmerung, Nacht
Länge (cm)	35	23	42	36
Masse (g)	350	250	600	370

In der Tabelle sind vier Dimensionen ökologischer Nischen von vier mitteleuropäischen Eulenarten zusammengefasst. Die Daten geben nur die Hauptaspekte der jeweiligen Nischen an und sind, zum Beispiel bezüglich der Nahrung, nicht vollständig. In den beiden unteren Zeilen sind die durchschnittliche Körperlänge und Körpermasse der Weibchen angegeben. Männchen sind im Mittel etwas kleiner und leichter als Weibchen.

1 Beschreiben und vergleichen Sie anhand der Angaben die ökologischen Nischen der vier Eulenarten.

2 Zeichnen Sie für die vier Arten ein zweidimensionales Nischendiagramm für Lebensraum (x-Achse) und Jagdzeit (y-Achse) und erläutern Sie die daraus hervorgehenden Zusammenhänge.

3 Erläutern Sie, weshalb die vier Eulenarten in Mitteleuropa nebeneinander existieren können, obwohl sie eine ähnliche Hauptnahrung besitzen.

4 Erklären Sie, weshalb in diesem Fall die Betrachtung einer einzigen Nischendimension für die Charakterisierung einer Art nicht reicht.

3.11 Größe von Populationen

1 Pinguinkolonie

Kaiserpinguine werden über 1 m groß und wiegen bis zu 45 kg. Zur Fortpflanzung wandern diese Tiere auf das antarktische Festland oder auf das feste Packeis. Zwei Wochen nach der Paarung legt das Weibchen ein Ei, das es an das Männchen übergibt. Die Weibchen kehren ins Meer zurück und suchen Nahrung, während die Männchen die Eier in einer großen Kolonie ausbrüten. Was verhindert, dass die Pinguinpopulation ins Unermessliche wächst?

Populationen • Lebewesen einer Art, die zur gleichen Zeit in einem bestimmten Areal leben und eine Fortpflanzungsgemeinschaft bilden, werden als **Population** bezeichnet. Populationen können über das ganze Jahr stabil sein oder nur für einen kürzeren Zeitraum wie einer Paarungszeit.
Zu den Kennzeichen einer Population gehören die **Populationsgröße**, das heißt die Gesamtzahl aller Individuen im Siedlungsgebiet, und die Populationsdichte, die die Individuenzahl pro Flächeneinheit angibt. Weitere charakteristische Faktoren sind die räumliche Verteilung und die Altersstruktur der Individuen. Die **Geburtenrate** und die **Sterberate** beziehen sich auf die Zahl der Lebendgeburten und Sterbefälle in einem Zeitraum. Die Zuwachsrate ergibt sich aus der Differenz dieser beiden Werte. Sie ist im Fall eines Geburtenüberschusses positiv und führt zu einem Populationswachstum.
Entscheidend für die Größe einer Population sind die Umweltgegebenheiten in einem Lebensraum. Diese definieren die **Umweltkapazität**: die maximale Zahl von Individuen, die in einem Lebensraum langfristig vorkommen kann.

Populationswachstum • Bei der Neubesiedlung von Lebensräumen gibt es zunächst keine begrenzenden Faktoren für das Wachstum der Population. Bakterien, die in einem frischen Nährmedium kultiviert werden, vermehren sich zu Beginn langsam (lag-Phase) (▶ 3). Mit steigender Bakterienzahl geht die Kultur in ein **exponentielles Wachstum** über, die log-Phase. Die Populationsgröße verdoppelt sich in gleichen Zeitintervallen. In der Folge kommt es zu einer Nahrungsverknappung, sodass die Wachstumsrate abnimmt. In der stationären Phase liegen Vermehrung und Absterben im Gleichgewicht. Ein solches **logistisches Wachstum** entspricht der Umweltkapazität. In einem geschlossenen System geht das Nährmedium zur Neige und Stoffwechselprodukte reichern sich an. Die Lebensbedingungen verschlechtern sich und die Umweltkapazität sinkt (Absterbephase).

1 Charakterisieren Sie die biotischen und abiotischen Faktoren, die eine Überpopulation von Kaiserpinguinen in der Antarktis verhindern.

2 Der Klimawandel verändert das Schelfeis der Westantarktis. Dies wirkt sich auch auf den Lebensraum der Kaiserpinguine aus. Erstellen Sie eine Prognose zur Populationsentwicklung der Kaiserpinguine auf der Grundlage eigener Recherchen (▶ Methode auf S. 272).

eA

Fortpflanzungsstrategien • Feldmäuse sind die häufigsten heimischen Säugetiere (▶ 2). Fünf- bis sechsmal pro Jahr bringt das Weibchen jeweils fünf bis zehn Jungtiere zur Welt, die bereits nach zwei Wochen geschlechtsreif sind. Lebewesen mit vielen Nachkommen nennt man **r-Strategen**. Typisch sind eine hohe Vermehrungsrate sowie jeweils kurze Geburtenabstände, Individualentwicklung und Lebensspanne. Bei einem frühen Fortpflanzungsbeginn sind die Wurfgröße und die Sterblichkeit der Jungtiere meistens hoch. Die Populationsdichte schwankt und kann schlagartig abfallen. Solche Arten können sich bei variablen Umweltbedingungen rasch ausbreiten und neue Lebensräume besiedeln. Weitere Beispiele sind die meisten Mikroorganismen, Blattläuse und Sperlinge sowie soziale Insekten wie Bienen. Pflanzliche r-Strategen sind **Pionierpflanzen** auf Brachflächen. Der Rothirsch ist das größte Wildtier Mitteleuropas. Die meiste Zeit des Jahres leben Rothirsche in Rudeln. Nach einer Tragzeit von 230 Tagen wird ein bis zu 14 kg schweres Kalb geboren, das ein halbes Jahr gesäugt wird. Männliche Rothirsche sind nach sieben, weibliche nach fünf Jahren geschlechtsreif. Lebewesen, die wie der Rothirsch wenige Nachkommen haben, nennt man **K-Strategen**. Typisch sind eine langsame Individualentwicklung, eine lange Lebensspanne und eine geringe Vermehrungsrate. Die Geburtenabstände sind lang, Wurfgröße und Sterblichkeit der Nachkommen relativ gering. Die Populationsgröße liegt nahe der Umweltkapazität K. K-Strategen leben unter weitgehend konstanten Umweltbedingungen. Beispiele sind Bären, Elefanten und Primaten sowie große Greifvögel wie Steinadler und Uhu. Zwischen r- und K- Strategien gibt es fließende Übergänge.

3 Erläutern Sie die Populationsentwicklung von *E. coli* in einem geschlossenen System (▶ 3, 4).

4 eA Vergleichen Sie die Fortpflanzungsstrategien von r- und K-Strategen und setzen Sie sie in Beziehung zu dem Begriff Angepasstheit.

2 Feldmaus *Microtus arvalis*

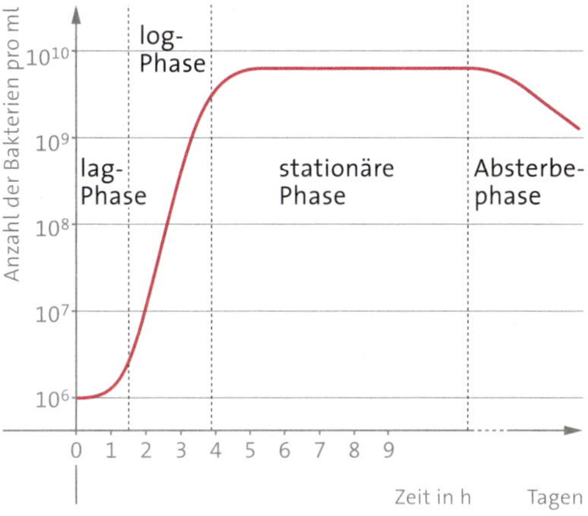

3 Wachstum in einer Bakterienkultur

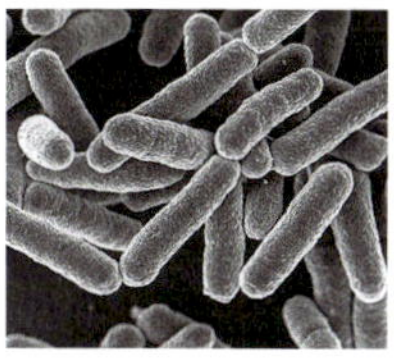

4 REM-Bild von *Escherichia coli*

Intraspezifische Konkurrenz • Das Angebot zum Beispiel an Nahrung oder Nist- und Ruheplätzen ist in einem Lebensraum begrenzt. Dies führt zur Konkurrenz innerhalb einer Art. So konkurrieren Austernfischer um Brutplätze in der Nähe des Meeres. Die **intraspezifische Konkurrenz** ist abhängig von der Populationsdichte. Bei vielen Tierarten wird die intraspezifische Konkurrenz durch die Aufteilung des Lebensraums in Reviere organisiert. Diese Territorialität gibt dem Inhaber eines Reviers exklusive Nutzungsrechte. So werden die Auseinandersetzungen um Ressourcen verringert.

5 Vergleichen Sie den Wuchs einer frei stehenden Buche mit Buchen in einem Wald (▶ 5). Wenden Sie hier das Konzept der intraspezifischen Konkurrenz an. Definieren Sie dabei die relevanten Faktoren.

6 Recherchieren Sie die durchschnittliche Reviergröße von Wolfsrudeln im Yellowstone-Nationalpark (USA). Berechnen Sie auf dieser Grundlage die maximal mögliche Anzahl von Revieren in diesem Nationalpark.

5 Buche frei stehend (oben) und im Wald (unten)

1 Tupaia (Spitzhörnchen)

Schwanzsträubwert (%)	Beobachtetes Verhalten
bis 5	harmonisches Zusammenleben
10	langsames Wachstum
20	Weibchen verhalten sich männlich
30	Weibchen fressen ihr Jungtier
50	Weibchen werden unfruchtbar
60	Weibchen wehren Männchen ab
70	Männchen werden unfruchtbar
90	Tod durch innere Vergiftung

2 Schwanzsträubwerte in % der beobachteten Zeit

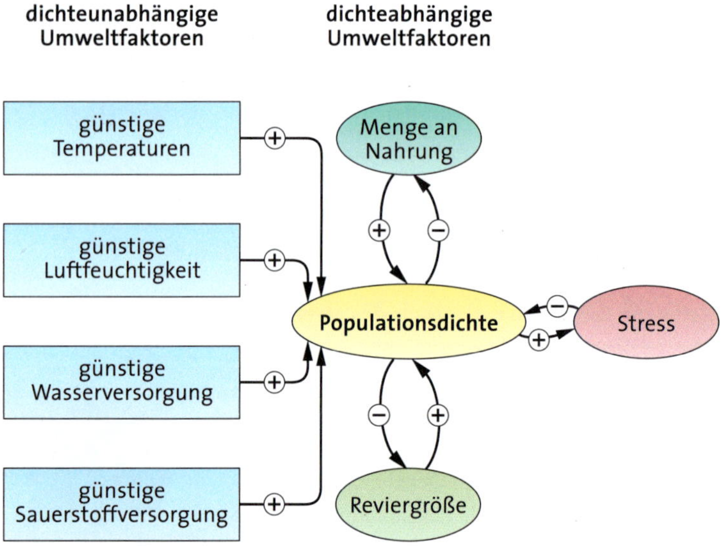

3 Zusammenwirken von dichteabhängigen und dichteunabhängigen Faktoren bei der Regulation der Populationsdichte (Modell). Es bedeuten:

⊕→ : beeinflusst positiv

⊕→ : je größer ..., desto größer / je kleiner ..., desto kleiner

⊖→ : je größer ..., desto kleiner / je kleiner ..., desto größer

Regulation der Populationsdichte • Bei Tupaias, südostasiatischen Spitzhörnchen, sträuben sich unter Stress die sonst glatt anliegenden Schwanzhaare zu einer buschigen Bürste. Ursache dafür ist die Absonderung von Adrenalin und Corticoiden. Die Hormone steigern Herzschlag und Blutdruck, mobilisieren Energiereserven, vermindern die Durchblutung von Nieren und Darm und unterdrücken die Keimdrüsenaktivität. Stressindikatoren sind somit „Schwanzsträubwerte", die den Zeitraum angeben, in dem der Schwanz der Tupaias aufgebauscht ist. Bei hoher Populationsdichte liegen diese Werte bei 50 %, mit der Folge, dass Jungtiere nicht geschlechtsreif werden. Bei Werten ab 80 % verlieren Tupaias rasch an Gewicht und sterben an Nierenversagen. Die Dichte von Populationen kann also auch ohne den Einfluss von Fremdlebewesen über den Hormonhaushalt reguliert werden. Hohe Individuenzahlen bewirken starke Konkurrenz, die zu Stress und einer geringeren Fortpflanzung führen. Bei einer kleineren Populationsdichte entsteht kaum Stress und die Fortpflanzung bleibt unbehindert.
Neben diesen dichteabhängigen Faktoren beeinflussen auch dichteunabhängige, abiotische Faktoren die Populationsdichte. Die Verfügbarkeit von Wasser und Sauerstoff, die Temperatur sowie Luft- und Wasserströmungen gehören dazu.

1 Leiten Sie die Auswirkungen der verschiedenen Schwanzsträubungswerte auf die Populationsdichte der Tupaias ab. Begründen Sie jeweils Ihre Aussagen (▶ 2).

2 Recherchieren Sie wesentliche Faktoren, die den natürlichen Lebensraum der Tupaias charakterisieren.

3 Beurteilen Sie, inwieweit sich eine Veränderung dieser Faktoren auf die Fruchtbarkeit der Tupaias auswirken kann.

4 Recherchieren Sie weitere Arten, die eine ähnliche Reaktion auf Stress zeigen.

Material A Wachstum und Zusammenbruch einer Rentierpopulation

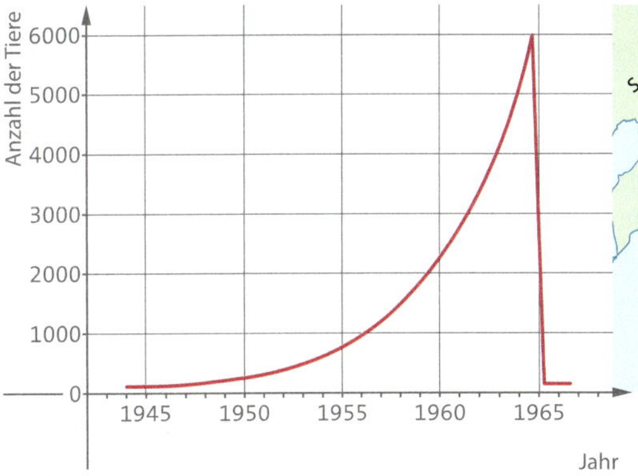

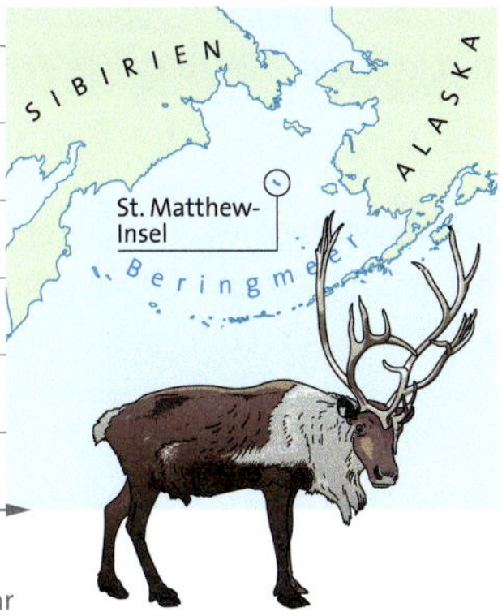

Im Zweiten Weltkrieg brachte die amerikanische Marine 24 weibliche und fünf männliche Rentiere auf die unbewohnte, etwa 360 km² große St.-Matthew-Insel in der Beringsee, 300 km vor Alaska. Sie sollten als Reservenahrung für Soldaten dienen.

Nach Kriegsende zogen die Soldaten ab und ließen die Rentiere zurück. Die Population, die sich fast ausschließlich von Flechten und Gräsern ernährte, konnte sich nun mangels natürlicher Feinde ungestört vermehren. Im Jahr 1957 wurden bereits 1350 Tiere gezählt. Messungen im Jahr 1963 zeigten, dass die Wuchshöhe der Flechten von ursprünglich etwa 12 cm auf 1 cm abgenommen hatte und dass die Rentiere eine deutlich geringere Körpergröße aufwiesen. Nach dem strengen Winter 1963/64 starben nahezu alle 6000 Tiere. Im Jahr 1966 gab es nur noch 42 magere Exemplare ohne Jungtiere.

1 Erläutern Sie, weshalb sich die Rentierpopulation wie beschrieben entwickelte.

2 Diskutieren Sie Ursachen für diese „katastrophale" Entwicklung und stellen Sie Maßnahmen vor, die einen solchen Zusammenbruch verhindern könnten.

Material B Intraspezifische Konkurrenz bei der Prachtwinde (*Ipomoea tricolor*)

Nachfolgend sind die Ergebnisse einer Versuchsreihe zum Wachstum der Prachtwinde in Abhängigkeit vom Licht- und Mineralstoffangebot dargestellt. Alle anderen Parameter blieben konstant. Gemessen wurde die Trockenmasse nach gleicher Wachstumszeit (angegeben sind die prozentualen Durchschnittswerte):

a Eine Pflanze, die in einem Gefäß mit einer senkrechten Stange wuchs

b Acht Pflanzen, die einzeln in einem Gefäß mit einer senkrechten Stange wuchsen

c Acht Pflanzen, die in einem Gefäß, mit acht getrennten senkrechten Stangen wuchsen

d Acht Pflanzen, die in einem Gefäß mit einer senkrechten Stange wuchsen

Außerdem konnte beobachtet werden, dass die Pflanzen bei **b** sehr unterschiedlich groß waren, während die Pflanzen bei **c** und **d** alle ähnlich klein blieben.

1 Skizzieren Sie den Versuchsaufbau a–d.

2 Leiten Sie die konkrete Fragestellung ab, unter der die Versuche durchgeführt wurden.

3 Deuten Sie die erhaltenen Ergebnisse. Stellen Sie Hypothesen auf, weshalb die Pflanzen bei b unterschiedlich groß waren, während sie bei c ähnlich klein blieben.

Versuchsansatz	a	b	c	d
Wachstum (Trockenmasse in %)	100	75	20	20

Methoden der Populationsabschätzung

Um Aussagen über die Veränderungen von Populationen machen zu können, ist es notwendig deren Größe möglichst genau zu erfassen. Hierzu stehen den Forschenden mehrere Methoden zur Verfügung.

Direkte Zählungen • Bei dieser simpelsten Art der Populationsabschätzung wird in einem festgelegten Gebiet die Anzahl der Tiere der zu untersuchenden Arten erfasst. Diese Methode kommt vor allem bei großen, gut sichtbaren Tieren wie Vögeln oder größeren, tagaktiven Säugetieren zum Einsatz und findet unter anderem als Beispiel für Citizin Science bei den jährlichen Tagen der Vogelzählung Verwendung.

Indirekte Zählungen • Bei dieser Methode werden nicht die Tiere selbst gezählt, sondern Hinweise für deren Vorkommen. Genutzt werden unter anderem Spuren und Markierungen, abgesetzter Kot, Nester oder Baue sowie sonstige Hinterlassenschaften wie Fell, Federn, abgeworfene Geweihe oder abgestreifte Häute.

Genetische Analysen: • Oft in Verbindung mit der indirekten Zählung können genetische Untersuchungen von DNA-Proben, die aus Haaren, Haut oder Kot gewonnen werden, genauere Informationen über die vorhandenen Arten liefern. Zudem erlauben diese Aussagen zur genetischen Vielfalt der untersuchten Populationen.

1 Aufrecht stehender Braunbär (*Ursus arctos*)

Fotofallen: • Die Anbringung von Foto- bzw. Videokameras im Untersuchungsgebiet, die auf Bewegungen reagieren, kann eine Zählung bzw. Abschätzung der vorhandenen Arten besonders bei nachtaktiven und sehr scheuen Tieren ermöglichen.

Satellitenbilder und Drohnen: • Moderne Technologien wie Satellitenbilder und Drohnen ermöglichen es, große Gebiete zu überwachen und in diesen die Populationsgröße von Tieren zu bestimmen. Diese Methoden eignen sich besonders für die Untersuchung in schwer zugänglichen Regionen sowie von großen, umherziehenden Tiergruppen wie Gnuherden.

Wiederfangmethode – Überblick • Bei dieser Methode der Populationsabschätzung wird aus der Population, die untersucht werden soll, zunächst eine Stichprobe an Tieren gefangen. Diese werden markiert und anschließend wieder freigelassen. Nach einer gewissen Zeit wird erneut eine bestimmte Zahl an Tieren eingefangen und anhand des Anteils der darin markierten Tiere auf die Gesamtgröße der Population geschlossen. Die Wiederfangmethode wurde 1896 vom dänischen Biostatistiker C. G. J. Petersen entwickelt.

Wiederfangmethode – Berechnung • Die Abschätzung der Populationsgröße N beruht auf der Annahme, dass der Anteil von markierten Tieren m in der zweiten Stichprobe n im selben Verhältnis steht wie die Gesamtzahl der markierten Tiere M zur Gesamtpopulation N. Daraus ergibt sich:

2 Vogelspuren im Sand

$$\frac{m}{n} = \frac{M}{N}.$$

Für die Populationsgröße ergibt sich somit die Formel:

$$\hat{N} = \frac{nM}{m}.$$

Ein Rückschluss auf die Populationsgröße ist dabei nur möglich, wenn die zweite Stichprobe markierte Tiere enthält.

Wiederfangmethode – Voraussetzungen • Um aussagekräftige Ergebnisse zu erhalten, müssen bei der Wiederfangmethode folgende Kriterien erfüllt sein:
Zwischen dem Anbringen der Markierungen und der Erhebung der zweiten Stichprobe kommen keine neuen Individuen zur Population hinzu.
Es gehen zwischen den beiden Phasen der Untersuchung keine Markierungen verloren, sei es durch Ablösen der Markierung oder durch Abwanderung oder Tod von Individuen.
Die Markierungen haben keinen Einfluss auf die Wahrscheinlichkeit eines Tieres, erneut gefangen zu werden.

Die Verlässlichkeit der Methode ist stark von der Erfüllung der genannten Bedingungen abhängig. Im Vergleich zu anderen Methoden wie der vollständigen Zählung ist die Rückfangmethode weniger präzise, aber oft praktikabler bei großen oder schwer zugänglichen Populationen.

Welche der vorgestellten Methoden jeweils zum Einsatz kommt, kann stark nach Tierart und Umgebung variieren. Zudem werden oft mehrere Untersuchungsmethoden in Kombination angewandt, um genauere Ergebnisse zu erzielen.

3 Markierter Monarchfalter (*Danaus plexippus*)

4 Beringter Zistensänger (*Cisticola juncidis*)

1 Halten Sie tabellarisch die Vor- und Nachteile der Wiederfangmethode fest.

2 Beschreiben Sie den Einfluss des technischen und wissenschaftlichen Fortschritts auf die Untersuchung von Populationen.

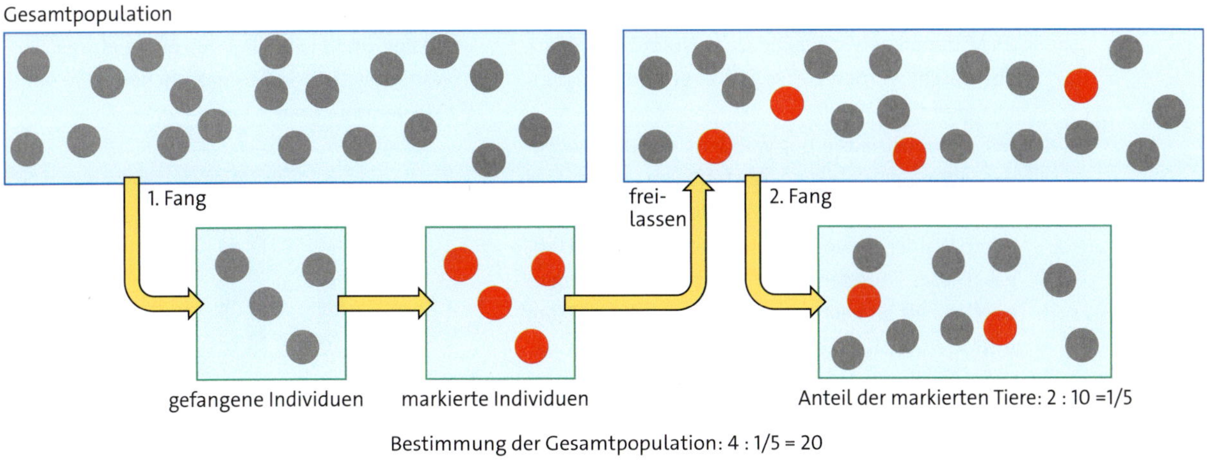

5 Wiederfangmethode

3.12 Bevölkerungswachstum und Ressourcen

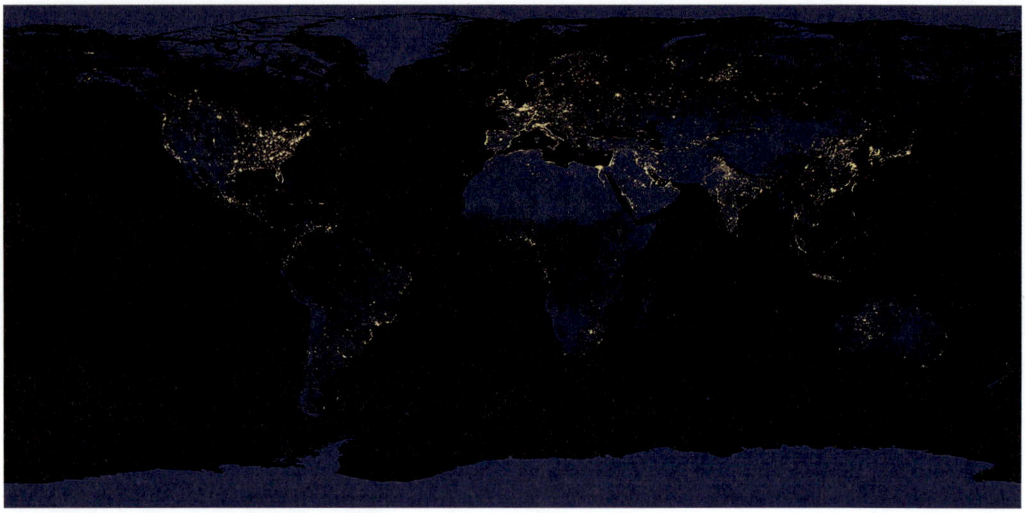

1 Erde bei Nacht

Beim Blick auf die nächtliche Erde aus dem Weltall erkennt man, wie stark sie vom Menschen verändert wurde: Eine riesige Anzahl an Lichtern ist sichtbar, die die Erde bei Nacht erleuchten. Vor allem Industrie- und Schwellenländer erstrahlen hell, wofür gewaltige Energieumsätze erforderlich sind. Was bedeuten der extreme Energiebedarf und Ressourcenverbrauch für die Menschheit?

1 Nennen Sie Gründe, weshalb die Menschheit heute mehr Energie verbraucht als noch vor 300 Jahren.

Geschichte der Ressourcennutzung • Vor 10 000 Jahren lebten wenige Menschen als Jäger und Sammler auf der Erde, erbeuteten Tiere und sammelten Pflanzenteile und Pilze. Seit der Jungsteinzeit bauten Menschen als Bauern an immer mehr Orten Pflanzen an und hielten Tiere. Die sesshafte Lebensweise mit Ackerbau und Viehhaltung setzte sich immer weiter durch. Später wurden Metalle gewonnen und unter Verbrauch von Holz verhüttet. Im Mittelalter stieg der Bedarf an Nutzflächen stark an. Wälder wurden zurückgedrängt und Holz zum knappen Gut.

Mit der Industrialisierung wandelte sich die Energieversorgung grundlegend. Anstelle von Holz nutzte man die als unerschöpflich geltenden „unterirdischen Wälder" – zuerst Kohle, später Erdöl und Erdgas. Dieses Zeitalter der Nutzung fossiler Energiequellen hält bis heute an. Die Gewinnung von Eisen mithilfe von Steinkohle und die Erfindung der Dampfmaschine waren treibende Kräfte für die industrielle Revolution. Die Industrie- und Siedlungszentren wurden durch Eisenbahnen vernetzt. Weitere Innovationen waren der Verbrennungsmotor und die Erdölförderung. Die Stadtbevölkerung musste immer stärker durch das Umland mit Trinkwasser, Nahrungsmitteln und Kleidung versorgt werden. Besonders die Metropolen, deren Lichter bei Nacht ins Weltall strahlen, verdeutlichen die extreme Zunahme des Energiebedarfs. Die täglich genutzten Transportwege von Rohstoffen und Gütern sind weltumspannend. Schwellenländer wie China und Indien entwickeln sich ökonomisch, ökologisch und gesellschaftlich derzeit besonders stark.

2 Beschreiben Sie das Diagramm in Abbildung 2 und begründen Sie für jeden Energieträger, weshalb sich die Nutzung zwischen 1990 und 2019 verändert hat.

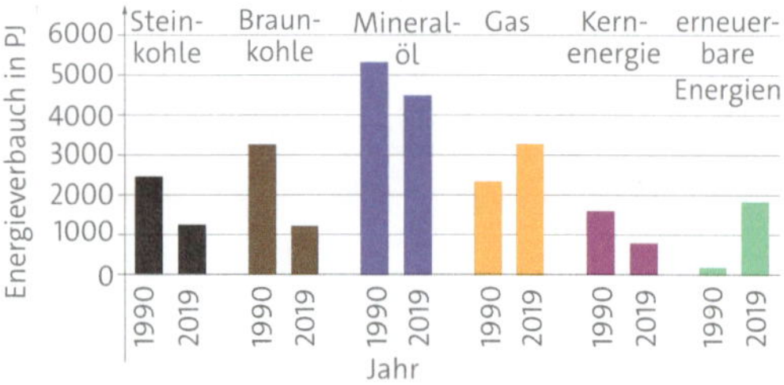

2 Nutzung verschiedener Energieträger

3 Nennen Sie Probleme, die die Industrialisierung mit sich brachte, und erklären Sie, wie heutzutage damit umgegangen wird.

Grenzen des Wachstums • 1972 erschien der Weltbestseller „Limits to Growth", der 1992 und 2004 aktualisiert wurde. Ein Forschungsteam um Dennis Meadows untersuchte mit Computersimulationen Entwicklungsszenarien der Erde in den nächsten 100 Jahren. Fünf weltweite Trends und deren Wechselwirkungen wurden betrachtet: exponentielles Bevölkerungswachstum, beschleunigte Industrialisierung, Unterernährung, Rohstoffausbeutung und Lebensraumzerstörung. Jedes Mal deutete sich ein katastrophaler Rückgang der Weltbevölkerung und des Lebensstandards an. Um die Lebensbedingungen der Menschheit zu erhalten, müssten das Bevölkerungswachstum kontrolliert sowie Ressourcenverbrauch und Umweltverschmutzung reduziert werden. In den Ölkrisen des späten 20. Jahrhunderts wurde die Studie populär. Heute ist sie aktueller denn je. Nach herrschender Meinung ist der Klimawandel voll im Gang und die Erschöpfung fossiler Rohstoffe steht in wenigen Jahrzehnten bevor.

Exponentielles Bevölkerungswachstum • Die Bevölkerungsanzahl wird von zwei Regelkreisen gesteuert. Die Geburtenrate, die jährliche Anzahl an Geburten auf 1000 Einwohner, führt als positive Rückkopplung zu Bevölkerungswachstum. Die Sterberate, die jährliche Anzahl an Todesfällen auf 1000 Einwohner, bewirkt als negative Rückkopplung einen Rückgang der Bevölkerungszahl. Die Differenz zwischen Geburten- und Sterberate ist die Wachstumsrate der Bevölkerung. Eine konstante Wachstumsrate führt zu exponentiellem Wachstum. Die Weltbevölkerung erreichte bis Mitte des 19. Jahrhunderts 600 Millionen und bis 1965 3,3 Milliarden Menschen bei einer Wachstumsrate von 2 % und einer Verdopplung der Bevölkerung in 36 Jahren. Dieses Wachstum hält durch die Senkung der Sterberate bis heute an. Obwohl durch weniger Geburten die Wachstumsrate auf 1,2 % abnahm, stieg die Bevölkerungszahl bis zum Jahr 2000 auf mehr als 6 Milliarden. Die Verdopplungszeit verlängerte sich zwar auf 60 Jahre, aber bei der größeren Bevölkerung war der Zuwachs höher. Bald bewohnen 8 Milliarden Menschen die Erde. Jede Sekunde werden zwei bis drei Menschen geboren, vor allem in den Ländern Afrikas und den Metropolen Asiens.

4 Beschreiben Sie die globale Verteilung der Energienutzung (▶ 1) in Relation zum Bevölkerungswachstum (▶ 3).

5 Beschreiben Sie das Diagramm in Abbildung 4 und erklären Sie, weshalb es trotz weltweit sinkender Geburtenraten zu einem weiteren Anstieg der Weltbevölkerung kommt.

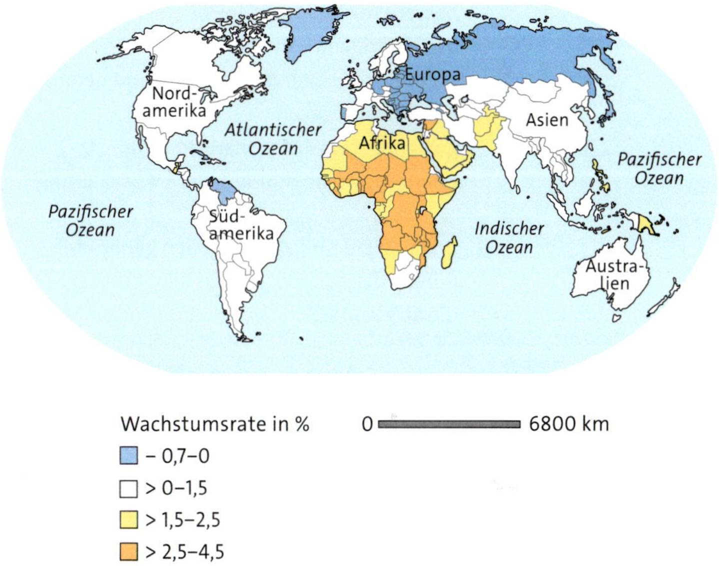

3 Weltbevölkerungswachstum 2020

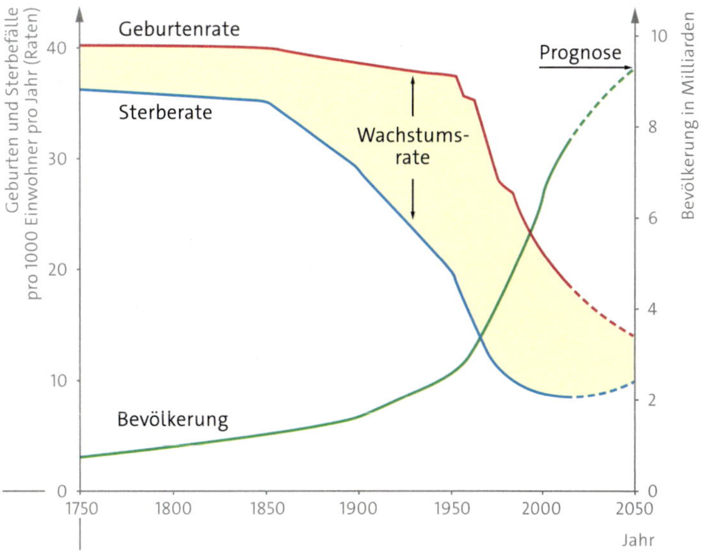

4 Demografischer Übergang der Weltbevölkerung

Modell des demografischen Übergangs • In nicht industrialisierten Ländern sind die Geburten- und Sterberaten hoch. Bessere Ernährung und medizinische Versorgung lassen die Sterberate sinken. Die Geburtenrate fällt nach kurzer Verzögerung mit der Übernahme der Lebensweise von den Industrieländern. Die Annäherung von Geburten- und Sterberate auf einem niedrigen Niveau wird demografischer Übergang genannt. Er ist die Folge der Millennium-Ziele der UN für Entwicklungsländer:

- Familienplanung mit sexueller Aufklärung und Zugang zu Verhütungsmitteln
- bessere Ausbildung, Gleichberechtigung und Berufstätigkeit von Frauen
- medizinische Grundversorgung und geringere Kindersterblichkeit
- gerechtere Einkommensverteilung, Chancengleichheit und soziale Absicherung.

1 Erklären Sie für jeden der oben genannten Punkte die Auswirkung auf die Geburten- und die Sterberate.

Übernutzung der Umweltressourcen • Auch die Industrie, der Rohstoff- und Energiebedarf und die Schadstoffemissionen wachsen exponentiell. Trotz der Intensivierung der Nahrungsmittelproduktion in den letzten 30 Jahren hat sich die Versorgungslage in vielen Ländern verschlechtert. Insgesamt haben 1 Milliarde Menschen zu wenig Nahrung. Mehr Menschen sterben an Hunger als an Aids, Malaria und Tuberkulose zusammen. Von der Nahrungsmittelkrise merkt man beim alltäglichen Einkauf allerdings nichts. Der enorme Fleischbedarf dort führt zu einem hohen Verbrauch von pflanzlichen Futtermitteln und Wasser sowie ethisch bedenklicher Massentierhaltung.

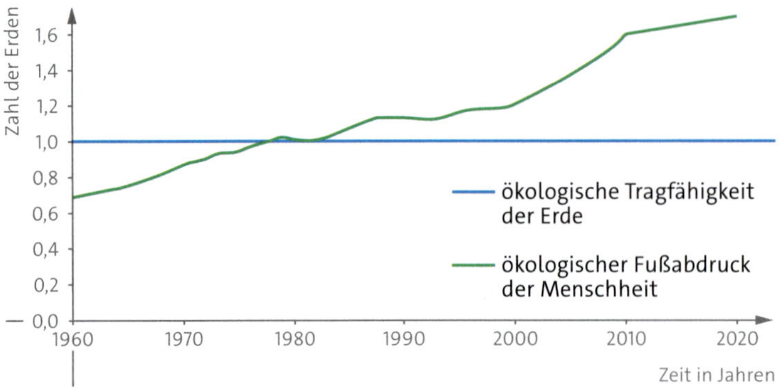

1 Ökologischer Fußabdruck

Mehr als 1 Milliarde Menschen auf der Welt haben keinen Zugang zu sauberem Wasser. Viel Wasser wird für die Industriegüterproduktion, die Kühlung von Kraftwerken und die Massenproduktion an Gemüse und Obst eingesetzt. Grundwasserstände sinken, Seen schrumpfen, Flüsse versiegen, ganze Regionen versteppen. Das weltweit ungleich verteilte Wasser wird vielerorts verschwendet. Insgesamt verbrauchen die Einwohner der Industrieländer 85 % der Ressourcen.

2 Recherchieren Sie, wie viele Ressourcen weltweit für private Flugreisen, Cryptowährungen, den Anbau von Tabak und für zwei selbst gewählte Beispiele verbraucht werden.

eA

Ökologischer Fußabdruck • Ausgehend von diesen Problemen veröffentlichte der Ingenieur Mathis Wackernagel 1997 eine Methode zur Berechnung der Fläche, die notwendig ist, um alle derzeit von der Weltbevölkerung genutzten Ressourcen zu liefern. Diese Fläche nannte er **ökologischen Fußabdruck.** Der Vergleich mit der verfügbaren Fläche der Erde ergibt, dass der Fußabdruck der Menschheit im Jahr 2016 fast 69 % über der ökologischen Tragfähigkeit der Erde lag. Mittlerweile werden die Ressourcen von etwa 1,7 Erden verbraucht, was vor allem am hohen Verbrauch der Industrieländer liegt.

Nachhaltige Entwicklung • Das aus der Forstwirtschaft stammende Prinzip nachhaltiger Entwicklung lässt sich verallgemeinern: Heutige Ansprüche nach Wohlstand, intakter Umwelt und sozialer Gerechtigkeit sind zu befriedigen, ohne das Leben künftiger Generationen zu beschränken. Der Anteil erneuerbarer Energien und nachwachsender Rohstoffe sowie der Einsatz effizienterer Technologien mit geschlossenen Wertstoffkreisläufen muss wachsen. Es gilt das Prinzip „Global denken, lokal handeln!“.

3 Fassen Sie die wesentlichen Gründe für die Übernutzung der Ressourcen durch die Menschheit zusammen.

Material A Demografische und soziale Daten zur Weltbevölkerung

	Bevölkerung Mitte 2011 in Millionen	Bevölkerung Mitte 2019 in Millionen	Wachstumsrate 2019 in %	Geburten pro Frau 2019	Lebenserwartung in Jahren 2019	Jahreseinkommen in $ pro Person 2011	Jahreseinkommen in $ pro Person 2019
Welt	6987	7691	1,1	2,4	72	10 240	17 904
Afrika	1051	1305	2,5	4,5	63	2720	5186
USA	312	329	0,3	1,7	78	45 640	63 390
Europa	740	746	−0,1	1,5	78	26 390	37 982
Deutschland	82	83	−0,2	1,6	78	36 850	54 560*
Indien	1241	1392	1,3	2,2	68	3280	7680
China	1346	1398	0,4	1,6	77	6890	18 140

* Zahl der Weltbank

Die Deutsche Stiftung Weltbevölkerung, kurz DSW, gibt jährlich den DSW-Datenreport heraus. Dieser liefert aktuelle Daten zu allen wichtigen Indikatoren der Bevölkerungsentwicklung für über 180 Länder und die einzelnen Regionen der Erde.
Die Ermittlung der Daten erfolgt durch internationale Zusammenarbeit, zum Beispiel mit der statistischen Abteilung der Vereinten Nationen.
Die Tabelle zeigt ausgewählte Daten aus dem DSW-Datenreport von 2011 und 2019.

1 Geben Sie zu jedem Indikator die Extremwerte an und setzen Sie diese zueinander in Beziehung.

2 Berechnen Sie die bei konstanter Wachstumsrate zu erwartende Einwohnerzahl in der Welt und in Afrika für die nächsten 15 Jahre. Stellen Sie Ihre Ergebnisse grafisch dar und vergleichen Sie diese.

3 Erläutern Sie wesentliche Gründe für das in vielen Weltgegenden anhaltende exponentielle Bevölkerungswachstum.

eA Material B Welchen Einfluss hat der Lebensstil auf den ökologischen Fußabdruck?

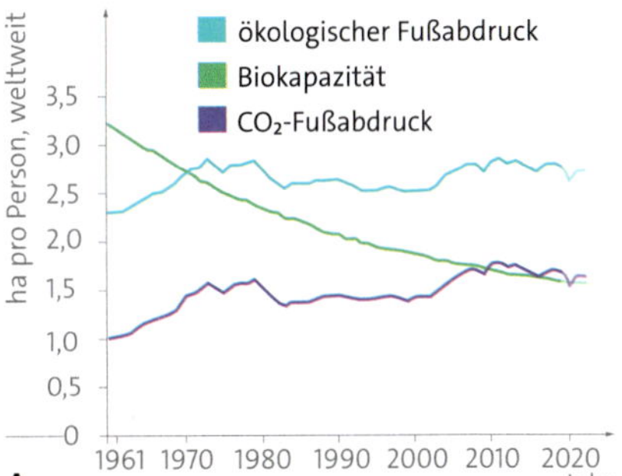

A

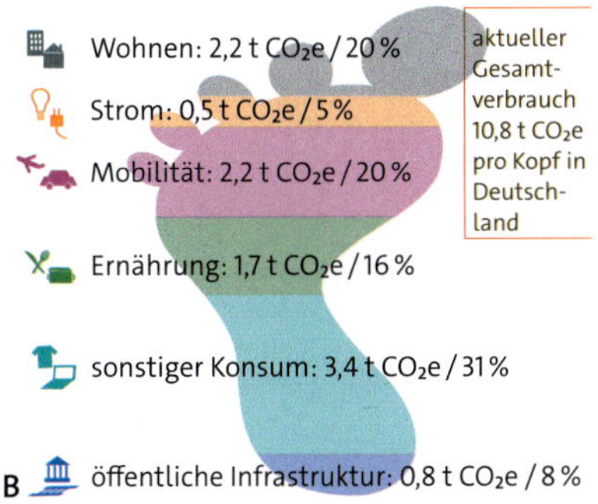

B

Der ökologische Fußabdruck gibt an, wie viel Hektar der weltweit verfügbaren produktiven Fläche der Erde einzelne Menschen, Länder und Regionen für das Aufrechterhalten ihres Lebens und ihres Lebensstils, also Wohnen, Ernährung, Konsum, Mobilität sowie Infrastruktur verbrauchen beziehungsweise beanspruchen. Bei einer gerechten Verteilung der Ressourcen auf alle Menschen der Erde steht im Moment jedem Menschen ungefähr eine Fläche von 1,63 ha zur Verfügung. Der CO_2-Fußabdruck gibt an, wie viel klimawirksame Treibhausgase für verschiedene Lebensbereiche, zum Beispiel für die Produktion von Waren und Dienstleistungen, freigesetzt werden. Er wird in Tonnen CO_2-Äquivalent (CO_2e) t CO_2e angegeben.

1 Werten Sie die Grafiken aus und stellen Sie Zusammenhänge her.

2 Ermitteln Sie Ihren ökologischen und Ihren CO_2-Fußabdruck mithilfe eines digitalen Tools und vergleichen Sie sie mit verschiedenen Fußabdrücken ausgewählter Kontinente und Länder.

3 Bestimmen Sie mithilfe der Abbildung B Ansatzpunkte zur Reduktion Ihres persönlichen Fußabdrucks und ermitteln Sie die Auswirkungen dieser Lebensstilveränderung.

4 Beurteilen Sie den Verbrauch der endlichen Ressourcen dieser Welt aus verschiedenen Perspektiven. Leiten Sie daraus mögliche politische Forderungen ab, um den nachhaltigen Umgang mit den Ressourcen der Erde zu verbessern.

3.13 Globale Klimaveränderungen

1 Hausboot treibt auf dem Wasser

Ein Haus treibt auf dem Wasser. Könnte dieses Wohnkonzept eine Antwort auf die Erhöhung des Meeresspiegels infolge der globalen Erwärmung sein? Können wir uns also gelassen auf die drohenden Klimaveränderungen einstellen oder droht vielmehr eine Katastrophe?

1 Beschreiben Sie in wenigen Stichpunkten die Ihnen bekannten Gründe der Erderwärmung.

2 Erklären Sie, welchen Einfluss das Abschmelzens des arktischen und des antarktischen Eises jeweils auf den Meeresspiegel hätte.

Aktuelle Erderwärmung • In der zweiten Hälfte des 19. Jahrhunderts ist die Jahresmitteltemperatur weltweit durchschnittlich um etwa 1,1 °C gestiegen. Infolgedessen kommt es schon jetzt immer häufiger zu Extremwetterereignissen wie Starkregen, Stürmen oder langen Hitze- und Dürreperioden.
Das globale Klima wird durch die Strahlungsenergie der Sonne, die Eigenschaften der Erdoberfläche sowie die Atmosphäre beeinflusst. Die kurzwellige Sonnenstrahlung wird von der Erdoberfläche als langwellige Wärmestrahlung zurückgeworfen. Ein Teil dieser Wärmestrahlung wird im unteren Teil der Atmosphäre durch Wasserdampf, Kohlenstoffdioxid, Methan, Ozon und Lachgas absorbiert. Es kommt zu einer Mehrfachreflexion zwischen der Erdoberfläche und diesen Gasen, die mit denjenigen zwischen Boden und Glasdach in einem Treibhaus vergleichbar sind. Daher werden diese Gase als **Treibhausgase** bezeichnet. (▶ 2) Sie bedingen eine Erwärmung der Erdoberfläche, den natürlichen **Treibhauseffekt**.

Ursache für die menschengemachten Klimaveränderungen ist die stetige Zunahme der Treibhausgase in der Atmosphäre: Kohlenstoffdioxid aus der Verbrennung von fossilen Energieträgern und der Brandrodung, Methan und Lachgas aus der intensiven Landwirtschaft. Die Anreicherung dieser Gase in der Atmosphäre bewirken eine zusätzlich Erwärmung der Erdoberfläche, die als anthropogener Treibhauseffekt bezeichnet wird. Bereits eine globale Erwärmung von 1–2° C hat weitreichende Folgen: Gletscher und Meereseis schmelzen, Flüsse treten über die Ufer, extreme Wetterereignisse häufen sich und Dürrezonen weiten sich aus. Um erklären zu können, wie sich das globale Klima in Zukunft weiter entwickeln wird, ist die Betrachtung erdgeschichtlicher Erkenntnisse nützlich.

3 Erläutern Sie den natürlichen und den anthropogenen Treibhauseffekt (▶ 2).

4 Entwickeln Sie ein Modell, das die Auswirkungen des Klimawandels in vereinfachter Form darstellt, und erstellen Sie hierzu eine Skizze.

5 Vergleichen Sie Ihr Modell mit dem einer Mitschülerin oder eines Mitschülers. Finden Sie Schwächen in Ihrem Modell und optimieren Sie es, wenn möglich.

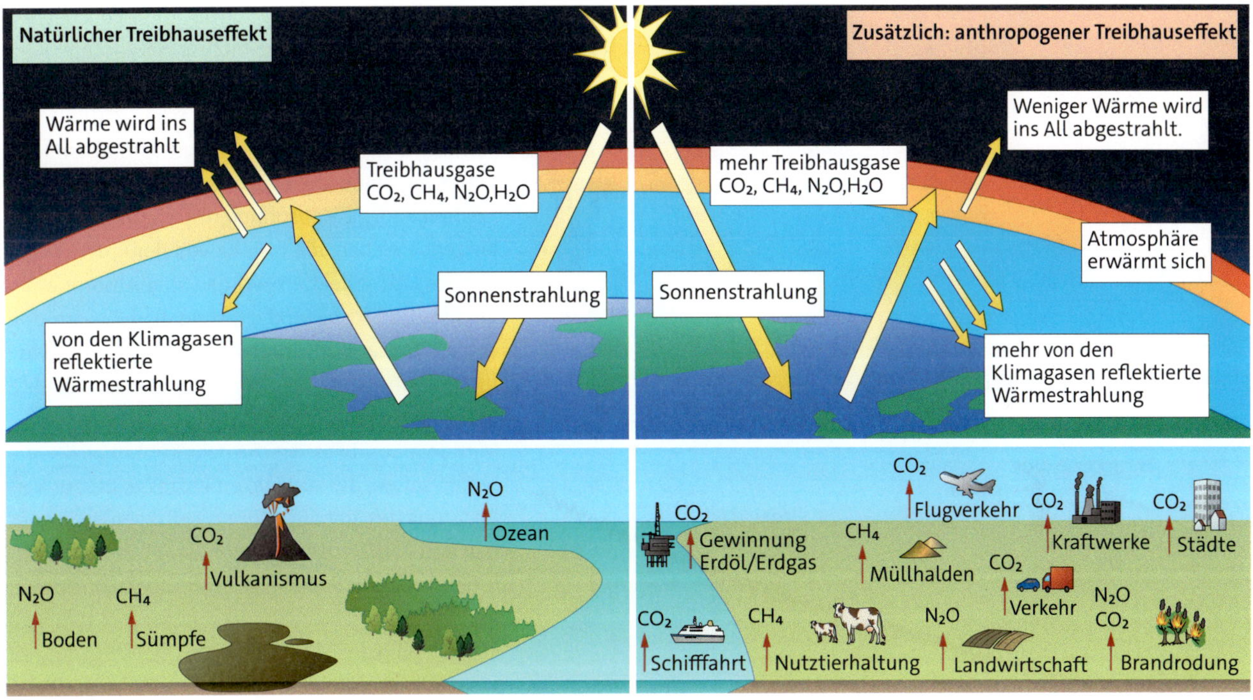

2 Treibhauseffekt: A natürlich, B anthropogen

Entwicklung der Erdatmosphäre • Die Uratmosphäre bestand aus Kohlenstoffdioxid und Wasserdampf sowie in deutlich geringeren Mengen aus Stickstoff, Methan, Schwefeldioxid und weiteren Gasen. Aufgrund der Sonneneinstrahlung konnte im Verlauf der Zeit viel Wasserdampf als flüssiges Wasser kondensieren. Dadurch wurde der Atmosphäre nicht nur Wasser entzogen, sondern aufgrund der guten Löslichkeit im Wasser auch CO_2, sodass hauptsächlich freier Stickstoff übrig blieb. Das CO_2 reagierte im Urozean mit Calcium- und Magnesiumionen weiter zu schwer löslichen Carbonaten. So entstehen seit 4 Milliarden Jahren Kalksteinsedimente, in denen bis heute etwa 80 % des ursprünglichen CO_2 der Uratmosphäre gebunden sind. Die abnehmende Konzentration an CO_2 verminderte den Treibhauseffekt, was zu weiterer Abkühlung und weiterer Kondensation von Wasser führte. Diese Abkühlung war eine wichtige Voraussetzung für die Bildung organischer Stoffe und damit für die Entwicklung des Lebens auf der Erde.

Die ersten Lebewesen lebten anaerob. Die große Menge an Sauerstoff in der heutigen Atmosphäre ist eine Folge der Photosynthese, die zuerst von Cyanobakterien betrieben wurde. Photosynthetisch aktive Organismen entziehen der Atmosphäre CO_2. Im weiteren Verlauf der Evolution entwickelten sich aerobe Eukaryoten, die Sauerstoff für energieliefernde Stoffwechselprozesse aufnahmen und im Gegenzug Kohlenstoffdioxid freisetzten.

Vor etwa 600 Millionen Jahren war so viel Sauerstoff in der Atmosphäre, dass durch Fotooxidation Ozon entstehen konnte, das den größten Teil der lebensfeindlichen UV-Strahlung zurückhielt. Damit wurde Leben auch außerhalb des Wassers möglich. In langen geologischen Prozessen entstand zudem aus den Kohlenstoffverbindungen abgestorbener Biomasse Torf, Kohle, Erdöl und Erdgas. Diese Prozesse sowie die Entstehung der Kalksteinsedimente in den Meeren führten zu einer Reduktion des CO_2-Gehaltes in der Atmosphäre. Sie sind damit Teil des globalen Kohlenstoffatomkreislaufs. Durch die zunehmende Verbrennung fossiler Brennstoffe werden hingegen große Mengen an CO_2 wieder freigesetzt, was zu einer Verstärkung des Treibhauseffekts und damit zu einer Erhöhung der Temperaturen auf der Erde führt.

6 Stellen Sie die Entwicklung des CO_2-Gehalts in der Atmosphäre von der Uratmosphäre bis heute in Form eines Flussdiagramms dar.

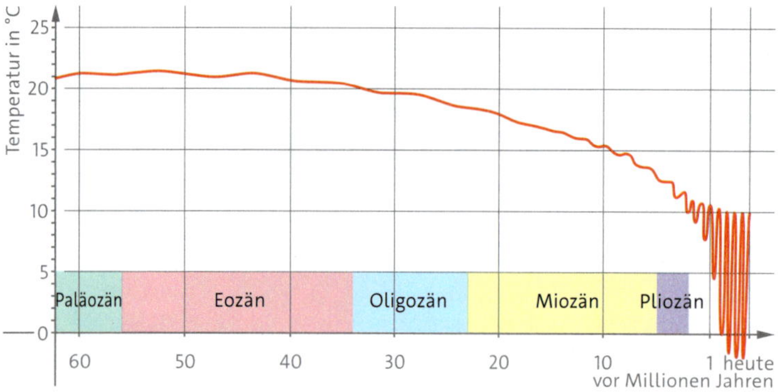

1 Temperaturverlauf in der Erdneuzeit

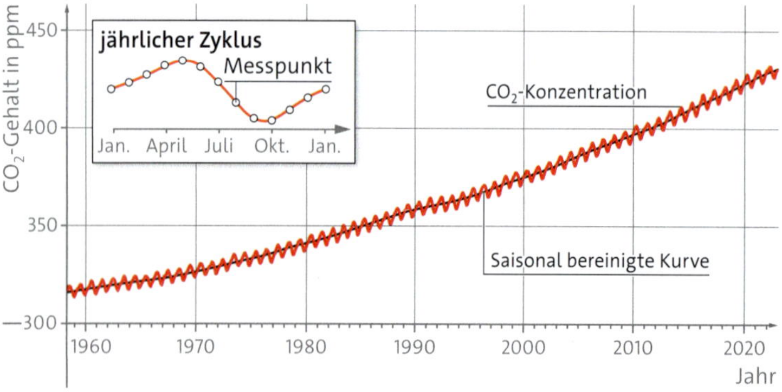

2 Entwicklung des Kohlenstoffdioxidgehalts am Mauna Loa, Hawaii

1 Viele Menschen sehen in der aktuellen Erderwärmung kein durch den Menschen verursachtes Problem, sondern ein natürliches Phänomen. Beurteilen Sie diese Ansicht und nehmen Sie Stellung dazu.

Klimavariabilität • Wie bereits beschrieben hat es in der Atmosphäre im Verlauf der Erdgeschichte immer wieder Veränderungen in der CO_2-Konzentration gegeben. Diese Schwankungen haben Einfluss auf die globalen Temperaturen. Untersuchungen haben gezeigt, dass sich seit etwa 2 Millionen Jahren Warm- und Eiszeiten abwechseln. (▶ 1). So weisen fossile Funde von großen Säugetieren wie dem Steppennashorn in Europa darauf hin, dass vor etwa 120 000 Jahren die mittlere Temperatur um 4,5 °C höher war als heutzutage.

Prognosen und Klimaschutz • Langzeitmessungen der meteorologischen Forschungsstation Mauna Loa auf Hawaii (▶ 2) zeigen, dass die CO_2-Konzentration in den letzten 65 Jahren von etwa 315 ppm auf 420 ppm angestiegen ist und weiter ansteigen wird. Damit hat die Konzentration aus menschlichen Aktivitäten stammender Treibhausgase, darunter Kohlenstoffdioxid, Methan, Stickoxide und Fluorkohlenwasserstoffe, in der Atmosphäre innerhalb von verhältnismäßig kurzer Zeit ein Ausmaß erreicht, wie es seit Millionen von Jahren nicht zu finden war. Die Treibhausgase absorbieren Strahlung in Wellenlängenbereichen, die bislang von der Erde weitgehend ins All reflektiert wurden. Ihre Absorption in der Atmosphäre bewirkt eine messbare Erwärmung von 1,2 °C, Stand 2022. Allerdings ist es sehr schwierig, ausgehend von diesen Daten weitere direkte Vorhersagen zur Klimaentwicklung abzuleiten. Mittlerweile gibt es verschiedene Klimamodelle, die helfen sollen, die komplexen Prozesse, die zur Veränderung des globalen Klimas beitragen, zu verstehen und Vorhersagen zu formulieren. Diese Modelle liefern zwar in Abhängigkeit von den betrachteten Faktoren unterschiedliche Ergebnisse, die Grundaussage bleibt jedoch immer gleich: Die Temperaturen werden weiter steigen. Im Jahr 2018 ging der Weltklimarat für den Zeitraum 2030–2035 von einer Erwärmung um 1,5 °C aus, welche die bereits beschriebenen Folgen mit sich ziehen wird. In 2021 wurde diese Vorhersage auf 2 °C erhöht, falls keine zügige, groß angelegte Reduzierung der Treibhausgasemissionen erreicht wird.

2 Recherchieren Sie, wieso die bisherigen Klimamodelle teilweise zu unterschiedlichen Prognosen für die Entwicklung des Weltklimas kommen (▶ Methode auf S. 272).

Schutzmaßnahmen zur Stabilisierung des Klimas sind unmittelbar mit Maßnahmen zur Luftreinhaltung und zum nachhaltigen Energieumsatz verbunden. Die Nutzung von Sonnen- und Windenergie sowie die Gewinnung von Energie aus Wasserstoff spielen dabei eine Schlüsselrolle. Diskutiert wird zudem die Entwicklung von Speicher- und Verwertungstechniken für Kohlenstoffdioxid und Methan. So wird bereits in Norwegen Kohlenstoffdioxid, das bei der Produktion von Zement oder in Kohlekraftwerken entsteht, aufgefangen und unterirdisch in leeren Gas- und Ölfeldern gespeichert.

3 Erläutern Sie, in welcher Weise sich der Wärmehaushalt der Erde vom Menschen beeinflussen lässt.

Material A Klimaschutz oder Klimaanpassung?

A1 Hochwasser im Ahrtal

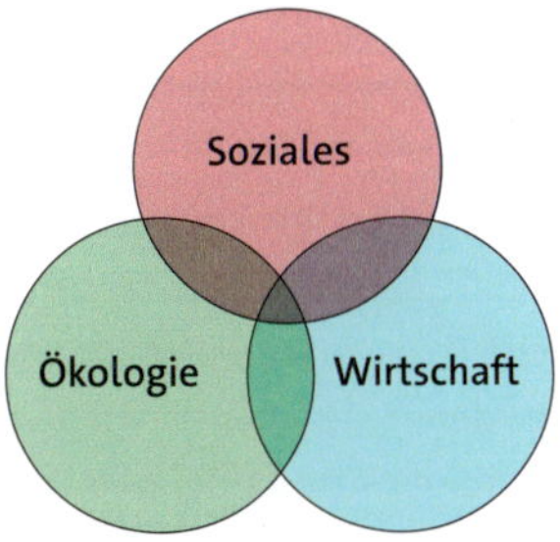

Säulen der Nachhaltigkeit – ein Modell

- jede Säule ist gleich wichtig und gleichberechtigt
- Nachhaltigkeit kann also nur durch gleichwertige Rücksicht auf alle drei erreicht werden

A2 Säulen der Nachhaltigkeit

Klimaschutz	Klimaanpassung
• Ausbau erneuerbarer Energien	• Anbau hitzetoleranter Nutzpflanzen
• Ausstieg aus der Energiegewinnung durch fossile Brennstoffe	• Erhöhung des Anteils an Grünflächen in besiedelten Räumen
• Ausbau der E-Mobilität	• Ausbau des Hochwasserschutzes
• Eindämmung von Flug- und Autoverkehr	• Renaturierung von Flüssen und Auen
• thermische Gebäudesanierungen	• klimarobuste Wälder aufforsten
• Abschaffung oder Einschränkung der Nutztierhaltung	• Beschränkung der Grundwasserentnahme
• Reduktion bzw. Verzicht auf Fleischkonsum	• energieeffiziente Sanierung von Altbauten
• Speicherung von CO_2 in leeren Öl- und Gasfeldern	• Dach- und Fassadenbegrünung
• Eisendüngung	

A3 Maßnahmen zum Klimaschutz

Der heftige Dauerregen mit Überschwemmungen, Hochwasser und Erdrutschen im Juli 2021 hatte dramatische Folgen für die Bevölkerung und die Infrastruktur in den betroffenen Gebieten in Nordrhein-Westfalen. Ereignisse wie diese zeigen erneut, wie wichtig es ist, dem Klimawandel mit passenden Maßnahmen zu begegnen. Maßnahmen zur Bekämpfung der Ursachen des Klimawandels werden als **Klimaschutz** bezeichnet. Die Klimaanpassung beschreibt hingegen Maßnahmen zur Bewältigung der unmittelbaren Folgen des Klimawandels. Klimaschutz und Klimaanpassung umfassen eine große Bandbreite unterschiedlicher Aktivitäten. (▶ A3)

1 Formulieren Sie mithilfe des Modells für eine nachhaltige Entwicklung (▶ A2) Kriterien für die Bewertung der verschiedenen Maßnahmen.

2 Wählen Sie aus den Listen jeweils zwei Maßnahmen zum Klimaschutz und zur Klimaanpassung aus und recherchieren Sie Informationen zu diesen.

3 Beurteilen Sie die ausgewählten Maßnahmen unter Einbezug der von Ihnen entwickelten Kriterien.

4 Erläutern Sie folgende Aussage: Klimaschutz und Klimaanpassung sind keine Gegenspieler, sondern die zwei Seiten derselben Medaille.

3.14 Biodiversität

1 Wallacea

Regenwald trifft auf Korallenriff – das artenreichste terrestrische Ökosystem und der artenreichste aquatische Lebensraum treffen an den Küsten des Korallendreiecks aufeinander. Das indoaustralische Faunengrenzgebiet wird als geografisches Gebiet „Wallacea" genannt und ist bekannt für seine Artenvielfalt. Inwieweit stellt der Mensch eine Gefährdung für solche Ökosysteme dar und wie kann man diese erhalten?

1 Die Wallacea wurde als Hotspot oder Brennpunkt der Biodiversität für den Naturschutz identifiziert. Begründen Sie, warum für diese Region besondere Schutzmaßnahmen notwendig sind.

Biodiversität • Der Begriff **Biodiversität** beschreibt die gesamte biologische Vielfalt der Erde und ist eine Kurzform für *biological diversity* (biologische Vielfalt). Biodiversität ist seit der globalen Konferenz der Vereinten Nationen über Umwelt und Entwicklung in Rio de Janeiro 1992 (UNCED) nicht nur als naturwissenschaftlicher, sondern auch als politischer Fachbegriff eingeführt. Die Definition des UN-Übereinkommens lautet: „Die biologische Vielfalt bedeutet die Variabilität unter lebenden Organismen jeglicher Herkunft, darunter Land-, Meeres- und sonstige aquatische Ökosysteme und die ökologischen Komplexe, zu denen sie gehören; dies umfasst die Vielfalt innerhalb der Arten und zwischen den Arten und die Vielfalt der Ökosysteme".

Genetische Vielfalt • Die Unterschiede im Erbgut innerhalb einer Art, die äußerlich oft nicht zu erkennen sind, werden als genetische Vielfalt bezeichnet. Entstehen Variationen innerhalb einer Art durch unterschiedliche Lebensräume und Angepasstheiten an diese, spricht man hier von verschiedenen Ökotypen (► 2). Diese genetische **Diversität** macht Populationen widerstandsfähiger gegenüber Verände-

2 Farbvariationen bei Baumschnecken

rungen der Umwelt, Krankheiten und anderen Bedrohungen. Die genetische Vielfalt der landwirtschaftlich genutzten Kulturpflanzen, Haustiere und Mikroorganismen in landwirtschaftlichen Betrieben wird als Agrobiodiversität bezeichnet.

2 Traditionelle Sorten und Rassen gelten als genetische Ressourcen der Landwirtschaft (▶ 3). Stellen Sie Hypothesen auf, inwiefern sie unsere Ernährungssicherheit erhöhen können.

Artenvielfalt • Die Anzahl der verschiedenen Arten in einem bestimmten Gebiet bezeichnet man als Artenvielfalt. Hierzu zählen Mikroorganismen, Pilze, Pflanzen, Tiere und natürlich auch der Mensch. Die Artenvielfalt ist entscheidend für die Funktion und die Stabilität von Ökosystemen. Die globale Verteilung der Artenvielfalt ist nicht gleichmäßig, es gibt eine komplexe Wechselwirkung zwischen den abiotischen Faktoren wie Geografie und Klima und der Artenvielfalt in einem Gebiet.

3 Erklären Sie, inwieweit ein Zusammenhang zwischen der geografischen Lage eines Ökosystems und seiner Artenvielfalt besteht.

4 Eine artenreiche Wiese kann besser auf Umweltveränderungen reagieren als eine Monokultur. Begründen Sie diese Aussage.

Vielfalt der Ökosysteme • Wälder, Wiesen, Moore, aber auch Wüsten und Hochgebirge, Wattlandschaften, Mangroven, Korallenriffe, Seegraswiesen, Inseln und die Hochsee sind Ökosysteme – komplexe Geflechte zwischen der Umwelt, den ökologischen Nischen und Lebensgemeinschaften mit all ihren Wechselbeziehungen untereinander. In jedem Ökosystem gibt es einen Stoffkreislauf, an dem Produzenten, Konsumenten und Destruenten beteiligt sind.

5 Vergleichen Sie die Artenvielfalt in den Ökosystemen Wattenmeer, Mangrove und Felsküste.

6 Diskutieren Sie, ob man eine hohe Artenvielfalt eher in extremen Lebensräumen oder in Bereichen mit gemäßigten klimatischen Bedingungen finden wird.

3 Zuchtrassen

4 Wattenmeer

5 Felsküste

6 Uluru (Ayers Rock)

7 Mangrovenwald

Ursprung • Die Biodiversität von heute ist das Ergebnis der etwa 3,5 Milliarden Jahre dauernden Geschichte des Lebens auf dem Planeten Erde. Das heutige Bild ist eine Momentaufnahme. Viele Arten haben sich entwickelt und die meisten sind bereits wieder ausgestorben. Geologische Prozesse veränderten die Erdoberfläche und die Verteilung der Kontinente und das globale Klima unterlag Schwankungen. Lebensräume sind entstanden, haben sich verändert und sind auch wieder zerfallen und mit ihnen die Lebensgemeinschaften.

Globale Biodiversitätskrise • Die Biodiversität von heute ist durch menschliche Aktivitäten bedroht, die Umweltveränderungen in einer rasanten Geschwindigkeit bewirken, die keine Anpassung der Lebewesen ermöglicht. Die Zerstörung von Lebensraum und damit der Artenvielfalt führt zur Biodiversitätskrise. Ressourcen werden ausgebeutet, zum Beispiel die Meere überfischt, intensive Landwirtschaft führt zur chemischen Belastung der Böden, Umweltgifte werden freigesetzt und Plastik schädigt die Lebensräume. Insgesamt sind 75 % der Landökosysteme und 40 % der Meeresökosysteme bereits durch den Menschen verändert. Rund 1 Million von geschätzten 8 Millionen Tier- und Pflanzenarten sind akut vom Aussterben bedroht, die Leistungen der Ökosysteme nehmen massiv ab. Genetische Ressourcen und Nutzungsmöglichkeiten gehen unwiderruflich verloren. Auch die Individuenzahlen haben weltweit in allen Lebensräumen abgenommen. Mit zunehmendem Tempo verschwinden ganze Ökosysteme und die dort lebenden Arten, so dass bereits vom 6. Massenaussterben gesprochen wird.

1 Massenaussterben sind in der Geschichte des Lebens auf unserem Planeten mehrfach aufgetreten und durch Fossilfunde belegt. Finden Sie die Indizien und Mutmaßungen über mögliche Ursachen und die Bezifferung "6. Massenaussterben".

2 Recherchieren Sie die möglichen Ursachen des Massenaussterbens in den vergangenen geologischen Erdzeitaltern (▶ Methode auf S. 272).

Der Klimawandel trägt zum aktuellen Aussterben von bekannten Arten und auch von bislang unbekannten Spezies bei. Invasive, gebietsfremde Arten verstärken das weltweite Artensterben und sind eine Bedrohung für die einheimische Biodiversität. Schutzmaßnahmen und nachhaltige Strategien sind notwendig, um den Verlust der Biodiversität zu stoppen.

3 Recherchieren Sie die Ausbreitung von Waschbär, Riesenbärenklau und Kanadischer Goldrute und deren Auswirkung auf die heimische Artenvielfalt.

Die CBD • Das wichtigste multilaterale Vertragswerk für den Schutz der Biodiversität auf der Erde ist die Convention on Biological Diversity (CBD), der 196 Staaten beigetreten sind. Die CBD verfolgt drei Ziele: den Erhalt der biologischen Vielfalt, die nachhaltige Nutzung der biologischen Vielfalt und den gerechten Vorteilsausgleich aus der Nutzung der biologischen Vielfalt.

4 Informieren Sie sich über die Ergebnisse der 15. Vertragsstaatenkonferenz im Dezember 2022 in Montreal, Kanada.

1 Asteroideneinschlag in Yukatan

2 Plastikmüll am Strand von Rhodos

Material A Globale Verteilung der Biodiversität

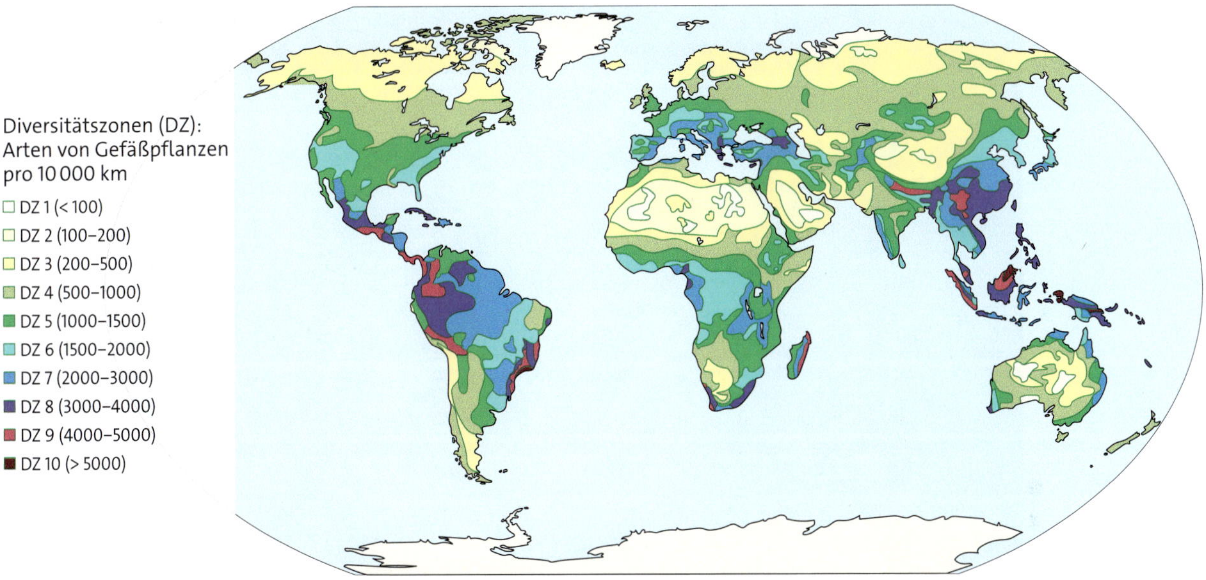

A1 Weltweite Artenzahlen von Gefäßpflanzen (Farn- und Samenpflanzen)

Die Abbildung zeigt die globale Verteilung der Gefäßpflanzenarten.

1 Beschreiben Sie die Abbildung und geben Sie mögliche Ursachen für die starken Unterschiede hinsichtlich der Artenvielfalt an.

2 Recherchieren Sie die weltweit größten landwirtschaftlichen Nutzflächen und vergleichen Sie diese mit der Verteilung der globalen Artenvielfalt.

3 Erklären Sie positive und negative Auswirkungen der Landwirtschaft auf die Biodiversität.

4 Recherchieren Sie die Methoden und die Wirtschaftlichkeit von intensiver und extensiver Landwirtschaft und vergleichen Sie diese in Form einer Tabelle.

Die Menschheit verwüstet Landstriche, wirbelt Ökosysteme durcheinander und rottet Tier- und Pflanzenarten aus. Seit einigen Jahren haben Flora und Fauna einen hochkarätigen Anwalt: den Weltbiodiversitätsrat IPBES. Dieser veröffentlicht regelmäßig Berichte zur Lage der globalen Biodiversität, die als wissenschaftliche Entscheidungsgrundlage für die Akteure in Politik und Gesellschaft dienen.

5 Informieren Sie sich über die aktuellen Berichte des IPBES.

Material B Biodiversität in Deutschland

Auch in Deutschland ist bereits ein großer Teil der Arten gefährdet.

1 Werten Sie die nebenstehenden Diagramme zur Artenvielfalt und den gefährdeten Arten in Deutschland aus.

2 Informieren Sie sich über nationale Aktivitäten zum Schutz der Biodiversität in Ihrer Region, zum Beispiel Beweidungsprojekte, Renaturierungsmaßnahmen wie Wiedervernässung von Mooren, Brachflächen und Schutzgebiete.

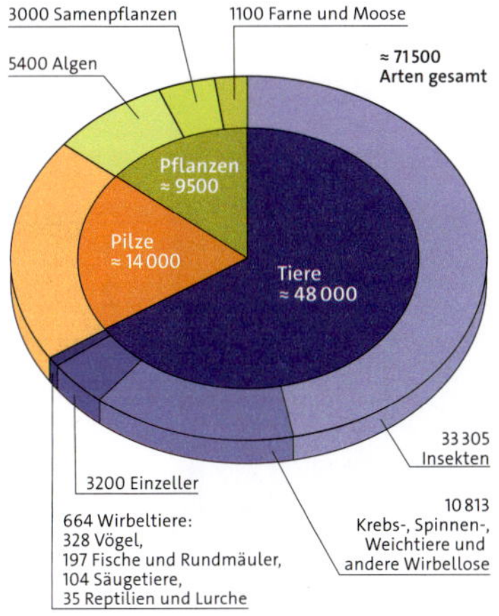

B1 Artenvielfalt in Deutschland

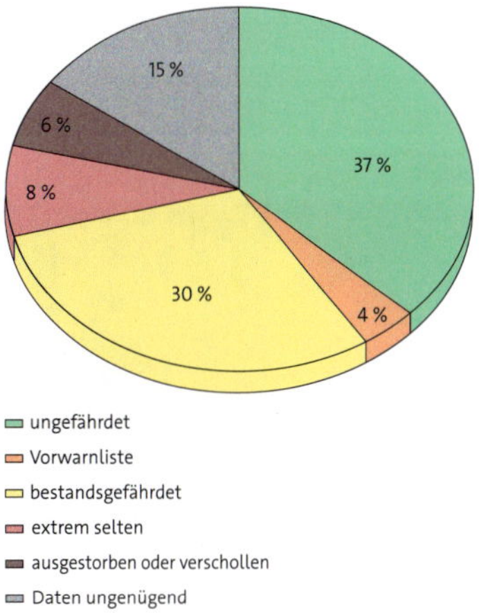

B2 Gefährdete Arten in Deutschland

3.15 Monetarisierung von Ökosystemen

1 Blue Marble: „View of the earth as seen by the Apollo 17 crew travelling towards the moon."

Aufgenommen wurde dieses Bild von der Apollo-17-Besatzung am 7.12.1972 aus einer Entfernung von 29 000 km. Die Sonne befindet sich im Rücken des Raumschiffs. So ist die Erde komplett ausgeleuchtet. Der Durchmesser der Erde beträgt am Äquator 12 756 km. Die Biosphäre, der Bereich, in dem Leben vorkommt, hebt sich kaum ab. Wie beeinflussen wir die Bedingungen für das Leben?

Lebensraum • Alle Lebewesen nutzen vielfältige natürliche Ressourcen. Dadurch beeinflussen und verändern sie ihren Lebensraum. Photoautotrophe Pflanzen wachsen dem Licht entgegen und schaffen so schattige Bereiche, in denen Organismen wie Moose und Farne gedeihen können, die andere Lebensbedingungen benötigen (▶ 2). Epiphyten wiederum wachsen auf den Stämmen von Bäumen, um an ihre Energiequelle, das Sonnenlicht, zu gelangen. Parasiten, etwa Bandwürmer oder Zecken, ernähren sich auf Kosten ihres Wirtsorganismus.

2 Tropischer Regenwald

Ökosystemleistungen • Auch wir Menschen verändern unseren Lebensraum durch die industrielle und individuelle Ausbeutung der natürlichen Ressourcen. Die Nutzung fossiler Energieträger gehört ebenso dazu wie die Entnahme von Trinkwasser oder die Eindämmung von Schadorganismen durch die Biodiversität. Diese vom Menschen in Anspruch genommenen natürlichen Dienstleistungen werden nach ihrer ökonomischen, ökologischen und kulturellen Bedeutung unterschieden.

1 Der Freistaat Bayern zahlt Landwirten eine Prämie, wenn sie bis zu 8% ihres Ackerlandes nicht bestellen, sondern brach liegen lassen. Diskutieren sie, inwiefern eine Brache im öffentlichen Interesse liegt.

2 Recherchieren Sie den Bereich, der als Biosphäre bezeichnet wird, und setzen Sie ihn ins Verhältnis zum Durchmesser der Erde. Überlegen Sie, ob sich die Biosphäre maßstabsgetreu und erkennbar in das Bild der Blue Marble von Apollo 17 einzeichnen ließe.

Monetarisierung • Die Monetarisierung ist in der Betriebswirtschaftslehre die finanzielle Bewertung eines Produkts oder eines Services. Es werden materielle und immaterielle Güter unterschieden.

Grenzen des Wachstums • 1972, im Jahr der Apollo-17-Mission, veröffentlichte der Club of Rome, ein Zusammenschluss von Experten verschiedener Disziplinen aus über 30 Ländern seinen wegweisenden Bericht zur Lage der Menschheit. In „The Limits to Growth" stellen die Autoren einen Zusammenhang zwischen den wirtschaftlichen Interessen des Menschen einerseits und deren ökologischen Folgekosten andererseits her. Sie plädieren für ein Wirtschaftsmodell, in das die ökologischen Kosten eingerechnet werden, da es sonst zur irreparablen Schädigung der natürlichen Grundlagen nicht zuletzt des Menschen kommen wird.

3 Formulieren Sie den Unterschied zwischen materiellen und immateriellen Gütern.

4 Diskutieren Sie, ob sich der Mechanismus zur Preisgestaltung materieller Güter auch auf immaterielle natürliche Güter anwenden lässt.

Kosten-Nutzen-Abwägung • 2021 kam es im Ahrtal in Rheinland-Pfalz zu einem Jahrhunderthochwasser. Straßen und Gebäude wurden vom Wasser der Ahr, die eigentlich ein kleiner Bach ist, unterspült und weggeschwemmt (▶ 3). Der Pegel der Ahr stieg in einigen Flussabschnitten um über 10 m. Viele Menschen verloren ihr Hab und Gut und tragischerweise auch ihr Leben.

Eine Kosten-Nutzen-Abwägung dient zur Einschätzung der Wirtschaftlichkeit von konkreten Maßnahmen. Kritisch ist zum einen der Zeitraum, der in die Analyse einbezogen wird, da langfristige Maßnahmen wie der Bau von Windkraftwerken sich erst nach vielen Jahren amortisieren. Zum anderen gestaltet es sich oft schwierig, relevante Parameter zu identifizieren und realistisch zu gewichten, was für die Akzeptanz einer Maßnahme in der Bevölkerung entscheidend ist.

5 Formulieren Sie, was man intuitiv unter dem Begriff Jahrhunderthochwasser versteht. Beziehen Sie begründet Stellung, inwieweit diese Bezeichnung heute noch zutreffend ist.

3 Von der Ahr unterspültes Gebäude

6 Informieren Sie sich über den Wiederaufbau und dessen Finanzierung im Ahrtal. Beurteilen Sie dabei die Nachhaltigkeit der hier deutlich werdenden Strategie. Benennen Sie in diesem Zusammenhang auch die für dieses Projekt relevanten Interessensvertreter.

Ökosystemmanagement • Die naturbelassenen Gebiete in Europa sind zum großen Teil durch menschliche Aktivitäten parzelliert. Siedlungen und Straßen unterbrechen den innerartlichen Austausch. Vorkommen von Wildtieren werden aus diesem Grund gemanagt, um stabile Populationen zu ermöglichen. Es wird zum Beispiel versucht, Wanderrouten zwischen den natürlichen Vorkommen von Wölfen und Bären zu erschließen.
Im Nationalpark Bayerischer Wald hingegen können natürliche Prozesse weitgehend ungestört vom Menschen ablaufen. Dieser Prozessschutz führt in Zyklen zum großflächigen Absterben der hier dominierenden Fichten. Ursache ist die massenhafte Vermehrung des Borkenkäfers, dessen Population in der Folge ebenfalls großen Schwankungen unterliegt.

7 Entwickeln Sie eine Pro- und Contra-Argumentation zum Prozessschutz im Nationalpark Bayerischer Wald.

8 In der Folge eines erfolgreichen Ökosystemmanagements verbreitet sich der Wolf in den Alpen wieder. Kritische Stimmen kommen von ansässigen Landwirten, die um ihre Schafe und Rinder fürchten. Informieren Sie sich über die Argumente der verschiedenen Interessenvertreter. Diskutieren Sie diese Argumente in Ihrem Kurs und formulieren Sie eine mehrheitsfähige Stellungnahme.

Amortisieren aus dem Französischen amortier → tilgen

1 Kohlekraftwerk

Wetterextreme • Nach heutigem Stand des Wissens steigt die Wahrscheinlichkeit von Wetterextremen im Zusammenhang mit dem Klimawandel stark an. Es ist zwar in der Regel schwierig, ein Einzelereignis dem Klimawandel zuzuordnen, der Vergleich von Häufigkeit und Intensität dieser wissenschaftlich dokumentierten Ereignisse ermöglicht es aber, eine Verbindung herzustellen. Der Zusammenhang zur Ausbeutung materieller und Nutzung immaterieller natürlicher Güter ist unübersehbar und wissenschaftlich dokumentiert. Eine erhöhte Konzentration von Treibhausgasen wie CO_2 und Methan in der Atmosphäre führt vermehrt zu Stürmen, Hitzewellen, Dürren und Überschwemmungen auch in gemäßigten Breiten. Dies hat auch heute schon unmittelbare Folgen für die Menschen in den betroffenen Regionen und nicht zuletzt auch für die globale Ernährungssicherheit.

1 MunichRe ist der weltgrößte Rückversicherer. Recherchieren Sie die Einschätzungen dieses Unternehmens zum Klimawandel. Vergleichen Sie die wirtschaftlichen Auswirkungen auf das Unternehmen und auf die Gesellschaft in der Gegenwart als auch in der Zukunft.

2 Bewerten Sie die politischen, gesundheitlichen und sozialen Auswirkungen von Wetterextremen aus der Perspektive einer Industrienation einerseits und einem zu den Least Developed Countries (LDC) zählenden Land andererseits.

Emissionen • Seit 2005 gibt es in der EU den Emissionshandel. Dabei handelt es sich um die Umsetzung des internationalen Klimaschutzabkommens der Vereinten Nationen (UN) von Kyoto 1997. Er verpflichtet CO_2-Emittenten, über den Erwerb von CO_2-Zertifikaten das Recht zur CO_2-Emission zu erwerben.

3 Erläutern Sie den Steuerungsmechanismus, den sich die EU von dem Emissionshandel verspricht.

4 Recherchieren Sie die Preise für die Emission von 1 t CO_2 heute und vergleichen Sie diesen mit dem von 2004. Begründen Sie den Preisunterschied und diskutieren Sie, ob der heutige Preis angemessen ist.

5 eA Berechnen Sie Ihren CO_2-Fußabdruck mithilfe von im Internet verfügbaren Angeboten. Beurteilen Sie die Grundlage dieser Berechnung, indem Sie die verschiedenen abgefragten Themen einordnen.

Gesundheit • Mit globalen Klimaveränderungen steigt die Wahrscheinlichkeit, dass tropische und subtropische Infektionskrankheiten wie Malaria oder Denguefieber auch in gemäßigten Breiten auftreten. Milde Winter können zudem dazu führen, dass es zum Beispiel mit der Verlängerung der Zeckensaison zu mehr Hirnhautentzündungen kommt. Der Kreis relevanter Infektionskrankheiten wird zusätzlich vergrößert durch das enge Zusammenleben von Menschen und Nutztieren in vielen Regionen der Erde sowie durch das stetige Vordringen des Menschen in die Lebensräume von Wildtieren. Beides erhöht die Wahrscheinlichkeit von Zoonosen, das heißt Krankheiten, die von Tieren auf den Menschen übertragen werden. Möglich ist im Weiteren auch die Übertragung von Mensch zu Mensch.

Werteabwägung • Alle Lebensformen nutzen natürliche Ressourcen, um ihr Überleben zu sichern. Die Nutzung durch den Menschen wird als Ausbeutung bezeichnet. Wissenschaftler diskutieren daher, ob diese menschlichen Einflüsse auf die Natur so weitreichend sind, dass man von einer neuen geologischen Epoche sprechen kann: dem Anthropozän. Die Auswirkungen der Ausbeutung unterscheiden sich global. Die abschmelzenden Gletscher im Himalaya verändern die Verfügbarkeit von Wasser in den Anrainerstaaten wie Bangladesch. Ein steigender Meeresspiegel bedroht Inselstaaten wie die Malediven. Eine Abschwächung der Atlantischen Umwälzzirkulation (AMOC, Ursache für den Golfstrom) verändert die Lebensbedingungen in Europa. Wertegeleitetes Handeln gewinnt im Anbetracht der Folgen von Klimaveränderungen für viele Menschen an Bedeutung. Menschenwürde, Gerechtigkeit, Gesundheit, Frieden und Fairness sind nur einige der in diesem Zusammenhang diskutierten Werte.

6 Diskutieren Sie eines der genannten Beispiele hinsichtlich der für Sie hier relevanten Werte.

7 Informieren Sie sich über weitere Infektionskrankheiten, die potenziell in der näheren Zukunft auch in Europa auftreten können.

Material A Begradigung von Flüssen

Die Altstadt von Passau zwischen Inn, Donau und Ilz

Seit Jahrtausenden nutzen Menschen Flüsse als Transportwege. In der Folge sind Flüsse immer weiter ausgebaut, vertieft und kanalisiert worden. Dies ermöglichte einen zuverlässigen und schnellen Transport zunehmend umfangreicherer Ladungen. Die Nähe zu einem Gewässer wurde so zu einem Wirtschaftsfaktor, der eine immer dichter werdende Besiedelung der angrenzenden Regionen mit sich brachte. Auch tiefer liegende Überschwemmungsflächen wurden bebaut. Überschwemmungen gehörten damals wie heute zu einem natürlichen, in früheren Zeiten teilweise auch erwünschtem Phänomen.

1 Recherchieren Sie die historische und ökologische Entwicklung eines Flussabschnitts in Ihrer Region.

2 Vergleichen Sie die Fließgeschwindigkeit in einem begradigten Fluss mit der eines natürlichen Flusssystems und stellen Sie einen Zusammenhang zur Wahrscheinlichkeit einer Überschwemmung her.

3 Heute werden vom Menschen ausgebaute Flussabschnitte teilweise renaturiert. Hinterfragen Sie die Schwerpunktsetzung einer solchen Maßnahme kritisch an einem konkreten Beispiel. Stellen Sie aus Sicht des Kostenträgers eine Kosten-Nutzen-Abwägung an.

Material B Earth Overshoot Day – Erdüberlastungstag

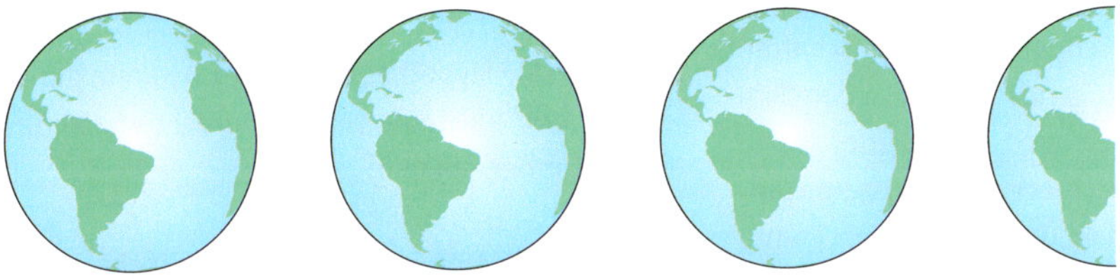

Beispielhafte Darstellung des Earth Overshoot Days

Das Global Footprint Network ist eine international tätige Non-Profit-Organisation. Zur Förderung einer nachhaltigen Entwicklung publiziert sie jährlich ein Datum, zu dem rechnerisch die globalen Ressourcen der Erde aufgebraucht sind. Ab diesem Tag lebt die Menschheit für den Rest des Jahres somit „auf Pump". Bildlich darstellen lässt sich dies durch die Zahl der Erden, die es bräuchte, um diesen Lebensstil durch nachhaltiges Wirtschaften zu ermöglichen. Grundlage dieser Berechnung ist der ökologische Fußabdruck. Hier fließen unter anderem Daten zur Mobilität und Ernährung der Menschen ein. Eine Entsprechung findet dieses Konzept im CO_2-Fußabdruck, bei dem die mit Aktivitäten verbundenen Emissionen verglichen werden. Nationale Overshoot Days ermöglichen es darüber hinaus, die Auswirkungen unterschiedlicher Lebensstile zu vergleichen.

1 Beurteilen Sie die Grundlage zur Berechnung des Overshoot Days an konkreten Beispielen.

2 Dokumentieren Sie die Entwicklung des Overshoot Days sowohl global als auch national seit 1971.

3 Beschreiben Sie die Aufgabe des Global Footprint Network.

4 Fassen Sie die nationalen Overshoot Days in Kategorien zusammen und charakterisieren Sie diese bezüglich der Verfügbarkeit von sauberem Trinkwasser, der zur Fortbewegung genutzten Transportmittel und der Ernährung.

5 Informieren Sie sich über Schulsysteme und weiterführende Bildungsangebote einzelner Nationen aus den von Ihnen unter Aufgabe 4 gebildeten Kategorien. Analysieren Sie dabei mögliche geschlechtsspezifische Unterschiede im Zugang zu Bildungsangeboten.

6 Identifizieren Sie die Faktoren, die einen wesentlichen Einfluss auf den Overshoot Day haben.

7 Entwickeln Sie Ideen und Konzepte zur Förderung nachhaltigen Wirtschaftens national und global.

8 Informieren Sie sich über den One-Health-Ansatz.

3.16 Wechselwirkungen von Biomen

1 Tropischer Regenwald

Schätzungen zufolge sterben weltweit durchschnittlich etwa 150 Tier- und Pflanzenarten pro Tag aus, wobei ein Großteil davon auf die Regenwälder entfällt. Welche Rolle spielt der Mensch bei diesem Artenverlust, wie wichtig sind einzelne Arten für die Stabilität eines Ökosystems und wie wirken sich lokale Eingriffe auf die globale Biosphäre aus?

Biome • Der Begriff Biom bezeichnet ein großes geografisches Gebiet, das durch eine charakteristische Kombination von Pflanzen, Tieren und abiotischen Faktoren wie Klima und Boden geprägt ist. Biome sind somit spezifische Lebensgemeinschaften und stellen eine grundlegende Einheit in der Ökologie dar. Sie erstrecken sich meist über weite Flächen und können verschiedene Ökosysteme umfassen (▶ 2). Jedes Biom ist dabei durch bestimmte klimatische Bedingungen definiert, die das Wachstum von Flora und Fauna beeinflussen. Beispiele für Biome wären tropische Regenwälder, Wüsten und Tundren (▶ 1, 3, 4). Ursprünglich nur auf terrestrische Lebensräume beschränkt, werden inzwischen auch aquatische Biome miteingeschlossen.

1 Beschreiben Sie mithilfe von Abbildung 2 die weltweite Verteilung der Biome und stellen Sie Hypothesen auf, welche Faktoren die gezeigte Aufteilung bedingen.

2 Stellen Sie Hypothesen auf, welche Rolle globale Stoffkreisläufe bei der Aufrechterhaltung von Biomen spielen.

Abiotische Wechselwirkungen zwischen Biomen • Obwohl man die meisten Gebiete der Erde klar einem bestimmten Biom zuordnen kann, beeinflussen sich diese oft gegenseitig. Verantwortlich hierfür sind globale abiotische Phänomene.

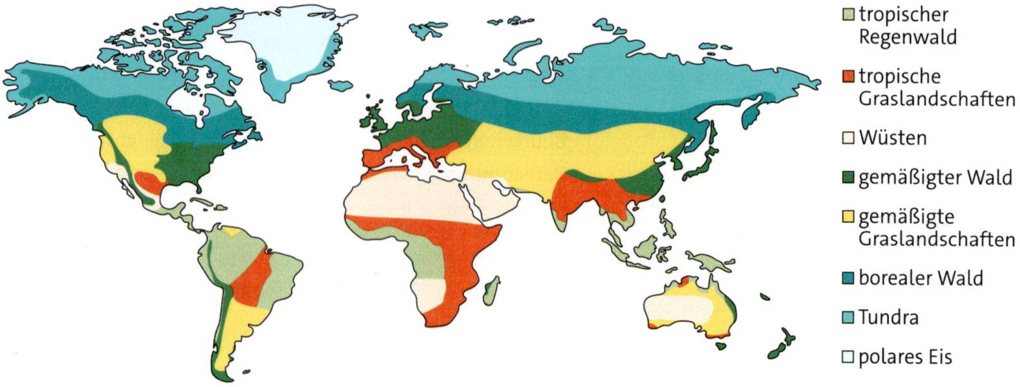

2 Weltkarte der Biome

So spielt beispielsweise die atmosphärische Zirkulation eine entscheidende Rolle für die klimatischen Bedingungen in Biomen. Globale Windströmungen transportieren dabei oft Feuchtigkeit, Wärme und Kälte über deren Grenzen hinweg. Über freien Wasserflächen wie den Ozeanen oder großen Seen verdunstet ein Teil des Oberflächenwassers, was zur lokalen Abkühlung und Wolkenbildung führt. Man bezeichnet diesen Vorgang als Wasserevaporation. Auf ähnliche Weise können auch feuchte Luftmassen aus tropischen Regionen in trockenere Gebiete gelangen und dort für Niederschläge sorgen. Flüsse können Wasser, Nährstoffe, Mineralstoffe und Sedimente von einem Biom zum anderen transportieren und auch unterirdische Wasserreservoire können Biome über große Entfernungen miteinander verbinden. So kann eine übermäßige Grundwasserentnahme in einem Gebiet die Wasserverfügbarkeit in anderen Regionen reduzieren. Zudem findet durch Luftströmungen ein Temperaturausgleich zwischen verschiedenen Regionen statt, was die klimatischen Bedingungen ebenfalls beeinflusst. Und auch der Austausch von CO_2 zwischen Atmosphäre, Ozeanen und terrestrischen Ökosystemen beeinflusst das globale Klima und damit die Bedingungen in allen Biomen. Diese abiotischen Wechselwirkungen zeigen, dass Biome nicht isoliert voneinander existieren, sondern in einem komplexen Netzwerk globaler Prozesse miteinander verbunden sind. Veränderungen in einem Biom können daher weitreichende Auswirkungen auf andere Biome haben, was die Bedeutung eines ganzheitlichen Verständnisses dieser Zusammenhänge unterstreicht.

3 Erklären Sie, welche natürlichen und unnatürlichen Blockaden die erwähnten Austauschprozesse zwischen Biomen einschränken können.

Modellierung von Störungsauswirkungen • Störungen innerhalb eines Bioms können Auswirkungen auf andere Biome und die Biodiversität haben. So können Veränderungen durch die beschriebenen Wechselwirkungen Kaskadenwirkungen in anderen Biomen auslösen. Beispielsweise kann die Abholzung tropischer Regenwälder die globale Wasserzirkulation beeinflussen und zu Klimaveränderungen in weit entfernten Regionen führen. Störungen können zudem positive oder negative Rückkopplungsschleifen auslösen. So kann der Verlust von Vegetation in einem Biom zu erhöhter Erosion führen, was wiederum die Bodenfruchtbarkeit und damit die Fähigkeit zur Regeneration der Vegetation beeinträchtigt. Einige Auswirkungen von Störungen zeigen sich zudem erst nach längerer Zeit und oft weisen Ökosysteme Schwellenwerte auf, bei deren Überschreitung abrupte Veränderungen auftreten. Um Voraussagen zu globalen Änderungen durch bestimmte Störfaktoren machen zu können, arbeiten Forschende an Modellen, die diese Vorgänge simulieren können. Diese Modelle müssen sowohl kurzfristige als auch langfristige Veränderungen in globalen Kreisläufen und Energieflüssen sowie die Schwellenwerte der verschiedenen Ökosysteme berücksichtigen.

3 Tundra

4 Wüste

4 Erklären Sie, welche Probleme sich bei der Entwicklung eines Modells zur Vorhersage globaler Veränderungen durch Störungen in einem oder mehreren Biomen ergeben.

Kohlenstoffdioxidsenken • Ein natürliches oder künstliches Reservoir, das atmosphärisches Kohlendioxid aufnimmt und langfristig speichert, bezeichnet man als Kohlenstoffdioxidsenke. Natürliche Senken umfassen vor allem Ozeane, Wälder und andere Ökosysteme mit hoher Biomasse.

5 Erklären Sie, warum Kohlenstoffdioxidsenken als wichtige Ansatzpunkte bei der Bekämpfung des Klimawandels gesehen werden.

Eine Frage, die sich hinsichtlich des Rückgangs der Biodiversität stellt, ist die Bedeutung einzelner Arten für die Stabilität von Ökosystemen.
Die **Nieten-Hypothese** und die **Passagier-Hypothese** stellen zwei Ansätze dar, die Auswirkungen solcher Veränderungen in Ökosystemen anschaulich zu erklären.

1 **Stellen Sie eine Hypothese auf, welchen Einfluss der Verlust einer einzelnen Art auf die Stabilität eines Ökosystems hat.**

Nieten-Hypothese • Bei der Nieten-Hypothese wird ein Ökosystem mit dem Rumpf eines Flugzeugs verglichen. Jede Art steht hierbei für eine Niete in besagtem Rumpf und trägt damit zum Zusammenhalt und Funktionieren des Ökosystems bei.
Der Verlust einzelner Arten (Nieten) schwächt das System schrittweise. Jede Art ist hier unterschiedlich wichtig für die Aufrechterhaltung des Ökosystems. Im Modell ist beispielsweise der Verlust einer Niete, die die Flügel mit dem Rumpf verbindet gravierender als der Verlust einer Niete am Rumpf. Auf die Ökologie bezogen bedeutet diese Hypothese, dass der Verlust von Biodiversität Ökosysteme zunehmend destabilisiert, wobei selbst scheinbar unbedeutende Arten eine wichtige Rolle spielen können.

Passagier-Hypothese • Im Gegensatz zur Nieten-Hypothese ordnet die Passagier-Hypothese die Arten in einem Ökosystem nach Passagieren und Crew-Mitgliedern eines Flugzeugs. Nur wenige Schlüsselarten (die „Crew") sind dabei für das Funktionieren des Ökosystems essenziell. Der Großteil der Arten dagegen (die „Passagiere") hat keinen wesentlichen Einfluss auf die Grundfunktionen des Systems.

Der Verlust von „Passagier-Arten" hat somit möglicherweise geringere Auswirkungen auf das Gesamtsystem. Diese Hypothese suggeriert, dass ein gewisser Verlust an Biodiversität tolerierbar sein könnte, solange die Schlüsselarten erhalten bleiben.

2 **Nennen Sie Stärken und Schwächen der Nieten- und der Passagier-Hypothese und diskutieren Sie, ob diese jeweils universell für alle Ökosysteme anwendbar sein können.**

3 **Entwickeln Sie ein eigenes Modell, das die Kernaussagen der beiden Ansätze kombiniert.**

Kombinierter Erklärungsansatz • Die Nieten-Hypothese warnt vor den kumulativen Effekten des Artenverlusts und betont die Bedeutung jeder einzelnen Art. Die Passagier-Hypothese legt dagegen nahe, dass Ökosysteme eine gewisse Resilienz gegenüber dem Verlust von Arten haben könnten, solange die Schlüsselarten erhalten bleiben. In der Realität liegt die Wahrheit wahrscheinlich zwischen diesen beiden Extremen. Moderne ökologische Ansätze berücksichtigen, dass Arten in funktionalen Gruppen organisiert sind, wobei einige Arten innerhalb einer Gruppe bis zu einem gewissen Grad austauschbar sein können. Veränderungen in Ökosystemen, sei es durch menschliche Eingriffe oder natürliche Störungen, können die Biodiversität auf komplexe Weise beeinflussen. Während einige Störungen die Artenvielfalt sogar erhöhen können, können zu starke oder häufige Störungen zu einem Verlust an Biodiversität führen.

4 **Beschreiben Sie Störungen innerhalb von Ökosystemen, die einen positiven Einfluss auf deren Artenvielfalt haben können. Beziehen Sie den Begriff der Kulturlandschaft in Ihre Überlegungen mit ein.**

1 Schematische Darstellung der Nieten-Hypothesen

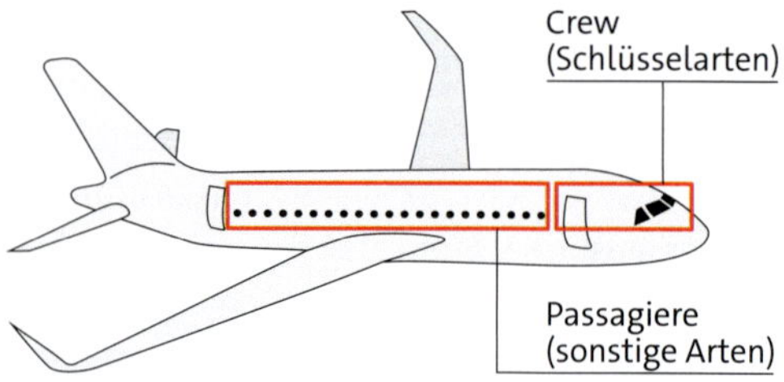

2 Schematische Darstellung der Passagier-Hypothesen

Material A Globale Auswirkungen lokaler menschlicher Eingriffe

Lokale menschliche Eingriffe in Ökosysteme können weitreichende globale Auswirkungen haben. Einige Beispiele hierfür wären:

- die Entwaldung des Amazonas-Regenwalds
- der großflächige Anbau von Monokulturen
- die übermäßige Nutzung von Binnenseen als Wasserquellen für die Bewässerung
- die Überfischung der Meere
- die Einführung neuer Tier- oder Pflanzenarten in ein Ökosystem

1 Erklären Sie die Auswirkungen der Abholzung des Regenwalds auf den globalen Kohlenstoffatomkreislauf.

2 Definieren Sie den Begriff Kohlenstoffsenke und begründen Sie, für welche der oben genannten Beispiele dieser Begriff angewendet werden kann.

3 Begründen Sie, welche Art der Rückkopplung bei der Zerstörung von Kohlenstoffsenken wirkt.

4 Erklären Sie die Auswirkungen großflächiger Monokulturen auf die Artenvielfalt, die Böden und das Auftreten von Krankheiten und Schädlingen.

5 Beschreiben Sie die Auswirkungen des globalen Insektensterbens auf die natürlichen Ökosysteme und die Landwirtschaft.

6 Erklären Sie, wie sich die übermäßige Wasserentnahme eines Binnensees auf die lokale Flora und Fauna sowie auf das lokale Klima auswirken kann.

7 Beschreiben Sie die lokalen und globalen Einflüsse der Überfischung besonders ertragreicher Fanggebiete.

8 Stellen Sie Hypothesen zu dem Zusammenhang zwischen der Überfischung der Weltmeere und dem massenhaften Auftreten von Quallen an Badestränden auf.

9 Beschreiben Sie mögliche negative und positive Folgen der Einführung neuer Tier- und Pflanzenarten auf ein Ökosystem.

10 Erklären Sie, welche negativen Folgen man durch den zunehmenden Verlust der Biodiversität erwartet.

11 Erläutern Sie die Notwendigkeit eines ganzheitlichen Ansatzes zum Schutz der Biosphäre.

12 eA Die Evaporation großer Wassermengen hat Einfluss auf die Wolkenbildung und die lokale Temperatur. Beschreiben Sie mögliche Folgen der Austrocknung eines großen Sees.

Material B Handlungsoptionen für eine nachhaltige Lebensweise

Die Maßnahmen, die weltweit ergriffen werden müssten, um einen weiteren Verlust der Biodiversität sowie des Klimawandels entgegenzuwirken, sind allgemein bekannt. Deren Durchsetzung auf nationaler und internationaler Ebene erweist sich jedoch als ausgesprochen schwierig.

- Günstige Produkte
- Konsum als Triebkraft der Wirtschaft
- Billigprodukte haben oft eine schlechtere Ökobilanz.
- Übermäßiger Konsum belastet Ressourcen und Umwelt.
- Ein eigenes Auto bietet Flexibilität und Komfort.
- Günstige Flugpreise ermöglichen günstige Fernreisen.
- Individualverkehr verursacht hohe CO_2-Emissionen.
- Flugverkehr ist besonders klimaschädlich.
- Konventionelle Lebensmittel sind günstiger.
- Fleischkonsum unterstützt heimische Landwirtschaft
- Bio-Produkte schonen Böden und Gewässer.
- Pflanzliche Ernährung reduziert Treibhausgasemissionen
- ...

1 Betrachten Sie die nebenstehenden Punkte, die für beziehungsweise gegen einen stärkeren Klimaschutz sprechen, und wählen Sie für beide Seiten jeweils die drei Punkte aus, die Ihrer Meinung nach am wichtigsten sind. Ergänzen Sie gegebenenfalls weitere eigene Aussagen.

2 Beurteilen Sie die Bedeutung nationaler Einzelgänge in Fragen des Klima- und Biodiversitätsschutzes, sowohl hinsichtlich Maßnahmen für und als auch gegen mehr Bemühungen.

3 Rechercheiren Sie Beispiele für technische Innovationen der letzten 20 Jahre, deren Ansatz es ist, die Umwelt zu schützen, ohne den Lebensstandard zu senken.

3.17 Hormonartig wirkende Stoffe in der Umwelt

1 Babyfläschchen aus Kunststoff dürfen seit 2011 den Weichmacher Bisphenol A nicht mehr enthalten.

Alltägliche Gegenstände wie Babyfläschchen, Spielzeug, Verpackungen oder Kosmetika enthalten hormonartig wirkende Stoffe, die schädlich auf den Hormonhaushalt wirken können. Lässt sich das Risiko einschätzen?

1 Stellen Sie Hypothesen auf, welchen Einfluss hormonartig wirkende Stoffe auf die Umwelt nehmen könnten.

Kunststoffe mit potenziellem Gesundheitsrisiko • Im Jahr 2011 hat die EU die Verwendung des Stoffes Bisphenol A, kurz BPA, zur Herstellung von Kunststoffflaschen für Säuglinge verboten. Der Stoff steht im Verdacht, gesundheitsschädlich zu sein. Daher dürfen Thermopapiere, die zum Beispiel als Kassenbelege hundertfach pro Tag durch die Hände von Kassenpersonal gehen, seit 2020 kein BPA mehr enthalten. Sie sind seither blaugrau statt weiß. BPA wird jedoch weiterhin produziert und in Alltagsprodukten verwendet, mit denen auch Säuglinge in Kontakt kommen können. BPA ist in Kunststoffprodukten aus Polycarbonat wie Campinggeschirr oder Innenbeschichtungen von Konservendosen enthalten. Selbst Schnuller enthalten Spuren von BPA.

Störenfriede im Hormonhaushalt • BPA kann sich schädigend auf die Gesundheit auswirken, da es das körpereigene Hormonsystem, das endokrine System, stört. Man bezeichnet solche hormonartig wirkenden Stoffe als Umwelthormone oder endokrine Disruptoren. Die schädigende Wirkung kann den Menschen betreffen, wenn diese durch Verzehr, Hautkontakt oder Einatmen in Kontakt mit dem Umwelthormon kommen. Tiere sind auch betroffen, wenn die Stoffe in die Umwelt gelangen. Sowohl die Stoffe als auch deren Abbauprodukte entfalten eine hormonartige Wirkung.

Nutzen versus Risiko • Für die Industrie ist BPA ein wertvoller Ausgangsstoff zur Herstellung von Kunststoffen oder als notwendige Beigabe, um den Härtegrad oder die Bruchfestigkeit von Kunststoffen einzustellen. Es ist nur ein Beispiel unter vielen Stoffen, bei denen sich der Verdacht auf eine hormonartige Nebenwirkung erst langsam erhärtet. Ein mittlerweile weltweit verbotener Stoff ist das Insektizid DDT, das nur noch zur Mückenbekämpfung in Malariagebieten eingesetzt werden darf, sowie die polychlorierten Biphenyle, bis 2001 vielfältig eingesetzte Industriechemikalien. Viele dieser Umwelthormone können nur sehr langsam durch Bakterien abgebaut werden. Die Umwelthormone gelangen über Abwässer aus dem häuslichen oder landwirtschaftlichen Bereich oder aus Sickerwasser aus Mülldeponien in Kläranlagen, die sie ungehindert passieren. Auf diesem Wege wirken sie vor allem auf Wasserorganismen ein.

2 Erstellen Sie eine Tabelle über Kosten und Nutzen des Einsatzes von hormonartig wirkenden Stoffen.

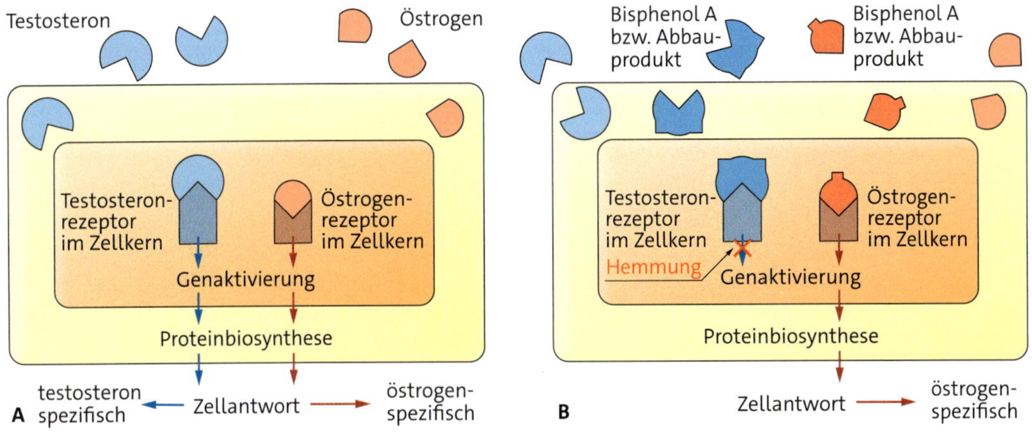

2 Körpereigene Hormone wie Steroidhormone dringen in eine Zielzelle ein A, binden an Hormonrezeptoren und bewirken die gewünschte Zellantwort. Endokrine Disruptoren B können Hormone imitieren und wie ein Hormon die Zellantwort auslösen oder als Hemmstoff die Bindungsstelle des natürlichen Hormons blockieren. In letzterem Fall bleibt die Zellantwort aus.

Wirkweise im Hormonsystem des Körpers • Umwelthormone beeinflussen die Hormonwirkung im Körper (▶ 2), weil sie durch ihre strukturelle Ähnlichkeit mit natürlichen Hormonen an deren Rezeptoren in der Zellmembran oder im Zellplasma binden und im Zellkern als Transkriptionsfaktor wirken. Dadurch können sie entweder deren Wirkung auslösen oder die Wirkung durch Blockade des Rezeptors hemmen. Außerdem können sie auch die Synthese, den Transport oder den Stoffwechsel von körpereigenen Hormonen beeinflussen. An Tieren sind die Wirkungen von Umwelthormonen speziell auf die Sexualentwicklung und Fortpflanzung am besten untersucht. Daraus ist bekannt, dass die Umwelthormone an die Rezeptoren der körpereigenen Steroidhormone wie Östrogen oder Testosteron binden. Geringe Konzentrationen reichen bereits aus. Dabei können vielfache Wirkungen in Gang gesetzt werden. Im Falle von Bisphenol A und dessen Abbauprodukten erfolgt sogar eine Bindung an unterschiedliche Rezeptortypen (▶ 2). BPA-Abbauprodukte wirken aktivierend an Rezeptoren für körpereigene Östrogene, während Testosteronrezeptoren blockiert werden. Beides hat letztlich verweiblichende Effekte wie die Verringerung der Spermienqualität zur Folge.

Auswirkungen auf Populationen • Schon seit Jahrzehnten wird die Verweiblichung männlicher Individuen sowie Fehlbildungen und Anomalien der Geschlechtsorgane bei einigen wirbellosen Tierarten und Wirbeltieren beobachtet, insbesondere bei wasserlebenden Arten. Wahrscheinlich können Umwelthormone zum massiven Rückgang oder Zusammenbruch von Populationen führen. Ein entscheidender Faktor für die Wirkung ist die schlechte Abbaubarkeit vieler Umwelthormone. Sie verbleiben nach ihrer Freisetzung oft jahrzehntelang in der Umwelt und können fortlaufend von Organismen aufgenommen werden und ganze Populationen schädigen. Besonders nachteilig ist das für Arten am Ende der Nahrungskette. Auf jeder Trophiestufe gehen normalerweise 90 % der Biomasse durch Abbauprozesse verloren. Für die nicht abbaubaren Umwelthormone gilt das nicht. Sie reichern sich vor allem im Fettgewebe langlebiger Endkonsumenten dauerhaft an und entfalten oft mit großer Zeitverzögerung ihre schädigende Wirkung. Man spricht von **Bioakkumulation**. Die Anreicherung in Endglieder der Nahrungsketten, etwa Robben oder Eisbären, liegt zum Teil 10 000- bis 100 000-fach über der Konzentration in der Umwelt.

3 Diskutieren Sie folgende Aussage über Umwelthormone: Die Folgen für die Gesundheit sind unabsehbar.

4 Begründen Sie, weshalb Umwelthormone besonders wasserlebende Arten beeinflussen.

5 Beschreiben Sie den Effekt der Bioakkumulation mit Bezug auf die Biomassepyramide.

Übertragbarkeit auf den Menschen • Bereits kleinste Störungen im hormonellen Gleichgewicht wirken sich auf unseren Körper aus. Östrogen und Testosteron regulieren schon vorgeburtlich geschlechtsspezifische Entwicklungen. Substanzen, die natürliche Hormone imitieren, können irreversible Fehlbildungen und Störungen der Fortpflanzungsorgane verursachen, wenn ihnen Föten im Uterus während sensibler Phasen ausgesetzt sind. Die schädigenden Effekte zeigen sich erst viel später im Erwachsenenalter. Umwelthormone werden mit Tumor- und Schilddrüsenerkrankungen, Übergewicht sowie Autismus in Verbindung gebracht. Allerdings ist die Forschung an Tieren nicht einfach übertragbar: Nager, Fische oder Amphibien leben kürzer als Menschen und haben andere Hormonsysteme. Die Befunde von einer Maus, die zwei Jahre lang BPA verabreicht bekommt, sind nur bedingt übertragbar auf eine Frau, die dem Schadstoff mehr als 30 Jahre ausgesetzt war und eventuell hormonelle Verhütungsmittel oder Medikamente genommen hat.

1 Bewerten Sie die Anwendung von Versuchstieren bei der Forschung zu Umwelthormonen aus ethischer Sicht.

Schwierigkeiten der Risikoabschätzung • Gesetzliche Verbote eines Stoffes erfordern eine gesicherte Risikoabschätzung durch Gesetzgeber und Gesundheitsbehörden. Diese zielt auf den individuellen Schutz menschlicher Gesundheit sowie auf den Schutz von Tierpopulationen und damit auf den Artenschutzab. Allerdings ist der Nachweis von Umwelthormonen oft schwierig, da sie schon in geringen Konzentrationen von weniger als 1 ng/l (oder: 1 ng pro l) biologisch wirksam sind. Chemische Methoden wie hochauflösende chromatografische Nachweisverfahren oder Massenspektrometrie kommen dabei an ihre Grenzen. Neben der Dosis spielt auch der Zeitpunkt des Kontakts für die Ausprägung von Schädigungen eine Rolle. Des Weiteren sind Mensch und Tier meist einem Gemisch verschiedener Umwelthormone gleichzeitig ausgesetzt, daher kann die Wirkung einem Einzelstoff kaum zugeordnet werden. Zudem kann die Kombination von verschiedenen Stoffen dem Organismus Schäden zuführen, zu denen ein Stoff allein nicht in der Lage ist. Hinzu kommt, dass stets auch weitere Faktoren wie der Lebensstil oder die Genetik (mit)verantwortlich sein können. Diese Bedingungen machen es fast unmöglich, einen Stoff eindeutig als Ursache für Schadwirkungen zu erkennen. Ein solcher Kausalzusammenhang wäre jedoch die erstrebenswerte Sachgrundlage für mögliche Verbote.

2 Erläutern Sie Schwierigkeiten in der eindeutigen Identifizierung von Ursache und Wirkung bei Umwelthormonen.

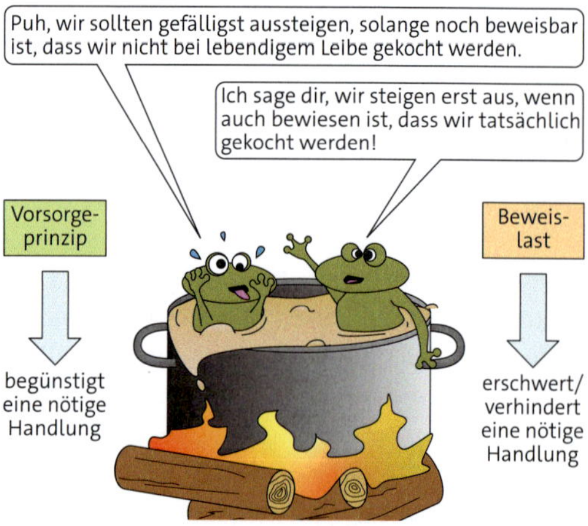

1 Kriterien für die Risikoabschätzung nehmen Einfluss auf die Bewertung beziehungsweise Entscheidung.

Kriterien in der Risikoabschätzung • Die Risikoabschätzung bezüglich der individuellen Gesundheitsgefährdung und umweltschädigenden Wirkung von endokrinen Disruptoren bewegt sich im Spannungsfeld zwischen lückenloser Belegbarkeit und dem sogenannten Vorsorgeprinzip (▶1) Entscheidungen müssen gefällt werden, trotz der schwierigen bis unmöglichen Identifikation von Ursache-Wirkungs-Beziehungen zwischen einem bestimmten Stoff und einem Effekt. Diskutiert wird, ob auch ohne Vorliegen einer belegten Kausalität zwischen eingetretenem Effekt und Verursacher bereits der begründete Verdacht auf ein Schädigungspotenzial als Grundlage für eine Gesetzgebung ausreichend sein kann oder sollte. Es gilt, verschiedene Interessenslagen zu berücksichtigen und nach Gewichtung Kompromisse zu erlangen, die Gesundheits- und Umweltschutz sicherstellen.

3 Erstellen Sie ein fiktives Beispiel der Risikoabschätzung unter Berücksichtigung des Vorsorgeprinzips und der Beweislast.

eA Material A Bisphenole – Schwierigkeit der Risikobewertung

Verbote von Chemikalien werden gesetzlich geregelt. Ziel ist der Schutz der Gesundheit sowie der Tier- und Pflanzenwelt. Auf nationaler und EU-Ebene arbeiten Behörden wie die europäische Chemikalienagentur (ECHA), an der Gefährdungsbewertung als Grundlage für Umweltverordnungen. Dafür identifiziert das Umweltbundesamt (UBA) besorgniserregende Stoffe und schlägt Maßnahmen zur Gefahrenverringerung vor. Eine sinnvolle Strategie sollte stets stoffspezifisch sein, da unterschiedliche Stoffe unterschiedliche ökologischen Risiken darstellen. Nachfolgend eine Bisphenol-Risikobewertung.

M1: Grenzwerte der europäischen Behörde für Lebensmittelsicherheit (EFSA) über tolerierbare tägliche Aufnahmemengen (TDI) an Bisphenol A (BPA) pro Kilogramm Körpermasse:

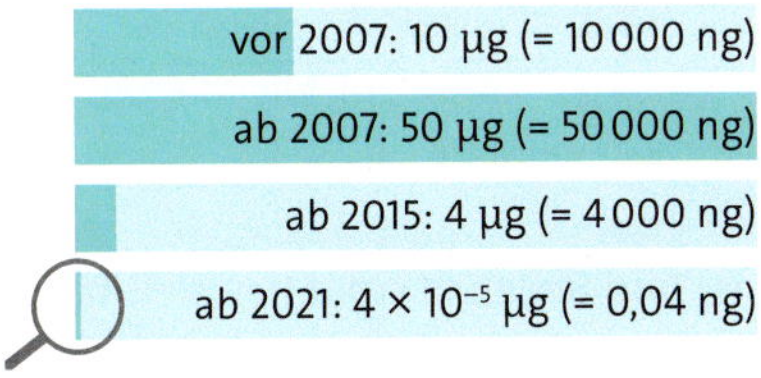

M2: Aussage des Bund für Umwelt und Naturschutz Deutschland (BUND) zu Bisphenol A: Bisphenol A gehört zu den hormonellen Schadstoffen, die schon in geringen Mengen in den Hormonhaushalt eingreifen können. Es ist ein Beispiel dafür, wie wenig die traditionelle Risikobewertung geeignet ist, tatsächliche Schäden zu erfassen: Durch eine direkte Einwirkung auf Hormonrezeptoren in geringeren Konzentrationen könnte es schädlicher sein als in größeren Mengen.

M3: Einstufung in der europäischen Chemikalienverordnung: Am 1. März 2018 ist in Europa die Einstufung von BPA als „besonders besorgniserregender Stoff" in Kraft getreten. Diese Stoffgruppe umfasst reproduktionstoxische, krebserregende oder erbgutverändernden Stoffe. Die neuen Grenzwerte der TDI wurden in Bezug gesetzt zu Schätzungen über den ernährungsbedingten Einfluss auf Verbraucher. Die EFSA begründet, dass Menschen mit mittlerem oder hohem Grad an Ausgesetztsein in allen Altersgruppen die neue TDI überschreiten, wodurch Gesundheitsbedenken gestützt werden. Das Bundesministerium für Ernährung und Landwirtschaft (BMEL) teilt mit, dass der Verkauf von BPA-haltigen Säuglingstrinkflaschen seit dem 1. Juni 2011 in Deutschland und der EU verboten ist.

M4: Klage des Branchenverbands PlasticsEurope gegen die Einstufung von BPA: Der Europäische Gerichtshof weist die Klage von PlasticsEurope gegen die Einstufung von BPA als besonders besorgniserregender Stoff ab und bestätigt reproduktionstoxische Eigenschaften. PlasticsEurope vertritt die Interessen von vier Unternehmen, die Bisphenol vertreiben. Die Verwendung von BPA in der Produktion, auch als Zwischenprodukt, bleibt verboten. Dagegen kann Berufung eingelegt werden. Die Kunststoffindustrie begegnet dem Verbot zwischenzeitlich durch Einsatz anderer Bisphenole im Herstellungsprozess, wie Bisphenol F und Bisphenol S. Diese haben ähnliche Eigenschaften wie BPA, unterliegen aber keiner Regulation. Kritiker sprechen von einer „bedauerlichen Substitution".

M5: Beschränkungsvorschlag des UBA: Das Umweltbundesamt und die Bundesstelle für Chemikalien haben 2022 einen Vorschlag zur Beschränkung von BPA und vier weiteren Bisphenolen mit hormonartigen Eigenschaften im Rahmen der EU-Chemikalienverordnung bei der ECHA eingereicht. Der Vorschlag umfasst derzeit die Bisphenole BPA, BPB, BPS, BPF sowie BPAF. Basis dieser Besorgnis sind die hormonell wirksamen Eigenschaften dieser Stoffe. Zukünftig sollen weitere Bisphenole automatisch mitreguliert werden, sobald deren endokrine Wirkung auf die Umwelt belegt ist. Unter die Beschränkung fallen Herstellung, Inverkehrbringen und Verwendung der Stoffe in der EU sowie die Importregulierung. Der Beschränkungsvorschlag basiert darauf, dass es für endokrine Disruptoren in der Umwelt keine sichere Konzentration gibt, die alle Organismen ausreichend schützt. Durch die Beschränkung soll die BPA-Freisetzung um 95 % reduziert werden.

1 Stellen Sie die TDI für BPA graphisch dar (M1).

2 Beschreiben und diskutieren Sie die TDI für BPA (M1).

3 Erläutern Sie die Kritik des BUND an einer Risikobewertung durch Grenzwerte (M2).

4 Erläutern Sie die Begründung des BMEL für das gesetzliche BPA-Verbot in Babyflaschen (M3).

5 Begründen Sie, weshalb Kritiker von „bedauerlicher Substitution" sprechen (M4).

6 Erläutern Sie, ob der Beschränkungsvorschlag des UBA eher dem Prinzip der Beweislast oder dem Vorsorgeprinzip folgt (M5).

7 Begründen Sie, weshalb der Beschränkungsvorschlag die Bisphenole breiter umfasst (M5).

8 Erstellen Sie ein Plakat gegen den Einsatz von BPA.

9 Führen Sie im Klassenverband eine Plenumsdiskussion zwischen Kunststoffindustrie und Verbraucher zur Bisphenol-Beschränkung.

3.18 Mikroplastik und invasive Arten

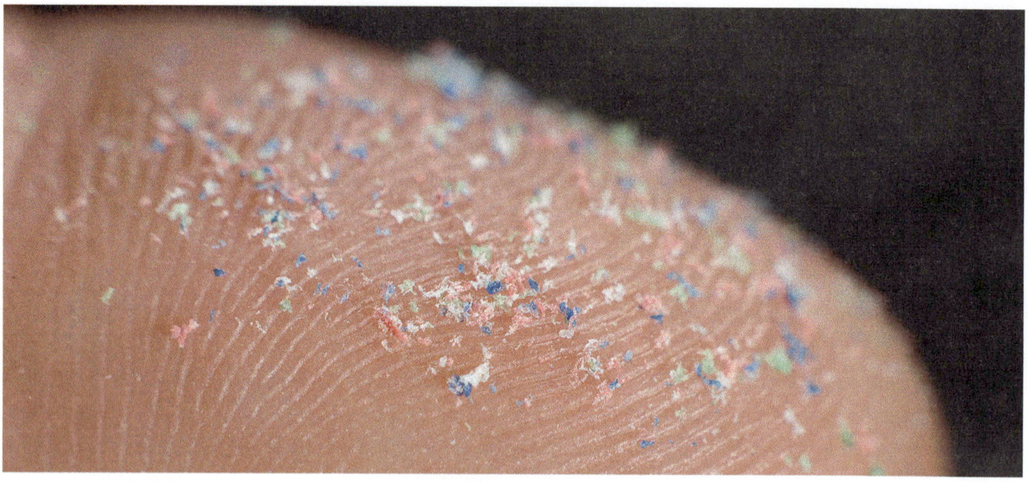

1 Mikroplastik auf einer Fingerspitze

Im Wasser der Tiefsee, im Sand der Sahara oder im Schnee der Arktis: Mikroplastik findet sich überall auf der Welt. Die schwer abbaubaren Plastikteile sind mit einer Größe von weniger als 5 mm klitzeklein, ihre Auswirkung jedoch sehr groß. Neben dem globalen Plastikproblem sind unsere Ökosysteme auch durch invasive Arten in Gefahr. Welche Herausforderungen bringt dies in Zukunft mit sich?

1 Erstellen Sie eine Liste über alle Kunststoffprodukte, die Sie heute mit sich führen.

Mikroplastik • Mikroplastik besteht aus winzigen Kunststoffpartikeln, die zwischen 5 mm und 1000 nm klein sind. Sekundäres Mikroplastik entsteht durch die Zerkleinerung von Makroplastik, also größeren Plastikabfällen durch UV-Strahlung, Temperaturschwankungen, Reibung, Salz oder Bakterien. Zudem wird es als primäres Mikroplastik gezielt in der Industrie eingesetzt, beispielsweise in Kosmetik, Waschmitteln, Kleidung und Kaugummis. Nach Gebrauch gelangen die kleinen Plastikpartikel in unsere Umwelt. Mikroplastik ist mittlerweile überall in Gewässern, Böden und in der Luft zu finden. Auch in Lebewesen wurde es bereits nachgewiesen. Dabei stellt Mikroplastik eine zunehmende Gefahr für die Umwelt und die Gesundheit dar.

2 Basstölpel nutzen Reste von Fischernetzen als Nistmaterial. Darin können sie sich verfangen.

2 Stellen Sie eine Hypothese auf, wie Mikroplastik in die Umwelt gelangt.

Plastik in Meer und Boden • Laut der Weltnaturschutzunion gelangen pro Jahr über 3 Millionen Tonnen Mikroplastik in die Umwelt, die Hälfte davon in die Meere. Noch alarmierender ist der jährliche Eintrag an Makroplastik, der im Meer auf das Achtfache geschätzt wird. Ein Großteil des Plastikmülls zerfällt mit der Zeit zu Mikroplastik. Die zunehmende Plastikverschmutzung hat fatale Folgen an Land und unter Wasser. Delfine, Wale oder Robben können sich in den Plastiknetzen verfangen und ersticken (► 2). Schildkröten, größere Fische und Seevögel verwechseln treibenden Plastikmüll mit ihrer Nahrung, können es nicht verdauen und sterben an Unterernährung. Die winzigen Kunststoffteilchen werden von vielen Lebewesen aufgenommen. Danach werden sie entweder direkt ausgeschieden oder sie reichern sich mit all ihren Giftstoffen im jeweiligen Organismus an. Mikroplastik verbleibt über Jahrhunderte im Meer und im Boden.

3 Recherchieren Sie die Top-Ten-Quellen für den Eintrag von Mikroplastik in die Umwelt.

Plastik in Organismen • Mikroplastik wird von verschiedenen Organismen aufgenommen und gelangt so in die Nahrungskette. Auch in Trinkwasserproben von Leitungswasser und Mineralwasser wurde Mikroplastik nachgewiesen. Zudem befindet es sich in unterschiedlichsten Größen in der Atemluft. Studien zeigten, dass Menschen im Schnitt 5 g Mikroplastik pro Woche aufnehmen. Dies entspricht etwa dem Gewicht einer Kreditkarte. Die Partikel, die größer als 150 µm sind, werden mit großer Wahrscheinlichkeit vom Körper wieder ausgeschieden. Kleinere Partikel sind in den Atemwegen, im Blutkreislauf und in Organen nachweisbar. Dort kann das Mikroplastik potenziell gesundheitsschädliche Auswirkungen haben. Hierzu gehören beispielsweise Störungen des Hormonsystems, Entzündungen im Gewebe, oxidative Schäden und möglicherweise auch eine erhöhte Krebsgefahr. Ein weiteres Gesundheitsrisiko stellen die dem Mikroplastik beigefügten Stoffe, sogenannte Additive, zum Beispiel Weichmacher oder Flammschutzmittel, dar. Sie sollen für Stabilität und Langlebigkeit des Plastiks sorgen, lösen sich jedoch leicht aus den Kunststoffen heraus. Die Additive können ins Blut gelangen oder in Organen gespeichert werden und so den Körper schädigen.

4 **Ergänzen Sie das Flussdiagramm um den Eintrag des Mikroplastiks in den menschlichen Körper (▶ 3).**

Problemlösungen • Um die Verschmutzung mit Mikroplastik und die daraus resultierenden negativen Auswirkungen zu reduzieren, müssen ganzheitliche Lösungen gefunden und umgesetzt werden. Dazu gehören der bewusste Konsum und die Vermeidung von Plastik, bessere Abfallwirtschaftssysteme und Recycling sowie strenge gesetzliche Regelungen und Vorschriften. In Deutschland gibt es bereits Initiativen, etwa Recyclingprogramme oder das Verbot von Einwegplastikartikeln. Zudem wird an technologischen Innovationen geforscht, die auf die Herstellung und Entsorgung abzielen. Ein Beispiel ist der biologische Abbau von Plastik zu Biomasse, Wasser und Kohlenstoffdioxid durch biologische Organismen. Eingesetzt werden zum Beispiel Pilze wie *Aspergillus tubingensis* und *Pestalotiopsis microspora*. Diese können Plastik effektiv zersetzen. Für den Abbau von Polyethylenterephthalat (PET), das in vielen Plastikflaschen verwendet wird, wird das Bakterium *Ideonella sakaiensis* genutzt. Zudem wird der Einsatz von Raupen der Mehl- und Wachsmotten erforscht. Diese können verschiedene Arten von Plastik verdauen.

5 **Überlegen Sie, wie Sie Ihren Plastikkonsum reduzieren können. Diskutieren Sie Ihre Ideen in der Klasse.**

6 **Schränken Sie eine Woche lang Ihren Plastikkonsum ein und protokollieren Sie Ihr Verhalten. Reflektieren Sie, wo Sie Alternativen umsetzen konnten und wo nicht.**

7 **Organisieren Sie eine Müllsammelaktion an Ihrer Schule. Arbeiten Sie dazu ein Konzept aus und bewerben Sie die Aktion.**

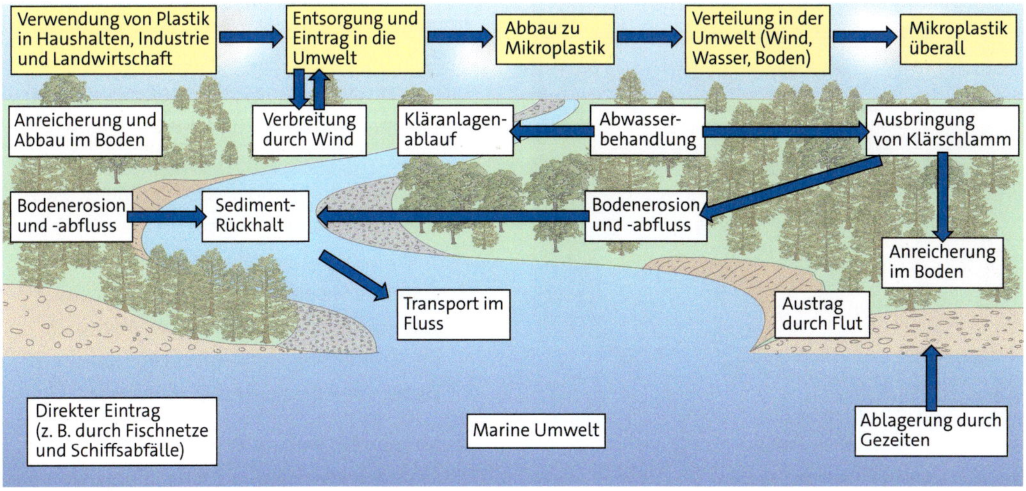

3 Eintrag von Mikroplastik in die Umwelt

Gebietsfremde Arten • Die Plastikverschmutzung der Weltmeere, die Zunahme des Tourismus und die voranschreitende Globalisierung des Handels – diese weltweiten Herausforderungen bringen ein weiteres Phänomen mit sich, nämlich die immer schneller werdende Ausbreitung gebietsfremder Arten. Hierbei handelt es sich um Pflanzen, Tiere, Pilze und Mikroorganismen, die sich nach der Entdeckung Amerikas im Jahr 1492 durch menschlichen Einfluss außerhalb ihres natürlichen Verbreitungsgebiets angesiedelt haben. In der Fachsprache werden sie Neobiota genannt, beziehungsweise Neophyten für gebietsfremde Pflanzenarten, Neozoen für gebietsfremde Tierarten und Neomyceten für gebietsfremde Pilze. Viele Neophyten wurden bewusst eingeführt und haben sich in ihrem neuen Lebensraum etabliert, wie beispielsweise Kartoffeln, Tomaten oder Mais. Ähnliches gilt auch für die Neozoen, die zur Bejagung und für die Fischerei ausgesetzt wurden. Wiederum andere Neozoen sind aus der Haltung des Menschen entflohen oder haben ihren Weg in neue Gebiete unbeabsichtigt über Plastikflaschen oder Fischernetze im Meer angetreten. Die meisten Neobiota können außerhalb ihres natürlichen Verbreitungsgebiets ohne menschliche Hilfe nicht überleben. Trotzdem gelingt es immer wieder einigen Neobiota sich im neuen Lebensraum dauerhaft anzusiedeln, ohne das ökologische Gleichgewicht zu stören. Viele Neobiota werden inzwischen sogar als Teil der heimischen Tierwelt angesehen.

1 Erstellen Sie eine Tabelle über die Vor- und Nachteile der Ausbreitung von Neobiota.

1 Nordamerikanischer Waschbär erobert deutsche Städte

2 Nennen Sie verschiedene Möglichkeiten, die Ausbreitung von Neobiota zu kontrollieren.

Natürliche Migration • Auch ohne menschliches Zutun erfolgt eine stetige Verbreitung der Arten. Das liegt daran, dass jede Art genetisch darauf ausgerichtet ist, ihren Lebensraum zu vergrößern. Dies erfolgt so lange, bis eine Art (abhängig von Kapazitätsgrenzen und Konkurrenz) an die Grenze ihres Toleranzbereichs stößt. Durch den Klimawandel verschieben sich diese Grenzen. Manche Arten, etwa Vögel, verbreiten sich schneller und andere, beispielsweise Pflanzen, langsamer. Mit verschiedenen Anpassungsstrategien adaptieren sich die eingewanderten Arten dann an die neuen Lebensbedingungen.

eA

Invasive Arten • Gebietsfremde Arten können die heimische Flora und Fauna jedoch auch aus dem Gleichgewicht bringen. Man spricht in diesem Fall von invasiven Arten. Bekannte Vertreter sind Waschbär, Nilgans oder Riesenbärenklau. Invasive Arten breiten sich in ihrem neuen Lebensraum rasch aus, da limitierende Faktoren wie Räuber, Nahrungsmittelknappheit oder die Konkurrenz mit anderen Arten fehlen. Einmal angesiedelt, verursachen sie enorme ökologische Schäden, indem sie heimische Arten verdrängen, die Biodiversität verringern und Ökosysteme zerstören. Zudem können sie gesundheitliche oder wirtschaftliche Schäden anrichten. In Europa wird von 1000 gebietsfremden Arten etwa eine Art invasiv. Problematisch ist hierbei, dass eine invasive Art nur sehr schwer zurückgedrängt oder gar beseitigt werden kann. Um das ökologische Gleichgewicht zu erhalten, ist es daher wichtig, invasive Arten zu kontrollieren und in erster Linie deren Ausbreitung zu verhindern.

3 Erstellen Sie ein Portrait über eine invasive Art Ihrer Wahl. Behandeln Sie dabei auch die Verbreitung, den Einfluss auf das Ökosystem und die Kontrollmaßnahmen.

4 Nennen Sie weitere anthropogene Einflüsse und Auswirkungen auf die Biosphäre.

eA Versuch A Textilfasern im Klärschlamm

Bis vor wenigen Jahren wurden Klärschlämme zum Großteil in der Landwirtschaft als Dünger verwendet. Wegen ihrer hohen Schadstoffbelastung wurde der Einsatz bereits vereinzelt eingestellt und wird zunehmend kritisiert. Ein weiteres Problem stellt das Mikroplastik im Klärschlamm dar. Dabei handelt es sich vor allem um Mikroplastik aus Abwasser der Haushalte, zum Beispiel Textilfasern.

Wie die Textilfasern ins Abwasser gelangen, können Sie mittels eines Versuchs nachstellen. Sie benötigen für den Versuch pro Gruppe ein Becherglas, einen Erlenmeyerkolben, einen Trichter, einen Messzylinder, einen Rührstab, einen Faltenfilter (Typ 113P), eine Spritzflasche mit Wasser, etwas Seife, ein Binokular und neues Fleece. Legen Sie zunächst das Stück Fleece (1 cm x 1 cm) in ein Becherglas, füllen Sie es mit 30 ml Wasser auf und geben Sie einen Spritzer Seife hinzu. Waschen Sie das Fleece nun 5 min durch Rühren mit dem Rührstab. Wringen Sie es anschließend über dem Becherglas aus und geben Sie es der nächsten Gruppe zum Wiederholen des Versuchs. Legen Sie danach den Faltenfilter in den Trichter und positionieren Sie diesen auf einem Erlenmeyerkolben. Gießen Sie die gesamte Waschlauge langsam durch den Faltenfilter. Betrachten Sie abschließend den Rückstand im Faltenfilter unter dem Binokular.

1 Erstellen Sie ein Versuchsprotokoll inklusive Diskussion ihrer Ergebnisse.

2 Erfassen Sie die relative Menge bei den einzelnen Waschvorgängen aller Gruppen und stellen Sie das Endergebnis grafisch dar.

3 Diskutieren Sie, welchen Einfluss die Häufigkeit des Waschens auf den Faserabrieb nimmt, und übertragen Sie Ihren Erkenntnisgewinn auf Ihren Alltag.

eA Versuch B Mikroplastik in der Landwirtschaft

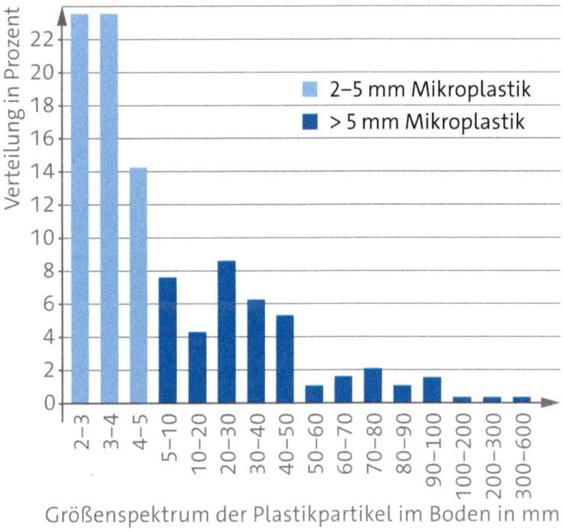

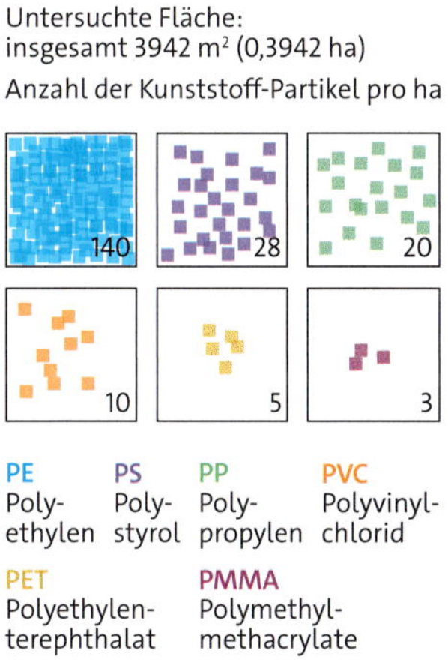

Ein Forschungsteam der Universität Bayreuth untersuchte die Plastikbelastung eines Ackers in Franken. Hochgerechnet kamen sie auf eine Belastung von mindestens 150 000 Mikroplastikpartikeln pro Hektar Acker. Mikroplastik gelangt über Klärschlamm, Kompost, Reifenabrieb, Folien aus Gemüse- und Obstanbau sowie unsachgemäße Müllentsorgung in landwirtschaftliche Böden. Wissenschaftler glauben, dass die Böden bis zu 23-mal stärker belastet sind als die Meere. Die Folgen sind noch nicht ausreichend erforscht. Unter Laborbedingungen zeigte sich aber, dass Kunststoffpartikel von Wurzeln aufgenommen werden und die Keimung von Samen beeinträchtigen. Zudem wirken die abgegeben Umwelthormone auf manche Wirbeltiere und wirbellose Arten. Außerdem beeinträchtigt Mikroplastik die Bodenqualität.

Die Bodenbelastung in Ihrer Umgebung können Sie selbst untersuchen: Sie benötigen eine Bodenprobe (zum Beispiel Kompost aus Straßenbegleitgrün), fünf Gartensiebe unterschiedlicher Maschenweiten (Ø 3 mm, 5 mm, 8 mm, 10 mm, 12 mm) und ein paar Plastikwannen. Sieben Sie die Bodenprobe mit dem Gartensieb, beginnend mit der größten Maschenweite. Entfernen Sie das im Sieb zurückgebliebenen Plastik. Sieben Sie den Siebdurchgang mit der nächstkleineren Maschenweite und verfahren wie im vorherigen Arbeitsschritt. Wiederholen Sie die Arbeitsschritte bis zur kleinsten Maschenweite.

1 Beschreiben und diskutieren Sie die Analyseergebnisse des Ackers in Franken.

2 Erstellen Sie ein Versuchsprotokoll mit Durchführung, Ergebnissen und Diskussion.

3 Beurteilen Sie die Menge und Größe der gefundenen Plastikfragmente und Mikroplastikpartikel.

4 Diskutieren Sie die Aussage: PE ist zu 100 % recycelbar.

3.19 Interdisziplinäre Forschung

1 Ein Wissenschaftler misst die Wassertiefe eines Teichs.

Die Erhaltung unserer Erde für nachfolgende Generationen ist eine der größten Herausforderungen für die Zukunft. Der Klimawandel, die Verschmutzung der Meere, die Abholzung der Wälder und der Verlust der Artenvielfalt sind nur einige brisante Probleme, mit denen wir konfrontiert sind. Wie können wir uns diesen Herausforderungen gemeinsam stellen und Problemlösungen finden?

1 **Sammeln Sie mit Ihrem Gegenüber Ideen zu dem Begriff interdisziplinäre Forschung.**

Gemeinsam forschen • Interdisziplinäre Forschung ist die Zusammenarbeit verschiedener wissenschaftlicher Disziplinen, um neue Erkenntnisse zu gewinnen und komplexe Probleme zu lösen. Durch verschiedene Blickwinkel, Fachkenntnisse und Forschungsmethoden kann ein umfassenderes Verständnis für eine bestimmte Thematik gewonnen werden. Für komplexe Probleme können innovative Lösungen gefunden werden, die in einer einzelnen Disziplin so nicht möglich wären. Interdisziplinäre Forschung kann die Effizienz und Wirksamkeit und somit die Fortschritte in der Wissenschaft beschleunigen.

2 **Nennen Sie mögliche Nachteile der interdisziplinären Forschung.**

Vernetzung • Um die komplexen Zusammenhänge zwischen Klimawandel, veränderten Ökosystemen sowie die Ausbreitung von Krankheiten und gesundheitlichen Folgen für Menschen ganzheitlich zu betrachten und zu lösen, braucht es einen multidisziplinären Forschungsansatz: Biologen können die Auswirkungen des Klimawandels auf die Artenvielfalt und das Verhalten von Organismen untersuchen. Chemiker können die Qualität von Gewässern und Böden analysieren und so die Auswirkungen der Umweltverschmutzung darlegen. Physiker können die Energieflüsse in einem Ökosystem modellieren und zeigen, wie sich Veränderungen auf das gesamte System auswirken. Zusätzlich kann die Expertise aus den Umweltwissenschaften und der Geografie hinzugezogen werden. Soziologen können menschliche Handlungen und Verhaltensweisen bewerten. Mediziner können sich den gesundheitlichen Risiken zuwenden und Experten aus dem Bereich Public Health können die Rahmenbedingungen festlegen, unter denen die Menschen in Zeiten des Klimawandels gesund leben können. Zur Datenauswertung können Informatiker hinzugezogen werden. Juristen und Ökonomen können anschließend Empfehlungen für politische Handlungen geben. Auf diese Weise wird gemeinsam eine Lösung zur Bewältigung globaler Umweltprobleme erarbeitet.

3 Listen Sie alle Bereiche an Fachexpertise auf, die für die Erforschung der Mikroplastikverschmutzung notwendig sind.

Citizen Science • Bei der Lösung komplexer Probleme sind Wissenschaftler immer wieder auf die Unterstützung der Bevölkerung angewiesen. Im Rahmen der sogenannten Bürgerwissenschaft, auch Citizen Science genannt, können Laien an wissenschaftlichen Forschungsprojekten teilhaben und so aktiv zum Forschungsprozess beitragen. Die Bürgerwissenschaft ist an sich nichts Neues. Schon Charles Darwin oder Isaac Newton waren Laienwissenschaftler. Sie forschten lange bevor es das Berufsbild des typischen Wissenschaftlers gab. Durch das Zeitalter der Digitalisierung wurden neue Türen für die Forschung geöffnet: Seitdem fast jeder ein Smartphone besitzt, ist es leicht geworden, sich zu vernetzen, Daten über Umwelteinflüsse oder Bilder von Pflanzen und Tieren auf eine Plattform zu laden und sich auszutauschen. Viele Bürgerinnen und Bürger sind bereit, Daten zu sammeln, Werte zu messen oder Gegebenheiten zu analysieren. Beispielsweise helfen sie bei der Identifizierung und Zählung von Pflanzen- und Tierarten, messen die Luft- und Wasserqualität sowie die Lichtverschmutzung in Städten oder werten historische Dokumente aus. Mit der Unterstützung der Hobbyforscher, Naturbeobachter und Erfinder können Forschungsprojekte umfangreicher und schneller umgesetzt werden. Citizen Science findet in vielen wissenschaftlichen Disziplinen Beachtung, zum Beispiel in den Umweltwissenschaften, der Biologie, der Astronomie und in den Sozialwissenschaften. Die Bürgerwissenschaft hat zahlreiche Vorteile: von wertvollem lokalen Wissen, das in die Forschung einfließt, über die Sensibilisierung der Öffentlichkeit für wissenschaftliche Themen, bis hin zur Stärkung des Vertrauens zwischen Wissenschaft und Gesellschaft. Außerdem wird durch Citizen Science ein persönlicher Bezug zu Forschungsthemen hergestellt und das Interesse an Wissenschaft und Technik geweckt. Die Vorreiter für Citizen Science sind England und die USA, aber auch in Deutschland wird zunehmend über den Nutzen von Bürgerwissenschaften diskutiert.

4 Recherchieren Sie im Internet, welche aktuellen Citizen-Science-Projekte es in Ihrer Umgebung gibt und beteiligen sie sich daran.

5 Diskutieren Sie den berühmten Satz des Schriftstellers Friedrich Dürrenmatt: „Der Inhalt der Physik geht die Physiker an, die Auswirkungen alle Menschen."

6 Diskutieren Sie, ob Laien in der Forschung stören oder ob sie ein Gewinn sind.

7 Arbeiten Sie ein Konzept für ein eigenes Forschungsprojekt an Ihrer Schule aus. Berücksichtigen Sie dabei auch interdisziplinäre Ansätze.

DIYbio • Do-it-Yourself-Biologie ist eine spezielle Form der Citizen Science. Hierbei forschen biowissenschaftliche Laien, aber auch ausgebildete Biowissenschaftler jenseits der klassischen wissenschaftlichen Strukturen. Sie fokussieren sich vor allem auf biotechnologische und gentechnische Fragestellungen. Experimente in diesem Fachgebiet bedingen ein fundiertes Fachwissen und umfangreiche Vorbereitungen. Zudem unterliegen sie den Auflagen des Gentechnikgesetzes, das gentechnische Arbeiten außerhalb von Sicherheitslaboren verbietet. Die Hobbyforscher arbeiten oftmals in privaten oder öffentlichen Räumen mit kostengünstiger Ausstattung. Sie orientieren sich am Selbstverständnis, Wissen und Ergebnisse mit anderen zu teilen.

8 Diskutieren Sie die gesellschaftlichen Vor- und Nachteile von Forschungslaboren, die für alle Bürgerinnen und Bürger zugänglich sind.

9 Diskutieren Sie, ob gentechnische Arbeiten im Rahmen von DIYbio die öffentliche Sicherheit gefährden können.

2 Ein Mädchen bestimmt mithilfe einer Handy-App die Pflanzenart.

Ökologie und Biodiversität

Mit dieser Übersicht können Sie die wichtigsten Inhalte des Kapitels wiederholen. Ergänzen Sie das Schema um weitere Begriffe und finden Sie Querbeziehungen zwischen den Themen.

- **Umweltfaktoren**
  - abiotisch
  - biotisch
- **Ökosysteme**
  - Aufbau und Merkmale
- **Mensch und Umwelt**
  - Bevölkerungswachstum
  - Biodiversität

Licht

Wasser

Temperatur

Beziehungen innerhalb von Arten

Beziehungen zwischen verschiedenen Arten

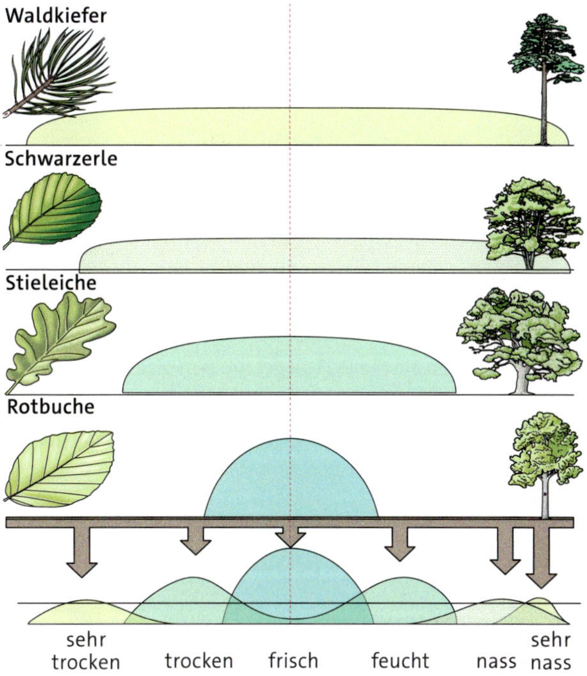

Nahrungsbeziehungen

Stoffkreisläufe

Energiefluss

Symbiose und Parasitismus

ökologische Nische

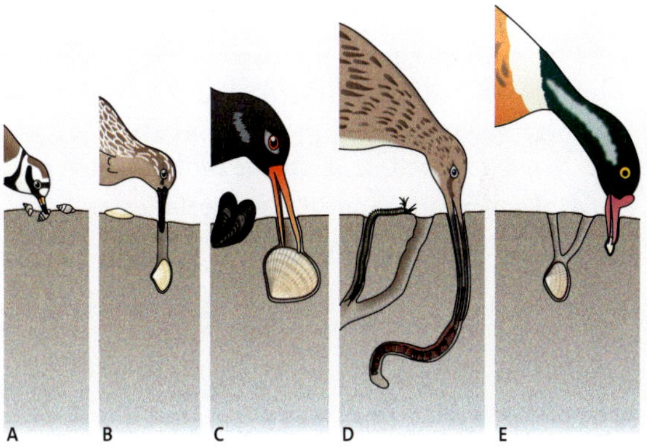

Ressourcen

Klima

Monetarisierung von Ökosystemen

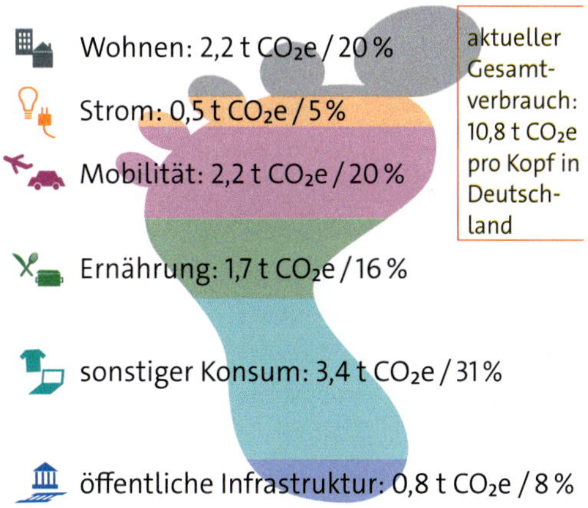

Voraussetzung

Bedeutung

Ökologie und Biodiversität

Mit den folgenden Aufgaben können Sie überprüfen, ob Sie die Inhalte aus dem Kapitel Ökologie verstanden haben. Bei den Aufgaben finden Sie Angaben zu den Seiten, auf denen Sie Informationen zum jeweiligen Thema finden.

Dynamische Prozesse in Ökosystemen (S. 176–231)

1 Der Toleranzbereich ist die Spanne eines ökologischen Faktors, den ein Lebewesen längerfristig aushalten kann.

a Stellen Sie die Aussage der RGT-Regel dar.

b Erklären Sie die RGT-Regel am Beispiel thermokonformer Organismen.

c Erklären Sie, durch welche Mechanismen Thermoregulatoren ihre Körpertemperatur weitgehend konstant halten.

d Nennen Sie Vor- und Nachteile der Thermoregulation für die Tiere.

2 Die Lichtintensität beeinflusst Pflanzen.

a Vergleichen Sie Licht- und Schattenblätter.

b Erklären Sie die Begriffe Lichtsättigungspunkt und Lichtkompensationspunkt.

c Erläutern Sie anhand des Basiskonzepts Angepasstheit die Unterschiede von Lichtsättigungs- und Lichtkompensationspunkt bei Licht- und Schattenblättern.

d Nennen Sie weitere abiotische Umweltfaktoren, die die Lebensvorgänge von Pflanzen beeinflussen.

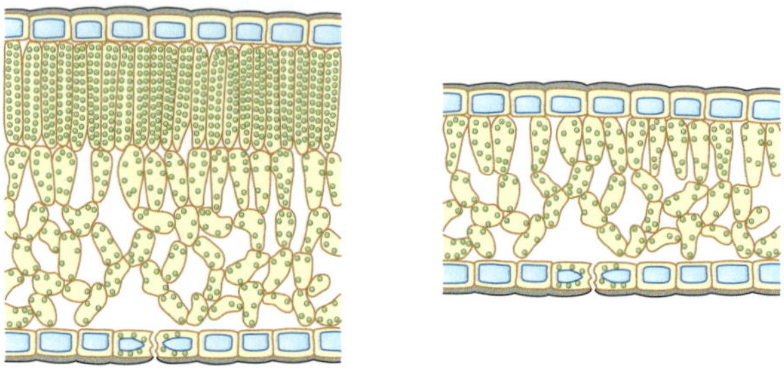

3 In einem Ökosystem können den Organismen eines Nahrungsnetzes Trophieebenen zugeordnet werden.

a Beschreiben Sie die Rolle von Produzenten, Konsumenten verschiedener Ordnungen und Destruenten in den Trophieebenen eines Ökosystems.

b Erklären Sie den Aufbau eines Nahrungsnetzes aus Produzenten und Konsumenten.

c Begründen Sie, weshalb Destruenten mit allen Organismen eines Nahrungsnetzes in Verbindung stehen.

d Erklären Sie die Form der Biomassepyramide im Wattenmeer.

4 Kohlenstoffatome werden durch die Photosynthese in Pflanzen fixiert.

a Beschreiben Sie den Kohlenstoffatomkreislauf. Erklären Sie den Unterschied zwischen dem Kurzzeitkreislauf und dem Langzeitkreislauf von Kohlenstoff.

b Geben Sie an einigen Beispielen an, wo und wie der Mensch in den Kohlenstoffatomkreislauf eingreift.

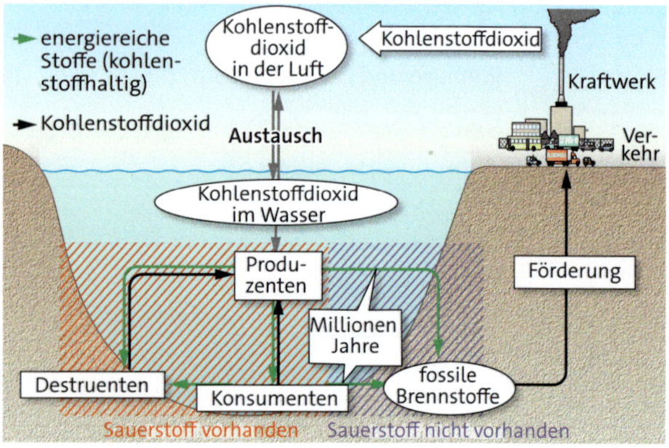

5 Lebewesen stehen in Konkurrenz, wenn sie die gleichen begrenzten Ressourcen nutzen.

a Erklären Sie die Begriffe intraspezifische Konkurrenz und interspezifische Konkurrenz und ordnen Sie sie den Abbildungen zu.

b Grenzen Sie die Begriffe Konkurrenzausschluss und Konkurrenzvermeidung voneinander ab und geben Sie jeweils ein Beispiel dafür an.

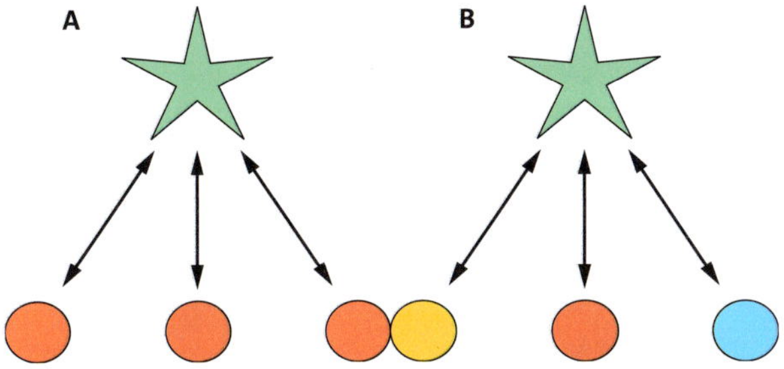

6 Die Populationsgrößen von Räubern und Beutetieren beeinflussen sich gegenseitig über einen längeren Zeitraum.

a Beschreiben Sie die im Modell dargestellte Abhängigkeit.

eA **b** Nennen Sie die Lotka-Volterra Regeln.

eA **c** Diskutieren Sie die Anwendbarkeit der Regeln.

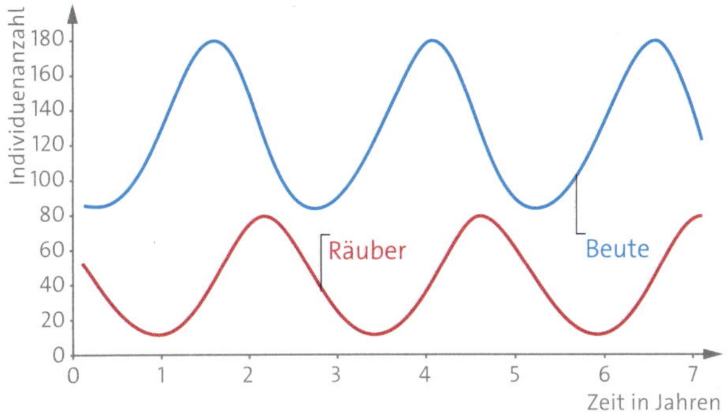

7 Lebewesen werden nicht nur von der leblosen Umwelt, sondern auch von anderen Lebewesen beeinflusst.

a Ordnen Sie den Abbildungen A, B und C die folgenden Beziehungen zwischen Lebewesen zu: Konkurrenz, Parasitismus, Räuber-Beute-Beziehung, Symbiose.

b Begründen Sie Ihre Zuordnung.

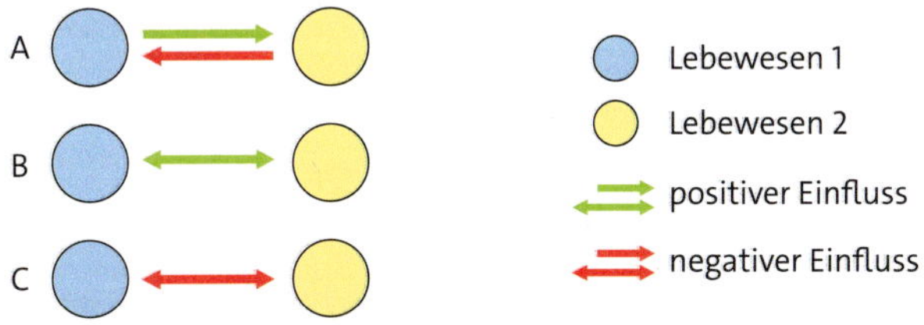

8 Eine Population ist eine Gruppe von Lebewesen, die in einem bestimmten Lebensraum eine Fortpflanzungsgemeinschaft bildet.

a Ordnen Sie den einzelnen Phasen zum Wachstum in einer Bakterienkultur die korrekten Fachbegriffe zu.

b Erklären Sie, wieso in der Natur in der Regel kein exponentielles Wachstum zu beobachten ist

eA **c** Erklären Sie die Begriffe r-Strategie und K-Strategie und geben Sie jeweils ein Beispiel an.

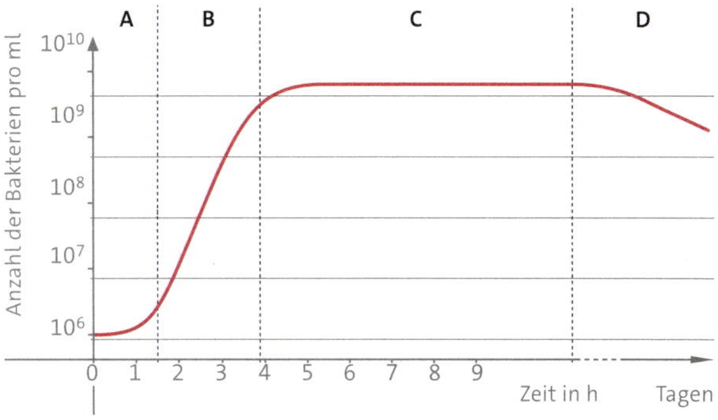

Anthropogene Einflüsse auf Ökosysteme und der Wert der Biodiversität (S. 232–261)

9 Es gibt nur eine Erde!

a Erklären Sie das Modell des demografischen Übergangs.

b Nennen Sie die Ziele des demografischen Übergangs für Entwicklungsländer.

c Erklären Sie, was man unter nachhaltiger Entwicklung versteht.

10 Unter Klimawandel versteht man den Anstieg der Durchschnittstemperatur überall auf der Erde.

a Erstellen Sie eine Concept-Map zu den Folgen der steigenden Temperaturen auf der Erde. Benutzen Sie folgende Begriffe: höhere Temperaturen, Anstieg des Meeresspiegels, mehr Wasserdampf in der Atmosphäre, Eisschichten schmelzen, höhere Verdunstung, mehr Niederschläge, Dürren, Überschwemmungen, Erwärmung der Meere, Ausstoß von Treibhausgasen, verstärkter Treibhauseffekt.

b Werten Sie die untenstehende Grafik aus und diskutieren Sie, ob die dargestellten Daten einen Beweis für einen durch den Menschen verursachten Klimawandel liefern.

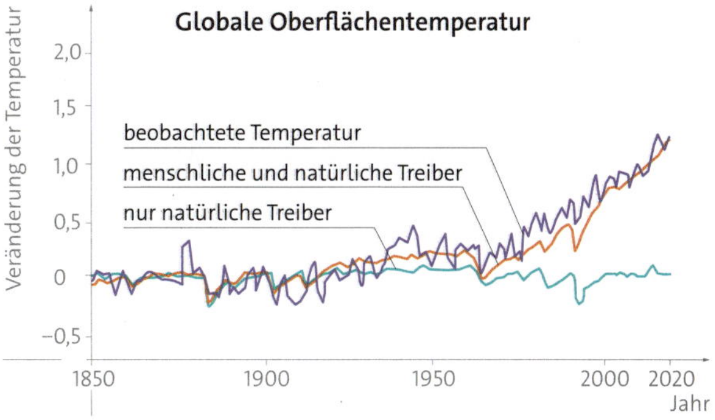

Training A Überlebenskünstler in der Wüste

Morphologische Angepasstheit

Wuchsformen

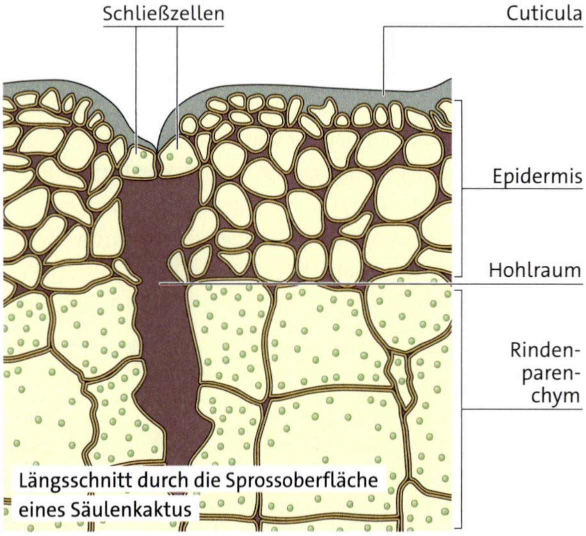

Längsschnitt durch die Sprossoberfläche eines Säulenkaktus

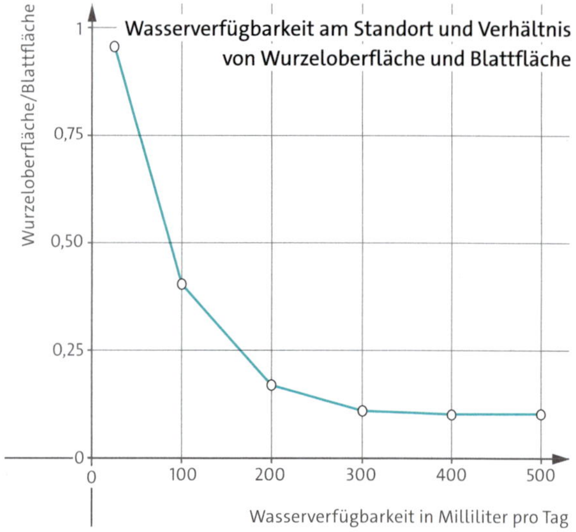

Wasserverfügbarkeit am Standort und Verhältnis von Wurzeloberfläche und Blattfläche

Trockenwüsten sind Lebensräume, die aufgrund ihres Klimas fast oder vollständig vegetationsfrei sind. Pflanzenarten, die hier gedeihen, weisen besondere Wuchsformen auf. So gibt es bei vielen Arten eine Sprosssukkulenz. Auffällig ist auch eine verstärkte Wurzelbildung oder deren rübenartige Verdickung. Die Blätter sind meistens sehr klein, zu Dornen reduziert oder fehlen vollständig. Auch können weiße, tote Haare die Sprossachsen bedecken. Die Haare sind mit Luft gefüllt und reflektieren daher das Sonnenlicht vollständig. Je nach Standort können die genannten morphologischen Ausprägungen innerhalb einer Art variieren.

1 Beschreiben Sie die abiotischen Faktoren in der Trockenwüste.

2 Vergleichen Sie die verschiedenen Wuchsformen miteinander und setzen Sie diese in Beziehung zu den abiotischen Faktoren im Lebensraum Trockenwüste.

3 Erläutern Sie die Baumerkmale im Querschnitt durch die Oberfläche eines Säulenkaktus als Verdunstungsschutz.

4 Begründen Sie, weshalb tote Haare einen Spross weiß erscheinen lassen und vor übermäßiger Transpiration schützen.

5 Werten Sie das Diagramm aus.

Training B Biomassenumsatz in Ökosystemen

1 Nahrungsbeziehungen

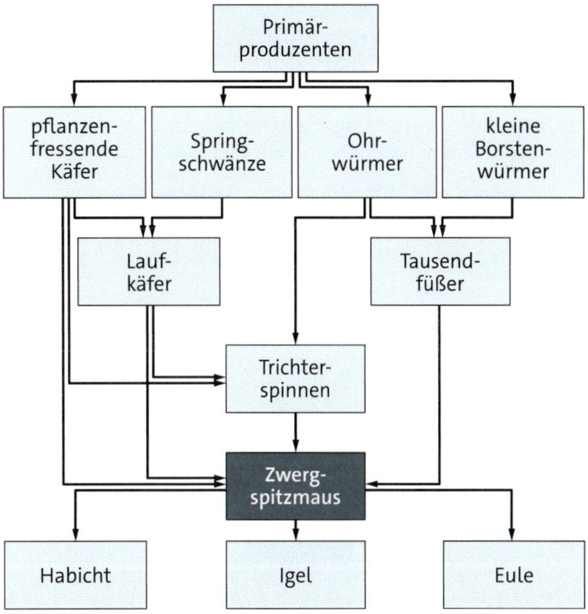

	Zwerg-spitzmaus	Mensch (40 Jahre)
Körpermasse in kg	ca. 0,005	ca. 70
Kopf-Rumpf-Länge in cm	ca. 6	ca. 75
Herzschläge pro min (Herzschlagfrequenz)	ca. 1000	ca. 80
Energieumsatz in kJ pro kg und h	ca. 160	ca. 4

Die Zwergspitzmaus ist das kleinste Säugetier, das nördlich der Alpen zu finden ist. Ihre Nahrung besteht vorwiegend aus Insekten, aber auch anderen Wirbellosen. Die tägliche Nahrungsmenge der Zwergspitzmaus ist größer als das eigene Körpergewicht.

1 Beurteilen Sie die Rolle der Zwergspitzmaus im oben dargestellten Nahrungsnetz und beschreiben Sie mögliche Auswirkungen, wenn diese aus dem Ökosystem verschwinden würde.

2 Werten Sie die Tabelle aus.

3 Charakterisieren Sie das Ökosystem, in dem Zwergspitzmäuse leben.

2 Biomassenproduktion im Silver-Springs-Ökosystem

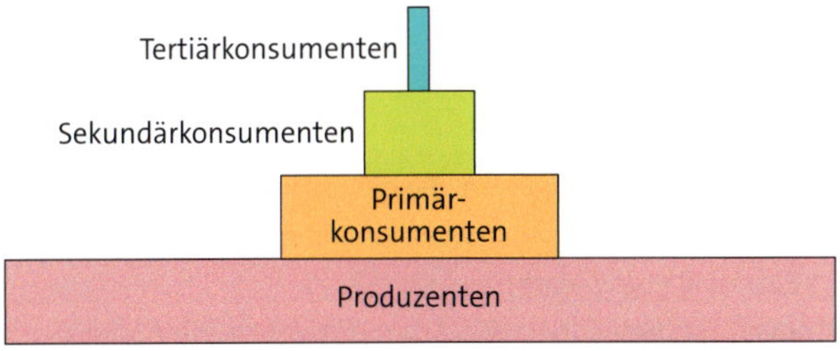

	gebildete Biomasse	Verluste durch	
		Atmung	Ausscheidung
Feuer-salamander	49	32	19
Kurzschwanz-spitzmaus	1,5	89	9,5

Biomassenumsatz von Kurzschwanzspitzmaus und Feuersalamander in % der aufgenommenen Nahrung

Die Amerikanische Kurzschwanzspitzmaus, eine verwandte Art der Zwergspitzmaus, lebt im Ökosystem von Silver Springs in Nordamerika. Beide Arten haben ein ähnliches Nahrungsspektrum.
Ein weiterer Bewohner in Silver Springs ist der Feuersalamander, der sich vorwiegend von Wirbellosen wie Insekten, Ringelwürmern oder Schnecken ernährt.

1 Erklären Sie unter Einbezug der Abbildung die Konstruktion von Biomassenpyramiden.

2 Erläutern Sie die in der Abbildung und der Tabelle dargestellten Ergebnisse.

3 Entwerfen Sie ausgehend vom Original zwei Biomassenpyramiden, bei denen die Sekundärkonsumenten ausschließlich entweder Thermoregulatoren oder Thermokonforme sind.

Glossar

A

Ammonifikation: Mikroorganismen bilden beim Abbau stickstoffhaltiger organischer Stoffe Ammoniak (NH_3). Dieser wird in ihre Umgebung freigesetzt.

Angepasstheit: Ergebnis der zufälligen evolutionären Anpassung an einen bestimmten Faktor oder eine bestimmte Funktion durch Mutation und Selektion. Die Vogelfeder stellt beispielsweise sowohl eine Angepasstheit an die fliegende Fortbewegung, als auch an die Temperaturregulation dar.

B

Bioakkumulation: Ansammlung von Stoffen in Organismen oder zunehmende Ansammlung in den Gliedern von Nahrungsketten. Wenn es sich um Schadstoffe handelt, gefährden sie die Organismen, vor allem die letzten Glieder einer Nahrungskette.

Biodiversität: politischer Begriff, Vielfalt des Lebens bezogen auf Allele, Individuen, Arten und Lebensräume sowie ihren Wert für den Menschen. ▶ Diversität

Biomasse: die Masse organischer Substanz, die von Lebewesen hergestellt wurde. Für Vergleiche misst man die Trockenmasse, weil Lebewesen unterschiedlich viel Wasser enthalten, das keine organische Substanz ist.

Biomasseproduktion: Zugewinn oder Ertrag von organischer Substanz. Die Produktion wird als Produktionsrate angegeben, also als Produktion pro Fläche und Zeit.

Biotop: Lebensraum einer ▶ Biozönose. ▶ Habitat

Biozönose: Lebensgemeinschaft aller Individuen der unterschiedlichen Arten in einem Lebensraum. Viele Amphibienarten, die Zugvögel und weitere Arten leben in mehreren Lebensräumen und Biozönosen.

Bodenbildung: erfolgt im Wesentlichen durch Verwitterung von Gestein, Bildung von Humus und Versauerung

D

Destruenten: Lebewesen, die vornehmlich tote organische Substanz zu Mineralstoffen abbauen und daraus Energie beziehen. Für den Aufbau ihres eigenen Körpers nehmen sie organische Substanz auf und verarbeiten sie. Sie sind also ▶ Konsumenten. Zu dieser Gruppe gehören einige Tiere, Pilze und Bakterien, aber keine Pflanzen.

Diversität: Vielfalt der Arten und ihre genetische Vielfalt in einem Lebensraum, Vielfalt der Lebensräume, Vielfalt der Funktionen, z. B. Ernährungstypen wie Pflanzenfresser, sowie der Prozesse, z. B. Veränderungen der Umwelt durch einzelne Arten im Ökosystem. ▶ Biodiversität

E

Ektosymbiose: Symbiose, bei der beide Partner außerhalb des anderen leben

Endosymbiose: Leben von Organismen einer Art im Körper von Organismen einer anderen Art zu beider Nutzen

euryök/stenök: Manche Lebewesen wie Wüsten- oder Höhlentiere sind nur unter ganz bestimmten Bedingungen anzutreffen. Man nennt sie stenök. Euryöke Organismen besitzen hingegen ein breites Standortspektrum.

eurytherm/stenotherm: Arten mit weiter beziehungsweise enger Temperaturtoleranz

exponentielles Wachstum: Verdopplung der Populationsgröße in gleichen Zeitintervallen

F

Flechte: Symbiose von Pilzen und Algen, bei der die beteiligten Pilzarten in der Natur nicht allein vorkommen

G

Gradation: Massenvermehrung einer Population und deren anschließender Zusammenbruch

H

Hydrophyten/Hygrophyten/Xerophyten: Wasserpflanzen beziehungsweise Pflanzen, die an feuchte beziehungsweise sehr trockene Standorte angepasst sind

I

interspezifische Konkurrenz: Konkurrenz zwischen Organismen verschiedener Arten

intraspezifische Konkurrenz: Konkurrenz zwischen Organismen derselben Art

K

Klimaschutz: Maßnahmen, die die anthropogene Erderwärmung begrenzen und Folgeerscheinungen der globalen Erderwärmung abmildern sollen

Koexistenz: Individuen von Arten mit unterschiedlichen, aber oftmals auch sehr ähnlichen, ökologischen Ansprüchen können an einem Ort nebeneinander leben.

Kohlenstoffatomkreislauf: aus den chemischen und biochemischen Umsetzungen von Kohlenstoffverbindungen erschlossenes Modell, in dem der Verbleib des Elements Kohlenstoff global verfolgt wird: Kohlenstoffatome werden durch Photosynthese in organische Substanz eingebaut und durch Atmung oder Verbrennung wieder abgebaut. Ein Teil gelangt in die Atmosphäre und steht für eine erneute Produktion pflanzlicher Substanz zur Verfügung. Einiger Kohlenstoff bleibt in teilweise abgebauter organischer Substanz, zum Beispiel in Humus, Torf, Kohle oder Erdöl sowie in Kalkgestein länger fixiert.

Kommensalismus: Zusammenleben von Organismen zweier Arten, bei dem die Organismen der einen Art profitieren und die der anderen Art nicht geschädigt werden.

Konkurrenzausschlussprinzip: in Laborversuchen ermittelter Zusammenhang, dass Arten mit identischen ökologischen Ansprüchen nicht nebeneinander leben können. Im Freiland wurde dafür bisher kein Nachweis erbracht.

Konsumenten: Organismen, die organische Substanz zur Energiegewinnung und als Baustoffe aufnehmen. Einige organische Stoffe bauen sie zu niedermolekularer, anorganischer Substanz ab. Sie sind daher nicht, wie man früher meinte, klar von ▶ Destruenten zu trennen.

K-Strategen: Arten, deren Populationsgröße wenig schwankt und nahe der Umweltkapazität liegt. Sie haben eine geringe Vermehrungsrate. K-Strategen und ▶ r-Strategen bilden die Pole eines Kontinuums. Die Merkmale der meisten Arten liegen dazwischen.

L

logistisches Wachstum: Wachstum einer Population bis zur Umweltkapazität. Es beginnt als exponentielles Wachstum und wird dann schwächer.

Lotka-Volterra-Modell: gegenüber Realsituationen sehr vereinfachtes Modell zu regelmäßigen Populationsdichteschwankungen bei Räuber-Beute-Beziehungen. Es gibt selten dem Modell entsprechende Verhältnisse in der Natur.

M

Mykorrhiza: Symbiose zwischen höheren Blütenpflanzen und Pilzen, bei der Pilze Wasser und Mineralstoffe an die Pflanzenwurzeln abgeben und die Pflanze organische Substanz an den Pilz abgibt

N

nachhaltige Entwicklung: aus der Waldbewirtschaftung stammendes Konzept, nach dem einem Wald nicht mehr Holz entnommen werden darf als zeitgleich nachwächst. Heute versteht man darunter die politisch gewünschte Entwicklung, die dazu führt, dass die Bedürfnisse der heutigen Menschen befriedigt werden, ohne dabei die Lebensmöglichkeiten künftiger Generationen zu beeinträchtigen. Sie hat daher ökologische, ökonomische und soziale Dimensionen.

Nahrungskette: Modellvorstellung, die davon ausgeht, dass Pflanzen von Pflanzenfressern als Primärkonsumenten gefressen werden, die zur Beute von Fleischfressern als Sekundärkonsumenten werden, die wiederum von anderen Fleischfressern erbeutet werden können. Das Modell erklärt eine mögliche ▶ Bioakkumulation.

Nahrungsnetz: Modell, das die vielfältigen Nahrungsbeziehungen in einer Biozönose abbildet

O

ökologische Nische: Konzept, das in drei Varianten erklärt, dass Lebewesen nebeneinander existieren, weil sie unterschiedliche Ansprüche an den Lebensraum stellen: die Gesamtheit von Beziehungen zwischen einer Art und ihrer Umwelt. Ohne das Vorkommen der Art würde die ökologische Nische nicht existieren. Die Art bildet die Nische. Verschiedene Arten bilden verschiedene Nischen.
Oder: Die ökologische Nische beschreibt alle Ansprüche und Toleranzen der Individuen einer Art. Die in einem Lebensraum existierende Art stellt Ansprüche an eine für sie mögliche Nische, andere als andere Arten.
Oder: Ein Lebensraum bietet eine ökologische Nische an, zum Beispiel eine Planstelle für Beutegreifer, die große Huftiere erlegen können. Sie muss nicht besetzt sein, wenn entsprechende Arten, zum Beispiel Wölfe auf einer Insel, fehlen. Dies widerspricht den beiden ersten Konzepten, hilft aber beim Vergleich von Lebensräumen und beim Vergleich konvergenter Entwicklung.

ökologische Pyramide: Veranschaulichung von ▶ Trophiestufen in Landökosystemen. Entlang der Nahrungskette nimmt die Größe der Organismen zu, während deren Anzahl sich verringert. Auch die ▶ Biomasse nimmt von Trophiestufe zu Trophiestufe ab.

ökologischer Fußabdruck: Fläche auf der Erde, die gebraucht wird, um alle ▶ Ressourcen für die Versorgung der Menschheit bereitzustellen, einschließlich der Fläche für die Aufnahme von Abfällen und Emissionen

Osmoregulation: Regulierung der Ionengehalte in den Zellen eines Organismus, sodass nicht zu viel oder zu wenig Wasser in diese Zellen einströmt

P

Parasitismus: einseitige Nutzung von Lebewesen der einen Art durch eine andere Art. Der Wirt hat dadurch einen Nachteil.

photosynthetisch aktive Strahlung: von den Blattpigmenten photosynthetisch nutzbarer Wellenlängenbereich von 380–710 nm

physiologische und ökologische Potenz: Die physiologische Potenz gibt an, unter welchen Bedingungen eine Art vorkommen kann, wenn keine Konkurrenz zu anderen Arten besteht. Die ökologische Potenz gibt an, unter welchen Bedingungen sie trotz Konkurrenten vorkommt.

physiologisches Optimum: Bedingungen, unter denen sich die Individuen einer Art besonders gut entwickeln.

Pionierpflanzen: Pflanzen, die sich sehr schnell nach der Veränderung eines Standorts ausbreiten können und dann wieder verschwinden. Sie stehen am Anfang einer Sukzession. Sie sind häufig ▶ r-Strategen.

Plankton: Lebewesen, die im Wasser schweben und sich nicht gegen die Strömung bewegen können

Population: eine Fortpflanzungsgemeinschaft, Lebewesen derselben Art, die sich zur Fortpflanzung treffen können

Populationsdichte: Anzahl Individuen einer Population pro Fläche oder Volumen. Dichtebezogene Faktoren wie die im Lebensraum verfügbare Nahrungsmenge stehen in Wechselwirkung mit der Populationsdichte.

Produzenten: Organismen, die aus einfachen anorganischen Bestandteilen komplexe organische Substanz aufbauen können. Zu ihnen gehören die meisten Pflanzen.

R

Räuber-Beute-Beziehung: gegenseitige Beeinflussung der Populationsgrößen von Räubern und ihren Beutetieren. Zwei-Arten-Beziehungen mit regelmäßigen Schwankungen der Populationsdichten um Mittelwerte gibt es selten, sie werden aber gern modelliert. ▶ Lotka-Volterra-Modell.

Ressource: Lebensgrundlage für einen Organismus, die er in einem Lebensraum nutzen kann. Man unterscheidet biotische, etwa Nahrung, Wirt, Fortpflanzungspartner, und abiotische Lebensgrundlagen, wie Raum, Licht, Wasser.

r-Strategen: Arten von Lebewesen, deren Populationsgröße schwankt. Sie haben hohe Vermehrungsraten. ▶ K-Strategen

S

Stickstoffatomkreislauf: Kreislauf des Stickstoffs in unterschiedlichen chemischen Verbindungen mithilfe chemischer Reaktionen. Wichtige Reaktionen finden durch Lebewesen statt: Atmosphärischer Stickstoff wird über stickstofffixierende Bakterien für Pflanzen verfügbar gemacht, die ihn in körpereigene Stoffe einbauen. Tiere nehmen stickstoffatomhaltige Verbindungen aus pflanzlicher Nahrung auf. Die von Tieren abgegebenen stickstoffatomhaltigen Verbindungen werden von Bakterien abgebaut und stehen den Pflanzen wieder zur Verfügung.

Störung: Einzelereignis wie Feuer, Überflutung oder ▶ Gradation, das in kurzer Zeit eine deutliche Wirkung zeigt. Viele Waldökosysteme sind auf regelmäßige Unterbrechungen der ▶ Sukzession angewiesen, sodass ein Neuanfang erfolgt.

Sukzession: gesetzmäßig auftretende Abfolge von Pflanzengemeinschaften an einem Standort, etwa von einem Pionierstadium zu einem geschlossenen Wald

Symbiont: der kleinere Partner in einer Symbiose

Symbiose: Zusammenleben von Organismen mehrerer Arten, die voneinander profitieren

T

Thermokonforme: wechselwarme Lebewesen, in deren Körper ungefähr dieselbe Temperatur herrscht wie in ihrer Umwelt. Neben Reptilien, Amphibien, Fischen und wirbellosen Tieren sind Pflanzen poikilotherm.

Thermoregulatoren: gleichwarme Tiere, die unter Nutzung von Energie ihre Körpertemperatur auf einem nahezu konstanten Niveau halten: Vögel, Säugetiere

Toleranzbereich: Überlebensbereich der Individuen einer Art bei Variation eines abiotischen Faktors. Zwischen Toleranzminimum und -maximum gibt es einen Bereich optimaler Lebensäußerungen, das Toleranzoptimum.

Transpiration: von Lebewesen kontrollierbare Abgabe von Wasser als Wasserdampf. Verdunstung ist dagegen Wasserdampfabgabe von jeder Oberfläche.

Treibhauseffekt: Erwärmung der unteren Schichten der Atmosphäre durch langwellige Infrarotstrahlen

Treibhausgase: Gase wie Kohlenstoffdioxid oder Methan, die eine Abstrahlung von Wärme verhindern und damit zu einer Erwärmung der erdnahen Atmosphäre führen

Trophiestufen: Aufeinanderfolge von Pflanzen und Tieren bei energetischer Betrachtung. Pflanzen beziehen ihre Energie von der Sonne. Sie bilden die erste Trophiestufe, pflanzenfressende Tiere die zweite, fleischfressende Tiere die nächsten Trophiestufen. Pflanzen produzieren organische Substanz neu und werden daher Primärproduzenten genannt. Tiere konsumieren organische Substanz und sind daher ▶ Konsumenten.

U

Umweltkapazität: maximale Anzahl an Individuen einer Art, die in einem Lebensraum dauerhaft leben kann

W

Wirt: der größere Partner in einer Symbiose oder der geschädigte Partner eines Parasiten oder Parasitoiden

Wirtswechsel: Manche Parasiten durchlaufen Teile ihres Lebenszyklus in verschiedenen Arten. Man kann zwischen Hauptwirt und Nebenwirten unterscheiden.

Wurzelknöllchen: Auswüchse an den Wurzeln bestimmter Pflanzenarten, in denen Bakterien elementaren Stickstoff aus der Atmosphäre binden und für die Pflanze verfügbar machen

Z

Zeigerart: Art, deren Individuen in der Natur nur in einem eng begrenzten Wertebereich eines bestimmten ökologischen Faktors vorkommen, zum Beispiel auf nassem Boden

Im Internet recherchieren

Sich zu einem Thema schnell zu Infomieren ist im digitalen Zeitalter nur mit wenigen Klicks möglich. Allerdings ist es nicht einfach, aus der Informationsflut die richtigen Informationen herauszufiltern.

Recherchieren im Internet • Möchte man aktuelle Informationen zu einem Thema finden oder einen Vortrag vorbereiten, kann man hierzu schnell und einfach im Internet recherchieren. Doch Vorsicht: Nicht alles, was man im Internet findet, ist richtig. Es gibt auch unzuverlässige und irreführende Informationen. Damit die Internetrecherche möglichst sicher und effektiv ist, sollte man die folgenden Punkte beachten:

1 Suchmaschinen nutzen

Der einfachste Weg, im Internet Informationen zu finden, ist der Gebrauch einer Suchmaschine. Diese Programme durchsuchen das Internet nach den eingegebenen Begriffen. Die meisten Suchmaschinen ähneln sich in ihrem Aufbau (▶1). Unter dem Eingabefeld findet man oft Filteroptionen, mit denen zum Beispiel gezielt nach Bildern oder Videos gesucht werden kann.

Oft reicht es für eine Suche bereits aus, den Suchbegriff in das Adressfeld des Browsers einzutippen. In diesem Fall wird eine zuvor festgelegte Suchmaschine genutzt.

Man kann allerdings auch andere als die üblichen Suchmaschinen verwenden. So gibt es beispielsweise spezielle Suchmaschinen für die gezielte Suche nach wissenschaftlichen Fachartikeln. Eines haben aber alle Suchmaschinen gemeinsam: Sie können nur nach vorgegebenen Begriffen suchen.

2 Gezielt suchen

In der Regel erhält man bei einer Suche viele Tausend Treffer. Dies kann besonders bei Begriffen mit mehrfachen Bedeutungen wie *Krone* oder *Wurzel* zu ungewollt zahlreichen Suchergebnissen führen. Es ist daher oft sinnvoll, gleich mehrere Suchbegriffe einzugeben. Dadurch wird die Suche präziser und die Anzahl der Treffer meist geringer.

Wenn man zum Beispiel nach Informationen zur Monetarisierung von Ökosystemen sucht, kann man die Begriffe Monetarisierung und Ökosysteme eingeben. Setzt man Suchbegriffe in Anführungszeichen, werden zudem nur die Treffer angezeigt, die den exakten Wortlaut in genau dieser Reihenfolge beinhalten. Dies hilft zum Beispiel bei der Suche nach Zitaten. Setzt man vor einen zweiten Suchbegriff ein Minuszeichen, werden Suchergebnisse, die diesen Begriff enthalten, nicht angezeigt. Viele Suchmaschinen bieten diese Funktionen auch über die Filteroptionen an.

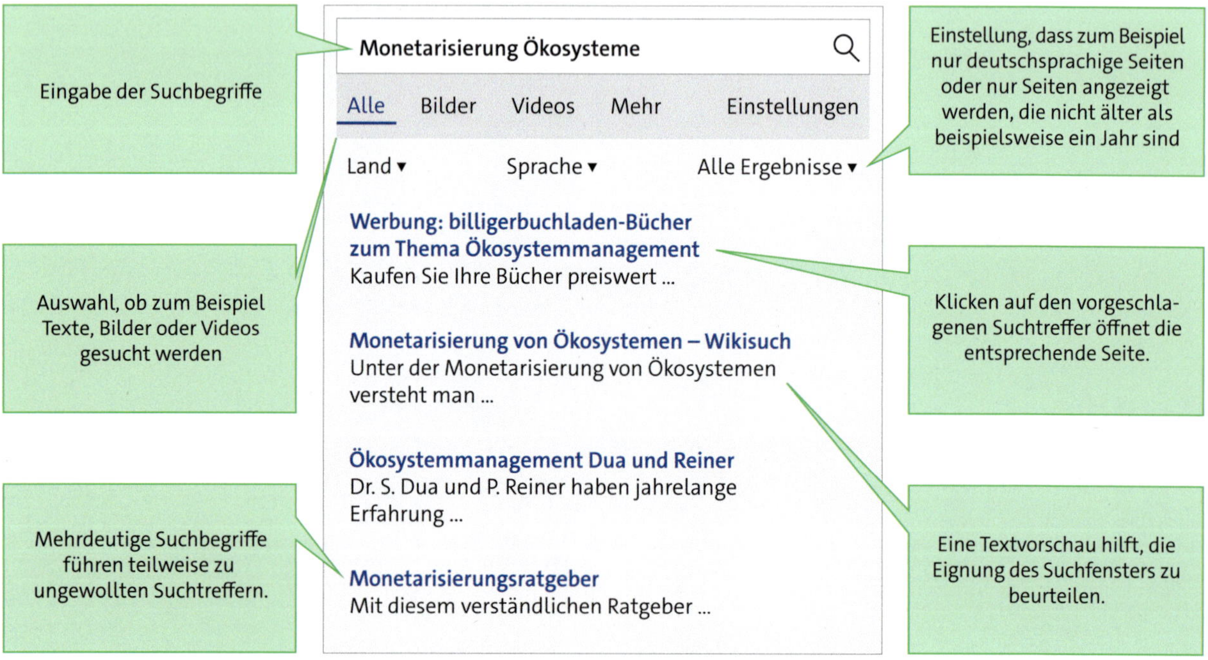

1 Suchergebnis einer Suchmaschine

3 Suchergebnisse beurteilen

Oft befinden sich unter den ersten Suchergebnissen Werbeanzeigen. Diese sind für die Beschaffung von Informationen meist nicht zu gebrauchen. Sie lassen sich aber leicht an der Kennzeichnung „Anzeige“ oder „Werbung“ erkennen.

Fast jeder hat die Möglichkeit, eigene Texte, Bilder, Filme oder Webseiten ins Internet zu stellen. Daher kann man sich nicht darauf verlassen, dass alles, was im Internet steht, auch stimmt. Neben fundierten Tatsachen findet man auch viele persönliche Meinungen, erfundene Beiträge oder sogar absichtliche Fehlinformationen. Es ist daher sehr wichtig, darauf zu achten, von welchen Quellen man seine Informationen bezieht. Hierfür gibt es einige Punkte, die man berücksichtigen sollte: Es sollten Seiten genutzt werden, bei denen man von einer gesicherten Datenlage ausgehen kann, zum Beispiel von Universitäten, Behörden oder Forschungseinrichtungen. Weitere Hinweise für seriöse Quellen im Internet sind die Nennung der Autorin oder des Autors eines Beitrags, das Datum der Veröffentlichung, die Angaben von Quellen oder weiterführende Links und ein Impressum.
Vorsichtig sollte man allerdings mit Inhalten von Webseiten mit zu vielen Werbeeinblendungen, Pop-up-Fenstern oder dem schnellen Weiterleiten auf andere Webseiten sein. Auch ist es wichtig, darauf zu achten, ob der Urheber ein besonderes Interesse daran hat, einen Inhalt positiv oder negativ zu bewerten. So werden Hersteller ihre Produkte meist als gut und sicher darstellen.

Unter den ersten Suchergebnissen finden sich oft die Seiten von Wikis. Dies sind interaktive Online-Lexika, zu denen jeder etwas beisteuern kann. Zahlreiche Autorinnen und Autoren erstellen hier täglich eine Vielzahl neuer Artikel oder korrigieren und aktualisieren bestehende. Auch hier gilt: Jeder Beitrag ist auf seine Qualität hin zu prüfen. Artikel können auch Fehler oder einseitige Sichtweisen enthalten. Gleiches trifft auch auf Foren-Beiträge zu. In Foren tauschen sich Personen zu einem bestimmten Thema aus, geben Tipps und Hinweise. Doch oft werden diese Beiträge nicht auf ihre Richtigkeit hin überprüft.
Auf Basis des Nutzerverhaltens wird mithilfe von Algorithmen vorgefiltert, welche Links, Videos oder Artikel vorgeschlagen werden. Dadurch kann das angezeigte Meinungsbild zu einem Thema stark verzerrt sein. Dieses Phänomen wird mit dem englischen Begriff *Filter Bubble*, übersetzt Filterblase, beschrieben. Die Informationen, die angezeigt werden, sind unter anderem davon beeinflusst, welche Seiten beziehungsweise Seitentypen man angeklickt hat, welche Suchmaschinen man nutzt und welche Kanäle man abonniert hat. Man kann versuchen, die „Bubble“ aktiv zu verändern beziehungsweise zu vergrößern, indem man Kanäle und Internetseiten mit Bedacht und breit gefächert auswählt oder seinen Suchverlauf regelmäßig löscht. Unter anderem werden Verhalten und Nutzungsinformationen über Cookies gesammelt und gespeichert, dies lässt sich über die Cookie-Einstellungen einschränken oder deaktivieren. Bei allen digitalen Medien sollte man seine persönlichen Daten nur mit Bedacht angeben.

2 Im Internet suchen

4 Urheberrecht und Quellenangaben

Fast alle Inhalte, die man im Internet findet, sind urheberrechtlich geschützt. Für eine Präsentation im Unterricht ist das meistens aber kein Problem. Es muss jedoch darauf geachtet werden, dass die Quellen, also die Seiten, auf denen man die Informationen gefunden hat, und das Datum des Aufrufs angegeben werden.

5 Der Einsatz künstlicher Intelligenz

Webseiten und Apps, die künstliche Intelligenz zum Beantworten von Fragen nutzen, stellen eine Alternative zum Einsatz von klassischen Suchmaschinen dar. Der Vorteil liegt dabei vor allem darin, dass man gezielt Fragen stellen kann, auf die man oft sehr präzise und gut aufbereitete Antworten erhält, was viel Zeit spart.
Der Nachteil einer solche Recherche ist jedoch, dass die Antworten zwar meist überzeugend klingen, aber dennoch Fehlinformationen enthalten können oder falsche Schlüsse gezogen werden. Eine Überprüfung der Quellen ist dabei oft nicht möglich. Zudem gibt es Bedenken hinsichtlich der Speicherung und Nutzung von Daten und dem Energieverbrauch solcher KI-Systeme.

1 Recherchieren Sie im Internet zur Monetarisierung von Ökosystemen und erstellen Sie hierzu eine kurze Präsentation.

Gefahren- und Sicherheitshinweise

Auf den Materialseiten werden Experimente vorgeschlagen, die im Rahmen des Biologieunterrichts üblicherweise durchgeführt werden. Dabei wurde darauf geachtet, dass möglichst wenig Gefahrstoffe und diese in möglichst geringen Mengen zum Einsatz kommen. Alle Experimente sind als Versuch im Material gekennzeichnet und mit einer Sicherheitsleiste versehen, die mithilfe von Symbolkästen auf mögliche Gefahren, Sicherheitsvorkehrungen und Entsorgungswege hinweist. Für ein sicheres Experimentieren ist es unerlässlich, dass jede Schülerin und jeder Schüler die in den Versuchsanleitungen verwendeten Kennbuchstaben und die zugehörigen Gefahrensymbole, wie sie auf Chemikalienetiketten zu finden sind, kennt und über entsprechende Sicherheitshinweise unterrichtet ist. Sollten diese Ihnen nicht aus dem Chemieunterricht geläufig sein, machen Sie sich bitte mit den auf der Folgeseite aufgeführten Hinweisen gründlich vertraut.

Beachten Sie beim Experimentieren die speziellen Sicherheitshinweise Ihrer Lehrerin oder Ihres Lehrers genauestens und halten Sie die im Folgenden aufgelisteten allgemeinen Regeln für das praktische/experimentelle Arbeiten in Biologie ein.

Allgemeine Regeln für das praktische/experimentelle Arbeiten

- Informieren Sie sich über die Notfalleinrichtungen (Notausschalter, Feuerlöscher, Erste Hilfe) im Arbeitsraum.
- Halten Sie Ihren Arbeitsplatz sauber und ordnen Sie ihn übersichtlich.
- Essen und trinken Sie niemals während der praktischen/experimentellen Arbeit.
- Schützen Sie Ihre Augen beim Umgang mit Chemikalien grundsätzlich durch eine Schutzbrille.
- Pipettieren Sie niemals mit dem Mund, sondern immer mit einer Pipettierhilfe.
- Achten Sie außer auf Ihre eigene Sicherheit immer auch auf die Ihrer Mitschülerinnen und Mitschüler.
- Sollten Sie sich bei der Arbeit verletzen, informieren Sie bitte sofort Ihre Lehrerin/Ihren Lehrer.
- Für Experimente mit Mikroorganismen gelten besondere Sicherheitshinweise, über die Sie Ihre Lehrerin/Ihr Lehrer informiert.
- Waschen Sie sich nach praktischer/experimenteller Arbeit stets gründlich die Hände.

Einstufung von Gefahrstoffen nach der GHS-Verordnung

Mit dem neuen GHS (*Globally Harmonised System of Classification and Labelling of Chemicals*) werden die Kriterien für die Einstufung der Gefahrstoffe neu festgelegt und mit international einheitlichen Piktogrammen versehen. Neu ist auch die Verwendung der Signalwörter Gefahr und Achtung für das Ausmaß der Gefahr: „Gefahr“ bei hoher Gefährdung oder „Achtung“ bei geringerer Gefährdung. Das GHS gilt seit 2009. Die Übergangsfristen für die bisherigen Verordnungen sind seit dem 1. Juni 2017 ausgelaufen.

Gefahrenpiktogramm und Piktogrammcode	Mit dem Gefahrenpiktogramm gekennzeichnete Stoffe und Gemische	Signalwort
2  GHS02	entzündbare, selbsterhitzungsfähige und gefährliche selbstzersetzliche Stoffe und Gemische, pyrophore Stoffe sowie Stoffe und Gemische, die bei Berührung mit Wasser entzündbare Gase entwickeln	Gefahr oder Achtung
5  GHS05	Stoffe und Gemische, die schwere Verätzungen der Haut und/oder schwere Augenschäden verursachen	Gefahr
7  GHS07	Stoffe und Gemische, die Haut- und/oder Augenreizungen verursachen und/oder allergische Hautreaktionen, Reizungen der Atemwege und/oder Schläfrigkeit und Benommenheit verursachen können	Achtung
9  GHS09	Stoffe und Gemische, die für aquatische Organismen schädlich sind, entweder akut oder langfristig.	Gefahr oderAchtung

Hinweise auf Sicherheitsvorkehrungen beim Durchführen von Versuchen

 Schutzbrille tragen

 Schutzhandschuhe tragen

Hinweise auf die korrekte Entsorgung

 **Abwasser** nicht gefährliche und wasserlösliche Stoffe

Behälter 1 Säuren und Laugen

Lösungen der Check-up-Aufgaben

Informationssysteme (Seite 10–105)

1 a 1 = Endknöpfchen; 2 = Soma; 3 = Zellkern; 4 = Dendrit; 5 = Axonhügel; 6 = Axon; 7 = Ranvier-Schnürring; 8 = Myelinscheide/Schwann-Zelle

b Das Basiskonzept Struktur und Funktion besagt, dass biologische Systeme besondere Ausgestaltungen ihrer Form besitzen, die mit ihrer Funktion in engem Zusammenhang stehen. Beim Neuron fallen vor allem die vielen Verzweigungen bei den Dendriten und dem Ende des Axons auf. Diese ermöglichen zum einen die Ausbildung einer hohen Zahl an Synapsen und zum anderen eine starke Vernetzung mehrerer Nervenzellen miteinander. Das Axon selbst ist sehr lang und in vielen Fällen von einer Myelinscheide umgeben, wodurch elektrische Erregung schnell über große Entfernungen weitergeleitet werden kann.

c

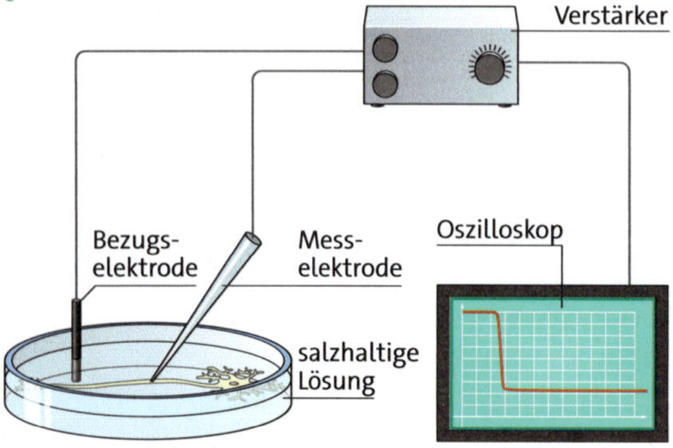

d Im Neuron befinden sich vor allem Kaliumionen und organische Anionen, dazu wenige Natrium- und Chloridionen. Außerhalb der Zelle gibt es vielen Natrium- und Chloridionen und wenige Kaliumionen.

e Die Ionen sind wie in Aufgabenteil d beschrieben ungleich verteilt. Die Zellmembran des Neurons ist für anorganische Ionen und Chloridionen sowie für Natriumionen praktisch undurchlässig. Sie besitzt jedoch Kaliumionenhintergrundkanäle, die ständig geöffnet sind. Natriumionen sickern ständig in kleinen Mengen in das Neuron ein. Die Natrium-Kalium-Pumpe transportiert sie im Austausch gegen Kaliumionen unter ATP-Verbrauch nach außen. So bleibt im Zellinneren die Konzentration an Kaliumionen höher und die der Natriumionen niedriger. Das Ruhepotenzial ist ein dynamisches Gleichgewicht zwischen der Tendenz zum Konzentrationsausgleich und der zum Ladungsausgleich.

2 a Bei einer Reizung der Axonmembran bis zum Schwellenwert öffnen sich die spannungsgesteuerten Natriumionenkanäle und Natriumionen strömen entsprechend ihres Konzentrationsgradienten und der Ladungsverhältnisse in großer Menge in die Zelle ein. Nach 1 ms schließen sich die Natriumionenkanäle wieder und die spannungsgesteuerten Kaliumionenkanäle öffnen sich. Kaliumionen strömen entsprechend ihres Konzentrationsgradienten und der veränderten Ladungsverhältnisse in großer Anzahl aus der Zelle. Nach dem Schließen der spannungsgesteuerten Kaliumionenkanäle ist das Aktionspotenzial beendet.

b Vor Beginn des Aktionspotenzials herrscht das Ruhepotenzial, bei Säugetieren liegt es bei etwa -65 mV. Durch den Einstrom der Natriumionen in die Zelle verringert sich die Spannung bis hin zur Spannungsumkehr auf etwa 30 mV. Der anschließende Ausstrom von Kaliumionen aus der Zelle ist so stark, dass die Membran nicht nur repolarisiert, sondern bis auf etwa -80 mV hyperpolarisiert wird, bevor das Ruhepotenzial wiederhergestellt wird.

c Nach dem Schließen eines spannungsgesteuerten Natriumionenkanals kann dieser während der absoluten Refraktärzeit gar nicht und während der relativen Refraktärzeit nur durch eine sehr starke Depolarisation wieder geöffnet werden. So kann bei zweimaliger Reizung eines Axons in kurzem zeitlichen Abstand nur ein Aktionspotenzial entstehen.

d Bei der kontinuierlichen Erregungsleitung führt der Einstrom von Natriumionen an einer Stelle des Axons zu lokalen Strömchen innerhalb des Axons, die benachbarte Membranbereiche depolarisieren und dort ein weiteres Aktionspotenzial auslösen. Das passiert an jeder Stelle der Axonmembran. Bei Axonen mit Myelinscheide erhöht sich die Reichweite der lokalen Strömchen bis zum nächsten Ranvier-Schnürring, und nur an diesem befinden sich spannungsgesteuerte Natriumionenkanäle zur Auslösung eines weiteren Aktionspotenzials. So entstehen bei der saltatorischen Erregungsleitung an weniger Stellen entlang des Axons Aktionspotenziale und die Erregungsleitung verläuft schneller.

3 a 1 = Natriumion; 2 = Natriumionenkanal; 3 = Acetylcholinmolekül (Transmitter); 4 = Calciumionenkanal; 5 = Calciumion; 6 = präsynaptische Membran; 7 = Vesikel; 8 = Cholin-Transporter; 9 = synaptischer Spalt; 10 = postsynaptische Membran; 11 = Acetylcholin-Esterase

b Durch ein ankommendes Aktionspotenzial werden die spannungsabhängigen Natriumionenkanäle geöffnet. Natriumionen strömen in das Endknöpfchen ein, die präsynaptische Membran wird depolarisiert. Dadurch öffnen sich die spannungsgesteuerten Calciumionenkanäle. Calciumionen strömen in die Zelle und veranlassen Vesikel mit Acetylcholinmolekülen, sich zur präsynaptischen Membran zu bewegen und mit ihr zu verschmelzen. Bei der Exocytose werden Acetylcholinmoleküle in den synaptischen Spalt ausgeschüttet, diffundieren zur postsynaptischen Membran und binden dort an Rezeptoren an Natriumionenkanälen. Natriumionen strömen aus dem synaptischen Spalt in die nachfolgende Zelle und depolarisieren ihre Membran. Es entsteht ein exzitatorisches postsynaptisches Potenzial, ein EPSP.

c Die Acetylcholinmoleküle passen zu den Rezeptoren der postsynaptischen Membran wie ein Schlüssel zum Schloss.

d Die Acetylcholinesterase spaltet Acetylcholinmoleküle in Cholin- und Acetatteilchen. Das beendet die Öffnung der postsynaptischen Natriumionenkanäle, den Natriumioneneinstrom und damit auch das EPSP. Wird das Enzym gehemmt, verbleiben Acetylcholinmoleküle in großer Menge an den Rezeptoren der Natriumionenkanäle, verursachen einen ständigen Natriumioneneinstrom und ein andauerndes EPSP. Die nachfolgende Zelle wird dauererregt.

e Werden die Calciumionenkanäle blockiert, können keine Calciumionen in das Endknöpfchen einströmen und es findet keine Erregungsübertragung statt. An Zellen der Schmerzbahnen hat das Schmerzunempfindlichkeit zur Folge.

f Beide Synapsentypen besitzen präsynaptische Natrium- und Calciumionenkanäle und Vesikel mit Transmittermolekülen. Die postsynaptische Membran erregender Synapsen ist mit weiteren Natriumionenkanälen besetzt, durch die Natriumionen einströmen und eine Depolarisation, ein EPSP, auslösen. In der postsynaptischen Membran hemmender Synapsen befinden sich Chloridionenkanäle. Durch sie strömen Chloridionen in die nachfolgende Zelle ein und verursachen eine Hyperpolarisation, ein IPSP oder inhibitorisches postsynaptisches Potenzial.

g Entscheidend für die Wirkung sind die Ionenkanäle an der postsynaptischen Membran. Verursacht der Transmitter einen

Einstrom von Kationen, ist ein EPSP die Folge, löst er einen Einstrom von Anionen aus, verursacht er ein IPSP.

h

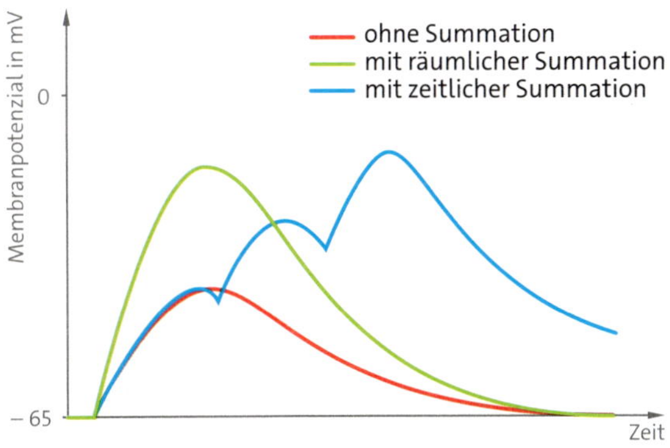

4 **a** Der psychoaktive Stoff in Haschisch, das Tetrahydrocannabinol (THC), bindet an Anandamid-Rezeptoren. Bei Rezeptoren an Asterocyten im Hippocampus führt die Bindung von THC zur Freisetzung von Glutamat. Über die Bindung bestimmter postsynaptischer Rezeptoren werden andere Rezeptoren der postsynaptischen Membran zurückgebildet. Damit wird eine Langzeitdepression, also eine dauerhafte Abschwächung der Signalübertragung hervorgerufen. Da der Hippocampus dazu beiträgt, dass Informationen vom Arbeits- ins Langzeitgedächtnis übertragen werden, kommt es zur Störung der Gedächtnisleistung.

b Bei der Multiplen Sklerose führen durch Autoimmunreaktionen hervorgerufene Entzündungen zu einem Abbau der Myelinscheiden. Dadurch wird die saltatorische Erregungsleitung verlangsamt oder komplett unterbunden. Sowohl die Schwere als auch die Art der Funktionsstörung sind von Ausmaß und Ort der Demyelinisierung abhängig und können daher sehr unterschiedlich ausfallen.

5 **a** Neuronale Plastizität ist die Fähigkeit des Gehirns, neue Verknüpfungen zu bilden und bestehende zu verändern.

b Langzeitpotenzierung bezeichnet die Steigerung der Übertragungsrate an Synapsen. Das kann durch eine Vergrößerung der Kontaktfläche zwischen prä- und postsynaptischer Membran geschehen. Die Oberflächenvergrößerung der präsynaptischen Membran ermöglicht die Ausschüttung einer höheren Menge an Transmittermolekülen aus dem Endknöpfchen pro Zeiteinheit. In eine großflächige postsynaptische Membran können mehr Ionenkanäle eingelagert werden, durch die mehr Ionen pro Zeiteinheit in die nachfolgende Zelle einströmen können. Das PSP wird dadurch stärker.

c Bei der Bahnung werden häufig genutzte Synapsen aus- und selten genutzte abgebaut. So bilden sich bestimmte Vernetzungsmuster, durch die Signale schneller übertragen werden. Das entspricht einem Lernprozess.

6 **a** Hypothalamus; Zirbeldrüse (Epiphyse); Hypophyse; Schilddrüse; Thymus; Nebenniere; Bauchspeicheldrüse; Eierstock; Hoden

b Der Hypothalamus gibt den Sollwert des Blutzuckerspiegels vor. Rezeptoren in der Bauchspeicheldrüse messen den Istwert, der durch Muskelarbeit negativ und durch Nahrungsaufnahme positiv beeinflusst wird. Sie melden den Istwert an die Zellen der Bauchspeicheldrüse, die als Regler bei zu niedrigen Wert Glukagon und bei zu hohem Wert Insulin ausschütten. Glukagon bewirkt den Abbau von Glykogen und die Abgabe von Glucose aus Leberzellen ins Blut. Insulin hingegen löst die Glucoseaufnahme in Leber- oder Muskelzellen aus, wo aus der Glucose Glykogen aufgebaut wird. Durch die Veränderung der Glucosemenge wird der Blutzuckerspiegel verändert und somit dem Sollwert angenähert.

c Steuerung und Regelung bedeutet, dass die inneren Zustände in einem biologischen System auch bei Veränderungen konstant gehalten werden. Am Beispiel des Blutzuckerspiegels bedeutet das, dass die Konzentration an Glucose im Blut durch das antagonistische Zusammenspiel von Insulin und Glukagon bei etwa 90 mg pro dl gehalten wird. Verändert sich der Blutzuckerspiegel durch Muskelarbeit oder Nahrungsaufnahme, wird er durch einen Regelkreis wieder zum Sollwert zurückgeführt.

d Reagieren die Zielzellen nicht auf Insulin, können sie keine Glucose aufnehmen, der Blutzuckerspiegel wird nicht gesenkt und bleibt dauerhaft hoch. Das führt im Regelkreis wiederum zur Ausschüttung von höheren Mengen an Insulin.

e Cortisolmoleküle können sich in der Zelle mit Transkriptionsfaktoren verbinden und diese dadurch aktivieren. Die aktiven Transkriptionsfaktoren binden an die DNA und veranlassen die Expression bestimmter Gene. Deren Genprodukte lösen schließlich eine hormonspezifische Reaktion der Zelle aus.

7 **a** Sympathikus und Parasympathikus sind gegensätzlich wirkende Teile des vegetativen Nervensystems. Der Sympathikus stellt den Körper auf eine Fight-or-flight-Reaktion ein, bewirkt also eine Leistungssteigerung für Angriff oder Flucht. Dafür werden beispielsweise die Bronchien erweitert und die Herzfrequenz erhöht. Die Verdauungstätigkeit hingegen wird gehemmt. Der Parasympathikus unterstützt den Körper bei Erholung und Regeneration. Die Bronchien werden verengt und der Herzschlag verlangsamt, dafür wird die Verdauungstätigkeit erhöht. Die Gegenspieler Sympathikus und Parasympathikus ergänzen sich also in ihrer Wirkung und ermöglichen damit eine Anpassung des Körpers an die jeweiligen Situationen.

b Über die neuronale Stressachse wird der Sympathikus aktiviert. Das hat die Ausschüttung von Adrenalin und Noradrenalin aus dem Nebennierenmark zur Folge. Beide Hormone unterstützen die Wirkung des Sympathikus.

c Die Wirkung von Sympathikus, Adrenalin und Noradrenalin oder der neuronalen Stressachse versetzen den Körper in Alarmbereitschaft. Seine Leistungsfähigkeit wird gesteigert, was in Situationen mit Kurzzeitstress von Vorteil ist. Unterliegt der Körper Langzeitstress, bewirkt die hormonelle Stressachse eine Anpassung daran. Cortisol mobilisiert z. B. die Energiereserven des Körpers und unterdrückt das Immunsystem. So kann der Organismus dem Stress länger, wenn auch nicht unendlich lange standhalten.

d Negative Folgen von Langzeitstress sind Bluthochdruck, Anfälligkeit für Infektionskrankheiten und Krebs sowie die Beeinträchtigung der Gehirnfunktionen und der Stimmung.

8 **a** Wenn Licht auf das G-Protein-gekoppelte Rezeptormolekül Melanopsin fällt, löst sich Arrestin vom G-Protein. Es verbindet sich mit dem Enzym Phospholipase und aktiviert dieses, sodass ATP zu cAMP umgesetzt wird. cAMP bindet an Natriumionenkanäle und öffnet sie, sodass Natriumionen in die Ganglienzelle einströmen und die Zelle depolarisieren.

b Die Natriumionenkanäle sind nicht direkt mit dem Rezeptormolekül verbunden. Sie werden durch cAMP als nachfolgendem Botenstoff geöffnet. Das nennt man Second-Messenger-Prinzip.

c Das Enzym Phospholipase kann die Reaktion von ATP zu cAMP mehrfach katalysieren. Sie kann also viel cAMP herstellen, das viele Natriumionenkanäle öffnet und für den Einstrom vieler Natriumionen sorgt. So wird das Signal, das durch nur ein Lichtquant ausgelöst wird, verstärkt.

d Sinneszellen mit Axon werden als primär bezeichnet, solche ohne Axon als sekundär. Man muss also wissen, ob fotosensitive Ganglienzellen Axone besitzen. (Sie besitzen Axone und sind somit primäre Sinneszellen.)

e Die Zellen senden ihre Signale nur an Hypothalamus, Zirbeldrüse und Mittelhirn. Für die bewusste Wahrnehmung ist jedoch eine Verarbeitung der Informationen im Großhirn notwendig.

Stoffwechselphysiologie der Zelle (Seiten 106–173)

1 a 1 Cuticula; 2 Epidermis; 3 Palisadengewebe; 4 Schwammgewebe; 5 Spaltöffnung

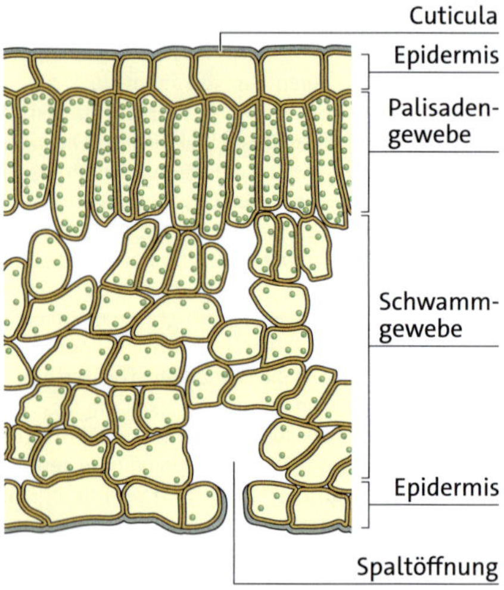

Struktur	Funktion
Cuticula	Verdunstungsschutz
Epidermis	Schutz und Stabilität
Palisadengewebe	Photosynthese
Schwammgewebe	Photosynthese und Gasaustausch
Spaltöffnung	Gasaustausch, Transpiration

b Der Aufbau und die Versorgung von Blattgewebe verursachen für die Pflanze Kosten in Form von Material und Energie. Diese Investition ist nur dann sinnvoll, wenn die Blätter diese Strukturen auch effektiv nutzen können. Wenn wenig Sonne an die Blätter kommt, wie das im Inneren der Baumkrone der Fall ist, ist es sinnvoll, großflächige, aber dünne Blätter auszubilden, welche die vorhandenen Sonnenstrahlen effizient nutzen können. Aufgrund ihrer geringeren Zahl an Zellen benötigen Schattenblätter auch weniger Energie für ihren Zellstoffwechsel.

2 a Es gibt die wasserlöslichen Farbstoffe, wie z. B. die Anthocyane in Blüten und Früchten von Pflanzen. Sie sind im Cytoplasma oder in der Vakuole lokalisiert. Die mehr oder weniger lipophilen Pigmente, beispielsweise die Chlorophylle und Carotinoide befinden sich in den Membranen der Chloroplasten.
b Das zu trennende Stoffgemisch wird durch das Trägermaterial transportiert. Dabei treten die verschiedenen Stoffe unterschiedlich stark mit dem Trägermaterial in Wechselwirkung und werden dementsprechend unterschiedlich schnell mithilfe des Laufmittels durch das Trägermaterial transportiert. Zudem hat die Polarität des Laufmittels und der zu trennenden Stoffe Einfluss auf die Transportgeschwindigkeit. Je stärker sich die chemischen Eigenschaften von Lösungsmittel und Stoff ähneln, desto besser wird der Stoff vom Lösungsmittel „mitgenommen".
c Das zu untersuchende Stoffgemisch wird punktförmig aufgetragen und chromatografiert. Nachdem das Chromatogramm getrocknet ist, dreht man die Platte um 90 Grad und chromatografiert ein zweites Mal in der neuen Richtung. Die zweite Chromatografie wird in der Regel mit einem anderen Laufmittel durchgeführt.

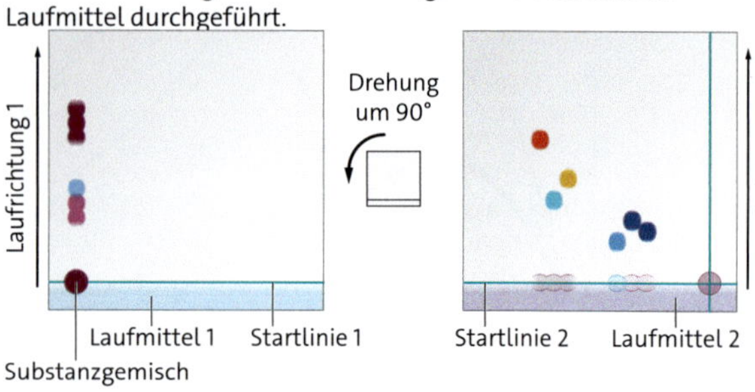

3 a Die Aufnahme von Licht bezeichnet man als Absorption. Wenn weißes Licht auf bestimmte Moleküle fällt, absorbieren diese spezifische Frequenzen. Die nicht absorbierten Wellenlängen werden reflektiert.
b Im Grundzustand haben die Elektronen den niedrigsten Energiezustand. Durch Aufnahme von Energie können sie in einen sogenannten angeregten Zustand übergehen. Dafür ist aber genau der Energiewert nötig, der dieser Energiedifferenz entspricht. Diese Energie kann durch die Absorption von Licht einer bestimmten Wellenlänge aufgenommen werden. Da diese Energiezustände ungünstig sind, wird die Energie nach kurzer Zeit wieder abgegeben. Dabei fällt das Elektron zurück in den Grundzustand und überträgt dabei die Energie auf eine andere Verbindung.

4 a Die Bezeichnung als lichtabhängige Reaktionen betont die Bedeutung des Lichts für die Photosynthese. Hier geht es darum, dass mithilfe der Lichtenergie Elektronen über die Thylakoidmembran transportiert werden. Dabei wird $NADP^+$ reduziert und ATP synthetisiert. In den Sekundärreaktionen werden $NADPH+H^+$ und ATP dann genutzt, um Glucose zu synthetisieren. Die Primärreaktionen finden im Licht statt, sodass die Benutzung des Begriffs Lichtreaktionen akzeptiert werden müsste, würde nicht auch automatisch der Begriff Dunkelreaktionen für die Sekundärreaktionen ergänzt. Die Sekundärreaktionen finden aber nicht im Dunkeln, sondern auch im Licht statt, weil die für die Sekundärreaktionen erforderlichen Produkte in den Primärreaktionen entstehen.
b C4-Pflanzen fixieren Kohlenstoffdioxid in den Mesophyllzellen. Dabei entsteht Malat, ein C4-Körper. Das Malat wird in die Leitbündelscheidenzellen transportiert, wo aus ihm Kohlenstoffdioxid freigesetzt wird, welches im Calvin-Zyklus fixiert wird.

5 a $6CO_2 + 12H_2O \rightarrow C_6H_{12}O_6 + 6O_2 + 6H_2O$
b Der Lichtkompensationspunkt ist die Lichtintensität, bei der eine Pflanze genauso viel Sauerstoff durch die Photosynthese produziert, wie sie durch Zellatmungsprozesse verbraucht. Der Lichtsättigungspunkt ist die Lichtintensität, ab der die Photosyntheserate nicht weiter zunimmt.
c Die CO_2-fixierenden Enzyme der Photosynthese sind bei natürlichem CO_2-Gehalt der Luft nicht ausgelastet. Eine Erhöhung der Kohlenstoffdioxidkonzentration kann daher die Photosyntheserate erhöhen.

6 a Die organische Base Adenin ist mit dem Zucker Ribose und dieser mit 3 Phosphatgruppen verbunden.

b ATP → ADP +P; die endständige Phosphatgruppe kann auf ein anderes Molekül übertragen werden. Dadurch wird das phosphorylierte Molekül für chemische Reaktionen aktiviert.

7 a Glucose + 2 ATP + 2 NAD^++ 4 H^++ 4 ADP + 4 P_i
→ 2 Pyruvat + 2 ADP + 2 P_i + 4 ATP + 2 NADH + 2 H^+ + 4 H_2O

b $C_6H_{12}O_6 + 6\ O_2 + 6\ H_2O \rightarrow 6\ CO_2 + 12\ H_2O$
1 mol Glucose+ 6 mol Sauerstoff+ 6 mol Wasser → 6 mol Kohlenstoffdioxid + 12 mol Wasser

c In der Glykolyse wird NADH+H^+ und ATP gebildet. Dafür muss NAD^+ und ADP zur Verfügung stehen. Ist das nicht der Fall, wird die Glykolyse verlangsamt bzw. gestoppt.

d In der ersten Phase des Abbaus der Glucose entstehen unter ATP-Verbrauch 2 Moleküle Glycerinaldehyd-3-phosphat. In der zweiten Phase entstehen beim Abbau zur Brenztraubensäure noch einmal 4 ATP und 2 NADH+H^+.

8 a 1 Äußere Membran; 2 Innere Membran; 3 Intermembranraum: 4 Matrix; 5 Cristae

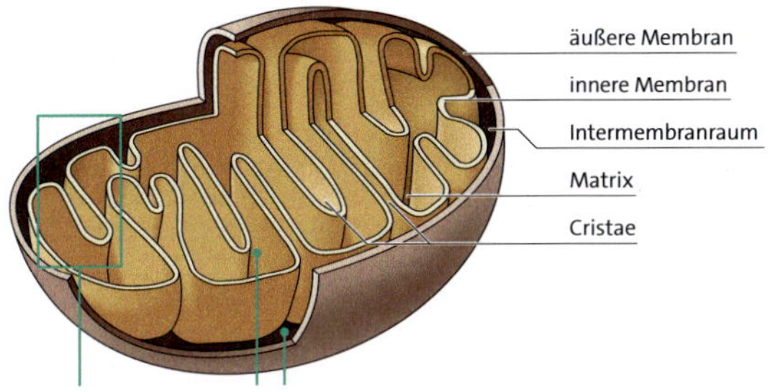

b Die Glykolyse findet im Cytoplasma statt, die oxidative Decarboxylierung in der Mitochondrienmatrix. Der Citratzyklus läuft in der in Matrix und die Atmungskette im inneren Membransystem der Mitochondrien ab.

c In der inneren Mitochondrienmembran ist die Atmungskette lokalisiert. Die Reduktionsäquivalente NADH+H^+ und $FADH_2$ werden hier oxidiert. Die Elektronen werden über eine Elektronentransportkette bis zum Sauerstoff geleitet. Dabei werden sie zum Teil gemeinsam mit Protonen transportiert. Dadurch baut sich zwischen Intermembranraum und Matrix ein Protonengradient auf. Dieser Protonengradient wird von einer ATPase genutzt, um ATP herzustellen. Insgesamt entsteht der größte Teil an ATP in der Atmungskette.

9 a Die äquivalente NADH+H^+ und $FADH_2$ werden im Verlauf der Glykolyse, der oxidativen Decarboxylierung und des Citratzyklus gebildet. Sie werden in der Atmungskette oxidiert, indem ihre Protonen und Elektronen auf Sauerstoff übertragen werden.

b Wenn kein Sauerstoff vorhanden ist, kann NADH+H^+ die Protonen und Elektronen nicht auf Sauerstoff übertragen. Ein anaerobes Milieu verhindert also die Oxidation des NADH+H^+ und es entsteht kein NAD^+. Für die Glykolyse wird aber NAD^+ benötigt. Sie kommt bei einem NAD^+-Mangel zum Erliegen.

c

Organismus	Lebensmittelproduktion
Saccharomyces cerevisiae	Brot
Saccharomyces cerevisiae *Saccharomyces carlsbergensis*	Bier, obergärig Bier, untergärig
Lactobacillus (*Milchsäurebakterien*)	Joghurt, Kefir, Buttermilch, Käse, Sauerkraut, Salzgurken etc.
Aspergillus niger	Zitronensäure
Saccharomyces ellipsoides	Wein
Acetobacter aceti	Essig
Penicillium camemberti	Weißschimmelkäse
Penicillium roqueforti	Blau- oder Edelschimmel

Ökologie und Biodiversität (Seiten 174–271)

1 a Nach der RGT-Regel führt eine Temperaturerhöhung um 10 °C zu einer Steigerung der Reaktionsgeschwindigkeit um das Zwei- bis Dreifache.
b Die Körpertemperatur und die Intensität der Lebensvorgänge thermokonformer Organismen ist von der Umgebungstemperatur abhängig. Bei niedrigen Temperaturen haben thermokonforme Organismen eine niedrige Stoffwechselrate und benötigen dann auch nur wenig Energie. Nach der RGT-Regel führt eine Temperaturerhöhung um 10 °C zu einer Steigerung der Stoffwechselleistung um das Zwei- bis Dreifache. Dementsprechend nimmt die Aktivität der Lebensvorgänge zu und es wird mehr Energie verbraucht. Zauneidechsen werden zum Beispiel erst bei einer Körpertemperatur von 35 °C aktiv.
c Auf sinkende Umgebungstemperaturen reagieren Thermoregulatoren mit einer Erhöhung der Stoffwechselrate. Dabei wird chemisch gebundene Energie in Wärmeenergie umgewandelt. Sinkende Temperaturen bewirken zudem das Anlegen von isolierenden Fellen, Federn oder einer Speckschicht. Bei steigenden Temperaturen gibt es andere Regulationsmechanismen, z. B. Schwitzen, Hecheln oder das Aufsuchen von Schatten.
d Bei Thermoregulatoren kann die Intensität von Lebensvorgängen über einen breiten Temperaturbereich konstant gehalten werden. Dadurch sind die Tiere leistungsfähiger sowohl bei der Nahrungssuche als auch bei der Flucht vor Feinden. Die Aufrechterhaltung der Körpertemperatur verursacht aber einen hohen Energiebedarf und damit die Notwendigkeit, viel Nahrung aufnehmen zu müssen.

2 a Der grundlegende Aufbau beider Laubblatttypen ist identisch: Sie sind nach außen von einer Epidermis begrenzt, auf der eine Cuticula aufliegt. Unter der oberen Epidermis liegt das Palisadengewebe und darunter das Schwammgewebe, beide enthalten Chloroplasten. In der unteren Epidermis befinden sich Spaltöffnungen.
Bei Lichtblättern, die hohen Lichtintensitäten ausgesetzt sind, ist das Palisadengewebe dichter und auch dicker, häufig ist es mehrschichtig. Auch das Schwammgewebe ist dicker als bei Schattenblättern, die weniger intensiv von Licht bestrahlt werden. Dadurch sind Lichtblätter dicker und satter grün gefärbt als Schattenblätter. Auch die Cuticulae können bei Lichtblättern dicker sein. Außerdem haben Lichtblätter im Durchschnitt eine kleinere Fläche als Schattenblätter.
b Der Lichtsättigungspunkt ist die Lichtintensität, ab der sich die Fotosyntheseleistung einer Pflanze oder eines Laubblatts durch Erhöhung der Lichtintensität nicht weiter steigern lässt. Der Lichtkompensationspunkt bezeichnet die Lichtintensität, bei der die Fotosyntheseaktivität einer Pflanze oder eines Laubblatts der Zellatmungsaktivität entspricht, also genauso viel Kohlenstoffdioxid aufgenommen wie abgegeben wird.
c Durch die dünneren chloroplastenhaltigen Gewebe besitzen Schattenblätter weniger Chloroplasten und erreichen daher schon bei geringerer Lichtintensität ihren Lichtsättigungspunkt. Höheren Lichtintensitäten sind sie selten ausgesetzt. Lichtblätter können auch bei höherer Lichtintensität noch ihre Fotosyntheseleistung steigern. Auch der Lichtkompensationspunkt von Schattenblättern liegt niedriger. Sie können also schon bei weniger Lichteinstrahlung mehr Kohlenstoffdioxid aufnehmen, als sie abgeben, also mehr Fotosynthese betreiben als Zellatmung. Grund dafür ist, dass der Energiebedarf, der durch die Zellatmung gedeckt werden muss, bei den dünnen Schattenblättern geringer ist. So sind beide Blatttypen an die Lichtverhältnisse, denen sie ausgesetzt sind, angepasst: Schattenblätter haben auch bei geringer Lichtintensität eine positive Energiebilanz. Lichtblätter benötigen dafür höhere Lichtintensitäten, können dann aber auch deutlich mehr Fotosynthese betreiben und ihre Energiebilanz bis hin zu sehr hoher Lichteinstrahlung noch verbessern.
d Beispiele sind Wasser, Temperatur, pH-Wert des Bodens, Salzgehalt des Bodens.

3 a Produzenten sind autotrophe Organismen, z. B. Pflanzen, die Fotosynthese betreiben. Damit stellen sie den heterotrophen Konsumenten energiereiche organische Verbindungen als Nahrung zur Verfügung. Konsumenten nehmen diese Verbindungen durch den Verzehr der Biomasse der Produzenten oder durch den Verzehr anderer Konsumenten auf. Die Rolle der Destruenten besteht darin, organische Stoffe aufzunehmen und zu zersetzen, wobei die Abbauprodukte dann wieder den Produzenten zur Verfügung stehen.
b Am Anfang einer Nahrungskette steht ein Produzent, der von einem Konsumenten 1. Ordnung gefressen wird. Dieser wiederum wird von einem weiteren Konsumenten verzehrt, so wird die Nahrungskette fortgeführt, an deren Ende der Endkonsument steht. Die Konsumenten ernähren sich jedoch nicht nur von Organismen einer Art, sondern haben im Allgemeinen ein größeres Nahrungsspektrum. Dadurch verzweigen sich Nahrungsketten, sodass letztlich alle Nahrungsketten eines Ökosystems zusammen ein Nahrungsnetz bilden.
c Alle Organismen eines Nahrungsnetzes bestehen aus organischen Verbindungen. Destruenten nehmen diese in Form von abgestorbenen Pflanzenteilen sowie in Form von tierischem Kot und Aas auf und zersetzen sie.
d Die Produzenten, Grünalgen und Phytoplankton, dienen den Konsumenten 1. Ordnung, Zooplankton und Weichtieren, als Futter. Dabei können die Konsumenten nur einen geringen Teil der pflanzlichen Biomasse für den Aufbau eigener Biomasse verwenden. Ihre eigene Biomasse ist also geringer als die der Organismen auf der Trophieebene unter ihnen. Dasselbe gilt für die Wattvögel als Konsumenten 2. Ordnung und die Seeadler als Konsumenten 3. Ordnung. Daher nimmt die Biomasse mit jeder Trophieebene ab, es entsteht eine Pyramidenform.

4 a Produzenten nehmen Kohlenstoffdioxid aus dem Wasser auf und speichern die Kohlenstoffatome in ihrer Biomasse. Diese energiereichen Stoffe werden an die Konsumenten und Destruenten weitergegeben. Wenn Sauerstoff im Kreislauf vorhanden ist, nutzen diese die energiereichen Stoffe und setzen Kohlenstoffdioxid frei. Wenn kein Sauerstoff im Kreislauf vorhanden ist, entstehen aus der toten Biomasse der Produzenten und Konsumenten über Millionen von Jahren fossile Brennstoffe. Die fossilen Brennstoffe werden gefördert und in Kraftwerken oder im Verkehr verbrannt. Dabei entsteht Kohlenstoffdioxid, das in die Luft freigesetzt wird. Entsprechend seiner Löslichkeit im Wasser besteht zwischen dem Kohlenstoffdioxid in der Luft und Wasser ein Austausch.
Von einem Kurzzeitkreislauf der Kohlenstoffatome spricht man bei Prozessen, die innerhalb von Jahrzehnten ablaufen. Hierzu gehört der Kreislauf der Fixierung von Kohlenstoffatomen durch Produzenten, die Weitergabe über die Trophieebenen bis zu den Destruenten und die Freisetzung der fixierten Kohlenstoffatome, wodurch diese dem Kreislauf wieder zur Verfügung stehen. Ein Großteil der Kohlenstoffatomverbindungen ist allerdings langfristig, d. h. über Jahrmillionen festgelegt. In geologischen Prozessen sind abgestorbene Organismen in Torf, Kohle, Erdöl und Erdgas festgelegt worden. 80 % der Kohlenstoffatome der Erde sind im Kalkgestein der Meere gebunden. Durch Verbrennen von Kohlenstoffatomverbindungen oder Lösen von Kalk wird der Langzeitkreislauf geschlossen.
b Der Mensch greift durch die Nutzung der Ressourcen in den Kohlenstoffkreislauf ein, z. B. durch den Abbau fossiler Brennstoffe wie Kohle, Öl, Gas, durch das Abholzen von

Wäldern, die Trockenlegung von Mooren und Sümpfen sowie die Haltung von Nutztieren zur Nahrungsproduktion.

5 **a** Unter intraspezifischer Konkurrenz versteht man die Konkurrenz unter den Individuen der gleichen Art. Das liegt daran, dass das Angebot an Raum, Nahrung, Nist- und Ruheplätzen und Geschlechtspartnern in einem Biotop begrenzt sind. Das ist in Bild A dargestellt.
Interspezifische Konkurrenz ist die Konkurrenz zwischen verschiedenen Arten. Dies wird am Beispiel Löwen, Hyänen und Geier deutlich, die um einen Elefantenkadaver konkurrieren. Das wird schematisch in Bild B dargestellt.
b Wenn Individuen, die in einem Lebensraum zusammenleben, alle Ressourcen auf die gleiche Art nutzen, können Sie nicht gemeinsam dort vorkommen. Ein Beispiel für den Konkurrenzausschluss sind *Paramecium aurelia* und *Paramecium caudatum*. *P. aurelia* ist konkurrenzstärker und verdrängt *P. caudatum*. Wenn Individuen die Ressourcen in einem gemeinsamen Lebensraum unterschiedlich nutzen, vermeiden sie z. B. die Konkurrenz um Nahrung und können gemeinsam existieren. Ein Beispiel für Konkurrenzvermeidung sind *Paramecium bursaria* und *Paramecium aurelia*. Sie können gemeinsam in einem Biotop vorkommen, da sie in verschiedenen Bereichen ihre Nahrung suchen.

6 **a** Im Modell wird die gegenseitige Beeinflussung der Populationsgrößen von Räubern und Beuteorganismen dargestellt. Wenn sich die Beutetiere stark vermehren, steht viel Nahrung für die Räuber zur Verfügung. Dadurch vermehren sich die Räuber und dezimieren die Population der Beutetiere stark. Damit sinkt das Nahrungsangebot für die Räuber und ihre Populationsdichte sinkt.
b Erste Regel: Die Zahlen von Beute- und Räuberindividuen schwanken periodisch, wobei Maxima und Minima der Räuber denen der Beute phasenverzögert folgen.
Zweite Regel: Trotz der Schwankungen bleiben die Mittelwerte beider Populationen langfristig konstant, wobei die Anzahl der Beutetiere durchschnittlich höher liegt.
Dritte Regel: Werden Räuber und Beute gleich stark vermindert, so erholt sich die Population der Beute schneller als die der Räuber.
c Die Regeln beruhen auf einem mathematischen Modell. Sie gelten nur für idealisierte Ein-Räuber-eine Beute-Systeme. Unter natürlichen Bedingungen sind die Zusammenhänge aber komplexer, sodass man jeden Einzelfall prüfen muss. Die Lotka-Volterra-Regeln sind anwendbar, wenn die Vermehrungsrate der Räuber an die Größe der Beutepopulation gekoppelt ist.

7 **a** A = Parasitismus und Räuber-Beute-Beziehung; B = Symbiose; C = Konkurrenz
b A: Bei Parasitismus lebt eine Art, der Parasit (Lebewesen 2), auf Kosten einer anderen, des Wirts (Lebewesen 1). Der Wirt wird zwar vom Parasiten nicht unbedingt getötet, aber er erleidet Nachteile. Bei einer Räuber-Beute-Beziehung wird die Beute (Lebewesen 1) vom Räuber (Lebewesen 2) getötet und gefressen. Der Räuber schadet also der Beute und zieht selbst einen Nutzen daraus.
B: Symbiose bezeichnet die Vergesellschaftung von Lebewesen zweier Arten zum beiderseitigen Vorteil.
C: Eine Konkurrenzsituation zwischen zwei Individuen derselben Art (intraspezifische Konkurrenz) oder verschiedener Arten (interspezifische Konkurrenz) ist für beide Lebewesen nachteilig, da jeder der Konkurrenten dem anderen eine Ressource streitig macht.

8 **a** 1 Lag-Phase, 2 log-Phase, 3 stationäre Phase, 4 Absterbephase
b Eine Population wächst exponentiell, solange genügend Ressourcen vorhanden sind. Bei einer steigenden Populationsdichte kommt es aber in der Regel zu einer Verknappung der Ressourcen, insbesondere der Nahrung. Dies hat zur Folge, dass die Wachstumsrate sinkt.
c Unter r-Strategen versteht man Lebewesen, die hohe Reproduktionsraten haben. Das sind z. B. Nagetiere. K- Strategen haben Populationsgrößen nahe der Umweltkapazität. Bei ihnen beobachtet man geringe Vermehrungsraten, lange Individualentwicklung, lange Lebensdauer und geringe Vermehrungsrate. Sie leben in einer Umwelt mit überwiegend konstanten Bedingungen, z. B. Rothirsche.

9 **a** Der demografische Übergang beschreibt die Bevölkerungsentwicklung von Gesellschaften in mehreren Phasen. Dabei nähern sich die Geburtenrate und die Sterberate an.
b Die Ziele des demografischen Überganges sind: a) Familienplanung, bessere Ausbildung und Gleichberechtigung von Frauen, c) medizinische Grundversorgung, d) gerechtere Einkommensverteilung
c Das Prinzip nachhaltiger Entwicklung stammt ursprünglich aus der Forstwirtschaft. Man versteht darunter, dass heutige Ansprüche an Wohlstand, soziale Gerechtigkeit und intakter Umwelt so befriedigt werden sollen, dass dadurch das Leben künftiger Generationen nicht eingeschränkt wird.

10 **a**

Folgen der weltweiten Erwärmung

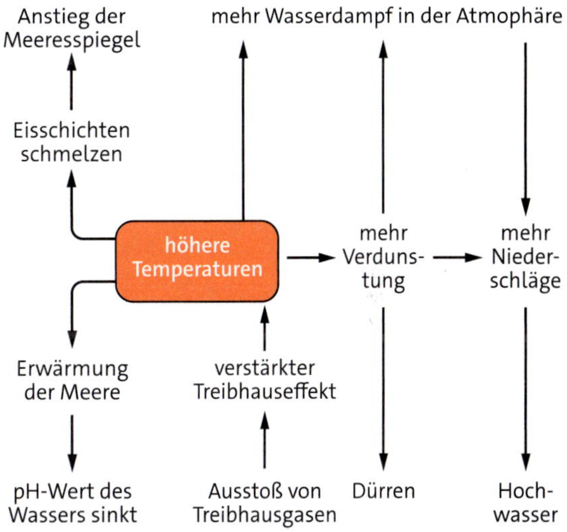

b Die Grafik zeigt die Veränderungen der Temperatur von 1850 bis 2020 anhand von drei Graphen: der beobachteten Temperaturveränderung, der durch menschliche und natürliche Treiber erwarteten Temperaturveränderung und der nur durch natürliche Treiber erwarteten Temperaturveränderung.
Allein durch natürliche Treiber würde die Temperatur zwar leicht schwanken, in Summe wäre es aber im gesamten Zeitrahmen zu keiner nennenswerten Veränderung gekommen. Nimmt man die menschlichen Treiber hinzu, wäre ab 1920 ein zunehmender Anstieg bis 2020 um etwa 1 °C zu erwarten gewesen. Die beobachteten Temperaturen weichen von dieser Berechnung nur leicht ab. Die Grafik gibt also deutliche Hinweise darauf, dass der Klimawandel vom Menschen verursacht wurde. Ob sie einen Beweis für diesen liefert, ist ohne genaue Kenntnisse hinsichtlich der Berechnung und Datenerhebung schwer zu sagen.

Register

α-Bungarotoxin 49
α-Latrotoxin 48
β-C-Atom 163
β-Oxidation 162 ff.
β-Oxidationsdefekt 165

A

absolute Refraktärzeit 32, 102
Absorption 112, 172
Absorptionsspektrum 90, 114, 172
Acetylcholinesterase 41, 102
Acetylcholinrezeptor 49, 102
Achillessehnenreflex 71
Adaptation 90
adäquater Reiz 82, 102
Adenosin 59
Adenosindiphosphat (ADP) 110
Adenosintriphosphat (ATP) 110, 141, 143, 172
Adenylatcyclase 45, 102
Adrenalin 80
aerobe Dissimilation 140 ff.
afferente Neuronen 84, 102
Aktionspotenzial 31 f., 36 ff., 102
Ausbreitung 36 ff.
alkoholische Gärung 109, 146
Alzheimer-Krankheit 61
Ammonifikation 206, 268
Amyloid-Plaques 61
anaerobe Dissimilation 144 ff.
analoge Codierung 54, 102
Angepasstheit 126, 135, 144, 165, 182, 188, 189, 192, 214, 217, 220, 223, 227, 240, 268
Anthocyane 120
Antidepressiva 65
Arbeitsgedächtnis 72, 102
Artenvielfalt 241
Astrocyten 17, 19, 58, 102
Atmungskette 148, 150, 172
ATP siehe Adenosintriphosphat
ATP-Bildung 133, 148, 164
– chemiosmotische 131, 151, 172
ATP-Synthase 152, 172
Atropin 49
Auge 15, 86 ff.
Autoradiografie 128
Autotomie 214
autotroph 196
Axon 16, 30 ff., 102
– Erregungsleitung 36 ff.
– Transport 18, 19
Axonhügel 16, 102

B

Bahnung 74, 102
Bambus 161
Basiskonzepte 8 f.
beige Fettzellen 163
Bergmann'sche Regel 183
Beute 213
Beuteerwerb 214
Beutegreifer 213
Bevölkerungswachstum 233
Bioakkumulation 199, 253, 268
Biodiversität 240 ff., 268
Biodiversitätskrise 242
Biokatalysator 134
biologische Prinzipien 8 f.
biologisches Gleichgewicht 197
Biomasse 196, 268
Biomasseproduktion 198, 268
Biome 248 ff.
– abiotische Wechselwirkungen 248
Biomembran 20 ff.
Biotop 176, 268
Biozönose 176, 268
Bipolarzellen 87, 102
Bisphenol A (BPA) 252, 255
Bisphenole 255
Bizepssehnenreflex 71
Blattpigmente 113, 115, 121, 172
blinder Fleck 87, 102
Blut-Hirn-Schranke 17, 102
Blutdruck- und Pulsregulation 80
Botox 49
Botulinumtoxin 48
braune Fettzellen 163
Bürgerwissenschaft 261

C

C_4-Pflanzen 132
Calvin-Zyklus 129, 131, 172
CAM-Pflanzen 132
Carotine 120
Carotinoid 113
Carrier 27
chemiosmotische ATP-Bildung 131, 151, 172
chemische Kampfstoffe 50
chemische Synapsen 40, 104
Chlorophyll 113, 120
Chloroplast 113, 172
Chromatografie 120 ff., 172
Chromatogramm 122
circadianer Rhythmus 186
Citizen Science 261
Citratzyklus 148, 150, 157, 172
CO_2-Kompensationspunkt 118
CO_2-Sättigungspunkt 118
Codewechsel 54
Codierung 54, 102
Convention on Biological Diversity (CBD) 242
Cornealreflex 71
Cortex 92, 103
corticale Verarbeitung 93
Curare 47, 49
Cuticula 124
Cytosen 28

D

Decarboxylierung, oxidative 148
Demenz 61
demografischer Übergang 234
Dendriten 16, 102
Depolarisation 32, 102
Depression 62 f.
– Therapie 63, 66
Destruenten 178, 197, 268
digitale Codierung 54, 102
Dissimilation 172
– aerobe 140 ff.
– anaerobe 144 ff.
Diversität 240, 268
DIYbio 261
Drogen 47
Drogenwirkung 56 ff.
Dunkelreaktion 131
Dunkelstrom 89
Dünnschichtchromatografie 122, 123

E

Earth Overshoot Day 177, 247
efferente Neuronen 13, 102
EKG, Belastungs-/Ruhe- 67
– Auswertung 67, 70
elektrische Synapse 42
Elektrokardiografie (EKG) 66 f.
Elektrokardiogramm (EKG) 67
elektromagnetische Strahlung 184
Elektronenübertragung 157
Elektroneurografie (ENG) 68 f.
– Auswertung 69
Emissionen 246
emotionales Gedächtnis 73, 102
Endknöpfchen 16, 102
Endkonsumenten 196
Endocytose 28
endokrine Disruptoren 252
Endorphine 56, 102
Endosymbiose 218, 220, 268
energetische Kopplung 140
Energiebedarf 140
Energiebereitstellung 164
Energieentwertung 150
Energiefluss 178, 204
Energiespeicher 141
Energiespeicherung 158
Entwicklungszyklus 219
Enzymaktivität 134 ff.
enzymatische Spaltung 111
Enzyme 110 f.
Enzymgifte 136
Enzymhemmung 138
Epidermis 124
Erdatmosphäre 237
Erderwärmung 236
Erdüberlastungstag 247
Erfolgsorgan 13
Erklärungsansätze 8
erleichterte Diffusion 26
Erregbarkeit 32

Erregungsleitung 36 ff.
– saltatorische 38, 104
eurytherm 180, 268
Exocytose 28
explizites Gedächtnis 73, 102
exponentielles Wachstum 226, 233, 268
exzitatorisches postsynaptisches Potenzial (EPSP) 54, 102

F

fakultative Symbiose 216
Farbensehen 90
Farbstoffe 120
Feindabwehr 214
Fettabbau 162 ff.
Fettzellen 163
Flechten 217, 268
Fluid-Mosaik-Modell 22
Fortpflanzungsstrategien 227
Fotorezeptoren 82, 83, 88, 102
Fototransduktion 89, 102
Fundamentalnische 224

G

Ganglion 76, 103
Gärung 108 f., 144 ff.
– alkoholische 146
– Milchsäuregärung 145
Gasaustausch 125
Gaschromatografie 122
gebietsfremde Arten 258
Geburtenrate 226
Gedächtnis 72 f.
– emotionales 73, 102
– explizites 73, 102
– implizites 73, 103
– Schmerzgedächtnis 73
Gedächtnisfestigung 73
Gedächtnissysteme 73
Gehirn 16, 92, 103
gelber Fleck 87, 103
Generalisten 182
genetische Vielfalt 240
Gesetz vom Minimum 224
Gesundheit 246
Gesundheitsrisiko 252
Gifte 47
Gleichgewicht, biologisches 178, 197
Gleichgewichtspotenzial 30, 103
Gleichstrom/Gegenstromprinzip 189
Gliazellen 17, 19, 58
Glucose 141, 144, 149, 158 ff.
Glucosetransport 27
Glykogen 141, 172
Glykolyse 142, 172
Gradation 213, 268
Großhirn 92, 103
Großhirnrinde 49, 103

H

Habituation 46
Hell-Dunkel-Adaptation 90, 103
Hell-Dunkel-Sehen 90
Hemmung
– kompetitive/nicht-kompetitive 138
– präsynaptische/postsynaptische 55
Heroin 56
Herz-Kreislauf-Erkrankungen 70
heterotroph 196
Hirnhälften 92, 103
Hochdruckflüssigkeitschromatografie (HPLC) 122
Holz 161
homoiotherm 181
Homöostase 76, 103
hormonartig wirkende Stoffe 252 ff.
Hormone 78, 79, 103
Hybridzellenversuch 25
Hydrophyten 126, 192, 268
Hygrophyten 192, 268
Hyperpolarisation 31, 103
Hypothalamus 78, 103

I

Im Internet recherchieren (Methode) 272 f.
implizites Gedächtnis 73, 103
individuelle und evolutive Entwicklung (Basiskonzept) 9
Information und Kommunikation (Basiskonzept) 9
Informationsverarbeitung 12 ff.
Infrarotsensor 85
inhibitorisches postsynaptisches Potenzial (IPSP) 54, 103
innere Uhr 186
Integration, synaptische 53, 55, 104
Interaktionen, soziale 214
interdisziplinäre Forschung 260 f.
interspezifische Konkurrenz 208, 268
intraspezifische Konkurrenz 227, 229, 268
invasive Arten 258
Ionenkanäle 27, 103
Isotop 128

K

K-Strategen 227, 269
Kamele 165
Klimaanpassung 239
Klimamodelle 238
Klimaschutz 238, 239, 268
Klimavariabilität 238
Klimawandel 178, 193, 236 ff., 246
Koexistenz 209, 268
Koffein 59
Kohlenstoffatomkreislauf 179, 205, 237, 268
Kohlenstoffdioxidkonzentration 117, 207
Kohlenstoffdioxidsenken 249
Kommensalismus 218, 269
Kompartimentierung 8
kompetitive Hemmung 138
Konkurrent 213
Konkurrenz 208 ff.
– interspezifische 208, 268
– intraspezifische 227, 229, 268
Konkurrenzausschlussprinzip 208, 269
Konkurrenzstärke 209
Konkurrenzverminderung 209
Konsumenten 178, 196, 269
– 1. Ordnung 196
– 2. Ordnung 196
Konzentrationsgradient 27, 103
Kosten-Nutzen-Abwägung 245
Kreislaufprozesse 157
Kunststoffe 252
Kurzzeitgedächtnis 72, 103

L

Lactat 146
Landtiere 188
langsam wirkende Synapsenbereiche 45
Langzeitgedächtnis 72, 103
Langzeitkreislauf 205
Langzeitpotenzierung 74, 103
Langzeitstress 79, 81
Laubblatt 124 ff., 184
Laubstreu 203
Laubwald 185
Laufmittel 121
Lebensraum 244
Leitungsgeschwindigkeit 37
Lernen 74 f.
Licht 15, 112, 118, 184 ff.
Lichtblatt 185
Lichtintensität 117
Lichtkompensationspunkt 117
Lichtsättigungspunkt 117
Lipid-Raft-Modell 23
logistisches Wachstum 226, 269
Lokalanästhesie 39
Lorenzini'sche Ampullen 85
Lotka-Volterra-Regeln 212, 299

M

Mais 161
Malaria 219
marine Tiere 189
Massenauftreten 213
Massenaussterben 242
Masseterreflex 71
Melatonin 186
Membran (Biomembran) 20 ff.
Transportvorgänge 26 ff.
Membranlipide 21
Positionswechsel 25
Membranmodell 22, 23

Membranpotenzial 31, 103
Membranproteine 22
menschliche Eingriffe 251
Mesophyten 126
Mikrogliazelle 17, 103
Mikrohabitat 220
Mikroplastik 256 f., 259
Milchsäuregärung 109, 145
Mitochondrien 110
Mitochondrienmatrix 150
Mitochondrium 148, 164, 172
Monetarisierung von Ökosystemen 245
Monitoring 203
Monoamin-Hypothese 62
Morphin 56
Wirkung 56
multiple Sklerose (MS) 39, 60
multipolare Neuronen 18, 103
Muskelfaser 15, 103, 172
Myelinscheide 17, 38, 103
Mykorrhiza 218, 269
Mykorrhizasymbiose 218

N

nachhaltige Entwicklung 177, 234, 269
nachhaltige Lebensweise 251
Nachhaltigkeit 177
nachwachsende Rohstoffe 161
NAD+ (Nicotinamid-Adenin-Dinucleotid) 142, 145, 146, 148, 150, 172
Nahrungsbeziehungen 196 ff.
Nahrungsgeneralisten 213
Nahrungskette 176, 196, 269
Nahrungsnetz 176, 197, 269
Natrium-Kalium-Pumpe (Na+/K+-Pumpe) 27, 31, 103
negative Rückkopplung 79, 103
Neobiota 258
Nervengift Nowitschok 43
Nervensystem 12 f.
– Erkrankungen 60 ff.
– peripheres 13, 104
– Schäden 14
– vegetatives 76, 105
– zentrales 13, 105
Nervenzelle 13
Netzhaut 92
neurodegenerative Erkrankung 61
neuromuskuläre Synapse 40, 103
neuronale Plastizität 74, 103
Neuronen 13, 16, 103
– multipolare 18
– pseudo-unipolare 18, 104
– unipolare 18, 105
Neuronentypen 18
Neuropathie 35
Neurotoxine 48, 104
– Wirkungsweise 51
Neurotransmitter 44 f., 63, 65
nichtkompetitive Hemmung 138
Nicotinamid-Adenin-Dinucleotid siehe NAD^+
Nieten-Hypothese 250
Nikotin 49
– Wirkungsweise 51
Nischenbildung 223
Nitrifikation 206

O

Oberflächenvergrößerung 8
obligate Symbiose 217
ökologische Nische 222 ff., 269
ökologische Potenz 182, 224, 269
ökologische Pyramide 198, 269
ökologischer Fußabdruck 179, 234, 235, 269
Ökosystem 176, 196, 197, 199, 204 ff.
Ökosystemleistungen 244
Ökosystemmanagement 245
Ökosystemvielfalt 241
Oligodendrocyten 17, 104
Opioidrezeptoren 56, 104
Opium 56
Optimum, physiologisches 180, 270
Organsteuerung 76 ff.
Osmoregulation 189, 269
Oxidation 112, 172
oxidative Decarboxylierung 148, 172

P

Papierchromatografie 121
Parasiten 219
– des Menschen 221
Parasitismus 219, 269
parasitoide Lebensweise 219
Parasympathikus 76 f., 104
Parkinson-Krankheit 64
Passagier-Hypothese 250
Patellarsehnenreflex 71
Peptidhormon 78, 104
peripheres Nervensystem (PNS) 13, 104
Pflanzenöle 161
Pflanzenstoffe
– primäre 159
– sekundäre 160
pH-Wert 136
Phagocytose 28
phasisch-tonische Rezeptoren 84, 104
phasische Rezeptoren 84, 104
Phospholipiddoppelschicht 21
Photolyse 130, 172
Photoperiodismus 186, 187
Photophosphorylierung 131, 173
Photoreaktion 130
Photosynthese 108, 112 ff., 130 ff., 156 f., 173
Photosyntheserate 116
photosynthetisch aktive Strahlung 184, 269
Photosysteme 113, 173
physiologische Potenz 224, 269
physiologisches Optimum 180, 270
Phytopharmaka 160
Phytoplankton 207
Pinocytose 28
Pionierpflanzen 227, 270
Plankton 177, 270
Plastizität, neuronale 74, 103
poikilotherm 181
polychlorierte Biphenyle 252
Population 213, 226, 270
Populationsabschätzung (Methode) 230 f.
Populationsdichte 213, 270
– Regulation 228
Populationsdynamik 214, 215
Populationsgröße 226 ff.
Populationswachstum 226, 229
Populationszusammenbruch 229
postsynaptische Hemmung 55
postsynaptisches Potenzial 54
Potenz, ökologische/physiologische 224, 269
Potenzialdifferenz 30, 104
Potenzialveränderung 31
Prädator 212
präsynaptische Hemmung 55
primäre Pflanzenstoffe 159
primäre Sinneszellen 84
Produzenten 178, 196, 270
Protein-Island-Modell 23
Proton 131, 173
Protonengradient 157, 173
pseudo-unipolare Neuronen 18, 104
psychoaktiver Stoff 57, 104

R

r-Strategen 227, 270
Ranvier-Schnürringe 17, 104
Räuber-Beute-Beziehung 212 ff., 270
räumliche Summation 53, 104
Rauschmittel 56 ff.
Reaktion 12
Reaktionsgeschwindigkeit 136
Reaktionsgeschwindigkeit-Temperatur-Regel (RGT-Regel) 118, 135, 173
Realnische 224
Redoxreaktion 112, 173
Reduktion 112, 173
Reduktionsäquivalente 157
Reflexe 71

Refraktärzeit 32, 104
Reiz 12, 31
– adäquater 82, 102
Reiz-Reaktions-Kette 13
Reizaufnahme 82
Reizcodierung 84
Reizverarbeitung 82
relative Refraktärzeit 32, 104
Repolarisation 31, 104
Ressource 177, 270
Ressourcennutzung 232
Retina 87, 91
Retinitis pigmentosa 91
rezeptives Feld 94
Rezeptoren 82 ff.
– Chemorezeptoren 83
– Elektrorezeptoren 85
– Fotorezeptoren 82, 83, 88, 102
– Infrarotrezeptoren 85
– Mechanorezeptoren 83
– phasische 84, 104
– phasisch-tonische 84, 104
– Thermorezeptoren 83
– tonische 84, 104
Rf-Wert 122
Rhodopsin 88, 104
Risikoabschätzung 253
Rohstoffe, nachwachsende 161
Rückenmark 13, 104
Rückkopplung, negative 79, 103
Ruhepotenzial 30 f., 104

S

saltatorische Erregungsleitung 38
Schattenblatt 125, 185
Schlaf-Wach-Rhythmus 186
Schlüssel-Schloss-Modell 8, 41
Schmerzgedächtnis 73
schnell wirkende Synapsenbereiche 45
Schwann-Zellen 17, 104
Schwellenwert 31, 84, 104
Sehbahn 92
Sehfarbstoffe 88
sekundäre Pflanzenstoffe 160
sekundäre Sinneszellen 84
selektiv permeabel 26
Serotonin-Wiederaufnahmehemmer 63
Signaltransduktion 56, 83, 104
Signalübertragung 14, 40 f.
Signalverarbeitung 12
Signalweiterleitung 12
Sinnesreize 82 ff.
Sinneszellen 13
– primäre 84
– sekundäre 84
Soma 16, 104
Sonnenblatt 125
soziale Interaktionen 214
Spaltöffnung 125, 127
spannungsgesteuerte Ionenkanäle 32, 104
Spezialisten 182
Stäbchen 87, 88
Stärke 158
stenotherm 180, 268
Sterberate 226
Steuerung und Regelung (Basiskonzept) 8
Stickstoffatomkreislauf 206, 270
Stickstoffatomverbindungen 207
Stoff- und Energieumwandlung (Basiskonzept) 9
Stoffabbau 140 ff.
Stoffkreislauf 178, 204 ff.
Stoffwechsel 180 ff.
Stoffwechselwege 154 f.
Störung 249, 270
Stressabbau 79
Stresshormone 79
Stressreaktion 78, 81
Stresssystem 78 f.
Struktur und Funktion (Basiskonzept) 8
Strukturierungsansätze 8
Substratkonzentration 136
Sukkulenz 126
Summation, räumliche/zeitliche 53, 104, 105
Süßwassertiere 189
Symbiont 218, 270
Symbiose 216 ff., 270
– Endosymbiose 218, 220, 268
– fakultative 216
– Mykorrhizasymbiose 218
– obligate 217
Sympathikus 76 f., 104
Synapse 14, 40 ff., 52 ff., 104
– Bau 16
– chemische 40, 102
– elektrische 42
– erregende 52
– hemmende 52
– neuromuskuläre 40, 103
Synapsenbereiche, langsam/schnell wirkende 45
Synapsengifte 48 ff.
synaptische Integration 53, 55, 104
Synthesereaktion 131

T

Tau-Protein 61
Temperatur 134, 180
Tetanustoxin 48, 104
Tetrahydrocannabinol (THC) 57, 104
– Wirkung 58
Thermogenese 153
Thermokonforme 181, 270
Thermoregulatoren 181, 270
Thylakoidmembran 113, 131, 173
Toleranzbereich 180, 270
Tracer 128
Trägermaterial 121
Transmitter 56
transmittergesteuerter Ionenkanal 41, 105
Transpiration 125, 191, 270
Transportvorgänge 18, 19, 26 ff.
Treibhauseffekt 236, 270
Treibhausgase 236, 270
Tricarbonsäurezyklus 148
Trophiestufen 198, 270

U

Übernutzung von Umweltressourcen 234
Umwelthormone 252 ff.
Umweltkapazität 226, 270
unipolare Neuronen 18, 105
Untersuchung eines Ökosystems (Methode) 194 f.

V

Vakuole 29
Vegetationsaufnahme 202
vegetatives Nervensystem 76, 105
Verarbeitungstiefe 75
Vulnerabilitäts-Stress-Modell 62

W

Wachstumsgrenzen 233, 245
Wachstumskurve 208
Wahrnehmung 93 f.
Wasser 188 ff.
Wassergehalt 188
Wasserhaushalt
– bei Pflanzen 191 f.
– bei Tieren 188 ff.
Wassertransport 191
weiße Fettzellen 163
Weltbevölkerung 233, 235
Werteabwägung 246
Wetterextreme 246
Wirkungsspektrum 114
Wirt 218, 271
Wirtswechsel 219, 271
Wortlisten 75
Wurzelknöllchen 218, 271
Wüstentiere 189

X

Xanthophylle 120
Xerophyten 126, 192, 268

Z

Zapfen 87, 88
Zeigerart 224, 225, 271
Zeigerwerte 202
zeitliche Summation 53, 105
Zellatmung 109, 148 ff., 156 f., 173
Zellulose 158
Zelluloseverdauung 218
zentrales Nervensystem (ZNS) 13, 105
Zuckerrohr 161
zweidimensionale Chromatografie 122

Bildquellenverzeichnis

Cover

Shutterstock.com/Eric Isselee

Illustrationen

Cornelsen/Andrea Thiele: S. 222, S. 232, S. 235, S. 237, S. 239/m., S. 239/m.l., S. 263, S. 265/u.r.; **Cornelsen/Angelika Kramer:** S. 88/u.l., S. 95 alle Zeichnungen, S. 132, S. 153/o.m., S. 168/u.r., S. 193/o.m.; **Cornelsen/Angelika Kramer bearbeitet newVision!GmbH, Bernhard A. Peter:** S. 99/u.l.; **Cornelsen/Angelika Kramer, bearbeitet von newVision! GmbH, Bernhard A. Peter:** S. 66/u.m.; **Cornelsen/Angelika Kramer/Bearbeitung: newVision! GmbH, Bernhard A. Peter:** S. 131/u.r.; **Cornelsen/Bernhard A. Peter, newVision! GmbH:** S. 25/u.m., S. 177/m., S. 238/o.l.; **Cornelsen/Claudia Hild/Bearbeitung: newVision! GmbH, Bernhard A. Peter:** S. 119/u.m.; **Cornelsen/Detlef Seidensticker:** S. 21/m.r., S. 21/u.r., S. 158/u.m.; **Cornelsen/Hannes von Goessel:** S. 24/o.l., S. 24/o.m., S. 128/u.l., S. 142/m.l., S. 143/o.l., S. 143/o.m., S. 149/m., S. 170/m.l., S. 170/m.r., S. 170/o.r., S. 171/m.l., S. 193/m.l., S. 208/u.m., S. 209/m., S. 209/u.r., S. 210/m.l., S. 211/m.; **Cornelsen/Hannes von Goessel bearbeitet durch Matthias Emde:** S. 145/u.r., S. 146/u.m., S. 167/u.r.; **Cornelsen/Hannes von Goessel/ Bearbeitung: newVision!GmbH, Bernhard A. Peter:** S. 169/u.l.; **Cornelsen/Heike Keis:** S. 197/u.m.; **Cornelsen/Jörg Mair bearbeitet von newVision!GmbH, Bernhard A. Peter:** S. 47/o.l., S. 111/o.m.; **Cornelsen/Jörg Mair, bearbeitet durch newVision!GmbH, Bernhard A. Peter:** S. 111/m.; **Cornelsen/Karin Mall:** S. 18/o.m., S. 26/u.m., S. 31/u.r., S. 38/u.m., S. 39/o.l., S. 44/u.m., S. 72/u.m., S. 75/m., S. 75/o.m., S. 80/o.m., S. 84/m., S. 84/o.m., S. 85/m., S. 85/m.r., S. 89/u.m., S. 138/u.m., S. 138/u.r., S. 141/o.r., S. 143/m., S. 152/m., S. 169/m.l., S. 179/o.l., S. 194/m.l., S. 194/u.l., S. 195/m.r., S. 195/o.r., S. 206/u.m.; **Cornelsen/Karin Mall bearbeitet durch Claudia Hild:** S. 149/o.m.; **Cornelsen/Karin Mall, bearbeitet durch Angelika Kramer:** S. 83/m.r., S. 92/o.m., S. 93/o.m.; **Cornelsen/Karin Mall, bearbeitet durch newVISION GmbH, Bernhard A. Peter:** S. 98/u.l., S. 99/u.r., S. 170/u.l.; **Cornelsen/Karin Mall, bearbeitet durch newVision! GmbH, Bernhard A. Peter:** S. 85/o.m., S. 137/m.r., S. 143/m.r., S. 233/u.r.; **Cornelsen/Karin Mall, bearbeitet durch newVision! GmbH, Bernhard A. Peter, Pattensen:** S. 233/m.r.; **Cornelsen/Karin Mall, bearbeitet von newVision!GmbH, Bernhard A. Peter:** S. 19/u.m., S. 28/u.m., S. 39/m., S. 85/o.r.; **Cornelsen/Karin Mall, Tom Menzel:** S. 36/u.m.; **Cornelsen/Marina Goldberg:** S. 275/u.l.; **Cornelsen/Matthias Emde:** S. 113/m., S. 114/m.l., S. 114/u.l., S. 121/m.r., S. 121/o.r., S. 122/o.l., S. 127/m., S. 127/u.l., u.m., S. 129/o.m., S. 154/m., S. 168/m.r., S. 225/o.m., S. 278/o.r.; **Cornelsen/newVISION GmbH, Bernhard A. Peter:** S. 65/u.l., S. 276/m.l.; **Cornelsen/newVision! GmbH, Bernhard A. Peter:** S. 34/u.m., S. 35/o.m., S. 42, S. 45/m.r., S. 45/o.r., S. 46/o.r., S. 47/u.m., S. 49/m., S. 51/m., S. 51/o.m., S. 51/u.m., S. 54/u.m., S. 55/o.m., S. 55/u.m., S. 56/u.m., S. 57, S. 59/u.l., S. 59/u.r., S. 67/o.m., S. 68/m., S. 69/m.r., S. 69/o.m., S. 70/m., S. 70/o.l., S. 70/o.r., S. 70/u.m., S. 78/o.m., S. 91/o.m., S. 97/m.r., S. 97/u.r., S. 115/m., S. 115/u.m., S. 134/u.m., S. 139/u.l., S. 145/o.r., S. 147/m.r., S. 157/u.m., S. 163/o.m., S. 163/u.l., S. 163/u.m., S. 164/m.l., S. 164/o.l., S. 165/m., S. 165/o.m., S. 179/o.m., S. 184/u.m., S. 187/u.l., S. 189/o.r., S. 205/u.m., S. 220/u.m., S. 231/u.m., S. 243/o.m., S. 243/u.m., S. 243/u.r., S. 247/m., S. 248/u.m., S. 250/u.m., S. 250/u.r., S. 257/u.m., S. 259/m., S. 272/u.m.; **Cornelsen/newVision! GmbH, Bernhard A. Peter, Pattensen:** S. 178/o.m., S. 207/m.l.; **Cornelsen/newVision!GmbH, Bernhard A. Peter:** S. 18/u.l., S. 25/u.l., S. 81/m.r., S. 81/o.l., S. 81/o.m., S. 81/o.r., S. 90/o.m., S. 90/u.l., S. 101/m.r., S. 108/u.m., S. 109/m., S. 109/o.m., S. 109/u.m., S. 110/m., S. 117/m.r., S. 117/o.r., S. 117/u.r., S. 134/u.r., S. 135/u.m., S. 136/u.m., S. 147/m., S. 152/o.l., S. 152/o.m., S. 178/o.r., S. 205/m.r., S. 209/u.m., S. 211/u.m., S. 253/o.m., S. 254/m.r., S. 255/m.l., S. 281/m.r.; **Cornelsen/newVision!GmbH, Bernhard A. Peter:** S. 143/m.l.; **Cornelsen/newVision!GmbH, Bernhard A. Peter, Pattensen:** S. 13/o.m., S. 15/o.m., S. 171/m.r., S. 171/o.r., S. 182/u.r., S. 265/o.l., S. 265/o.m.; **Cornelsen/Rainer Götze:** S. 265/u.l., S. 277/o.l.; **Cornelsen/Tom Menzel:** S. 12/u.m., S. 13/m., S. 14, S. 17/u.l., S. 19/o.m., S. 21/u.m., S. 22/u.m., S. 23/u.l., S. 23/u.m., S. 25/m., S. 25/o.m., S. 27/u.r., S. 31/o.r., S. 33/m., S. 33/o.m., S. 41/m.r., S. 43, S. 46/o.l., S. 50/u.m., S. 58, S. 61/m., S. 64/m., S. 64/o.m., S. 64/u.m., S. 73/o.r., S. 74/o.m., S. 74/o.r., S. 77/u.m., S. 81/m., S. 86/u.l., S. 97/o.r., S. 100/o.m., S. 101/o.m., S. 112/m.l., S. 119/o.l., S. 128/m.l., S. 132/o.l., S. 147/o.m., S. 151/m., S. 167/u.r., S. 168/m.l., S. 169/m.r., S. 180/m.l., S. 181/o.l., S. 184/u.l., S. 186/m.l., S. 186/u.r., S. 187/o.m., S. 188/u.l., S. 192/m., S. 192/u.m., S. 198/o.m., S. 200/o.l., S. 200/u.l., S. 203/o.l., S. 203/u.l., S. 204/u.m., S. 209/o.r., S. 212/u.l., S. 215/m.l., S. 220/o.m., S. 223/m.r., S. 223/u.r., S. 224/m., S. 224/o.l., S. 228/m.l., S. 263/m.r., S. 263/o.r., S. 264/m.r., S. 265/m.l., S. 266/m.l., S. 266/m.r., S. 266/o.m., S. 267/o.r., S. 267/u.l., S. 279/m.; **Cornelsen/Tom Menzel bearbeitet durch Angelika Kramer:** S. 130/o.m., S. 130/o.r., S. 133/o.m., S. 185/u.m.; **Cornelsen/Tom Menzel bearbeitet durch Matthias Emde:** S. 125/m.r., S. 125/u.r., S. 126/u.m., S. 238/m.l.; **Cornelsen/Tom Menzel bearbeitet durch newVision!GmbH, Bernhard A. Peter:** S. 118/u.m.; **Cornelsen/Tom Menzel bearbeitet Hannes von Goessel:** S. 223/o.r.; **Cornelsen/Tom Menzel bearbeitet von newVision!GmbH, Bernhard A. Peter:** S. 110/u.m., S. 116/u.l., S. 196/u.m.; **Cornelsen/Tom Menzel, bearbeitet durch Angelika Kramer:** S. 181/o.m.; **Cornelsen/Tom Menzel, bearbeitet durch Angelika Kramer und newVision! GmbH, Bernhard A. Peter, Pattensen:** S. 92/u.l.; **Cornelsen/Tom Menzel, bearbeitet durch Hannes von Goessel:** S. 183/m.l., S. 187/o.r., S. 189/m.r., S. 215/u.m., S. 227/m., S. 265/o.r.; **Cornelsen/Tom Menzel, bearbeitet durch Hannes von Goessel und newVision! GmbH, Bernhard A. Peter:** S. 221/o.m.; **Cornelsen/Tom Menzel, bearbeitet durch Matthias Emde:** S. 167/m.r.; **Cornelsen/Tom Menzel, bearbeitet durch newVISION GmbH, Bernhard A. Peter:** S. 97/m.r., S. 98/m.l., S. 98/u.r., S. 264/m.l., S. 264/o.r.; **Cornelsen/Tom Menzel, bearbeitet durch newVision! GmbH, Bernhard A. Peter:** S. 15/m., S. 78/u.m., S. 191/m.r., S. 192/m.; **Cornelsen/Tom Menzel, bearbeitet durch newVision! GmbH, Bernhard A. Peter:** S. 21/o.r.;

Cornelsen/Tom Menzel, bearbeitet durch newVision! GmbH, Bernhard A. Peter, Pattensen: S. 220/o.r., S. 234/u.l.; **Cornelsen/Tom Menzel, bearbeitet durch newVision!GmbH, Bernhard A. Peter:** S. 108/u.r.; **Cornelsen/Tom Menzel, bearbeitet von newVision!GmbH, Bernhard A. Peter:** S. 53/m.r., S. 53/o.m., S. 80/m., S. 114/m., S. 119/o.m., S. 167/m.r.; **Cornelsen/Tom Menzel/Bearbeitung: newVISION! GmbH, Bernhard A. Peter:** S. 29/o.r., S. 94/u.m., S. 167/o.r., S. 190/m.l., S. 190/u.l., S. 199/u.m., S. 219/u.r., S. 229/o.m.; **PEFC Deutschland e.V.:** S. 2/u.l.; **Sofarobotnik:** S. 123/o.r., S. 133/m.r., S. 275/m.l.

Fotos

S. 1/o.m.: Sofarobotnik; S. 2/o.l.: Sofarobotnik; S. 3: mauritius images/alamy stock photo/Life on white; S. 4.: mauritius images/ Geert Weggen; S. 5.: stock.adobe.com/Eric Isselée; S. 8.: mauritius images/Science Photo Library; S. 9/m.l.: Shutterstock.com/Artur Wnorowski; S. 9/o.l.: sciencephotolibrary/Fox, Frank; S. 9/u.l.: mauritius images/alamy stock photo/tbkmedia.de; S. 9/u.r.: Shutterstock. com/AlessandroZocc; S. 10.: mauritius images/alamy stock photo/Life on white; S. 12: o.m.: stock.adobe.com/drubig-photo; S. 16: sciencephotolibrary/DENNIS KUNKEL MICROSCOPY; S. 20/o.m.: Science Photo Library/Michael Abbey; S. 20/u.m.: Science Photo Library/ NIBSC; S. 22/o.m.: Science Photo Library/PROF. KENNETH R. MILLER; S. 23/o.m.: Division of Biological Sciences, UC San Diego; S. 23/o.r.: dpa Picture-Alliance/ASSOCIATED PRESS/Rene Macura; S. 24/u.l.: Cornelsen/Volker Minkus; S. 26/o.m.: Imago Stock & People GmbH/ Shotshop; S. 28/o.l.: Science Photo Library; S. 29/o.m.: Shutterstock.com/LFRabanedo; S. 29/u.l.: mauritius images/alamy stock photo/ robert Harding; S. 29/u.m.: dpa Picture-Alliance/Klett GmbH/Aribert Jung; S. 30/o.: bpk/| British Library Board; S. 34/o.l.: mauritius images/Pitopia; S. 34/o.m.: mauritius images/Martin Shields/Alamy; S. 35/u.m.: stock.adobe.com/romaset; S. 37/u.r.: mauritius images/alamy stock photo/Reinhard Dirscherl; S. 40: stock.adobe.com/katestudio; S. 44/o.m.: stock.adobe.com/mirkograul; S. 47/m.: picture alliance/Photoshot/Bruce Coleman; S. 47/m.l.: Imago Stock & People GmbH; S. 48/o.m.: Depositphotos/Roman Stetsyk; S. 48/u.m.: mauritius images/alamy stock photo/The Picture Art Collection; S. 49/o.m.: Shutterstock.com/sruilk; S. 52: Science Photo Library/Omikron; S. 56: stock.adobe.com/Stanislau_V; S. 60: stock.adobe.com/Sona; S. 61/o.m.: sciencephotolibrary/ALFRED PASIEKA; S. 62: stock.adobe.com/stock.adobe.comStanislaw Mikulski; S. 63: stock.adobe.com/stock.adobe.comPormezz; S. 66/o: stock.adobe. com/romaset; S. 67/u: akg-images/ClassicStock/akg-images; S. 68/u.: stock.adobe.com/Andre; S. 71/o.l.: stock.adobe.com/Reicher; S. 72/o.: Shutterstock.com/HQuality; S. 76: mauritius images/alamy stock photo/blphoto; S. 82: Shutterstock.com/MikeDotta; S. 85/m.l.: mauritius images/Science Faction; S. 85/o.l.: IMAGO/blickwinkel; S. 86/C.: dpa Picture-Alliance/Arco Images; S. 86/D: Imago Stock&People GmbH/Anka Agency International; S. 86/A: Shutterstock.com/Piotr Krzeslak; S. 86/B: Shutterstock.com/Kristala Graphics; S. 95/m.l.: interfoto e.k./Hollywood Collection; S. 95/m.l., o.l.: interfoto e.k./Hollywood Collection; S. 95/m.r.: Imago Stock & People GmbH/APress; S. 95/m., m.l.: imago images/APress; S. 95/o.l.: mauritius images/Science Source; S. 100/o.r.: Juniors/F.Banfi/ Photoshot; S. 106/107: mauritius images/Geert Weggen; S. 108/o.: stock.adobe.com/Lubos Chlubny; S. 108/u.m.: Imago Stock & People GmbH/blickwinkel; S. 109/m., u.m.: mauritius images/Science Source; S. 109/u.m.: mauritius images/Science Source; S. 112/o.: Shutterstock.com/Cathy Keifer; S. 113/u.m.: mauritius images/Science Source; S. 116/o.: dpa Picture-Alliance/Ingo Wagner/dpa; S. 119/m.: stock.adobe.com/THIERRY; S. 120/o.: Depositphotos/Konstantinos Livadas; S. 120 u.: mauritius images/Pitopia; S. 123/m.r.: Cornelsen/Ulrike Austenfeld; S. 123/u.m.: Cornelsen/Ulrike Austenfeld; S. 124/o.: stock.adobe.com/kcuxen; S. 125/o.m.: Cornelsen/ Ulrike Austenfeld; S. 126/u.l.: stock.adobe.com/pisotckii; S. 127/o: mauritius images/Garden World Images; S. 134/o: Shutterstock. com/Busara; S. 136/o: Claudia Schneider; S. 139/u.m.: stock.adobe.com/Phokin; S. 140/o: mauritius images/alamy stock photo/ Matthew Chattle; S. 144: Shutterstock.com/Grigoriy Pil; S. 147: Science Photo Library/OSCAR BURRIEL; S. 148: mauritius images/alamy stock photo/Keystone Pictures; S. 153/m.l.: mauritius images/alamy stock photo/Rob Walls; S. 156: stock.adobe.com/AliceandAlan; S. 157/m.: Imago Stock & People GmbH; S. 158/o: Science Photo Library/MICHAEL EICHELBERGER, VISUALS UNLIMITED; S. 158/u.l.: stock.adobe.com/stock.adobe.comFestiveMelodies; S. 159/m.r.: Imago Stock & People GmbH; S. 159/u.r.: Depositphotos/Liudmyla Chernetska; S. 160/u.l.: Depositphotos/Manfred Angermayr; S. 160/u.r.: stock.adobe.com/stock.adobe.comSonja Birkelbach; S. 161/u.l.: stock.adobe.com/stock.adobe.comdieter76; S. 161/u.r.: mauritius images/F. Scholz/imageBROKER; S. 162: stock.adobe.com/katestudio; S. 168/u.l.: Cornelsen/Ulrike Austenfeld; S. 175/m.r.: stock.adobe.com/Eric Isselée; S. 176: Imago Stock & People GmbH/Cavan Images; S. 180: Shutterstock.com/Sean Pavone; S. 181/Kaktus: Imago Stock & People GmbH/ingimage; S. 181 Alpenveilchen: Shutterstock.com/Tonia_GR; S. 181/u.m.: stock.adobe.com/Lars Johansson; S. 181/u.m.: stock.adobe.com/nataba; S. 181/u.r.: stock.adobe. com/motivjaegerin1; S. 181/u.r.: stock.adobe.com/Uryadnikov Sergey; S. 183/o.r.: Cornelsen/Menzel, Tom, bearbeitet durch newVision! GmbH, Bernhard A. Peter; S. 184: mauritius images/age; S. 186/u.: stock.adobe.com/scott; S. 188: mauritius images/Grobler du Preez/ Alamy/Alamy Stock Photos; S. 189: mauritius images/Minden Pictures; S. 192 3A: Shutterstock.com/Tomas Konopasek; S. 192 1A: Shutterstock.com/Yuriy Kulik; S. 192 2A: Shutterstock.com/NOPPHARAT789; S. 193/u.r.: mauritius images/Pitopia; S. 194/o.l.: OKAPIA KG/Nils Reinhard; S. 196: stock.adobe.com/haiderose; S. 199/u.: stock.adobe.com/AB Photography; S. 199/o.: mauritius images/Colin Marshall/FLPA/imageBROKER; S. 201/alle Fotos: Küster, Prof. Dr. Hansjörg; S. 204: stock.adobe.com/AnnaReinert; S. 207/m.l.: mauritius images/alamy stock photo; S. 207/o.: mauritius images/alamy stock photo; S. 207/u.l.: Dr. Luc Beaufort, CEREGE (Univ. Aix-Marseille/ CNRS); S. 208/o.m.: mauritius images/alamy stock photo/André Gilden; S. 208/u.l.: mauritius images/Phototake; S. 208/u.l.: OKAPIA/ Roland Birke; S. 209/m.r.: OKAPIA/Roland Birke; S. 210/o.l.: mauritius images/alamy stock photo/Andrey Nekrasov; S. 210/u.l.: interfoto